Christian Grabas

Wiederaufbau, Wirtschaftsplanung und Südförderung – Industriepolitik in Italien, 1943/45–1975

Jahrbuch für Wirtschaftsgeschichte

Im Auftrag der Herausgeber des Jahrbuchs für Wirtschaftsgeschichte herausgegeben von Alexander Nützenadel und Jochen Streb

Beiheft 26

Christian Grabas

Wiederaufbau, Wirtschaftsplanung und Südförderung

Industriepolitik in Italien, 1943/45–1975

DE GRUYTER
OLDENBOURG

Dissertation, eingereicht an der Kulturwissenschaftlichen Fakultät der Europa-Universität Viadrina in Frankfurt (Oder) und erfolgreich verteidigt am 24.01.2018; betreut von Herrn Prof. Dr. Alexander Nützenadel.

ISBN 978-3-11-068416-2
e-ISBN (PDF) 978-3-11-068422-3
e-ISBN (EPUB) 978-3-11-068427-8

Library of Congress Control Number: 2020931432

Bibliografische Information der Deutschen Nationalbibliothek
Die Deutsche Nationalbibliothek verzeichnet diese Publikation in der Deutschen Nationalbibliografie; detaillierte bibliografische Daten sind im Internet über http://dnb.dnb.de abrufbar.

Coverabbildung: Stahlarbeiter in Bagnoli (ITALSIDER), 1964. Quelle: Istituto per la Ricostruzione Industriale, Esercizio 1964, Rom: Istituto per la Ricostruzione Industriale (1965), S. 138.
Satz: Integra Software Services Pvt. Ltd.
Druck und Bindung: CPI books GmbH, Leck

www.degruyter.com

Danksagung

Dieses Buch ist eine stark gekürzte Fassung meiner Promotionsschrift, die ich im Januar 2018 an der Kulturwissenschaftlichen Fakultät der Europa-Universität Viadrina in Frankfurt (Oder) erfolgreich verteidigt habe. Das Promotionsprojekt wurde finanziell und organisatorisch unterstützt durch die Graduiertenförderung Berlin/Brandenburg, die Deutsche Forschungsgemeinschaft (DFG) sowie das Deutsche Historische Institut (DHI) in Rom. Dass ich die Möglichkeit erhalten habe, meine Studie in den Beiheften des Jahrbuchs für Wirtschaftsgeschichte zu veröffentlichen, macht mich froh und stolz.

Die Publikation bildet gewissermaßen den Schlussstein meiner ganz persönlichen Dissertationskathedrale, deren Bau und Fertigstellung während der vergangenen arbeitsreichen Jahre viele Menschen begleitet haben. Über ihre vielfältige Unterstützung bin ich ihnen allen, auch wenn sie hier namentlich nicht herausgestellt werden, von Herzen dankbar. Insbesondere möchte ich Herrn Prof. Alexander Nützenadel danken, der mein Promotionsvorhaben als Betreuer und Erstgutachter intensiv begleitet und trotz der langen Bearbeitungszeit immer gefördert hat. Herzlich danke ich auch Herrn Prof. Hartmut Kaelble für die unkomplizierte und engagierte Übernahme des Zweitgutachtens. Hervorheben möchte ich außerdem Herrn Dr. Constantin Schubart, der mir als Freund in der schwierigsten Phase meines Projekts zur Seite stand, mich ohne Zögern unterstützt und mir sein Büro als ruhigen, ablenkungsfreien Arbeitsplatz zur Verfügung gestellt hat. Die gemeinsame produktive Zeit dort (mit Hund) werde ich nicht vergessen. Vor allem aber danke ich meiner Familie für ihre erheblichen Hilfen und ihren unaufgeforderten beständigen Beistand. Ihre Geduld, kontinuierliche Motivation, Fürsorge und Expertise, ihr enormer zeitlicher Aufwand für die gemeinsamen Korrekturen und immer wieder Überarbeitungen sowie nicht zuletzt auch die mir von ihr ermöglichten finanziellen Freiräume, mich ganz auf mein Vorhaben konzentrieren zu können, ihre Kraft, ihre Liebe wie ihr Verzicht bilden das Fundament und den Baustoff für dieses Buch. Widmen möchte ich das Buch meinen Kindern. Vielleicht freuen sie sich eines Tages darüber.

Christian Grabas

https://doi.org/10.1515/9783110684223-202

Inhaltsverzeichnis

Abbildungsverzeichnis

https://doi.org/10.1515/9783110684223-204

Tabellenverzeichnis

https://doi.org/10.1515/9783110684223-205

Einleitung

Italien gilt allgemein als Beispiel für einen späten und besonders schwierigen Weg in die moderne Industriegesellschaft. Aufgrund fehlender Rohstoffe, ungünstiger geographischer Bedingungen und eines ausgeprägten Nord-Süd-Gefälles ließ sich das Land lange Zeit nur schwer zu einem einheitlichen und geschlossenen Wirtschaftsraum integrieren. Korruption, Klientelismus und eine ineffiziente Staatswirtschaft zählten ferner zu den Kennzeichen der italienischen Wirtschaftsentwicklung.[1] Auch die Nachwirkungen der faschistischen Autarkiepolitik werden oftmals als Hemmschwelle für die wirtschaftliche Entwicklung des Landes betrachtet, da diese die italienische Volkswirtschaft zeitweise aus der internationalen Arbeitsteilung herausgelöst, den staatlichen Verwaltungsapparat stark aufgebläht und eine Fehlallokation volkswirtschaftlicher Ressourcen bewirkt hätte.[2]

In Anbetracht der späten Industrialisierung und der relativen Rückständigkeit im Vergleich zum übrigen Europa bereitet(e) es der Forschung daher erhebliche Schwierigkeiten, den Aufstieg Italiens zu einer der leistungsstärksten Industrienationen der Welt während der 1950er und 1960er Jahre zu erklären. Nach wie vor wird kontrovers diskutiert, was die treibenden und tragenden Kräfte der italienischen Nachkriegsprosperität gewesen waren.[3] Während zeitgenössische ökonomische Untersuchungen vor allem eine rasche Ausweitung der gesamtwirtschaftlichen Nachfrage durch steigende Staatsausgaben – insbesondere für Investitionen im Infrastrukturbereich sowie für Agrar- und Industriesubventionen –, aber auch niedrige Steuern als Erklärungsansatz favorisierten,[4] argumentiert die neuere wirtschaftshistorische Forschung

1 Vgl. Jon Cohen und Giovanni Federico, Introduction, in: Jon Cohen und Giovanni Federico (Hg.), The Growth of the Italian Economy, 1820–1960, Cambridge: Cambridge University Press (2001), S. 1f.; Vera Zamagni, Dalla periferia al centro. La seconda rinascita economica dell'Italia. 1861–1981, Bologna: Il Mulino (1990), S. 44ff; Guido M. Rey, Italy, in: Andrea Boltho (Hg.), The European Economy. Growth and Crisis, Oxford-New York: Oxford University Press (1982), S. 502ff. oder auch Vera Lutz, Italy. A Study in Economic Development, London-New York-Toronto: Oxford University Press (1962), S. 3ff.

2 Vgl. stellvertretend Nicola Rossi und Gianni Toniolo, Italy, in: Nicholas F. Crafts und Gianni Toniolo (Hg.), Economic Growth in Europe since 1945, Cambridge: Cambridge University Press (1996), S. 438f.

3 Vgl. zum Beispiel Gianni Toniolo, An Overview of Italy's Economic Growth, in: Gianni Toniolo, (Hg.), The Oxford Handbook of the Italian Economy since Unification, Oxford-New York: Oxford University Press (2013), S. 22f. oder auch Mauro Rota, Credit and Growth: Reconsidering Italian Industrial Policy during the Golden Age, in: European Review of Economic History, n. 17,4 (2013), S. 431f.

4 Vgl. zum Beispiel die im Jahr 1962 veröffentlichte Studie von Pasquale Saraceno, L'economia italiana nel periodo 1961–75, in: Pasquale Saraceno, Sottosviluppo industriale e questione meridionale. Studi degli anni 1952–1963, Bologna: Il Mulino (1990), S. 171–224, vor allem S. 171–180. Vgl. in diesem Zusammenhang auch die Ausführungen von Guido Carli, des langjährigen Generalgouverneurs der italienischen Zentralbank (1960–1975) und späteren Präsidenten des nationalen Industrieunternehmerverbandes *Confindustria* (1976–1980), in: Guido Carli, Intervista sul capitalismo italiano, a cura di Eugenio Scalfari, Rom-Bari: Laterza (1977) S. 24ff.

https://doi.org/10.1515/9783110684223-001

hingegen eher angebotsorientiert oder stellt die außenwirtschaftlichen Effekte in den Mittelpunkt. Für Nicola Rossi und Gianni Toniolo zum Beispiel bildeten „the catch-up of imported technology, abundant cheap labour (sustained by the shift from agriculture to industry), rising home and export demand, an undervalued exchange rate and gradual trade liberalization“[5] die entscheidenden makroökonomischen Bestimmungsgrößen des starken Wirtschaftswachstums. Nach Auffassung von Jon Cohen und Giovanni Federico wiederum begünstigten vor allem eine hohe Sparquote der privaten Haushalte sowie eine moderate, auf Stabilität bedachte Geldpolitik Kapitalbildung und Investitionen. Die spätestens mit dem Beitritt Italiens zur Europäischen Wirtschaftsgemeinschaft 1957/58 vollzogene Handelsliberalisierung hätte ihres Erachtens zudem nicht nur zu einem hohen Exportwachstum geführt, sondern zugleich für Unternehmen die Möglichkeiten geschaffen, durch Technologieimporte beachtliche Produktivitätszuwächse zu realisieren.[6]

In der Tat wiesen das Bruttoinlandsprodukt (BIP) und das Pro-Kopf-Einkommen Italiens nach dem Ende des Zweiten Weltkrieges besonders hohe Wachstumsraten auf, die jeweils weit über den westeuropäischen Durchschnittswerten lagen. Zwischen 1952 und 1975 stiegen das BIP im Jahresdurchschnitt um 5,09% sowie das BIP pro Kopf um 4,39% und erreichten bzw. übertrafen damit innerhalb Europas sogar die Wachstumsdynamik der westdeutschen Wirtschaft.[7] Italien erlebte nach Abschluß der Wiederaufbauphase eine historisch singuläre Prosperität, deren Motor und Träger die Industriewirtschaft (inkl. Bauindustrie) war, die sich mit einer Bruttowertschöpfungssteigerung von 6,39% im Jahresdurchschnitt von 1952 bis 1975 an die Spitze der gesamtwirtschaftlichen Expansion gesetzt hat.[8] Neben dem exzeptionellen Wachstum im sekundären Sektor sowie der starken volkswirtschaftlichen Einkommenssteigerung, gehörten eine rasche Ausweitung der Exporte, hohe Zuwächse der Investitions- und Konsumgüternachfrage sowie ein umfassender Ausbau der nationalen technischen und sozialen Infrastrukturen zu den wichtigsten Erscheinungsmerkmalen der italienischen Nachkriegsprosperität, während der sich der wirtschaftliche *latecomer* Italien in eine moderne Industriegesellschaft verwandelt hat.

---

5 Rossi und Toniolo (1996), Italy, S. 427.

6 Vgl. Cohen und Federico (2001), Italian Economy, S. 111f.

7 Eigene Berechnungen, basierend auf GGDC (2010), Historical Statistics for the World Economy (Italien, Frankreich, Großbritannien und Westeuropa) sowie The Conference Board (2014), Total Economy Database (Bundesrepublik Deutschland). Im Länderdurchschnitt beliefen sich das Wachstum des BIP und des BIP pro Kopf in Westeuropa von 1952 bis 1975 auf jahresdurchschnittlich 4,45% bzw. 3,73%. In der Bundesrepublik Deutschland stiegen das BIP im Jahresdurchschnitt um 5,10% und das Pro-Kopf-Einkommen um 4,21%.

8 Eigene Berechnungen, basierend auf Alberto Baffigi, Italian National Accounts, 1861–2011. A Project of Banca d'Italia, Istat and University of Rome "Tor Vergata", in: Economic History Working Papers, Banca d'Italia, n. 18 (2011). Die zur Umrechnung in konstante Preise verwendeten Daten stammen aus der von Baffigi 2013 erneut aktualisierten Datenbank: https://www.bancaditalia.it/statistiche/tematiche/stat.../Data_Na150-1.1.zip.

Ungeachtet der damaligen Modernisierungsdynamik, blieb allerdings eine Vielzahl von Problemen ungelöst. Vor allem das starke Nord-Süd-Gefälle konnte nur marginal abgebaut werden. Verstärkt durch die erste, 1963 abrupt einsetzende zweijährige Nachkriegsrezession unternahmen die italienischen Regierungen verschiedene Versuche, eine auf den sozialen Interessensausgleich abzielende – reformorientierte und gesamtwirtschaftlich ausgerichtete – staatliche Wirtschaftsplanung zu implementieren. Die *Programmazione Economica Organica* fokussierte primär industriepolitische Ziele mit einer regionalen Schwerpunktsetzung auf die strukturschwachen Regionen des Mezzogiorno. Gegen die staatlichen Planungsvorhaben sowie den damit einhergehenden Auf- und Ausbau staatlicher Planungsinstitutionen bildete sich allerdings massiver gesellschaftlicher Widerstand, vor allem innerhalb des größten, politisch äußerst einflußreichen Industrieunternehmerverbandes *Confederazione Generale dell'Industria Italiana* (*Confindustria*). Die vehemente Kritik und Ablehnung der *Confindustria* richtete sich generell gegen die Zunahme staatlicher Wirtschaftsinterventionen, gegen Verstaatlichungen sowie die geplante Ausweitung staatlicher Unternehmungen, die in ihrem Verständnis einen eklatanten Verstoß marktwirtschaftlicher Prinzipien bedeuteten. Fraglich ist, inwiefern die Widerstände interessenspolitischer Einflußgruppen die Umsetzung der staatlichen Wirtschaftsplanung tatsächlich blockierten und letztlich verhinderten, oder ob die verschiedenen – äußerst ehrgeizigen – staatlichen Programme und Pläne konzeptionelle Schwächen aufwiesen, die ihre politische Durchsetzung und praktische Durchführung erschwerten. Trotz erfolgreicher Wiederankurbelung der Konjunktur,[9] gelang es den verschiedenen Regierungen auch bis Mitte der 1970er Jahre nicht, die übergeordneten Ziele der *Programmazione Economica Organica* – Einkommenssteigerung, Abbau der hohen Arbeitslosigkeit und Abbau des Nord-Süd-Gefälles – in vollem Umfang umzusetzen.

Die langanhaltende Phase der Nachkriegsprosperität ist daher nicht allein aufgrund des nahezu ungebremsten starken Wirtschaftswachstums seit Anfang der 1950er Jahre sowie der dadurch – vor allem mit der Entfaltung des Wirtschaftswunders von 1958 und 1963 – ermöglichten individuellen und kollektiven Wohlstandssteigerung fest im kollektiven Gedächtnis der italienischen Gesellschaft verankert. Ebenso fest verankert ist der allgemeine Vorwurf der sogenannten „verpaßten Gelegenheiten"[10] – eines angeblichen Versagens der Wirtschafts- und Sozialpolitik,

---

9 Das Wachstum des BIP sowie des BIP pro Kopf in Italien von 1966 bis 1974 belief sich auf jahresdurchschnittlich 5,63% bzw. 4,83% und übertraf damit den westeuropäischen Durchschnitt (BIP, 4,96%; BIP pro Kopf, 4,23%) um jeweils 0,7 Prozentpunkte. Zum Vergleich: In der Bundesrepublik Deutschland stiegen das BIP zwischen 1966 und 1974 im Jahresdurchschnitt um 4,29% und das Pro-Kopf-Einkommen um 3,58%. Eigene Berechnungen, basierend auf GGDC (2010), Historical Statistics for the World Economy (Italien, Frankreich, Großbritannien und Westeuropa) sowie The Conference Board (2014), Total Economy Database (Bundesrepublik Deutschland).

10 Die Redewendungen *occasioni mancate* oder *occassioni perdute* wurden bereits von den Zeitgenossen zur Beschreibung des kritisierten Politikversagens verwendet. Sie wurden von der historischen Italienforschung vielfach als Schlagwörter zur Charakterisierung der Wirtschafts- und Sozialpolitik in

auf der finanziellen Grundlage jährlich wachsender Leistungsbilanzüberschüsse die neuen Handlungsspielräume nicht bzw. nur unzureichend ausgenutzt zu haben, um soziale Ungleichheiten zu beseitigen und ökonomische Ungleichgewichte deutlich stärker abzubauen. Der innerhalb der italienischen Öffentlichkeit weitverbreitete Vorwurf zielte dabei nicht zuletzt darauf ab, die fehlende bzw. inkonsequente Institutionalisierung und Umsetzung geeigneter wirtschafts- und sozialpolitischer Reformmaßnahmen für die Mitte der 1970er Jahre beginnende schwere Strukturkrise der italienischen Volkswirtschaft[11] mit verantwortlich zu machen.

Tatsächlich war die Wirtschaftspolitik während des gesamten Zeitraumes prosperierender wirtschaftlicher Entwicklung durch vielfältige direkte staatliche Interventionen gekennzeichnet, die sich vor allem auf den Bereich der Industriepolitik mit einer regionalen Schwerpunktsetzung auf Süditalien konzentrierten. Die Industriepolitik bildete bereits seit den späten 1940er Jahren den wichtigsten Bereich der Wirtschaftspolitik. Italien stellte damit keineswegs einen Einzel-, dennoch aber einen Sonderfall innerhalb Europas dar: *Einerseits* griff der Staat während der ersten drei Nachkriegsjahrzehnte nicht nur in den osteuropäischen Planwirtschaften, sondern auch in nahezu allen westeuropäischen Ländern steuernd in die Wirtschaftsprozesse ein, um vor allem das Wachstum im sekundären Sektor zu stärken und den Strukturwandel zu beschleunigen. Die „langen" 1950er und 1960er Jahre gelten denn auch als die absolute Hochblüte staatsinterventionistischer Industriepolitik in ganz Europa.[12] *Andererseits* aber erlangte die staatliche Industriepolitik in Italien einen signifikant größeren Stellenwert als in anderen Ländern Westeuropas. Darüber hinaus setzten sich die von den verschiedenen Regierungen eingeleiteten struktur- und industriepolitischen Maßnahmen aufgrund ihrer immer stärker dirigistischen und entwicklungsökonomischen

---

Italien seit Beginn der 1950er Jahre übernommen. Vgl. vor allem Michele Salvati, Occassioni mancate. Economia e politica in Italia dagli anni '60 a oggi, Rom-Bari: Laterza (2000) sowie Fabrizio Barca, Compromesso senza riforme nel capitalismo italiano, in: Fabrizio Barca (Hg.), Storia del capitalismo italiano dal dopoguerra a oggi, Rom: Donzelli (1997), S. 62ff. Vgl. aber auch Nicola Crepax, Storia dell'industria in Italia. Uomini, imprese e prodotti, Bologna: Il Mulino (2002), S. 394f. oder Alessandro Pavarin, Lo sviluppo del Mezzogiorno. L'intervento dello Stato e il sistema bancario dalla nascita della Repubblica agli anni Sessanta. Una rassegna storiografica, Rom: APES (2011), S. 101f.

11 Zur langanhaltenden Strukturkrise der italienischen Volkswirtschaft seit Mitte der 1970er Jahre, vgl. überblicksartig Patrizio Bianchi, La rincorsa frenata. L'industria italiana dall'unità nazionale all'unificazione europea, Bologna: Il Mulino (2002), S. 181ff.

12 Vgl. Christian Grabas und Alexander Nützenadel, Introduction, in: Christian Grabas und Alexander Nützenadel (Hg.), Industrial Policy in Europe after 1945. Wealth, Power and Economic Development in the Cold War, Basingstoke: Palgrave Macmillan (2014), S. 3ff. sowie James Foreman-Peck und Giovanni Federico, European Industrial Policy: An Overview, in: James Foreman-Peck und Giovanni Federico (Hg.), Industrial Policy in Europe. A Twentieth Century Experience, Oxford: Oxford University Press (1999), S. 440f. Vgl. auch Ralf Ahrens und Astrid M. Eckert, Industrial Policy in Western Europe since the 1960s: Historical Varieties and Perspectives, in: Jahrbuch für Wirtschaftsgeschichte/Economic History Yearbook, vol. 58, Heft 1 (2017), S. 26ff.

Ausrichtung sowie – und vor allem – hinsichtlich der enorm hohen Interventionsdichte ganz erheblich von anderen westeuropäischen Staaten ab.

Angesichts des zentralen Stellenwertes der Industriepolitik im Maßnahmenkatalog der italienischen Wirtschaftspolitik scheint ein Wirkungszusammenhang zwischen den vielfältigen staatlichen Interventionen zur Förderung der Industriewirtschaft und der historisch singulären industrie- und gesamtwirtschaftlichen Wachstumsdynamik naheliegend. Erstaunlicherweise hat sich die wirtschaftshistorische Italienforschung aber bislang kaum mit der Industriepolitik während der drei Jahrzehnte anhaltenden Wachstumsphase nach dem Ende des Zweiten Weltkrieges befaßt. Lediglich einzelne Facetten oder Teilzeiträume sind näher untersucht worden, und einige wenige – zumeist kurze – Überblicksdarstellungen sind erschienen.

Dieser historiographische Befund kontrastiert mit dem großen zeitgenössischen Interesse an der prinzipiellen und realwirtschaftlichen Leistungskapazität der Industriepolitik. Eine Vielzahl renommierter Wirtschafts- und Politikwissenschaftler, nicht wenige davon zugleich mit verbands- und/oder parteipolitischen Ämtern betraut, haben die damalige staatsinterventionistische Beeinflussung der industriewirtschaftlichen Entwicklung seit den späten 1940er Jahren in einer schier unüberschaubaren Fülle von Publikationen wissenschaftlich begleitet und damit nicht zuletzt zu einer zunehmenden Verwissenschaftlichung der Konzeptionierung von staatlichen Industriefördermaßnahmen beigetragen. Dabei ging es schwerpunktmäßig um die konzeptionelle (Weiter)Entwicklung bereits praktizierter oder neuer Politikinstrumente und -maßnahmen sowie um das zumeist modelltheoretisch basierte Aufzeigen der Erfolge und/oder Mißerfolge der jeweils implementierten Maßnahmen bzw. regional und/oder branchendifferenzierter Wachstums- und Entwicklungsszenarien zukünftiger industriepolitischer Interventionen. Im Mittelpunkt der nicht selten stark (partei)politisch gefärbten wissenschaftlichen Auseinandersetzungen stand seit Mitte der 1950er Jahre die Förderung der Entwicklungsregionen Süditaliens sowie die grundsätzliche Frage nach der Notwendigkeit forcierter staatlicher Industriefördermaßnahmen im Rahmen eines gesamtwirtschaftlich ausgerichteten längerfristigen staatlichen Wirtschaftsprogramms.

Eine Historisierung der während der Nachkriegsprosperität praktizierten staatlichen Industriepolitik fand aber auch durch historisch orientierte Ökonomen und Politologen nachfolgender Generationen lange Zeit nicht statt.[13] Unter dem Eindruck von Strukturkrise und dramatisch steigender Staatsverschuldung seit Mitte der 1970er Jahre sowie des Zusammenbruchs des gigantisch angewachsenen staatlichen Unternehmenssektors am Beginn der 1990er Jahre, bestimmten nunmehr marktliberale Vorstellungen den Diskurs: staatliche Wirtschaftsinterventionen zur Industrieförderung wurden hinsichtlich ihrer längerfristigen Wirkungen mehrheitlich pauschal negativ beurteilt; ihre kurz- und mittelfristige Steuerungseffizienz für industrie- und

13 Vgl. Cohen und Federico (2001), Italian Economy, 107f.

gesamtwirtschaftliches Wachstum während der ersten drei Nachkriegsjahrzehnte wurde hingegen in den einschlägigen Studien zur Industriepolitik nicht bzw. – wenn überhaupt – nur am Rande thematisiert oder gar negiert.[14] Die seit Mitte der 1970er Jahre weitverbreitete stark abschlägige Forschungskritik war maßgeblich vom internationalen Mainstream der Neoklassik innerhalb der Wirtschaftswissenschaften und dem damit verbundenen paradigmatischen Wandel einer auf Deregulierung ausgerichteten Wirtschaftspolitik geprägt. Staatliche Wirtschaftsinterventionen wurden in dieser Perspektive als Störung der Marktmechanismen und damit als schädlich für die – modelltheoretisch angenommene – bestmögliche Allokation knapper Güter und Leistungen betrachtet. Eine staatsinterventionistische vertikale, d. h. selektive regional- und/oder branchenspezifisch ausgerichtete, unternehmensgrößenabhängige und/oder exportorientierte Industriepolitik galt folgerichtig (wieder) als kontraproduktiv, als „an instrument used to protect the old manufacturing sectors, which under market conditions were unable to survive."[15] Für Giovanni Federico hätte die Industriepolitik nach Kriegsende bis Mitte der 1970er Jahre „very little or nothing at all" bewirkt, wäre für die volkswirtschaftliche Entwicklung „irrelevant" oder sogar „harmful" gewesen.[16] Auch die von Romano Prodi und Daniele De Giovanni vertretene These, dass die staatlichen Industriefördermaßnahmen generell von einer „strategic shortsightedness" und einem „lack of (...) a clear long term strategy", „fundamental contradictions", „shortcomings and inefficiencies" gekennzeichnet gewesen und vor allem hinsichtlich ihres übergeordneten Hauptziels – der Überwindung des regionalen Strukturdualismus in Italien – „ineffective" geblieben wären und keinerlei „tangible results" erzielt hätten, läßt sich dem marktliberalen Deregulierungsparadigma zuordnen.[17] Die hier nur knapp skizzierten, regelrecht vernichtenden Interpretamente bilden keine Ausnahmen; andere Autoren wie Fulvio Coltorti,[18] Giuliano

14 Eine frühe Ausnahme bilden die bereits 1978 von Bruno Amoroso und Ole J. Olsen vorgelegten Ergebnisse über die Rolle der privatrechtlich organisierten staatlichen Industrieunternehmen für das starke Industriewachstum in Italien seit Beginn der 1950er Jahre. Ihre Studie ist als die bislang umfassendste Analyse des staatlichen Unternehmenssektors in Italien anzusehen. Vgl. Bruno Amoroso und Ole J. Olsen, Lo stato imprenditore, Rom-Bari: Editori Laterza (1978).

15 Grabas und Nützenadel (2014), Introduction, S. 2.

16 Vgl. den gleichnamigen Aufsatz von Giovanni Federico zur Industriepolitik in Italien von 1945 bis 1973: Giovanni Federico, Harmful or Irrelevant? Italian Industrial Policy, 1945–1973, in: Hideaki Miyajima, Takeo Kikkawa and Takashi Hikino (Hg.), Policies for Competitiveness. Comparing Business-Government Relationships in the Golden Age of Capitalism, Oxford: Oxford University Press (1999), S. 309–335. Für das Zitat, ebd., S. 309.

17 Vgl. und zitiert Romano Prodi und Daniele De Giovanni, Forty-Five Years of Industrial Policy in Italy: Protagonists, Objectives and Instruments, in: Mario Baldassarri (Hg.), Industrial Policy in Italy, 1945–90, London-New York: St. Martin's Press (1993), S. 31f., S. 34 sowie S. 44f.

18 Vgl. zum Beispiel Fulvio Coltorti, Phases of Italian Industrial Development and the Relationship between the Public and the Private Sectors, in: Baldassarri (1993), Industrial Policy, S. 59–124.

Amato,[19] Fabrizio Barca,[20] Gualberto Gualerni[21] oder Michele Salvati[22] kommen zu ganz ähnlichen Ergebnissen. Das Negativurteil einer „irrelevanten" (Federico), „ineffizienten" und „wirkungslosen" (Prodi/De Giovanni) Industriepolitik blieb bis in die frühen 2000er Jahre hinein innerhalb der Italienforschung prädominant. Allerdings handelt es sich bei sämtlichen von Ökonomen und Politikwissenschaftlern bis zur Jahrtausendwende veröffentlichten Studien letztlich um Überblicksdarstellungen, die weder die ideen- und realgeschichtliche Genese, die konzeptionelle Planung, die konkrete Umsetzungspraxis noch die wirtschaftlichen Folgewirkungen der während der „langen" 1950er und 1960er Jahre eingeleiteten industriepolitischen Steuerungs- und Regulierungsmaßnahmen, aber ebenso wenig die damit einhergehenden Veränderungen im Institutionengefüge der staatlichen Industriepolitik differenziert analysieren. Vor allem aber basieren sie auf keiner ausreichenden Quellen- und Datengrundlage. Eine empirische Überprüfung ihrer pauschalisierenden Kritik steht insofern noch aus.

Vonseiten der Geschichtsforschung wiederum wurde die staatliche Industriepolitik während der italienischen Nachkriegsprosperität bis weit in die 1990er Jahre hinein sogar nahezu vollständig ignoriert. Insgesamt wurde die Wirtschaftspolitik Italiens nach 1945 eher stiefmütterlich behandelt. Die wenigen quellenbasierten, vor 1990 verfaßten Studien italienischer und ausländischer Historiker – wie zum Beispiel die Arbeiten von Camillo Daneo, Bruno Bottiglieri oder von John Harper – gehen nicht über die unmittelbare Nachkriegszeit und die Phase des wirtschaftlichen Wiederaufbaus bis 1952 hinaus.[23] Die Gründe für das offensichtliche Desinteresse der geschichtswissenschaftlichen Italienforschung an der Wirtschaftspolitik nach 1945 sind vielfältig, und keineswegs läßt es sich allein auf die Sperrfristen für relevante Quellenbestände zurückführen. Fest steht jedenfalls, dass über lange Zeit hinweg eine gewisse Deutungshoheit der Politik- und vor allem der Wirtschaftswissenschaften bestand, was Vera Zamagni bereits in ihrer 1990 veröffentlichten, viel beachteten Abhandlung zur Geschichte der Wirtschaftspolitik und -entwicklung Italiens zurecht

19 Vgl. zum Beispiel Giuliano Amato, Introduzione, in: Giuliano Amato (Hg.), Il governo dell'industria in Italia, Bologna: Il Mulino (1972), S. 13–75.

20 Vgl. zum Beispiel Barca (1997), Compromesso senza riforme.

21 Vgl. zum Beispiel Gualberto Gualerni, Economia e politica industriale: il caso italiano, Volume secondo 1945–1972, Turin: Giappichelli (1988).

22 Vgl. zum Beispiel Salvati (2000), Occassioni mancate.

23 Vgl. zum Beispiel Camillo Daneo, La politica economica della Ricostruzione, 1945–1949, Turin: Einaudi (1975) sowie John L. Harper, L'America e la ricostruzione dell'Italia 1945–1948, Bologna: Il Mulino (1987). Auch in der Monographie von Bruno Bottiglieri zur Wirtschaftspolitik Italiens wird der Schwerpunkt auf die Zeit des wirtschaftlichen Wiederaufbaus nach dem Ende des Zweiten Weltkrieges gesetzt; für die Zeit nach dem Abschluß der wirtschaftlichen Rekonstruktion liefert Bottiglieri lediglich einen Ausblick. Vgl. Bruno Bottiglieri, La politica economica dell' Italia centrista (1948–1958), Mailand: Edizioni di Communità (1984).

kritisiert hat: „(...) die Wirtschaftsgeschichte Italiens ist von Ökonomen geschrieben worden."[24]

Erst seit dem ausgehenden 20. Jahrhundert konzentriert sich die Geschichtswissenschaft stärker auf eine archivgestützte Rekonstruktion zumindest einzelner Subbereiche der Wirtschaftspolitik der Republik Italien. Allerdings wird der staatlichen Industrieförderung nach wie vor in nur wenigen Arbeiten Beachtung geschenkt. Hervorzuheben sind in diesem Zusammenhang die Untersuchungen von Rolf Petri zur Industriepolitik von der faschistischen Ära bis zum Wirtschaftswunder,[25] von Anna Spadavecchia zur staatlich geförderten Industriekreditfinanzierung seit 1951[26] sowie von Fabio Lavista zur staatlichen Wirtschaftsplanung, ebenfalls seit Ende der Nachkriegszeit.[27] Eine kritische Auseinandersetzung mit den noch heute vorherrschenden Negativurteilen hinsichtlich der Steuerungseffizienz der staatlichen Industriepolitik findet aber auch hier kaum statt. Darüber hinaus werden nur Teilzeiträume der ersten drei Nachkriegsjahrzehnte und/oder Teilaspekte der staatlichen Industrieförderung analysiert: So ist im Titel der Studie von Petri der Untersuchungszeitraum zwar bis 1963 ausgewiesen. Doch konzentriert er sich primär auf die Analyse der faschistischen Industriepolitik und den Nachweis, wie stark diese in die Nachkriegszeit hineingewirkt hätte. Für den 1952 beginnenden Aufschwung werden bis 1963 hingegen – im Sinne eines Aus- bzw. Überblicks – nur einige industriepolitische Entwicklungslinien skizziert. Spadavecchia betrachtet im Unterschied dazu einen viel längeren – 40-jährigen – Zeitraum, der am Ende der Wiederaufbauphase einsetzt. Allerdings fokussiert sie in ihrer Studie allein die staatliche Subventionspraxis für den KMU-Bereich und die Herausbildung neuer Industriedistrikte anhand der zwei Fallbeispiele Barletta (Apulien) sowie San Mauro Pascoli (Emilia Romagna). Die staatliche Förderung größerer und großer Industrieunternehmen, die bis Mitte der 1970er Jahre in allen Landesteilen Italiens den mit Abstand größten Anteil der sektoralen Wirtschaftsleistung auf sich vereinten, wird von Spadavecchia jedoch nicht näher analysiert. Lavista wiederum rekonstruiert die Institutionengeschichte staatlicher Wirtschaftsplanung in Italien seit Kriegsende bis zum Beginn der 1980er Jahre. Dabei interessiert er sich vor allem für die politischen Aushandlungsprozesse der *Programmazione Economica*, für ihre sich im Zeitablauf verändernden Zielsetzungen sowie für ihren organisatorischen Aufbau. Wie Lavista aufzeigt, bildete die Industrieförderung das zentrale Politikfeld sämtlicher Planungsaktivitäten der verschiedenen

24 Zamagni (1990), Dalla periferia al centro, S. 10.

25 Vgl. vor allem Rolf Petri, Von der Autarkie zum Wirtschaftswunder. Wirtschaftspolitik und industrieller Wandel in Italien 1935–1963, Tübingen: Max Niemeyer Verlag (2001).

26 Vgl. vor allem Anna Spadavecchia, State Subsidies and the Sources of Company Finance in Italian Industrial Districts, 1951–1991, PhD thesis, London School of Economics and Political Science, Ann Arbor: UMI Dissertation Publishing (2003).

27 Vgl. vor allem Fabio Lavista, La stagione della programmazione. Grandi imprese e Stato dal dopoguerra agli anni Settanta, Bologna: Il Mulino (2010).

Nachkriegsregierungen, die spätestens seit den frühen 1960er Jahren darauf abzielten, das gravierende Nord-Süd-Gefälle des Landes nachhaltig abzubauen. Die konkrete Umsetzung der staatlichen Industriepolitik und ihre realwirtschaftliche Steuerungseffizienz spielen in seiner Planungsgeschichte aber keine Rolle. Erwähnenswert ist schließlich auch der erst vor kurzem erschienene Aufsatz Lavistas zur Problematik der Instrumentalisierung der privatrechtlich organisierten staatlichen Industrieunternehmen im Rahmen der staatlichen Südförderung.[28] Allerdings handelt es sich hierbei lediglich um eine knappe Überblicksdarstellung, die dem zentralen Stellenwert der industriepolitischen Nutzbarmachung der Staatsunternehmen und ihren weitreichenden Folgewirkungen kaum gerecht wird.

Trotz der hier aufgeführten Einschränkungen, erlauben die empirisch gewonnenen Ergebnisse insbesondere dieser drei Autoren die Schlußfolgerung, dass der bereits während der Wiederaufbauphase nach dem Ende des Zweiten Weltkrieges eingeleitete wirtschaftspolitische Paradigmenwechsel zu einer staatsinterventionistischen Industriepolitik – anders als es die eher theoretisch orientierten Abhandlungen der Wirtschafts- und Politikwissenschaften vermuten lassen – durchaus Wachstum und Strukturwandel der italienischen Volkswirtschaft erfolgreich beeinflußt hat. Eine eingehende Überprüfung dieser Schlußfolgerung steht jedoch bislang ebenso aus wie eine umfassende, auf breiter Quellen- und valider Datenbasis verfaßte Gesamtdarstellung zur Industriepolitik nach 1945.

Die vorliegende Untersuchung stößt in diese Forschungslücke und widmet sich dem Zusammenhang von Industriepolitik und wirtschaftlicher Entwicklung zwischen 1943/45 und 1975 in Italien. In Anlehnung an die Definition von Michael J. Seitz wird dabei unter „Industriepolitik" ein Teilbereich der Wirtschaftspolitik verstanden, „der die bewusste Formulierung von Zielen sowie die zielgerichtete Entwicklung und den zielgerichteten Einsatz von Methoden durch die Träger der Wirtschaftspolitik beinhaltet, wobei diese im industriellen Bereich der Wirtschaft einer Region den Ablauf des Wirtschaftsgeschehens zu ordnen, zu beeinflussen bzw. unmittelbar festzulegen suchen und eines der zentralen Zwischenziele die Einwirkung auf den Strukturwandel ist. Entsprechend handelt es sich um staatliche Industriepolitik, wenn die Industriepolitik von Institutionen durchgeführt wird, die hoheitliche Aufgaben im Rahmen der Legislative oder Exekutive ausüben."[29]

Der Untersuchungszeitraum der ersten drei Nachkriegsjahrzehnte lässt sich in drei distinkte Phasen ökonomischer Entwicklung einteilen: einen *ersten* Zeitabschnitt der unmittelbaren Nachkriegszeit von 1943/1945 bis 1948, während der die italienische Volkswirtschaft nahezu vollständig zum Erliegen gekommen war; eine

---

28 Vgl. Fabio Lavista, Structural Policies, regional Development and industrial Specialization in Italy, 1952–2002, in: Jahrbuch für Wirtschaftsgeschichte/Economic History Yearbook, vol. 58, Heft 1 (2017), S. 83–105.

29 Michael J. Seitz, Staatliche Industriepolitik. Begründungen, Instrumente und Probleme, Baden-Baden: Nomos (2000), S. 38.

zweite Phase der wirtschaftlichen Rekonstruktion von 1948 bis 1952, während der die jeweiligen Werte der wichtigsten volkswirtschaftlichen Makroindikatoren wieder ihr Vorkriegsniveau von 1938 erreicht bzw. erstmals seit Kriegsende sogar übertroffen haben sowie in eine *dritte* Phase der Nachkriegsprosperität von 1952 bis 1974/75. Letztere – im Zentrum der Analyse stehende – Wachstumsphase kann noch einmal nach zwei Subperioden unterschieden werden: Eine *erste* Subperiode umfaßt den relativ stabilen Wirtschaftsaufschwung nach Abschluß des wirtschaftlichen Wiederaufbaus bis Ende 1963, wobei sich das Wachstum zwischen 1958 und 1963 – in den sog. Wirtschaftswunderjahren – besonders dynamisch entwickelt hat. Die *zweite* Subperiode wiederum setzt mit der ersten Nachkriegsrezession von 1963 bis 1965/66 ein und endet – nach einem nochmaligen kräftigen Wachstum – 1974/1975. Dieser Zeitpunkt markiert den Umschlag der italienischen Nachkriegsprosperität in einen langanhaltenden krisenhaften volkswirtschaftlichen Restrukturierungsprozess, der in der vorliegenden Arbeit aber nicht zur Diskussion steht.

Hauptziel der Untersuchung ist es, entlang der hier vorgeschlagenen Periodisierung Genese, Konzeption, Implementierung und Umsetzung der Industriepolitik während der ersten drei Nachkriegsjahrzehnte historisch zu rekonstruieren und ihren Beitrag für Wachstum und Strukturwandel der italienischen Volkswirtschaft im Allgemeinen und für die Industrialisierung des Mezzogiorno im Besonderen zu vermessen. Zu diesem Zweck sollen die wichtigsten Maßnahmen der staatlichen Industrieförderung erstmalig auf der Grundlage umfangreicher Quellenbestände und archivgestützter Datenerhebungen untersucht werden. Dabei gilt es, *erstens*, die industriepolitischen Entscheidungen relevanter Akteure sowohl im jeweiligen konkret-historischen Entstehungskontext zu verorten als auch deren unterschiedliche Motive, Interessen oder Visionen transparent zu machen. *Zweitens*, geht es um einen kritischen Vergleich der industriepolitischen Hauptinstrumente, um die Herausarbeitung gemeinsamer Muster, Unterschiede, aber auch etwaiger Inkohärenzen. *Drittens*, sollen die kurz-, mittel- und längerfristigen Folgewirkungen der verschiedenen Maßnahmen regional vergleichend analysiert werden. In diesem Zusammenhang läßt sich die Untersuchung von folgendem Fragebündel leiten: Welche industriepolitischen Steuerungsinstrumente kamen wann, wo und warum zum Einsatz? Welche Branchen standen im Fokus? Welche Wachstumseffekte induzierten die staatlichen Maßnahmen? Inwiefern hat die Industriepolitik den volkswirtschaftlichen Strukturwandel beeinflußt? Welchen Beitrag leistete die staatliche Industriepolitik zur Beseitigung bestehender regionaler Disparitäten zwischen Nord- und Süditalien? Wo, wann und warum gab es Defizite, Reibungsprozesse oder Fehlallokationen? *Viertens*, verfolgt die vorliegende Studie schließlich das Ziel, die Bedeutung der italienischen Industriepolitik auch in ordnungspolitischer Perspektive zu beleuchten. Konkret geht es um die Frage, inwiefern die staatliche Industrieförderung nicht nur die wirtschaftliche Entwicklung, sondern zugleich das wirtschaftspolitische Institutionengefüge Italiens verändert hat und es dadurch nach dem Zweiten Weltkrieg zu einem tiefgreifenden ordnungspolitischen Wandel – hin zu einem teilregulierten Marktwirtschaftssystem – gekommen war. In diesem Kontext ist das handlungsprägende bzw. entscheidungsrelevante Spannungsfeld zu fokussieren, das *einerseits* durch das institutionelle Erbe der vom Faschismus übernommenen industriepolitischen Strategien, Maßnahmen und Instrumente, *andererseits* aber durch die drängenden Herausforderungen der Nachkriegszeit – Bewältigung der sozioökonomischen Desintegration sowie Gestaltung einer modernen Industriegesellschaft – bestimmt war.

Zur Realisierung dieser vier Zielstellungen bewegt sich die Untersuchung in einem methodologischen Analyserahmen, der prozeß-, struktur- und akteurszentrierte Aspekte und Fragestellungen zusammenführt und letztlich institutionenökonomisch ausgerichtet ist.[30] Nach Douglass C. North stehen Organisationen und Institutionen in einem relativen, Vertrauen generierenden Gleichgewicht, sofern und solange die in einer Gesellschaft institutionalisierten ökonomischen Sanktions- und Anreizmechanismen die wirtschaftliche Entwicklung stabilisieren oder dynamisieren. Hingegen wirken Veränderungen der relativen Preise, die ihrerseits steigende Transaktionskosten widerspiegeln, destabilisierend auf die institutionelle Ordnung der Marktbeziehungen. Um damit einhergehende kostenintensive Unsicherheiten zu reduzieren, haben individuelle wie kollektive Akteure daher ein Interesse daran, einen institutionellen Wandel herbeizuführen.[31] Da sich diese Wandlungsprozesse sowohl in ihrer praktischen als auch in ihrer diskursiven Form verfolgen lassen, bietet eine institutionenökonomische Begriffs- und Analysematrix insofern einen geeigneten Zugang, um sich der italienischen Industriepolitik systematisch zu nähern. Dabei wird insbesondere auf die terminologische Grundunterscheidung zwischen *Institutionen* als formell oder informell etablierte, prozesshaft generierte Regeln sowie Routinen und *Organisationen* als spezifische, historisch präzise zu verortende Akteure zurückgegriffen.[32] So lassen sich die im Kontext dieser Studie relevanten Interessenverbände, Unternehmen, Parteien und politischen Entscheidungsgremien als Organisationen

---

30 Auf eine eingehende Diskussion des institutionenökonomischen Theorieangebots wird mit Blick auf die kaum noch übersehbare Detail- und Überblicksliteratur zum Thema an dieser Stelle verzichtet. Die Neue Institutionenökonomie (NIÖ) hat konkurrierende Ansätze inzwischen entweder weitgehend marginalisiert oder erfolgreich integriert. Insbesondere das zugrundeliegende Transaktionskostentheorem hat die Brücke zu angrenzenden Ansätzen wie der Vertragstheorie, der Prinzipal-Agent-Konstellation sowie der Analyse von Verfügungsrechten geschlagen. Vgl. grundlegend, die Studien von Douglas C. North, Structure and Change in Economic History, New York: Norton (1981) sowie Douglas C. North, Institutions, Institutional Change and Economic Performance, Cambridge (UK): Cambridge University Press (1990). Zur Einführung, vgl. zum Beispiel Eirik G. Furubotn und Rudolf Richter, Institutions and Economic Theory. The Contribution of the New Institutional Economics, Ann Arbor: University of Michigan Press (2000). Zur Rezeption der NIÖ in der deutschsprachigen Wirtschaftsgeschichte, vgl. zum Beispiel die verschiedenen Beiträge, in: Karl-Peter Ellerbrock und Clemens Wischermann (Hg.), Die Wirtschaftsgeschichte vor den Herausforderungen durch die New Institutional Economics, Münster: Ardey (2004).

31 Vgl. ausführlich North (1990), Institutional Change, S. 83ff.

32 Vgl. Furubotn und Richter (2000), Institutions, S. 6f.

systematisieren, während die gesetzlich sanktionierten industriepolitischen Maßnahmen und Instrumente als *formelle* Institutionen, hingegen die soziokulturellen Pfadabhängigkeiten ökonomischen Handelns als *informelle* Institutionen zu begreifen sind.[33] Unter Berücksichtigung der sich während des Untersuchungszeitraumes verändernden Wachstumsdynamik der italienischen Volkswirtschaft, können mithilfe der NIÖ insofern sowohl Pfadabhängigkeiten als auch – mögliche – Paradigmenwechsel der Wirtschafts- bzw. Industriepolitik mit ihren jeweiligen verteilungsrelevanten Implikationen und inhärenten Konfliktanordnungen der beteiligten Akteure analytisch zusammengeführt und interpretiert werden. Im Spannungsfeld von ökonomischer Veränderung und institutioneller Transformation wird insbesondere zu beachten sein, wie sich wechselnde politisch-institutionelle Arrangements bei der Konzeption und Implementierung industriepolitischer Strategien und Programme auf den Verlauf der sozioökonomischen Entwicklung in Italien auswirkten, ob und inwiefern sie den volkswirtschaftlichen Strukturwandel vorantrieben oder blockierten.[34] Nicht zuletzt gilt es dabei zu fragen, über welche Handlungsspielräume individuelle und kollektive Akteure verfügten, um institutionelle Vorprägungen in der praktischen Ausgestaltung bzw. Umsetzung zu modifizieren oder möglicherweise auch zu unterlaufen und dadurch aufzubrechen.

Im Paradigma der Neuen Institutionenökonomik (NIÖ) und auf der Grundlage nachfolgender empirischer Analysen wird die Auffassung vertreten, dass die während der Nachkriegsprosperität von den jeweiligen italienischen Regierungen praktizierte Industriepolitik neu zu bewerten ist. In klarer Abgrenzung zum Mainstream der wirtschaftshistorischen Italienforschung geht die Untersuchung von der These aus, dass im Ensemble industriepolitischer Maßnahmen vor allem die privatrechtlich organisierten Staatsunternehmen sowie die staatlich subventionierte Kreditfinanzierung maßgeblich zur Dynamisierung und Modernisierung der italienischen Volkswirtschaft beigetragen haben. Darüber hinaus wird die These vertreten, dass die wirtschaftspolitischen Steuerungsinstrumentarien und Reformen zur Förderung des industriellen Sektors *zum einen* durch nationale institutionell-politische Pfadabhängigkeiten und sozioökonomische Zwangslagen geprägt waren, *zum anderen* aber nur im Kontext internationaler Entwicklungstrends von Politik, Wissenschaft und Wirtschaft zu begreifen sind.

33 Vgl. hierzu auch Thomas Eger und Hans G. Nutzinger, Traditionelle Ordnungstheorie, Neue Institutionenökonomik und Evolutorische Ökonomik im Vergleich, in: Dieter Cassel (Hg.), Perspektiven der Systemforschung, Berlin: Duncker & Humblot (1999), S. 23f.

34 Vgl. in diesem Zusammenhang auch Daron K. Acemoglu und James A. Robinson, De Facto Political Power and Institutional Persistence, in: American Economic Review, vol. 96,2 (2006), S. 325–330 sowie Daron K. Acemoglu und James A. Robinson, Economic Backwardness in Political Perspective, in: American Political Science Review, vol. 100,1 (2006), S. 115–131.

Zur Überprüfung dieser zwei Thesen werden sowohl qualitative Methoden als auch quantitative Verfahren der wirtschaftshistorischen Zeitreihen- und Strukturanalyse (Index-, Wachstumsraten- und prozentuale Anteilsberechnungen sowie deren graphische Visualisierung) angewendet. Während für die Analyse und Interpretation der jeweiligen industriepolitischen Reformen und Institutionen auf relevante unveröffentlichte und veröffentlichte Quellen sowie auf einschlägige Sekundärliteratur zurückgegriffen wird,[35] basiert die quantitative Auswertung der für die Analyse von Wachstum und Strukturwandel als notwendig erachteten Indikatorreihen auf einer umfangreichen Datensammlung, die aus verschiedenen Statistiken und Quellenbeständen zusammengetragen worden ist. Diese Datensammlung zur industrie- und gesamtwirtschaftlichen Entwicklung Italiens zwischen 1945 und 1974/75 erfüllt nicht nur den Zweck, vorstehende Untersuchungsziele zu realisieren. Aufgrund der nach bestimmten Kriterien erfolgten statistischen Vereinheitlichung der für jeweilige Teilzeiträume in der Regel auf unterschiedlichen Berechnungsmethoden basierenden Datensätze, kann die aufbereitete Datensammlung der vorliegenden Arbeit prinzipiell für weiterführende bzw. anderweitige Untersuchungen zur italienischen Nachkriegs(wirtschafts)geschichte genutzt werden. Dabei wurden die im Jahr 2011/13 vom Studienzentrum der italienischen Zentralbank – *Banca d'Italia* – durchgeführten Neuberechnungen der volkswirtschaftlichen Gesamtrechnung[36] sowie die Neuberechnungen der sektoral und nach Makrobranchen differenzierten Gesamtbeschäftigtenzahl von Stephen Broadberry et al.[37] als Bezugsgrößen für eine Vereinheitlichung und damit Vergleichbarkeit sowohl von zeitgenössischen Datenerhebungen des zentralen Statistikamtes – ISTAT – als auch von später durchgeführten Neuberechnungen zur branchenspezifisch differenzierten Entwicklung der Industriewirtschaft verwendet.[38] Für die regional vergleichende Analyse der industrie- und gesamtwirtschaftlichen Entwicklung dienten wiederum die im Jahr 2011 durchgeführten Neuberechnungen des Wirtschaftsinstituts für die Entwicklung des Mezzogiorno – SVIMEZ – als Bezugsgröße, die mit den von der *Banca d'Italia* vorgelegten Angaben zur volkswirtschaftlichen Gesamtrechnung bzw. der Gesamtbeschäftigtenzahl korrespondieren.[39] Sämtliche Angaben zu laufenden Preisen in Lira wurden dabei in konstante Preise

---

35 Alle italienischen Zitate aus veröffentlichten und unveröffentlichten Quellen wie auch Zitate aus der italienischsprachigen Sekundärliteratur wurden vom Autor dieser Arbeit übersetzt.

36 Vgl. Baffigi (2011), Italian National Accounts. Die als Bezugsgrößen verwendeten Daten stammen aus der von Baffigi 2013 erneut aktualisierten Datenbank: https://www.bancaditalia.it/statistiche/tematiche/stat.../Data_Na150-1.1.zip.

37 Vgl. Stephen N. Broadberry, Claire Giordano und Francesco Zollino, Data Appendix – Italy's National Accounts (1861–2010), Tabellen A5–A7, in: Toniolo (2013), Italian Economy, Tabelle A5, S. 680ff.

38 Die Quellenangaben zu den verschiedenen verwendeten Datensammlungen sind jeweils im laufenden Text der vorliegenden Arbeit separat ausgewiesen, ebenso die einzelnen Rechenschritte für die vorgenommene Vereinheitlichung des ausgewerteten Datensamples.

39 Vgl. SVIMEZ, 150 anni di statistiche italiane: Nord e Sud 1861–2011, Bologna: Il Mulino (2011).

in € (2010) neu berechnet[40] und anschließend als vergleichbare Zeitreihen für ausgewählte ökonomische Makroindikatoren statistisch aufbereitet.

Zur Vermessung der Steuerungseffizienz staatlicher Industriefördermaßnahmen wurden darüber hinaus entsprechende Indikatorreihen für den privatrechtlich organisierten staatlichen Unternehmenssektor aus den Jahresberichten des Ministeriums für Staatsbeteiligungen sowie aus den jährlichen Bilanzen der drei größten Staatsholdings IRI, ENI und ENEL erarbeitet. Auf diese Weise konnte ein wachstums- und unternehmenshistorisch relevanter Datenkorpus erstellt werden, der erstmals die Wirtschaftsleistung dieser Staatskonzerne für den Zeitraum von 1952 bis 1975 unter regionalem, sektoralem sowie branchenspezifischem Aspekt zusammenführt.[41] Auf der Quellenbasis der Jahresabschlußberichte der *Banca d'Italia*, der *Cassa per il Mezzogiorno* sowie des für die Belange Süditaliens zuständigen Ministerausschusses wurden des Weiteren die jährlichen regionalen Gesamtvolumina der an die Unternehmen der verschiedenen Branchen der Industriewirtschaft jeweils vergebenen „ordentlichen" und staatlich subventionierten Kredite ermittelt sowie schließlich auch der jährliche Gesamtumfang der staatlichen Industriesubventionen während der Nachkriegsprosperität berechnet.

Neben den aufgeführten Berichten und Bilanzen der *Banca d´Italia*, des *Ministero delle partecipazioni statali*, der großen Staatsholdings IRI, ENI und ENEL sowie der *Cassa per il Mezzogiorno* und des *Comitato dei Ministri per il Mezzogiorno*, stützt sich die nachfolgende Analyse auf eine Vielzahl gedruckter Quellen. Innerhalb dieser Materialien sind die in den *Atti Parlamentari* veröffentlichten relevanten Gesetzesvorschläge zur Implementierung konkreter industriepolitischer Maßnahmen sowie die betreffenden Sitzungsprotokolle der Parlamentsdebatten in Abgeordnetenkammer und Senat hervorzuheben. Auf ihrer Grundlage war es möglich, die jeweiligen – oftmals langwierigen – politischen Entscheidungsprozesse zur Durchsetzung von Gesetzesinitiativen sowie ihre etwaige Ablehnung nachzuzeichnen. Darüber hinaus wurden die verschiedenen Regierungsantrittserklärungen der jeweiligen (neuen) Ministerpräsidenten für einen Abgleich der im Zeitverlauf variierenden industriepolitischen Ziele des italienischen Staates mit den tatsächlich eingeleiteten Reformen ausgewertet. Das Schrifttum der *Atti Parlamentari* ergänzend, wurden zudem zeitgenössische Berichte italienischer und supranationaler Wirtschaftskommissionen sowie von der Regierung veröffentlichte Wirtschaftspläne und -programme bzw. ihre

40 Zur Umrechnung der jeweiligen Angaben in Lira zu laufenden Preisen in konstante Preise in € (2010) wurde auf der Grundlage der vom ISTAT im Jahr 2011 letztmalig durchgeführten Neuberechnungen zur Geldwertveränderung der italienischen Lira für die einzelnen Jahre von 1861 bis 1990 jeweils ein Deflator gebildet. Vgl. ISTAT, L'Italia in 150 anni. Sommario di statistiche storiche 1861–2010, Rom: RTI Poligrafica Ruggiero (2011), Tabelle 21.6, S. 897.

41 Dieser Datenkorpus ist als Appendix der vorliegenden Untersuchung in elektronischer Form aufbereitet und auf der Verlagshomepage zu diesem Buch als Download zur Verfügung gestellt. Vgl. https://www.degruyter.com/view/product/552615.

verschiedenen Entwürfe für die Untersuchung herangezogen. Dabei waren vor allem folgende Dokumente zentral: das für die *Economic Cooperation Administration* (ECA) entworfene *Programma economico italiano a lungo termine* von 1948 – das staatliche Wiederaufbauprogramm für den Erhalt der Marshall-Plan-Hilfen –, das sog. *Schema Vanoni* von 1954 – der Entwurf eines gesamtwirtschaftlichen Zehn-Jahres-Wirtschafts- und Entwicklungsprogramms –, der sog. *Rapporto Saraceno* von 1959 – ein Kommissionsbericht zur italienischen Wirtschaftsentwicklung für die Jahre von 1954 bis 1958 in Auseinandersetzung mit den Zielsetzungen des *Schema Vanoni* –, die sog. *Nota La Malfa* von 1962 – ein Bericht des Haushaltsministeriums über die Notwendigkeit der Implementierung einer gesamtwirtschaftlich ausgerichteten staatlichen Wirtschaftsplanung – sowie der sog. *Piano Giolitti* von 1964 und der sog. *Piano Pieraccini* von 1967 – die beiden wichtigsten Fünf-Jahres-Wirtschaftsprogramme der seit Ende 1963 amtierenden Mitte-Links-Regierungen. Schließlich wurden auch ausgewählte Quellensammlungen – von Reden relevanter Politiker und Unternehmerpersönlichkeiten sowie weiterer interessenspolitischer Akteure –, verschiedene Artikel in Tages-, Wochen- und Monatszeitschriften sowie zeitgenössische wirtschaftswissenschaftliche Fachliteratur berücksichtigt. Hier waren die Arbeiten von Pasquale Saraceno von besonderem Interesse, der als politisch einflußreicher Wissenschaftler und Politikberater die strategische (Neu)Ausrichtung der staatlichen Industriepolitik entscheidend mitbestimmt hat.

Neben veröffentlichten Quellen wurden zahlreiche archivalische unveröffentlichte Quellen analysiert: Sitzungsprotokolle, Gutachten und Berichte der für die industriepolitischen Entscheidungsprozesse relevanten Kommissionen und Ausschüsse, offizielle Stellungsnahmen, Schreiben und Vermerke sowie – vor allem – unveröffentlichte Reden und die persönliche Korrespondenz der beteiligten Akteure. Besonders ergiebig für die Auswertung von unveröffentlichten Quellen waren dabei die betreffenden Archivbestände der Regierungskanzlei (*Presidenza del Consiglio dei Ministri*), des Haushaltsministeriums (*Ministero del bilancio*) und des Schatzministeriums (*Ministero del tesoro*) im Zentralen Staatsarchiv in Rom (*Archivio Centrale dello Stato*, ACS) sowie die zwei ebenfalls im ACS zugänglichen privaten Nachlassbestände von Pasquale Saraceno und Ugo La Malfa. Außerdem wurden Quellenbestände aus dem Historischen Archiv der *Banca d'Italia* in Rom (*Archivio Storico della Banca d'Italia*, ASBI) ausgewertet, wobei vor allem Informationen aus unveröffentlichten Dokumenten der persönlichen Kanzlei des Generalgouverneurs der Zentralbank (*Segreteria particolare*) sowie des Studienzentrums der *Banca d'Italia* (*Studi*) für die Untersuchung relevant waren. Des Weiteren stützt sich die Analyse auf unveröffentlichte Dokumente aus dem Historischen Archiv des IRI in Rom (*Archivio Storico IRI*, ASIRI). Hier erwiesen sich die Archivbestände der beschlussfassenden Konzernleitung (*Organi deliberanti*), der internen Konzernaufsicht (*Ispettorato*), des IRI-Studienzentrums (*Studi*) sowie der private Nachlassbestand des langjährigen IRI-Präsidenten, Giuseppe Petrilli als aufschlussreich. Ausgewertet wurden schließlich noch verschiedene Dokumente aus den Quellenbeständen zum Wirken Enrico

Matteis als Präsident der ENI im Historischen Archiv des Energiekonzerns in Rom (*Archivio Storico ENI*, ASENI) sowie zur *Cassa per il Mezzogiorno* im Historischen Archiv der SVIMEZ, ebenfalls in Rom (*Archivio Storico SVIMEZ*).

Die nachfolgende Arbeit gliedert sich in vier Kapitel: Im *ersten* Kapitel geht es um die Analyse prägnanter Weichenstellungen der italienischen Industriepolitik zwischen 1943/45 und 1952. Hierbei werden zunächst die Ausgangssituation am Ende des Zweiten Weltkrieges sowie die sozialen, ökonomischen und innen- sowie außenpolitischen Zwangslagen während der unmittelbaren Nachkriegszeit aufgezeigt. Anschließend steht der konfliktbeladene Prozess einer Neustrukturierung des industriepolitischen Institutionengefüges der Republik Italien bis zum Ende der Wiederaufbauphase im Zentrum der Betrachtung. In diesem Zusammenhang werden *zum einen* die Bedeutung der Teilnahme Italiens am US-amerikanischen *European Recovery Program* analysiert und die institutionelle Grundsteinlegung der staatlichen Südförderung durch die Gründung der *Cassa per il Mezzogiorno* diskutiert; *zum anderen* werden die Reetablierung der größten Staatsholding IRI und die Reorganisation der zwei anderen vom Faschismus übernommenen privatrechtlich organisierten Staatskonzerne AGIP und ANIC durch die Gründung der ENI fokussiert. Ausgehend von einem internationalen Vergleich, widmet sich das *zweite* Kapitel dem Verlauf der wirtschaftlichen Entwicklung in Italien während der Nachkriegsprosperität von 1952 bis 1974/75. Neben der statistischen Herausarbeitung der sich verändernden, sektoral und regional variierenden Wachstumsdynamik sowie ihrer Bedeutung für die industriegesellschaftliche Modernisierung, liegt der Schwerpunkt auf einer intrasektoralen Strukturanalyse der Industriewirtschaft im Vergleich der zwei italienischen Makroregionen „Süd" und „Zentrum-Nord".[42] Auf dieser Hintergrundfolie quantitativer Ergebnisse wird im *dritten* Kapitel die Ausdifferenzierung des bereits während der Wiederaufbauphase eingeleiteten Paradigmenwechsels einer dirigistischen und entwicklungsökonomisch überformten Industriepolitik durch eine Analyse damaliger wirtschaftspolitischer Diskurse und institutionell-organsitorischer Veränderungen sichtbar gemacht. In diesem Kontext geht es vor allem um Genese und Implementierung der *Programmazione Economica Organica*, die im Spannungsfeld ungleichmäßiger Industrieexpansion und politischer Zäsuren rekonstruiert und problematisiert werden. Im Mittelpunkt des *vierten* Kapitels schließlich stehen die konkrete Umsetzung der industriepolitischen Südförderung sowie die Steuerungseffizienz ihrer drei Hauptinstrumente – der privatrechtlich organisierten Staatsunternehmen, der staatlich subventionierten Industriekreditfinanzierung sowie der *Cassa per il Mezzogiorno*. Auf der Grundlage der Darstellung und Diskussion relevanter Reformgesetze wird die

42 In Übereinstimmung mit dem ISTAT werden in der vorliegenden Arbeit die Regionen des Mezzogiorno – Kampanien, Abruzzen, Molise, Apulien, Basilikata und Kalabrien sowie die beiden Inseln Sizilien und Sardinien – als Makroregion „Süd" sowie die Regionen des übrigen Italiens – Piemont, Venetien, Friaul-Julisch Venetien, Aostatal, Trentino-Südtirol, Ligurien, Lombardei, Emilia-Romagna, Toskana, Umbrien, Marken und Latium – als Makroregion „Zentrum-Nord" zusammengefasst.

Ausweitung der industriepolitischen Fördermaßnahmen im Mezzogiorno mit der Entwicklung im übrigen Italien kontrastiert. Darüber hinaus werden ihre wirtschaftlichen Folgewirkungen für verschiedene Teilzeiträume der Nachkriegsprosperität regional vergleichend analysiert. In der Schlußbetrachtung werden die wichtigsten Ergebnisse der Studie in Bezug auf die zwei Grundthesen der Untersuchung noch einmal kritisch reflektiert.

Kapitel 1
Rekonstruktion und Reorganisation der italienischen Wirtschaft, 1943/45–1952

Die kurze Zeitspanne zwischen dem Einmarsch der Amerikaner in das von deutschen Truppen besetzte Italien am 10. Juli 1943 und der Unterzeichnung des Friedensvertrages mit den Alliierten am 10. Februar 1947 markiert eine einschneidende Umbruchsphase in der italienischen Zeitgeschichte. Nach dem Sturz Benito Mussolinis und der Ablösung seines mit Hitler-Deutschland verbündeten faschistischen Regimes am 25. Juli 1943 bemühte sich die neue, provisorisch gebildete Regierung unter der Führung von General Pietro Badoglio um einen Friedensschluß mit den Alliierten. Der am 08. September 1943 verkündete Waffenstillstand bedeutete das Ende italienischer Großmachtfantasien; er sollte sich über Jahre hinaus als traumatische Erfahrung, als ein „Symbol für Niederlage und Zusammenbruch schlechthin (...) im Kollektivbewußtsein der Nation“[43] einprägen.[44]

Wirtschaftlich und militärisch schwach, politisch gespalten und von fremden Streitkräften besetzt, hatte der Apenninenstaat bereits vor dem Ende des Zweiten Weltkrieges alle Merkmale einer europäischen Großmacht verloren. Nach der Auflösung eines Millionenheeres, der Auslieferung der Flotte, dem Verlust aller Kriegsgewinne und seiner staatlichen Existenz faktisch beraubt, war das doppelt besetzte und geteilte Land zu einem Objekt alliierter und deutscher Politik herabgesunken.[45]

Am 10. Februar 1947 wurde der Friedensvertrag zwischen den Alliierten und Italien nach langwierigen Verhandlungen in Paris unterzeichnet. Italien musste sämtliche Kolonien, die Inseln des Dodekanes, Istrien und kleinere Gebietsstreifen an der Grenze zu Frankreich abtreten; Triest erhielt den Status eines Freistaates. Weiterhin musste Italien Rüstungsbeschränkungen, die Reduzierung und Entwaffnung der Streitkräfte hinnehmen; darüber hinaus wurde das Land verpflichtet, Kriegsentschädigungen an die Siegermächte zu zahlen.[46]

43 Jens Petersen, Italien als Republik: 1946–1987, in: Michael Seidlmayer, Geschichte Italiens. Vom Zusammenbruch des Römischen Reiches bis zum Ersten Weltkrieg, Stuttgart: Kröner (1989), S. 499.
44 Vgl. zur Bedeutung des Waffenstillstandsabkommens mit den Alliierten im September 1943: Jens Petersen, Sommer 1943, in: Hans Woller (Hg.), Italien und die Großmächte 1943–1949, München: Oldenbourg (1988), S. 23–48.
45 Vgl. zur italienischen Geschichte in der Zeit von 1943 bis 1945 zum Beispiel Jens Petersen und Wolfgang Schieder (Hg.), Faschismus und Gesellschaft in Italien. Staat – Wirtschaft – Kultur, Köln: SH-Verlag (1998); Lutz Klinkhammer, Zwischen Bündnis und Besatzung: das nationalsozialistische Deutschland und die Republik von Salò 1943–1945, Tübingen: Niemeyer (1993). Siehe aber auch Antonio Gambino, Storia del dopoguerra. Dalla liberazione al potere DC, Rom-Bari: Laterza (1975).
46 Vgl. Kathrin Weber, Italiens Weg in die NATO. 1947–1949, in: Vierteljahreshefte für Zeitgeschichte, Jahrgang 41, Heft 2 (1993), S. 199.

https://doi.org/10.1515/9783110684223-002

Der Friedensvertrag wurde in der italienischen Öffentlichkeit als unzumutbar diskutiert, und auch bei den Parteien stießen die Klauseln des Friedensvertrages auf starke Kritik.[47] Dennoch sprachen sich der italienische Ministerpräsident Alcide De Gasperi und sein Außenminister Graf Carlo Sforza in der Verfassungsgebenden Versammlung am 09. Februar 1947 für eine Ratifizierung des Vertrages aus, wenn auch unter starkem Protest.[48] In einer dramatischen Nachtsitzung verteidigte De Gasperi sein Vorhaben: „Wir sind Opfer einer Situation, die einer Niederlage entspringt. (...) Italien steht der geschlossenen Front der vier Großmächte gegenüber; (...) solange diese nicht durch die Unterzeichnung des Friedensvertrages überwunden ist, können wir nichts unternehmen, solange können wir nichts für uns einfordern."[49] Und der Außenminister erklärte: „Eine Nichtunterzeichnung des Vertrages würde Italien in ein weiteres Abenteuer stürzen."[50]

Mit der Annahme des Friedensvertrages hatte das Land seine volle staatliche Souveränität zurückerlangt, „gleichzeitig mussten die Italiener aber auch zur Kenntnis nehmen, dass ihre Stimme im Konzert der europäischen Großmächte erheblich an Gewicht verloren hatte."[51]

1.1 Die Ausgangslage nach Kriegsende

1.1.1 Innenpolitische Aspekte

Um das endgültige Auseinanderfallen des Landes zu vermeiden, hatte sich am 08. September 1943, nur wenige Stunden nach der öffentlichen Bekanntgabe des Waffenstillstandes, in Rom das *Comitato di Liberazione Nazionale* (CLN) – das Nationale Befreiungskomitee – konstituiert, das in Zusammenarbeit mit den Alliierten die Regierungsverantwortung in dem nicht von deutschen Truppen besetzten Teil Italiens übernehmen sollte. Hierbei hatten sich bereits die Grundzüge des späteren Parteiensystems herauskristallisiert[52]:

Das linke politische Spektrum wurde von dem *Partito Comunista Italiano* (PCI) angeführt. Unter der Führung von Palmiro Togliatti entwickelte sich der PCI in den Jahren 1944 und 1945 von einer während des Krieges im Widerstand gegen das faschistische Regime erprobten elitären Kader- in eine breit in die gesellschaftlichen Räume ausgreifende Massenpartei. Mit seinen 1.800.000 Mitgliedern war der PCI schon bis

47 Vgl. Mario N. Ferrara, La politica estera dell' Italia libera, Mailand: Pan (1973), S. 33.

48 Vgl. Carlo Sforza, Cinque anni a Palazzo Chigi. La politica estera italiana dal 1947 al 1951, Rom: Atlante (1952), S. 18f.

49 Zitiert nach Hans Woller, Einleitung, in: Hans Woller (Hg.), Italien und die Großmächte 1943–1949, München: Oldenbourg (1988), S. 16.

50 Zitiert nach ebd.

51 Weber (1993), Italiens Weg in die NATO, S. 199.

52 Vgl. Gambino (1975), Storia del dopoguerra, S. 183–210.

Ende 1945 zur größten Nachkriegspartei Italiens aufgestiegen.[53] In direkter Konkurrenz um die Stimmen der Arbeiterbewegung hatte sich im Sommer 1943 unter der Leitung von Pietro Nenni der *Partito Socialista Italiano di Unità Proletaria* – die Sozialistische Arbeiterpartei Italiens (PSIUP, ab 1947 PSI) – gegründet. Mit seiner Forderung nach einer sozialistischen Arbeiterrepublik stand der PSIUP innerhalb des Befreiungskomitees politisch eher noch weiter links von den Kommunisten. Den dritten Baustein eines möglicherweise angestrebten linken Parteienbündnisses bildete schließlich die „Aktionspartei", in der sich sowohl radikaldemokratische als auch linksliberale Vorstellungen vereinten. Gemeinsam mit der *Democrazia del Lavoro* (DL) – der Partei der Arbeit – stellte der *Partito Liberale Italiano* (PLI) – die Liberale Partei Italiens – demgegenüber den rechten Flügel innerhalb des Nationalen Befreiungskomitees dar.

Als Partei der Mitte ist im Unterschied zu diesen fünf Parteien die *Democrazia Cristiana* (DC) – die Christdemokratische Partei – zu betrachten, die sich nach ihrer Gründung im Dezember 1943 innerhalb eines nur kurzen Zeitraums als klassenübergreifende katholische Partei zur bestimmenden Kraft innerhalb der italienischen Politik entwickelte. Mit ihrem Programm, „in dem die Stärkung des bäuerlichen und gewerblichen Kleineigentums, die Kontrolle des großen Finanz- und Industriekapitals, die Landreform, die Dezentralisierung der Staatsverwaltung und die Rückkehr zu westlich parlamentarischen Verfassungsformen vorgesehen war",[54] fand die DC auch in den Institutionen der katholischen Kirche einen starken Rückhalt, der ihr im Vergleich zu den anderen Parteien bei der Durchsetzung ihrer politischen Ziele einen deutlichen Vorteil verschaffte.

Am 10. Dezember 1945, nach einer kurzen Regierungszeit von Ferruccio Parri, wurde Alcide De Gasperi (DC) vom CLN zum ersten Ministerpräsidenten Italiens gewählt, der gemeinsam mit den Parteivertretern des antifaschistischen Widerstands die neue Regierung bildete. Als erste Aufgabe stellte sich die Frage nach dem institutionellen Aufbau des Staates. In Übereinstimmung mit den Alliierten und gegen den Willen der Linken verfügte De Gasperi am 31. Dezember 1945, diese Entscheidung einer Volksabstimmung zu überlassen, die am 02. und 03. Juni 1946, zusammen mit den Wahlen zur *Costituente* – der Verfassungsgebenden Versammlung –, stattfand.[55] Damit wurde zum ersten Mal in der Geschichte Italiens eine Wahl auf der Basis eines allgemeinen Wahlrechts für alle Bürger durchgeführt. Von den 28.005.449 Wahlberechtigten gaben knapp 90% ihre Stimme ab. Am 02. Juni 1946 votierten im Rahmen des Referendums 12.718.641 Italiener (54,3%) für die Republik und 10.718.502 (45,7%) für die Monarchie. Der Kronprinz Umberto, der nach der Abdankung seines Vaters Vittorio Emanuele III im Mai 1946 für kurze Zeit die Regentschaft übernommen hatte,

53 Petersen (1989), Italien als Republik, S. 504.

54 Ebd., S. 505f.

55 Zu den Wahlen am 02. und 03. Juni 1946, vgl. vor allem Stefano Cavazza, Comunicazione di massa e simbologia politica nelle campagne elettorali del secondo dopoguerra, in: Pier L. Ballini und Maurizio Ridolfi (Hg.), Storia delle campagne elettorali in Italia, Mailand: Mondadori (2002), S. 193–204.

musste mit seiner Familie Italien verlassen; er ging nach Portugal ins Exil. An Stelle des Königs wählte die Republik Italien in der Person des neapolitanischen Rechtsanwalts Enrico De Nicola ihren ersten Staatspräsidenten. Alcide De Gasperi wurde in seinem Amt als Ministerpräsident bestätigt und formierte mit Unterstützung der Sozialisten, der Kommunisten und der Republikaner sein zweites Kabinett.[56] Von diesem Augenblick an waren „die Geschichte der *Democrazia Cristiana* und die Italiens eng und kaum trennbar miteinander verknüpft."[57] Sie etablierte sich für die Nachkriegsjahrzehnte als wichtigste politische Kraft im italienischen Parteienfeld und stellte bis 1981 ohne Unterbrechung den Ministerpräsidenten.

1.1.2 Die sozioökonomische Dimension

Am Ende des Zweiten Weltkrieges waren – wie in Tabelle 1.1 aufgezeigt – das Bruttoinlandsprodukt Italiens auf unter den Stand von 1900 und das Bruttoinlandsprodukt pro Kopf sogar auf ein Allzeittief gefallen. Verglichen mit 1938 hatten sich das BIP real um knapp 60% und das BIP pro Kopf um fast 62% vermindert. Das Gesamtvolumen der 1945 getätigten Bruttoinvestitionen belief sich auf knapp 32% des Vorkriegsstandes, und die Exportwirtschaft war am Kriegsende mit einem Ausfuhrvolumen von weniger als 3% der im letzten Vorkriegsjahr erzielten Nettoexporterlöse nahezu vollständig zum Erliegen gekommen.

Ähnlich schwer fielen die Staatsverschuldung, die während der Kriegsjahre massiv aufgebläht worden war, ein starker Anstieg der Verbraucherpreise sowie eine deutliche Zunahme der Arbeitslosigkeit ins Gewicht. Die vom ISTAT neu berechneten Verbraucherpreise lagen 1945 im Durchschnitt etwa 24 mal höher als 1938; allerdings war dies erst der Beginn einer galoppierenden Inflation, die zum Ende der Vierzigerjahre den Verbraucherpreisindex auf etwa knapp das Fünfzigfache ansteigen ließ.[58] Zur Entwicklung der Arbeitslosenquote liegen für die Jahre 1940–1945 zwar keine genauen Angaben vor. Dennoch läßt sich auf der Grundlage der 1947 vom *Ministero del lavoro e della previdenza sociale* veröffentlichten Erhebungen für das Jahr 1946 davon ausgehen, dass bei Kriegsende knapp 1,9 Mio. Menschen arbeitslos waren.[59]

---

56 Bei den Wahlen zur Verfassungsgebenden Versammlung am 03. Juni siegten die Christdemokraten überraschend klar mit 35,2%, die Sozialisten erreichten 20,7% und übertrafen damit die Kommunisten (18,9%). Achtungserfolge erzielten auch die Liberalen (6,8%) und die Republikaner (4,4%). Nur die Aktionspartei enttäuschte, die gerade einmal 1,5% der Wählerstimmen auf sich vereinigen konnte und sich daraufhin wenig später auflöste. Vgl. ebd., S. 204.

57 Petersen (1989), Italien als Republik, S. 506f.

58 Vgl. ISTAT (2011), Sommario, Tabelle 21.5, S. 896.

59 Vgl. Adolfo Annesi, Disoccupazione, in: Enciclopedia Italiana di scienze, lettere ed arti, Appendice II, vol. I, Rom: Istituto dell'Enciclopedia Italiana (1948), S. 22f. und S. 520f.

Tabelle 1.1: Makroindikatoren der italienischen Volkswirtschaft (BIP, Bruttoinvestitionen und Export in Mrd. € (2010), BIP pro Kopf in € (2010) sowie Trade openness in % BIP), 1938–1945.

	BIP	**Jährliche WR in %**	**BIP pro Kopf**	**Jährliche WR in %**	**Brutto-investitionen**	**Jährliche WR in %**	**Export**	**Jährliche WR in %**	**Trade openness**	**Jährliche WR in %**
1938	141,47		3272,63		18,59		10,62		14,70	
1939	149,62	5,76	3430,80	4,83	20,80	11,90	11,11	4,59	13,65	−7,11
1940	151,89	1,52	3442,80	0,35	19,88	−4,43	10,71	−3,58	14,10	3,29
1941	156,74	3,19	3517,33	2,16	17,45	−12,23	12,35	15,33	13,22	−6,29
1942	168,94	7,79	3763,94	7,01	15,63	−10,42	12,54	1,53	12,95	−2,01
1943	137,36	−18,70	3044,34	−19,12	13,21	−15,47	3,99	−68,21	5,49	−57,63
1944	60,48	−55,97	1337,08	−56,08	4,02	−69,54	0,83	−79,15	5,13	−6,55
1945	56,95	−5,85	1255,86	−6,07	5,91	46,82	0,30	−63,57	6,36	24,07

Durchschnittl. Wachstum in %	**BIP**	**BIP pro Kopf**	**Brutto-investitionen**	**Export**	**Trade openness**
1938–1945	−12,19	−12,79	−15,10	−39,84	−11,28

Quelle: Eigene Berechnungen, basierend auf Alberto Baffigi (2011), Italian National Accounts, 1861–2011, Data_Na150-1.1.zip.
Anmerkung: Vgl. Baffigi (2011), Italian National Accounts. Die zur Umrechnung in konstante Preise für die betreffenden Tabellen verwendeten Daten stammen aus der von Baffigi 2013 erneut aktualisierten Datenbank: https://www.bancaditalia.it/statistiche/tematiche/stat.../Data_Na150-1.1.zip.

Die Arbeitslosenquote dürfte damit bereits etwa drei Prozentpunkte über dem Vorkriegsstand gelegen haben, auch wenn – wie aus Tabelle 1.2 hervorgeht – die Gesamtbeschäftigtenzahl 1945 lediglich um 182.271 Beschäftigte im Vorkriegsvergleich zurückgegangen war.[60]

Hinsichtlich des Versorgungsniveaus – vor allem bei den Grundnahrungsmitteln – war der Lebensstandard der Italiener im Jahre 1945 erschreckend niedrig. So waren die durchschnittliche tägliche Nährstoffverfügbarkeit von Proteinen, Fetten und Kohlenhydraten – verglichen mit 1938 – auf 61%, 58% bzw. 66% gesunken. Der durchschnittliche Kalorienverbrauch lag mit 1737 Kalorien pro Tag bei etwa 63%.[61] Im Vergleich zu den Vorkriegsdaten fiel die Getreideernte des Jahres 1945 um ca. 50%[62] und die Fleischproduktion um etwa 40% geringer aus.[63] Eine daraus resultierende Hungersnot konnte nur durch umfangreiche internationale Hilfen eingedämmt werden.[64]

Seit 1944 bemühten sich die USA, den politischen und wirtschaftlichen Wiederaufbau der italienischen Halbinsel durch umfangreiche Kreditgewährung, Technologietransfers, Getreide- und Rohstofflieferungen u.a.m. zu unterstützen und voranzutreiben. Allein bis Ende 1945 beliefen sich die amerikanischen Finanzhilfen auf ca. eine Milliarde US $, die allerdings ihre gewünschten Ziele – ökonomische Stabilität des Landes sowie Linderung akuter Engpässe bei der Lebensmittelversorgung – weitgehend verfehlten. Noch wurden die Gelder nahezu willkürlich über das Land verteilt, anstatt planmäßig eingesetzt zu werden.[65]

Dennoch wurden die Amerikaner in großen Teilen der Gesellschaft als „Retter“ und „Wohltäter“ wahrgenommen, deren erklärtes Ziel es wäre, Italien und ganz allgemein „Europa beim Wiederaufbau der materiellen und moralischen Zerstörungen

---

60 Für das Jahr 1946 beziffert das italienische Arbeitsministerium die Arbeitslosenzahl insgesamt auf 2.098.257, davon 426.482 im Agrarsektor, 1.101.943 im Industriesektor und 569.832 im Dienstleistungsbereich. Geht man nach den Angaben von Broadberry et al. von einem Beschäftigungsrückgang in den Jahren 1945–1946 von 213.039 Personen aus, erhält man die für das Jahr 1945 betreffende Arbeitslosenzahl von 1.885.218. Vgl. Broadberry et al. (2013), Data Appendix, Tabelle A5, S. 680ff.

61 Vgl. ISTAT, Annuario Statistico Italiano 1953, Serie V – Volume V, Rom: Istitituto Poligrafico dello Stato (1954), Tabelle 473, S. 474.

62 Vgl. ebd., Tabelle 434, S. 423f.

63 Vgl. ebd., Tabelle 439, S. 427.

64 Vgl. dazu Werner Abelshauser, Westeuropa vor dem Marshall-Plan. Entwicklungsmöglichkeiten und Wirtschaftsordnung in Großbritannien, Frankreich, Westdeutschland und Italien 1945–1950, in: Otmar N. Haberl und Lutz Niethammer (Hg.), Der Marshall-Plan und die europäische Linke, Frankfurt a.M.: Suhrkamp (1986), S. 121f.; siehe auch Sergio Ricossa, Italien 1920–1970, in: Carlo M. Cipolla und Knut Borchardt (Hg.), Europäische Wirtschaftsgeschichte, Bd. 5, Die europäischen Volkswirtschaften im zwanzigsten Jahrhundert, Stuttgart-New York: Fischer (1986), S. 192f.

65 Vgl. James E. Miller, Der Weg zu einer 'special relationship'- Italien und die Vereinigten Staaten 1943–1947, in: Woller (1988), Italien und die Großmächte, S. 62f.

Tabelle 1.2: Makroindikatoren der italienischen Volkswirtschaft (Beschäftigung in Anzahl der Erwerbstätigen, Arbeitslosigkeit in %, Inflation in % (Δ Verbraucherpreisindex), Leistungsbilanz in Mrd. € (2010) sowie Staatsausgaben und Staatsverschuldung in % BIP), 1938–1945.

	Beschäftigung	Jährliche WR in %	Arbeitslosigkeit	Jährliche WR in %	Inflation	Leistungsbilanzsaldo	Staatsausgaben	Jährliche WR in %	Staatsverschuldung	Jährliche WR in %
1938	21034877		4,3		7,7	−0,46	23,2		90	
1939	20998650	−0,17	3,8	−11,63	4,4	−0,01	27,2	17,24	88	−2,22
1940	21069175	0,34	k.A.		16,7	−2,01	42,4	55,88	93	5,68
1941	21140289	0,34	k.A.		15,7	0,80	41,8	−1,42	106	13,98
1942	21217688	0,37	k.A.		15,6	0,09	40,6	−2,87	117	10,38
1943	21278681	0,29	k.A.		67,7	−0,77	21,4	−47,29	118	0,85
1944	21065643	−1,00	k.A.		344,4	−2,49	34,3	60,28	77	−34,75
1945	20852606	−1,01	k.A.		97	−4,80	17,7	−48,40	91	18,18

Durchschnittl. Wachstum in %	Beschäftigung	Arbeitslosigkeit	Staatsausgaben	Staatsverschuldung
1938–1945	−0,12	k.A.	−3,79	0,16

Quelle: Eigene Berechnungen, basierend auf Stephen N. Broadberry, Claire Giordano und Francesco Zollino, Data Appendix – Italy's National Accounts (1861–2010), Tabellen A5–A7, in: Gianni Toniolo (Hg.), The Oxford Handbook of the Italian Economy since Unification, Oxford-New York: Oxford University Press (2013), Tabelle A5, S. 680 ff. (Beschäftigung); Brian R. Mitchell, International Historical Statistics, vol. 3, Europe. 1750–2005 (6. Aufl.), Basingstoke: Palgrave Macmillan (2007), Tabelle B2, S. 159 ff. (Arbeitslosigkeit); ISTAT, L'Italia in 150 anni. Sommario di statistiche storiche 1861–2010, Rom: RTI Poligrafica Ruggiero (2011), Tabelle 21.7, S. 898 (Inflation); Ministero del tesoro. Direzione generale del debito pubblico, Relazione del direttore generale alla commissione parlamentare di vigilanza. Il debito pubblico in Italia 1861–1987, vol. 1, Rom: Istituto Poligrafico dello Stato (1988), Tabelle 8, S. 40, Tabelle 10, S. 49 (Staatsausgaben) und Tabelle 17, S. 90 (Staatsverschuldung) sowie ISTAT, Sommario di statistiche storiche. 1926–1985, Rom: Grafiche Chicca (1986), Tabelle 8.11, S. 151 und Tabelle 8.12, S. 152 (Leistungsbilanzsaldo).

zu helfen."[66] Dass die USA dabei auch in ihrem eigenen machtpolitischen Interesse handelte, bot den Linksparteien eine geeignete Angriffsfläche, sich innerhalb der Parteienlandschaft stärker zu profilieren. Immer wieder machten sie den führenden Vertretern der *Democrazia Cristiana* wegen der Annahme von amerikanischen Hilfeleistungen den Vorwurf eines „Ausverkaufs" von nationalen Interessen. Hinter der amerikanischen Politik finanzieller und materieller Aufbauhilfen vermuteten sie imperialistische Tendenzen, die ihrer Meinung nach zwangsläufig zu einem Verlust von Souveränität und Selbstbestimmung Italiens führen würde.[67]

1.1.3 Italien im internationalen Vergleich

Betrachtet man die langfristige Entwicklungsdynamik des BIP pro Kopf seit der Gründung des Königreichs Italien 1861 bis zur Gründung der Republik Italien 1946, so wird deutlich, dass sich das materielle Wohlstandsgefälle, bezogen auf die drei größten europäischen Volkswirtschaften Deutschland, Frankreich und Großbritannien, aber auch verglichen mit den USA, seit Beginn des 20. Jahrhunderts kontinuierlich verringert bzw. während der Jahre 1917/18 sogar den westeuropäischen Durchschnitt erreicht hat. Bereits 1919 vergrößerte sich allerdings – wie in Abbildung 1.1 dargestellt – der Rückstand erneut. Obwohl sich das Wachstum der italienischen Volkswirtschaft anschließend verstetigte, lag das BIP pro Kopf während der folgenden Jahre bis zum Kriegseintritt Italiens im Juni 1940 etwa 20–25% unterhalb des westeuropäischen Durchschnitts.

Wie die Tabellen 1.3 und 1.4 zeigen, war das BIP pro Kopf von 1938 bis 1945 – gemessen am westeuropäischen Durchschnitt – schließlich von 75% auf 50% und – verglichen mit den USA – von 54% auf 16% gesunken. Die spätestens seit dem ersten Jahrzehnt des 20. Jahrhunderts den Entwicklungspfad des Landes mitbestimmende Hoffnung, nicht nur politisch und militärisch in den Rang einer europäischen Großmacht aufzusteigen, sondern auch ökonomisch den Abstand zu den Nachbarstaaten im Norden und Nordwesten zu verringern, schien am Ende des Zweiten Weltkrieges dahin. Der riskante Traum von nationaler Größe, der Italien in die faschistische Diktatur, in den Krieg und schließlich in die Niederlage getrieben hatte, war nach 1945 ausgeträumt und „das Drama der italienischen Selbstüberforderung"[68] beendet.

66 Ennio Di Nolfo, Von Mussolini zu De Gasperi. Italien zwischen Angst und Hoffnung, Paderborn-München: Schöningh (1993), S. 208.

67 Vgl. Woller (1988), Italien und die Großmächte, S. 11.

68 Gustav Seibt, zitiert nach Hans Woller, Geschichte Italiens im 20. Jahrhundert, München: C.H. Beck (2010), S. 211.

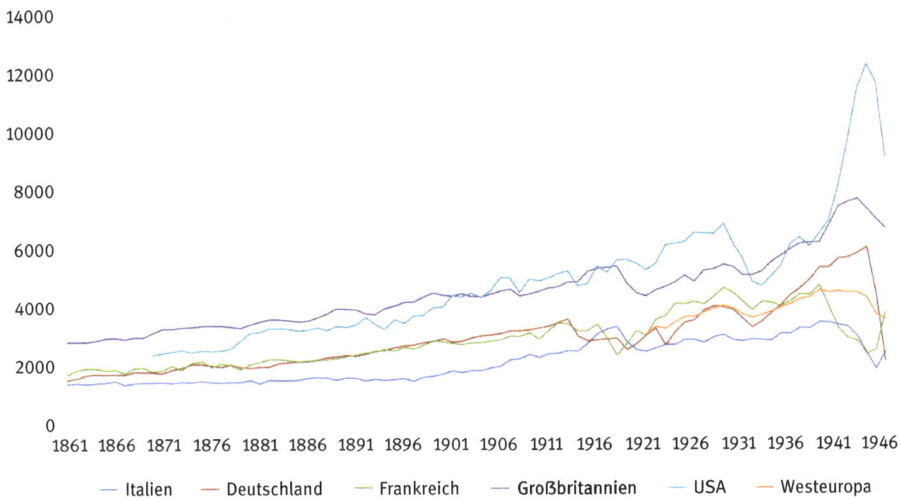

Abbildung 1.1: Entwicklung des BIP pro Kopf in Italien im westeuropäischen Vergleich und im Vergleich mit den USA, 1861–1946; in GK $ (1990).
Quelle: Eigene Berechnungen, basierend auf GGDC, Historical Statistics for the World Economy (2010), copyright by Angus Maddison.

1.1.4 Kriegsschäden und industrielles Potenzial

In Anbetracht der desaströsen Ausgangssituation nach Kriegsende erstaunt es, mit welcher Dynamik sich die italienische Volkswirtschaft von der Katastrophe des Zweiten Weltkrieges erholen sollte. Die Voraussetzungen für den Wiederaufbau waren allerdings weitaus günstiger, als die bisher veranschaulichten Makroindikatoren für das Jahr 1945 vermuten lassen. Zwar drängt sich mit Blick auf die von Bombenangriffen zerstörten Städte, Fabriken und Hafenanlagen der unmittelbare Eindruck einer in Trümmern darniederliegenden Wirtschaft auf. Doch hat die jüngere historische Italienforschung nachweisen können, dass „die Substanz der Wirtschaft (...) erhalten geblieben“[69] war und die Kriegszerstörungen deutlich geringer ausfielen, als lange Zeit angenommen.[70]

Für den Agrarsektor sind die Schätzungen aufgrund noch ausstehender quantitativer Untersuchungen eher unsicher: Es wird davon ausgegangen, dass sich die landwirtschaftliche Produktion um etwa 25% (1946) im Verhältnis zum Vorkriegsniveau

69 Woller (2010), Geschichte Italiens, S. 206.

70 Entsprechend der ersten Berechnungen unmittelbar nach Kriegsende betrugen die durch Kriegszerstörungen verursachten Verluste 200 Mrd. Lire (Pasquale Saraceno, 1944), 177 Mrd. Lire (Paolo Baffi, 1945) bzw. 120 Mrd. Lire (Federico Caffè, 1945). Inzwischen gelten diese Ergebnisse als viel zu hoch veranschlagt. Vgl. hierzu Petri (2001), Von der Autarkie zum Wirtschaftswunder, S. 294.

Tabelle 1.3: Entwicklung des BIP pro Kopf in Italien im westeuropäischen Vergleich und im Vergleich mit den USA (Westeuropa = 100), 1938–1945; in GK $ (1990) und in %.

	Frankreich	Jährliche WR in %	Deutschland	Jährliche WR in %	Italien	Jährliche WR in %	Groß-britannien	Jährliche WR in %	West-europa	USA	Jährliche WR in %
1938	101,23		113,18		75,16		142,03		100	138,86	
1939	103,35	2,09	116,56	2,99	75,93	1,02	135,02	−4,93	100	141,46	1,87
1940	88,76	−14,12	118,63	1,77	76,97	1,37	150,55	11,50	100	153,92	8,81
1941	72,07	−18,81	124,37	4,84	74,73	−2,90	162,93	8,22	100	178,70	16,09
1942	65,63	−8,94	126,35	1,59	74,15	−0,78	168,15	3,20	100	214,42	19,99
1943	62,98	−4,03	129,70	2,65	66,93	−9,74	170,53	1,42	100	253,65	18,30
1944	55,55	−11,81	139,54	7,58	56,50	−15,59	169,85	−0,40	100	282,88	11,52
1945	67,66	21,81	118,70	−14,93	50,54	−10,54	185,54	9,24	100	307,88	8,84

Durchschnittl. Wachstum in %	Frankreich	Deutschland	Italien	Groß-britannien	USA
1938–1945	−5,59	0,68	−5,51	3,89	12,05

Quelle: Eigene Berechnungen, basierend auf GGDC, Historical Statistics for the World Economy (2010).

Tabelle 1.4: Entwicklung des BIP pro Kopf in Italien im westeuropäischen Vergleich und im Vergleich mit den USA (USA = 100), 1938–1945; in GK $ (1990) und in %.

	Frankreich	Jährliche WR in %	Deutschland	Jährliche WR in %	Italien	Jährliche WR in %	Groß-britannien	Jährliche WR in %	West-europa	Jährliche WR in %	USA
1938	72,90		81,51		54,13		102,28		72,02		100
1939	73,06	0,22	82,40	1,10	53,68	−0,84	95,45	−6,68	70,69	−1,84	100
1940	57,67	−21,07	77,07	−6,47	50,01	−6,84	97,81	2,47	64,97	−8,10	100
1941	40,33	−30,06	69,60	−9,70	41,82	−16,37	91,18	−6,78	55,96	−13,86	100
1942	30,61	−24,11	58,92	−15,34	34,58	−17,31	78,42	−13,99	46,64	−16,66	100
1943	24,83	−18,87	51,13	−13,22	26,39	−23,70	67,23	−14,27	39,42	−15,47	100
1944	19,64	−20,92	49,33	−3,53	19,97	−24,31	60,04	−10,69	35,35	−10,33	100
1945	21,98	11,92	38,56	−21,84	16,42	−17,81	60,26	0,37	32,48	−8,12	100

Durchschnittl. Wachstum in %	Frankreich	Deutschland	Italien	Groß-britannien	West-europa
1938–1945	−15,74	−10,14	−15,67	−7,28	−10,75

Quelle: Eigene Berechnungen, basierend auf GGDC, Historical Statistics for the World Economy (2010).

von 1938 verringert hatte.[71] Am größten waren die Zerstörungen im gesamten Bereich der Infrastruktur und des Transportwesens: Die Handelsflotte war mit 85% nahezu vollständig zerstört, Eisenbahnwege, Brücken und Straßen waren zu einem großen Teil nicht mehr benutzbar. Über 40% des Schienennetzes, etwa 25% der Schienenfahrzeuge und knapp die Hälfte aller Lastkraftwagen waren zerstört und mussten erneuert oder gar ersetzt werden.[72] Für die Industrie hingegen gilt es mittlerweile als gesichert, dass lediglich etwa 10% der Industrieanlagen zerstört oder von den deutschen Besatzern demontiert worden sind.[73] Am härtesten waren die Verluste in den Bereichen der Eisen- und Stahlindustrie, gefolgt von der Maschinen-, Schiff-, Fahr- und Flugzeugbauindustrie, der Elektrizitätswirtschaft, der Bauindustrie, der Lebensmittelindustrie und der Chemischen Industrie.

Betrachtet man darüber hinaus die beiden Produktionsfaktoren Arbeit und Kapital, so wird deutlich, dass das Produktionspotential der italienischen Volkswirtschaft, trotz der Verluste durch Zerstörung und Demontagen, im Vergleich zum Vorkriegsstand sogar noch angestiegen war. Tabelle 1.5 zeigt die Entwicklung der sektoralen Beschäftigungsstruktur für die Jahre 1938–1952. Demnach hat es bis 1945 im Vergleich zum Vorkriegsstand einen Rückgang von über 710.000 Arbeitskräften im Agrarbereich gegeben, ein Trend, der sich von nun an sogar noch verstärken sollte. Bereits bis 1952 ging die Beschäftigtenzahl im Primärsektor noch einmal um mehr als 810.000 Personen zurück. Im Bereich der privaten Dienstleistungen läßt sich für die Jahre 1938–1945 ebenso ein kontinuierlicher, wenngleich nur leichter Beschäftigungsrückgang feststellen – etwas mehr als 23.000. Während der ersten Wiederaufbaujahre verloren hier weitere ca. 13.500 Personen ihre Arbeit. Von 1951 bis 1952 stieg die Beschäftigtenzahl dann aber auf knapp 4.000.000 an und übertraf damit den Vorkriegsstand um 95.000 Arbeitskräfte. Die öffentliche Verwaltung wiederum beschäftigte zu Kriegsende fast 440.000 mehr Menschen als 1938, was aber – verglichen mit dem Beschäftigungshöchststand im staatlichen Verwaltungsapparat der faschistischen Diktatur 1943 – einem Rückgang von mehr als 250.000 Angestellten gleichkam. Bis Ende 1946 wurden weitere etwa 125.000 Angestellte – in den meisten Fällen vermutlich im Zusammenhang mit dem Versuch der Entfaschistisierung der staatlichen Bürokratie[74] – aus dem Staatsdienst entlassen. Bis 1952 erhöhte sich die Beschäftigungszahl im öffentlichen Sektor dann aber auf knapp 1.254.000, so dass sie mit etwa 13.500 Angestellten wieder über dem Stand von 1945 lag. Von weitaus größerer Relevanz für den ökonomischen Wiederaufbau waren aber die Entwicklungen im sekundären Sektor. Wie Rolf Petri nachweist, hatte Italien unter der faschistischen

71 Vgl. Rolf Petri, Dalla Ricostruzione al Miracolo Economico, in: Giovanni Sabbatucci und Vittorio Vidotto (Hg.), Storia d'Italia, vol. 5, La Repubblica 1943–1963, Rom-Bari: Laterza (1997), S. 316.

72 Vgl. Patrizia Battilani and Francesca Fauri, Mezzo secolo di economia italiana 1945–2008, Bologna: Il Mulino (2008), S. 62f. sowie Petri (2001), Von der Autarkie zum Wirtschaftswunder, S. 422.

73 Vgl. Petri (2001), Von der Autarkie zum Wirtschaftswunder, S. 295.

74 Vgl. Woller (2010), Geschichte Italiens, S. 217 ff.

Tabelle 1.5: Sektorale Entwicklung der Beschäftigungsstruktur in Italien, 1938–1952; in Anzahl der Erwerbstätigen und in %.

	Forst, Agrar und Fischerei	Jährliche WR in %	Industrie	Jährliche WR in %	Private Dienstl.	Jährliche WR in %	Öffentliche Verwaltung	Jährliche WR in %	Privat-wirtschaft	Jährliche WR in %	Total	Jährliche WR in %
1938	10299936		6071587		3863017		800337		20234540		21034877	
1939	10198447	−0,99	6087511	0,26	3854222	−0,23	858470	7,26	20140180	−0,47	20998650	−0,17
1940	10096958	−1,00	6103434	0,26	3851811	−0,06	1016972	18,46	20052203	−0,44	21069175	0,34
1941	9995470	−1,01	6119359	0,26	3849400	−0,06	1176060	15,64	19964229	−0,44	21140289	0,34
1942	9893981	−1,02	6135282	0,26	3846988	−0,06	1341437	14,06	19876251	−0,44	21217688	0,37
1943	9792492	−1,03	6151205	0,26	3844577	−0,06	1490407	11,11	19788274	−0,44	21278681	0,29
1944	9691004	−1,04	6167128	0,26	3842166	−0,06	1365345	−8,39	19700298	−0,44	21065643	−1,00
1945	9589515	−1,05	6183052	0,26	3839756	−0,06	1240283	−9,16	19612323	−0,45	20852606	−1,01
1946	9488026	−1,06	6198976	0,26	3837344	−0,06	1115221	−10,08	19524346	−0,45	20639567	−1,02
1947	9386538	−1,07	6214900	0,26	3834933	−0,06	1134304	1,71	19436371	−0,45	20570675	−0,33
1948	9285049	−1,08	6230824	0,26	3832521	−0,06	1153386	1,68	19348394	−0,45	20501780	−0,33
1949	9183560	−1,09	6246748	0,26	3830110	−0,06	1174770	1,85	19260418	−0,45	20435188	−0,32
1950	9082072	−1,11	6262672	0,25	3827700	−0,06	1115948	−5,01	19172444	−0,46	20288392	−0,72
1951	8980583	−1,12	6278595	0,25	3825288	−0,06	1194314	7,02	19084466	−0,46	20278780	−0,05
1952	8775887	−2,28	6477661	3,17	3958018	3,47	1253831	4,98	19211566	0,67	20465397	0,92

Durchschnittl. Wachstum in %	Forst, Agrar und Fischerei		Industrie		Private Dienstl.		Öffentliche Verwaltung		Privat-wirtschaft		Total	
1938–1945	−1,02		0,26		−0,09		6,46		−0,45		−0,12	
1945–1952	−1,26		0,67		0,43		0,16		−0,29		−0,27	
1945–1948	−1,07		0,26		−0,06		−2,39		−0,45		−0,56	
1948–1952	−1,40		0,98		0,81		2,11		−0,18		−0,04	

Quelle: Eigene Berechnungen, basierend auf Broadberry et al. (2013), Data Appendix, Tabelle A5, S. 680 ff.

Diktatur seit 1922 einen massiven Industrialisierungsschub erlebt,[75] verbunden mit einer deutlichen Beschäftigungszunahme. In den ersten 16 Jahren nach der Machtübernahme Benito Mussolinis war die Zahl der Industriebeschäftigten bereits von ca. 4,3 Millionen auf etwa 6,1 Millionen gestiegen. Von 1938 bis 1943 kam es zu einem weiteren – wenn auch deutlich geringeren – Anstieg um knapp 80.000. Auch nach dem Einmarsch der Alliiertentruppen – während der Zeit der doppelten Besatzung – war die Zahl der Industriebeschäftigten nochmals um ca. 32.000 angestiegen, so dass der Beschäftigungsstand von 1922 bei Kriegsende um 42,89% übertroffen wurde. Dieser massive Zuwachs der Industriebeschäftigung konzentrierte sich dabei – wie aus Tabelle 1.6 hervorgeht – vor allem im Verarbeitenden Gewerbe (1.011.104 Arbeitskräfte) sowie im Bereich der Bauindustrie (729.895 Arbeitskräfte), wohingegen die Beschäftigtenzahlen in den beiden Makrobranchen der Mineralgewinnenden Industrie (74.587) und der Versorgungswirtschaft (40.355) jeweils ein eher geringes Beschäftigungswachstum verzeichneten. Der starke Beschäftigungsanstieg in der Industrie spiegelt – wie in Tabelle 1.7 aufgezeigt – einen langfristigen volkwirtschaftlichen Strukturwandel wider, der in der Reformperiode der liberalen Giolitti-Ära zu Beginn des 20. Jahrhunderts seinen spektakulären Anfang genommen und der sich unter dem Primat der aufholenden Industrialisierung während des Faschismus verstärkt hatte.

Die Entwicklung des Kapitalstocks bildete eine weitere Voraussetzung für einen raschen Wiederaufbau. Folgt man den Ergebnissen zur Sachkapitalsveränderung von Stephen Broadberry, Claire Giordano und Francesco Zollino, so lassen sich reale Kriegsverluste, bezogen auf den Gesamtkapitalstock, nur zwischen 1941 und 1943 nachweisen.[76] Aus Tabelle 1.8 geht hervor, dass sich diese Verluste von insgesamt knapp 2,6% aus einer Verringerung des gesamtwirtschaftlichen Anlagevermögens im öffentlichen Infrastrukturbereich um 3,7%, an Fabrikgebäuden und Wohnsubstanz um etwas mehr als 2,9% sowie im Bereich der industriellen Ausrüstungen und Anlagen um lediglich 1,2% zusammensetzten.[77] Vergleicht man hingegen den Gesamtkapitalstock der italienischen Volkswirtschaft unmittelbar nach Kriegsende mit dem Anlagevermögen im letzten Vorkriegsjahr, so wird deutlich, dass es real zu Kriegsverlusten gar nicht gekommen war, stattdessen zu einem Zugewinn um etwa 7,8%. Zwar lag der Kapitalstock im Bereich der Fabrikgebäude und Wohnbauten etwa 3,3% unterhalb des Vorkriegsvermögens; im Infrastrukturbereich hatte sich das Bruttoanlagevermögen hingegen um knapp 31,4% und im Bereich der industriellen Anlagen und Ausrüstungen sogar um 33,6% erhöht. Damit aber sind die in diesem Zusammenhang

75 Vgl. Petri (2001), Von der Autarkie zum Wirtschaftswunder.

76 Vgl. Stephen N. Broadberry, Claire Giordano und Francesco Zollino, A Sectoral Analysis of Italy's Development, 1861–2011, *Economic History Working Papers*, Banca d'Italia, n. 20 (2011).

77 Im Bereich der produktiven Anlagen und Ausrüstungen waren die realen Verluste durch Zerstörung und Demontage 1942 im Vergleich mit dem Vorjahr am größten. Nach den Berechnungen von Broadberry et al. beliefen sich die Verluste auf etwa 2,1% des Kapitalstocks von 1941.

Tabelle 1.6: Entwicklung der industriewirtschaftlichen Beschäftigungsstruktur in Italien nach Makrobranchen, 1861–1952; in Anzahl der Erwerbstätigen und in %.

	Mineralgewinnende Industrie	Jährliche WR in %	Verarbeitendes Gewerbe	Jährliche WR in %	Bau-industrie	Jährliche WR in %	Öffentliche Versorgung (Strom, Gas, Wasser)	Jährliche WR in %	Industrie	Jährliche WR in %
1861	25189		2080548		199769		2237		2307743	
1900	112492		2608685		545585		23971		3290733	
1913	122258		3502703		758890		37871		4421722	
1922	98175		3521930		661180		45827		4327112	
1929	142191		4601948		1234126		62296		6040561	
1932	106486		3226581		953710		60993		4347770	
1938	164890		4537101		1295790		73806		6071587	
1939	166015	0,68	4536520	−0,01	1309402	1,05	75574	2,40	6087511	0,26
1940	167139	0,68	4535939	−0,01	1323014	1,04	77342	2,34	6103434	0,26
1941	168264	0,67	4535358	−0,01	1336627	1,03	79110	2,29	6119359	0,26
1942	169388	0,67	4534777	−0,01	1350239	1,02	80878	2,23	6135282	0,26
1943	170512	0,66	4534196	−0,01	1363851	1,01	82646	2,19	6151205	0,26
1944	171637	0,66	4533615	−0,01	1377463	1,00	84413	2,14	6167128	0,26
1945	172761	0,65	4533034	−0,01	1391076	0,99	86181	2,09	6183052	0,26
1946	173886	0,65	4532453	−0,01	1404688	0,98	87949	2,05	6198976	0,26
1947	175010	0,65	4531873	−0,01	1418300	0,97	89717	2,01	6214900	0,26
1948	176135	0,64	4531292	−0,01	1431912	0,96	91485	1,97	6230824	0,26
1949	177259	0,64	4530711	−0,01	1445525	0,95	93253	1,93	6246748	0,26
1950	178384	0,63	4530130	−0,01	1459137	0,94	95021	1,90	6262672	0,25
1951	179508	0,63	4529549	−0,01	1472749	0,93	96789	1,86	6278595	0,25
1952	184490	2,78	4536603	0,16	1657233	12,53	99335	2,63	6477661	3,17
Durchschnittl. Wachstum in %	**Mineralgewinnende Industrie**		**Verarbeitendes Gewerbe**		**Bau-industrie**		**Öffentliche Versorgung (Strom, Gas, Wasser)**		**Industrie**	
1938–1945	0,67		−0,01		1,02		2,24		0,26	
1945–1952	0,94		0,01		2,53		2,05		0,67	
1945–1948	0,65		−0,01		0,97		2,01		0,26	
1948–1952	1,17		0,03		3,72		2,08		0,98	

Quelle: Eigene Berechnungen, basierend auf Broadberry et al. (2013), Data Appendix, Tabelle A5, S. 680 ff.

Tabelle 1.7: Sektorale Entwicklung der Beschäftigungsstruktur in Italien, 1861–1952; in %.

	Forst, Agrar und Fischerei	Jährliche WR in %	Industrie	Jährliche WR in %	Private Dienstl.	Jährliche WR in %	Öffentliche Verwaltung	Jährliche WR in %	Privat-wirtschaft	Jährliche WR in %	Total
1861	66,96		17,94		13,85		1,26		98,74		100
1900	63,02		19,53		15,49		1,96		98,04		100
1913	58,43		24,19		15,25		2,12		97,88		100
1922	58,39		22,63		16,40		2,59		97,41		100
1929	51,27		29,20		16,67		2,86		97,14		100
1932	55,05		22,88		18,30		3,77		96,23		100
1938	48,97		28,86		18,36		3,80		96,20		100
1939	48,57	−0,81	28,99	0,44	18,35	−0,06	4,09	7,45	95,91	−0,29	100
1940	47,92	−1,33	28,97	−0,07	18,28	−0,40	4,83	18,07	95,17	−0,77	100
1941	47,28	−1,34	28,95	−0,08	18,21	−0,40	5,56	15,25	94,44	−0,77	100
1942	46,63	−1,38	28,92	−0,11	18,13	−0,43	6,32	13,65	93,68	−0,80	100
1943	46,02	−1,31	28,91	−0,03	18,07	−0,35	7,00	10,79	93,00	−0,73	100
1944	46,00	−0,04	29,28	1,27	18,24	0,95	6,48	−7,46	93,52	0,56	100
1945	45,99	−0,04	29,65	1,28	18,41	0,96	5,95	−8,23	94,05	0,57	100
1946	45,97	−0,04	30,03	1,29	18,59	0,97	5,40	−9,16	94,60	0,58	100
1947	45,63	−0,74	30,21	0,59	18,64	0,27	5,51	2,05	94,49	−0,12	100
1948	45,29	−0,75	30,39	0,59	18,69	0,27	5,63	2,02	94,37	−0,12	100
1949	44,94	−0,77	30,57	0,58	18,74	0,26	5,75	2,19	94,25	−0,13	100
1950	44,76	−0,39	30,87	0,98	18,87	0,66	5,50	−4,32	94,50	0,26	100
1951	44,29	−1,07	30,96	0,30	18,86	−0,02	5,89	7,07	94,11	−0,41	100
1952	42,88	−3,17	31,65	2,23	19,34	2,53	6,13	4,03	93,87	−0,25	100

Durchschnittl. Wachstum in %	Forst, Agrar und Fischerei		Industrie		Private Dienstl.		Öffentliche Verwaltung		Privat-wirtschaft		
1938–1945	−0,89		0,38		0,04		6,59		−0,32		
1945–1952	−0,99		0,94		0,70		0,42		−0,03		
1945–1948	−0,51		0,83		0,50		−1,84		0,11		
1948–1952	−1,36		1,02		0,85		2,15		−0,13		

Quelle: Eigene Berechnungen, basierend auf Broadberry et al. (2013), Data Appendix, Tabelle A5, S. 680 ff.

Tabelle 1.8: Entwicklung des Kapitalstocks in Italien, 1861–1952; in Mrd. € (2010) und in %.

	Anlagen und Ausrüstungen	Jährliche WR in %	Öffentliche Infrastrukturen	Jährliche WR in %	Bau-substanz	Jährliche WR in %	davon Wohnungsbau	Jährliche WR in %	Total	Jährliche WR in %
1861	3,42		0,65		90,21		20,62		72,35	
1900	17,69		3,47		130,09		35,52		146,63	
1913	36,56		7,16		183,85		59,49		247,00	
1922	18,48		2,65		190,92		59,10		190,03	
1929	21,18		4,36		233,79		81,26		231,28	
1932	25,06		5,27		266,39		97,83		266,81	
1938	38,36		7,93		330,57		135,58		353,17	
1939	41,33	7,76	8,56	7,94	336,38	1,76	138,27	1,98	366,88	3,88
1940	42,97	3,97	8,84	3,27	341,04	1,39	139,27	0,73	375,19	2,27
1941	44,20	2,85	9,01	1,93	343,13	0,61	138,89	−0,28	380,35	1,38
1942	43,26	−2,12	8,65	−4,01	340,63	−0,73	137,06	−1,32	375,26	−1,34
1943	43,70	1,01	8,68	0,31	333,14	−2,20	133,61	−2,52	371,36	−1,04
1944	47,16	7,91	9,49	9,31	324,64	−2,55	129,95	−2,73	375,61	1,14
1945	51,25	8,67	10,42	9,82	319,70	−1,52	127,45	−1,92	380,62	1,33
1946	55,60	8,50	11,37	9,17	326,85	2,24	128,23	0,61	395,71	3,97
1947	57,02	2,55	11,56	1,65	334,83	2,44	128,16	−0,05	404,44	2,21
1948	57,41	0,68	11,49	−0,59	342,67	2,34	129,37	0,95	410,72	1,55
1949	57,98	1,00	11,49	−0,02	351,81	2,67	131,74	1,83	418,55	1,91
1950	62,01	6,95	12,40	7,89	363,68	3,38	136,84	3,87	438,69	4,81
1951	66,11	6,60	13,32	7,40	378,50	4,07	143,15	4,61	461,17	5,12
1952	70,49	6,63	14,09	5,83	397,69	5,07	151,61	5,91	487,22	5,65

Durchschnittl. Wachstum in %	Anlagen und Ausrüstungen		Öffentliche Infrastrukturen		Bau-substanz		davon Wohnungsbau		Total	
1938–1945	4,23		3,97		−0,48		−0,88		1,07	
1945–1952	4,66		4,41		3,17		2,51		3,59	
1945–1948	3,86		3,33		2,34		0,50		2,57	
1948–1952	5,26		5,23		3,79		4,05		4,36	

Quelle: Eigene Berechnungen, basierend auf Broadberry et al. (2013), Data Appendix, Tabelle A7, S. 704 ff.

von der älteren Italienforschung berechneten Wertveränderungen des Kapitalstocks tatsächlich zu relativieren.[78]

Unter Berücksichtigung der Neuberechnung der Geldwertveränderung der italienischen Lira vom Zentralamt für Statistik (ISTAT)[79] resultieren daraus weitere Implikationen für eine Neubewertung der durch Kriegszerstörungen herbeigeführten Verluste des Kapitalstocks sowie der wirtschaftlichen Bilanz der Kriegsperiode insgesamt: *Zum einen* ergibt sich für die oben aufgeführten Verluste an der landesweiten Bausubstanz eine Summe von umgerechnet etwas über 10,86 Mrd. € (2010), was einem Anteil am BIP von 1938 in Höhe von knapp 7,70% entspricht. *Zum anderen* aber beliefen sich die realen Zugewinne des volkswirtschaftlichen Bruttoanlagevermögens von 1938 bis 1945 auf knapp 27,45 Mrd. € (2010) und damit – zum Vergleich – auf einen Anteil am BIP im letzten Vorkriegsjahr von 19,40%. Davon wiederum verzeichnete die Kapitalstockentwicklung im Bereich der industriellen Anlagen und Ausrüstungen mit einem Zugewinn von 12,90 Mrd. € (2010), der einem Anteil am BIP von 1938 von etwa 9,12% entsprach, den mit Abstand größten Anstieg.

Insgesamt hatte sich während der faschistischen Diktatur von 1922 bis 1945 das gesamtwirtschaftliche Bruttoanlagevermögen verdoppelt (200,29%). Bezogen auf die landesweite Bausubstanz war das Anlagevermögen um 67,45%, bezogen auf die Wohnsubstanz sogar um 115,67% angestiegen. Die höchsten Zuwächse verzeichnete der Kapitalstock im Bereich der öffentlichen Infrastrukturen, der sich bis 1945 nahezu vervierfacht hatte (393,91%) und anteilig am volkswirtschaftlichen Gesamtkapitalstock immerhin von 1,39% auf 2,74% gewachsen war. Der Sachkapitalbestand der industriellen Anlagen und Ausrüstungen wiederum hatte sich ebenfalls massiv erhöht und nahezu verdreifacht (277,27%). Sein Anteil am Gesamtkapitalstock war damit überdurchschnittlich stark angestiegen – von 9,73% auf 13,46% –, eine Entwicklung, die den bereits an der Beschäftigungszunahme aufgezeigten starken Industrialisierungsprozess während der Autarkie- und Kriegsperiode bestätigt.

Zusammenfassend lässt sich auf der Grundlage vorstehender Neubewertung der Entwicklung der Produktionsfaktoren Arbeit und Kapital feststellen, dass die italienische Volkswirtschaft infolge des Krieges zwar einen schweren Einbruch erlebte, ihre Substanz jedoch nicht maßgeblich zerstört worden ist. Hintergrund hierfür bildete ein seit der Machtübernahme der Faschisten im Oktober 1922 erfolgter Wachstumsschub, der – wie in Abbildung 1.2 visualisiert – hinsichtlich des Gesamtkapitalstocks bis 1941 (+100,16%), des BIP (+59,98%), des BIP pro Kopf (+35,05%) sowie des privaten

---

78 Vgl. Ornello Vitali, La stima degli investimenti e dello stock di capitale, in: Giorgio Fuà (Hg.), Lo sviluppo economico in Italia. Storia dell'Economia Italiana negli ultimi cento anni, vol. III, Studi di settore e documentazione di base, Mailand: FrancoAngeli (1975), S. 492–551; Paolo Ercolani, Documentazione statistica di base, in: Fuà (1975), Lo sviluppo economico, S. 388–476 sowie Nicola Rossi, Andrea Sorgato und Gianni Toniolo, I conti economici italiani: una ricostruzione statistica, 1890–1990, in: *Rivista di Storia Economica*, X, no. 1 (1993), S. 1–47.

79 Vgl. ISTAT (2011), Sommario, Tabelle 21.6, S. 897.

Konsums (+36,95%) bis 1942 und hinsichtlich der Beschäftigung (+11,28%) sogar noch bis 1943 anhalten sollte. Nach dem Einmarsch der Amerikaner und der Niederlage der italienischen Truppen verringerte sich die Wirtschaftsleistung und der private Konsum aber rasant, wohingegen die beiden Produktionsfaktoren Arbeit und Kapital während der Besatzungszeit von 1943 bis 1945 in etwa auf ihren zuvor erreichten, im Vergleich zu 1922 aber erheblich gesteigerten Niveaus verharrten. Ein ähnliches, wenngleich stärker ausgeprägtes Verlaufsmuster der relevanten Indikatoren weist die Entwicklung der Industriewirtschaft auf. Es bestätigt zugleich, dass der sekundäre Sektor Träger eines langfristigen Strukturwandels war, der durch Autarkie und Krieg lediglich modifiziert worden ist.

Das Problem bei Kriegsende bestand insofern auch weniger in einem Verlust von Anlagen, Ausrüstungen und Arbeitskräften als in einer eklatanten Knappheit an Rohstoffen. Es herrschte vor allem ein gewaltiger Mangel an Energierressourcen, insbesondere an Kohle. Ohne nennenswerte eigene Kohlevorkommen und traditionell auf die Einfuhr vor allem aus Deutschland angewiesen, sah sich die Industriewirtschaft spätestens seit der militärischen Niederlage Italiens im Sommer 1943 mit einer erheblichen Verknappung konfrontiert.[80] Von 12.139.700 t im Jahr 1938 waren die Kohleimporte durch die politischen und militärischen Umstände bis 1942 bereits auf knapp 10.793.000 t, bis 1944 dann aber auf ein Allzeittief von unter 2.000.000 t gesunken. Ungeachtet eines leichten Anstiegs gegenüber 1945, beliefen sich die Kohleeinfuhren 1946 aufgrund der von den Alliierten festgesetzten Importrestriktionen noch immer nur auf knapp 5.712.700 t. Erst nach der Unterzeichnung des Friedensvertrages im Februar 1947 kam es zu einer schrittweisen Lockerung der Einfuhrbeschränkungen. Bis Jahresende erhöhten sich die Kohleimporte mit 9.154.200 t zwar vergleichsweise deutlich. Das Einfuhrvolumen der Vorkriegszeit an Kohle konnte jedoch während der gesamten Rekonstruktionsperiode nicht wieder erreicht werden und lag noch 1952 etwa 22,3% unterhalb des Vorkriegsvolumens. Nach Kriegsende wurde die Beschaffung der für die Wiederankurbelung der Produktion notwendigen Energieträger, aber auch sonstigen Rohstoffe für die Industrieunternehmen noch zusätzlich erschwert, da große Teile der landesweiten Verkehrswege und Transportmittel zerstört waren. Darüber hinaus waren die Preise der wenigen verfügbaren Rohstoffe durch den galoppierenden Geldwertverfall der italienischen Lira seit 1944 auf immer neue Höhen geklettert, was viele Betriebe aufgrund fehlender Finanzierungsmöglichkeiten vor gravierende Probleme stellte.

Infolge des hier nur grob skizzierten vielschichtigen Problemgeflechts von Rohstoffversorgung und Inflation war die Industrieproduktion – im Vergleich mit 1938 – bereits 1943 um knapp die Hälfte zurückgegangen. 1944 erreichte sie nur noch knapp ein Drittel des Umfangs von 1938 und kam 1945 mit 20% des Vorkriegsstandes nahezu

---

80 Vgl. zur Entwicklung der Einfuhrvolumina von Kohle, ISTAT, Annuario 1953, Tabelle 456, S. 449.

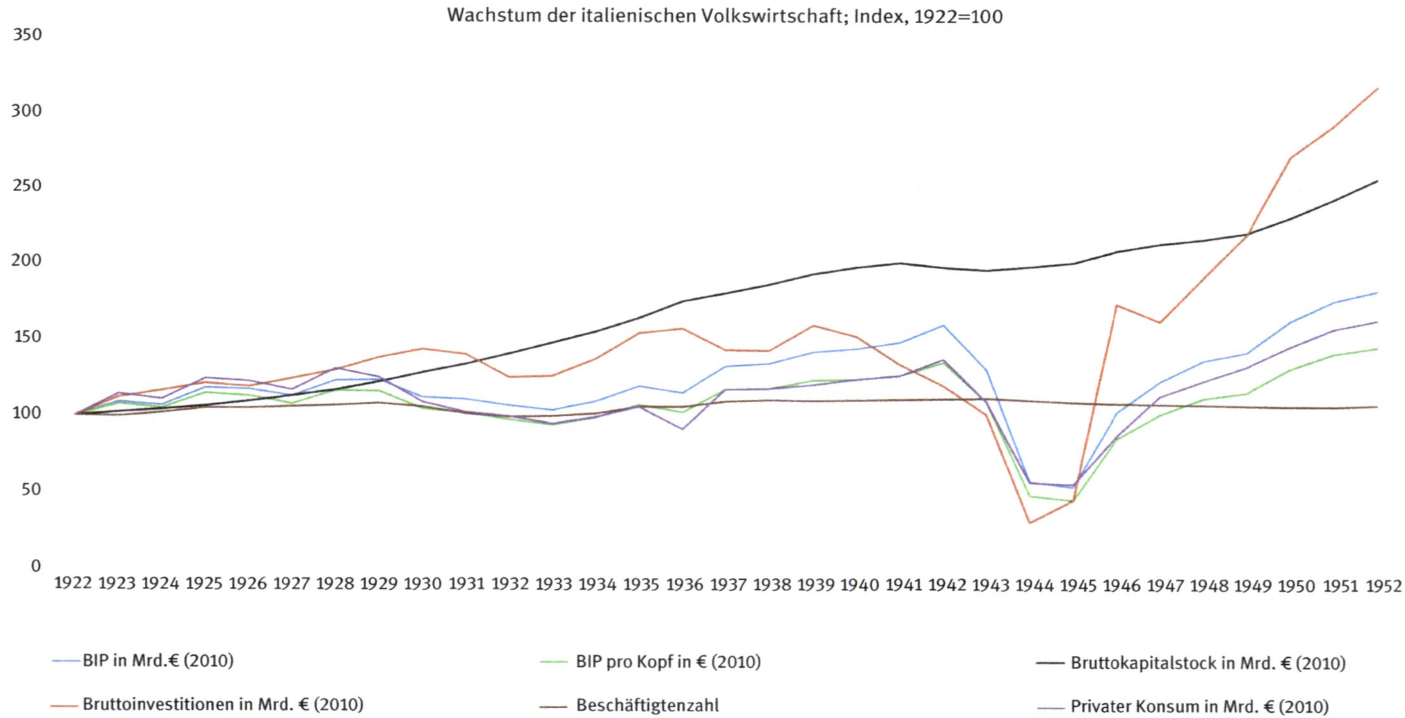

Abbildung 1.2: Entwicklung der italienischen Volkswirtschaft und Wachstum der Industriewirtschaft, 1922–1952; in Anzahl der Erwerbstätigen, Mengen und in € (2010); Index, 1922 = 100.

Quelle: Eigene Berechnungen, basierend auf ISTAT (2011), Sommario, Tabelle 2.3, S. 101ff. (Bevölkerung), Baffigi (2011), Italian National Accounts (BIP, Bruttoinvestitionen und privater Konsum); Broadberry et al. (2013), Data Appendix, Tabelle A5, S. 680ff. (Beschäftigung) und Tabelle A7, S. 704ff. (Bruttokapitalstock) sowie Albert Carreras, Un ritratto quantitativo dell'industria italiana, in: Franco Amatori et al. (Hg.), Storia d'Italia. Annali. L'industria, Turin: Giulio Einaudi (1999), Tabelle 1, S. 190ff. (Industrieproduktion).

(fortgesetzt)

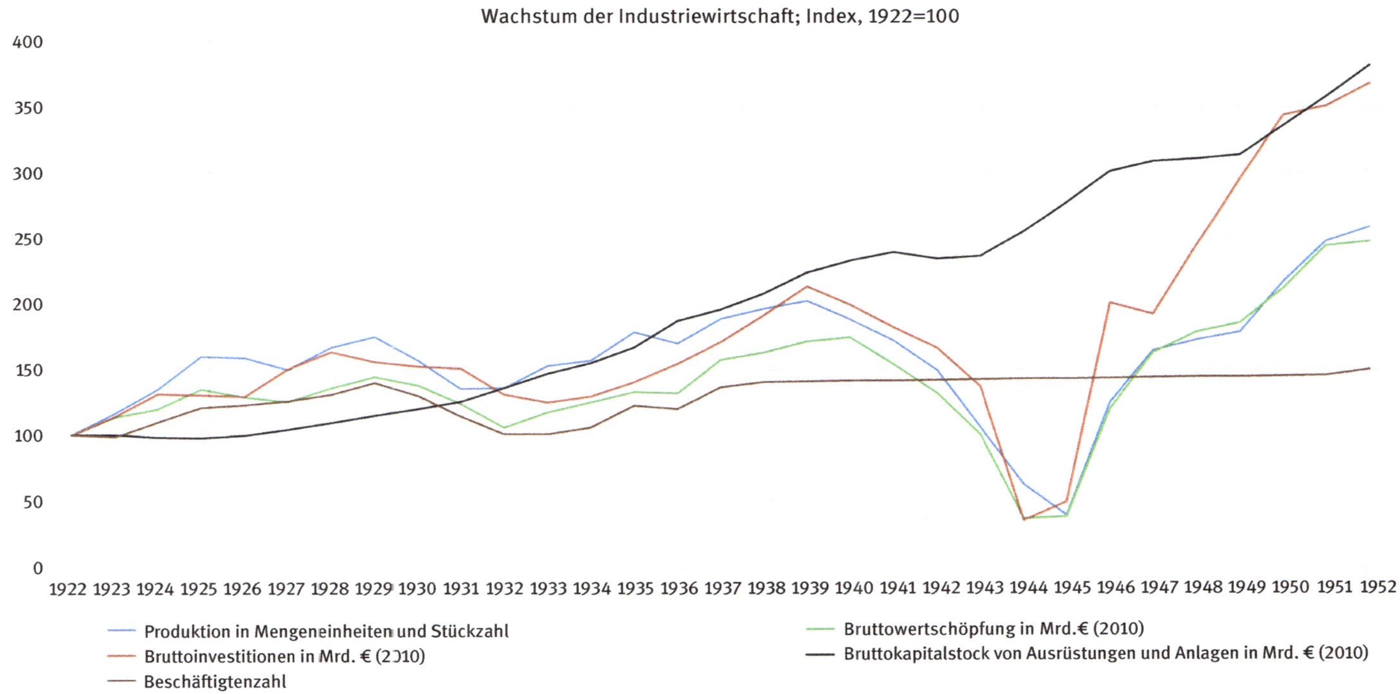

Abbildung 1.2 (Fortsetzung)

gänzlich zum Erliegen.[81] Dieser dramatische Rückgang führte *zum einen* dazu, dass angesichts der aufgezeigten Beschäftigungszunahme und der erheblichen Kapitalbestandserhöhung die Mehrzahl der Industrieunternehmen – vor allem im Bereich der Großindustrie – ihre Kapazitäten nicht annähernd ausschöpfen konnten und erhebliche Verluste hinnehmen mußten. *Zum anderen* aber war der Produktionseinbruch aufgrund des sektoralen Bedeutungszuwachses der industriellen Bruttowertschöpfung an der volkswirtschaftlichen Gesamtleistung von entscheidender Relevanz für die krisenhafte Entwicklung während der letzten Kriegsjahre.

Die Industrieproduktion hatte sich seit der Machtübernahme der Faschisten bis 1938 nahezu verdoppelt (95,9%). Zwar waren – wie Alexander Nützenadel aufzeigt – im Zeichen der faschistischen Agrarpolitik auch die Bruttobodenproduktion (23,6%) und die Nahrungsmittelproduktion (23,5%) während desselben Zeitraumes verhältnismäßig stark angstiegen.[82] Die Zuwachsraten der Agrarproduktion lagen aber deutlich unter denen der Industriewirtschaft. Der Strukturlogik des Industrialisierungsprozesses folgend, war damit der prozentuale Anteil der Industriewirtschaft an der gesamtwirtschaftlichen Wertschöpfung von 24,3% auf über 30,4% im Jahr 1938 kontinuierlich angewachsen, wohingegen der landwirtschaftliche Wertschöpfungsanteil von 38,8% auf 28,6% gesunken war. Durch den Zusammenbruch der Industrieproduktion war der industrielle Wertschöpfungsanteil 1945 wieder auf 16,8% gefallen. Da der langfristige Strukturwandel zugunsten der Industrie durch den Krieg allerdings keineswegs abgebrochen war, lag die große Herausforderung für die ersten Nachkriegsregierungen auf wirtschaftspolitischer Ebene folgerichtig vor allem darin, die eklatanten Versorgungsengpässe für die Industriewirtschaft zu überwinden und das historisch akkumulierte, durch den Krieg jedoch blockierte Industriepotenzial zwecks Ankurbelung des gesamtwirtschaftlichen Wachstums zur Entfaltung zu bringen.

1.2 Industriepolitik im Zeichen wirtschaftlichen Wiederaufbaus

Der Beitrag der staatlichen Einflussnahme auf den ökonomischen Rekonstruktionsprozeß war von grundlegender Bedeutung für Verlauf und Charakter der wirtschaftlichen Entwicklung und soll deshalb im Folgenden näher betrachtet werden. Sie war durch vielfältige struktur- und industriepolitische Interventionen sowohl auf der „horizontalen" als auch auf der „vertikalen Ebene"[83] gekennzeichnet. Unter

---

81 Vgl. Albert Carreras, Un ritratto quantitativo dell'industria italiana, in: Franco Amatori et al. (Hg.), Storia d'Italia. Annali. L'industria, Turin: Einaudi (1999), Tabelle 1, S. 190ff.

82 Vgl. Alexander Nützenadel, Landwirtschaft, Staat und Autarkie. Agrarpolitik im faschistischen Italien (1922–1943), Tübingen: Max Niemeyer (1997), S. 427.

83 Vgl. Klaus Henning, Europäische Integration und Gewerkschaften. Der EMB zwischen Interessenvertretung und transnationaler Solidarität, Wiesbaden: Springer (2013), S. 147ff.

den horizontal ausgerichteten oder „generischen Maßnahmen“[84] ist vor allem die Entscheidung der italienischen Regierung aus dem Jahr 1948 für eine Teilnahme des Landes am *European Recovery Program* (ERP) hervorzuheben. Aufgrund ihrer mittel- und längerfristigen Implikationen gilt es deshalb zunächst, die Rolle des Marshall-Plans – wie das von der US-Regierung im April 1948 verabschiedete ERP im Allgemeinen bezeichnet wird – für Italien herauszuarbeiten. Damit im Zusammenhang stehend sollen die wichtigsten Versuche einer reformorientierten staatlichen Wirtschaftsplanung kritisch beleuchtet werden. Danach wird der Fokus auf ausgewählte vertikale bzw. sektorale Wirtschaftsinterventionen gerichtet, insbesondere auf die Reorganisation der vom Faschismus übernommenen privatrechtlich organisierten Staatholdings.[85]

Bevor der Marshall-Plan und die Reorganisation der Staatsholdings in ihren jeweiligen Wirkungsdimensionen untersucht werden, sollen zunächst die wegweisenden geldpolitischen Maßnahmen der ersten Nachkriegsregierungen zur Stabilisierung der Geldwertentwicklung überblicksartig vorgestellt werden.

1.2.1 *La svolta deflazionista di Einaudi*

Hatte es noch unmittelbar nach Kriegsende den Anschein gehabt, die industrielle sowie landwirtschaftliche Produktion würden schnell auf den Vorkriegsstand zurückkehren können, verschärfte sich stattdessen die sozioökonomische Desintegration nach dem langen und harten Winter 1946/47 in weiten Teilen des Landes: Die Ressourcen waren nahezu erschöpft, der Wiederaufbau der Infrastruktur war gelähmt, die Zahl der Arbeitslosen wurde täglich größer, die Verbindlichkeiten dem Ausland gegenüber waren enorm angestiegen, und die Leistungsbilanz war über alle Maßen defizitär. Sollte die Produktion nicht völlig zum Erliegen kommen, war man dringend auf Einfuhren angewiesen. Sichtbarer Ausdruck der sich in der Nachkriegszeit zuspitzenden Krisensituation waren zunehmende Inflationstendenzen. Darüber hinaus war die Versorgung der Bevölkerung mit Grundnahrungsmitteln – vor allem Getreide – auf Grund nur geringer Ernteerträge nicht mehr gewährleistet.

Die Verantwortung für die Wiederaufbauprobleme, das wusste De Gasperi, wurde ihm als Ministerpräsidenten und der *Democrazia Cristiana* als der stärksten Regierungspartei angelastet. Wenn er den Zerfall seiner Partei, die in der Wählergunst immer tiefer sank, aufhalten und das Land aus der Krise führen wollte, so musste er neue Wege gehen. Das Leitmotiv des CLN – der gemeinsame Widerstand gegen den

84 Jörg Meyer-Stamer, Moderne Industriepolitik oder postmoderne Industriepolitiken?, Berlin: Friedrich-Ebert-Stiftung (2009), S. 11.

85 Zur hier verwendeten Ebenendifferenzierung, vgl. Sylke Behrends, Erklärung von Gruppenphänomenen in der Wirtschaftspolitik. Politologische und volkswirtschaftliche Theorien sowie Analyseansätze, Berlin: Duncker & Humblot (1997), S. 99f.

Faschismus – war für De Gasperi längst nicht mehr eine ausreichende Grundlage der Regierungsarbeit: Die permanenten Streitigkeiten zwischen den Parteien des *tripartito*[86] machten jeden Anlauf zur Überwindung der kulminierenden wirtschaftlichen und politischen Probleme zunichte; eine Fortführung der Regierungsarbeit in einer *coabitazione forzata*[87] von Kommunisten, Sozialisten und Christdemokraten schien den Wiederaufbau eher zu blockieren, denn zu fördern. Ziel von De Gasperi war insofern eine schnelle Aufkündigung der Zusammenarbeit mit den linken Koalitionspartnern, nicht zuletzt motiviert durch eine dadurch mögliche engere Bindung Italiens an die USA.[88] Als am 12. Mai 1947 der eher neutral eingestellte Außenminister des *tripartito* Pietro Nenni (PSI) seinen Rücktritt einreichte und damit eine Regierungskrise lostrat, hielt De Gasperi – „(...) wie immer weitsichtig und von einer realistischen Einschätzung der obersten nationalen Interessen geleitet (...)“[89] – den richtigen Zeitpunkt für gekommen: Bereits am folgenden Tag löste er die Regierung auf und erklärte den Rücktritt des gesamten Kabinetts.[90]

Zuvor hatte De Gasperi seinem Botschafter in Amerika, Alberto Tarchiani, den Auftrag erteilt herauszufinden, ob die amerikanische Regierung Italien weiterhin finanziell unterstützen wollte, falls er sich zur Bildung einer neuen Regierung ohne die linken Parteien entschließen sollte. Die Antwort von US-Außenminister George C. Marshall war eindeutig: De Gasperi könnte sich auf „die entschlossene moralische Unterstützung der USA“ verlassen; alles würde unternommen werden, „um Italien bei seinem dringenden Finanzbedarf zu helfen“.[91] Damit aber hatte die amerikanische Italienpolitik einen eindeutigen Wandel vollzogen.[92]

Nach nur drei Wochen präsentierte De Gasperi am 02. Juni 1947, unter dem Beifall der amerikanischen Regierung,[93] sein neues Kabinett: eine *monocolore*, eine sogenannte Einparteienregierung, bestehend nur aus Christdemokraten und einigen Fachexperten – die angesehenen ordoliberalen Finanzwissenschaftler Gustavo del

---

86 Übersetzung: „Dreiparteienregierung“.

87 Übersetzung: „Zwangsgemeinschaft“.

88 Vgl. Hans Woller, Amerikanische Intervention oder kommunistischer Umsturz? Die Entscheidungswahlen vom April 1948, in: Woller (1988), Italien und die Großmächte, S. 74f.

89 14 Maggio 1947. Direzione Centrale della DC, in: Democrazia Cristiana, Atti e documenti della Democrazia Cristiana 1943–1959, Rom: Cinque lune (1959), S. 296.

90 Vgl. zum Beispiel Di Nolfo (1993), Von Mussolini zu De Gasperi, S. 201ff. sowie Gambino (1988), Storia del dopoguerra, S. 301ff.

91 Zitiert nach Di Nolfo (1993), Von Mussolini zu De Gasperi, S. 212.

92 James E. Miller spricht in diesem Zusammenhang sogar von der Herausbildung einer „special relationship“ zwischen den USA und Italien als Ergebnis der zunehmenden Sorge, dass die Sowjetunion ihren Einflussbereich in Europa auch auf Italien ausdehnen könnte. Vgl. Miller (1988), Italien und die Vereinigten Staaten, S. 49–69.

93 US-Außenminister Marshall gratulierte dem italienischen Ministerpräsidenten zu seiner Entscheidung und stärkte ihm mit einem im diplomatischen Geschäft eher ungewöhnlichem Glückwunschschreiben den Rücken. Vgl. Timothy E. Smith, The United States, Italy and NATO: American Policy toward Italy, 1948–1952, Ph.D. Thesis, Kent State University (1981), S. 26.

Vecchio (DC, Schatzministerium) und Luigi Einaudi (PLI, Haushaltsministerium), der Großbankier Cesare Merzagora (DC, Außenhandel) und der erfahrene Diplomat Graf Carlo Sforza (PRI, Außenministerium). Allerdings erfüllten sich die durch Marshall geweckten Erwartungen, die De Gasperi mit dem Ausschluß der Linksparteien verbunden hatte, zu diesem Zeitpunkt nicht; die Ausweitung der amerikanischen Wirtschaftshilfen blieb vorerst aus. Die neu gebildete Regierung De Gasperi musste also zunächst aus eigener Kraft versuchen, die wirtschaftliche Lage Italiens zu verbessern.

Schon im Sommer 1947 kam es zu ersten, vor allem stabilitätsorientierten wirtschaftspolitischen Entscheidungen, die vom neuen Haushaltsminister, Luigi Einaudi, in enger Zusammenarbeit mit dem neuen Zentralbankchef, Donato Menichella, getroffen worden sind. Das konzipierte Gesetzesbündel beinhaltete im Wesentlichen folgende Maßnahmen: *zum einen* eine moderate Vermögens- und Verbrauchersteuererhöhung bei gleichzeitiger radikaler Kürzung von Preisstützungszahlungen lebenswichtiger Güter und Dienstleistungen sowie der Staatsausgaben insgesamt zur Bekämpfung des stetig anwachsenden Haushaltsdefizits; *zum anderen* eine schrittweise Anhebung des Leitzinses von 4% auf 5,5% sowie eine Erhöhung der Mindestreserven der Geschäftsbanken zur Einschränkung des volkswirtschaftlichen Kreditvolumens, um dadurch das Geldmengenwachstum zu reduzieren.[94] Darüber hinaus wurde die Lira gegenüber dem Dollar zunächst schrittweise abgewertet und der offizielle Wechselkurs schließlich ganz freigegeben, um dadurch dem freien Fall der Lira auf dem Devisenschwarzmarkt entgegenzuwirken.[95]

Diese als *linea Einaudi* bezeichneten restriktiven bzw. deflationären geldpolitischen Maßnahmen, die von August bis November 1947 umgesetzt wurden, waren in ihrer Wirkung jedoch ambivalent; sie wurden und werden deshalb von der wirtschaftshistorischen Forschung immer wieder kontrovers diskutiert. So kritisieren einige Autoren vor allem die unmittelbaren negativen Folgen: Durch die Deflationspolitik wären nicht nur die Investitionen, der Kapitalstock und die Produktion, sondern vor allem auch die Beschäftigung und die Reallöhne gesunken,[96] was insgesamt zu einer abrupten Abschwächung des allgemeinen Entwicklungstempos des

94 Vgl. Battilani und Fauri (2009), Economia italiana, S. 82ff.; vgl. darüber hinaus auch Bianchi (2002), L'industria italiana, S. 67ff.

95 Der offizielle Wechselkurs der italienischen Lira gegenüber dem Dollar wurde schrittweise von 100 auf 225 (Januar 1946), dann aber nochmals auf 350 Lire (August 1947) erhöht, um sich nach der Freigabe im November 1947 bei 575 Lire einzupendeln. Damit lag dieser Kurs deutlich unterhalb des Schwarzmarktpreises von zwischenzeitlich über 900 Lire pro US $. Vgl. Cosma O. Gelsomino, Moneta e sviluppo nel dopoguerra. La politica monetaria italiana negli anni Cinquanta (1946–1964), in: Franco Cotula (Hg.), Stabilità e sviluppo negli anni Cinquanta, vol. 2, Problemi strutturali e politiche economiche, Rom: Laterza (1998), S. 276–283. Zusammenfassend, vgl. Giancarlo Morcaldo, Intervento pubblico e crescita economica: un equlibrio da ricostruire, Mailand FrancoAngeli (2007), S. 19.

96 Vgl. Bruzio Manzocchi, Lineamenti di politica economica in Italia (1945–1959), Rom: Editori Riuniti (1960), S. 45f.

wirtschaftlichen Wiederaufbaus geführt hätte,[97] mit den gravierenden Konsequenzen eines weiteren Rückgangs des privaten Konsums und einer dadurch bedingten erneuten sozialen Kriseneskalation. Valerio Castronovo stellt in diesem Zusammenhang fest: „Die Folgewirkungen der drastischen Kreditbremse (...) und des daraus resultierenden starken Nachfragerückgangs waren sowohl unter ökonomischen als auch unter sozialen Aspekten fatal. Dem starken Rückgang der Investitionen – vor allem im Industriebereich – folgte denn auch ein dramatischer Einbruch der Produktion, die erst zwei Jahre später – allerdings nur allmählich – wieder anfing zu steigen."[98]

Andere Autoren hingegen betonen aufgrund der damaligen Zwangslagen die Alternativlosigkeit der eingeleiteten Maßnahmen. Angesichts der grassierenden Inflation und des dramatischen Anstiegs des Wechselkurses auf dem Devisenschwarzmarkt sowie der damit verbundenen Verteuerung und weiter zunehmenden Verknappung von Energie und Rohstoffen wäre – so zum Beispiel Giuliano Amato – „der geldpolitische Eingriff zur Eindämmung des Geldverfalls unausweichlich gewesen."[99] Nach Auffassung von Vera Zamagni wiederum wären eine Verlangsamung oder gar ein Einbruch des Wirtschaftswachstums als Folge der *stretta* aufgrund fehlender valider Datensätze gar nicht nachzuweisen.[100] Und Rolf Petri schließlich mahnt eher eine längerfristige Perspektive bei der Beurteilung der geldpolitischen Maßnahmen der *linea Einaudi* an, da die „svolta deflazionistica" zwar „im Unmittelbaren (...) eine Abschwächung des Entwicklungstempos" mit sich gebracht hätte, tatsächlich aber als eine „Vorbedingung der weiteren Entwicklung"[101] betrachtet werden müsse.

Die hier nur kurz skizzierte Forschungskontroverse soll weder vertieft noch kann ein abschließendes Urteil über Erfolg oder Mißerfolg der von der *Banca d'Italia* und der Regierung verordneten geldpolitischen Maßnahmen getroffen werden. Allerdings ist es für die weitere Analyse notwendig, die Wirkungsdimension der *linea Einaudi* transparent zu machen, da diese die Handlungsspielräume der Wiederaufbaupolitik maßgeblich vorstrukturiert hat und demzufolge einen wichtigen Bestimmungsfaktor der Industriepolitik Italiens bildete. Unter Berücksichtigung der neu rekonstruierten gesamtwirtschaftlichen und sektoralen Statistiken lassen sich im Folgenden mindestens drei Wirkungslinien der Einaudi-Politik aufzeigen, die zugleich die unterschiedlichen Auffassungen in der Forschung entweder bestätigen oder aber widerlegen: *Erstens* haben die finanzpolitischen Sanierungsmaßnahmen dazu beigetragen, in *kürzester* Frist den Staatshaushalt zu konsolidieren und den galoppierenden Geldwertverfall der Lira nachhaltig einzudämmen. Das seit 1943 stetig gewachsene Leistungsbilanzdefizit konnte bereits 1948 vollständig abgebaut bzw. sogar ein leichter Überschuss erzielt

97 Vgl. Marcello De Cecco, La politica economica durante la ricostruzione 1945–1951, in: Stuart J. Woolf (Hg.), Italia 1943–1950. La ricostruzione, Rom-Bari: Laterza (1974), S. 316.
98 Valerio Castronovo, L'industria italiana dall'Ottocento a oggi, Mailand: Mondadori (1980), S. 256.
99 Amato (1972), Introduzione, S. 24.
100 Vgl. Zamagni (1990), Dalla periferia al centro, S. 414.
101 Petri (2001), Von der Autarkie zum Wirtschaftswunder, S. 426.

werden, der in den Folgejahren deutlich ausgebaut wurde. Die Inflationsrate, die 1947 noch bei 62,1% gelegen hatte, sank bereits im Folgejahr auf 5,9% und 1949 sogar auf nur noch 1,5%.[102] Damit aber schuf die Eindämmung der Inflation unter *mittel- und längerfristigem* Aspekt wiederum „die erforderlichen Rahmenbedingungen der unternehmerischen Sicherheit, frei von starken Preisschwankungen, allzu leichten Inflationsgewinnen und ungebremster Spekulation. Die daraus resultierende Stabilisierung des Lira-Wechselkurses zum Dollar ermöglichte den Wiederausgleich der Zahlungsbilanz und den Wiederaufbau von Währungsreserven. Die verschiedenen Maßnahmen der *linea Einaudi* bildeten daher gewissermaßen die Voraussetzung und den wichtigsten Garanten für die vor allem seit Beginn der 1950er Jahre zunehmende Kapitalakkumulation und das starke Wirtschaftswachstum."[103] Die durch die Einaudi-Politik herbeigeführte „deflationistische Wende" läßt sich daher völlig zurecht als „historische Wasserscheide zwischen den wirtschaftlich unsicheren Verhältnissen der unmittelbaren Nachkriegszeit und einer Phase größerer Stabilität"[104] charakterisieren.

Zweitens, kam es seit Ende 1947 allerdings – wie aus Tabelle 1.9 hervorgeht – zu einer kurzfristigen Abschwächung des volkswirtschaftlichen Wachstums, wenngleich auf einem hohen Niveau. Nahezu alle relevanten Indikatoren hatten bereits 1947, spätestens aber 1948 ihr Vorkriegsniveau überschritten oder fast erreicht. Lediglich die Industrieproduktion hinkte der allgemeinen Entwicklung hinterher. Die Umstellung der Industriewirtschaft von der Kriegsproduktion auf die Herstellung ziviler Güter erforderte nicht nur Zeit, sondern auch erhebliche Neuinvestitionen zur Instandsetzung und vor allem zur Modernisierung der bestehenden Ausrüstungen und Fabrikanlagen, wollte man den im Zeichen von Autarkie und Protektionismus entstandenen technologischen Rückstand im Vergleich mit den USA nicht weiter vergrößern. Die Bruttoinvestitionen waren seit Kriegsende bis Mitte 1947 insgesamt deutlich angestiegen, so dass bereits 1946 der Vorkriegsstand um knapp 22% übertrofffen werden konnte. Die Industriewirtschaft erzielte im sektoralen Vergleich die größten Zuwachsraten, vor allem im Bereich der Großindustrie, die nicht nur über eigenes Kapital verfügte, sondern nahezu vollständig durch die staatlich kontrollierte Kreditvergabe gegenüber den klein- und mittelständischen Industriebetrieben bevorzugt wurde. In der zweiten Jahreshälfte 1947 kam es dann aber zu einem kurzfristigen massiven Einbruch der Investitionstätigkeit, so dass die Industrieinvestitionen im Jahresdurchschnitt mehr als 4 Indexpunkte unterhalb des Vorjahresvolumens lagen. Allerdings muß ein direkter Wirkungszusammenhang mit den geldpolitischen Maßnahmen der *linea Einaudi* angezweifelt werden. Aus den ISTAT-Neuberechnungen der Entwicklung von Geld- und Kreditvolumen zu laufenden Preisen geht hervor, dass das Kreditvolumen der Geschäftsbanken in

---

102 Vgl. auch Tabelle 1.14 in Abschnitt 2.2.3.

103 Giangiacomo Nardozzi, Miracolo e declino. L'Italia tra concorrenza e protezione, Rom-Bari: Laterza (2001), S. 15.

104 Petri (2001), Von der Autarkie zum Wirtschaftswunder, S. 425.

Tabelle 1.9: Entwicklung des gesamtwirtschaftlichen und industriewirtschaftlichen Wachstums in Italien, 1945–1948; in € (2010), Anzahl der Erwerbstätigen und Mengen; Index, 1938 = 100 und in %.

	BIP	Jährliche WR in %	BIP pro Kopf	Jährliche WR in %	Brutto-investitionen	Jährliche WR in %	Export	Jährliche WR in %	Import	Jährliche WR in %	Privater Konsum	Jährliche WR in %
1945	40,25		38,37		31,78		2,85		32,63		47,00	
1946	76,52	90,08	72,63	89,27	121,71	282,95	33,95	1091,12	41,72	27,86	74,15	57,77
1947	91,31	19,33	85,97	18,37	113,80	−6,50	69,74	105,40	100,92	141,91	95,96	29,40
1948	101,53	11,19	94,98	10,47	134,00	17,75	203,70	192,07	245,79	143,56	104,23	8,63

	BWS Industrie	Jährliche WR in %	Beschäftigung Industrie	Jährliche WR in %	Bruttoinvest. Industrie	Jährliche WR in %	Bruttokapitalstock „Ausrüst. und Anlagen“	Jährliche WR in %	Industrieproduktion	Jährliche WR in %
1945	23,49		101,84		25,80		133,60		20,08	
1946	73,34	212,22	102,10	0,26	104,95	306,81	144,96	8,50	63,55	216,46
1947	100,00	36,35	102,36	0,26	100,41	−4,33	148,66	2,55	83,82	31,89
1948	109,41	9,40	102,62	0,26	127,95	27,43	149,67	0,68	88,09	5,10

Quelle: Eigene Berechnungen, basierend auf ISTAT (2011), Sommario, Tabelle 2.3, S. 101 ff. (Bevölkerung), Baffigi (2011), Italian National Accounts (BIP, Bruttowertschöpfung, Bruttoanlageinvestitionen, Export, Import und Privater Konsum); Broadberry et al. (2013), Data Appendix, Tabelle A5, S. 680 ff. und Tabelle A7, S.704 ff (Beschäftigung und Bruttokapitalstock) sowie Carreras (1999), Un ritratto quantitativo, Tabelle 1, S. 190 ff. (Produktion).

den Jahren 1947 und 1948 insgesamt um 92,4% bzw. 28,3% sowie der Spezialkreditinstitute zur Industriefinanzierung um 154,1% bzw. 76,4% deutlich angestiegen war. In konstanten Preisen berechnet, ergibt sich damit ein jährlicher Zuwachs von 18,70% bzw. 21,20% für das Kreditvolumen der Geschäftsbanken insgesamt sowie von 56,8% bzw. 66,6% für das Kreditvolumen der Spezialkreditinstitute.[105] Diesen Berechnungen zufolge war es also gar nicht – wie von einigen Autoren kritisiert – zu einer Kreditverminderung nach der Anhebung des Leitzinssatzes und der Erhöhung der Mindestreserven für die Geschäftsbanken gekommen. Insofern sind der kurzfristige Investitionseinbruch von 1947 und das auch noch 1948 langsamere Wachstum relevanter Makroindikatoren also keineswegs als „Konsequenzen einer unerwarteten Kreditrestriktion" (Castronovo) zu bewerten. Vielmehr war die Verlangsamung des volkswirtschaftlichen Wachstums im Allgemeinen und jene der Industrieproduktion im Besonderen vor allem auf die anhaltend angespannte Energie- und Rohstoffversorgung zurückzuführen. Der Investitionsrückgang dürfte hingegen damit zu erklären sein, dass der geldpolitische Eingriff im Sommer 1947 den Geldwertverfall der Lira zunächst nicht stoppen konnte. Die Inflationsrate lag 1947 im Jahresdurchschnitt noch bei über 62% und war damit mehr als dreimal so hoch wie im Vorjahr.[106] Die stetig wachsende Verteuerung von Energie und Rohstoffen sowie das durch die Einführung der gleitenden Lohnskala (Dezember 1946) der Inflationsentwicklung angepaßte starke Steigen der Nominallöhne verringerten also nicht nur die Ertragsaussichten der Industrieunternehmer, sondern vor allem auch deren Planungssicherheit. Mit der Stabilisierung der Preise seit Jahresbeginn 1948 stiegen die Bruttoinvestitionen sofort wieder an, erhöhten sich im Industriebereich durchschnittlich um 27,4% und übertrafen damit das Vorkriegsniveau um knapp 28%. Die volkswirtschaftliche Entwicklung stagnierte im Zuge der finanzpolitischen Sanierungsmaßnahmen insofern keineswegs. Schon gar nicht war es zu einem volkswirtschaftlichen Abschwung gekommen. Die 1947/1948 erreichten Niveaugrößen deuten stattdessen darauf hin, dass die italienische Wirtschaft den durch den exogenen Schock des Zweiten Weltkrieges verursachten Kollaps – zumindest, was die hier aufgeführten Indikatoren betrifft – nach nur wenigen Jahren nahezu überwunden hatte.

Allerdings implizierte die Einaudi-Politik – *drittens* – keine unmittelbar spürbare Verbesserung der Versorgungslage der italienischen Bevölkerung. Im Gegenteil: Vor allem durch den Wegfall der staatlichen Subventionierung von lebenswichtigen Gütern und Dienstleistungen führte die *linea Einaudi* zu einer Einschänkung der ohnehin geringen privaten Konsummöglichkeiten, insbesondere der Angestellten und der Arbeiterschaft. Zwar waren die Gehälter und Löhne nach Einführung der

105 Eigene Berechnungen, basierend auf ISTAT (2011), Sommario, Tabelle 19.2, S. 820–822 sowie Tabelle 21.6, S. 897.

106 Eigene Berechnungen, basierend auf ISTAT (2011), Sommario, Tabelle 21.7, S. 898.

gleitenden Lohnskala gestiegen, doch konnten sie mit dem Anstieg der Lebenshaltungskosten nicht annähernd Schritt halten. Darüber hinaus erreichte die Arbeitslosigkeit mit 8,9% 1947 einen neuen Höchststand, der auch im folgenden Jahr nur geringfügig unterschritten wurde. Für viele Menschen waren die Folgen des geldpolitischen Eingriffs daher existentiell.[107] Angesichts der nahezu unverändert schlechten Versorgungslage regte sich in allen Bevölkerungsschichten gegenüber der Regierung zunehmend Protest; die im Kern bereits bewältigte ökonomische Krise hatte sich aufgrund der ambivalenten Wirkungsdimension des staatlichen Krisenmanagements so gesehen zu einer „Krise des sozialen Konsens"[108] entwickelt. Damit aber bewirkte der von der Regierung eingeleitete deflationistische Reformkurs zunächst das Gegenteil von dem, was von ihm erwartet wurde – er eröffnete eine der härtesten Konfliktperioden in der Nachkriegszeit Italiens.

1.2.2 Die stabilisierende Bedeutung des Marshall-Plans

1.2.2.1 Das *European Recovery Program*

Am 03. April 1948 verabschiedete der amerikanische Kongreß den *Economic Cooperation Act* als Teil eines umfassenden *Foreign Assistance Act* und lieferte damit die gesetzliche Grundlage für die Umsetzung des Marshall-Plans. Die ökonomischen Ziele des *European Recovery Program* bestanden in einer Steigerung der industriellen und landwirtschaftlichen Produktion in Europa, in einer Stabilisierung der europäischen Währungen und öffentlichen Finanzen, in der Förderung des Außenhandels der Teilnehmerländer untereinander und mit anderen Nationen durch die Beseitigung von Handelsbeschränkungen und durch andere Maßnahmen sowie im nachhaltigen Abbau der europaweiten Arbeitslosigkeit durch eine umfassende und wirksame Nutzung des vorhandenen Arbeitskräftepotentials.[109] Für einen Zeitraum

107 Vgl. Simona Colarizi, La seconda guerra mondiale e la Repubblica, Turin: UTET (1984), S. 519f.

108 Di Nolfo (1993), Von Mussolini zu De Gasperi, S. 211.

109 Vgl. zum *European Recovery Program* – allgemein – Alan S. Milward, The Reconstruction of Western Europe 1945–51, Berkely-Los Angeles: University of California Press (1984); John Gimbel, The Origins of the Marshall-Plan, Stanford: Stanford University Press (1976); Daniel Speich Chassé, Towards a Global History of the Marshall-Plan. European Post-War Reconstruction and the Rise of Development Economic Expertise, in: Grabas und Nützenadel (2014), Industrial Policy in Europe, S. 187–212; Gerd Hardach, Der Marshall-Plan. Auslandshilfe und Wiederaufbau in Westdeutschland 1948–1952, München: Deutscher Taschenbuch Verlag (1994) sowie Ute Daniel, Dollardiplomatie in Europa: Marshallplan, Kalter Krieg und die US-Außenwirtschaftspolitik, Düsseldorf: Droste (1982). Für Italien, vgl. vor allem Francesca Fauri, The Marshall-Plan in Italy. Industrial Renewal and Material Reconstruction, in: Francesca Fauri und Paolo Tedeschi (Hg.), Novel Outlooks on the Marshall-Plan. American Aid and European Re-Industrialisation, Brüssel: P.I.E. Peter Lang (2011), S. 39–58; außerdem Carlo Spagnolo, La stabilizzazione incompiuta. Il Piano Marshall in Italia (1947–1952), Rom: Carocci (2001) sowie Harper (1987), La ricostruzione dell'Italia. Vgl. darüber hinaus auch Elena Aga Rossi

von längstens vier Jahren wollten die Vereinigten Staaten den Teilnehmerländern finanzielle Hilfsleistungen für die Einfuhr der dringend benötigten Lebensmittel und Rohstoffe zur Verfügung stellen, um auf diese Weise den akuten Kapitalmangel in Europa zu überbrücken und dadurch den Erfolg des gemeinsamen Wiederaufbauprogramms zu gewährleisten. Der finanzielle Umfang der Hilfeleistungen für Westeuropa im Rahmen des *European Recovery Program* belief sich insgesamt auf 12,3 Mrd. US $ und blieb damit deutlich unter den vom amerikanischen Senat geforderten 20 Mrd. US $, aber auch unter den vom amerikanischen Präsidenten, Harry S. Truman, noch im Dezember 1947 veranschlagten 17 Mrd. US $.[110] Großbritannien erhielt mit etwa 23,2% den größten Anteil der Hilfslieferungen, gefolgt von Frankreich (20,8%), Italien (10,9%) und Deutschland (10,8%).

Der Marshall-Plan stellte eine neue Qualität der internationalen Wirtschaftspolitik dar, weil er auf die Koordinierung unterschiedlicher und nationale Grenzen überschreitender Interessen orientiert war. Er war insofern nicht nur eine Antwort auf die Probleme der Nachkriegszeit, sondern letztlich auch das Resultat der schon in der Zwischenkriegszeit – insbesondere während und nach der Weltwirtschaftskrise – gemachten negativen Erfahrungen gegenseitiger Abschottung und übersteigerter Nationalismen.[111] Die Durchführung des Wiederaufbauprogramms wurde einer eigens dafür geschaffenen Behörde übertragen – der *Economic Cooperation Administration* (ECA) unter der Leitung Paul Hoffmans, mit Sitz in Paris. Zunächst nahmen 19 europäische Staaten an dem Programm teil, die sich am 16. April in Paris

(Hg.), Il Piano Marshall e l'Europa, Rom: Istituto Enciclopedia Treccani (1983) oder Chiarella Esposito, America's feeble weapon. Funding the Marshall-Plan in France and Italy. 1948–1950, London: Greenwood Pub. Group Inc. (1994) sowie Christian Grabas, Der Marshall-Plan als Stabilisator der sozioökonomischen Entwicklung Italiens während der Nachkriegszeit (1948–1952), in: Berichte. Forschungsinstitut der Internationalen Wissenschaftlichen Vereinigung Weltwirtschaft und Weltpolitik (IWVWW) e.V., 17. Jg., Nr. 176/177, Juli/August 2007, S. 145–158.

110 Andere Autoren – wie zum Beispiel Hardach – beziffern den Warenwert der ERP-Lieferungen insgesamt auf 14 Milliarden US $: Vgl. Hardach (1994), Der Marshall-Plan, S. 244. Den Ausführungen Carlo Spagnolos zufolge würden diese Autoren in ihren Untersuchungen aber den Fehler begehen, dass sie für ihre Berechnungen des Gesamtumfangs der Marshall-Plan-Hilfen die einzelnen von der ECA den Teilnehmerländern *zugesicherten* Jahreslieferungen (allocations) verwendeten, die sich in ihrer Summe auch auf circa 14 Mrd. US $ belaufen würden; seine Untersuchungen hätten im Gegensatz dazu ergeben, dass der tatsächlich ausgelieferte und von den Teilnehmerländern empfangene Warenwert (shipments) wesentlich geringer gewesen wäre. Vgl. Spagnolo (2001), Il Piano Marshall in Italia, S. 126.

111 Vgl. zum Beispiel Vera Zamagni, Introduction. A New Approach to Industry in Europe, in: Francesca Fauri und Paolo Tedeschi (Hg.), Novel Outlooks on the Marshall-Plan. American Aid and European Re-Industrialization, Brüssel: P.I.E. Peter Lang (2011), S. 13. Ansonsten vgl. auch Jürgen Heideking, Pragmatismus und kontinentale Vision: Der Marshall-Plan als Anstoß zur europäischen Integration, in: Wolfram Pyta und Ludwig Richter (Hg.), Gestaltungskraft des Politischen, Berlin: Duncker & Humblot (1998), S. 311 ff. In diesem Sinne auch Abelshauser (1986), Westeuropa vor dem Marshall-Plan, S. 126.

zur OEEC – der *Organisation for European Economic Cooperation* – zusammenschlossen und der ECA Vorschläge über die Verteilung und Verwendung der amerikanischen Gelder unterbreiten sollten. Die europäischen Teilnehmerstaaten der OEEC verpflichteten sich zusätzlich, auf die Erreichung der von der amerikanischen Regierung jeweils vorgegebenen Ziele des *European Recovery Program* hinzuarbeiten. Weiterhin wurden die Integration der einzelnen nationalen Volkwirtschaften in das sich neu formierende Weltwirtschaftssystem sowie eine jeweilige stabilitätsorientierte nationale Wirtschaftspolitik für den Erhalt der amerikanischen Devisenhilfe vorausgesetzt. Schließlich sollten die importierenden Staaten die aus dem Verkauf der importierten Güter erzielten Erlöse – so war es in den einzelnen bilateralen Abkommen mit den Teilnehmerstaaten vorgesehen – in nationaler Währung auf sog. Gegenwertfonds einzahlen, auf die die europäischen Regierungen, allerdings nur mit ausdrücklicher Zustimmung der ECA, zur Eigenfinanzierung des wirtschaftlichen Wiederaufbaus der heimischen Volkswirtschaft Zugriff nehmen konnten. Neben der Entscheidung über den Umfang und die Verteilung der Aufbauhilfen, stellten diese *Gegenwertfonds* für die amerikanische Regierung ein weiteres wichtiges Instrument zur Beeinflussung sowohl der ordnungspolitischen als auch wirtschaftlichen Entwicklung in Europa dar.

Als am 04. Juli 1947 vom *State Department* der italienischen Regierung der Vorschlag unterbreitet wurde, dass auch Italien am *European Recovery Program* teilnehmen könnte, waren die jeweiligen Entscheidungsträger aus Politik und Wirtschaft vermutlich begeistert. Der Außenminister Sforza hatte die Entscheidung Italiens zur Annahme des amerikanischen Aufbauprogramms immerhin bereits verkündet, noch bevor das Land dazu offiziell aufgefordert worden war.[112] Der Vorstoß des US-Außenministers kam gerade zur rechten Zeit. Der Marshall-Plan würde – so die Hoffnung der italienischen Politik – über die Gewährung von umfangreichen Krediten und Lieferungen zur finanziellen Absicherung des politischen und ökonomischen Wiederaufbaus beitragen und damit den herbeigesehnten Aufschwung stimulieren. Die Teilnahme an einem europaweiten Wirtschaftsprogramm würde Italien aber zugleich – so Sforza – die Möglichkeit einräumen, „sich als Nation würdevoll wieder zu erheben und seinen Platz innerhalb der europäischen Staatenwelt wieder einzunehmen, sich international erstmals wieder politische Geltung zu verschaffen und den Aufbau einer (neuen) internationalen Gemeinschaft mit seinen natürlichen nationalen Stärken und Ressourcen zu unterstützen, (...) um seine Fähigkeiten und seinen Reichtum mit denen der anderen Länder der westlichen Welt zu vereinigen und mit ihnen paritätisch in politische Verhandlungen zu treten."[113] Oder um es mit den Worten Ennio Di Nolfos zu formulieren – die Möglichkeit, dem Marshall-Plan

---

112 Vgl. Ennio Di Nolfo, Das Problem der europäischen Einigung als ein Aspekt der italienischen Außenpolitik, in: Vierteljahreshefte für Zeitgeschichte, Jahrgang 28, Heft 2 (1980), S. 150.
113 Sforza (1952), Palazzo Chigi, S. 41f.

beizutreten, wurde von der italienischen Regierung als „eine historische Stunde" angesehen, als „eine gute Gelegenheit, die Italien in eigenem Interesse nicht auslassen dürfe."[114]

1.2.2.2 Der Wahlsieg der *Democrazia Cristiana* vom 18. April 1948 – Weichenstellung für die Teilnahme Italiens am Marshall-Plan

Seit der politischen Wende, die De Gasperi am 02. Juni 1947 mit dem Ausschluß der Linksparteien und der Bildung einer Einparteienregierung der *Democrazia Cristiana* herbeigeführt hatte, überschlugen sich die Ereignisse. „Italien schien an der Schwelle eines blutigen Bürgerkrieges zu stehen: Streiks, Unruhen und Revolten waren an der Tagesordnung (...)."[115] Angesichts dieser krisenhaften Entwicklungen, die eine zunehmende Ablehnung der christdemokratischen Regierung und einen Auftrieb der Linksparteien – vor allem der Kommunisten – in der Wählergunst der Bevölkerung implizierten, sah sich die Regierung De Gasperi vor dem Hintergrund des mittlerweile von der Verfassungsgebenden Versammlung auf den 18. April des nächsten Jahres festgelegten Termins für die ersten Parlamentswahlen unter enormen Handlungsdruck gesetzt. Wollten De Gasperi und seine Partei auch weiterhin die politischen Geschicke des Landes bestimmen, so kam es darauf an, die vorhandenen ökonomischen und sozialen Zwangslagen ernst zu nehmen und die prinzipiell verfügbaren politischen Handlungsspielräume zur Bewältigung der riesigen Problemberge konsequent und effizient auszunutzen.

Die *unmittelbare* Herausforderung bestand darin, umfangreiche finanzielle Hilfen aus den Vereinigten Staaten zu beziehen, um dadurch die größten Versorgungsengpässe an Nahrungsmitteln und Rohstoffen zu überwinden. *Mittel- und längerfristig* wiederum ging es darum, die von Einaudi eingeleiteten deflationistischen Maßnahmen mit einer umfassenden Industrie- und Strukturpolitik zu kombinieren, um den Rekonstruktionsprozess der Volkswirtschaft zu stabilisieren und der Wachstumsdynamik nachhaltige Impulse zu verleihen. De Gasperi musste die Wähler insofern sowohl vom wirtschaftspolitischen Kurs seiner Regierung überzeugen, aber ebenso davon, eine Westorientierung Italiens und damit die Teilnahme am Marshall-Plan mitzutragen.

Schon bald begann letzterer Aspekt den Wahlkampf maßgeblich zu dominieren. Dabei verlagerte sich die immer stärker emotional geführte politische Auseinandersetzung zwischen der *Democrazia Cristiana* und dem linken Wahlbündnis aus Kommunisten und Sozialisten – der „Volksfront" – von einer zunächst argumentativ-sachlichen auf eine eher irrationale Ebene. Die Entscheidung der Wähler *für* oder *gegen* den eingeschlagenen außenpolitischen Kurs der Regierung De Gasperi wurde zu einem Moment allerhöchster Bedeutung stilisiert: zu einer Entscheidung über Kultur und Zivilisation, einer Entscheidung zwischen Kapitalismus und Kommunismus,

114 Di Nolfo (1980), Die europäische Einigung, S. 156.
115 Woller (1988), Amerikanische Intervention, S. 77.

zwischen Gut und Böse, zwischen Ost und West, letztlich also zu einer ideologischen Grundsatzentscheidung.[116]

Die Teilnahme Italiens am *European Recovery Program* war dabei zum vielleicht wichtigsten Argument innerhalb der Wahlkampfstrategie der *Democrazia Cristiana* avanciert: *Zum einen* konzentrierten sich die Christdemokraten auf ein Bedrohungsszenario von angeblich zwangsläufigen sozialen, politischen und ökonomischen Folgewirkungen im Falle eines Wahlsieges der Volksfront – d. h. auf den Verlust der persönlichen Freiheit, die außenpolitische Isolierung und das Ende jeglicher Unterstützung vonseiten der Vereinigten Staaten zum Wiederaufbau der nationalen Volkswirtschaft. *Zum anderen* aber – in positiver Gegenüberstellung – fokussierten sie ihre Strategie auf eine wortgewaltige und bildhafte Prophezeiung ungeheurer Vorteile des Marshall-Plans und die Darstellung des unschätzbaren Nutzens, der sich aus den amerikanischen Hilfsleistungen bisher für die italienische Bevölkerung ergeben hätte. Neben der Herausstellung des bereits angelaufenen *Interim Aid Program*, wurde das von der amerikanischen Regierung in Aussicht gestellte *European Recovery Program* regelrecht glorifiziert. Nur mithilfe des Marshall-Plans – so die Argumentation – könne es gelingen, die vielen Entbehrungen, die der Krieg und die unmittelbare Nachkriegszeit der Bevölkerung abverlangt hatten, endlich hinter sich zu lassen und bereits in naher Zukunft in stabilen Verhältnissen zu leben. Tatsache ist, dass sich im Verlauf des Wahlkampfes das Ansehen der *Democrazia Cristiana* in der Wählergunst immer mehr zu ihrem Vorteil veränderte. Dahinter stand nicht zuletzt die sorgenvolle Frage breiter Gesellschaftsschichten: Was würde geschehen, wenn die Kommunisten die Wahlen gewinnen und wie sollte man dann ohne die prinzipiell möglichen amerikanischen Hilfen überleben?

Die italienische Wählerschaft entschied sich am 18. April 1948 für die von Alcide De Gasperi geforderte Westorientierung Italiens; eine damit verbundene Teilnahme am Marshall-Plan bildete hierfür das ausschlaggebende Element.[117] Ende März hatte zwar eine erste, geheim durchgeführte Meinungsumfrage bereits das Ausmaß der wahlpolitischen Wende angedeutet; die Ergebnisse am Wahlabend übertrafen dann aber alle Erwartungen: Die *Democrazia Cristiana* – „als der Garant des italienisch-amerikanischen Einvernehmens“[118] – erzielte mit 48,5 Prozent der Wählerstimmen einen überwältigenden Sieg; die linke Volksfront erlitt hingegen mit nur

116 Vgl. Di Nolfo (1980), Europäische Einigung, S. 153.

117 Schon der italienische Außenminister, Graf Carlo Sforza, konstruierte diesen Wirkungszusammenhang: „Das italienische Volk unterstützte bei ihrer Wahl am 18. April den Marshall-Plan, weil es in diesem Plan ein Instrument der wirtschaftlichen Zusammenarbeit in Europa erkannte, ein Instrument für den Frieden, offen für alle diejenigen, die für den Frieden zusammenarbeiten wollten.“ Sforza (1952), Palazzo Chigi, S. 67. Aus der einschlägigen Sekundärliteratur, vgl. vor allem Spagnolo (2001), Il Piano Marshall in Italia, S. 107 f.; siehe aber auch Cavazza (2002), Comunicazione di massa, S. 207.

118 Woller (1988), Amerikanische Intervention, S. 94.

31 Prozent der Stimmenanteile als Folge ihres zu stark an den strategischen Vorgaben des *Kominform* orientierten Wahlkampfes eine bittere Niederlage, von der sie sich über Jahre hinweg nicht mehr erholen sollte.[119]

Das Ergebnis dieser ersten freien Parlamentswahlen war für die weitere Geschichte Italiens zäsursetzend Der Wahlsieg der *Democrazia Cristiana* markierte „das Ende der unmittelbaren Nachkriegszeit,“[120] die von Tragödien, Furcht, Hoffnungen und Enttäuschungen geprägt war; er war zugleich eine Weichenstellung für den Wiederaufbau und die Westintegration Italiens. Die neugeschaffenen Machtverhältnisse waren so eindeutig, dass sie den Christdemokraten die Möglichkeit eröffneten, Langzeitperspektiven zu entwickeln: „Der 18. April soll für uns kein Ende und kein Ankunftspunkt sein, sondern ein Neubeginn und ein Abfahrtsort,“[121] sagte De Gasperi noch am Wahlabend. Der Auftrag, den die italienische Bevölkerung der *Democrazia Cristiana* mit ihrem eindeutigen Votum erteilt hatte, bestand in einer konstruktiven Verarbeitung der Kriegsfolgen und – getragen von der Vision eines „Vereinten Europas“ – in der erfolgreichen „Vollendung des nationalen Wiederaufbaus.“[122] Ausgehend von der Erwartung breiter Teile der Gesellschaft, dass hierbei das *European Recovery Program* – bislang ja lediglich als Heilsbotschaft im Rahmen des Wahlkampfes verkündet – eine große Rolle spielen würde, hatte das neu gewählte Parlament in diesem Zusammenhang zunächst eine wichtige Aufgabe zu erfüllen: Der Marshall-Plan musste ratifiziert werden.

1.2.2.2.1 Die Annahme des Marshall-Plans am 31. Juli 1948

Nach den gewonnenen Wahlen bildete die DC unter Beteiligung der Sozialistischen Arbeiterpartei (PSLI), der Republikanischen Partei (PRI) sowie der Partei der Liberalen (PLI) eine neue Regierungskoalition. Am 23. Mai 1948 präsentierte De Gasperi der italienischen Öffentlichkeit sein fünftes Kabinett; noch am selben Abend warb er in einer Radioansprache für eine Fortsetzung seiner Politik mit dem Ziel, den nationalen Wiederaufbau weiter voranzutreiben. Dabei verwies er auf die zentrale Bedeutung der Marshall-Plan-Hilfen, die der neuen Regierung die dafür nötige materielle Unterstützung und Absicherung gewährleisten würden.[123]

Am 01. Juni 1948 hielt der Ministerpräsident seine erste Rede vor einer der beiden neu geschaffenen parlamentarischen Kammern, dem Senat der italienischen Republik. Nachdem De Gasperi die allgemeinen politischen Richtlinien der Regierung vorgestellt hatte, leitete er zum Hauptgegenstand seiner Rede über: zum Marshall-Plan.

---

119 Zu den Wahlergebnissen siehe auch: Cavazza (2002), Comunicazione di massa, S. 214.

120 Gambino (1988), Storia del dopoguerra, S. 523.

121 Vgl. und zitiert nach Giulio Andreotti, De Gasperi e il suo tempo. Trento, Vienna, Roma, Mailand: Mondadori (1956), S. 354.

122 Sforza (1952), Pallazzo Chigi, S. 25, S. 32, S. 47 und S. 77.

123 Vgl. Sergio Simoni (Hg.), I programmi dei governi repubblicani dal 1948 al 1978, Rom: Tipografia del Senato (1978), S. 58.

De Gasperi erklärte, dass die dem Land für das laufende Jahr im Rahmen des *European Recovery Program* zugesicherten Warenlieferungen aus den Vereinigten Staaten einem monetären Wert von knapp 703 Millionen US $ entsprechen und damit etwa die Hälfte des Importbedarfs decken würden.[124] In Absprache mit der *Economic Cooperation Administration* (ECA) sollten die für den Warenbezug auf das Konto des *Fondo Lire* zu entrichtenden Zahlungen in Höhe von 400 Millionen US $ dem italienischen Schatzministerium zur Verfügung gestellt werden, um damit das Haushaltsdefizit abzuschwächen und öffentliche Investitionsprojekte zu finanzieren.[125] Der Vorsitzende des Ministerrates wies anschließend darauf hin, wie sehr sich die aktuelle Situation der Volkswirtschaft im Vergleich zu den Vorjahresdaten bereits verbessert hätte und sich Italien auf dem Weg der herbeigesehnten „Normalisierung“[126] befände: So würde man in der Industrie, der Landwirtschaft und dem internationalen Güter- und Devisenhandel während der ersten Jahreshälfte 1948 erstmals nach Ende des Krieges wieder positive Zuwachsraten verzeichnen.[127] Was man nunmehr bräuchte – so De Gasperi weiter – wären ausländisches Anlagekapital, aber auch ausländische Produzenten, die Italien für den geeigneten Standort betrachteten, in neue Unternehmungen zu investieren und mit der Arbeitskraft der italienischen Bevölkerung den Wachstumsprozeß zu beschleunigen. Die Zeit der politischen Unruhen, der individuellen Sorgen und Ängste sollte ruhigen und sorgenfreien, stabilen und sicheren Verhältnissen weichen, um damit den Anreiz für ausländische Anleger zu vergrößern. Die Teilnahme am Marshall-Plan würde aber genau jene notwendige Stabilisierung der politischen und ökonomischen Verhältnisse implizieren.[128]

Mit seiner Rede am 01. Juni 1948 vor dem Senat hatte De Gasperi eine längere politische Debatte über Annahme oder Ablehnung der ERP-Verträge eröffnet, die am 31. Juli 1948 mit ihrer Ratifizierung im Parlament endete. Die in diesem Zusammenhang formulierte Kritik war umfassend und durchaus differenziert. Sie tangierte sowohl innen- als auch außenpolitische Fragen, thematisierte ökonomische Probleme sowie europäische Zukunftsvisionen. Im Zentrum der Kritik standen die von den Vereinigten Staaten vorgegebene Zusammensetzung der Güterlieferungen, die Ausschließlichkeitsbestimmungen im Handel mit dem Ausland sowie vor allem die im ERP-Vertrag festgeschriebenen Bestimmungen über die Verwendung der Gegenwertfonds – des *Fondo Lire*.[129] Die Kritik fiel umso heftiger aus, als die Vertragsklauseln des *European Recovery Program* im Vergleich zu früheren Hilfsprogrammen gewisse

---

124 Vgl. Atti Parlamentari, Senato della Repubblica, Discussioni, Leg. 1, Anno 1948, III Seduta, 1 Giugno 1948, S. 26. Die andere Hälfte – so De Gasperi – würde vorwiegend von den eigenen Exporten finanziert werden können.

125 Vgl. ebd.

126 Ebd., S. 28.

127 Vgl. ebd., S. 28 f.

128 Vgl. ebd., S. 29.

129 Vgl. Spagnolo (2001), Il Piano Marshall in Italia, S. 123.

Modifizierungen beinhalteten, über deren Folgen Unklarheit herrschte. So waren die Gegenwertfonds das erste Mal bereits mit der Institutionalisierung des UNRRA im Jahre 1943 im Rahmen verschiedener Hilfsprogramme eingerichtet worden, die der Verfügungsgewalt einer unabhängigen Kommission der Alliierten und nationalen Experten der Empfängerländer unterstanden. Die Hilfslieferungen – vorwiegend Getreide, Kohle und Lebensmittel – wurden den Empfängerländern zu diesem Zeitpunkt größtenteils auf Subventionsbasis, d. h. zu Preisen niedriger als der Marktpreis überlassen, was einen erheblichen Kostenaufwand der Geberländer bedeutete. Im Zusammenhang mit der Ausarbeitung des Marshall-Plans hatte das *State Department* nunmehr jedoch darauf bestanden, dass der monetäre Gegenwert der Warenlieferungen von den nationalen Regierungen unverzüglich auf die jeweiligen Gegenwertkonten der nationalen Zentralbanken eingezahlt werden mußte, und zwar unabhängig von der inländischen Distribution der Importgüter. Der Warenimport sollte zu amerikanischen Marktpreisen ohne zusätzliche staatliche Subventionierungen kalkuliert werden und war dementsprechend losgelöst von dem Verkaufswert der Güter auf den nationalen Märkten, was für die Teilnehmerländer am Marshall-Plan das nicht unerhebliche Risiko umfangreicher Verlustgeschäfte implizierte.[130] Zusammen mit den noch vorhandenen Geldern aus den *counterpart funds* der US-Auslandshilfen vor 1948, sollten die Gegenwertfonds – so war es im ERP-Vertrag vorgesehen – im jeweiligen Teilnehmerland vorwiegend für die Finanzierung von staatlichen Investitionen verwendet werden. Dafür benötigten die nationalen Regierungen allerdings die Zustimmung der ECA, die ihre Entscheidungen wiederum dem amerikanischen Senat gegenüber zu rechtfertigen hatte.[131]

Für den ehemaligen Finanzminister des antifaschistischen Befreiungskomitees (CLN), Mauro Scoccimarro, der als prominentes Mitglied der Kommunistischen Partei hier beispielhaft zitiert werden soll, stellte der Marshall-Plan demzufolge ein imperialistisches Machwerk der Amerikaner dar – „(...) eine imperialistische Konzeption, welche die internationale Kooperation und Einheit unter den hierarchischen Prinzipien der Macht und der Vorherrschaft anordnet und innerhalb derer sich die Vereinigten Staaten von Amerika als die beherrschende Macht an die Spitze setzen (...) gegenüber allen anderen europäischen Ländern, die sich in einer untergeordneten und abhängigen Position wiederfinden werden.“[132] Kein Abgeordneter im Senat – so machte Scoccimarro deutlich – würde die Notwendigkeit ausländischer Hilfen abstreiten: „Wir alle erkennen die Notwendigkeit der amerikanischen Hilfen für den europäischen Wiederaufbau, die Notwendigkeit einer Einheit und der Zusammenarbeit der europäischen Staaten für den Wiederaufbau sowie die Notwendigkeit, die

130 Vgl. ebd.

131 Vgl. hierzu auch Daniel (1982), Dollardiplomatie in Europa, S. 54 und S. 58.

132 So Scoccimarro am 24. Juni 1948 vor dem Senat, in: Atti Parlamentari, Senato della Repubblica, Discussioni, Leg. 1, Anno 1948, XVII Seduta, 24 Giugno 1948, S. 423.

unterschiedlichen Volkswirtschaften in Europa (...) zu koordinieren."[133] Scoccimarro betonte jedoch, dass die im ERP-Vertrag vorgegebenen Bestimmungen über die kostenlosen Hilfslieferungen den konjunkturellen Aufschwung in den westeuropäischen Staaten nicht herbeiführen würden, sondern einzig dazu dienten, die amerikanische Volkswirtschaft von ihren Produktionsüberschüssen zu befreien, um neue Kapazitäten freizusetzen: „Das Gesetz (über die Einrichtung des *Foreign Assistance Act*) vom 03. April zeigt ganz klar, dass die europäischen Empfängerländer diejenigen Produkte aus den Vereinigten Staaten verwenden sollen und müssen, die auf dem amerikanischen Markt überschüssig sind (...), um die amerikanischen Produzenten zu schützen (...). Das aber bedeutet, dass man mit den von den Vereinigten Staaten zugewiesenen Dollar nicht das kaufen kann, was man möchte, sondern – im Gegenteil – ausschließlich ganz bestimmte Produkte in einem festgelegten Umfang. Letztendlich sind es die Vereinigten Staaten, die entscheiden."[134]

Tatsächlich implizierten die Bestimmungen des ERP-Vertrages prinzipiell die Möglichkeit, dass man mitunter Güter importieren musste, für die keine inländische Nachfrage vorhanden war bzw. die man in der Vergangenheit in Konkurrenz zu den Vereinigten Staaten bereits selbst produziert hatte. Die Folge wäre ein nicht absetzbarer Angebotsüberschuß dieser Güter auf dem italienischen Markt. Die Problematik wurde durch die Klausel verschärft, dass die jeweiligen Empfängerländer die erhaltenen Waren nicht an Drittländer weiterverkaufen durften.[135] Auch hinsichtlich dieser Bestimmungen fand Scoccimarro den angeblich „imperialistischen Charakter des Marshall-Plans"[136] bestätigt und schlußfolgerte: „Auf diese Weise verlieren wir das souveräne Recht, über die wirtschaftliche Entwicklung in unserem Land selbst zu entscheiden und zu bestimmen. Dieses Recht geht an die Vereinigten Staaten, und unsere Wirtschaft wird dadurch zu einem Anhängsel der amerikanischen Volkswirtschaft. Es werden nicht unser Nutzen und unsere Interessen sein, die unsere eigene Wirtschaftsentwicklung bestimmen, sondern diejenigen der Monopole und der starken Wirtschaft der Vereinigten Staaten von Amerika."[137] Darüber hinaus richtete sich die von Scoccimarro formulierte Kritik gegen die veranschlagte Summe von 400 Millionen US $, die der italienischen Volkswirtschaft angeblich für das laufende Jahr aus dem *Fondo* zur Verfügung gestellt werden sollten. Seiner Ansicht nach wäre diese Summe aber bei weitem zu hoch berechnet, weil die für die Güterlieferungen zu zahlenden amerikanischen Marktpreise weitaus höher lagen als die inländischen Preise. Darüber hinaus wäre die Aufnahmekapazität in einigen Produktionssektoren längst nicht so groß, als dass sie die Lieferungen vollständig absorbieren könnte. Das

133 Ebd.

134 Ebd.

135 Vgl. Spagnolo (2001), Il Piano Marshall in Italia, S. 51.

136 Atti Parlamentari, Senato della Repubblica, Discussioni, Leg. 1, Anno 1948, XVII Seduta, 24 Giugno 1948, S. 428.

137 Ebd.

aber würde „in der Konsequenz dazu führen, dass sich am Ende das Geldvolumen des *Fondo* (...) immer weiter und weiter verringert."[138]

Am 29. Juli 1948 bestätigte der Abgeordnete der *Democrazia Cristiana*, Giuseppe Medici, während einer weiteren Anhörung im Senat Scoccimarro dahingehend, dass auch er das Volumen des *Fondo Lire* auf deutlich geringer schätze als die von De Gasperi angekündigte Summe. Medici selbst ging von 250 Millionen US $ aus, die der italienischen Regierung für das Jahr 1948 aus dem Gegenwertfonds zur Verfügung stehen würden.[139] Dennoch verteidigte er die Regierung: Wichtiger als die Höhe dieser Gelder wäre seiner Meinung nach, „dass die Verwendung der Gegenwertmittel letztlich zu einer das Wachstum dynamisierenden Umstrukturierung der wirtschaftlichen Verhältnisse in den Teilnehmerländern und in ganz Europa führen und der *Fondo Lire* eben hierfür ein potentes und zeitgemäßes Instrument darstellen würde, geeignet und geschaffen, um eine nie dagewesene Notsituation zu überwinden (...)."[140] Daher wäre es notwendig, dass Italien die ERP-Bestimmungen akzeptiere, um auf diese Weise an dem von den USA finanziell unterstützten Wandlungsprozeß – hin zu einem vereinten und in Frieden miteinander lebenden Europa – zu partizipieren.[141] Der parteipolitische Sprecher der *Democrazia Cristiana*, Stefano Jacini, bekräftigte diese Auffassung von Medici zwei Tage später, indem er vor allem die mit dem Marshall-Plan verbundene Aussicht auf ein „Vereintes Europa" in seinem Redebeitrag hervorhob: „Diese Beschlüsse zielen darauf ab, eine dauerhafte Organisation der wirtschaftlichen Zusammenarbeit zwischen den Teilnehmerländern herauszubilden, eine Organisation, welche (...) die Rettung der Zukunft bedeuten könnte, indem sie in ihrer Folge eben jene neue politische Entität herausbildet, die wir alle als eine unaufschiebbare Notwendigkeit begreifen."[142]

Auch die Sozialisten äußerten sich hinsichtlich zu erwartender Folgewirkungen des Marshall-Plans für die italienische Wirtschaft besorgt. So fragte zum Beispiel der Führer der Sozialisten, Pietro Nenni, am 09. Juli in der Abgeordnetenkammer: „Was aber werden die Konsequenzen sein?" Und antwortete: „Die nationale Produktion wird sich verringern, das investierte Kapital sich entwerten und verlieren, die Arbeitslosigkeit wird weiter steigen, wir werden unsere Absatzmärkte verlieren, die wir nicht mehr zurückerobern können, solange die amerikanischen Hilfen andauern, und wir werden dementsprechend verpflichtet sein, uns auch weiterhin dem amerikanischen

138 Ebd., S. 430.

139 Vgl. Atti Parlamentari, Senato della Repubblica, Discussioni, Leg. 1, Anno 1948, XLVII Seduta, 29 luglio 1948, S. 1333.

140 Ebd.

141 Vgl. ebd.

142 Atti Parlamentari, Senato della Repubblica, Discussioni, Leg. 1, Anno 1948, L Seduta, 31 luglio 1948, S. 1438.

Monopol unterzuordnen."[143] Folglich wäre der zu erwartende „Nutzen der Hilfslieferungen denn auch weitaus geringer als die dafür zu veranschlagenden Kosten."[144]

Die Parlamentsdebatte zum Marshall-Plan richtete ihren Fokus allerdings nicht nur auf außenpolitische und -wirtschaftliche Aspekte, sondern besaß zugleich eine innen-, vor allem wirtschaftspolitische Dimension. So bemängelten beispielsweise die Abgeordneten Lorenzo Bonino und Antonio Giolitti (beide PCI)[145] bereits Anfang Juli, dass die Regierung – sollte sich das Volumen des *Fondo* auf 400 Millionen US $ oder weniger belaufen – bislang noch gar nicht über ein adäquates wirtschaftspolitisches Konzept verfügen würde, um diese Gelder sinnvoll sowie produktiv anzulegen. In ihren Ausführungen vor dem Senat erinnerten sie an die schlechten Erfahrungen, die man während der ersten Jahre nach Kriegsende bei der Verwendung der ausländischen Hilfsleistungen gemacht hätte. Die Wirtschaftshilfen in Höhe von über zweieinhalb Milliarden US $ wären damals – so ihr Vorwurf – nahezu willkürlich über das ganze Land verteilt worden, anstatt sie planmäßig für den Wiederaufbau der Wirtschaft eingesetzt zu haben.[146]

Am 31. Juli 1948 wurde in den beiden Kammern des italienischen Parlaments über die Ratifizierung der ERP-Verträge abgestimmt. Nachdem der parteipolitische Sprecher der *Democrazia Cristiana*, Jacini, im Senat zunächst die wichtigsten Kerngedanken der vorangegangenen parlamentarischen Diskussion kurz zusammengefasst hatte,[147] erinnerte er die Abgeordneten noch einmal an das Wahlergebnis vom 18. April: „(D)as Land hat mit seinem Votum vom 18. April deutlich gemacht, welcher Richtung es zu folgen wünscht. Die 16 Millionen Italiener, die für das Regierungsbündnis gestimmt haben, haben implizit auch für eine Ratifizierung des ERP-Abkommens votiert."[148] Anschließend bat der Außenminister um Redeerlaubnis, um zu den Befürchtungen einiger Abgeordneter in Bezug auf die subalterne Stellung Italiens gegenüber den Vereinigten Staaten, aber auch innerhalb des westeuropäischen Staatengefüges Stellung zu beziehen: „Ich versichere Ihnen – und ich bitte den Senat von diesem Nachdruck Kenntnis zu nehmen –, dass wir vonseiten Amerikas ganz offiziell die Zusicherung erhalten haben, dass jedweder Vorteil, sei er groß oder klein, den ein anderes Teilnehmerland erworben

143 Atti Parlamentari, Camera dei Deputati, Discussioni, Leg. 1, Anno 1948, 9 Iuglio 1948, S. 1067.

144 Atti Parlamentari, Senato della Repubblica, Discussioni, Leg. 1, Anno 1948, XVII Seduta, 24 Giugno 1948, S. 426.

145 Antonio Giolitti war bis 1956 Mitglied der Kommunistischen Partei Italiens (PCI). Erst 1956 wechselte er in die Sozialistische Partei Italiens (PSI).

146 Vgl. Atti Parlamentari, Camera dei Deputati, Discussioni, Leg. 1, Anno 1948, 9 Iuglio 1948, S. 1059 sowie Atti Parlamentari, Camera dei Deputati, Discussioni, Leg. 1, Anno 1948, 10 Iuglio, S. 1076. Über die Verwendung der internationalen Finanzhilfen für Italien vor dem Beginn des Marshall-Plans vgl. Miller (1988), Italien und die Vereinigten Staaten, S. 62.

147 Vgl. Atti Parlamentari, Senato della Repubblica, Discussioni, Leg. 1, Anno 1948, L Seduta, 31 Iuglio 1948, S. 1430–1438.

148 Ebd., S. 1438.

hat, auch von Italien erworben werden kann."[149] Diese Zusicherung der USA – so folgerte Sforza – bedeutete für Italien aber nicht nur die Rückkehr zu ökonomischer Stabilität und Normalität, sondern auch – und dies zum ersten Mal nach dem verlorenen Krieg – die Rückkehr in die internationale Politik auf einer paritätischen Ebene mit den anderen westeuropäischen Staaten.[150] Europa – so beendete Sforza seine Rede – stehe vor einer historischen Wende, da mit der Umsetzung des *European Recovery Program* „der erste Schritt in Richtung einer europäischen Gemeinschaft getan werden würde. Daher sollten wir die Verträge nicht nur aus ökonomischen, sondern auch aus moralischen Gründen annehmen."[151] Nach dieser sehr emotionalen, den Geist der europäischen Einigung beschwörenden Rede des italienischen Außenministers kam es zur Abstimmung über die beiden Gesetzesvorlagen.

Trotz aller kritischen – berechtigten wie unberechtigten Einwände – wurden sowohl das *European Recovery Program* als auch der Vertragsentwurf über das bilaterale Abkommen zwischen den Vereinigten Staaten und Italien am 31. Juli 1948 von der Abgeordnetenkammer und dem Senat bereits im ersten Wahlgang angenommen.[152] Mit diesem – keineswegs im Selbstlauf entstandenen Ergebnis – bestätigte das italienische Parlament die Wahlentscheidung der Bevölkerung vom 18. April, mehrheitlich für die *Democrazia Cristiana* gestimmt zu haben. Das aber heißt, dass die parlamentarische Zustimmung zum Marshall-Plan den durch die Parlamentswahl bereits geebneten Weg für Italiens Westintegration freigemacht hat, letztlich motiviert durch die damit verbundene Erwartung einer politischen und ökonomischen Stabilisierung des Landes.

1.2.2.3 Die ökonomische Bedeutung des Marshall-Plans in Italien

Die sozioökonomische Entwicklung gestaltete sich zu Beginn der zweiten Jahreshälfte 1948 noch immer weitgehend instabil. Die von den USA bereits erhaltenen Hilfslieferungen hatten zwar dazu beigetragen, die Nahrungsmittelsituation der Bevölkerung leicht zu verbessern und das Land damit vor der humanitären Katstrophe zu bewahren. Auch konnte der Sparkurs der *linea Einaudi* mit der Eindämmung der Inflation und einer ersten Konsolidierung des Staatshaushaltes (endlich) wichtige Erfolge aufweisen, die einen signifikanten Wiederanstieg der Bruttoanlageinvestitionen, vor allem im sekundären Sektor bewirkten; der herbeigesehnte starke Wirtschaftsaufschwung blieb dennoch vorerst aus – der Wiederaufbau im Infrastrukturbereich kam nur schleppend voran, und die Industrieproduktion wuchs deutlich geringer als erwartet. Um die Versorgungslage der Bevölkerung zu sichern und die wirtschaftliche Entwicklung, insbesondere in der Industrie nachhaltig zu dynamisieren, war Italien

149 Ebd., S. 1439.
150 Vgl. ebd.
151 Ebd., S. 1446.
152 Vgl. ebd., S. 1454.

weiterhin auf Lebensmitteleinfuhren, vor allem aber auf Rohstoffimporte angewiesen. Ein entsprechendes Angebot der nachgefragten Produkte war auf dem Weltmarkt – insbesondere in den USA – auch vorhanden, doch fehlte es der Regierung an ausreichenden Devisen, um in den Genuß der dringend benötigten Güter zu gelangen.[153] Das Leistungsbilanzdefizit war nominal zwischen 1945 und 1947 von 135,4 Mrd. Lire auf über 355 Mrd. Lire angewachsen und hatte sich auch real deutlich, um knapp 30%, vergrößert – ohne die im Marshall-Plan für Italien vorgesehenen Finanzierungshilfen schien keine nachhaltige wirtschaftliche Stabilisierung in Sicht.[154]

Mit dieser Herausforderung konfrontiert, hatte sich die italienische Regierung mit der Vertragsunterzeichnung des ERP-Abkommens gegenüber den USA unter anderem verpflichtet, der OEEC spätestens bis zum 01. September 1948 ein Vier-Jahres-Programm für den wirtschaftlichen Wiederaufbau vorzulegen. Dieses Programm – das *Programma economico italiano a lungo termine*[155] – war nicht nur von weitreichender realwirtschaftlicher Bedeutung; es markiert aufgrund seiner konzeptionellen Fundierung zugleich einen wichtigen Wendepunkt in der industrie- und damit wirtschaftspolitischen Grundausrichtung der Regierung(en) De Gasperi, der untrennbar mit dem Namen Pasquale Saracenos verbunden ist.

1.2.2.3.1 Das *Programma economico italiano a lungo termine*

Mit der Ausarbeitung des staatlichen Wiederaufbauprogramms für die Laufzeit des Marshall-Plans wurde im Spätsommer 1947 das *Centro di studi e piani tecnico-economici dell'IRI* beauftragt. Diese Entscheidung war nicht nur nachvollziehbar, sondern auch naheliegend. Schließlich war das „Studienzentrum für ökonomisch-technische Planungen" des *Istituto per la Ricostruzione Industriale* (IRI) unter der Leitung von Pasquale Saraceno bereits seit 1943 „in die Erarbeitung grundlegender Strategien für die Nachkriegszeit eingebunden".[156] Saraceno und seine Mitarbeiter hatten dann – im Januar 1945 – für die Alliiertenkontrollkommission einen ersten Nothilfsplan für

153 Der damalige Kapitalmangel stellte nicht nur in Italien ein gravierendes Problem dar. Bereits unmittelbar nach Kriegsende wurde die für nahezu alle (west)europäischen Staaten gleichermaßen prekäre Situation mit dem Begriff der „Dollarlücke" gekennzeichnet, d. h. der europäische Importbedarf konnte aus eigener Kraft finanziell nicht abgedeckt werden.

154 Eigene Berechnungen, basierend ISTAT (1986), Sommario, Tabelle 8.11, S. 151 und Tabelle 8.12, S. 152.

155 Der Text des Wiederaufbauprogramms für Italien ist erst 1967 im Zusammenhang mit der Ausarbeitung des sog. Pieraccini-Plans abgedruckt und veröffentlicht worden. Vgl. Comitato Interministeriale per la Ricostruzione (CIR), Programma economico italiano a lungo termine 1948–1949/1952/1953, in: Ministero del bilancio e della programmazione economica, La programmazione economica in Italia, vol. I, Rom: Società Grafica Romana (1967), S. 1–100.

156 Petri (2001), Von der Autarkie zum Wirtschaftswunder, S. 432. Vgl. auch Fabio Lavista, Business Elites in Italy and the Failure of the National Planning Policies as a Vision of Development, in: Friederike Sattler und Christoph Boyer (Hg.), European Economic Elites. Between a New Spirit of Capitalism and the Erosion of State Socialism, Berlin: Duncker & Humblot (2009), S. 132.

Süditalien über die am dringendsten benötigten Lebensmittel, Rohstoffe und Industriegüter – den *Piano di primo aiuto* – erstellt. Nach Kriegsende wiederum waren sie von der Wirtschaftskommission des Nationalen Befreiungskomitees für Norditalien (CLNAI) mit der Ausarbeitung eines umfassenderen Einfuhrplans für Industriegüter – *Piano di massima per la determinazione delle importazioni industriali per l'anno 1946* – beauftragt worden. In den Folgemonaten übernahm das von Saraceno geleitete Studienzentrum des IRI schließlich noch Aufgaben zur Vorbereitung der Friedensverträge sowie zur Koordinierung der ersten internationalen Hilfslieferungen für Italien. Spätestens mit der Übertragung der Ausarbeitung des *Programma a lungo termine* war diese Institution zum wichtigsten wirtschaftspoltischen Beratungszentrum für die ersten Nachkriegsregierungen aufgestiegen.[157]

Saraceno war von der Notwendigkeit einer umverteilenden Intervention des Staates überzeugt und forderte von der Regierung eine aktivere Rolle zur Ankurbelung der wirtschaftlichen Entwicklung.[158] Der renommierte Wirtschaftswissenschaftler und einflußreiche politische Berater vertrat darüber hinaus die Auffassung, dass der Wiederaufbau auf der Grundlage einer reformorientierten, auf den sozialen Interessenausgleich ausgerichteten staatlichen Wirtschaftsplanung koordiniert und gesteuert werden sollte. Mit dem Ziel, nicht nur den wirtschaftlichen *status quo ante* zu erreichen, sondern gleichzeitig die strukturellen Defizite und regionalen Unterschiede des Landes abzubauen,[159] sollte die dafür erforderliche Wachstumsdynamik mithilfe staatlich geplanter Infrastruktur- und Industriefördermaßnahmen, vor allem im Süden des Landes, erreicht werden.[160]

Diese im Kern dirigistischen Ansichten waren keinesfalls neu, sondern „gingen auf Überlegungen und Pläne zurück, die in den dreißiger Jahren von Technokraten und Wissenschaftlern im Umkreis des IRI entwickelt worden waren. (...) Oberste Priorität hatten nach den Vorstellungen dieser *dirigisti* genannten Ökonomen die Wiederbelebung und gezielte Kräftigung der ‚Schlüssel- und Leitsektoren, von deren Produktionssteigerung und technischer Verbesserung die Erfolgsaussichten des gesamten Systems abhingen', während andere Branchen wie etwa die Konsumgüterindustrie stark vernachlässigt wurden."[161] Saraceno verband diese Vorstellungen der älteren IRI-Technokratie aber zusätzlich mit Ansätzen der von Paul N. Rosenstein Rodan erarbeiteten Strategie der

157 Vgl. Lavista (2009), Business Elites in Italy, S. 132.

158 Zum Wirken Pasquale Saracenos während der unmittelbaren Nachkriegszeit, vgl. Giuliana Arena, Pasquale Saraceno commis d'Etat. Dagli anni giovanili alla ricostruzione (1903–1948), Mailand: FrancoAngeli (2011), S. 167f. sowie Pier Luigi Porta, Idee e problemi di politica economica attraverso l'esperienza di Pasquale Saraceno (1933–1950), in: Piero Barucci, Simone Misiani und Manuela Mosca (Hg.), La cultura economica tra le due guerre, Mailand: FrancoAngeli (2015), S. 426–443.

159 Vgl. Pasquale Saraceno, Con quale criterio 'ricostruire' l'Italia? Intervista con Lucio Villari, in: Lucio Villari (Hg.), Il capitalismo italiano del novecento, Rom-Bari: Laterza (1993), S. 295.

160 Vgl. Arena (2011), Saraceno, S. 158.

161 Woller (2010), Geschichte Italien, S. 230. Das von Woller verwendete Zitat stammt von Petri (1997), Dalla ricostruzione, S. 335.

aufholenden wirtschaftlichen Entwicklung,[162] aus der er die Notwendigkeit einer forcierten Industrialisierungspolitik für Süditalien ableitete.[163] Indem er die hohe Arbeitslosigkeit, das niedrige Volkseinkommen und die strukturelle Rückständigkeit des Mezzogiorno als die drängendsten Probleme der italienischen Volkswirtschaft nach dem Ende des Zweiten Weltkrieges herausstellte, diese sich seines Erachtens aber nur zusammen – als „verschiedene Aspekte desselben Problems“[164] – bewältigen ließen, ergab sich daraus für ihn die Unumgänglichkeit einer primär industriepolitisch ausgerichteten Wirtschaftsplanung, um den Wiederaufbau Italiens voranzutreiben.[165]

Mit seiner Forderung nach einer industriepolitisch ausgerichteten Wirtschaftsplanung ging es Saraceno keineswegs lediglich um eine implizite Ausweitung von Wirtschaftsinterventionen. Vielmehr sollten auf der Grundlage eines zentralen Wirtschaftsplans die bereits in vielen Wirtschaftsbereichen tätigen staatlichen Unternehmungen effizienter organisiert, untereinander besser koordiniert und strategisch auf die Erreichung der wirtschaftspolitischen Zielsetzungen der Regierung ausgerichtet werden.[166] Im Mittelpunkt seiner Überlegungen standen vor allem die privatrechtlich

---

162 Grundlegend sind die beiden Annahmen von Rosenstein-Rodan: (1) „Industrialisation (...) is the way of achieving a more equal distribution of income between different areas (...) by raising incomes in depressed areas at a higher rate than in the rich areas.“ (2): „(T)he process of industrialization (...), together with agrarian improvement, is the most important aspect of the economic development of the depressed areas.“ Die von Rosenstein-Rodan ausgearbeitete Entwicklungstheorie geht davon aus, dass die strukturellen Defizite in unterentwickelten Wirtschaftsräumen durch geplante und koordinierte staatliche Investitionen abgebaut werden können. Ziel wäre die Industrialisierung dieser Wirtschaftsräume zur Wohlstandssteigerung der Bevölkerung und zum Abbau von Überkapazitäten im Agrarbeschäftigungsbereich. Im Rahmen von Entwicklungs- oder Förderprogrammen müßten die staatlichen Investitionen in mehreren relevanten Wirtschaftsbereichen simultan erfolgen, um im geförderten Wirtschaftsraum ein sich selbst tragendes industrielles Wachstum zu initialisieren. Die Strategie der aufholenden wirtschaftlichen Entwicklung geht zurück auf Paul N. Rosenstein-Rodan, Problems of Industrialisation of Eastern and South-Eastern Europe, in: The Economic Journal, vol. 53, Issue 210/211 (Jun.-Sep., 1943), S. 202–211 (Zitat (1): S. 202); sowie auf Paul N. Rosenstein-Rodan, The International Development of Economically Backward Areas, in: International Affairs, vol. 20, n. 2 (Apr., 1944), S. 157–165 (Zitat (2), S. 161). Zur Wirkung und Würdigung Rosenstein-Rodans, vgl. zum Beispiel: Kevin M. Murphy, Andrei Schleifer und Robert W. Vishny, Industrialization and the Big Push, in: Journal of Political Economy, vol. 97, n. 5 (1989), S. 1003–1026. Vgl. auch: James M. Cypher und James L. Dietz, The Process of Economic Development, London-New York: Routledge (1997), S. 166–169.

163 Vgl. vor allem Aldo Pugliese, Mezzogiorno, meridionalismo ed economia dello sviluppo: la teoria dello sviluppo dagli anni della rinascita a quelli degli equilibri multipli, Neapel: Liguori (2007), S. 23ff. sowie Lavista (2010), Programmazione, S. 88f. Vgl. auch Martina Seitz, Italien zwischen Zentralismus und Föderalismus. Dezentralisierung und Nord-Süd-Konflikt, Wiesbaden: Springer Fachmedien (1997), S. 70.

164 Pasquale Saraceno, Elementi per un piano quadriennale di sviluppo dell'economia italiana. Relazione al Consiglio Economica Nazionale (sessione del 4–6 settembre 1947), Rom: Centro di studi e piani economici-tecnici (1947), S. 171.

165 Vgl. ebd.

166 Vgl. Saraceno (1947), Elementi per un piano quadriennale. Relazione, S. 232.

organisierten staatlichen Industrieunternehmen, um die kapitalintensiven Branchen der Eisen- und Stahlindustrie, der Energiewirtschaft und der petrochemischen Industrie in ihrer Entwicklung gezielt zu steuern. Die staatlichen Investitionen würden in diesen Schlüsselindustrien seines Erachtens nicht nur die größtmögliche Breitenwirkung entfalten, sondern dadurch zugleich helfen, den gravierenden Kapitalmangel der privaten Unternehmen zu kompensieren. Ein gesamtwirtschaftlicher Plan – von Saraceno verstanden als „strukturierendes Verbindungsglied zwischen den Regierungsvorhaben und der Privatwirtschaft“[167] – sollte in diesem Kontext nicht nur für die staatlichen Unternehmungen verbindlich sein. Er sollte zugleich als zentraler Orientierungspunkt für die jeweiligen privaten Unternehmen dienen.[168]

Mit seinen wirtschaftspolitischen Vorstellungen stand Saraceno allerdings den liberalen Anschauungen der Minister Einaudi, Del Vecchio und Pella diametral entgegen, die den Rekonstruktionsprozeß eher den Marktkräften überlassen und den staatlichen Eingriff ausschließlich auf die Finanz- und Geldpolitik beschränken wollten. Ebenso wenig Anklang fanden seine Vorstellungen bei den privaten Industrieunternehmern, die mit der Wirtschaftsplanung unter der faschistischen Diktatur größtenteils eher schlechte Erfahrungen gemacht hatten. Zwar erwartete man von der Politik die größtmögliche Unterstützung bei der Kredit-, Energie- und Rohstoffversorgung, eine Einmischung in unternehmerische Investitionsentscheidungen wurde aber strikt abgelehnt. Der Präsident des industriellen Unternehmerverbandes *Confindustria*, Angelo Costa, der hier stellvertretend für die Haltung der Privatindustrie zitiert werden soll, akzeptierte angesichts der desaströsen Wirtschaftslage nach Kriegsende durchaus die „unmittelbare Notwendigkeit staatlicher Wiederaufbauprogramme im öffentlichen Infrastrukturbereich“[169]; das machte er bereits am 17. März 1946 bei einer Anhörung vor der vom *Ministero per la Costituente* eingesetzten Wirtschaftskommission deutlich. Über den Infrastrukturbereich hinausgehende staatliche Wirtschaftsprogramme oder gar Pläne zur Förderung der industriewirtschaftlichen Entwicklung sollten sich jedoch allein auf die Schaffung von „bestmöglichen Rahmenbedingungen“ beschranken, „um den ökonomischen Wettbewerb und die Freiheit der Bürger auf dem Markt zu gewährleisten, damit sich die Marktkräfte frei entfalten und sich die Industriewirtschaft wieder an ihren längerfristigen Entwicklungspfad anpassen könnten.“[170] Direkte staatliche Wirtschaftsinterventionen, wie Pasquale Saraceno sie anmahnte, gelte es deshalb unter allen Umständen zu vermeiden: „Staatliche Wirtschaftsplanung ist ein fataler Irrtum (...), (d)a der Staat, wenn er planerisch in die Wirtschaftsprozesse eingreift, um Mißstände zu beheben, keineswegs Reichtum und

167 Ebd.

168 Vgl. Arena (2011), Pasquale Saraceno, S. 167 f. und Lavista (2010), Programmazione, S. 90.

169 Interrogatorio del dott. Angelo Costa, 17 Marzo 1946, in: Ministero per la Costituente, Rapporto della Commissione Economica, presentato all'Assemblea Costituente, vol. II, Industria, II – Appendice alla Relazione (Interrogatori), Rom: Istituto Poligrafico dello Stato (1946), S. 82.

170 Vgl. und zitiert ebd., S. 80 und S. 82.

Wohlstand schafft, sondern lediglich deren Umverteilung bewirken kann. (...) Ist der Staat aber überzeugt davon, mithilfe planerischer Wirtschaftsinterventionen Reichtum und Wohlstand zu generieren, werden die Ergebnisse dieselben sein wie im Faschismus (...), d. h. Armut, Hunger (...) und der Ruin unseres Landes."[171]

Mit der parlamentarischen Zustimmung am 31. Juli 1948 für eine Teilnahme Italiens am Marshall-Plan war die letztlich ordnungspolitisch bestimmte Kontroverse hinsichtlich der Steuerung des ökonomischen Wiederaufbaus entschieden: Die institutionellen Vorgaben des *European Recovery Program* implizierten für jedes Teilnehmerland auf nationaler Ebene die Ausarbeitung eines zeitlich ähnlich strukturierten Wiederaufbauprogramms, auf dessen Grundlage die ECA über die Verteilung der Marshall-Plan-Hilfen entscheiden wollte. Damit aber – tatsächlich also erst auf Druck der amerikanischen Politik – verpflichtete sich die italienische Regierung zu einer teilweisen Abkehr von ihrer eher liberalen Wirtschaftspolitik, die in dem von Saraceno und seinen Mitarbeitern ausgearbeiteten *Programma a lungo termine*[172] ihren Niederschlag fand.

Wie in dem bilateralen Abkommen zwischen den USA und Italien zu den Konditionen der Auslandshilfe, der Bezahlung der Einfuhren und der Verfügung über diese Beträge bereits festgelegt, konzentrierte sich das italienische Wiederaufbauprogramm auf die Investitionsfinanzierung im industriellen Bereich, die Außenhandelsförderung und die Schuldentilgung.[173] Die Grundstoffindustrie, die Investitionsgüterindustrie – hier vor allem die Metallverarbeitung und die Chemieindustrie – sowie der Energiesektor sollten massiv gefördert und die Infrastruktur stark ausgebaut und modernisiert werden. Mit dem Ziel, ein dauerhaftes Zahlungsbilanzgleichgewicht zu erreichen und auch langfristig innerhalb der internationalen Konkurrenz ökonomisch bestehen zu können, sollten die Produktionskosten gesenkt und eine Exportorientierung der italienischen Wirtschaft innerhalb der nächsten vier Jahre mithilfe öffentlicher Investitions- und Umstrukturierungsprojekte angestrebt werden.[174] Als Folge eines derartig geplanten Wirtschaftsaufschwungs sollte *mittelfristig* die Zahl der Beschäftigten steigen und den Einsatz weiterer staatlicher, mit Marshall-Plan-Geldern geförderter Investitionsprogramme zum Abbau der Arbeitslosigkeit unnötig machen.

Konkret sah das *Programma a lungo termine* einen Anstieg der Investitionsgüterindustrie von 50 Indexpunkten innerhalb von nur vier Jahren vor, wohingegen der Konsumgüterindustrie mit einem Zuwachs von nur 14 Punkten im Vergleich zum Vor-

---

171 Ebd., S. 82f.

172 Vgl. Pasquale Saraceno, Elementi per un piano quadriennale di sviluppo dell'economia italiana, Rom: Istituto Poligrafico (1948).

173 Vgl. Artikel IV des Gesetzes über die Teilnahme Italiens am *European Recovery Program*: Legge 4 agosto 1948, n. 1108, Ratifica ed esecutorietà dell'Accordo di cooperazione economica tra l'Italia e gli Stati Uniti d'America, concluso a Roma il 28 giugno 1948, in: Supplemento alla Gazzetta Ufficiale della Repubblica Italiana, Serie generale, Nr. 194 (21.08.1948), Rom: Istituto Poligrafico dello Stato (1948).

174 Vgl. Zamagni (1990), Dalla periferia al centro, S. 417f.

kriegsniveau weniger Bedeutung beigemessen wurde. Zur Erreichung dieser im Kern struktur- und industriepolitischen Zielsetzungen des *Programma* sollten anteilmäßig rund 60% der durch die Marshall-Plan-Hilfen finanzierten Investitionen in die metallverarbeitende Industrie, die Eisen- und Stahlindustrie, die Chemieindustrie, die Energiewirtschaft und das Transport- und Verkehrswesen gelenkt werden, während lediglich 29% im Agrarsektor investiert werden sollten.[175] Die verbleibenden 11% wiederum sollten schwerpunktmäßig für staatliche Infrastrukturmaßnahmen sowie für kleinere Investitionsprojekte im Wohnungsbau, der Textilindustrie, der Grundstoffindustrie und in anderen Industriebereichen verwendet werden. Der Erfolg dieses ambitionierten Programms hing nicht zuletzt von der Höhe, aber auch realwirtschaftlichen Verwendung der Marshall-Plan-Hilfen ab.

1.2.2.3.2 Die Marshall-Plan-Hilfen für Italien

Insgesamt wurden Italien im Rahmen des *European Recovery Program* von April 1948 bis Juni 1952 Finanzmittel in Höhe von knapp 1,24 Mrd. US $ in Form von direkten Zuschüssen (*grants*) und als Kredite (*loans*) zur Verfügung gestellt,[176] wobei der Kreditanteil, bezogen auf die Gesamtsumme, 10% nicht überschreiten sollte. Verteilt auf vier Jahre, konnte damit die Gütereinfuhr mit einem Gesamtvolumen von etwa 18,6 Mio. t finanziert werden. Die Importe aus den USA bestanden, wie in Tabelle 1.10 dargestellt, zuallererst aus Kohle und anderen fossilen Brennstoffen, gefolgt von Baumwolle, Getreide, Maschinen und verschiedenen anderen Waren.[177]

Der Großteil der im Rahmen des ERP aus den USA nach Italien importierten, durch *grants* finanzierten Waren, konnte von der italienischen Regierung auf dem heimischen Binnenmarkt verkauft werden. Die daraus erzielten Verkaufserlöse flossen auf ein spezielles Konto zur Abwicklung des Auslandsgeschäfts – den *Fondo Lire* – bei der *Banca d'Italia* und sollten zur Finanzierung des wirtschaftlichen Wiederaufbaus verwendet werden.[178] Bis Ende 1951 wurden – nach Berechnungen von Francesca Fauri – aus dem *Fondo Lire* insgesamt 664,4 Mrd. Lire zur Finanzierung verschiedener staatlicher Investititionsprogramme freigestellt, schwerpunktmäßig für den Wiederaufbau, den weiteren Ausbau und die Modernisierung der öffentlichen Infrastrukturen, den Wohnungsbau, den industriellen Anlagenbau sowie für zusätzliche Maschinenimporte.[179]

175 Vgl. Zamagni (1990), Dalla periferia al centro, S. 419.

176 Vgl. ebd., S. 424.

177 Vgl. auch Francesca Fauri, Big Business and Italian Industrial Policies after World War II, in: Andrea Colli und Michelangelo Vasta (Hg.), Forms of Enterprise in 20th Century Italy. Boundaries, Structures and Strategies, Cheltenham (UK)-Northampton (MA)(USA): Edward Elgar (2010), S. 121.

178 Vgl. Artikel IV des Gesetzes über die Teilnahme Italiens am *European Recovery Program*: legge 4 agosto 1948, n. 1108.

179 Vgl. Fauri (2011), The Marshall-Plan in Italy, S. 45ff.

Tabelle 1.10: ERP-Hilfslieferungen für Italien, 1948–1952; in %.

	Brennstoffe	Baumwolle	Getreide	Maschinen und Ausrüstungen	Andere	Total
Jahr 1	33,5	17,1	39,3	0,8	9,3	100
Jahr 2	17,2	39,1	10,1	15,7	17,9	100
Jahr 3	18,6	42,3	6,4	25,4	7,3	100
Jahr 4	43,2	18,6	0	28,9	9,3	100
1948–1952	28,9	27,7	17,5	15,6	10,3	100

Quelle: Francesca Fauri, The Marshall-Plan in Italy. Industrial Renewal and Material Reconstruction, in: Francesca Fauri und Paolo Tedeschi (Hg.), Novel Outlooks on the Marshall-Plan. American Aid and European Re-Industrialization, Brüssel: Peter Lang (2011), S. 43.

Auch bei der staatlich kontrollierten Verteilung der Italien als *loans* zur Verfügung gestellten Finanzmittel herrschten klare Prioritäten. Anders als bei der Verwendung der Marshall-Plan-Gelder aus dem *Fondo Lire*, sollten die ERP *loans* als Geschäftskredite vornehmlich an Industrieunternehmen weitervermittelt werden, die damit die Einfuhr von Maschinen und Ausrüstungen aus den USA zur Instandsetzung und Modernisierung ihrer Produktionsanlagen finanzieren konnten. Die mit der Kreditverteilung beauftragte staatliche Finanzierungsgesellschaft IMI (*Istituto mobiliare italiano*) sollte dafür sorgen, die entsprechenden Gelder vor allem in die von der Regierung im *Programma* als strategisch wichtig erklärten Industriebereiche zu lenken – in die kapitalintensiven Großindustriebranchen.

Wie Tabelle 1.11 deutlich macht, wurden während der Laufzeit des Marshall-Plans aus den ERP *loans* Kredite mit einem Gesamtvolumen von knapp 172,2 Mrd. Lire an insgesamt 385 Industrieunternehmen vom IMI vergeben, wobei der Anteil der Privatindustrie mit mehr als 70% (121,09 Mrd. Lire) deutlich größer war als der Anteil der staatlichen Industrieunternehmen mit knapp 30% (51,09 Mrd. Lire). Da nur 14 Industrieunternehmen, zusammen mit der staatlichen Finanzierungsgesellschaft für Klein- und Mittelständische Unternehmen (Arar-Spei), mehr als 64% der Kreditsumme auf sich vereinten, waren die vergebenen Einzelkredite für die meisten der verbleibenden 370 Unternehmen relativ gering. Ebenso gering war der Anteil der Klein- und Mittelständischen Unternehmen, die, bezogen auf die hauptbegünstigten Industrieunternehmen, nur knapp 8% erhielten. Wie von der Regierung beabsichtigt, bildeten die Schlüsselindustriezweige – Elektrizitätswirtschaft, Maschinenbau sowie Eisen- und Stahlindustrie – die Hauptschwerpunkte bei der Kreditvergabe; sie konzentrierten knapp 92% der genehmigten Gelder auf sich. Die drei am stärksten begünstigten Industrieunternehmen waren wiederum die beiden größten privaten Arbeitgeber in Italien – der FIAT- und der *Edison*-Konzern – sowie die zur staatlichen FINSIDER gehörende *Acciaierie di Cornigliano*. Letztere sollte durch die amerikanischen Kredite

Tabelle 1.11: Verteilung der ERP *loans* an die italienische Industriewirtschaft, 1948–1952; in Mrd. Lire und in %.

Hauptbegünstigte Industrieunternehmen mit ERP *loans* ≥ 2 Mrd. Lire	ERP *loans* in Mrd. Lire	in % Gesamt		ERP *loans* in Mrd. Lire	in % der hauptbegünstigten Unternehmen mit ERP *loans* ≥ 2 Mrd. Lire
FIAT (P)	21,82	12,67	Elektrizitätsindustrie	45,04	40,76
Acciaierie di Cornigliano (S)	17,33	10,07	Eisen- und Stahlindustrie	25,84	23,39
Edison (P)	15,06	8,75	Maschinenbau	30,50	27,60
ARAR-SPEI (P)	8,67	5,04	Grundstoffindustrie	4,45	4,03
Società idroelettrica Piemonte (S)	8,06	4,68	Textilindustrie	2,67	2,42
Termoelettrica Veneta Spa (P)	8,06	4,68	Petrochemie	2,00	1,81
Società meridionale di elettricità (P)	6,18	3,59			
Ilva (S)	4,43	2,58	Summe	110,50	100,00
Falk (P)	4,03	2,37			
Termoelettrica Tirrena Spa (P)	4,05	2,36	Großindustrie	101,83	92,15
Società Termoelettrica Siciliana (P)	3,62	2,10	KMU	8,67	7,85
Manifatture cotoniere meridionali Spa (P)	2,67	1,55			
Aquila Raffineria Minerali (P)	2,26	1,31	Insgesamt	110,50	100
Società Mineraria Carbonifera Sarda (S)	2,19	1,27			
Montecatini (P)	2,00	1,16			in % ERP *loans* insgesamt (385 Unternehmen)
			Private Industrieunternehmen	121,09	70,33
Summe	110,50	64,18	Staatliche Industrieunternehmen	51,09	29,67
ERP *loans* insgesamt (385 Unternehmen)	172,17	100	ERP *loans* insgesamt (385 Unternehmen)	172,17	100

* (P) = in Privatbesitz; ** (S) = Staatlich

Quelle: : Eigene Berechnungen, basierend auf Francesca Fauri, Big Business and Italian Industrial Policies after World War II, in: Andrea Colli und Michelangelo Vasta (Hg.), Forms of Enterprise in 20th Century Italy Boundaries, Structures and Strategies, Cheltenham (UK)-Northampton (MA)(USA): Edward Elgar (2010), S. 124.

beim Neuaufbau eines modernsten Ansprüchen genügenden Eisen- und Stahlzentrums mit vollständigem Fertigungsprozeß und kontinuierlichen Walzstraßen finanziell unterstützt werden.[180]

In Bezug auf die gesamte Volkswirtschaft entsprachen die Marshall-Plan-Hilfen mit 1,24 Mrd. US $ – wie in Tabelle 1.12 aufgeführt – knapp 1,47% des BIP. Das war zwar „eine makroökonomisch nicht entscheidende, von ihrer technischen und psychologischen Qualität her aber durchaus relevante Größenordnung."[181] Von größerer Relevanz war zweifellos der Tatbestand, dass die amerikanischen Gelder durchschnittlich 14,2% der gesamten Bruttoanlageinvestitionen ausmachten. Dieser Investitionszuwachs dürfte mittelfristig entscheidend dazu beigetragen haben, den Wiederaufbau der öffentlichen Infrastrukturen zu beschleunigen sowie der Industrie die Instandsetzung und Modernisierung der Produktionsanlagen durch amerikanische Technologie- und Maschinenimporte zu ermöglichen.[182]

Tabelle 1.12: Die Marshall-Plan-Hilfen (*grants* + *loans*) für Italien, 1948–1952; in Mrd. US $, in Mrd. Lire und in %.

	ERP Finanzmittel (*grants* + *loans*) in Mrd. US $	WK (US $ – Lire)	ERP Finanzmittel (*grants* + *loans*) in Mrd. Lire	in % Gesamtbruttoinvestitionen	in % BIP
1948	0,114	570	64,98	8,85	0,79
1949	0,350	570	199,50	23,31	2,30
1950	0,273	625	170,63	16,33	1,74
1951	0,292	625	182,50	14,79	1,57
1952	0,208	625	130,00	9,30	1,03
Total	1,237		747,61	14,19	1,47

Quelle: Eigene Berechnungen, basierend auf Zamagni (1990), Dalla periferia al centro, S. 424 (ERP Finanzmittel) sowie Baffigi (2011), Italian National Accounts (BIP zu Marktpreisen, Gesamtbruttoinvestitionen).

Unter Einbeziehung des in Tabelle 1.13 veranschaulichten Plan-Ist-Vergleichs des mit dem ERP aufgestellten Wiederaufbauprogramms kann dieses als erfolgreich interpretiert werden. Obwohl die Agrar- und Forstwirtschaft sowie der Fischfang – trotz eines leichten Produktionsanstiegs von 5% – um zehn Indexpunkte hinter den Vorhersagen zurückblieben, entwickelte sich die italienische Volkswirtschaft dennoch im Großen und Ganzen so, wie das *Programma a lungo termine* prognostiziert hatte.

180 Vgl. die Ausführungen in Abschnitt 2.3.2.1.

181 Petri (2001), Von der Autarkie zum Wirtschaftswunder, S. 444.

182 Vgl. Federico (1999), Italian Industrial Policy, S. 316.

Das oberste Ziel der Regierung De Gasperi, ökonomisch stabile Verhältnisse zu schaffen und den Lebensstandard der Bevölkerung zumindest wieder auf das Vorkriegsniveau zu erhöhen, war erreicht. Ja mehr noch: Die Ergebnisse für das Jahr 1952 übertrafen sogar noch die Vorhersagen der Wirtschaftsexperten in nahezu allen Bereichen.

Tabelle 1.13: Vorhersagen des *Programma a lungo termine* und erreichte Ergebnisse, 1948–1952; Index, 1938 = 100.

	1952/1953 (Vorhersage)	**1952 (Erreicht)**
Bevölkerung	109	110
BIP zu konstanten Preisen	117	117
Agrarproduktion *	115	105
Industrieproduktion (inkl. Bergbau)	140	149
Investitionsgüterindustrie	150	k.A.
Metallurgie und Metallverarbeitung	k.A.	155
Chemieindustrie	k.A.	185
Konsumgüterindustrie	114	k.A.
Textilindustrie	k.A.	108
Lebensmittelindustrie	k.A.	117
Eisenbahntransporte: Personen	200	233
Eisenbahntransporte: Güter	125	89
Seetransporte: Güter	85	173
Importe	156	221
Exporte	160	186
Prokopfkonsum von Nahrungsmitteln	97	110
Prokopfkonsum von Industriegütern	105	121

* Forst- und Landwirtschaft sowie Fischereiwesen; Index, Ø 1934–1938 = 100
Quelle: Zamagni (1990), Dalla periferia al centro, S. 418.

Welchen Anteil die Marshall-Plan-Gelder bzw. Lieferungen an dieser positiven Entwicklung im Einzelnen besaßen, lässt sich nicht genau beziffern.[183] Fest steht aber, dass in den Jahren von 1948 bis 1952 nicht nur die Rückführung der italienischen Wirtschaft an ihren längerfristigen Wachstumspfad abgeschlossen war (vgl. Abbildung 1.2), sondern mit jahresdurchschnittlichen Wachstumsraten von über 13,5% (Investitionen), 7,6% (BIP) und 7,4% (privater Konsum) zugleich ein mittelfristiger konjunktureller Aufschwung einsetzte (vgl. Tabelle 1.14). Die Marshall-Plan-Hilfen haben diesen Aufschwung weder ausgelöst noch verursacht. Sie haben ihn aber ganz gewiß durch die freie oder halbfreie Einfuhr – zunächst von wichtigen Produktionsressourcen und Nahrungsmitteln, später dann auch von Industrieausrüstungen und technischem Wissen – gefördert. Hinzu kommt der vertrauenschaffende und auf diese Weise letztlich für die Wachstumsdynamik essentielle kapitalbildende Effekt der Marshall-Plan-Hilfen.

Der vorstehend aufgezeigte wachstumsrelevante Wirkungszusammenhang erschließt sich allerdings nur unter Berücksichtigung einer Reihe von wirtschaftspolitischen Reformen, die durch den Marshall-Plan – zumindest indirekt – erzwungen worden sind. Um die weitere Konsolidierung des Staatshaushaltes und den Aufbau von Währungsreserven mithilfe der *Fondo Lire*-Gelder zu gewährleisten, aber auch die Investitionsneigung in den kapitalintensiven Schlüsselindustrien durch die Bereitstellung entsprechender ERP-Kredite zu dynamisieren, sind während der ersten beiden Jahre der Laufzeit des *Programma* die grundlegenden Probleme der Landwirtschaft sowie die vor allem im Süden des Landes grassierende Arbeitslosigkeit vorerst weitgehend vernachlässigt worden.[184] Die Amerikaner, die dem Vier-Jahres-Plan von Anfang an aufgrund der Vernachlässigung arbeitsmarktrelevanter Perspektiven Vorbehalte entgegenbrachten, beobachteten die „eigenwillige" Mittelverteilung der Italiener zunehmend kritisch.[185] Die Anfang Februar 1949 dem amerikanischen Kongreß vom ECA-Administrator, Paul G. Hoffman, vorgelegte zweite *Country Study* über Italien[186] kritisierte denn auch die einseitige Verwendung der Marshall-Plan-Gelder zur Geldwertstabilisierung und Haushaltskonsolidierung. Sie warf der italienischen Regierung einen „mangelnden Einsatz von Mitteln zugunsten öffentlicher Arbeiten

---

183 Ähnlich auch Spagnolo (2001), Il Piano Marshall in Italia, S. 129–133.

184 Vgl. zum Beispiel Rota (2013), Credit and Growth, S. 432.

185 Zur amerikanischen Kritik an den italienischen Wiederaufbauplänen vgl. vor allem Spagnolo (2001), Il Piano Marshall in Italia, S. 207–236; ansonsten, vgl. zum Beispiel auch Vera Zamagni, Betting on the Future. The Reconstruction of Italian Industry, 1946–1952, in: Josef Becker und Franz Knipping (Hg.), Power in Europe? Great Britain, France, Italy, and Germany in a Postwar World 1945–1950, Berlin-New York: De Gruyter (1986), S. 290ff. oder Esposito (1994), The Marshall-Plan in France and Italy, S. 121–148 sowie David W. Ellwood, Il Piano Marshall e il processo di modernizzazione in Italia, in: Aga Rossi (1983), Il Piano Marshall e l'Europa, S. 153ff.

186 Vgl. Paul G. Hoffman, Il Country Study dell'ECA sull'Italia, in: Istituto per gli studi di economia (Hg.), Documenti sul Piano Marshall nel primo anno di attuazione (3 aprile 1948–31 marzo 1949), Mailand: Istituto Editoriale Italiano (1949), S. 160–252.

Tabelle 1.14: Makroindikatoren der italienischen Volkswirtschaft (BIP, Gesamtbruttoinvestitionen, Export, Import, privater Konsum, industrielle Bruttowertschöpfung und Leistungsbilanzsaldo in Mrd. € (2010) sowie Inflation in % (Δ Verbraucherpreisindex)), 1938–1952.

	BIP	**Jährliche WR in %**	**Export**	**Jährliche WR in %**	**Import**	**Jährliche WR in %**	**Leistungs-bilanzsaldo**
1938	141,47		10,62		10,18		−0,46
1945	56,95		0,30		3,32		−4,80
1946	108,25	90,08	3,61	1091,2	4,24	27,86	−4,33
1947	129,17	19,33	7,41	105,40	10,27	141,91	−6,58
1948	143,63	11,19	21,63	192,07	25,01	143,56	0,19
1949	149,58	4,14	25,15	16,26	29,06	16,17	0,88
1950	171,52	14,67	15,41	−38,71	17,50	−39,78	2,00
1951	185,66	8,24	20,36	32,07	23,44	33,95	0,54
1952	192,48	3,67	17,99	−11,61	24,34	3,83	−5,00
Durchschnittl. Wachstum in %	**BIP**		**Export**		**Import**		
1938–1945	−12,19		−39,84		−14,79		
1945–1952	19,00		79,24		32,92		
1945–1948	36,12		314,97		96,03		
1948–1952	7,59		−4,50		−0,68		
	Brutto-investitionen	**Jährliche WR in %**	**Privater Konsum**	**Jährliche WR in %**	**BWS Industrie**	**Jährliche WR in %**	**Inflation**
1938	18,59		96,78		38,63		7,7
1945	5,91		45,49		9,07		97
1946	22,63	282,95	71,76	57,77	28,33	212,22	18
1947	21,16	−6,50	92,86	29,40	30,63	36,35	62,1
1948	24,91	17,75	100,87	8,63	42,26	9,40	5,9
1949	28,61	14,84	108,59	7,64	44,02	4,17	1,5
1950	35,40	23,75	119,70	10,23	50,17	13,96	−1,3
1951	38,12	7,66	129,28	8,00	57,88	15,36	9,7
1952	41,42	8,67	133,99	3,65	58,78	1,55	4,2
Durchschnittl. Wachstum in %	**Brutto-investitionen**		**Privater Konsum**		**BWS Industrie**		
1938-1945	−15,10		−10,22		−18,69		
1945-1952	32,07		16,69		30,59		
1945-1948	61,55		30,41		67,00		
1948-1952	13,55		7,36		8,59		

Quelle: Eigene Berechnungen, basierend auf ISTAT (2011), Sommario, Tabelle 21.7, S. 898 (Inflation), Baffigi (2011), Italian National Accounts (BIP, Export, Import, Bruttoanlageinvestitionen und privater Konsum) sowie ISTAT (1986), Sommario, Tabelle 8.11, S. 151 und Tabelle 8.12, S. 152 (Leistungsbilanzsaldo).

und sozialer Programme"[187] sowie eine viel zu geringe Investitionsneigung in die Konsumgüterindustrie vor: „Seit Anlaufen des ERP hat Italien beachtliche Fortschritte zur Geldwertstabilisierung sowie zur Steigerung eigener Exporte erzielt und auf diese Weise sowohl das Haushalts- als auch das Zahlungsbilanzdefizit reduzieren können. Dagegen wurden kaum Versuche unternommen, das schwerwiegendste Problem der italienischen Volkswirtschaft anzugehen und zu lösen – das Grundproblem der (...) eklatant hohen Arbeitslosigkeit."[188] Die *Country Study* konstatierte – so Chiarella Esposito zusammenfassend – „that the Italians were not taking full advantage of American Aid, and industrial plant capacity was not being fully exploited. (...) Business confidence appeared to be low; the private sector alone could not bring Italy toward economic recovery. It was up to the government to intervene and to invest heavily."[189]

Die in der Länderstudie über Italien vorgebrachten Vorwürfe der ECA waren *zum einen* politisch motiviert, da die amerikanischen Marshall-Planer angesichts der ökonomisch sowie innenpolitisch angespannten Situation erneute Aufstände sowie ein Wiedererstarken des *Partito Comunista Italiano* (PCI) befürchteten.[190] *Zum anderen* aber basierte die amerikanische Kritik auf der wirtschaftstheoretischen Annahme des Keynesianismus, dass gerade mittels einer Ausweitung der öffentlichen Ausgaben für großangelegte Investitionsprojekte und einer damit einhergehenden Erhöhung der gesamtwirtschaftlichen Nachfrage die Arbeitslosigkeit verringert werden könnte.[191]

Als Reaktion auf die amerikanische Kritik sowie vor allem dank einer sich mehr und mehr stabilisierenden ökonomischen Entwicklung, setzte die Regierung De Gasperi schließlich seit Mitte 1949 bei der Verwendung der ERP-Hilfen schrittweise eine Reihe längst überfälliger nachfrageorientierter Reformprojekte durch, die eine kurze, aber äußerst intensive und wirkungsvolle Reformzeit einleiteten und mit der Verabschiedung des sog. *Schema Vanoni* 1954 ihren „krönende(n) Abschluß"[192] finden sollte.[193] Hervorhebenswert im Kontext dieser wirtschaftspolitischen Kurskorrektur sind das soziale Wohnungsbauprogramm von 1949, die Agrarreform von 1949/50, die Finanz- und Steuerreform von 1951[194] sowie die Gründung der *Cassa per*

---

187 Petri (2001), Von der Autarkie zum Wirtschaftswunder, S. 447

188 Hoffman (1949), Country Study, S. 160.

189 Esposito (1994), The Marshall-Plan in France and Italy, S. 141

190 Zur innenpolitischen Situation in Italien nach den Parlamentswahlen vom April 1948 bis Mitte der 1950er Jahre, vgl. Di Nolfo (1993), Von Mussolini zu De Gasperi, S. 238 ff.

191 Zur keynesianischen Motivation der *Country Study*, vgl. zum Beispiel Harper (1987), La ricostruzione dell'Italia, S. 146. Zum Keynesianismus allgemein, vgl. stellvertretend Gottfried Bombach et al. (Hg.), Der Keynesianismus I. Theorie und Praxis keynesianischer Wirtschaftspolitik. Entwicklung und Stand der Diskussion, Berlin-Heidelberg-New York: Springer (1976).

192 Petri (2001), Von der Autarkie zum Wirtschaftswunder, S. 449.

193 Vgl. Woller (2010), Geschichte Italiens, S. 245. Zum *Schema Vanoni*, vgl. die Ausführungen in Kapitel III.

194 Zum Wohnungsbauprogramm, vgl. Istituto Luigi Sturzo (Hg.), Fanfani e la casa. Gli anni Cinquanta e il modello italiano del welfare state. Il Piano INA-CASA, Rom: Rubbettino (2002); zur Ag-

il Mezzogiorno von 1950. Letztere Reform besaß eine über die Rekonstruktionsperiode hinausgehende – vor allem industriepolitische – Bedeutung und soll deshalb im Folgenden näher betrachtet werden.

1.2.2.3.3 Die Gründung der *Cassa per il Mezzogiorno*

Der für ganz Italien aufgezeigte Strukturwandel, der während der faschistischen Diktatur durch vielfältige Infrastruktur- und Industrialisierungsmaßnahmen vorangetrieben und ausgebaut worden war, läßt sich für die Regionen Süditaliens nicht bestätigen. Abgesehen von einigen wenigen Ausnahmen, die sich weitgehend auf den Großraum Neapel beschränkten, war die Wirtschaftsstruktur des Mezzogiorno[195] nach wie vor stark agrarisch geprägt. Am Vorabend des Zweiten Weltkrieges lag der Bruttowertschöpfungsanteil des primären Sektors bei etwa 60%,[196] und auch der Anteil der in der Forst- und Agrarwirtschaft sowie im Fischereiwesen Beschäftigten lag nur knapp darunter (58,6%).[197] Für die Jahre von 1937 bis 1950 liegen zwar keine verläßlichen Statistiken über die regionale Wertschöpfungs- und Beschäftigungsverteilung vor. Es ist allerdings davon auszugehen, dass die strukturelle Rückständigkeit des Mezzogiorno im landesweiten Vergleich auch während der Kriegsjahre nicht abgebaut werden konnte. Im Gegenteil: Wie in den Tabellen 1.15 und 1.16 dargestellt, war der ökonomische Abstand der traditionell strukturschwachen Regionen des Mezzogiorno – gemessen an der Wachstumsdynamik der wichtigsten volkswirtschaftlichen Indikatoren – im Vergleich zu den anderen Wirtschaftsregionen sogar noch erheblich angewachsen. Während der Bevölkerungsanteil mit etwa 35–36% relativ konstant geblieben war, fiel der regionale Anteil des Mezzogiorno an der volkswirtschaftlichen Gesamtleistung von 28,31% im Jahr 1922 auf 24,26% zu Kriegsende, was einen dramatischen Rückgang des Pro-Kopf-Einkommens in Süditalien von 81,17% auf 66,17% (1945) des durchschnittlichen landesweiten Pro-Kopf-Einkommens zur Folge hatte. Hinzu kam, dass die ohnehin strukturschwachen Regionen des Mezzogiorno besonders hart von den Kriegszerstörungen betroffen waren, was den während der Autarkieperiode verstarkten Dualismus

rarfeform, vgl. Emanuele Bernardi, La riforma agraria in Italia e gli Stati Uniti. Guerra fredda, Piano Marshall, e interventi per il Mezzogiorno negli anni del centrismo degasperiano, Bologna: Il Mulino (2006); zur Steuerreform, vgl. Cristina Ambrosetti, Ezio Vanoni e la riforma tributaria in Italia, in: Società italiana di economia politica, working paper, no. 325 (2004), S. 1–129 sowie Simonetta Botarelli, Le scelte di politica tributaria negli anni delle riforme (1948–1971), in: Rivista di diritto finanziario e scienza delle finanze, vol. 64,1 (2005), S. 54–86.

195 Unter dem Begriff „Mezzogiorno" werden die süditalienischen Regionen Kampanien, Abruzzen, Molise, Apulien, Basilikata und Kalabrien sowie die beiden Inseln Sizilien und Sardinien zusammengefasst.

196 Vgl. Salvatore Cafiero, Storia dell'intervento straordinario nel Mezzogiorno (1950–1993), Rom-Bari-Manduria: Piero Lacaita Editore (2000), S. 14.

197 Vgl. SVIMEZ, 150 anni di statistiche italiane: Nord e Sud 1861–2011, Bologna: Il Mulino (2011), Tabelle 2, S. 457.

Tabelle 1.15: Makroindikatoren der wirtschaftlichen Entwicklung in Süditalien (Italien=100): Bevölkerung, BIP, BIP pro Kopf, Bruttowertschöpfung Industrie, Gesamtbruttoinvestitionen und Bruttoinvestitionen Industrie, 1861–1952; in %.

	Bevölkerung	BIP	BIP pro Kopf	Gesamtbrutto-investitionen	BWS Industrie	Bruttoinvestitionen Industrie
1861	36,88	36,77	99,70	k.A.	k.A.	k.A.
1900	37,22	34,77	93,41	k.A.	k.A.	k.A.
1913	35,99	31,42	87,29	k.A.	k.A.	k.A.
1922	34,87	28,31	81,17	k.A.	k.A.	k.A.
1929	35,47	26,82	75,62	k.A.	k.A.	k.A.
1932	35,79	26,69	74,57	k.A.	k.A.	k.A.
1938	36,03	24,79	68,82	k.A.	k.A.	k.A.
1939	36,12	24,57	68,02	k.A.	k.A.	k.A.
1940	36,21	24,52	67,71	k.A.	k.A.	k.A.
1941	36,30	24,47	67,40	k.A.	k.A.	k.A.
1942	36,39	24,42	67,10	k.A.	k.A.	k.A.
1943	36,48	24,37	66,79	k.A.	k.A.	k.A.
1944	36,58	24,32	66,48	k.A.	k.A.	k.A.
1945	36,67	24,26	66,17	k.A.	k.A.	k.A.
1946	36,76	24,21	65,86	k.A.	k.A.	k.A.
1947	36,85	24,16	65,55	k.A.	k.A.	k.A.
1948	36,94	24,10	65,25	k.A.	k.A.	k.A.
1949	37,03	24,05	64,94	k.A.	k.A.	k.A.
1950	37,12	23,99	64,63	k.A.	k.A.	k.A.
1951	37,22	23,80	63,94	26,22	15,02	15,77
1952	37,22	23,68	63,61	27,45	16,38	15,13

Quelle: Eigene Berechnungen, basierend auf ISTAT (2017), Serie storiche, Popolazione e società, Popolazione, Popolazione residente a inizio anno e popolazione media, per regione e ripartizione geografica - Anni 1952–2014, Tabelle 2.3.2 (Bevölkerung; 1952)[a] und SVIMEZ, 150 anni di statistiche italiane: Nord e Sud 1861–2011, Bologna: Il Mulino (2011), Tabelle 39, S. 291 ff. und Tabelle 40, S. 297 ff. (industriewirtschaftliche Bruttowertschöpfung und industriewirtschaftliche Bruttoinvestitionen; 1951–1952), Tabelle 1, S. 408 ff. (BIP und Gesamtbruttoinvestitionen; 1951–1952) sowie Tabelle 6, S. 447 ff. (BIP und Bevölkerung; 1861–1950 und 1861–1951).

[a]**Anmerkung:** Vgl.http://seriestoriche.istat.it/index.php?id=1&no_cache=1&tx_usercento_centofe%5Bcategoria%5D=2&tx_usercento_centofe%5Baction%5D=show&tx_usercento_centofe%5Bcontroller%5D=Categoria&cHash=5dc94093f50e10c9e55a034d4c6ba123 (besucht am 18.02.2017).

Tabelle 1.16: Sektorale Wirtschaftsentwicklung in der Makroregion „Süd" (Süditalien = 100): Bruttoinvestitionen, Bruttowertschöpfung und Beschäftigung), 1861–1952; in %.

	Industrieller Investitionsanteil	Industrieller Wertschöpfungsanteil	Industrieller Beschäftigungsanteil
1861	k.A.	k.A.	22,8
1900	k.A.	k.A.	(1901) 20,3
1913	k.A.	k.A.	(1911) 19,6
1922	k.A.	k.A.	(1921) 19,7
1929	k.A.	k.A.	k.A.
1932	k.A.	k.A.	(1931) 19,9
1938	k.A.	k.A.	(1936) 20,4
1939	k.A.	k.A.	k.A.
1940	k.A.	k.A.	k.A.
1941	k.A.	k.A.	k.A.
1942	k.A.	k.A.	k.A.
1943	k.A.	k.A.	k.A.
1944	k.A.	k.A.	k.A.
1945	k.A.	k.A.	k.A.
1946	k.A.	k.A.	k.A.
1947	k.A.	k.A.	k.A.
1948	k.A.	k.A.	k.A.
1949	k.A.	k.A.	k.A.
1950	k.A.	k.A.	k.A.
1951	26,04	23,28	16,78
1952	23,08	25,19	17,88

Quelle: Eigene Berechnungen, basierend auf SVIMEZ, 150 anni di statistiche italiane: Nord e Sud 1861–2011, Bologna: Il Mulino (2011), Tabelle 39, S. 291 ff. und Tabelle 40, S. 297 ff. (industriewirtschaftliche Bruttowertschöpfung, industriewirtschaftliche Bruttoinvestitionen und industriewirtschaftliche Beschäftigung; 1951–1952), Tabelle 1, S. 408 ff. (BIP und Gesamtbruttoinvestitionen; 1951–1952), Tabelle 3, S. 420 ff. (Gesamtbeschäftigtenzahl; 1951–1952) sowie Tabelle 3, S. 458 (industriewirtschaftliche Beschäftigungsanteile; 1861–1936).

zwischen dem rückständigen Süden und den Wachstumszonen Norditaliens noch zusätzlich verschärfte. Vor allem im Großraum Neapel, dem industriellen Ballungszentrum Süditaliens, waren die Transport- und Verkehrswege nicht passierbar und nahezu sämtliche Industrieanlagen zerstört oder schwer beschädigt worden.[198] Nach neuesten Schätzungen belief sich der Anteil der Kriegsschäden an Industrieanlagen in Kampanien auf 59,9%, in den Abruzzen auf 50,6% sowie im regionalen Durchschnitt für ganz Süditalien auf insgesamt 34,7% im Verhältnis zum Vorkriegsniveau.[199]

Angesichts dieser im Vergleich zum übrigen Italien ungleich dramatischeren wirtschaftlichen Ausgangssituation nach Kriegsende war es nur folgerichtig, dass die ersten US-amerikanischen sowie internationalen Hilfslieferungen (FEA und UNRRA, 1943–1946) und Unterstützungskredite (Export-Import Bank, 1947) nahezu vollständig nach Süditalien gingen.[200] Die Versorgungslage im Mezzogiorno blieb bis zum Ende der 1940er Jahre angespannt, so dass auch die nach dem Anlaufen des *European Recovery Program* von den USA bereitgestellten Lebensmitteleinfuhren – vorwiegend Getreide – größtenteils an die süditalienischen Regionen verteilt wurden. Darüber hinaus wurden im Rahmen des ERP knapp 51% der in den *Fondo Lire* eingezahlten Gelder für den Wiederaufbau der regionalen Infrastruktur sowie für Agrarfördermaßnahmen in Süditalien verwendet, was nicht selten die Kritik vieler Städte und Gemeinden im Rest des Landes zur Folge hatte.[201]

Diese auf die *unmittelbare* Existenzsicherung der süditalienischen Bevölkerung orientierte Ressourcenlenkung stand dabei allerdings im Gegensatz zur strategisch eher *mittelfristig* ausgerichteten Verteilung der aus den ERP *loans* finanzierten Kredite an die private Industriewirtschaft. Hier belief sich der Anteil Süditaliens auf unter 14%, wohingegen in den Piemont und das Aostatal 24%, in die Lombardei 22,4% sowie nach Ligurien 18,1%, damit aber zusammen fast 65% der zur Verfügung stehenden Kredite flossen.[202] Wie schon im Zeichen der faschistischen Autarkie, setzte die durch die amerikanischen Finanzhilfen im Rahmen des ERP ermöglichte Industrieförderung also auch nach Kriegsende zunächst primär in jenen Regionen an, in denen bereits ein hoher Industrialisierungsgrad erreicht war.

Aus dieser Mittelverteilung eine von der Regierung De Gasperi bewußt in Kauf genommene „Preisgabe des Südens“[203] abzuleiten, ist jedoch nicht gerechtfertigt. Vielmehr bildeten „die Realisierung einer gleichgewichtigeren Einkommensvertei-

198 Vgl. Cafiero (2000), L'intervento straordinario, S. 14 f.; vgl. auch Augusto De Benedetti, Lo sviluppo sospeso. Il Mezzogiorno e l'impresa pubblica 1948–1973, Soveria Mannelli: Rubbettino (2013), S. 44.

199 Vgl. Luca Bianchi, Delio Miotti, Riccardo Padovani, Guido Pellegrini und Giuseppe Provenzano, 150 anni di crescita, 150 anni di divari: sviluppo, trasformazioni, politiche, in: Rivista economica del Mezzogiorno, n. 3 (2011), S. 458.

200 Vgl. Cafiero (2000), L'intervento straordinario, S. 15 f.

201 Vgl. Fauri (2011), The Marshall-Plan in Italy, S. 48.

202 Vgl. ebd.

203 Woller (2010), Geschichte Italiens, S. 244.

lung zwischen den verschiedenen Regionen des Landes" sowie die „Überwindung der (strukturellen) Rückständigkeit der von Kriegszerstörungen am stärksten betroffenen Regionen des Mezzogiorno"[204] von Anfang an ein zentrales, wenngleich eher mittelbares Ziel des italienischen Wiederaufbauprogramms. Pasquale Saraceno verfolgte – wie bereits angedeutet – in diesem Zusammenhang aber eine *langfristig* ausgerichtete Problemlösung: die Strategie nachholender Industrialisierung. Im Rahmen dieser Strategie sollten die Marshall-Plan-Gelder dabei helfen, während der Laufzeit des *European Recovery Program* die bestmöglichen Vorbedingungen für die „eigentliche Industrialisierungphase der süditalienischen Entwicklungsregionen" zu schaffen, die selbst kein unmittelbares Planungsziel des *Programma a lungo termine* darstellte. Konkret ging es, *erstens*, zunächst um den „Wiederaufbau der zerstörten oder beschädigten Industrieanlagen". *Zweitens*, sah das *Programma* vor, aus dem *Fondo Lire* „umfangreiche Landgewinnungsprojekte", den massiven „Auf- und Ausbau moderner Bewässerungssysteme" sowie „Wiederaufforstungsmaßnahmen" zur Wiederankurbelung des primären Sektors zu finanzieren. *Drittens* schließlich, galt es, mit der amerikanischen Unterstützung den Wiederauf- und Ausbau der regionalen technischen „Infrastruktur" voranzutreiben und dabei den „Dienstleistungssektor" gezielt in den Bereichen der „Energieversorgung, des Kommunikationswesens sowie des Personen- und Gütertransportwesens" zu fördern. Diese durch die Marshall-Plan-Gelder finanzierten Investitionsprojekte sollten zu einer „erheblichen Einkommenssteigerung" führen sowie die im landesweiten Vergleich „deutlich höhere Arbeitslosigkeit abbauen helfen" und, daraus resultierend, insgesamt ein „besseres Geschäftsklima" in den Regionen des Mezzogiorno und neue „Anreize für spätere Investitionen im Industriebereich" kreieren.[205] Darauf aufbauend sollten dann, „während der eigentlichen Industrialisierungsphase", mithilfe von Kreditsubventionierungen sowie Steuer- und Handelserleichterungen private Industrieunternehmen zum Auf- und Ausbau von Fabrikanlagen in Süditalien veranlaßt werden. Vor allem aber sollten die staatlichen Industrieunternehmen durch eine schwerpunktmäßige Verlagerung ihrer Investitionen in den Mezzogiorno den dringend erforderlichen Industrialisierungsschub ermöglichen, der – so die Planungen Saracenos – „den einzigen Lösungsweg darstellt, den toten Punkt zu überwinden, an dem sich die regionale Wirtschaft Süditaliens heute befindet."[206]

Die im *Programma a lungo termine* mithilfe der Marshall-Plan-Gelder geplante Südförderung basierte demnach auf der Annahme, dass „nur ein forcierter Staatseingriff den Teufelskreis der beständig zunehmenden Verarmung im Mezzogiorno durchbrechen"[207] könnte. Gleichzeitig aber sollten die staatlichen Investitionen im Mezzogiorno eine multiplikatorische Breitenwirkung für ganz Italien entfalten, um dadurch das übergeordnete Ziel des italienischen Wiederaufbauprogramms – „Ein-

---

204 Saraceno (1948), Elementi per un piano quadriennale, S. 4.
205 Vgl. und zitiert ebd., S. 34ff.
206 Pasquale Saraceno, Ricostruzione e pianificazione (1948–1952), Rom-Bari: Laterza (1969), S. 289.
207 Ebd., S. 288.

kommenssteigerung und Wohlfahrtsverbesserung in allen Landesteilen und für alle Gesellschaftsschichten“[208] – zu verwirklichen. Dabei vertrat Saraceno die Auffassung, dass die geplante Einkommensteigerung der süditalienischen Bevölkerung einen Nachfrageanstieg für Konsumgüter zur Folge haben würde, die wiederum von norditalienischen Unternehmen erzeugt werden sollten. Während der sich anschließenden Phase der Industrialisierung des Mezzogiorno sollten die neu angesiedelten Industrieunternehmen in Süditalien ihren Bedarf an Industriegütern – Rohstoffe, Hilfsstoffe, Halbfabrikate, Anlagen, Maschinen und Zubehörbestandteile – dann ebenfalls aus der Produktion norditalienischer Industrieunternehmen abdecken. Die Südförderung sollte also zu einer Erhöhung der gesamtwirtschaftlichen Nachfrage führen, so dass die italienische Volkwirtschaft als Ganze von den staatlichen Investitionsprojekten im Mezzogiorno profitieren könnte.[209]

Der industriepolitische Lösungsansatz zur Überwindung des traditionellen regionalen Strukturdualismus wurde unter dem programmatischen Label *nuovo meridionalismo*[210] von der *Associazione per lo sviluppo del Mezzogiorno* – kurz SVIMEZ – entwickelt, einem privaten Wissenschafts- und Wirtschaftsinstitut, das auf Betreiben einflußreicher Politiker, Unternehmer und Wissenschaftler zwecks Förderung des rückständigen Südens bereits am 02. Dezember 1946 in Rom gegründet worden ist.[211] Zu den Gründungsmitgliedern zählten – neben Pasquale Saraceno – der damalige Industrieminister Rodolfo Morandi, der Generaldirektor der *Banca d'Italia* Donato Menichella, der Präsident der staatlichen Industrieholding IRI Giuseppe Paratore, der spätere Präsident des staatlichen Industriefinanzierungsinstituts IMI Stefano Siglienti sowie der angesehene Chemiker und ehemalige Präsident des Nationalen Wissenschaftsrats – des *Consiglio Nazionale delle Ricerche* (CNR) – Francesco Giordani.[212]

Zwecks Umsetzung der von der SVIMEZ unter der Leitung ihres ersten Generalsekretärs Saraceno ausgearbeiteten Strategie nachholender Industrialisierung, die zu einer der tragenden Säulen des Wiederaufbauprogramms aufrückte, waren zahlreiche staatliche Interventionen im Rahmen einer längerfristigen Sondergesetzgebung für

---

208 Antonella Crescenzi und Gianluca Dente, L'avvio della ricostruzione e i primi interventi programmatici negli anni '50, in: Antonella Crescenzi (Hg.), I documenti di programmazione. Una lettura della politica economica in Italia dal Piano Marshall al DPEF 2008–2011, Rom: Luiss University Press (2007), S. 28. Vgl. auch Saraceno (1948), Elementi per un piano quadriennale, S. 3.

209 Vgl. Saraceno (1969), Ricostruzione, S. 287 ff.

210 Pasquale Saraceno, Il nuovo meridionalismo, Neapel: Istituto Italiano per gli studi filosofici (1986).

211 Zur Gründung der SVIMEZ, vgl. Salvatore Cafiero, Menichella merdionalista, in: Franco Cotula (Hg.), Stabilità e sviluppo negli anni cinquanta, vol. 2, Problemi strutturali e politiche economiche, Rom-Bari: Laterza (1998), S. 465–475.

212 Die Zahl der Gründungsmitglieder umfasste weitaus mehr als die hier aufgeführte Auswahl. Sämtliche Gründungsmitglieder der SVIMEZ werden von Roberto Galisi aufgelistet. Vgl. Roberto Galisi, Ricostruzione e programmazione nell' intervento straordinario per il Mezzogiorno, Mailand: FrancoAngeli (2014), S. 25f.

den Mezzogiorno geplant. Diese *interventi straordinari* machten neben einer Agrarreform, neben regionalen Investitionszuschüssen, Steuer- und Handelserleichterungen sowie Kreditsubventionierungen vor allem massive staatliche Direktinvestitionen notwendig. Demzufolge erforderte die geplante Südförderung sowohl die Einbeziehung ganz verschiedener Politikbereiche als auch und vor allem die Schaffung einer ausreichenden Finanzierungsgrundlage, was die italienische Regierung angesichts der defizitären Haushaltssituation allerdings vor kaum lösbare Probleme stellte.

Mit einer derartigen Problemverkettung konfrontiert, entwickelten Pasquale Saraceno und Donato Menichella nach Anlaufen der Marshall-Plan-Hilfen die Idee, die einzelnen Maßnahmen der geplanten Südförderung nicht nur aus dem *Fondo Lire* zu finanzieren, sondern, über die Laufzeit des ERP hinaus, auch durch die Finanzierung internationaler Finanzinstitutionen – konkret der *International Bank for Reconstruction and Development* (IBRD), der späteren Weltbank – abzusichern.[213] Namhafte Unterstützung fand diese Idee in der Person Rosenstein-Rodan, der, als einflußreicher Berater der IBRD, bereits die auf Stabilität ausgerichtete Sparpolitik der *linea Einaudi* befürwortet hatte. Nach dessen Auffassung würden die zur Förderung des Mezzogiorno notwendigen Investitionsimpulse nur durch den gleichzeitigen Einsatz angebots- *und* nachfrageseitiger Politikmaßnahmen ausgelöst werden können und dabei einen massiven staatlichen Kapitaleinsatz in allen Sektoren über mehrere Jahre unentbehrlich machen, den Italien – so Rosenstein-Rodan – zum aktuellen Zeitpunkt aber nicht allein stemmen konnte.[214] Nicht zuletzt auf Grund dieser Unterstützung Rosenstein-Rodans für eine nachhaltige – auf einen *big-push*[215] orientierte – Förderpolitik des Mezzogiorno stellte die IBRD der Regierung im September 1949 eine längerfristige

---

213 Vgl. ebd., S. 8 ff. sowie Cafiero (1998), Menichella, S. 485ff.

214 So erinnert auch Paolo Baffi, der damalige Leiter des Studienzentrums und spätere Generalgouverneur der Banca d'Italia: „Rosenstein-Rodan interessierte sich sehr für den italienischen Fall, brachte den entwicklungspolitischen Bemühungen der Regierung große Sympathie entgegen und bemühte sich nach Kräften, die Regierung bei der Lösung des Finanzierungsproblems der geplanten Fördermaßnahmen zu unterstützen; (...) einseitigen, nachfrageorientierten Reformvorschlägen stand er skeptisch, ja sogar ablehnend gegenüber." Vgl. und zitiert Paolo Baffi, Via Nazionale e gli economisti stranieri 1944–1953, in: Rivista di storia economica, n. 1 (1985), S. 41.

215 Die von Rosenstein-Rodan erarbeitete Theorie des „Big Push" geht zurück auf Rosenstein-Rodan (1943), Problems of Industrialisation, S. 202–211 sowie auf Rosenstein-Rodan (1944), Economically Backward Areas, S. 157–165. An anderer Stelle schreibt Rosenstein-Rodan: „There is a minimum level of resources that must be devoted to (...) a development program if it is to have any chance of success. Launching a country into self-sustaining growth is a little like getting an airplane off the ground. There is a critical ground speed which must be passed before the craft can become airborne (...). Proceeding 'bit by bit' will not add up in its effects to the sum total of the single bits. A minimum quantum of investment is necessary (though not sufficient) condition of success. This is in a nutshell the contention of the theory of the big push. (...) A 'big push' seems required to 'jump' over the economic obstacles to development." Paul N. Rosenstein-Rodan, Notes on the Theory of the 'Big push', Cambridge (US): MIT Center for International Studies (1957), S. 1 und S. 14.

Kreditfinanzierung zur Lösung der „italienischen Südfrage“[216] in Aussicht, die etwa 40–50% der zusätzlichen Kosten für die außerordentlichen Fördermaßnahmen in den Regionen des Mezzogiorno abdecken sollten.[217] Eine verbindliche Finanzierungszusage machten die Verantwortlichen der IBRD jedoch davon abhängig, dass die einzelnen von der SVIMEZ geplanten Investitionsprojekte in den institutionellen Rahmen eines „organischen Aufbau- und Entwicklungsprogramms für Süditalien“[218] eingepaßt würden. Dieses Programm sollte – wie sich Donato Menichella erinnert – über die wirtschaftlichen Gegebenheiten in den begünstigten Regionen, Sektoren und Branchen sowie über die Mittel und Zielsetzungen der geplanten staatlichen Interventionen Aufschluss geben, um dadurch die erfolgreiche Koordinierung der verschiedenen Politikressorts und den planvollen Einsatz aller zur Verfügung stehenden Ressourcen zu garantieren.[219] Darüber hinaus forderte die IBRD von der italienischen Regierung die „Gründung einer eigenständigen und unabhängigen, ausschließlich für die Sondergesetzgebung in Süditalien verantwortlichen staatlichen Behörde, welche die vergebenen Darlehen verwalten sowie die mit den Krediten der Entwicklungsbank finanzierten Maßnahmen und Projekte koordinieren und kontrollieren sollte.“[220]

Nach weiteren Verhandlungen sowohl zwischen der italienischen Regierung, der ECA und der IBRD als auch zwischen den jeweils verantwortlichen Ministerien, den beteiligten Kommissionen, staatlichen und nichtstaatlichen Organisationen sowie Planungszentren stellte De Gasperi am 01. Februar 1950 das Wirtschaftsprogramm zur Förderung der wirtschaftlichen Entwicklung Süditaliens in der Abgeordnetenkammer des Parlaments erstmalig offiziell vor. Ein entsprechend ausformulierter Gesetzesvorschlag zur Gründung einer mit der Verwaltung der Fördermittel und der Durchführung der geplanten Fördermaßnahmen anvertrauten staatlichen Behörde wurde ihr vom Ministerpräsidenten am 17. März unterbreitet.[221] Der Geset-

216 Vgl. Friedrich Vöchting, Die italienische Südfrage: Entstehung und Problematik eines wirtschaftlichen Notstandsgebietes, Berlin: Duncker & Humblot (1951). Der Ausdruck *la questione meridionale* geht zurück auf den lombardischen Abgeordneten Antonio Billia, der die Redewendung 1873 zum ersten Mal offiziell verwendete, um damit die wirtschaftliche Rückständigkeit Süditaliens im landesweiten Vergleich zu beschreiben. Bis heute ist dieser Ausdruck mit derselben Bedeutung sowohl umgangs- als auch wissenschaftssprachlich geläufig.

217 Insgesamt erhielt Italien bis 1960 im Rahmen der Sondergesetzgebung für den Mezzogiorno von der IBRD Kredite in Höhe von 300 Mill. US $, verteilt auf sieben Tranchen. Dieser Kreditumfang lag damit deutlich unterhalb des veranschlagten Deckungsanteils der im Rahmen der Südförderung entstandenen „zusätzlichen“ Kosten von 40–50%. Der bei der IBRD kreditfinanzierte Anteil der staatlichen Sonderausgaben lag im jährlichen Durchschnitt bei knapp 19%. Vgl. De Benedetti (2013), Lo sviluppo sospeso, S. 72 und S. 78f.

218 Cafiero (2000), L'intervento straordinario, S. 22.

219 Vgl. Donato Menichella, Scritti e discorsi scelti 1933–1966, Rom: Banca d'Italia (1986), S. 282f.

220 Ebd.

221 Vgl. Disegno di legge, Istituzione della „Cassa per opere straordinarie di pubblico interesse nell'Italia meridionale“ (Cassa per il Mezzogiorno), in: Camera dei Deputati, Atti Parlamentari, Documenti – Disegni di Legge e Relazioni n. 1170, Leg. 1, Anno 1950, Seduta del 17 marzo 1950. Zitiert nach

zesvorschlag sah vor, auf der Grundlage eines umfassenden Wirtschaftsprogramms dem Mezzogiorno für einen Zeitraum von zehn Jahren insgesamt 1.000 Mrd. Lire zur Durchführung von Bodenreform-, Agrarmodernisierungs- und Infrastrukturprojekten zur Verfügung zu stellen, die von einer Selbstverwaltungskörperschaft des öffentlichen Rechts, der *Cassa per opere straordinarie di pubblico interesse nell'Italia Meridionale* (kurz: *Cassa per il Mezzogiorno*), verwaltet und gemäß der gesetzlich vorgesehenen Fördermaßnahmen des Wirtschaftsprogramms verteilt werden sollten.[222] Obwohl der Gesetzesvorschlag während der folgenden Monate noch mehrmals in beiden Kammern des Parlaments zur Diskussion stand, wurde das Gesetz zur Gründung der *Cassa per il Mezzogiorno* am 10. August 1950 mit nur unwesentlichen Änderungen an der ursprünglichen Gesetzesvorlage vom Parlament angenommen.[223]

Die parlamentarische Annahme des Zehn-Jahres-Förderprogramms für Süditalien – des *Piano generale per la esecuzione, durante il decennio 1950–60, di opere straordinarie dirette in modo specifico al progresso economico e sociale dell'Italia meridionale*[224] – stellte in der Geschichte Italiens die erstmalige gesetzliche Implementierung einer nachhaltig angelegten Regionalpolitik für den Mezzogiorno dar mit dem Ziel, durch aufeinander abgestimmte Maßnahmen im Agrar-, Tourismus- und Infrastrukturbereich die Voraussetzungen für die spätere Industrialisierung zu schaffen. Unter dogmenhistorischem Aspekt vereinte sie damit in umfasender Weise die dirigistischen Vorstellungen der traditionellen IRI-Technokratie mit den entwicklungsökonomischen Theorieansätzen von Rosenstein-Rodan sowie mit nachfrageorientierten wirtschaftspolitischen Maßnahmen keynesianischer Prägung. Unter wirtschaftspolitischem Aspekt wiederum bildete die Gründung der *Cassa per il Mezzogiorno* eine institutionell-politische, den nationalen Herausforderungen entsprechende Antwort der italienischen Regierung auf die von den Planungsbehörden der OEEC sowie der ECA angemahnten „durchgreifenden und aggressiven staatlichen Wirtschaftsinterventionen im Rahmen eines koordinierten staatlichen Investitionsprogramms."[225] Die Gründungsgeschichte der *Cassa per il Mezzogiorno* verweist damit auf die große Bedeutung, die dem Marshall-Plan für die wirtschaftliche Entwicklung Italiens nach dem Zweiten Weltkrieg zukommt und die abschließend noch einmal zusammengefasst werden soll.

Der Marshall-Plan hat wesentlich – vor allem in den Jahren 1948 und 1949 – dazu beigetragen, die größten Versorgungsengpässe in der Gesellschaft zu überwinden und das wirtschaftliche Wachstum zu stabilisieren. Den im Rahmen des Marshall-Plans zur

http://www.eleaml.org/nofor/storia/camera_de_gasperi_17_marzo_1950_cassa_mezzogiorno_2012.html, besucht am 28.08.2015.

222 Vgl. ebd.

223 Vgl. Legge 10 agosto 1950, n. 646, Istituzione della Cassa per opere straordinarie di pubblico interesse nell'Italia meridionale (Cassa per il Mezzogiorno), in: Gazzetta Ufficiale della Repubblica Italiana, Serie generale, n. 200 (01.09.1950), Rom: Istituto Poligrafico dello Stato (1950).

224 Ebd., Art. I., S. 1.

225 Vgl. und zitiert Hoffman (1949), Country Study, S. 162.

Verfügung gestellten Finanzhilfen darüber hinaus eine entscheidende wachstumsinduzierende Bedeutung für den Anfang der 1950er Jahre beginnenden Wirtschaftsaufschwung zuzusprechen, scheint auf Grund ihres relativ geringen monetären Umfangs allerdings nicht gerechtfertigt. Weitaus wichtiger als ihr *quantitativer* Beitrag für den ökonomischen Entwicklungsprozeß Italiens nach 1948 waren denn auch die durch das *European Recovery Program* initialisierten *qualitativen* Struktureffekte:

Erstens, bewirkten die in den ERP-Verträgen gesetzlich verankerten Bestimmungen über die Verwendung der Marshall-Plan-Hilfen eine erhebliche Modifizierung der während der unmittelbaren Nachkriegszeit vorherrschenden wirtschaftsliberalen Vorstellungen hinsichtlich der Steuerung des Rekonstruktionsprozesses. Zwar setzte die italienische Regierung die durch den Wirtschaftsminister Luigi Einaudi bereits 1947 auf den Weg gebrachte geldwertstabilisierende – marktorientierte – Konsolidierungspolitik auch nach dem Anlaufen des ERP weiter fort. Ihr wurde jedoch durch den Druck der amerikanischen Marshall-Plan-Behörden gewissermaßen der „doktrinäre Stachel“[226] gezogen. *Einerseits* kam es durch die institutionellen Vorgaben des *European Recovery Program* zur Implementierung von Planungs- und Regulierungsmaßnahmen zwecks Dynamisierung vor allem der industriewirtschaftlichen Entwicklung, *andererseits* aber seit Ende 1949 zu einer sowohl keynesianisch als auch entwicklungspolitisch orientierten Förderung Süditaliens, die ebenso eine eindeutig industriepolitische Stoßrichtung besaß. Die von der Regierung De Gasperi eingeleiteten struktur- und industriepolitischen Maßnahmen lassen sich so gesehen als Resultat einer konstruktiven Synthese traditioneller nationaler Politikansätze zur Förderung der Industrie mit den nach Kriegsende vorherrschenden internationalen – vor allem angelsächsischen – wirtschaftspolitischen Denkschulen begreifen. Genau dadurch aber kam es in Italien zur Herausbildung eines nationalspezifischen Designs, dessen prägnante dirigistische und entwicklungsökonomische Ausrichtung sich von den Wiederaufbaustrategien in anderen westeuropäischen Ländern deutlich unterschied.[227] Die in diesem Zusammenhang nicht zuletzt durch ökonomische Zwangslagen institutionalisierte italienische Variante einer gemischten Wirtschaftsverfassung[228] – einem durch staatliche Inter-

---

226 Vgl. Werner Abelshauser, der in Bezug auf den Wandel der neoliberalen Wirtschaftspolitik Ludwig Erhards in der Bundesrepublik vor dem Hintergrund des Korea-Krieges auf eine ähnliche Wirkung des *European Recovery Program* hinweist. Werner Abelshauser, Ansätze „korporativer Marktwirtschaft“ in der Korea-Krise der frühen fünfziger Jahre. Ein Briefwechsel zwischen dem Hohen Kommissar John Mc Cloy und Konrad Adenauer, in: Vierteljahrshefte für Zeitgeschichte, Jg. 30, Heft 4 (1982), S. 717.

227 Zu den unterschiedlichen industriepolitischen Wiederaufbaustrategien in Europa nach dem Ende des Zweiten Weltkrieges, vgl. Grabas und Nützenadel (2014), Industrial Policy in Europe; vgl. darüber hinaus Foreman-Peck und Federico (1999), European Industrial Policy sowie: Geoffrey Owen, Industrial Policy in Europe since the Second World War. What has been learnt?, in: ECIPE Occasional paper, no. 1/2012, The European Centre for International Political Economy, Brussels (2012).

228 Zur theoretischen Einführung des Konzepts der „gemischten Wirtschaftsordnung“, vgl. vor allem Herman van der Wee, Der gebremste Wohlstand: Wiederaufbau, Wachstum und Strukturwandel

ventionen teilregulierten marktwirtschaftlichen Wirtschaftssystem – wurde insbesondere durch die Gründung der *Cassa per il Mezzogiorno* vorstrukturiert.[229] *Zweitens*, hat die staatlich kontrollierte Verwendung der Marshall-Plan-Gelder entscheidend dazu beigetragen, den während der faschistischen Autarkieperiode angewachsenen technologischen Rückstand der italienischen Volkswirtschaft abzubauen, indem sie den jeweils begünstigten Industrieunternehmen die Instandsetzung und Modernisierung der Produktionsanlagen durch amerikanische Technologie- und Maschinenimporte ermöglichte.[230] *Drittens* aber – und darin liegt die zentrale ökonomische Bedeutung des *European Recovery Program* für Italien –, akzelerierten die im Marshall-Plan-Abkommen festgelegten Umsetzungsbestimmungen eine Integration Italiens in das nach dem Zweiten Weltkrieg sich neu strukturierende hierarchische System der internationalen Arbeitsteilung. Wichtigstes Moment in diesem von wirtschafts- und ordnungspolitischen Faktoren gekennzeichneten Prozeß war die von den Vereinigten Staaten eingeforderte Liberalisierung der Außenwirtschaftsbeziehungen zwischen den Teilnehmerländern am Marshall-Plan, die der traditionell eher auf den Binnenmarkt ausgerichteten italienischen Wirtschaft nunmehr eine stärkere Akzentuierung einer auf den Export zielenden Spezialisierung ihrer industriellen Produktion abverlangte.

Die hier aufgezeigten, durch das *European Recovery Program* bewirkten *qualitativen* – nicht zuletzt katalysatorischen – Effekte für die Neujustierung des nationalen Wirtschaftssystems im sich ebenso neu formierenden internationalen Marktwirtschaftsgefüge Westeuropas bildeten insofern wichtige Voraussetzungen sowohl für die Stabilität der Rekonstruktion als auch für einen langfristigen Strukturwandel der italienischen Volkswirtschaft.

1.2.3 Die privatrechtlich organisierten Staatsunternehmen als Hauptinstrument der italienischen Industriepolitik

Während der unmittelbaren Nachkriegszeit war die staatliche Industriepolitik primär darauf ausgerichtet, den Rekonstruktionsprozeß der Industriewirtschaft abzusichern und möglichst schnell abzuschließen, ohne dabei die historisch gewachsene

---

der Weltwirtschaft seit 1945, München: Deutscher Taschenbuch Verlag (1984), Kapitel 7, S. 317–354. Vgl. auch Sanford Ikeda, Dynamics of the Mixed Economy. Toward a Theory of Interventionism, London-New York: Routledge (2007), S. 1–54 sowie Karin Heitzmann, Poverty Relief in a Mixed Economy, Frankfurt am Main: Peter Lang (2010), S. 57–70.

229 Zur institutionellen Ausgestaltung des italienischen Wirtschaftssystems nach 1945, vgl. vor allem Barca (1997), Compromesso senza riforme, S. 54–64 und S. 101–106. Ansonsten vgl. zum Beispiel auch Genoveffa G. A. Romeo, La stagione costituente in Italia, 1943–47: rassegna della storiografia, Mailand: FrancoAngeli (1992), S. 90–100; oder: Gioachino Fraenkel, Die italienische Wirtschaftspolitik zwischen Politik und Wirtschaft, Berlin: Duncker & Humblot (1991), S. 90–96

230 Vgl. hierzu die Ausführungen zur staatlichen Eisen- und Stahlindustrie sowie zur staatlichen Brennstoffindustrie im nachfolgenden Abschnitt.

Regional- und Branchenstruktur zu verändern. Dieses Ziel war schon um 1950 erreicht (vgl. Abbildung 1.2). Allerdings hat die Analyse des *Programma a lungo termine* ergeben, dass es der italienischen Regierung um weit mehr ging: Spätestens seit 1948 lag das erklärte übergeordnete – längerfristige – Ziel staatlicher Industriepolitik in der durch eine „Neuordnung der (...) Industrie“[231] forcierten Dynamisierung des Industriewachstums, wodurch der Übergang Italiens zum „vollgültigen Industriestaat“[232] ermöglicht werden sollte.

In diesem Kontext besaßen die vom Faschismus übernommenen privatrechtlich organisierten staatlichen Industrieunternehmen eine große Bedeutung[233]; sie entwickelten sich bereits gegen Ende der Rekonstruktionsphase zum vielleicht wichtigsten Instrument staatlicher Investitionspolitik.[234] Die Fragen, ob, auf welche Weise

---

231 Camillo Daneo, La politica economica della ricostruzione. 1945–1949, Turin: Einaudi (1975), S. 310.

232 Peter Hertner, Italien 1915–1980, in: Wolfram Fischer (Hg.), Handbuch der Europäischen Wirtschafts- und Sozialgeschichte, Bd. 6, Europäische Wirtschafts- und Sozialgeschichte vom Ersten Weltkrieg bis zur Gegenwart., Stuttgart: Klett-Cotta (1987), S. 1025.

233 Aus der Fülle der Literatur, vgl. für die frühen 1950er Jahre vor allem Amoroso und Olsen (1978), Lo stato imprenditore sowie Fabrizio Barca und Sandro Trento, La parabola delle partecipazioni statali: una missione tradita, in: Barca (1997), Storia del capitalismo italiano, S. 190ff. Ansonsten – als theoretische Grundlagen – vgl. Pasquale Saraceno, Lo stato e l'economia, Rom: Cinque lune (1963) sowie Pasquale Saraceno, Il sistema delle imprese a partecipazione statale nell'esperienza italiana, Mailand: Giuffrè (1975) oder auch Mario Ferrari Aggradi, Le partecipazioni statali nella politica di sviluppo, Rom: Istituto Poligrafico dello Stato (1959). Zur Einführung, vgl. die beiden Überblicksbände von Michael V. Posner und Stuart J. Woolf, Italian Public Enterprise, Cambridge (US): Harvard University Press (1967) sowie Centro di ricerca e documentazione „Luigi Einaudi“ (Hg.), Le baronie di Stato. Ricerca sull'industria italiana, Turin: Sansoni (1968). Vgl. aber auch die erste Ausgabe des wirtschaftshistorischen Journals *Enterprise & Society* aus dem Jahr 2000 mit Beiträgen von Steven W. Tolliday, Francesca Fauri und Francesca Carnevali. Vgl. Enterprise & Society, vol. 1, n. 2 (June 2000), S. 241–314.

234 Nach dem Wirtschaftsrecht der Republik Italien, das von der Verfassungsgebenden Versammlung in bemerkenswerter Kontinuität nahezu unverändert vom Faschismus übernommen worden ist, lassen sich die staatlichen Unternehmen nach dem Grad ihrer unternehmerischen Autonomie unterscheiden. Gioachino Fraenkel führt in diesem Zusammenhang vier Hauptkategorien auf: Erstens, „Abteilungen der Staatsverwaltung, die Güter und Dienstleistungen erstellen und entweder im Haushalt geführt werden (sog. `gestioni dirette' wie die Cassa DD.PP. usw.), oder eine eigene Bilanz erstellen (‚aziende pubbliche' wie die Post- und Telegraphenverwaltung usw.), oder Liegenschaften und Mobilien verwalten“; zweitens, „von den Gebietskörperschaften (Gemeinden, Provinzen, Regionen) geschaffene Verkehrs- und sonstige Betriebe (‚aziende municipalizzate', ‚aziende provincializzate' usw.), die mit Eigenvermögen und Bilanzautonomie ausgestattet sein können“; drittens, „öffentlich-rechtliche Unternehmungen im engeren Sinne, die eine echte Unternehmertätigkeit in Produktion, Handel usw. ausüben, über juristische Persönlichkeit und Bilanzautonomie verfügen, wobei sie (a) das Ziel der Erstellung von kollektiven Gütern und Dienstleistungen haben (Staatsdruckerei und Staatsverlag, Münze (...)), oder (b) eine Wirtschaftstätigkeit im Wettbewerb mit den privaten Unternehmungen ausüben (Holding- und Finanzierungsinstitute sowie Kreditinstitute usw.)“; viertens, „Unternehmensgesellschaften privatrechtlicher Natur (‚imprese sociali di natura privatistica'). Der Staat verfügt über seine Holdinginstitute über Beteiligungen an ihrem Stammkapital als Mehrheits- und Minderheitsaktionär. Es handelt sich dabei also um ‚öffentlich beherrschte Unterneh-

und in welchem Umfang es den jeweiligen Regierungen während der Zeitspanne von 1948 bis 1952/53 gelang, mithilfe dieser Industrieunternehmen neue Arbeitsplätze zu schaffen, die Modernisierung der Industrie voranzutreiben und die Energie- und Rohstoffversorgung der Volkswirtschaft wachstumsrelevant zu verbessern, sollen im Folgenden durch die Betrachtung zweier Industriebereiche beantwortet werden, die für die italienische Nachkriegsprosperität von besonderem Interesse waren: die Eisen- und Stahlindustrie sowie die Brennstoffindustrie. Doch zuvor sei den beiden Fallstudien ein knapper Überblick zum Ausmaß des staatlichen Wirtschaftssektors unmittelbar nach 1945 sowie zur Reorganisation der größten staatlichen Industrieholding – des *Istituto per la Ricostruzione Industriale* (IRI) – vorangestellt.

1.2.3.1 Der Stellenwert staatlicher (Wirtschafts)Institutionen im Kontext historisch variierender ökonomischer und politischer Zwangslagen

1.2.3.1.1 Der Ausbau des staatlichen Wirtschaftssektors bis 1945

Der relativ hohe Anteil staatlicher bzw. staatlich kontrollierter Wirtschaftsunternehmungen an der Gesamtwirtschaft nach dem Ende des Zweiten Weltkrieges bildet einen der charakteristischen ordnungspolitischen Unterschiede der italienischen Volkswirtschaft im Vergleich zu anderen westeuropäischen Ländern.[235] Er geht dabei auf eine Entwicklung zurück, die 1905 mit der Verstaatlichung des größten Teils der landesweiten Eisenbahnen und der Gründung einer zentralen nationalen Eisenbahngesellschaft – der *Ferrovie dello Stato* – ihren ersten substantiellen Anfang nahm und mit den Gründungen der staatlichen Industriefinanzierungsgesellschaft IMI (*Istituto Mobiliare Italiano*) sowie der staatlichen Industrieholding IRI zu Beginn der 1930er Jahre ihren vorläufigen Höhepunkt fand. Die staatlichen Wirtschaftsunternehmungen hatten sich damit auf immer weitere Wirtschaftsbereiche ausgedehnt: Vom Verkehrs- und Transportwesen (Güter, Personen und Nachrichten) über das Versicherungswesen, den Bankenbereich, die Brennstoffindustrie,

men'." Fraenkel (1991), Italienische Wirtschaftspolitik, S. 165f. Innerhalb dieser vier Kategorien bildeten – trotz der schweren Verluste am Kapitalbestand während der zwei letzten Kriegsjahre – die *enti autonomi di gestione und società finanziarie* der Gruppe (3b) mit den von ihnen kontrollierten *imprese sociali di natura privatistica* der Gruppe 4 sowohl hinsichtlich des Anteils der eingesetzten Produktionsfaktoren Arbeit und Kapital (Beschäftigung, Investitionen, Maschinen, Anlagen, etc.) als auch in Bezug auf ihren Leistungsanteil (Produktion, Umsatz, Wertschöpfung, etc.) die weitaus wichtigsten Unternehmen innerhalb des staatlichen Wirtschaftssektors.

235 Andrew Shonfield schreibt dazu: „In some ways, Italy is the most extreme example (...) of public sector enterprise and intervention in the whole of Western Europe." Andrew Shonfield, Modern Capitalism. The Changing Balance of Public & Private Power, London-Oxford-New York: Oxford University Press (1965), S. 177.

die Stromerzeugung und -versorgung, die Schwerindustrie, die Petrochemie bis hin zum Maschinen-, Schiff-, Fahr- und Flugzeugbau.[236]

Der Ausbau des staatlichen Wirtschaftssektors – vor allem nach der Machtübernahme der Faschisten im Oktober 1922 – läßt sich allerdings keineswegs als die konsequente Umsetzung einer längerfristig angelegten wirtschaftspolitischen Strategie bzw. eines ausformulierten Wirtschaftsprogramms der jeweiligen Regierungen interpretieren.[237] Vielmehr bildeten die zahlreichen staatlichen Unternehmensgründungen und anwachsenden Beteiligungen an privatwirtschaftlichen Unternehmen aus Regierungssicht lediglich temporär notwendige Interventionen zwecks Kompensation fehlender oder unzureichender Investitionen in der Privatwirtschaft.[238] In dieser Perspektive kann die Ausdehnung staatlicher Unternehmertätigkeit in ihrer Gesamtheit als historisch akkumulierte strategische Kompetenzbündelung zur Beeinflussung der volkswirtschaftlichen Entwicklung charakterisiert werden.

Auch das Institut für den industriellen Wiederaufbau (IRI)[239] wurde zunächst als „zeitlich begrenztes Notfall-Institut"[240] – konkret am 23. Januar 1933 – im Rahmen der faschistischen Sanierungs- und Neuordnungspolitik zur Bekämpfung der Industrie- und Bankenkrise in Italien seit 1929 gegründet. Die führenden privaten Geschäftsbanken des Landes, die sich, in Nachahmung des Typs der deutschen Universalbank, seit Beginn des Jahrhunderts zunehmend auf die Industriefinanzierung fokussiert hatten, waren aufgrund schwächelnder Konjunktur bereits seit Mitte der 1920er Jahre in wirtschaftliche Bedrängnis geraten.[241] Nach einer temporären Erholung der Wirtschaft verschärfte sich die angespannte Situation im Bankensektor, als im Kontext der Weltwirtschaftskrise zwischen 1930 und 1933 sowohl die führenden Unternehmen der Schwerindustrie

236 Vgl. Amoroso und Olsen (1978), Lo stato imprenditore, S. 49ff.

237 Vgl. neben Shonfield (1967), Modern Capitalism, S. 178 auch Vera Zamagni, Lo stato italiano e l'economia. Storia dell'intervento pubblico dall'unificazione ai giorno nostri, Florenz: Le Monnier (1981), S. 46. sowie Barca und Trento (1997), Partecipazioni statali, S. 186.

238 Vgl. Simone Selva, State and Economy in Italy before the Economic Miracle: Economic Policy and International Constraints from the Reconstruction through the Pre-Boom Years, in: Business and Economic History, On-Line, vol. 2 (2004), www.thebhc.org/sites/default/files /Selva _0.pdf, S. 13. (besucht am 23.03.2016).

239 Zur Entstehung des IRI, vgl. grundlegend Ministero dell'industria e del commercio, L'Istituto per la Ricostruzione Industriale – IRI –, vol. III, Origini, ordinamenti e attività svolta (Rapporto del Prof. Saraceno), Turin: Tipografia Sociale Torinese (1956), S. 1–37; Rapporto Marsan, L'Istituto per la Ricostruzione Industriale – IRI – Elementi per la sua storia dalle origini al 1982. Documento interno, Rom (unveröffentlicht) (1992), S. 9–65 sowie Valerio Castronovo (Hg.), Storia dell'IRI, vol. I, Dalle origini al dopoguerra, 1933–1948, Rom-Bari: Laterza (2012). Zusammenfassend, vgl. vor allem Zamagni (1990), Dalla periferia al centro, S. 377–388.

240 Regio decreto-legge 23 gennaio 1933, n. 5, Costituzione dell'Istituto per la Ricostruzione Industriale, in: Gazzetta Ufficiale, n. 19 (24.01.1933), Rom: Istituto Poligrafico (1933), S. 1.

241 Zu den krisenhaften Entwicklungen der 1920er und 1930er Jahre, vgl. zum Beispiel Castronovo (1980), L'industria italiana, S. 188ff.

als auch die drei größten privaten Geschäftsbanken des Landes vom Bankrott bedroht waren und eine umfassende staatliche Stützungsaktion damit unumgänglich wurde.[242]

Die gesamten Wertpapier-Portefeuilles der betreffenden drei Banken – der *Banca Commerciale Italiana*, des *Credito Italiano* sowie des *Banco di di Roma* – wurden vom Staat übernommen und in den Besitz der eigens dafür gegründeten staatlichen Industriefinanzierungsinstitutionen – zunächst des IMI (1931) und seit Ende Januar 1933 dann des IRI – überführt. Damit übernahm das IRI nicht nur die eingefrorenen Kredite, sondern ebenso sämtliche Effektenbestände und auf diese Weise auch die Industrieaktien der drei gestützten Banken. Mit der sich ausbreitenden Krise brachte es auf diese Weise nahezu das gesamte Kapital der kreditfinanzierten Industrieunternehmen unter seine Kontrolle. Dadurch gingen die von den Banken gehaltenen Unternehmensbeteiligungen direkt in den Besitz des IRI über – ein äußerst umfangreicher heterogener Komplex, der sich insgesamt auf über zehn Wirtschaftsbereiche erstreckte und etwa 21,5% des Kapitalbestandes aller nationalen Aktiengesellschaften auf sich vereinte. Durch die hohe Vernetzungsdichte der Gesellschafterstrukturen der jetzt vom IRI kontrollierten Unternehmen wurden die staatlichen Beteiligungen darüber hinaus auf zahlreiche andere Unternehmen erweitert. Insgesamt kontrollierte die staatliche Institution durch die Übernahme der drei Geschäftsbanken als Haupt- oder Großanteilseigner damit etwa 42% des gesamten Aktienkapitals in Italien.[243]

Die vom IRI direkt und indirekt übernommenen Unternehmensbeteiligungen konzentrierten sich hinsichtlich der Kapitalverteilung zu 62% auf den Dienstleistungssektor sowie zu 38% auf den Industriebereich.[244] Im Ergebnis kontrollierte das IRI 100% der landesweiten kriegswichtigen und 40% der sonstigen Eisen- und Stahlproduktion, 100% der nationalen Waffenherstellung, 100% der Kohleindustrie, 90% der Werften, 80% der Schifffahrts- und Eisenbahnbauunternehmen, nahezu alle Telefongesellschaften, über 30% der landesweiten Elektrizitätsproduktion und -versorgung sowie über mehrere größere und große Unternehmen im Bereich des Maschinen- und Fahrzeugbaus, darunter *Alfa Romeo*, die *Officine Meccaniche Miani Sivestri*, die *Motomeccanica* und andere. Des Weiteren ging ein erheblicher Liegenschaftsbestand in den Besitz des IRI über, der sich über ganz Italien verteilte und allein fast 20% der gesamten übernommenen Beteiligungen ausmachte. Nicht zuletzt erhielt das IRI zu 100% die Kontrolle über sämtliche Geschäftsbereiche der *Banca Commerciale Italiana*, des *Credito Italiano* sowie des *Banco di Roma*, die vollständig in Staatsbesitz übergegangen waren.[245]

Der Gründungsauftrag des IRI sah vor, die von ihm kontrollierten Unternehmen zu sanieren und wieder in Privatbesitz zu überführen sowie gleichzeitig durch eine regulierte und zentralisierte Industriefinanzierung die industriewirtschaftliche Entwicklung

242 Vgl. Amoroso und Olsen (1978), Lo stato imprenditore, S. 54ff. sowie Posner und Woolf (1967), Italian Public Enterprise, S. 21f.

243 Vgl. Zamagni (1990), Dalla periferia al centro, S. 385.

244 Vgl. Rapporto Marsan (1992), IRI, S. 43.

245 Vgl. ebd. sowie Zamagni (1981), Lo stato italiano, S .44.

zu stabilisieren und zu dynamisieren.[246] Als Präsident des IRI wurde Alberto Beneduce eingesetzt; zum Generaldirektor wurde Donato Menichella bestimmt.[247] Organisatorisch war das IRI dafür in zwei autonome Abteilungen mit getrennter Bilanz, getrenntem Kapital und getrennter Leitung untergliedert: in die *Sezione Smobilizzi Industriali* – einer Liquidationsabteilung mit der Aufgabe, die übernommenen defizitären Unternehmen zu sanieren und ihre anschließende Rückveräußerung an private Kapitalgeber zu ermöglichen – sowie in die *Sezione Finanziamenti Industriali*, die vorübergehend die Funktion der langfristigen Industriefinanzierung übernehmen sollte. Letzteres kam faktisch einer staatlichen Monopolisierung gleich,[248] da die Vergabe von mittel- und langfristigen Krediten an die Industrie allen privaten und öffentlichen Banken im Zuge der staatlichen Stützungsaktion zur Bekämpfung der Bankenkrise bereits seit 1931 nicht mehr gestattet war. Mit der Reorganisation des nationalen Kreditwesens und der Implementierung eines Spezial- und Trennbankensystems durch die Verabschiedung des neuen Bankengesetzes im März 1936,[249] welches das für die Banken 1931 eingeführte Verbot der Kreditvergabe an die Industrie sowie die Übertragung dieses Geschäftsbereiches an eigens dafür neu gegründete staatliche Spezialkreditinstitute – die *istituti di credito speciale* – festschrieb, wurde die Einrichtung der *Sezione Finanziamenti Industriali* des IRI sozusagen nachträglich gesetzlich sanktioniert.[250]

Die Kosten der staatlichen Stützungsaktion zur Sanierung des nationalen Bankenwesens sowie zur Reprivatisierung und Liquidation der vom IRI kontrollierten Unternehmen, die sich bis Jahresbeginn 1937 auf 10,5 Mrd. Lire zu laufenden Preisen summiert hatten, überstiegen deutlich den Wert der an das IRI überführten Beteiligungen um fast 2,8 Mrd. Lire.[251] Wenngleich während der ersten vier Jahre eine nicht unerhebliche Anzahl der mit der Gründung des IRI in staatlichen Besitz übergegangenen Unternehmen saniert sowie vollständig an private Investoren rückveräußert wurde und das IRI durch die Verkäufe Kapitalbeträge von insgesamt knapp über 2,9 Mrd. Lire freisetzen konnte,[252] belief sich der Gesamtverlust des IRI dennoch auf 4,8 Mrd. Lire, der voll zu Lasten des Staatshaushaltes ging.[253]

---

246 Ministero dell'industria e del commercio (1956), IRI, S. 1.

247 Vgl. Pasquale Saraceno, Il sistema delle partecipazioni statali, in: Economia e Politica Industriale, anno 8, n. 29 (1981), S. 42.

248 Vgl. Ivan T. Berend, Markt und Wirtschaft. Ökonomische Ordnungen und wirtschaftliche Entwicklung in Europa seit dem 18. Jahrhundert, Göttingen: Vandenhoeck & Ruprecht (2007), S. 99.

249 Vgl. Marcel Reichart, Beteiligungsfinanzierung italienischer Familienunternehmen: Auswirkungen der Kapitalmarkt- und Steuerreformen der neunziger Jahre, Wiesbaden: Deutscher Universitäts-Verlag (2001), S. 59.

250 Traute Rafalski, Italienischer Faschismus in der Weltwirtschaftskrise (1925–1936). Wirtschaft, Gesellschaft und Politik auf der Schwelle zur Moderne, Opladen: Westdeutscher Verlag (1984), S. 48.

251 Vgl. Ministero dell'industria e del commercio (1956), IRI, S. 14f.

252 Vgl. ebd., Tabelle 2, S. 32.

253 Vgl. ebd., S. 15. Die Gesamtkosten der staatlichen Stützungsaktion in Höhe von 10,5 Mrd. Lire wie auch der Gesamtverlust des IRI in Höhe von 4,8 Mrd. Lire sind äußerst hoch einzuschätzen. Zum Ver-

Angesichts der in den 1930er Jahren für die Privatwirtschaft anhaltenden Kapitalmarktprobleme konnte eine zeitnahe Veräußerung der verbleibenden Unternehmensbeteiligungen keine realistische Option darstellen. Ermutigt durch die Vielzahl der erfolgreichen Unternehmenssanierungen und nicht zuletzt auf Anraten Alberto Beneduces[254] – des wichtigsten Beraters des *Duce* in Wirtschaftsfragen[255] – entschied sich die Regierung Mussolini insofern dafür, das IRI von einer „vorübergehenden (...) in eine permanente Finanzierungskörperschaft des öffentlichen Rechts“[256] zu transformieren.[257] Für Beneduce, der jeglicher Form aktiver Verstaatlichung strikt ablehnend gegenübergestand, bildete die Rückveräußerung der mit staatlicher Unterstützung zu sanierenden Unternehmen zunächst die oberste Priorität. Erst die Gewißheit, dass das private Unternehmertum, trotz des nach 1933 einsetzenden nachhaltigen – wenngleich volatilen – Wirtschaftsaufschwungs, nicht in der Lage bzw. nicht gewillt war, das für eine Reprivatisierung der vom IRI kontrollierten Unternehmen notwendige Kapital aufzubringen,[258] machte für ihn eine strategische Neuausrichtung der staatlichen Stützungs- und Sanierungsoperation unumgänglich.

Basierend auf der weiterhin bestimmenden Grundannahme, dass „die nationale Wirtschaft es schlichtweg nicht verkraften würde, die Vielzahl defizitärer Großindustriebetriebe einfach Bankrott gehen zu lassen,“[259] bildeten die Transformierung des IRI in eine dauerhafte Institution und die damit gesetzlich sanktionierte staatliche Übernahme der bislang nur kommissarisch vom IRI geleiteten Unternehmen demzufolge also keineswegs – wie Andrew Shonfield es ausdrückt – „perhaps the most absent-minded act of nationalization in history“,[260] sondern – im Gegenteil – das Ergebnis eines bewußten Entscheidungs- und planvollen Umsetzungsprozesses, entlang der programmatischen Zielsetzung einer forcierten Industrialisierung.

Per Gesetzeserlaß erhielt das IRI am 24. Juni 1937 sein neues Statut und damit auch eine neue Gesellschaftsform als staatliche Holdingesellschaft auf unbeschränkte Zeit.

---

gleich: Die von 1933–1936 angelaufenen Gesamtkosten entsprachen einem Anteil am BIP des Jahres 1937 von knapp über 6,86% und der Gesamtverlust einem Anteil von 3,14%. Eigene Berechnungen, basierend auf ebd. (Kosten und Verlust) sowie Baffigi (2011), Italian National Accounts (BIP).

254 Zum Leben und Wirken Alberto Beneduces, vgl. grundlegend Franco Bonelli, Alberto Beneduce (1877–1944), in: Alberto Mortara (Hg.), I protagonisti dell'intervento pubblico in Italia, Collana CIRIEC, Mailand: FrancoAngeli (1984), S. 329–356 sowie Mimmo Franzinelli und Marco Magnani, Beneduce: il finanziere di Mussolini, Mailand: Mondadori (2009).

255 Vgl. Franco Amatori, Beyond State and Market. Italy's Futile Search for a Third Way, in: Pier A. Toninelli (Hg.), The Rise and Fall of State-Owned Enterprise in the Western World, Cambridge (UK): Cambridge University Press (2000), S. 130.

256 Ministero dell'industria e del commercio (1956), IRI, S. 38.

257 Vgl. Zamagni (1981), Lo stato italiano, S. 45.

258 Vgl. Alessio Gagliardi, Introduzione, in: Ernesto Cianci, Nascita dello Stato imprenditore in Italia, neu herausgegeben von Alessio Gagliardi, Lanciano: Carabba (2009), S. XXVIII.

259 Zamagni (1981), Lo stato italiano, S. 47.

260 Shonfield (1965), Modern Capitalism, S. 179.

Die Liquidationsabteilung sowie die Abteilung zur Industriefinanzierung wurden aufgelöst, wobei die *Sezione Finanziamenti Industriali* in das IMI eingegliedert wurde, das damit als wichtigstes Zentrum zur mittel- und langfristigen Kreditfinanzierung für Industrieunternehmen etabliert wurde.[261] Durch das neue Statut wurden darüber hinaus sowohl Ziele, Funktion als auch die Organisationsstruktur der Institution maßgeblich neu definiert. Die Hauptaufgabe des IRI sollte nicht mehr in der Sanierung und anschließenden Veräußerung der kontrollierten Unternehmen bestehen, sondern „in der wirtschaftlich effizienten Führung aller ihm übertragenen Beteiligungen, ausgerichtet an den übergeordneten wirtschaftspolitischen Ziel- und Weisungsvorgaben des Regimes (...).“[262] Dafür wurde das IRI mit einem Dotationsfonds in Höhe von einer Mrd. Lire ausgestattet, über den es zur Erreichung der unternehmerischen Zielsetzungen frei verfügen konnte. Dem IRI war es außerdem freigestellt, neue Beteiligungen zu erwerben bzw. private Unternehmen vollständig zu übernehmen.[263] Unter organisatorischem Aspekt wurde die IRI-Holding auf drei Gesellschafts- und Funktionsebenen neu aufgestellt: An der Basis befanden sich die einzelnen operativen Unternehmen, die in absoluter Paritätsstellung zu den Privatbetrieben die eigentliche Produktionstätigkeit ausübten. Aufgrund ihrer sehr heterogenen sektoralen Verteilung wurden die einzelnen Unternehmen nach Branchen (Industrie) und Bereichen (Dienstleistungen) geordnet und unterstanden als „homogene“ Gruppen den Finanzierungsgesellschaften STET (Telekommunikation), FINMARE (Schifffahrt) und FINSIDER (Eisen- und Stahlproduktion), die ihrerseits direkt von der Muttergesellschaft – dem IRI – kontrolliert wurden. Die den drei Finanzierungsgesellschaften nicht zugeordneten Unternehmen aus den Branchen bzw. Bereichen der Lebensmittel-, Elektrizitäts-, Maschinen-, Schiff-, Fahr- und Flugzeugbauindustrie, des Banken- und Versicherungswesens und des Lufttransports, aber auch der Rundfunk sowie verschiedene Großunternehmen der Bauindustrie unterstanden bis zur Gründung weiterer Subholdings nach Kriegsende der direkten Kontrolle der Dachgesellschaft.[264]

Mit der Umwandlung des IRI von einer vorübergehenden zu einer dauerhaften staatlichen Institution hatte sich der Staat endgültig als Großunternehmer etabliert. Mit dem als „integrierte Gruppe“[265] organisierten IRI verfügte der italienische Staat über ein äußerst mächtiges Interventionsinstrument, durch das er sektorenübergreifend rasch und flexibel in das Marktgeschehen eingreifen konnte. Unter der Leitung Alberto Beneduces (bis 1939) und Francesco Giordanis (1939 bis 1943) entwickelte sich das IRI nicht nur zur erfolgreichsten Unternehmensgruppe innerhalb des staat-

261 Vgl. Rapporto Marsan (1992), IRI, S. 52–58 sowie Zamagni (1990), Dalla periferia al centro, S. 386.

262 Regio decreto-legge 24 giugno 1937, n. 905, Norme per l'organizzazione permanente dell'Istituto per la Ricostruzione Industriale, Art. 1, in: Gazzetta Ufficiale, n. 147 (26.06.1937), Rom: Istituto Poligrafico (1937), S. 2.

263 Vgl. ebd.

264 Vgl. Rapporto Marsan (1992), IRI, S. 66–76.

265 IRI, Annuario del gruppo IRI 1975, Rom: Edindustria Editoriale (1975), S. 10.

lichen Wirtschaftssektors. Im Vergleich mit den privaten Unternehmen konnte es in vielen Wirtschaftsbereichen auch überdurchschnittliche Erfolge erzielen.[266] Neben das IRI traten noch andere große staatseigene und gemischtwirtschaftliche Unternehmen wie etwa die bereits 1926 gegründete *Azienda Generale Italiana Petroli* (AGIP) im Bereich der Brennstoffgewinnung sowie die 1936 gegründete *Azienda Nazionale Idrogenerazione Carburi* (ANIC) im Bereich der Petrochemie. Zusammen mit der durch das Bankengesetz von 1936 sanktionierten Monopolisierung der mittel- und langfristigen Kreditvergabe an die Industrie, hatte die faschistische Politik auf diese Weise nahezu die gesamte Richtlinienkompetenz zur Beeinflussung der industriewirtschaftlichen Entwicklung auf nur wenige staatliche Entscheidungszentren konzentriert, was eine „institutionelle Neuerung von höchster Bedeutung"[267] in der Geschichte Italiens darstellte. Sie spiegelte sich in einer staatlich kontrollierten industriewirtschaftlichen Ressourcenkonzentration wider, um damit „die wirtschaftliche Basis für die faschistische Autarkiepolitik in Schlüsselbereichen"[268] zu schaffen.[269]

Von 1921 bis 1945 war die Anzahl der im Staatssektor Beschäftigten (inklusive der öffentlichen Verwaltung) von etwa 822.300 auf 2.090.300 gestiegen. Der staatliche Anteil an der Gesamtbeschäftigtenzahl hatte sich mit einem Anstieg von 4,3% auf über 10% verzweieinhalbfacht. Während desselben Zeitraumes war die Zahl der in staatlichen Unternehmen Beschäftigten von etwa 350.000 auf über 835.000 gestiegen, wobei sich allein die Beschäftigtenzahl des IRI 1945 auf 234.900 Personen belief (1938; 187.900). Der volkswirtschaftliche Beschäftigungsanteil der Staatsunternehmen (ohne öffentliche Verwaltung) war dadurch von etwa 1,5% (1921) auf ca. 4% (1945) angewachsen und hatte sich ebenso mehr als verdoppelt. Bezieht man die Anzahl der in Staatsunternehmen tätigen Beschäftigten wiederum auf jene Branchen, in denen die staatlichen Betriebe hauptsächlich angesiedelt waren – Bergbau, Verarbeitendes Gewerbe, öffentliche Versorgung, Transport, Telefon und Telegrafie, Banken und Versicherungen – so ergibt sich am Ende des Zweiten Weltkrieges sogar ein weitaus höherer Beschäftigungsanteil: Im Durchschnitt belief er sich auf etwa 15%.[270]

---

266 Vgl. ebd., S. 97ff.

267 Rolf Petri, Storia economica d' Italia. Dalla Grande guerra al miracolo economico (1918–1963), Bologna: Il Mulino (2002), S. 97.

268 Helmut Drüke, Italien. Wirtschaft – Gesellschaft – Politik, Wiesbaden: Springer (2000), S. 79.

269 Vgl. auch Gian L. Podestà, Nell'economia fascista: autarchia, colonie, riarmo, in: Valerio Castronovo (Hg.), Storia dell'IRI, vol. I, Dalle origini al dopoguerra, 1933–1948, Rom-Bari: Laterza (2012), S. 450ff.

270 Eigene Berechnungen, basierend auf Ministero per la Costituente, Rapporto della Commissione Economica, presentato all'Assemblea Costituente, vol. II, Industria, I – Relazione, Primo volume, Rom: Istituto Poligrafico dello Stato (1947), Tabelle 10, S. 383f. (Beschäftigtenzahl IRI sowie der Staatsunternehmen insgesamt, 1945), Zamagni (1981), Lo stato italiano, Tabellen 5 und 6, S. 54 (Beschäftigtenzahl der Staatsunternehmen insgesamt, 1938), Broadberry et al. (2013), Data Appendix, Tabelle A5, S. 680ff. (nationale Beschäftigungsstruktur) sowie IRI, Istituto per la Ricostruzione

Während der zwei letzten Kriegsjahre stellte die Zerstörung der staatlich kontrollierten Unternehmen aufgrund ihrer vorherrschenden strategischen Ausrichtung auf die Produktion kriegswichtiger Güter, auf die Energieversorgung und das Transportwesen ein vorrangiges Ziel der Militäroperationen der Alliierten dar. Dementsprechend lag auch der Anteil der durch Zerstörung und Demontage verursachten Verluste am Gesamtbestand der Staatsunternehmen deutlich über den weiter vorn aufgezeigten gesamtwirtschaftlichen Verlusten. Vor allem die IRI-Unternehmen hatten in den Jahren von 1943 bis 1945 die größten Verluste zu beklagen,[271] deren monetärer Wert sich nach den Berechnungen von Leopoldo Piccardi[272] auf insgesamt knapp 100 Mrd. Lire belief.[273] Am Ende des Zweiten Weltkrieges waren 90% seiner Produktionsanlagen in der Eisen- und Stahlindustrie zerstört, 90% der Handelsflotte, 45% der Produktionsanlagen im Maschinen-, Schiff-, Fahr- und Flugzeugbau, 40% im Bereich der Stromerzeugung und -versorgung sowie 15% des nationalen Telefonnetzes.[274]

1.2.3.1.2 Die Reorganisation des IRI nach Kriegsende

Das unternehmerische Erbe des Faschismus für das republikanische Italien bestand in einem umfassenden, auf das ganze Land verteilten Netzwerk von insgesamt knapp 300 staatlichen Unternehmungen, die größtenteils äußerst straff und effizient organisiert waren und deren unternehmerischer Erfolg – zumindest bis 1943 – außer Frage stand.[275] Für die ersten Nachkriegsregierungen stellte sich die kontrovers diskutierte Frage, wie mit diesem Erbe zu verfahren wäre.[276] Zunächst deutete vieles darauf hin, dass die drei großen staatlichen Industrieholdings IRI, AGIP und ANIC wie auch die von ihnen kontrollierten Unternehmen im Sinne einer Totalabrechnung mit dem Faschismus dem Erneuerungswillen der neuen politischen Elite zum Opfer fallen, d. h. abgewickelt und

---

Industriale, Esercizio 1955, Rom: Istituto per la Ricostruzione Industriale (1956), Tabelle 4, S. 20 (Beschäftigungsstruktur IRI, 1938).

271 Vgl. Ministero dell'industria e del commercio (1956), IRI, S. 67 oder auch: Posner und Woolf (1967), Italian Public Enterprise, S. 27.

272 Leopoldo Piccardi war unmittelbar nach Kriegsende mit der kommissarischen Leitung des IRI betraut worden.

273 Vgl. Interrogatorio del prof. Leopoldo Piccardi, 6 Marzo 1946, in: Ministero per la Costituente, Rapporto della Commissione Economica, presentato all'Assemblea Costituente, vol. II, Industria, II – Appendice alla Relazione (Interrogatori), Rom: Istituto Poligrafico dello Stato (1946), S. 21.

274 Zu den Kapazitätsverlusten durch Zerstörung und Demontage der einzelnen IRI-Unternehmen, vgl. detailliert Ministero dell'industria e del commercio (1956), IRI, Allegato 6, S. 375–381.

275 Vgl. Podestà (2012), Nella guerra, S. 455ff.

276 Vgl. die zusammenfassenden Ausführungen, in: Ministero per la Costituente, Rapporto della Commissione Economica, presentato all'Assemblea Costituente, vol. II, Industria, I – Relazione, Secondo volume, Rom: Istituto Poligrafico dello Stato (1947), S. 180–200. Vgl. auch Gianpiero Fumi, Dalla fine del fascismo allo statuto del 1948, in: Castronovo (2012), Storia dell'IRI, S. 558–568.

aufgelöst werden würden.[277] Vor allem die Liberalen, darunter Giovanni Demaria – Präsident der Verfassungsgebenden Versammlung –, Giuseppe Ugo Papi – einer der einflußreichsten Wirtschaftswissenschaftler Italiens – und Luigi Einaudi – zu diesem Zeitpunkt Gouverneur der *Banca d'Italia* –, aber auch der rechte Flügel der *Democrazia Cristiana* um Luigi Sturzo forderten vehement ihre Liquidation.[278] Allerdings war selbst den radikalsten Gegnern aktiven Wirtschaftsinterventionismus klar gewesen, dass eine Abwicklung der staatlichen Holdings mit großen ökonomischen und sozialen Problemen verbunden sein würde und in kurzer Frist nicht verwirklicht werden konnte.

So zeigte sich auch der Präsident des industriellen Unternehmerverbandes *Confindustria*, Angelo Costa, bei seiner Anhörung vor der Verfassungsgebenden Versammlung am 17. März 1946 hinsichtlich einer Veräußerung der Staatsunternehmen, vor allem des IRI, eher ratlos: „Wenn wir unter ökonomischen Gesichtspunkten davon ausgehen könnten, die Privatindustrie wäre in der Lage, die IRI-Unternehmen zu übernehmen, würde ich sagen: Ja! Laßt uns das IRI abwickeln und seine Beteiligungen vollständig übernehmen. Realistisch betrachtet ist es aber zum jetzigen Zeitpunkt schlechthin unvorstellbar, dass die Privatindustrie derart große Unternehmen wie zum Beispiel die Ansaldo-Gruppe übernehmen kann."[279] Hintergrund bildete der in der Privatwirtschaft seit langem vorhandene Kapitalmangel, der bei Kriegsende noch stärker ausgeprägt war.

Auch eine Zerschlagung der drei Staatsholdings stand zur Disposition, d. h. die Herauslösung einzelner Unternehmen oder ganzer Unternehmensgruppen durch den Verkauf der staatlichen Beteiligungen.[280] Von den potenziellen privaten Investoren wurden die Ertragsaussichten bei einer Übernahme einzelner Unternehmen allerdings nicht nur angesichts der hohen Kriegsverluste an Produktionsanlagen und Fabrikgebäuden als gering und unsicher erachtet. Vor allem die staatlichen Maschinenbauunternehmen hatten unter der faschistischen Diktatur im Zeichen der militärischen Aufrüstung ihre Produktion nahezu vollständig auf die Herstellung kriegswichtiger Güter ausgerichtet. Die Umstellung der Produktion auf die Herstellung ziviler Güter hätte dementsprechend erhebliche Neuinvestitionen erforderlich gemacht, damit aber die Kosten der eigentlichen Übernahme mittelfristig zusätzlich erhöht. Darüber hinaus waren die privaten Industrieunternehmen während der ersten Nachkriegsjahre ohnehin in den meisten Fällen mit dem Wiederaufbau der eigenen Produktionsstätten und -anlagen befaßt und deshalb an einer Übernahme der staatlichen Unternehmen nicht interessiert.[281]

277 Vgl. Bruno Bottiglieri, Le partecipazioni statali negli anni cinquanta: alcune premesse al dibattito odierno, in: Economia & Lavoro, anno XV, n. 2 (1981), S. 83.
278 Vgl. Barca und Trento (1997), Partecipazioni statali, S. 190f.
279 Interrogatorio Angelo Costa (1946), S. 89.
280 Vgl. Ministero per la Costituente (1947), Rapporto della Commissione Economica, Secondo volume, S. 192f.
281 Vgl. Amoroso und Olson (1978), Lo stato imprenditore, S. 62–64.

Die von der *Costituente* eingesetzte Wirtschaftskommission, die mit der konzeptionellen Lösung des „IRI-Problems" beauftragt war, kam in ihrem Abschlußbericht denn auch zu dem Ergebnis, dass eine Veräußerung und Reprivatisierung der staatlichen Unternehmen und Unternehmensbeteiligungen „zum tatsächlichen wirtschaftlichen Wert (...) unter Beachtung der Wirtschaftlichkeitsprinzipien" nicht zu realisieren wäre. Da eine Stilllegung der staatlichen Unternehmen aufgrund der zu erwartenden negativen Folgewirkungen wiederum unter allen Umständen zu vermeiden wäre, empfahl sie der Regierung die Aufrechterhaltung des *status quo ante*, allerdings im Sinne einer positiven Lösung und in modifizierter Form. Oberstes Ziel wären in diesem Zusammenhang die Sanierung der von den Holdings kontrollierten Einzelunternehmen sowie die Reorganisation des IRI-Komplexes, „auch und gerade als mögliches Instrument der Konjunkturpolitik, (...) zur Unterstützung des Wiederaufbaus (...) der nationalen Wirtschaft" sowie „für einen erfolgreichen Kampf gegen die steigende Arbeitslosigkeit (...)."[282]

Die Empfehlung der Wirtschaftskommission stimmte mit den Forderungen des reformorientierten linken Flügels der *Democrazia Cristiana* um Giuseppe Dossetti nach einer Reetablierung der staatlichen Holdings überein. Die sog. *dossettiani*, die seit 1947 auch auf Regierungsebene zunehmend an politischen Einfluß gewannen, waren angesichts der desolaten wirtschaftlichen Situation während der ersten Nachkriegsjahre von der Notwendigkeit forcierter und koordinierter Wirtschaftsinterventionen mit industriepolitischer Stoßrichtung überzeugt.[283] Die staatlichen Industrieholdings, „die gerade in den (...) als zentral erachteten Schlüsselbranchen der Industriewirtschaft eine große Marktmacht" besaßen, bildeten ihres Erachtens „das wirkungsmächstigste Instrument der staatlichen Wirtschaftspolitik zur Steuerung und Kontrolle der Industriewirtschaft (...) und damit zur Beschleunigung der Rekonstruktionsdynamik."[284] Einige der prominentesten Vertreter dieser stark von der katholischen Soziallehre beeinflußten politischen Strömung besetzten – wie Amintore Fanfani (Minister für Arbeit und Soziales, seit 1947), Ezio Vanoni (Finanzminister, seit 1948), Aldo Moro oder Giorgio La Pira (beide Mitglieder der *Costituente* und beide spätere Staatssekretäre) – mittlerweile wichtige öffentliche Ämter oder hatten – wie Pasquale Saraceno – im Regierungsauftrag hinsichtlich Konzeption und Implementierung industriepolitischer Steuerungsmaßnahmen bereits verschiedene Aufga-

282 Ministero per la Costituente (1947), Rapporto della Commissione Economica, Secondo volume, S. 192ff.

283 Zum Einfluß der *dossettiani* auf die Arbeit der *Costituente* sowie auf die konzeptionelle Ausgestaltung der staatlichen Wirtschaftspolitik nach Kriegsende, vgl. vor allem Paolo Pombeni, Il gruppo dossettiano e la fondazione della democrazia italiana (1938–1948), Bologna: Il Mulino (1979) sowie Paolo Pombeni, Una certa idea di Costituzione, in: Paolo Pombeni, La Costituente. Un problema storico-politico, Bologna: Il Mulino (1995), S. 103–143; zusammenfassend, vgl. Antonio Parisella, Christian Movements and Parties of the Left in Italy (1938–1958), in: Gerd-Rainer Horn und Emmanuel Gerard (Hg.), Left Catholicism 1943–1955. Catholics and Society in Western Europe at the Point of Liberation, Leuven: Leuven University Press (2001), S. S. 171–173.

284 Interrogatorio Piccardi (1946), S. 28.

ben übernommen. Einer Aufwertung interventionistischer Industriepolitik stand so gesehen seit 1947 nichts mehr im Wege.

Institutioneller Ausdruck für den wirtschaftspolitischen Kurswechsel der Regierung De Gasperi in Bezug auf die Reorganisation des staatlichen Unternehmenssektors war die Gründung einer weiteren staatlichen Finanzierungsgesellschaft – des *Fondo per il finanziamento dell' industria meccanica* (FIM) – im September 1947. Über einen Zeitraum von 20 Jahren sollten ausgewählten – wirtschaftlich zentralen, aber angeschlagenen – Maschinenbauunternehmen insgesamt 55 Mrd. Lire in Form zinsvergünstigter Kredite zur Verfügung gestellt werden, über deren Vergabe das staatliche IMI halbjährlich neu entscheiden sollte.[285] Mit der übergeordneten Zielsetzung, „die Liquidität von großen Unternehmen aus dem Bereich der Maschinen-, Schiff-, Fahr- und Flugzeugbauindustrie zu erleichtern und zu verbessern, um dadurch die Aufrechterhaltung ihrer Produktion zu gewährleisten und Produktionssteigerungen zu ermöglichen sowie Arbeitsplätze zu sichern und das Exportgeschäft zu stimulieren,“[286] waren die Auswahlkriterien für die Vergabe der staatlich subventionierten Kredite bereits grob festgelegt. Vor allem die großindustriellen Maschinenbauunternehmen, die schon während des Faschismus im Zeichen des Industrieprotektionismus am stärksten von den verschiedenen staatlichen Industriefördermaßnahmen profitiert hatten,[287] sollten demnach abermals in den Genuß staatlicher Förderung gelangen. In diesem Zusammenhang hat Gigio Mori die These vertreten, dass es nach dem Ende des Zweiten Weltkrieges in Italien zu einer „zweiten Vermählung von Staat und Großindustrie“[288] gekommen wäre. Einen anschaulichen Beleg für diese These liefert die Auswertung des ersten Halbjahresberichts des FIM über die Verteilung der staatlichen Kredite: Den Löwenanteil mit über 50% erhielt die Automobilindustrie – namentlich FIAT –, gefolgt von der *Breda* Gruppe (Eisenbahnbau) mit 15% und der *Caproni* Gruppe (Elektrotechnik und Flugzeugbau) mit 10%.[289]

Die Gründung des staatlichen Finanzierungsfonds FIM war für die Reetablierung des IRI von großer Bedeutung. Sie verhinderte, dass das IRI erneut – wie schon während der 1930er Jahre – mit der Aufgabe betraut wurde, angeschlagene großin-

285 Zu den Motiven der Einrichtung des FIM sowie zur Funktionsweise, den Auswahlkriterien und der Verteilung der staatlich subventionierten Kredite während des ersten Jahres nach seiner Gründung, vgl. die Ausführungen des damaligen Industrieministers, Roberto Tremelloni, in: Roberto Tremelloni, Premesse e compiti del Fondo per il finanziamento dell'industria meccanica, in: Moneta e Credito, n. 1 (1948), S. 34–48.

286 Decreto legislativo del capo provvisorio dello Stato, 8 settembre 1947, n. 889, Costituzione di un „Fondo per il finanziamento della industria meccanica“, in: Gazzetta Ufficiale della Repubblica Italiana, Serie generale, n. 216 (20.09.1947), Rom: Istituto Poligrafico dello Stato (1947), S. 1.

287 Vgl. neben vielen anderen, vor allem Giampiero Carocci, Storia del fascismo. Le vicende che hanno segnato la vita di tanti italiani, Rom: Newton Compton (2012), S. 126ff.

288 Giorgio Mori, Die italienische Wirtschaft 1945–1963. Von der Aufholjagd bis zum Ende des „Golden Age“, in: Gian E. Rusconi and Hans Woller (Hg.), Parallele Geschichte? Italien und Deutschland 1945–2000, Berlin: Duncker & Humblot (2006), S. 392.

289 Vgl. Tremelloni (1948), FIM, S. 48.

dustrielle Privatunternehmen vor dem Bankrott zu bewahren und zu sanieren, eine Aufgabe, die das IRI angesichts der enormen Belastung beim Wiederaufbau der eigenen Unternehmen nach Kriegsende selbst in größte wirtschaftliche Schwierigkeiten gebracht hätte und die deshalb anderen staatlichen Institutionen übertragen werden sollte.[290] Nur ein einziges großes Industrieunternehmen – die *San Giorgio S.p.A.* mit über 3.000 Beschäftigten aus dem Bereich der elektromechanischen Industrie – wurde mithilfe des FIM in den Besitz des IRI überführt, um dadurch den Fortbestand der Unternehmung zu gewährleisten. Gerade aber die Überführung der *San Giorgio S.p.A.* in den Besitz des IRI war ein Indiz dafür, dass zumindest eine unmittelbare Liquidation des IRI nicht länger zur Debatte stand.

Die schon bald folgende Verabschiedung des Gesetzes über die *Approvazione del nuovo statuto dell' Istituto per la Ricostruzione Industriale (IRI)*[291] am 12. Februar 1948 macht deutlich, dass die Regierung die Empfehlungen der Wirtschaftskommission hinsichtlich der organischen Erhaltung der größten staatlichen Holding offensichtlich akzeptiert und umgesetzt hat. Das Gesetz markiert darüber hinaus – zunächst allerdings nur für das IRI – den Schlußpunkt der hier nur knapp skizzierten ordnungspolitischen Kontroversen um die zukünftige Rolle der Staatsunternehmen im Wirtschaftssystem des republikanischen Italien. Mit der lange umstrittenen Sanktionierung des IRI setzte – wie Hans Woller ausführt – die Regierung De Gasperi „ein Zeichen, das klarer kaum ausfallen konnte: Sie dachte nicht daran, der Privatwirtschaft das Feld zu überlassen und die staatlichen und halbstaatlichen Betriebe und Holdings aufzulösen, sondern knüpfte an die Tradition aktiver Wirtschafts- und Finanzpolitik, an das 'Modell Italien', an, das im 19. Jahrhundert begründet und im Faschismus ausgebaut worden war und vor allem auf eines zielte: ‚die Umverteilung der begrenzten nationalen Ressourcen zugunsten eines selektiven, auf die Hebung der Produktivität gerichteten Wachstums der industriellen Investitionen' im Land, das so den Anschluß an die reicheren Nachbarn in Nord- und Westeuropa finden sollte."[292] Die Regierung beendete mit der durch das neue Statut sanktionierten Reetablierung des IRI nicht zuletzt eine Phase größter unternehmerischer Unsicherheit der Holding: Bis zur Verabschiedung des neuen IRI-Statuts waren die einzelnen staatlichen IRI-Betriebe weitgehend allein dem Management der einzelnen Unternehmen überlassen. Das aber hatte zur Folge, dass die einzelnen staatlichen Unternehmen auf dem Markt nicht mehr als integrierte Gruppe, sondern – wie jedes andere private Unternehmen auch – unabhängig von- und letztlich gegeneinander agierten. Das „nahezu vollständige Fehlen zuständiger politischer Kontrollinstitutionen sowie mittelfristiger Entwicklungsstrategien und

290 Vgl. Amoroso und Olson (1978), Lo stato imprenditore, S. 65.

291 Decreto legislativo 12 febbraio 1948, n. 51, Approvazione del nuovo statuto dell' Istituto per la Ricostruzione Industriale (IRI), in: Gazzetta Ufficiale della Repubblica Italiana, Serie generale, n. 44 (21.02.1948), Rom: Istituto Poligrafico dello Stato (1948).

292 Woller (2010), Geschichte Italiens, S. 231. Das von Hans Woller verwendete Zitat stammt aus Petri (2001), Von der Autarkie zum Wirtschaftswunder, S. 434.

-programme“[293] hatte darüber hinaus zu einem erheblichen Emanzipationsprozeß des jeweiligen Mangements der einzelnen Betriebe sowohl gegenüber der IRI-Leitung als auch gegenüber den staatlichen Kontrollinstanzen geführt.[294] Gleiches galt für die einzelnen Unternehmen der beiden anderen großen Staatsholdings AGIP und ANIC, so dass Konflikte, vor allem aber rentabilitätsmindende Synergieverluste der Holdings vorprogrammiert waren. Diese Gefahr war nunmehr eingedämmt. Zugleich ermöglichte die Regierung dem IRI, auf der finanziellen Grundlage des auf 60 Mrd. Lire erhöhten Dotationsfonds mit der Umsetzung eines umfassenden Investitionsprogramms für den Zeitraum von 1949 bis 1954 zu beginnen, dessen Schwerpunkte die Maschinenbauindustrie, die Stromproduktion sowie die Eisen- und Stahlproduktion waren.[295]

1.2.3.2 Staatsunternehmen in der Eisen- und Stahlindustrie sowie in der Energie- und Brennstoffindustrie – Zwei Fallstudien

Nach Kriegsende wurden die Leitungsebenen der meisten Staatsbetriebe neu besetzt. Neben einige politisch nicht vorbelastete Führungskräfte, die bereits – wie Oscar Sinigaglia – in der Vergangenheit hohes Ansehen genossen, trat eine Reihe zumeist erfolgreicher Manager aus der Privatindustrie mit guten Verbindungen zur neuen politischen Elite des Landes, wie Enrico Mattei, Marcello Boldrini, Ernesto Manuelli oder Mario Argenton. Inspiriert und angetrieben von der Vision politischer Erneuerung und zukünftigen wirtschaftlichen Wohlstands, entwickelten diese Wirtschaftseliten mittel- und längerfristige Strategien, um die von ihnen geleiteten staatlichen Unternehmungen zum größtmöglichen Erfolg zu führen.[296]

Ob sich die Ziele dieser patriotischen Visionäre in konkreten Programmen institutionalisierten und inwiefern dadurch das industriepolitische Setting während der italienischen Nachkriegszeit beeinflusst wurde, soll im Folgenden am Beispiel der Eisen- und Stahlindustrie sowie der Brennstoffindustrie untersucht werden.

1.2.3.2.1 Autarkie *reloaded*? Der Wieder- und Neuaufbau der staatlichen Eisen- und Stahlindustrie in Cornigliano durch FINSIDER

Während des Faschismus hatte sich der Stahlsektor in Bezug auf die regionale Verteilung sowie auf die Unternehmensstruktur der einzelnen Werke nicht wesentlich

293 Bottiglieri (1981), Le partecipazioni statali, S. 82.

294 Vgl. ebd.

295 Zum sektoralen Investitionsprogramm des IRI für die Jahre von 1949 bis 1954, vgl. Ministero dell'industria e del commercio (1956), IRI, S. 79–100.

296 Neben vielen anderen, vgl. vor allem Amatori (2000), Beyond State and Market, S. 145 ff.; Barca und Trento (1997), Partecipazioni statali, S. 192–209 sowie Ruggero Ranieri, Industrial Policy in Italy after 1945 and the Role of Tripartite Agreements, in: Karel Davids, Greta Devos und Patrick Pasture (Hg.), Changing Liaisons: the Dynamics of Social Partnership in 20th Century West-European Democracies, Brüssel: P.I. E. Peter Lang (2007), S. 219 ff.

verändert. Den regionalen Schwerpunkt bildete mit 79% Norditalien, in Mittelitalien waren 12% der Eisen- und Stahlwerke angesiedelt, in Süditalien lediglich 9%.[297] Im Unterschied zu anderen westeuropäischen Ländern war die italienische Eisen- und Stahlindustrie durch eine relativ große Anzahl mittlerer und kleinerer Unternehmen geprägt: Die fünf großen gemischten Hüttenwerke *Ilva*-Bagnoli (Neapel), *Ilva*-Piombino, *Ilva*-Triest, *Cornigliano*-Genua und *Cogne*-Turin mit einem vollständigen Produktionszyklus vom Erz bis zum Walzblech und 14 größere Werke ohne Roheisenproduktion vereinten zwar mehr als 75% der Stahlerzeugung auf sich. Daneben gab es aber noch 20 Unternehmen mittlerer Größe ohne Rohstahlerzeugung, 53 kleinere Eisen- und Stahlwerke und 55 mittlere und kleine Walzwerke ohne Roheisen- oder Rohstahlproduktion, die den Rest des Marktes unter sich aufteilten.[298]

Die Eigentumsstruktur der italienischen Stahlindustrie[299] hingegen hatte sich seit den staatlichen Beteiligungen am *Ansaldo*konzern und an den *Ilva*-und *Terni*-Gruppen[300] sowie der vollständigen Übernahme mehrerer kleinerer Unternehmen während der krisenhaften 1920er und frühen 1930er Jahre grundlegend gewandelt.[301] Spätestens durch den Übergang der von den Banken gehaltenen staatlichen Beteiligungen in die Hand des IRI 1933[302] und die Gründung der IRI-Finanzholding für die Eisen- und Stahlindustrie FINSIDER im Juli 1937[303] wurde das Bestreben der

---

297 Zur Regionalstruktur der italienischen Eisen- und Stahlindustrie vor 1945, vgl. Ruggero Ranieri, La struttura della siderurgia pubblica in Italia dalla nascita agli anni ottanta, in: Gian Lupo Osti, L'industria di stato dall'ascesa al degrado. Trent'anni nel gruppo Finsider. Conversazioni con Ruggero Ranieri, Bologna: Il Mulino (1993), S. 315ff.

298 Einen kurzen Überblick zur Unternehmensstruktur im italienischen Eisen- und Stahlsektor während des Faschismus liefert zum Beispiel Petri (2001), Von der Autarkie zum Wirtschaftswunder, S. 327f.; ansonsten siehe Hermann Marcus und Karlheinz Oppenländer, Eisen- und Stahlindustrie. Strukturelle Probleme und Wachstumschancen, Berlin-München: Duncker & Humblot (1966), S. 38ff.

299 Vgl. Ranieri (1993), La struttura della siderurgia pubblica, S. 315ff.

300 Zur Geschichte des *Ansaldo*konzerns, der *Ilva*- und *Terni*-Gruppen vor 1945, vgl. den von Bonelli herausgegebenen Sammelband: Franco Bonelli (Hg.), Acciaio per l'industrializzazione. Contributi allo studio del problema siderurgico italiano, Turin: Einaudi (1982).

301 Vgl. in diesem Zusammenhang, vor allem Castronovo (1980), L'industria italiana, S. 188ff. sowie Zamagni (1981), Lo stato italiano, S. 35–47; ansonsten, vgl. auch Giovanni Federico und Renato Giannetti, Le politiche industriali, in: Amatori et al. (1999), L'industria, S. 1134f.

302 Zur staatlichen Übernahme insolventer privater Eisen- und Stahlbetriebe, vgl. vor allem Pier A. Toninelli und Michelangelo Vasta, State-owned enterprises (1936–83), in: Andrea Colli und Michelangelo Vasta (Hg.), Forms of Enterprise in 20th Century Italy. Boundaries, Structures and Strategies, Cheltenham-Northampton: Edward Elgar (2010), S. 52f. u. S. 66ff. sowie Dominicantonio Fausto, L'intervento pubblico in Italia (1946–1964), in: Franco Cotula (Hg.), Stabilità e sviluppo negli anni cinquanta, vol. 2, Problemi strutturali e politiche economiche, Rom-Bari: Laterza (1998), S. 597f.

303 Die *Società Finanziaria Siderurgica S.p.A.* wurde im Juni 1937 mit dem Ziel gegründet, „Aktienbeteiligungen an Eisen- und Stahlgesellschaften zu erwerben, deren technische und geschäftliche Koordinierung zu besorgen und ihnen in möglichst geeigneten Formen die zweckmäßige finanzielle Hilfe zu gewähren." Istituto per la Ricostruzione Industriale, Annuario IRI 1970, Rom: Edindustria (1970), S. 39. Zur Geschichte der Finsider, vgl. Osti (1993), L'industria di stato, vor allem ab S. 101ff.

faschistischen Politik deutlich, die nationale Stahlerzeugung verstärkt bei den staatlichen Konzernen zu konzentrieren. Insgesamt kontrollierte der italienische Staat 1938 mehr als drei Viertel (77%) der gesamten Eisen- und fast 44% der Stahlproduktion; die Bedeutung von Staatsunternehmen für die Erzeugung von Eisen und Stahl war demzufolge bereits vor dem Krieg sehr groß.

Entscheidend dabei war, dass alle gemischten Hüttenwerke in Staatsbesitz waren. Auch vier der größeren Werke ohne Roheisenproduktion (*Breda*-Mailand, *Dalmine*-Mailand, *Siac*-Genua und *Terni*-Rom) befanden sich in staatlicher Hand. Dabei machte der Staat sein Unternehmerrecht sowohl in Form direkten Staatseigentums (wie z. B. bei *Cogne*) als auch über die Holdinggesellschaft FINSIDER geltend.[304] Die beiden größten Privatunternehmen im Stahlsektor wiederum, die traditionell vorwiegend Stahlschrott zur Stahlgewinnung verwendeten,[305] waren die Gesellschaften *Falck* und FIAT,[306] auf die zusammen knapp 48% der privaten Stahlerzeugung entfielen.[307]

Wie weiter oben aufgezeigt, war die Stahlindustrie wegen ihrer militärstrategischen Bedeutung der durch Kriegseinwirkungen am stärksten geschädigte Bereich innerhalb des gesamten staatlichen Unternehmenssektors. Auf Grund des teilweisen oder totalen Ausfalls von Produktionsanlagen durch Zerstörung oder Demontage und des eklatanten Mangels an Rohstoffen, vor allem an Kohle, war die Eisen- und Stahlproduktion bei Kriegsende nahezu vollständig zum Erliegen gekommen.[308] Die Verluste der FINSIDER-Produktionskapazitäten beliefen sich auf 99% bei den Hochöfen, 87% bei den Stahlwerken und etwa 80% bei den Walzwerken,[309] wohingegen die privaten Stahlproduzenten lediglich eine Verringerung ihrer Kapazitäten von 15% der mit *Siemens-Martin* Öfen arbeitenden Stahlwerke, etwa 7% bei den Werken mit Elektrostahlverfahren und etwa 10% bei den Walzwerken hinnehmen mussten.[310] Michele Marasso schätzt den Geldwert der Kriegsschäden für die gesamte italienische Stahlindustrie auf etwa 80–90 Mrd. Lire; rund 60 Mrd. Lire entfielen davon allein auf die FINSIDER.[311]

Besonders schwerwiegend waren die Schäden bei den fünf großen staatlichen Hüttenwerken *Ilva*-Bagnoli (Neapel), *Ilva*-Piombino, *Ilva*-Triest, *Cornigliano*-Genua

---

304 Vgl. Rapporto Marsan (1992), IRI, S. 68f.

305 Vgl. Selva (2004), State and Economy in Italy, S. 20.

306 Zur Geschichte der Falck-Gruppe und des Fiat-Konzerns, vgl. Fabrizio Barca, Francesca Bertucci, Graziella Capello und Paola Casavola, La trasformazione proprietaria di Fiat, Pirelli e Falck dal 1947 ad oggi, in: Barca (1997), Storia del capitalismo italiano, S. 155–185.

307 Vgl. Rosario Romeo, Breve storia della grande industria in Italia 1861–1961, Mailand: Mondadori (1988), S. 181ff.

308 Vgl. Marcus und Oppenländer (1966), Eisen- und Stahlindustrie, S. 38.

309 Vgl. ebd., S. 100f.

310 Vgl. Ulrike Wachtler, Il Piano Sinigaglia. Il progetto di rifondazione e ristrutturazione dell'industria siderurgica italiana nel periodo 1948–1952, in: Istituto Franco Momigliano (ICSIM), Steelmaster, Edizione 1999 (1999), S. 6.

311 Vgl. Michele Marasso, Storia delle acciaierie di Cornigliano dal 1929 ad oggi, in: Istituto Franco Momigliano (ICSIM), Steelmaster, Edizione 2007 (2007), S. 19f.

und *Cogne*-Turin. Vor allem die Produktionsanlagen von *Cornigliano* bei Genua, die erst 1942 mit modernster deutscher Technik ausgebaut worden waren, wurden fast vollständig zerstört bzw. von den Deutschen demontiert. Dieser Verlust war umso gravierender, als sie im Gegensatz zu allen anderen nationalen Produktionsstätten qualitativ hochwertigen – auch international konkurrenzfähigen – Stahl produziert hatten.[312]

Ein Wiederaufbau der Anlagen nach Ende des Krieges stellte die FINSIDER vor erhebliche Finanzierungsschwierigkeiten.[313] Sowohl die eigenen als auch die Kassen des Staates waren leer, und der private Kapitalmarkt wiederum zeigte angesichts der seit Herbst 1946 galoppierenden Inflation sowie der allgemein unsicheren Gesamtlage während der ersten Nachkriegsjahre kein Interesse, in einen Wiederaufbau der staatlichen Eisen- und Stahlindustrie zu investieren. Nicht Wenige forderten deshalb den Rückzug des Staates aus der Eisen- und Stahlbranche. Die heimische Nachfrage nach Eisen und Stahl sollte von privaten Anbietern bedient und zusätzlich durch ausländische Importe abgedeckt werden.[314]

Der Präsident der FINSIDER, Oscar Sinigaglia,[315] ließ sich von derartigen Überlegungen jedoch nicht beeindrucken. Folgt man den Schilderungen seines langjährigen persönlichen Assistenten, Gian Lupo Osti,[316] hatte Sinigaglia bereits Ende 1945 einen Krisenstab aus den Vorständen, leitenden Angestellten und führenden Technikern der *Ilva*-, *Dalmine*-, *Siac*- und *Terni*werke zusammengestellt. Zusätzlich wurden dem Gremium ausländische Berater zur Seite gestellt – vorwiegend aus den USA. Während der folgenden Wochen erarbeitete das Expertenteam Wiederaufbaupläne für die staatliche Eisen- und Stahlindustrie und entwickelte dabei mittel- und langfristige Strategien, die weit über den Stahlsektor hinausgingen. Nicht der Wiederaufbau der alten Anlagen und die Rückkehr zum Vorkriegsniveau von Produktion und Absatz waren die Ziele, sondern eine auch anderen Wirtschaftsbereichen zugute kommende Modernisierung, Neustrukturierung und Expansion der staatlichen Eisen- und Stahlproduktion.[317] Während seiner Anhörung im Wirtschaftsausschuss der Verfassungsgebenden Versammlung im März 1946 machte Sinigaglia diese Sichtweise fol-

312 Vgl. Rapporto Marsan (1992), IRI, S. 100f.

313 Vgl. Ruggero Ranieri, Introduzione: La grande siderurgia in Italia. Dalla scomessa sul mercato all'industria dei partiti, in: Osti (1993), L'industria di stato, S. 12ff.

314 Vgl. Barca und Trento (1997), Partecipazioni statali, S. 202f.

315 Zur Person Oscar Sinigaglia, vgl. vor allem Gianni Toniolo, Oscar Sinigaglia (1877–1953), in: Mortara (1984), I protagonisti dell'intervento pubblico, S. 405–430.

316 Als persönlicher Assistent des FINSIDER-Präsidenten, Oscar Sinigaglia, war Gian Lupo Osti von Beginn der Wiederaufbauplanungen für die staatliche Eisen- und Stahlindustrie bei allen Treffen der FINSIDER-Leitung und des CIR anwesend. Detailliert schildert er den Verlauf der ersten Beratungs- und Verhandlungsrunden, in: Osti (1993), L'industria di stato, S. 102ff.

317 Vgl. Oscar Sinigaglia, „Finsider". Promemoria sulla siderurgia italiana, Januar 1948, in: Archivio Storico IRI, II, numerazione nera, Ex Archivio Storico, Sistemazione aziende pervenute all'IRI. Studi di settore, Finsider – Siderurgia – Nuovo impianto SIAC, b. STO/509, fasc. 2, sf. 2.6, S. 34.

gendermaßen deutlich: „Ich setze mich für eine starke Eisen- und Stahlbranche nicht nur ihrer selbst willen ein (...). Ich setze mich für eine starke Eisen- und Stahlbranche ein, weil ich diese als wesentliche und unentbehrliche Grundlage für eine starke Maschinenbauindustrie erachte und weil ich die Auffassung vertrete, dass eine starke Maschinenbauindustrie eines der wichtigsten Interessen unseres Landes abbildet, nicht nur weil diese allein zwischen 600.000 und 800.000 Arbeitskräfte beschäftigt, sondern weil sie die einzige große Industriebranche ist, die einen wirklich nachhaltigen und radikalen Wandel unserer Industriestrukturen bewirken kann, so dass sich die Gesamtindustrieproduktion steigert und – in der Folge – unsere Zahlungsbilanz verbessert. (...) Eine erfolgreiche Reorganisation und Expansion der Maschinenbauindustrie ist aber ganz klar unmöglich, falls diese nicht von einer wirtschaftlich intakten, profitablen und leistungsfähigen Eisen- und Stahlindustrie flankiert wird, die lückenlos mit modernster Technik ausgestattet und effizient organisiert ist. (...) Eine großindustrielle und auf Massenproduktion ausgerichtete Maschinenbauindustrie ist für Italien unverzichtbar! Wer aber Schiffe produziert, Metallbauelemente, Tanks, Eisenbahnwaggons, Autos, Motoren oder Ähnliches, kann die dafür notwendigen Rohstoffe und Halbzeuge etc. nicht alle, immer und in großen Mengen auf Vorrat lagern, sondern muß sie in der Menge und in der Qualität flexibel, schnell und zuverlässig bestellen können, die er jeweils benötigt. (...) Er kann jedenfalls nicht Monate auf seine Produktionsmaterialien warten, weil diese vom Ausland hergestellt und geliefert werden (...) und die Transportwege und -zeiten zwangsläufig lang sind und die Transportkosten hoch. (...) Damit sich die Maschinenbauindustrie schnell und erfolgreich entwickelt, ist eine moderne und leistungsstarke Eisen- und Stahlindustrie in der unmittelbaren Nähe der Maschinenbauunternehmen demzufolge absolut notwendig. (...). Ich vertrete daher die Auffassung, dass wir die zerstörten großen Produktionszentren (der FINSIDER) wiederaufbauen müssen (...) und zwar für einen vollständigen Fertigungszyklus (...) und für Produktionskapazitäten, die jene der Vorkriegszeit deutlich übertreffen. (...) Und ich bin überzeugt davon, dass wir erfolgreich sein werden, (...) dass wir uns von der Importabhängigkeit befreien können (...) und unsere Stahlprodukte günstiger anbieten können als die Anbieter aus dem Ausland."[318]

Die Ideen Sinigaglias waren nicht neu.[319] Sie stimmten fast vollständig mit den bereits 1933 im *Programma di razionalizzazione della siderurgia* entwickelten Strategien zur Modernisierung der Eisen- und Stahlindustrie überein. Der vom selben Sinigaglia – dem damaligen Präsidenten der staatlichen *Ilva*-Gruppe – entworfene Plan für eine moderne, auf Expansion und Wachstum ausgerichtete Stahlerzeugung war 1936 zum *Piano autarchico* für die italienische Stahlindustrie überarbeitet und nach dem erzwungenen Rückzug Sinigaglias aus der Konzernspitze im Kontext der

318 Interrogatorio del ing. Oscar Sinigaglia, 5 Marzo 1946, in: Ministero per la Costituente, Rapporto della Commissione Economica, presentato all'Assemblea Costituente, vol. II, Industria, II – Appendice alla Relazione (Interrogatori), Rom: Istituto Poligrafico dello Stato (1946), S. 6ff.

319 Vgl. Romeo (1988), Grande industria, S. 238f.

Rassengesetze von 1938 durch Agostino Rocca – dem Geschäftsführer von Ansaldo und Terni – weiterentwickelt worden.[320] Nach 1945 knüpfte Sinigaglia an die Ideen dieses Stahlplanes an, so dass die faschistische Stahlpolitik damit gewissermaßen in die Nachkriegszeit transportiert wurde. Bei der inhaltlichen, dem Denkmuster nationalstaatlicher Autarkie verpflichteten Konzeption eines Wiederaufbauplans für die Stahlindustrie zeigten sich die personellen sowie strategischen Kontinuitäten von der faschistischen Industriepolitik zur Nachkriegsdemokratie so deutlich wie in keinem anderen Industriebereich.[321] Neben Oscar Sinigaglia waren hieran nahezu all diejenigen beteiligt, die schon als leitende Angestellte seit den 1930er Jahren für die Entwicklung der staatlichen Eisen- und Stahlindustrie Verantwortung trugen: Ernesto Manuelli, Gian Lupo Osti, Sergio Gandolfi, Egidio Villoresi, Bruno Padovano, Mario Marchesi und Guido Vignuzzi, um nur die wichtigsten zu nennen. Was sie neben einem „tief verwurzelten Nationalismus“[322] miteinander verband, war die jahrelange gemeinsame Zusammenarbeit. Man kannte und schätzte sich, war teilweise sogar miteinander eng befreundet oder familiär verbunden – alles vertrauensstiftende Aspekte, die von der Forschung lange Zeit nahezu komplett vernachlässigt worden sind, für die Gestaltung der Nachkriegswirtschaft aber durchaus Bedeutung erlangten.[323] Bereits während der 1930er Jahre traten die genannten Protagonisten vehement für die Modernisierung, den Ausbau und die technische Umstellung der Produktionsstätten auf eine integrierte Stahlerzeugung ein. Auch nach Kriegsende waren sie der festen Überzeugung, dass die von ihnen ausgearbeiteten Strategien zum Ausbau gerade der staatlichen Eisen- und Stahlproduktion eine entwicklungspolitische Relevanz besitzen.

Der *Piano di Ricostruzione e di razionalizzazione degli stabilimenti siderurgici della FINSIDER*, der im Allgemeinen unter dem Namen seines Verfassers als *Piano Sinigaglia* bekannt ist, wurde am 01. Juli 1947 auf der Außenministerkonferenz in Paris zum ersten Mal vorgestellt.[324] Er basierte im Wesentlichen auf *vier* strategischen Eckpfeilern[325]:

---

320 Zum *Programma di razionalizzazione della siderurgia* und zum *Piano autarchico*, vgl. vor allem Franco Bonelli, Antonia Carparelli und Martino Pozzobon, La riforma siderurgica IRI tra autarchia e mercato (1936–1942), in: Franco Bonelli (Hg.), Acciaio per la industrializzazione. Contributi allo studio del problema siderurgico italiano, Turin: Einaudi (1982), S. 215–333.

321 Vgl. Petri (2001), Von der Autarkie zum Wirtschaftswunder, S. 325ff. sowie S. 428ff.

322 Barca und Trento (1997), Partecipazioni statali, S. 201f.

323 Vgl. ebd. sowie Toniolo (1984), Sinigaglia, S. 424f.; Osti (1993), L'industria di stato, S. 114f. oder auch Petri (2001), Von der Autarkie zum Wirtschaftswunder, S. 428ff.

324 Vgl. Spagnolo (2001), Il piano Marshall in Italia, S. 170.

325 Zum Piano Sinigaglia, vgl. Ruggero Ranieri, Il Piano Marshall e la ricostruzione della siderurgia a ciclo integrale, in: AA.VV., Italia, Europa, America. L'integrazione internazionale dell'economia italiana (1945–1963), Studi Storici, Anno 37, n. 1, (Januar-März 1996), Bari: Dedalo (1996), S. 145f. Vgl. auch Osti (1993), L'industria di stato, S. 119ff.

- *erstens*, auf der geografischen Ausrichtung auf küstennahe Werke mit vollständigem Fertigungsprogramm. Zu diesem Zweck sollten die Eisen- und Stahlwerke von Bagnoli und Piombino wieder auf- und ausgebaut sowie ein neues Stahlzentrum in Cornigliano geschaffen werden, wodurch die Produktionskapazitäten innerhalb von weniger als vier Jahren auf insgesamt mindestens 3 Mio. t Stahl jährlich erweitert werden sollten;
- *zweitens*, auf einer besonderen Organisation der Rohstoffversorgung und des Transportwesens durch die direkte Ausbeutung von äußerst hochwertigen Eisenerzlagern vornehmlich in Nordafrika, durch langfristige Vertragsabschlüsse über Kohlelieferungen (Ruhrgebiet) und durch die Bildung einer gesellschaftseigenen, auf den Transport dieser Rohstoffe spezialisierten Flotte;
- *drittens*, auf der Anwendung der modernsten technologischen Errungenschaften. Dieser Grundsatz sollte für alle Stufen des Fertigungsprozesses in der Eisenverarbeitung gelten, vor allem für die Roheisenerzeugung durch die Errichtung von modernen Hochöfen mit großer Kapazität, die Stahlerzeugung durch die Ausrichtung auf das *Linz-Donawitz*-Verfahren (LD) und die Einrichtung von Stranggussanlagen sowie für die Erzeugung von warm- und kaltgewalzten Flachwalzprodukten durch die Errichtung modernster kontinuierlicher Walzwerke;
- *viertens* schließlich, auf der Spezialisierung und Integration der Produktion der verschiedenen FINSIDER-Gesellschaften.

Von den beiden Werken in Bagnoli und Piombino sollten im erstgenannten hauptsächlich Stabeisen, Profilstähle mit mittlerem I-Profil und leichte Breitflanschträger, Rundstähle sowie Walzdrahte für Stahlbeton hergestellt werden, in Piombino hingegen Schienen, Stahlröhren, Stabeisen und schwere Breitflanschprofilstahlträger sowie Halbfabrikate und Werkzeugstahl für andere FINSIDER-Unternehmen. Im neuen Eisen- und Stahlzentrum in Cornigliano wiederum – dem „Herzstück des Sinigaglia-Plans“[326] – sollten Kalt- und Warmwalzflachstücke, verzinkte Walzprodukte, elektrolytisch hergestellte Weißbleche, Stahlschmiedestücke, Stahlspulen und plattierte Spezialbleche produziert werden. Außerdem sollte hier auch bereits die maschinelle Weiterverarbeitung von Halbfabrikaten einsetzen.[327]

Der von Sinigaglia ausgearbeitete Plan zielte darauf ab, weite Teile der heimischen Industrie mit qualitativ hochwertigen und preiswerten Stahlprodukten zu versorgen, angefangen von der staatlichen Eisenbahnindustrie (Piombino), über den Straßenbau und das Baugewerbe (Bagnoli) bis hin zur Automobilwirtschaft, zum Schiffs- und zum Maschinenbau (Cornigliano).[328] Mit der doppelten Stoßrichtung sowohl auf den Ausbau der nationalen Infrastruktur(en) als auch auf die Förderung

326 Wachtler (1999), Il Piano Sinigaglia, S. 11.
327 Vgl. Marasso (2007), Cornigliano, S. 20.
328 Toniolo (1984), Sinigaglia, S. 428f.

des Maschinenbaus entsprach der Sinigagliaplan weitgehend der Neuausrichtung der Industriepolitik seit Mitte 1947. Zusätzlich versprach der Wiederaufbauplan einen Anstieg der Produktionsmengen, die in kurzer Frist den heimischen Bedarf sogar überschreiten würden, mit der Folge, qualitativ hochwertige Stahlprodukte zu exportieren und dadurch Devisen zu erwirtschaften – eine Vorstellung, von der in Italien noch vor wenigen Jahren niemand zu träumen gewagt hatte.[329] In dieser durch Sinigaglia aufgezeigten Möglichkeit, zum Nettoexporteur von Eisen- und Stahlprodukten und damit in den Kreis der wirtschaftlichen Großmächte in Europa aufzusteigen, sieht Rosario Romeo sogar das entscheidende Argument innerhalb des Stahlplans, das die Verhandlungspartner auf Regierungsseite von der Notwendigkeit seiner Implementierung überzeugt hat.[330] Nach mehreren zähen Verhandlungsrunden im Rahmen des CIR wurde der Sinigagliaplan schließlich am 07. Januar 1948 verabschiedet und wenig später in das *Programma a lungo termine* integriert.[331] Wenngleich das in diesem Zusammenhang von Romeo angeführte Nationalismusargument keineswegs ignoriert werden soll, so dürften für die Zustimmung des CIR und der Regierung letztlich wohl vor allem die hohen Abnahmegarantien des von Vittorio Valetta geführten FIAT-Konzerns für die in Cornigliano gefertigten Stahlprodukte ausschlaggebend gewesen sein.[332] Als Gegenzug war vereinbart worden, dem FIAT-Konzern 50% der nachgefragten Stahlbleche und Spulen zum Selbstkostenpreis zu überlassen. Auch die staatliche SNAM – eine Subholding der AGIP unter der Leitung Enrico Matteis – willigte in Abnahmegarantien mit einer Laufzeit von 15 Jahren für die in Piombino und Bagnoli hergestellten Fabrikate ein, mit denen der Aus- und Aufbau eines nationalen Pipelinenetzes für Erdöl und Erdgas vorangetrieben werden sollte.[333] Diese Vereinbarungen sollten den FINSIDER-Werken ein ausreichend hohes Absatzvolumen und damit die Auslastung ihrer Produktionskapazitäten garantieren, um auf diese Weise Effizienz und Wettbewerbsfähigkeit der Anlagen zu gewährleisten.

Mit Ausnahme des FIAT-Konzerns standen die großen privaten Stahlproduzenten dem *Piano Sinigaglia* allerdings geschlossen ablehnend gegenüber.[334] Die Kriegsschä-

329 Vgl. Federico (1999), Italian Industrial Policy, S. 324f.

330 Vgl. Romeo (1988), Grande industria, S. 239.

331 Vgl. Spagnolo (2001), Il piano Marshall in Italia, S. 169f.

332 Vgl. vor allem Fauri (2011), The Marshall-Plan in Italy, S. 52ff.; ansonsten Osti (1993), L'industria di stato, S. 129ff. Der Fiatkonzern hatte mit der FINSIDER bereits 1938 Verträge über Abnahmegarantien für den Panzer- und Schiffsbau abgeschlossen, von denen beide Seiten über mehrere Jahre profitieren konnten. Vgl. Petri (2001), Von der Autarkie zum Wirtschaftswunder, S. 445.

333 Zu den Vertragsverhandlungen der FINSIDER-Führung über mögliche Abnahmegarantien mit der SNAM, vgl. Adriana Castagnoli, L'ultimo mezzo secolo, in: Valerio Castronovo (Hg.), I cavalieri del lavoro. Cent'anni di imprenditoria, Rom: Federazione nazionale dei Cavalieri del lavoro (2001), S. 344ff. Vgl. auch Osti (1993), L'industria di stato, S. 28f.

334 Zu den folgenden Ausführungen über den Widerstand der privaten Eisen- und Stahlindustrie, vgl. vor allem Wachtler (1999), Il Piano Sinigaglia, S. 13ff.

den an den privaten Produktionsstätten hielten sich in den aufgezeigten Grenzen. Es ist davon auszugehen, dass ihren Eigentümern klar war, dass die Binnennachfrage nach Eisen- und Stahlprodukten im Zeichen des Wiederaufbaus sprunghaft steigen würde. Daher setzten sie alles daran, ihre Anlagen schnell zu rekonstruieren; schon im Februar 1947 war in den meisten Werken der Vorkriegsstand der Produktion von 1938 wieder erreicht. Durch die nahezu vollständige Zerstörung der FINSIDER-Anlagen hatten die privaten Anbieter die Marktführerschaft in der Eisen- und Stahlindustrie übernommen, die Preise kräftig erhöht und während der ersten Nachkriegsjahre hohe Profite erzielen können. Angesichts der von Sinigaglia entworfenen Planungen bemühten sie sich daher vehement, die Verhandlungen zwischen den staatlichen Stahlunternehmern, der Regierung, der OECD und der amerikanischen ECA zu torpedieren; die geplanten Modernisierungen und der Ausbau der FINSIDER-Anlagen – so ihre berechtigte Befürchtung – bedrohten ihre neu gewonnene Marktmacht. Sieht man vom FIAT-Konzern einmal ab, wurde die private Eisen- und Stahlwirtschaft in erster Linie von der *Redaelli Tecna* S.p. A. (Mailand/Brescia), der *Breda*-Gesellschaft (Mailand) sowie von der *Falck*-Gruppe (Bergamo) repräsentiert.[335] Innerhalb dieser drei Gesellschaften, die aufgrund ähnlicher Produktpaletten mit der FINSIDER konkurrierten, formierte sich der Widerstand gegen die staatlichen Wiederaufbauplanungen besonders stark; die vielen kleineren und kleinen Stahlunternehmen hingegen hatten sich traditionell eher auf Nischenprodukte spezialisiert und fühlten sich deshalb von den FINSIDER-Planungen weniger herausgefordert.

Vor allem für die *Falck*-Gruppe musste die Umsetzung des Sinigagliaplans unter allen Umständen verhindert werden.[336] Sie war nach Kriegsende zum größten Eisen- und Stahlanbieter auf dem heimischen Markt aufgestiegen und hatte viel zu verlieren. In ihren eigenen Planungen zur Reorganisation des nationalen Stahlsektors ging es im Wesentlichen um eine Rückkehr zur Normalität – zum *status quo ante*. Unter technologischem Aspekt implizierte diese Zielrichtung eine Ausrichtung der Produktion in allen landesweiten Stahlunternehmen – wie in den *Falck*-Werken – auf das EAF-Verfahren (*Electric Arc Furnace*). Die in Lichtbogenöfen hergestellten Stahlprodukte wären zwar im Vergleich zu jenen, die in den geplanten staatlichen Produktionszentren im *Linz-Donawitz*-Verfahren (LD) fabriziert werden sollten, von weitaus schlechterer Qualität, und die Anlagen würden auch weniger produktiv arbeiten. Doch sollte Italien – so Giovanni Falck – keinen Ehrgeiz entwickeln, weder in Konkurrenz zum internationalen Stahlmarkt zu treten, noch den Binnenmarkt grundlegend zu erweitern. Die im staatlichen Wiederaufbauplan vorgelegten Schätzungen hinsichtlich einer steigenden Binnennachfrage bis 1952 auf über

335 Francesco Petrini, Gli industriali privati italiani e la CECA, in: Ruggero Ranieri und Luciano Tosi (Hg.), La Comunità Europea del Carbone e dell'Acciaio (1952–2002). Gli esiti del Trattato in Europa e in Italia, Padua: CEDAM (2004), S. 229ff.

336 Vgl. zur Haltung Giovanni Falcks gegenüber dem Sinigagliaplan, zum Beispiel Barca und Trento (1997), Partecipazioni statali, S. 201f. sowie vor allem Osti (1993), L'industria di stato, S. 129ff.

vier und bis 1954 sogar auf über fünf Mio. t Stahl jährlich hielt Falck für völlig überzogen.[337]

In einer Replik auf die Rede Sinigaglias machte Falck diesen Standpunkt Ende März 1946 während (s)einer Anhörung im Wirtschaftsausschuss der Verfassungsgebenden Versammlung wie folgt deutlich: „(Ich) glaube nicht an ein starkes Wachstum und an nachhaltige Strukturveränderungen innerhalb der Eisen- und Stahlwirtschaft in Italien, die – im Gegenteil – auf ihrem eher bescheidenem Niveau und in ihren alten Strukturen verharren wird. (...) Die Eisen- und Stahlbranche ist zwar überlebenswichtig für die Maschinenbauindustrie, die in Italien allerdings vor allem von einer Vielzahl von Tausenden und Abertausenden kleinen und mittelständischen Unternehmen gekennzeichnet ist. Da sich *einerseits* ihr Gesamtbedarf nach Stahlprodukten zur Weiterverarbeitung aus den verschiedensten Stahlprodukten unterschiedlichster Machart, Größe, Fertigungsstufe und Qualität zusammensetzt, es *andererseits* für diese kleinen und mittelständischen Betriebe aber faktisch unmöglich bzw. vollkommen unsinnig ist, ihren jeweiligen Bedarf (...) nur aus dem Ausland abdecken zu müssen, erscheint auch mir der Wiederaufbau unserer Eisen- und Stahlindustrie unverzichtbar, die allerdings nicht den Anspruch entwickeln sollte, die Stahlnachfrage auch der großen Maschinenbauunternehmen des Landes zu bedienen."[338] Demzufolge sollte sich die italienische Eisen- und Stahlproduktion ausschließlich auf die Bedürfnisse der kleinen- und mittelständischen Maschinenbauunternehmen spezialisieren; die Nachfrage der großindustriellen Unternehmen im Fahrzeug-, Eisenbahn- und Schiffsbau sollte hingegen durch Importe aus dem Ausland gedeckt werden.[339] Eine staatliche Initiative zum Ausbau der Eisen- und Stahlproduktion kam für Falck insofern nicht infrage: „Prinzipiell lehne ich jedwede Form direkter staatlicher Wirtschaftsinterventionen entschieden ab; demzufolge auch im Bereich der Eisen- und Stahlindustrie, wo sich ein erneuter Staatseingriff mithilfe der vom IRI kontrollierten Stahlproduktionsunternehmen aber bereits abzeichnet, dessen Ergebnisse jedoch – so scheint mir – alles andere als ermutigend sind, sondern – im Gegenteil – ernüchternd und für unsere Zukunft verheerend!"[340]

Die von Falck vorgebrachten Bedenken gegenüber den staatlichen Plänen hatten durchaus einiges Gewicht. Immerhin war er 1946 zum Präsidenten des Industriellenverbandes der Lombardei (*Assolombarda*) aufgestiegen. Falck genoß darüber hinaus innerhalb der *Confindustria* hohes Ansehen und hatte einflussreiche Freunde bei der *Democrazia Cristiana* und den Liberalen.[341] Allerdings sollte sein Einfluß schon bald

337 Vgl. Interrogatorio del ing. Giovanni Falck, 29 Marzo 1946, in: Ministero per la Costituente, Rapporto della Commissione Economica, presentato all'Assemblea Costituente, vol. II, Industria, II – Appendice alla Relazione (Interrogatori), Rom: Istituto Poligrafico dello Stato (1946), S. 198.

338 Ebd., S. 196.

339 Vgl. ebd.

340 Ebd., S. 198.

341 Vgl. Barca, Bertucci, Capello und Casavola (1997), Fiat, Pirelli e Falck, S. 164.

dahinschmelzen. Nachdem sich die FIAT-Konzernleitung[342] für den Sinigagliaplan entschieden hatte, fand sich für die ablehnende Haltung der *Falck*-Gruppe sowie der *Redaelli*- und *Breda*-Gesellschaften bei den politischen Entscheidungsträgern innerhalb des CIR keine ausreichende Unterstützung mehr.[343] Damit wurde das durch Abnahmegarantien erneuerte Bündnis von FIAT mit der staatlichen Eisen- und Stahlindustrie, das sich bereits während des Krieges bei Schiffs- und Panzerbau für den Turiner Automobilhersteller ausgezahlt hatte, zum ausschlaggebenden Argument.[344]

Mit der Zustimmung des CIR im Januar 1948 und der Integration des Sinigagliaplans in das *Programma a lungo termine* war die Umsetzung der Wiederaufbaupläne aber noch längst nicht gesichert. Nunmehr ging es darum, auch die ERP-Behörde davon zu überzeugen, die geplanten Stahlprojekte mit ausreichend Krediten zu finanzieren. Bereits im August 1947 war es zu ersten Verhandlungen zwischen FINSIDER und der Internationalen Bank für Wiederaufbau und Entwicklung (IBRD) gekommen.[345] Während einer zweitägigen Anhörung stellte Sinigaglia die einzelnen Teilprojekte und den Zeitplan seines Investitionsprogramms vor. Während einer ersten Verhandlungsrunde im Oktober wurden dann – gemeinsam mit dem FIAT-Konzern – zunächst Kredite in Höhe von insgesamt ca. 50 Mio. US $ bei der IBRD mit einer Laufzeit von 15 Jahren beantragt, mit denen die Produktion im Eisen- und Stahlzentrum in Piombino sowie die Weiterverarbeitung in den FIAT-Werken in Turin von *Coils*, also Bandstahl- und Stahldrahtrollen finanziert werden sollten.

Die IBRD beauftragte daraufhin eine technische Kommission unter der Leitung von Wayne Rembert zur Überprüfung und Begutachtung der Kreditanfragen. Bis zum März 1948 verschafften sich die Techniker vor Ort einen Überblick und erstellten einen umfassenden Bericht zu entprechenden Produktions- und Absatzmöglichkeiten für die kommenden Jahre. Rembert, der bereits seit mehreren Jahren für die alliierte Militärregierung als technischer Berater gearbeitet hatte, war ein hervorragender Kenner der italienischen Industrieentwicklung und galt darüber hinaus als gut vernetzt innerhalb der privaten Großindustrie und Bankenwelt.[346] Generell hatte

342 Zur gleichen Zeit erwog auch die FIAT-Leitung, ein eigenes neues Eisen- und Stahlzentrum in der Nähe von Turin aufzubauen, gab diese Pläne allerdings auf, nachdem der Ministerpräsident Vittorio Valetta davon überzeugen konnte, eher in den Aufbau eines neuen Automobilwerkes zu investieren. De Gasperi versprach Valetta, den FIAT-Konzern – neben der kostengünstigen Versorgung mit Stahlprodukten aus den staatlichen Produktionsstätten – zusätzlich mit günstigen Krediten für den Neuaufbau auszustatten. Vgl. Wachtler (1999), Il Piano Sinigaglia, S. 12ff.

343 Auch der Falck-Gruppe hatte die FINSIDER-Leitung ein Bündnisangebot unterbreitet, was Giovanni Falck aber kategorisch abgelehnte. Vgl. Osti (1993), L'industria di stato, S. 133f.

344 Vgl. Petri (2001), Von der Autarkie zum Wirtschaftswunder, S. 445.

345 Vgl. Osti (1993), L'industria di stato, S. 130f.

346 Zur Verhandlung der FINSIDER mit der Internationalen Bank für Wiederaufbau und Entwicklung (IBRD), vgl. neben Osti auch Wachtler (1999), Il Piano Sinigaglia, S. 14ff. Zum Rembert-Gutachten, vgl. Ruggero Ranieri, Remodelling the Italian Steel Industry: Americanization, Modernization, and Mass Production, in: Jonathan Zeitlin und Garry Herrigel (Hg.), Americanization and its Limits.

Rembert aber eine eher skeptische Einstellung gegenüber einem forcierten Einsatz von Staatsunternehmen als Instrument einer interventionistischen Wirtschaftspolitik. Dementsprechend negativ, von den FINSIDER-Verantwortlichen auch nicht anders erwartet,[347] fiel sein abschließendes Urteil im Gutachten für die IBRD aus.[348] Nicht nur, dass er seinem Gutachten die Überlegung voranstellte, den FINSIDER-Konzern möglichst bald zu privatisieren. In seinem Bericht an die IBRD kam Rembert sogar zu dem Ergebnis, dass das FINSIDER-Programm „zu ehrgeizig" sei und es deshalb notwendig wäre, „die Zielsetzungen des Wiederaufbauprogramms insgesamt zurückzuschrauben."[349] Bezogen auf die Finanzierung des FINSIDER-FIAT-Projekts für *Coils* empfahl er abschließend, das beantragte Kreditvolumen von 50 Mio. US $ auf die Hälfte zu kürzen. Weitere Verhandlungen über eine Kreditvergabe sollten nur stattfinden, würden FINSIDER und FIAT diese Modifizierungen akzeptieren.[350] Konkret lehnte Rembert vor allem den Neuaufbau eines Eisen- und Stahlzentrums in Cornigliano in den von FINSIDER projektierten Dimensionen ab. Die anfallenden Produktionskosten wären viel zu hoch, und die geplanten Investitionen würden sich längst nicht rentieren. Lediglich zwei Werke mit vollständig integriertem Fertigungszyklus sollten wieder aufgebaut werden: Bagnoli und Piombino. Hier – in Piombino – sollten die von Sinigaglia für Cornigliano geplanten Kalt- und Warmwalzflachstücke, Spezialbleche und *Coils* gefertigt werden.[351]

Im Prinzip basierte Remberts Kritik an den FINSIDER-Plänen auf rückwärts orientierten, aber auch restriktiven Vorstellungen, was die industrielle Entwicklung Italiens insgesamt betraf. Da die Binnennachfrage nach Stahlprodukten, seiner Meinung nach, auch weiterhin stark beschränkt bleiben würde, wären die geplanten Produktionsmengen, die in Cornigliano gefertigt werden sollten, daher auch in keiner Weise gerechtfertigt. Die Höchstgrenze der Binnennachfrage bis 1951 schätzte Rembert auf nur ca. 2,5 Mio. t jährlich, wohingegen Sinigaglias Berechnungen von etwa der doppelten Menge ausgingen.[352] In diesen unterschiedlichen Zukunftserwartungen und -vorstellungen lag der eigentliche Dissens: Sinigaglias Pläne waren auf Expansion der Eisen- und Stahlindustrie und auf gesamtwirtschaftliches Wachstum ausgerichtet. Sinigaglia wollte den Strukturwandel vorantreiben, d. h. vor allem den sekundären Sektor dynamisieren. Nach Auffassung von Rembert hingegen sollte Italiens

---

Reworking US Technology and Management in Post-War Europe and Japan, Oxford-New York: Oxford University Press (2000), S. 248ff.

347 Vgl. Osti (1993), L'industria di stato, S. 131.

348 Eine Kopie des Rembert-Gutachtens zur italienischen Eisen- und Stahlindustrie befindet sich im IRI-Archiv. Vgl. Archivio Storico IRI, II, numerazione nera, Ispettorato, Attività del Ufficio, Eximbank, Siderurgia Piano 1947, Finsider, b. ISP/450, fasc. 6, sf. 1.6, S. 1–6.

349 Ebd., S. 4.

350 Vgl. Wachtler (1999), Il Piano Sinigaglia, S. 15f.

351 Vgl. ebd.

352 Vgl. Ranieri (2000), Italian Steel Industry, S. 248; darüber hinaus: Osti (1993), L'industria di stato, S. 132f. sowie Barca und Trento (1997), Partecipazioni statali, S. 203f.

Wirtschaftleistung mit ausländischer Hilfe lediglich wieder das Vorkriegsniveau erreichen, und die heimischen Grundstoffindustrien sollten auf ihre alten Dimensionen limitiert werden.[353]

Für den Moment schien es also, als wäre der Sinigaglia-Plan zum Scheitern verurteilt. Die Regierung hatte zwar den Wiederaufbauplan, parallel zu den Verhandlungen der FINSIDER mit der IBRD, im Sommer 1948 auch der ECA vorgelegt. Allerdings verwies die ERP-Behörde auf den Rembert-Bericht, der – implizit – allen Kreditanfragen für die staatliche Eisen- und Stahlindustrie vorerst eine klare Absage erteilte.[354]

Sinigaglia gab sich jedoch nicht geschlagen und beauftragte zwei US-amerikanische Firmen aus der Stahlbranche – die *American Rolling Mill Company* (*ARMCO*) und die *Arthur McKee Company* –, die ihn und die anderen FINSIDER-Verantwortlichen bei der weiteren Vorgehensweise mit Expertisen beraten sollten.[355] Insbesondere sollten sie die Planungen für Cornigliano noch einmal auf ihre technische Realisierbarkeit hin überprüfen und gegebenenfalls korrigieren sowie den Zeitplan für den Neuaufbau der Anlagen bis zur Inbetriebnahme neu projektieren. Die von *Armco* und *McKee* durchgeführte Analyse der technischen Machbarkeit ergab, dass die in den ursprünglichen FINSIDER-Planungen im Corniglianowerk vorgesehene deutsche *Demag*-Walzwerktechnik mit mehreren kürzeren Walzstraßen und Kettenzügen bei einer vollen Auslastung der geplanten Produktionskapazitäten ungeeignet wäre und damit eine effiziente Bewirtschaftung nicht möglich sein würde.[356] Aus diesem Grund empfahlen sie der FINSIDER-Leitung, ihr Investitionsprogramm noch einmal grundsätzlich hinsichtlich der anzuwendenden Walzverfahren zu überarbeiten und sich dabei am Vorbild der amerikanischen *US Steel Corporation*, dem größten Stahlproduzenten der USA, zu orientieren. Für das geplante integrierte Eisen- und Stahlzentrum in Cornigliano – so ihre konkrete Empfehlung – sollten die Walzwerke mit kontinuierlichen Walzstraßen amerikanischer Bauart ausgestattet werden, weil diese mehr als die doppelte Tagesleistung als die Walzstraßen der Duisburger *Demag* ermöglichen würden. Hierfür lieferten die *Armco* und *McKee* auch gleich einen detaillierten Kostenplan, der aber, um die Verhandlungsposition der FINSIDER zu stärken, wohl etwas zu niedrig angesetzt war.[357]

Im August 1949 legten die italienischen Verhandlungsführer Sinigaglia und Marchesi der ECA eine sich an den Vorschlägen der *Armco* und *McKee* orientierende, neu

353 Vgl. Archivio Storico IRI, II, numerazione nera, Ispettorato, Attività del Ufficio, Eximbank, Siderurgia Piano 1947, Finsider, b. ISP/450, fasc. 6, sf. 1.6, S. 5f.

354 Zu den Verhandlungen der FINSIDER mit der ECA, vgl. zum Beispiel Spagnolo (2001), Il piano Marshall in Italia, S. 180ff.; Ranieri (2000), Italian Steel Industry, S. 248ff. sowie Wachtler (1999), Il Piano Sinigaglia, S. 17–21.

355 Vgl. Osti (1993), L'industria di stato, S. 127ff.

356 Vgl. ebd.

357 Die verschiedenen technischen Gutachten der *Armco* und der *Arthur McKee* befinden sich in Kopie, in: Archivio Storico IRI, II, numerazione nera, Ispettorato, Attività dell'ufficio, ERP-OECE-ECA, b. ISP/457, fasc. 2 und 3. Hier: fasc. 2, sf. 3.

überarbeitete Fassung der FINSIDER-Wiederaufbaupläne vor, zusammen mit einem Kostenvoranschlag für drei integrierte Eisen- und Stahlzentren sowie einen auf neuesten Schätzungen zur Nachfrageentwicklung für Stahlprodukte basierenden Absatzplan.[358] Für die nächste Verhandlungsrunde im September reichten sie zudem noch zwei Gutachten bei der ECA ein – wieder von *Armco*[359] und *McKee*.[360] Hierbei ging es um die Frage, in welchem der drei Produktionszentren kontinuierliche Walzstraßen eingerichtet werden sollten. Beide Gutachten sprachen sich uneingeschränkt für Cornigliano aus und stimmten darin überein, dass es weder in den Fabriken in Bagnoli noch in Piombino möglich wäre, kontinuierliche Walzstraßen für alle zu fertigenden Stahlprodukte aufzubauen, ohne die beiden Anlagen deutlich zu vergrößern. Darüber hinaus stellte das Gutachten von *McKee* in Bezug auf Piombino heraus, dass für eine kontinuierliche Walzstraße ein zusätzlicher dritter Hochofen neu errichtet und die Hafenanlagen von Piombino um mehr als ein Drittel vergrößert werden müssten. Auch durch längere Transportwege für Rohstoffe und Zwischenprodukte wären diese Maßnahmen insgesamt im Vergleich zur geplanten Produktionsstätte in Cornigliano demzufolge mit beträchtlichen Mehrkosten verbunden. Konkret: Beide Gutachten sprachen sich für einen Neuaufbau eines dritten Eisen- und Stahlzentrums in Cornigliano aus und stimmten insofern mit den ursprünglichen Überlegungen des Sinigagliaplans überein.[361]

Am 18. Oktober kam es in Rom zur nächsten Verhandlungsrunde mit dem ECA-Missionschef für Italien, James D. Zellerbach. Auch Rembert wurde zu den Verhandlungen dazu gebeten. Dieser sprach sich weiterhin strikt gegen die Einrichtung eines dritten Eisen- und Stahlwerkes in Cornigliano aus und beschuldigte FINSIDER, aber auch die *Armco* und *McKee*, die Kostenpläne viel zu niedrig angesetzt zu haben und die Nachfrageentwicklung nach Stahlprodukten völlig falsch zu bewerten. Darüber hinaus beharrte er auf seinem Standpunkt, die Stahlproduktion in Italien generell zu reglementieren und die Kapazitäten der Staatsunternehmen zu reduzieren, um die Gefahr einer erneuten Aufrüstung zu verhindern.[362]

Als Kompromisslösung für die gegnerischen Parteien entschied Zellerbach, ein weiteres – unabhängiges – Gutachten zu beauftragen, welches über den Bau oder Nichtbau eines dritten Eisen- und Stahlzentrums ein für alle Mal entscheiden sollte. Ein gewisser Unmut auf Seiten der ECA-Mission in Rom war nicht mehr zu verkennen, und offensichtlich wollte man die Angelegenheit möglichst bald zu einem Ende bringen. Der Auftrag ging an die Beratungsgesellschaft *Hermann Alexander*

358 Vgl. Wachtler (1999), Il Piano Sinigaglia, S. 22.

359 Vgl. Archivio Storico IRI, II, numerazione nera, Ispettorato, Attività dell'ufficio, ERP-OECE-ECA, b. ISP/457, fasc. 3, sf.1.

360 Vgl. Archivio Storico IRI, II, numerazione nera, Ispettorato, Attività dell'ufficio, ERP-OECE-ECA, b. ISP/457, fasc. 3, sf. 2.

361 Vgl. auch Marasso, (2007), Cornigliano, S. 21.

362 Vgl. Wachtler (1999), Il Piano Sinigaglia, S. 23.

Brassert & Company in New York, mit der die ECA bereits bei den Verhandlungen über die Vergabe der ERP-Kredite an die französische Stahlindustrie zusammengearbeitet hatte.[363]

Jetzt ging es Schlag auf Schlag. Die *Brassert*-Gesellschaft schien gut vorbereitet, und bereits am 26. Oktober hatte die technische Abteilung für die Entwicklung von Grundstoffindustrien ihr Gutachten fertig gestellt. Das Ergebnis war eindeutig: Auch die *Brassert*-Ingenieure votierten klar für einen Neuaufbau eines Eisen- und Stahlzentrums in Cornigliano und entkräfteten mit ihren technischen Expertisen die Kritikpunkte Remberts. Ebenso bezeichneten sie dessen politische Bedenken als „unerheblich" und „unplausibel."[364] Der ECA empfahl die Beratungsgesellschaft, „die italienische Regierung und die FINSIDER in ihren Wiederaufbauplanungen zu unterstützen und der staatlichen Stahlproduktion keine Beschränkungen aufzuerlegen."[365]

Das *Brassert*-Gutachten brachte die von italienischer Seite erhoffte Wende in den Verhandlungen über die beantragten ERP-Kredite. Am 01. November 1949 kam es in Rom zur letzten Verhandlungsrunde mit der ECA über die FINSIDER-Pläne. Man einigte sich darauf, den Wiederaufbau der beiden Produktionszentren von Bagnoli und Piombino ebenso wie den Neuaufbau eines dritten Eisen- und Stahlzentrums mit vollständigem Fertigungsprozeß und kontinuierlichen Walzstraßen in Cornigliano mit amerikanischen Krediten finanziell zu unterstützen.[366] In einem Schreiben vom 04. November unterbreitete Zellerbach der ECA-Leitung in Paris und Washington das Ergebnis der Verhandlungen, und bereits am 10. November wurde ein Finanzierungsplan für die FINSIDER als Teil der ERP-Kredite an Italien für die Jahre 1950–1952 festgelegt und ratifiziert.[367] Insgesamt sollten der italienischen Regierung, verteilt auf drei Jahre, Investitionen im Wert von etwa 80 Mrd. Lire, also etwa 126 Mio. US $ für die staatliche Eisen- und Stahlindustrie gegenfinanziert werden. Für das erste Jahr wurde der FINSIDER eine Anstoßfinanzierung in Höhe von 12 Mio. US $ für den Kauf amerikanischer Technik, Werkzeuge, Materialien, Ausrüstungen etc. bewilligt. Zusätzlich wurde der italienischen Regierung gestattet, während des ersten Jahres noch etwa 12 Mrd. Lire, umgerechnet etwa 18 Mio. US $, aus dem *Fondo Lire* zur Umsetzung der FINSIDER-Pläne zu verwenden.[368]

Mithilfe der ERP-Gelder konnte der Wiederaufbau der beiden Eisen- und Stahlwerke in Piombino und Bagnoli schon im März bzw. Juni 1952 abgeschlossen

363 Zum Brassert-Gutachten, vgl. Wachtler (1999), S. 23f. Zum Einfluß der Brassert-Gesellschaft auf den Wiederaufbau der europäischen Eisen- und Stahlindustrie, vgl. Ranieri (1996), Il Piano Marshall, S. 179f.

364 Zitiert nach Wachtler (1999), Il Piano Sinigaglia, S. 24.

365 Ebd.

366 Vgl. Archivio Storico IRI, II, numerazione nera, Ispettorato, Attività dell'ufficio, ERP-OECE-ECA, b. ISP/457, fasc. 6, sf. 2, S. 4.

367 Vgl. ebd.

368 Vgl. IRI, Istituto per la Ricostruzione Industriale, Esercizio 1949, Rom: Istituto per la Ricostruzione Industriale (1950), S. 22f.

werden.[369] Der Neuaufbau der Anlagen in Cornigliano jedoch, obwohl die FINSIDER-Leitung den Großteil ihrer finanziellen und personellen Ressourcen auf das neue Produktionszentrum konzentrierte,[370] gestaltete sich unerwartet schwierig und ging nur schleppend voran. Unter der Doppelführung von Oscar Sinigaglia und Ernesto Manuelli wurde im Januar 1950, nach der Gründung der FINSIDER-Gesellschaft *Cornigliano S.p.A.*, zunächst mit großflächigen Landgewinnungsarbeiten, den Fundamentierungen sowie der Errichtung der ersten Stützbauwerke begonnen.[371] Die unter der technischen Leitung der *Armco* und *McKee* erstellten Planungen zielten dabei nicht einfach darauf, die zerstörten Anlagen in den alten Dimensionen wiederaufzubauen. Vielmehr war das neue Eisen- und Stahlzentrum in seiner Ausdehnung mehr als dreimal so groß projektiert und sollte durch die Verwendung bzw. Übernahme der neuesten amerikanischen Technik und Betriebsstrukturen den modernsten Kriterien der Stahlproduktion genügen. Auf einer Fläche von insgesamt ungefähr 1 Mio. m^2 sollten die neuen Produktionsanlagen errichtet werden. Nahezu zwei Drittel dieser Fläche mussten allerdings erst noch durch Abdämmung mit einer 800 m langen Deichanlage und Aufschüttung von über 7 Mio. m^3 Sand, Erde und Geröll dem Meer abgetrotzt werden. Auf dem Gelände wurden 45 km Schienen verlegt und ein 12 km langes betriebseigenes Straßennetz aufgebaut. Außerdem wurden ein eigenes Elektrizitätswerk sowie eine Süßwasseraufbereitungsanlage errichtet.

Das neue Produktionszentrum in Cornigliano bestand bei seiner Fertigstellung im Januar 1954 aus einer Kokerei, zwei Hochöfen mit einer Tageskapazität von 750 t Roheisen, einem Stahlwerk mit sechs *Siemens-Martin*-Öfen und einer jeweiligen Kapazität von 180 t Stahl sowie einem integrierten Warm- und Kaltwalzwerk für die entsprechenden Halbzeuge. Die neu errichteten kontinuierlichen Walzstraßen waren demnach für eine Tageskapazität von über 1.000 t Stahlprodukte errichtet worden und übertrafen damit sogar das jeweilige Leistungspotenzial entsprechender Anlagen in allen anderen europäischen Ländern.[372]

Insgesamt wurden über 7.000 Arbeiter für den Aufbau beschäftigt, die zum Teil unter schwierigsten Bedingungen arbeiten mussten. Bis zur Fertigstellung sämtlicher Produktions- und Versorgungsanlagen vergingen fast 46 Monate, was – verglichen mit den ursprünglichen Planungen – eine Verzögerung von 22 Monaten bedeutete. Auch die Gesamtkosten in Höhe von knapp 200 Mrd. Lire – umgerechnet etwa 2,9 Mrd. €

---

369 Vgl. Wachtler (1999), Il Piano Sinigaglia, S. 24.

370 Ranieris Berechnungen ergeben, dass die FINSIDER bis 1954 über drei Viertel der ihr insgesamt zur Verfügung stehenden finanziellen Ressourcen für den Neuaufbau in Cornigliano verwendete. Von den zwischen 1947–1954 rund 72.4 Mill. US $ erhaltenen ERP-Geldern und Krediten der Eximbank wurden etwas mehr als 47,3 Mill. US $ in Cornigliano investiert. Vgl. Ruggero Ranieri, Appendice C, Dati statistiche, in: Osti (1993), L'industria di stato, S. 327.

371 Zu den Arbeiten in Cornigliano, vgl. vor allem Margherita Balconi, La siderurgia italiana (1945–1990). Tra controllo pubblico ed incentivi del mercato, Bologna: Il Mulino (1991), S. 238 ff. sowie Wachtler (1999), Il Piano Sinigaglia, S. 24 ff.

372 Vgl. neben Balconi und Wachtler, auch: Marasso (2007), Cornigliano, S. 23 f.

(2010) – überstiegen bei weitem den mit der ECA verhandelten Kostenvoranschlag.[373] Die Freude über den Abschluß der Aufbauarbeiten konnte das aber nicht schmälern. Allerdings verstarb Oscar Sinigaglia, der mit seinen Ideen, seinem Unternehmergeist, seinem Elan und seiner Hartnäckigkeit hauptverantwortlich für die Umsetzung eines der größten Investitionsprojekte der italienischen Nachkriegsgeschichte war, nur wenige Monate vor Inbetriebnahme der Produktionsanlagen. Ihm zu Ehren erhielt das neue Eisen- und Stahlzentrum seinen Namen.

Das *Centro Siderurgico Oscar Sinigaglia* war vom Moment seiner Inbetriebnahme ein überragender Erfolg. Die Entwicklung der Produktionsleistung war bemerkenswert und übertraf alle Erwartungen: Von 362.000 t hergestellten Stählen im ersten Jahr stieg die Produktion bis 1960 auf über 1.365.000 t, was etwa 20% der landesweiten Stahlerzeugnisse entsprach. Der Anteil der in Cornigliano gefertigten Flachwalzfabrikate stieg bis 1960 sogar auf 54% der landesweiten Produktion. Der Jahresumsatz, der 1955 bereits 52 Mrd. Lire betragen hatte, stieg auf knapp 86 Mrd. Lire 1957 und erreichte 1959 ein neues Rekordhoch von 114 Mrd. Lire.[374]

Auch in den anderen FINSIDER-Werken, den beiden Eisen- und Stahlzentren mit vollständigem Fertigungsprozeß in Bagnoli und Piombino, sowie in den kleineren Gesellschaften wie der *Dalmine*, der *Terni* oder der *Breda Siderurgica*, die nicht auf die Massenfertigung ausgerichtet waren, sondern ihre Produktion auf bestimmte Spezialstähle, Röhren, Dynamobleche oder ähnliches hin ausgerichtet hatten, stiegen die Produktions- und Umsatzzahlen während der zweiten Hälfte der 1950er Jahre kontinuierlich an. Hatten die FINSIDER-Werke 1951 zusammengenommen bereits etwa 576.000 t Roheisen und 1.274.000 t Stahl produziert und damit das Vorkriegsniveau von 1938 knapp überschritten, erzeugte die Gruppe 1961 insgesamt etwa 2.654.000 t Roheisen und 5.004.000 t Stahl. Dies entsprach einer Vervierfachung der Produktionsleistung innerhalb von nur 10 Jahren.[375]

Angesichts dieser Entwicklung(en) erstaunt es nicht, dass FINSIDER schon bald (wieder) die Konkurrenz für sich entschied. FINSIDER übernahm 1957 mit einem Anteil von 82% an der Roheisen- und 51% an der Stahlfertigung die Führungsposition in der nationalen Eisen- und Stahlproduktion.[376] Damit zwang sie die Privatindustrie zu einschneidenden Modernisierungsmaßnahmen, um überhaupt wettbewerbs-

373 Vgl. Wachtler (1999), Il Piano Sinigaglia, S. 25.

374 Vgl. IRI, Esercizio 1954, Rom: Istituto per la Ricostruzione Industriale (1955), S. 93 (Produktion, 1954); IRI, Esercizio 1955, Rom: Istituto per la Ricostruzione Industriale (1956), S. 89 (Umsatz, 1955); IRI, Esercizio 1957, Rom: Istituto per la Ricostruzione Industriale (1958), S. 84f. (Umsatz, 1957); Esercizio 1959, Rom: Istituto per la Ricostruzione Industriale (1960), S. 105f. (Umsatz, 1959) sowie IRI, Esercizio 1960, Rom: Istituto per la Ricostruzione Industriale (1961), S. 112f. (Produktion, 1960).

375 Vgl. IRI, Esercizio 1951, Rom: Istituto per la Ricostruzione Industriale (1952), S. 39 sowie IRI, Esercizio 1961, Rom: Istituto per la Ricostruzione Industriale (1962), S. 102.

376 Vgl. IRI, Esercizio 1957, S. 85.

fähig bleiben zu können.[377] Wichtiger aber war, dass die hohen Absatzzahlen den FINSIDER-Unternehmen eine volle Kapazitätsauslastung ermöglichten und sie die Preise für Stahlprodukte senken konnten.[378] Bereits zwischen 1954 und 1956 verringerten sich die Preise um über 40%, wodurch – wie Sinigaglia es während der Verhandlungen mit der ECA über die Finanzierung des FINSIDER-Programms bereits prophezeit hatte – die gesamte Industrieproduktion stimuliert werden konnte.[379] Mit anderen Worten: Sinigaglias Strategie einer gezielten Expansion der staatlichen Eisen- und Stahlindustrie hatte sich bewährt. Sie brachte nicht nur für die IRI-Tochter FINSIDER einen durchschlagenden und nachhaltigen Erfolg. Sie bildete darüber hinaus eine entscheidende Grundlage für die Modernisierung der gesamten Eisen- und Stahlbranche, die ihrerseits allen nachgelagerten Industriezweigen – ganz im Sinne Sinigaglias – zugute kam.[380]

Wie im *zweiten* Kapitel der vorliegenden Arbeit noch differenzierter dargestellt, entwickelte sich die italienische Industriewirtschaft während der 1950er und 1960er Jahre rasant. Die höchsten Zuwächse hinsichtlich der Bruttowertschöpfung allein von 1952 bis 1963 erzielten die stahlintensiven Zweige der Bauwirtschaft mit etwa 9,3% sowie die wichtigsten Fachzweige der Maschinenbauindustrie, die – wie der PKW-Bau oder die Büromaschinenindustrie – mit einem jahresdurchschnittlichen Produktionsanstieg von knapp 21,5% bzw. 19% die absoluten Spitzenwerte innerhalb der Industriewirtschaft markierten.[381] Sie wären ohne die vorstehend dargestellte industriepolitische Neuausrichtung des Stahlsektors kaum vorstellbar gewesen. Aufgrund der Wachstumsdynamik der staatlichen wie privaten Unternehmen in den Branchen Stahl, Bau, Automobil- und Büromaschinenbau entwickelten sich diese Zweige zu tragenden Säulen der langanhaltenden Wachstumsphase seit den frühen 1950er Jahren. Mit der Gründung der ENI im Februar 1953 wurden diese vier Säulen noch um eine weitere Wachstumssäule der italienischen Volkswirtschaft erweitert

---

377 Vgl. Giovanni Federico und Renato Giannetti, Italy. Stalling and Surpassing, in: Foreman-Peck und Federico (1999), European Industrial Policy, S. 136f.

378 So stellt auch Giovanni Federico fest: „For the first time Italy had a large, modern, and competitive steel industry. This was largely due to the aggressive strategy pursued by Finsider, which acquired an undisputed price leadership and forced private firms to modernize." Zitiert nach Federico (1999), Italian Industrial Policy, S. 324.

379 Vgl. Osti (1999), L'industria di stato, S. 152; Petri (2001), Von der Autarkie zum Wirtschaftswunder, S. 445; Federico und Giannetti (1999), Le politiche industriali, S. 1146f.

380 Zur Wirtschaftsleistung der staatlichen Eisen- und Stahlindustrie von 1952–1975, vgl. Tabelle A1.1, S. 2ff. im Datenappendix A1, in: https://www.degruyter.com/view/product/552615.

381 Eigene Berechnungen, basierend auf ISTAT (1986), Sommario, Tabelle 8.18, S. 159 (BWS, Bauwirtschaft) sowie auf basierend auf ISTAT (1955), Annuario 1954, Tabelle 202, S. 186ff.; ISTAT (1958), Annuario 1957, Tabelle 228, S. 205ff.; ISTAT (1961), Annuario 1960, Tabelle 222, S. 191ff.; ISTAT (1964), Annuario 1963, Tabelle 217, S. 213ff. sowie ISTAT (1967), Annuario 1966, Tabelle 228, S. 219ff. (Produktion, PKW-Bau und Büromaschinenbau).

und gefestigt: die Energie- und Brennstoffindustrie. Ihre Restrukturierung während der Nachkriegszeit steht im Fokus des folgenden Abschnitts.

1.2.3.2.2 Die Gründung der ENI und der Traum Enrico Mattei's

Der Mangel an natürlichen Energieressourcen, vor allem an Kohle und Erdöl, bildete traditionell ein Haupthemmnis für die industriewirtschaftliche Entwicklung Italiens. Bereits seit der Gründung des Königreichs richteten die jeweiligen Regierungen ein Hauptaugenmerk darauf, die daraus resultierende Importabhängigkeit im Energie- und Rohstoffbereich durch forcierte Technologiesubstitutionen wie der hydroelektrischen Energieerzeugung zu reduzieren.[382] Allerdings waren die Versuche, den Energiebedarf durch den *carbone bianco*, die weiße Kohle, zu decken, bis zur Jahrhundertwende nur bedingt erfolgreich gewesen. Zwar konnten die Kohleproduktion von durchschnittlich 44.795 t im ersten Jahrzehnt nach der Einigung Italiens auf über 327.904 t im Durchschnitt des letzten Jahrzehnts des 19. Jahrhunderts gesteigert und immerhin auch 2.320 t Erdöl gefördert werden. Demgegenüber standen aber notwendige Kohleimporte für denselben Zeitraum von 529.900 t bzw. 4.309.900 t sowie zusätzliche Erdöl- und Benzineinfuhren von 14.400 t bzw. 87.900 t, um die privaten Haushalte und vor allem die inländische Industrie mit ausreichend Energie zu versorgen.[383] Die von Toninelli berechnete Auslandsabhängigkeit im Energiesektor lag damit im Jahr 1900 insgesamt bei 67%.[384] Durch den Ausbau der hydroelektrischen Energieerzeugung und die 1916 erfolgte Inbetriebnahme des ersten geothermischen Kraftwerks in Italien (Larderello) konnte diese Auslandsabhängigkeit – zumindest im Bereich der Stromproduktion – bis 1922 auf unter 5% deutlich verringert werden.[385] Obwohl die durch Wasserkraft gewonnene elektrische Energie seit 1900 auf fast 4,4 Mrd. kWh angestiegen war und sich damit nahezu vervierzigtfacht hatte,[386] der inländische Kohleabbau in diesem Zeitraum mit einem Anstieg auf 946.230 t verdreifacht und die Erdölförderung auf 4.290 t knapp verdoppelt worden war, reichte die Energieproduktion bei weitem nicht aus, den volkswirtschaftlichen Energierbedarf zu decken. Insgesamt mußten im Jahr 1922 zusätzlich 8.834.400 t Kohle sowie 291.100 t

382 Vgl. vor allem Pier A. Toninelli, La questione energetica, in: Amatori et al. (1999), L'industria, S. 365–369; Pier A. Toninelli, Energy Supply and Economic Development in Italy. The Role of State-owned Companies, in: Alain Betran (Hg.), A Comparative History of National Oil Companies, Brüssel: P.I. E. Peter Lang (2010), S. 125–130 sowie Paolo Vestrucci, L'Italia e l'energia. 150 anni di postvisioni energetiche, Mailand: FrancoAngeli (2013), Appendice 3, L'energia elettrica in Italia, S. 211–229.

383 Vgl. ISTAT, Sommario di statistiche storiche dell'Italia. 1861–1965, Rom: Istituto Poligrafico I. E.M. (1968), Tabelle 54, S. 74 (Kohle- und Erdölproduktion) sowie Tabelle 78, S. 101 (Kohle- und Erdölimporte).

384 Vgl. Toninelli (1999), La questione energetica, Tabelle 1, S. 360.

385 Vgl. Toninelli (2010), Energy Supply, Tabelle 3, S. 130.

386 Vgl. Vestrucci (2013), L'Italia e l'energia, S. 219–227.

Erdöl und Benzin importiert werden,[387] so dass der Energiebedarf des Landes nach wie vor nur zu etwa 45% aus eigener Produktion gedeckt werden konnte. Der Nachfrageüberhang an fossilen Energieträgern wurde zunächst vor allem mit Kohleimporten aus Deutschland und Frankreich, später dann auch durch Erdöllieferungen privater multinationaler Erdölkonzerne[388] abgebaut, was die Handelsbilanz Jahr für Jahr belastete. Das auf diese Weise bedingte Auftürmen von Auslandsschulden setzte damit sämtlichen Industrialisierungs-, aber auch Aufrüstungsbestrebungen enge Grenzen.[389]

Nach der Machtübernahme von Benito Mussolini avancierte die Lösung der Energiefrage im Rahmen der faschistischen Wirtschaftspolitik zu einem zentralen Thema. Um den eingeschlagenen Industrialisierungsweg fortzusetzen, galt es, die Rohstoffabhängigkeit vom Ausland strategisch – schnell und effizient – zu verringern. Nach dem Vorbild der französischen *Compagnie francaise de petroles* (Cfp) wurde am 03. April 1926 mit dem Königlichen Dekret Nr. 556 die *Azienda Generale Italiana Petroli* (AGIP) gegründet.[390] Der doppelte Auftrag der staatlichen Energieagentur AGIP bestand *zum einen* in der raschen Erschließung, Förderung und Verarbeitung von fossilen Brennstoffen in Italien und den italienischen Kolonien, *zum anderen* aber in einem forcierten Auf- und Ausbau des nationalen Erdölraffinerie- und Vertriebssystems, verklammert durch das Ziel, insbesondere den Einfluß der US-amerikanischen *Standard Oil* und der britisch-niederländischen *Shell* zu minimieren oder sogar auszuschalten.[391]

Der Erfolg der staatlichen Gesellschaft war während der folgenden Jahre allerdings eher moderat, gerade hinsichtlich der Exploration neuer Erdöl- und Erdgaslagerstätten. Erst 1940 wurden in Libyen größere Ölquellen entdeckt. In Italien selbst wurden – abgesehen von der Erschließung einiger Kohleflöze auf Sardinien – weder neue Gas-, noch Erdölfelder signifikanter Größenordnungen gefunden. Die enormen Erdgasvorkommen im padanischen Tiefland (Po-Ebene), die den Erfolg der italienischen Energiewirtschaft nach 1945 begründen sollten, wurden von den Technikern der AGIP erst 1943/44 entdeckt. An eine wirtschaftliche Erschließung war aber im Zeichen des Krieges und der doppelten Besatzung vorerst nicht zu denken.

Größeren Erfolg erzielte die staatliche AGIP bis zum Kriegseintritt Italiens im Sommer 1940 hingegen im Bereich der Erdölverarbeitung sowie im Vertrieb und Verkauf des raffinierten Erdöls. Mithilfe staatlicher Investitionen in der anwendungs-

387 Vgl. ISTAT (1968), Sommario, Tabelle 54, S. 74 (Kohle- und Erdölproduktion) sowie Tabelle 78, S. 101 (Kohle- und Erdölimporte).

388 Die wichtigsten Erdöllieferanten für Italien waren SIAP für die Standard Oil aus New Jersey sowie NAFTA für die Royal Dutch Shell.

389 Vgl. Toninelli (1999), La questione energetica, S. 371f.

390 Vgl. Daniele Pozzi, Techno-Managerial Competences in Enrico Mattei's AGIP: A Prolonged Accumulation Process in an International Network, 1936–1965, in: Business and Economic History. Online (2003), vol. 1, S. 4–15; sowie Matteo Pizzigallo, L'AGIP degli anni ruggenti (1926–1932), Mailand: Giuffrè (1984), S. 1–39.

391 Vgl. Petri (2002), Storia economica d'Italia, S. 84.

orientierten Forschung,[392] vor allem aber durch die Übernahmen der *Raffineria Oli Minerali Società Anonima* (ROMSA) im Jahr 1927, einer kleineren Raffinerie im von Italien annektierten Freistaat Fiume (Rijeka, im heutigen Kroatien) und der *Societá Anonima Distillazione Italiana Combustibili* (DICSA) in Porto Marghera (Venedig) im Jahr 1935 gelang es, das nationale Raffineriesystem innerhalb nur weniger Jahre zu modernisieren und die Kapazitäten zumindest auf 500.000 t auszubauen.[393] Nach der zur petrochemischen Weiterverarbeitung im Juni 1936 erfolgten Gründung des staatlichen Chemiekonzerns *Azienda Nazionale Idrogenazione Combustibili* (ANIC) als Subholding der AGIP und der in *joint venture* mit der *Montecatini* durchgeführten Errichtung zweier großer Fabrikkomplexe in Livorno und Bari, kontrollierte die Energieholding AGIP im Jahr 1940 ca. 30% der nationalen Raffinationskapazitäten.[394] Im Vertrieb und Verkauf der petrochemischen Produkte konnte der Binnenmarktanteil der AGIP bis Ende der 1930er Jahre durch staatliche Interventionen, die auch vor Enteignungen privater ausländischer Anbieter nicht Halt machten, von etwa 20% auf knapp 35% gesteigert werden.[395]

Diese Erfolge reichten aber bei weitem nicht aus, die Energiefrage zu lösen. Wenngleich weiterhin massiv in den Ausbau der hydroelektrischen Energiegewinnung investiert wurde und die Versuche, eigene Brennstoffvorkommen (Kohle, Erdgas, Erdöl) aufzuspüren und zu erschließen, vorangetrieben wurden, gelang es auch der faschistischen Regierung nicht, den Grad der Energieabhängigkeit vom Ausland auf unter 50% zu drücken.[396] Damit aber stellte das Energieproblem zwangsläufig eine Herausforderung jeder italienischen Nachkriegsregierung dar und evozierte in diesem Zusammenhang nicht zuletzt Debatten zur Zukunft der AGIP.

Die politische Debatte über die Zukunft der AGIP, 1945–1948

Im Frühjahr 1945 war die staatliche AGIP faktisch bankrott: Während des Krieges waren die Fabrikanlagen und Pipelines nahezu vollständig zerstört oder zumindest schwer beschädigt worden. Zusätzlich war die Gesellschaft hoch verschuldet, und an eine Wiederaufnahme der Produktion war vorerst nicht zu denken.[397] Den alliierten Besatzungsmächten war daran auch wenig gelegen. Sie plädierten aus

392 Vgl. Francesca Fauri, The 'Economic Miracle' and Italy's Chemical Industry, 1950–1965: A Missed Opportunity, in: Enterprise & Society, vol. 1, n. 2 (2000), S. 281–285.

393 Vgl. Toninelli (1999), La questione energetica, S. 373.

394 Vgl. Giulio Sapelli, Luigi Orsenigo, Pier A. Toninelli und Claudio Corduas, Nascita e trasformazione d'impresa. Storia dell'AGIP Petroli, Bologna: Il Mulino (1993), S. 46f.

395 Vgl. ebd.

396 Vgl. Pier A. Toninelli, Energy Supply and Economic Development in Italy: The Role of the State-owned Companies, Department of Economics. University of Milan – Bicocca, Working Paper Series, No. 146 (October 2008), S. 5.

397 Vgl. Nico Perrone, Mattei. Il nemico italiano. Politica e morte del presidente dell'ENI attraverso i documenti segreti. 1945–1962, Mailand: Leonardo (1989), S. 13.

mehreren Gründen für eine Schließung der AGIP: *Zum einen* galt die staatliche Energiegesellschaft international – neben dem staatlichen IRI – als die größte und erfolgreichste unternehmerische Schöpfung des faschistischen Wirtschaftssystems und war daher als wirkungsmächtiges Symbol der italienischen Autarkiebestrebungen moralisch diskreditiert. *Zum anderen* aber setzten die Siegermächte, vor allem die US-Amerikaner alles daran, durch die Auflösung der staatlichen Energiegesellschaft die möglichst baldige Rückkehr der großen multinationalen Mineralölunternehmen auf den italienischen Markt zu ermöglichen.[398]

Ein anschaulicher Beleg für die Bemühungen der Amerikaner, die Entwicklungen im Bereich der Energieversorgung mit fossilen Brennstoffen zu ihren Gunsten zu beeinflussen, findet sich in einem Schreiben des amerikanischen Staatssekretärs Joseph C. Grew an den Botschafter der USA in Italien, Alexander C. Kirk, vom März 1945, in dem er die US-amerikanische Haltung pointiert zusammenfasst.[399] Grew forderte, dass alles dafür getan werden müsste, „die neue italienische Regierung davon abzuhalten, die Geschäfte der AGIP weiterzuführen. (...)" Der italienische Markt – so Grew weiter – müsste „möglichst bald wieder dem freien Wettbewerb überantwortet und damit für ausländische Anbieter geöffnet werden." Die amerikanischen Unternehmen sollten seines Erachtens dann „schnellstmöglich nach Italien zurückkehren, um sich die erfolgversprechendsten Marktanteile zu sichern."[400]

Auch innerhalb der neuen, unter der Führung von Ivanoe Bonomi zusammengestellten italienischen Regierung des Nationalen Befreiungskomitees (CLN) formierte sich Widerstand gegen eine mögliche Fortführung der Geschäftstätigkeit der AGIP. Insbesondere die Liberalen, die dem Staatseingriff in das Wirtschaftsgeschehen generell skeptisch gegenüber standen und staatliches Unternehmertum auf ein Minimum reduzieren oder sogar ganz verhindern wollten, forderten die Privatisierung der staatlichen Energiegesellschaft. In diesem Zusammenhang ist auch die Entscheidung des von Marcello Soleri geleiteteten Schatzministeriums Anfang Mai zu bewerten, erneute finanzielle Zuwendungen für die AGIP kategorisch abzulehnen, da diese den finanziellen Bankrott der Energiegesellschaft allenfalls hinauszögern, keinesfalls aber verhindern könnten.[401] In einem Brief vom 15. Mai 1945 an das Industrieministerium über die Zukunft der AGIP machte Soleri deutlich, „dass der Mineralölsektor der Privatindustrie überlassen werden sollte." Seiner Meinung nach sollten „die

---

398 Zur Haltung der alliierten Besatzungsmächte, vgl. zusammenfassend Marcello Colitti, Energia e sviluppo in Italia. La vicenda di Enrico Mattei, Bari: De Donato (1979), S. 59f.

399 Zu den Interessen der US-amerikanischen Petrolindustrie in Italien nach dem Zweiten Weltkrieg, vgl. Benito Li Vigni, La grande sfida: Mattei, il petrolio e la politica, Mailand: Mondadori (1996), S. 16ff.; vgl. aber auch Perrone (1989), Il nemico italiano, S. 15ff; S. 24ff; S. 32ff. sowie S. 42ff.

400 Zitert und übersetzt nach Li Vigni (1996), La grande sfida, S. 17.

401 Vgl. Perrone (1989), Il nemico italiano, S. 24f.

Geschäftsaktivitäten der AGIP interessierten privaten Unternehmen übertragen und der Firmenbestand an Maschinen und Fabrikanlagen verkauft werden."[402]

Bereits im April hatte die von Cesare Merzagora geleitete Wirtschaftskommission des CLN auf Druck der alliierten Besatzungsmächte und des Schatzministeriums zunächst die Liquidation der staatlichen Energiegesellschaft beschlossen. Die kommissarische Leitung der AGIP und die Durchführung ihrer Abwicklung überantwortete sie am 28. April 1945 Enrico Mattei.[403] Mattei hatte sich in den 1920er und 1930er Jahren als junger und erfolgreicher *selfmade*-Unternehmer in verschiedenen Geschäftsbereichen einen Namen gemacht. Während des Krieges hatte er sich dem antifaschistischen Widerstand angeschlossen und war innerhalb weniger Jahre zu einem Hauptmann der Widerstandsbrigaden in Norditalien aufgestiegen. Während dieser Jahre erwarb sich Mattei den Ruf eines erfolgreichen Organisators. Er galt innerhalb der neu gegründeten *Democrazia Cristiana* als hervorragend gut vernetzt und war eng befreundet mit einigen führenden politischen Persönlichkeiten der DC wie Ezio Vanoni, Giuseppe Dossetti, Amintore Fanfani oder Alcide De Gasperi. Mattei war bekennender Nationalist, gleichzeitig aber ein erbitterter Gegner jedweden autoritären Regimes und ein überzeugter Verfechter der katholischen Sozialrechtslehre.[404] So schreibt auch Francesca Carnevali: „At the end of the war, Mattei's reputation was that of an ambitious and successful entrepreneur, whose political credentials were impeccable and whose cultural baggage mixed progressive Catholicism and nationalism."[405]

Enrico Mattei war die wohl schillerndste Unternehmerpersönlichkeit der italienischen Nachkriegsgeschichte, die schon zu seinen Lebzeiten ein ebenso vielfaches wie vielseitiges journalistisches Echo hervorgerufen hat. Aber auch innerhalb der akademischen Forschung erfährt kein anderer italienischer Unternehmer seither derart viele – wenn auch zum Teil äußerst kritische – biografische Würdigungen wie Enrico Mattei.[406] Seinen Kampf in der italienischen *Resistenza*, sein unternehmerisches Wirken in und außerhalb Italiens, sein Leben, ja sogar seinen Tod[407] umranken

---

402 Marcello Soleri, Memorie, Turin: Einaudi (1949), S. 226f.

403 Vgl. Colitti (1979), Energia e sviluppo, S. 56ff.

404 Vgl. zu den biografischen Angaben über Enrico Mattei vor 1945 – ergänzend – Marcello Colitti, Enrico Mattei (1906–1962), in: Mortara (1984), I protagonisti dell'intervento pubblico, S. 686f.

405 Francesca Carnevali, State Enterprise and Italy's "Economic Miracle": The Ente Nazionale Idrocarburi, 1945–1962, in: Enterprise & Society, vol. 1, n. 2 (2000), S. 256.

406 Vgl. den bibliografischen Anhang, in: Alberto Marino, Enrico Mattei deve morire! Il sogno senza risveglio di un paese libero, Rom: Castelvecchi (2014).

407 Am 27. Oktober 1962 kam Enrico Mattei bei einem bis heute nicht hinlänglich geklärten Absturz seines Privatflugzeugs ums Leben. Nachdem zunächst ein technischer Defekt des Flugzeugs als offizielle Unfallursache galt, verdichteten sich während der folgenden Jahre die Hinweise darauf, dass das Flugzeug gezielt beschädigt oder sogar abgeschossen wurde. Zum Tod von Enrico Mattei, vgl. grundlegend Fulvio Bellini und Alessandro Previdi, L'assasinio di Enrico Mattei, Mailand: FLAN (1970). Ansonsten, vgl. Carlo M. Lomartire, Mattei: storia dell' italiano che sfidò i signori del petrolio, Mai-

Mythen und Gerüchte. Schon seine Zeitgenossen hatte Mattei wie kaum ein anderer polarisiert: Für die einen war er der sagenumwobene „Held"[408] des antifaschistischen Widerstands, einer der „erfolgreichsten Unternehmer" (...) und „außergewöhnlichsten Persönlichkeiten der italienischen Nachkriegszeit",[409] aber auch „Opfer einer politischen Intrige."[410] Für die anderen hingegen war Mattei „Italiens Öl-Diktator",[411] „der vielleicht korrupteste Politiker aller Zeiten"[412] oder aber einfach nur „skrupellos und größenwahnsinnig."[413] Sich selbst bezeichnete Enrico Mattei als *condottiere* – als einen Heerführer seiner Angestellten und Arbeiter –, dem jedes Mittel recht wäre, seinen Traum von der nationalen Unabhängigkeit Italiens in der Energieversorgung zu verwirklichen und Italien dadurch zu Wohlstand und internationalem Ansehen zu verhelfen.[414]

Folgt man den Ausführungen seines wichtigsten Biographen, dem langjährigen Wegbegleiter und Freund, Marcello Collitti, war Enrico Mattei, als er die kommissarische Leitung der AGIP übernahm, noch nicht darüber informiert, dass im Rahmen der 1939 eingeleiteten Explorationsarbeiten bei Caviaga in der Po-Ebene im Oktober 1944 ergiebige Erdöl- und Erdgasvorkommen entdeckt worden waren. Carlo Zanmatti, der die damaligen Arbeiten leitete, hatte die Probebohrungen sofort wieder beendet und den deutschen Besatzern die vielversprechenden Ergebnisse der jahrelangen Forschungsaktivitäten der AGIP verschwiegen.[415] Nur seine engsten Mitarbeiter und Vertrauten waren eingeweiht. Wahrscheinlich – so schlussfolgert Colitti – wurden Mattei daher die genauen technischen Details und Kostenkalkulationen einer möglichen Förderung sowie präzise Angaben über mögliche Fördervolumina erst nach seinem Antritt mitgeteilt.[416]

---

land: Mondadori (2004), S. 336–350; Giuseppe Accorinti, Quando Mattei era l'impresa energetica – io c'ero –, Matelica: Halley (2004), S. 406–411; Nico Perrone, Obiettivo Mattei. Petrolio, Stati Uniti e politica dell'ENI, Rom: Gamberetti (1995); Rosi und Scalfari (1972), Il caso Mattei, S. 95–179 oder auch Regine Igel, Terrorjahre. Die dunkle Seite der CIA in Italien, München: Herbig (2006).

408 Alessandro Silj, Malpaese, criminalità, corruzione e politica nell'Italia della prima Repubblica 1943–1994, Rom: Donzelli (1994), S. 303.

409 So *The Guardian* in seiner Ausgabe vom 29. Oktober 1962. Zitiert nach: http://www.webiamo.it/webiamo-story/28-anno-2012/1985-enrico-mattei.html (besucht am 01. 10.2015).

410 Sergio Bocconi, Morte di Mattei: politici divisi, in: Corriere della sera, Ausgabe vom 23.01.2001, S. 19.

411 Azio de Franciscis, Enrico Mattei. Italiens Super-Manager, in: DIE ZEIT, Ausgabe vom 26. Juli 1956, Jahrgang 1956, Nr. 30. Zitiert nach: http://www.zeit.de/1956/30/enrico-mattei (besucht am 01.10.2015).

412 So der Journalist, Indro Montanelli, über Mattei. Indro Montanelli, Enrico Mattei. L'incorruttiblie corruttore, in: Corriere della sera, Ausgabe vom 04. Juni 1992, S. 41.

413 So der Journalist und Schriftsteller, Italo Pietra, in seinem Buch über Mattei: Italo Pietra, Mattei. La pecora nera, SugarCo (1987), S. 231.

414 Vgl. auch Accorinti (2004), Io c'ero, S. 335.

415 Zu den Explorationsarbeiten in der Po-Ebene, vgl. Pozzi (2003), Enrico Mattei's AGIP, S. 7ff.

416 Vgl. Colitti (1979), Energia e sviluppo, S. 73ff.

Die Frage, wann Mattei seinen Entschluß faßte, nicht die Liquidation der staatlichen Energiegesellschaft zu koordinieren und zu verwalten, sondern – entgegen seinem öffentlichen Auftrag – ihren Wiederaufbau und Ausbau vorzubereiten, lässt sich aufgrund fehlender Quellen heute nicht mehr beantworten. Allerdings kann belegt werden, dass sich der Industrieminister der Regierung Bonomi, Giovanni Gronchi, im Mai 1945 mehrfach an Mattei mit der Bitte gewandt hat, sich nicht von Soleris Forderung nach einer baldigen Schließung der AGIP beeinflussen zu lassen.[417] Auch Gronchi war von Zanmatti und Enrico Marchesini, dem Chefgeologen der AGIP, über die erfolgreichen Probebohrungen in der Po-Ebene unterrichtet worden.[418] Er versuchte unter allen Umständen zu verhindern, dass die Bohrrechte der AGIP in und um Caviaga an ausländische Unternehmen abgetreten werden könnten.[419] Wie sich Antonio Pesenti – Finanzminister der Regierung Bonomi – erinnert, appellierte Gronchi mehrfach auch an andere Regierungsmitglieder, „dem Druck der Besatzungsmächte nicht immer nachzugeben und den Beschluß über die Liquidation der staatlichen Energieholding noch einmal zu überdenken," da es bei der Forderung der Siegermächte nach einer schnellen Schließung der AGIP um nichts anderes ginge, als die Rückkehr der ausländischen Mineralölkonzerne auf den italienischen Markt zu ermöglichen „mit dem Ziel, sich für die Zukunft auch in Italien die Kontrolle und das Monopol auf dem Brennstoffmarkt zu sichern."[420]

Mittlerweile waren die Informationen über die vielversprechenden Explorationsarbeiten in der Po-Ebene wohl allen Regierungsbeteiligten bekannt. Das damit verbundene Entscheidungsdilemma, „who would be the better administrator of this new-found wealth: private enterprise (mainly American) or the state,"[421] spaltete das Regierungsbündnis der CLN in zwei gegnerische Lager: *Auf der einen Seite* in jenes der Befürworter einer schnellen Schließung und Privatisierung der AGIP um Soleri und Bonomi; *auf der anderen Seite* in jenes, das mit den aussichtsreichen Probebohrungen in und um Caviaga die seit Generationen herbeigesehnte Möglichkeit assoziierte, das Land schon bald aus der „tragischen (...) Inferiorität (...) im Energiebereich"[422] aus eigenen Kräften und ohne jegliches kriegerische Mittel befreien zu können.[423] Die Vertreter dieses Lagers, zu dem unter anderem – neben Gronchi – auch De Gasperi gehörte, setzten sich folgerichtig für eine Weiterführung der Energieholding unter staatlicher Leitung und Kontrolle ein. Der AGIP sollten ihrer Meinung nach die Rechte

417 Vgl. ebd., S. 71f.

418 Vgl. Bellini und Previdi (1970), L'assassinio di Enrico Mattei, S. 30f.

419 Vgl. Carnevali (2000), ENI, S. 257.

420 Antonio Pesenti, La Cattedra e il Bugliolo, Mailand: La Pietra (1972), S. 254.

421 Carnevali (2000), ENI, S. 257.

422 Francesco Rosi und Ernesto Scalfari, Il caso Mattei. Un corsaro al sevizio della repubblica, Bologna: Cappelli (1972), S. 22.

423 Vgl. auch Amatori (2000), Beyond State and Market, S. 146f.

für den Abbau und die Förderung der entdeckten Brennstoffvorkommen in der Po-Ebene exklusiv zugesprochen werden.[424]

Ähnlich sah das auch Mattei, für den feststand, dass „Italien (…) einen Energiehunger wird stillen müssen wie niemals zuvor."[425] Für ihn war es selbstverständlich, dass der Wiederaufbau der Wirtschaft und die Umstellung der Industrieproduktion von der Kriegs- auf die Friedenswirtschaft nicht nur enorme Investitionen, sondern auch eine entsprechende Versorgung mit billigen und vor allem ausreichenden Brennstoffen erforderlich machten. In einem für die gesamte wirtschaftliche Entwicklung des Landes so entscheidenden Bereich wie der Energieversorgung – davon war Mattei zudem überzeugt – wäre es notwendig, dass der Staat eine aktive Rolle übernimmt, um die Kontrolle über Produktions- und Absatzmengen sowie über die Preisentwicklung für die eingesetzten Energieträger zu erlangen.[426] So war es nur naheliegend, dass Mattei für die Erhaltung und den Ausbau der AGIP eintrat.[427]

Mit dem Zusammenbruch der Regierung Bonomi und der Neubildung der ersten nationalen Einheitsregierung am 21. Juni 1945 unter Führung von Ferruccio Parri, dem Mitbegründer und Parteichef des *Partito d'Azione*, schienen sich die Verhandlungen für oder gegen den Erhalt der AGIP zum ersten Mal zugunsten der von Mattei vertretenen Forderungen zu verschieben. Die beiden Ex-Partisanenführer Parri und Mattei kannten sich seit Jahren und waren eng befreundet. Beide vereinten die gemeinsamen Erfahrungen des antifaschistischen Widerstandes, und Mattei konnte wohl davon ausgehen, dass der neue Ministerpräsident die Position seines Partisanenfreundes unterstützen würde. Einen ersten Erfolg konnte Mattei bereits im August 1945 verbuchen, als das Schatzministerium, das nach dem Tod Soleris nun von Federico Ricci (parteilos) geleitet wurde, 5 Mio. Lire für den Wiederaufbau der zerstörten AGIP-Raffinerien in Bari und Livorno zur Verfügung stellte.[428] Dieser Betrag deckte die notwendigen Investitionserfordernisse allerdings nicht annähernd ab, so dass ein Fortbestehen der defizitären Gesellschaft, trotz aller politischen Unterstützung, weiterhin unsicher war.

---

424 Vgl. zur Haltung Gronchi's und anderen führenden Politikern innerhalb der *Democrazia Cristiana* hinsichtlich einer organischen Beibehaltung der staatlichen AGIP, Colitti (1979), Energia e sviluppo, S. 71f.

425 Zitiert nach Rosi und Scalfari, Il caso Mattei, S. 32.

426 Vgl. Pozzi (2003), Enrico Mattei's AGIP, S. 16.

427 Vgl. Morcaldo (2007), Intervento pubblico, S. 150f.; Amatori (2000), Beyond State and Market, S. 146 sowie Colitti (1984), Enrico Mattei, S. 689.

428 Vgl. hierzu den Brief des Industrieministers an Enrico Mattei vom 10. August 1945. Gronchi schreibt, dass Mattei vom Schatzministerium ein Zuschuss über 5 Mio. Lire „zur Instandsetzung der Produktionsanlagen der Agip sowie zur Fortsetzung der staatlichen Explorationsarbeiten" zur Verfügung gestellt werden soll. Zitiert nach Colitti (1979), Energia e sviluppo, S. 78.

Enrico Mattei entschied sich daraufhin zu einem außergewöhnlichen *Coup*: Ausgehend von der Maxime „die AGIP muß gerettet werden,“[429] entschloss er sich, bei den Banken als privater Unternehmer Kredite zu beantragen und mit seinem Chemieunternehmen *Industria chimica lombarda grassi e saponi* in Dergnano im Umland von Mailand dafür zu bürgen. Sein guter Ruf als erfolgreicher Industrieller und aufstrebender Politiker dürfte wohl ausschlaggebend für den Erhalt der Kredite gewesen sein. Über die genaue Höhe und die vereinbarten Laufzeiten der Mattei genehmigten Gelder lassen sich keine genauen Angaben mehr machen. Es ist aber davon auszugehen, dass das Kreditvolumen deutlich über der vom Schatzministerium bewilligten Summe lag. Allein für die Wiederaufnahme und Intensivierung der Prospektionsarbeiten war von Zanmatti ein Kostenvoranschlag für einen Zwei-Jahres-Zeitraum über mindestens 12 Mio. Lire errechnet worden.[430] Zanmatti hatte für Mattei bereits seit Mai 1945 eine Reihe verschiedener Berichte erstellt, in denen er ihn über den Stand der bisherigen Prospektionsarbeiten, über die zur Verfügung stehenden technischen und finanziellen Mittel der AGIP sowie über die verschiedenen Szenarien bei einer Erschließung der vermuteten Lagerstätten informierte.[431] Nicht zuletzt dadurch erwarb sich Zanmatti bald das uneingeschränkte Vertrauen von Mattei, obwohl er aufgrund seiner faschistischen Vergangenheit innerhalb der neuen AGIP-Führung zunächst höchst umstritten war. Während der folgenden Jahre wurde und blieb er einer der wichtigsten technischen Berater und „his right-hand man for upstream activities for the rest of Mattei's life.“[432]

Im September 1945 wurde Mattei von Gronchi, der unter der Regierung Parri erneut dem Industrieministerium vorstand, darüber informiert, dass die jeweiligen Gesellschaften *Standard Oil*, *Shell*, *Gulf Oil* und *Texas Oil* bereits mit dem Wirtschaftsausschuss des CLN und dem *Comitato Italiano Petroli*[433] über die Vergabe von Bohrrechten in der Po-Ebene und auf Sizilien verhandelten.[434] Jetzt hieß es, die Regierung davon zu überzeugen, den amerikanischen Unternehmen vorerst keine Bohrgenehmigungen zu erteilen, stattdessen einen offiziellen Auftrag zur Fortsetzung der Erschließungs- und Förderarbeiten bei Caviaga für die AGIP durchzusetzen. Sollte der Regierungsauftrag hingegen ausbleiben und würde man die Bohrrechte der Privatwirtschaft überlassen,

---

429 So Enrico Mattei in einem Brief an den neuen Regierungschef, Ferruccio Parri, vom 01. September 1945. Zitiert nach ebd., Energia e sviluppo, S. 79.

430 Vgl. den Bericht von Carlo Zanmatti an Mattei vom 04. Juli 1945, in: Archivio Storico ENI, ENI, Presidenza Mattei, b. 40, fasc. 1, sfasc. 1, Ricostruzione di una nuova AGIP.

431 Vgl. ebd.; vgl. aber auch Archivio Storico ENI, ENI, Presidenza Mattei, b. 40, fasc. 1, sfasc. 4, Situazione delle ricerche petrolifere nell'Italia Settentrionale.

432 Pozzi (2003), Mattei's AGIP, S. 16.

433 Das *Comitato Italiano Petroli* wurde von den alliierten Siegermächten zwecks Koordinierung der Energiepolitik in und für Italien am 01. März 1945 gegründet. Vgl. Decreto legislativo luogotenenziale 1 marzo 1945, n. 138, Costituzione del Comitato Italiano Petroli (C.I.P.), in: Gazzetta Ufficiale, Serie generale, n. 48 (21.04.1945), Rom: Istituto Poligrafico dello Stato (1945).

434 Vgl. Perrone (1989), Il nemico italiano, S. 31f.

wäre – so Mattei – gegen die weitaus bessere technische Ausstattung und die schier unerschöpflichen finanziellen Ressourcen der multinationalen Energiekonzerne zu einem späteren Zeitpunkt nicht mehr anzukommen und damit die Chance vertan, sich zumindest teilweise aus der erdrückenden Auslandsabhängigkeit im Energiebereich zu befreien.[435]

Nach über acht Wochen zäher Verhandlungen einigten sich die beteiligten Ministerien des CLN mit Mattei auf eine Kompromisslösung: Das Schatzministerium würde der AGIP vorerst keine zusätzlichen Gelder zur Verfügung stellen; das Liquidationsverfahren der staatlichen Energiegesellschaft sollte aber vorläufig ausgesetzt werden. Darüber hinaus erhielt die AGIP die offizielle Genehmigung, die vermuteten Erdgas- und Erdölvorkommen bei Caviaga abbauen zu dürfen. Die dafür notwendigen finanziellen Mittel sollte die AGIP allerdings selbst aufbringen. Schließlich wurde vereinbart, dass alle weiteren Explorationsarbeiten der AGIP in Italien außerhalb der Po-Ebene, die sich vor allem auf die Gegend um Ragusa auf Sizilien konzentrierten, bis auf weiteres stillgelegt und die Bohrrechte an private Anbieter abgetreten werden. Am 30. Oktober 1945 wurde die zuvor beschlossene Auflösung der AGIP per Gesetz aufgehoben. Mattei, dessen Arbeitsauftrag als kommissarischer Leiter des Liquidationsverfahrens dadurch beendet war, wurde am Tag darauf zum zweiten Vizepräsidenten der neu aufgestellten AGIP ernannt.[436]

Mit dem offiziellem Auftrag zur Fortführung der Explorations- und Förderungsarbeiten bei Caviaga hatte Mattei vorerst sein dringlichstes Ziel erreicht. Mithilfe der von ihm privat zur Verfügung gestellten Gelder wurden die Bohrungen wiederaufgenommen und erste Förderanlagen errichtet. Das gemeinsam mit Zanmatti entworfene und im Dezember 1945 der Regierung vorgelegte Zwei-Jahres-Förderprogramm basierte im Kern auf der raschen Erschließung und Ausbeutung der Lagerstätten in der *Valle Padana*. Ziel war es, aus dem Erlös der geförderten Brennstoffe weitere Bohrungen in der Po-Ebene zu finanzieren, möglichst bald die beiden großen Raffinerien in Livorno und Bari wiederaufzubauen sowie eine dritte große Anlage zur petrochemischen Weiterverarbeitung in der Nähe von Mailand zu errichten. Bis zu den Neuverhandlungen mit der Regierung für die Zeit nach 1947 sollte die AGIP sich so weit saniert haben, dass das Unternehmen, unabhängig von zusätzlichen staatlichen Zuwendungen, weiter existieren konnte.[437]

---

435 Zur Haltung Enrico Matteis bei den Auftragsverhandlungen über die Erschließung der Caviaga-Vorkommen im September 1945, vgl. Enrico Mattei, Ristrutturazione AGIP, in: Archivio dell'Istituto Nazionale per la Storia del Movimento di Liberazione in Italia, Fondo Cesare Merzagora, busta 34, fascicolo 29, S. 14ff.

436 Vgl. Colitti (1984), Enrico Mattei, S. 689.

437 Vgl. Colitti (1979), Energia e sviluppo, S. 83f.

Die von den Geologen der AGIP vermuteten Erdgasfelder spielten bei der Ausarbeitung des *Progetto di Programma, AGIP 1946–1947*[438] hingegen noch keine große Rolle. Erdgas als Energierohstoff war auch für Mattei anfangs von eher nachrangiger Relevanz, da es in Italien nur wenige und veraltete Anlagen (Erdgassonden und ähnliches) zur Ableitung des Erdgases sowie keine geeigneten Erdgasspeicher gab. Außerdem existierte lediglich ein etwa 200 km langes und damit nur bedingt geeignetes Pipeline- und Transportnetz im Umland von Mailand. Freilich dürfte Mattei das ungeheure Potenzial der Lagerstätten in der Po-Ebene bereits bewusst gewesen sein; immerhin hatte er schon im August 1945 Zanmatti beauftragt, einen vorläufigen Investitionsplan sowie einen Kostenentwurf für eine mögliche Ausbeutung der Erdgasfelder zu erstellen.[439] Die von Zanmatti geschätzten Kosten überstiegen allerdings bei weitem die aktuellen finanziellen Möglichkeiten der AGIP. Der gesamte Produktionsapparat der AGIP war insofern zunächst nahezu komplett auf die Förderung von Erdöl zur Stromerzeugung und Kraftstoffgewinnung sowie zur petrochemischen Weiterverarbeitung ausgerichtet. Die Fördermengen an Erdöl blieben jedoch von Anbeginn der Arbeiten weit unterhalb der Berechnungen der Geologen und Techniker. Das unter der Maßgabe einer raschen Erdölförderung und einer daraus resultierenden Eigenfinanzierung der staatlichen Energiegesellschaft erarbeitete Arbeits- und Investitionsprogramm schien dementsprechend nicht realisierbar. Ja mehr noch: Aufgrund ausbleibender Gewinne aus der Erdölförderung stand die AGIP schon bald abermals vor dem wirtschaftlichen Bankrott.[440]

Die seit Dezember 1945 unter der Führung von De Gasperi neu formierte Regierung war dennoch fest entschlossen, für den Erhalt der staatlichen AGIP zu kämpfen. Mit dem Dekret Nr. 439 vom 17. Mai 1946 hatte sie immerhin eine weitere Bezuschussung in Höhe von 600 Mio. Lire bewilligt.[441] Als eine vom Schatz- und Industrieministerium eingesetzte Expertenkommission am 05. Juli 1946 ihren Zwischenbericht zur wirtschaftlichen Lage der AGIP vorlegte, wurde die Finanzierung allerdings vorerst eingefroren. Die Kommission empfahl der Regierung sogar die Wiederaufnahme des Liquidationsverfahrens und ein sofortiges Ende der Subventionszahlungen an die AGIP. In ihrem Bericht heißt es: „Wenn ein Bauwerk an allen Seiten mehr und mehr

438 Vgl. Archivio Storico ENI, ENI, Presidenza Mattei, b. 40, fasc. 1, sfasc. 2, Progetto di Programma, AGIP 1946–1947.

439 Vgl. zu den Berechnungen Carlo Zanmattis über eine mögliche Ausbeutung der Erdgasvorkommen in Caviaga, über den Ankauf von Förderungstechnologien aus den USA sowie über den Aufbau eines zunächst auf Norditalien beschränkten Pipelinenetzes für Erdgas: Archivio Storico ENI, ENI, Presidenza Mattei, b. 40, fasc. 1, sfasc. 2, Progetto di Programma, AGIP 1946–1947.

440 Vgl. Colitti (1979), Energia e sviluppo, S. 83ff.

441 Vgl. Regio decreto legislativo 17 maggio 1946, n. 430, Concessione di anticipazioni all'Azienda Generale Italiana Petroli (A.G.I.P.), in Gazzetta Ufficiale, Serie generale, n. 133 (10.06.1946), Rom: Istituto Poligrafico dello Stato (1946).

zusammenstürzt, ist es in der Regel ökonomisch sinnvoll, es vollständig abzureißen."[442]

Mattei's Position als Vizepräsident der AGIP war zunehmend umstritten. Als er Ende 1946 die Regierung erneut aufforderte, für eine effiziente Ausbeutung der Erdgasfelder in den Ankauf moderner Förderungstechnologien und in den Aufbau eines nationalen Pipelinenetzes zu investieren, stieß er im Schatz- sowie im Industrieministerium auf taube Ohren. Gronchi, der die Planungen Matteis stets unterstützt hatte, war zudem als Industrieminister im Rahmen der Kabinettsneubildung am 13. Juli 1946 vom Sozialisten Rodolfo Morandi abgelöst worden. Für Morandi stellten das von Mattei erarbeitete *Progetto di Programma* eine komplette Fehlkonstruktion und die begonnene Ausbeutung angeblicher Erdölvorkommen in und um Caviaga ein totales finanzielles Desaster dar; neuen Investitionen stand er deshalb strikt ablehnend gegenüber.[443] Nach mehreren Verhandlungsrunden beschloss die Regierung denn auch auf Druck des Industrieministers am 11. Februar 1947 die Wiederaufnahme des Liquidationsverfahrens der AGIP sowie einen sofortigen Zahlungsstopp. Als am 09. Mai vom Industrieministerium schließlich eine Arbeitsgruppe beauftragt wurde, den möglichst schnellen Verkauf der Fabrikanlagen sowie die Abtretung der staatlichen Bohrrechte an private Anbieter vorzubereiten, trat Mattei als Vizepräsident der AGIP zurück, stand der Gesellschaft aber weiterhin als Berater zur Verfügung.[444]

Nach der Entscheidung, die Bohrrechte auch in der Po-Ebene an private Anbieter abzutreten, gingen beim Industrieministerium von Mitte Mai bis Anfang November 1947 weit über 400 Anträge auf Probebohrungen ein. In der Zwischenzeit hatte sich mit der Besetzung des Christdemokraten Giuseppe Togni als Industrieminister im Rahmen der Regierungsumbildung Ende Mai 1947 die Stimmung erneut zugunsten einer Weiterführung von staatlichen Prospektionsarbeiten und damit gegen die Liquidation der AGIP gewandelt. Die vielen Anträge der Privatindustrie fungierten in gewisser Weise als Katalysator für diesen industriepolitischen Stimmungswandel und sorgten gleichsam für eine Rehabilitierung Enrico Mattei's: Unter Bezugnahme auf das massive Interesse der multinationalen Mineralölkonzerne an einer Übernahme der Bohrrechte, stellte der neue Industrieminister in einem Memorandum an den Ministerrat vom 13. November 1947 heraus, dass sich das wirtschaftliche Potenzial der entdeckten Erdgasvorkommen in der Po-Ebene nicht mehr wegdiskutieren ließe. Darüber hinaus bewertete er die Prospektionsarbeiten der AGIP nachträglich als erfolgreich und lobte Mattei für dessen unternehmerische Weitsicht.[445] Er mahnte,

---

442 Der Bericht der von Luigi Gerbella geleiteten Expertenkommission ist in Teilen abgedruckt, in: Federico Squarzina, Le ricerche di petrolio in Italia, Rom: Jandi Sapi (1958). Zitiert nach ebd., S. 62.

443 Vgl. Giorgio Galli, Enrico Mattei: Petrolio e complotto italiano, Mailand: Baldini Castoldi Dalai (2005), S. 44.

444 Vgl. Colitti (1979), Energia e sviluppo, S. 92f. sowie Colitti (1984), Enrico Mattei, S. 691

445 Vgl. Archivio Centrale dello Stato, Presidenza del Consiglio dei Ministri, PCM, Comitato Interministeriale per la Ricostruzione, CIR, b. 8, 1948–1950, fasc. 3, Giuseppe Togni, Promemoria (13.11.1947).

„Mattei nicht den gefüllten Teller zu rauben“[446] und forderte, das Liquidationsverfahren der AGIP noch einmal zu stoppen, die Vorschläge Mattei's wieder aufzunehmen und in die gezielte Ausbeutung der Erdgasfelder bei Caviaga zu investieren.[447] Nur kurze Zeit später, am 13. Dezember 1947, verabschiedete der Ministerrat ein vorläufiges Sanierungsprogramm für die staatliche Energiegesellschaft, was letztlich einen erneuten Stopp des laufenden Liquidationsverfahrens bedeutete.[448] Für die drängendsten Zahlungsverpflichtungen der AGIP sollten vom Schatzministerium 290 Mio. Lire zur Verfügung gestellt werden. Das Sanierungsprogramm ließ jedoch weiterhin offen, wer die Rechte zur Ausbeutung der Brennstoffvorkommen zukünftig erhalten würde.

Konkret ging es um die Frage, ob die Bohrrechte in staatlicher Hand verbleiben oder aber – zumindest in Teilen – an private Anbieter, damit aber aller Voraussicht nach an die großen ausländischen Mineralölkonzerne abgetreten werden sollten. Letztere hatten ihre Investitionspläne längst von der Erdölförderung auf die Ausbeutung von Erdgas umgestellt und waren bestens vorbereitet, die Bohranlagen der AGIP im Umland von Caviaga zu übernehmen.[449] Die Unentschiedenheit der Regierung über die unternehmerische Zukunft der AGIP und die Vergabe der Bohrrechte wurde schon bald durch einen abermaligen Wechsel an der Spitze des Industrieministeriums verstärkt. Togni musste seinen Posten an den Sozialdemokraten Roberto Tremelloni übergeben, nachdem er vom Ministerpräsidenten mit der Koordinierung der staatlichen Wirtschaftspolitik beauftragt worden war und ein eigens hierfür neu geschaffenes Ministerium aufbauen und leiten sollte.[450] Tremelloni vertrat aber die Positionen seines Vorvorgängers im Industrieministerium, Morandi, für den er schon als erster Staatssekretär gearbeitet hatte. Er befürwortete insofern die Schließung der AGIP und die Abtretung der Bohrrechte an die multinationalen Energiekonzerne. In einem von Tremelloni unterzeichneten *Appunto* an De Gasperi vom 20. Dezember 1947 heißt es: „Die vorherrschende Meinung ist die, dass die AGIP, nachdem sie jahrelang Hunderte von Millionen staatlicher Gelder für immer neue Prospektionsarbeiten ohne nennenswerte Erfolge verschleudert hat, nun endlich den Amerikanern das Feld überlassen sollte, die mit weit besserer Expertise, technischer Ausstattung und Finanzkraft die Exploration der vermuteten Lagerstätten schnell voranbringen können, ausländisches Kapital nach Italien bringen und umso mehr investieren

446 Ebd.

447 Vgl. ebd.

448 Vgl. Decreto legislativo del capo provvisorio dello Stato 13 dicembre 1947, n. 1879, Ulteriori stanziamenti per spese sostenute dell'Azienda generale italiana petroli per ricerche petrolifere eseguito nel territorio della Repubblica italiana successivamente al 30 giugno 1945, in: Gazzetta Ufficiale della Repubblica Italiana, Serie generale, n. 180 (05.08.1948), Rom: Istituto Poligrafico dello Stato (1948).

449 Vgl. Colitti (1984), Enrico Mattei, S. 689f.

450 Alessandro Gigliotti, De Gasperi e il centrismo: la prima legislatura repubblicana, in: federalismi.it. Rivista di diritto pubblico italiano, comunitario e comparato, n. 13 (2013), S. 8.

werden, sollte die Erschließung ergiebiger Brennstoffvorkommen erfolgreich sein, was uns wiederum enorme Vorteile verschaffen würde."[451] Ungeachtet dessen wurde am 26. Februar 1948 eine weitere staatliche Bezuschussung in Höhe von 490 Mio. Lire zur Schuldendeckung der AGIP beschlossen.[452] Eine Entscheidung darüber, was und in welchem Umfang aus dem Erlös der laufenden Förderung finanziert werden und vor allem, wer künftig die Rechte zur Ausbeutung der Erdgasfelder erhalten sollte, wurde vom Ministerrat hingegen auf die Zeit nach der Parlamentswahl vertagt. Bis zu diesem Zeitpunkt dominierten unüberbrückbar scheinende industriepolitische Auffassungen die Regierungskoalition, existierte keine kohärente Strategie zur Sicherstellung der volkswirtschaftlichen Energieversorgung. Diese Gegensätze manifestierten sich nicht zuletzt in der Frage, inwieweit und mit welchen Mitteln der Staat in den Wirtschaftskreislauf intervenieren sollte, um die Kontrolle über den Energierohstoffsektor übernehmen bzw. ausbauen zu können.

Die vorstehend skizzierten Probleme bei der industrie- und ordnungspolitischen Neustrukturierung des Energiesektors waren Ausdruck eines Such- und Lernprozesses, der im Kontext der chaotischen Nachkriegszeit mit zahlreichen Kontingenzen, Entscheidungsdilemmata, aber auch organisatorischen und ökonomischen Herausforderungen verbunden war. Aufgrund der damit einhergehenden institutionellen Instabilität lässt sich erklären, warum die politischen Verhandlungen über die Zukunft der staatlichen Holdings *einerseits* durch das interessengeleitete Akteursverhalten relevanter Politiker und Ministerien immer wieder blockiert und hinausgezögert wurden, *andererseits* aber hinsichtlich ihrer strategischen Dimensionen letztlich nicht unwesentlich von den individuellen Vorstellungen und Charakterausprägungen jeweiliger Unternehmensakteure bestimmt werden konnten. Ähnlich wie im Bereich der staatlichen Eisen- und Stahlindustrie die Wiederaufbauplanungen für die FINSIDER-Gruppe konzeptionell maßgeblich von dem charismatischen Oscar Sinigaglia ausgearbeitet und im Kontext nur unscharf konturierter institutionell-politischer Rahmenbedingungen wirtschaftlichen Handelns schließlich im Herbst 1949 von ihm auch politisch durchgesetzt worden sind, sollte sich im Energie- und Rohstoffbereich der visionäre, nicht weniger charismatische Enrico Mattei mit seinen persönlichen Ansichten und Ideen am Ende durchsetzen: sowohl hinsichtlich der strategischen Stoßrichtung als auch der unternehmerischen Zielstellungen der AGIP.[453] Eine wichtige Voraussetzung hierfür bildete die Parlamentswahl vom 18. April 1948, die einen

451 Archivio Centrale dello Stato, Presidenza del Consiglio dei Ministri, PCM, Comitato Interministeriale per Ricostruzione, CIR, b. 8, 1948–1950, fasc. 11, Roberto Tremelloni, Appunto, 20.12.1947.

452 Vgl. Decreto legislativo 26 febbraio 1948, n. 325, Autorizzazione della spesa di L. 490.000.000 per la concessione all'Azienda Generale italiana Petroli (A.G.I.P.) di contributi per far fronte a maggiori oneri salariali, in: Gazzetta Ufficiale della Repubblica Italiana, Serie generale, n. 98 (26.04.1948), Rom: Istituto Poligrafico dello Stato (1948).

453 Vgl. auch Morcaldo (2007), Intervento pubblico, S. 147 f.

Wendepunkt bei den politischen Verhandlungen zur Zukunft der staatlichen Energiegesellschaft markiert.

La strategia del metano und die Gründung der ENI

Mit dem überwältigenden Wahlsieg der Christdemokraten war die politische Diskussion darüber, ob die AGIP entweder aufgelöst und privatisiert oder aber unter staatlicher Leitung weitergeführt werden sollte, entschieden. Dem Regierungsbeschluss *gegen* die Liquidation und *für* eine Fortsetzung der AGIP-Unternehmungen unter staatlicher Leitung folgten bereits am 10. Juni 1948 die Wahl eines neuen Aufsichtsrats und am folgenden Tag die Ernennung des neuen Präsidenten der staatlichen Energieholding, Marcello Boldrini. Enrico Mattei, der nach seinem Ausscheiden aus der Unternehmensleitung der AGIP im Februar 1947 die Zeit genutzt hatte, seine Position innerhalb der DC zu stärken und bei den Wahlen für seinen Wahlkreis Mailand sogar ins Parlament gewählt worden war, wurde zum Vizepräsidenten der AGIP (wieder)ernannt.[454]

Mattei war nach wie vor davon überzeugt, „dass die Unternehmungen der Staatsholding unverzichtbar wären, um den steigenden Energiebedarf der italienischen Industriewirtschaft zu decken."[455] Um seinen „Traum von der nationalen Unabhängigkeit im Energiebereich" zu verwirklichen oder zumindest „die Auslandsabhängigkeit im Energierohstoffbereich zu minimieren und zu kontrollieren,"[456] gab sich Mattei allerdings nicht damit zufrieden, dass die neue Regierung seine Forderungen nach einem Erhalt der AGIP mittlerweile erfüllt hatte. Die Regierung sollte darüber hinaus nunmehr auch eine Ausbeutung der Erdgasvorkommen in der Po-Ebene finanziell unterstützen.

Mit diesem Anspruch eröffneten sich für die neue AGIP-Leitung zwei eng miteinander verknüpfte mehrdimensionale Problemfelder: Unter *institutionell-politischem* Aspekt galt es, der Regierung – gegen den Widerstand der Privatindustrie und der alliierten Siegermächte – die alleinigen Bohr- und Nutzungsrechte für die Po-Ebene abzuringen. Darüber hinaus ging es um die grundsätzlichen Fragen, ob die AGIP mit einer neuen Unternehmensverfassung ausgestattet werden würde, und wenn ja, ob die AGIP-Leitung die strategische Ausrichtung der Energieholding allein festlegen könnte oder sich politischen Handlungsanweisungen zu unterwerfen hätte. Schließlich musste auch geklärt werden, wer die Gewinne aus der Ausbeutung der Erdgasfelder am Ende eines Geschäftsjahres erhalten sollte.[457] Unter *operativ-technischem* Aspekt wiederum ging es zunächst darum, in neue Explorationsarbeiten zu investieren, d. h. zusätzliche Erkundungsbohrungen vorzunehmen, in der Hoffnung, auf

454 Vgl. Colitti (1984), Enrico Mattei, S. 691.
455 Morcaldo (2007), Intervento pubblico, S. 150.
456 Toninelli (1999), La questione energetica, S. 375.
457 Vgl. ausführlich, vor allem Colitti (1979), Energia e sviluppo, S. 125–152.

weitere Lagerstätten zu stoßen. Die bisher entdeckten Vorkommen würden – darüber waren sich Boldrini und Mattei einig – nicht annähernd ausreichen, den Energiebedarf der Industrie zu decken, geschweige denn darüber hinaus auch die Wärmeversorgung der privaten Haushalte zu garantieren. Desweiteren ging es um die Frage, wie die Ausbeutung der Erdgasfelder technisch überhaupt zu realisieren wäre. Für die schwierigen Mess- und Bohrarbeiten zum Bohrbrunnenbau fehlte es an leistungsstarken Bohrwerkzeugen. Um den jeweiligen Bohrbrunnen das Erdgas kontrolliert und gefahrenfrei entnehmen zu können, mussten die Förderbohrlöcher als druckluftgesteuerte Erdgassonden ausgebaut und mit entsprechender Sicherheits- und Regeltechnik ausgestattet werden. Die hierfür notwendigen Geräte und Anlagen wie auch die zur Ableitung des Erdgases erforderlichen Speichersysteme gab es aber bislang nicht. Schließlich war es nötig, ein landesweites Transport- und Pipelinenetz zu errichten, um die heimische Industrie überhaupt mit Erdgas versorgen zu können.

Die technischen Probleme, die der Aufbau, die Prozesskontrolle, Versorgung, Überwachung und Verwaltung eines solchen Netzes mit sich bringen würden, waren für alle Beteiligten neu. Insofern waren auch der Beschaffungs- und Zeitwert eines Erdgasnetzes schwer abzuschätzen. Überhaupt war Erdgas ein in Italien und generell außerhalb der USA kaum verwendeter Energieträger. Zwar war sich das AGIP-Management darüber einig, dass sich die zur Ausbeutung der Erdgasfelder berechneten finanziellen Aufwendungen durchaus lohnen könnten, da Erdgas im Vergleich zu Kohle und Erdöl einen höheren Brennwert besaß und entsprechende technische Anlagen zur Energieumwandlung prinzipiell einen vielversprechenden energetischen Wirkungsgrad erzielen konnten. Das praktische Erfahrungswissen hinsichtlich der zur Erdgasaufbereitung relevanten Brennstoffeigenschaften sowie der jeweiligen technischen Energieumwandlungsverfahren (Heizungstechnik, Kraftwerkstechnik, usw.) war hingegen in Italien zur damaligen Zeit nicht vorhanden. Daher war es notwendig, nicht nur die materielle Ausstattung, sondern auch das technische und organisatorische Know-how zur Erdgasaufbereitung, zu den Verbrennungssystemen und -technologien käuflich zu erwerben.[458]

Vor dem Hintergrund dieses vieldimensionalen Problemgeflechts wurden im Spätsommer 1948 die Bohrarbeiten wieder aufgenommen und das ehrgeizige Arbeitsprogramm zur Ausbeutung der Erdgasfelder in der Po-Ebene in Angriff genommen. Mattei hatte darauf spekuliert und gehofft, die staatliche Energiegesellschaft würde im Rahmen des *European Recovery Program* von amerikanischen Krediten und/oder von entsprechenden Technologieimporten profitieren können. Spätestens Ende September musste er diese Hoffnungen allerdings aufgeben, da die ECA im Zusammenhang einer Modifizierung des *Programma a lungo termine* die beantragten Kredite und materiellen Hilfen für die AGIP nicht genehmigt hatte.[459] Der einflussreiche Jour-

458 Vgl. ausführlich, ebd., S. 109–124.

459 Vgl. Battilani und Fauri (2009), Economia italiana, S. 81.

nalist, Politiker und Freund Mattei's, Ernesto Rossi, führte diese Entscheidung auf das Eigeninteresse und die Einflussnahme der amerikanischen Mineralölindustrie, namentlich der *Standard Oil* auf die amerikanische Regierungsorganisation zurück: „Die Bosse der Standard Oil" – so erinnert sich Rossi 1953 in einem Zeitungsartikel – „übten massiven Druck auf die ECA aus, der AGIP unter keinen Umständen irgendeine Unterstützung, die ihre Pläne in der Po-Ebene durchkreuzen könnte, zukommen zu lassen."[460]

Enttäuscht, aber nicht entmutigt, entschied Enrico Mattei zu Jahresbeginn 1949, dass die AGIP die notwendigen Investitionen aus eigener Kraft stemmen sollte. Auf der fünften Sitzung des noch im September 1948 neu gegründeten Technischen Ausschusses der AGIP stellte Mattei am 13. Januar 1949 den Investitionsplan der Gesellschaft für das neue Geschäftsjahr vor.[461] Die ihm zu Grunde liegende Idee zielte darauf ab, möglichst bald möglichst viele neue Erdgasfelder aufzuspüren, Förderbohrlöcher auszubauen, das Erdgas abzuleiten und zu verkaufen. Aus dem Verkaufserlös sollten die laufenden Kosten gedeckt und notwendige Kreditrückzahlungen bedient werden; sämtliche Gewinne der AGIP sollten bis auf weiteres reinvestiert werden. Mattei's Investitionsprogramm war hoch riskant und spekulativ. Im Kern basierte es auf einem Erfolg der Explorationsarbeiten sowie darauf, in der Po-Ebene neue ergiebige Erdgasfelder und Erdölquellen zu entdecken. Das drängendste Problem, von dessen Lösung alles abhing, war aber die Beschaffung der notwendigen Geräte und Anlagen zum Aufbau zusätzlicher Erdgassonden. Als der Technische Ausschuß am 20. Januar 1949 erneut zusammenkam, wurde schnell deutlich, dass der Einsatz amerikanischer Bohrmaschinen, Sicherheits- und Regeltechnik unumgänglich war. Bislang waren von der AGIP die Erdgassonden lediglich mit italienischer Anlagentechnik aufgebaut worden. Vier Sonden waren in der Gegend um Caviaga im Einsatz, eine in Ripalta, weitere zwei in Cortemaggiore und schließlich noch zwei in San Giorgio. Der Großteil der eingesetzten Maschinen und Anlagen war von der *Massarenti*-Gruppe hergestellt und von der AGIP noch vor dem Krieg angeschafft worden. Im Vergleich zu den leistungsstarken amerikanischen Maschinen war die Ausstattung der AGIP also veraltet und wenig effizient. Der vom Industrieministerium unterbreitete Vorschlag, das technische Equipment erneut von der *Massarenti*-Gruppe zu erwerben, wurde vom Technischen Ausschuß der AGIP einstimmig abgelehnt.[462] Mattei hatte bereits im Vorfeld

460 Ernesto Rossi, Il malgoverno, Bari: Laterza (1954), S. 473. Der hier zitierte Artikel ist am 10.08.1953 in "Il Mondo" erstveröffentlicht worden.

461 Vgl. Archivio Storico ENI, ENI, Presidenza Mattei, b. 42, fasc. 4, sfasc. 2, Progetto di Programma, AGIP 1949–1951, V Riunione del Comitato tecnico ricerche e produzioni dell'Azienda generale italiana petroli, Verbali, 1 seduta, il 13.01.1949.

462 Zu den Verhandlungen des Technischen Ausschusses am 20.01.1949 vgl. Archivio Storico ENI, ENI, Presidenza Mattei, b. 42, fasc. 4, sfasc. 2, Progetto di Programma, AGIP 1949–1951, VI Riunione del Comitato tecnico ricerche e produzioni dell'Azienda generale italiana petroli, Verbali, 2 Seduta, il 20.01.1949.

der Sitzung mit der *Santa Fe Drilling Company*, einer renommierten international operierenden Bohrfirma aus Kalifornien, Verhandlungen aufgenommen und dabei die Zusicherung des Unternehmens aushandeln können, der AGIP ein Angebot für den Erwerb notwendiger Anlagentechnik zu unterbreiten. Die Verhandlungen hatte Mattei gemeinsam mit Italo Veniziani geführt, dem Mitbegründer und Vizedirektor der staatlichen *Società Azionaria Imprese Perforazioni* (SAIP), ein der Holding untergeordnetes Konsortium aller staatlichen Bohrfirmen. Veniziani konnte dem Technischen Ausschuß berichten, dass die *Santa Fe Drilling Company* sowohl die erforderlichen Geräte und Anlagen liefern würde als auch die geplanten Probebohrungen sowie den Aufbau der Erdgassonden im Auftrag der AGIP selbst übernehmen könnte.[463]

Nach mehr als sechs Monate andauernden Verhandlungen über mögliche Liefer- und Zahlungsvereinbarungen, die von scharfen Auseinandersetzungen innerhalb der AGIP-Leitung in Bezug auf das Für und Wider eines möglichen *joint venture* mit der amerikanischen Bohrfirma begleitet wurden, entschied sich der Technische Ausschuß am 04. August 1949 schließlich für eine Kompromisslösung[464]: *Zum einen* wurde die *Santa Fe Drilling Company* damit beauftragt, gegen die Bezahlung von knapp 650.000 US $ Bohrarbeiten über insgesamt 35.000 Tiefenmeter mit eigenen Anlagen und eigenem Personal vorzunehmen. *Zum anderen* aber wurde mit der amerikanischen Firma vereinbart, der AGIP eine Sonde für sehr große Tiefen und zwei weitere Sonden mittlerer und geringerer Tiefe zu verkaufen. Hinsichtlich der Bezahlung dieser Geräte, Regel- und Sicherheitssysteme und Anlagen, die sich insgesamt auf knapp 1,73 Mio US $ beliefen, wurde ein Ratenzahlungsvertrag über fünf Jahre ausgehandelt. Im November entschied der AGIP-Ausschuß, zusätzlich zwei Sondenanlagen von der *Ansaldo*-Gruppe und der *Massarenti*-Gruppe sowie weitere zwei von der Düsseldorfer *Haniel & Lueg* zu erwerben. Außerdem wurde noch eine Reihe von Kooperationsverträgen, zum großen Teil mit deutschen Firmen, für neue Bohrarbeiten in der Po-Ebene ausgehandelt. In diesen, mit ausländischen Bohrfirmen vereinbarten Kooperationsverträgen sieht Daniele Pozzi einen entscheidenden Baustein für den großen Erfolg der AGIP zu Beginn der 1950er Jahre: „One important element of *AGIP's* success in the methane business was the connection between the internal growth of resources and the services brought by contractor firms. By using contractors, AGIP could expand its activities faster than it could increase its own resources, with a greater flexibility and without burdening itself with an oversized structure should the rate of growth decrease. Moreover, contractors, especially those from the United States, offered the opportunity to train AGIP personnel in new techniques without overextending already existing AGIP units."[465]

---

463 Vgl. ebd.

464 Vgl. Archivio Storico ENI, ENI, Presidenza Mattei, b. 42, fasc. 4, sfasc. 2, Progetto di Programma, AGIP 1949–1951, XII Riunione del Comitato tecnico ricerche e produzioni dell'Azienda generale italiana petroli, Verbali, 1. Seduta, il 04.08.1949.

465 Pozzi (2003), Enrico Mattei's AGIP, S. 19f.

Im Februar 1950 waren für die AGIP insgesamt 22 Erdgassonden in Betrieb. Durch den Einsatz der neuen Anlagen und Maschinen steigerte sich das Tempo der Explorations- und Förderarbeiten rasant. Um das von ihm entworfene Arbeitsprogramm umsetzen zu können, forderte Mattei von der Belegschaft, dass die eingesetzten Maschinen Tag und Nacht betrieben werden sollten.[466] Mattei gelang es, nicht zuletzt dank einer an die nationale Verantwortung und die nationale Identität – die *italianità* – appellierenden Rhetorik, die Angestellten und Arbeiter von seinen Visionen zu überzeugen: „Die AGIP (...) ist Italien (...) und die AGIP verheißt dem italienischen Volk (...), welches das Recht hat, für Wohlstand, Glück und Freiheit eines Jeden zu kämpfen, Arbeit, Vermögen und Anerkennung für alle Italiener!“[467] Guido Carli, der langjährige Generaldirektor der italienischen Zentralbank, beschreibt die persönliche Ausstrahlung und die Überzeugungskraft Enrico Mattei's mit den Worten: „Enrico Mattei war wie ein siegreicher und bejubelter Söldnerführer, ein Giovanni de Medici: sein Personal, seine Angestellten und Arbeiter bewunderten und liebten ihn.“[468] Nicht nur, dass diese bereit waren, in Tag- und Nachtschichten bis zur Erschöpfung zu arbeiten; sie erklärten sich sogar einige Monate lang bereit, auf ihren Lohn zu verzichten, um es der Gesellschaft zu ermöglichen, ihren Zahlungsverpflichtungen nachzukommen und neue Investitionen tätigen zu können.[469]

Bis 1951 hatte die AGIP seit Kriegsende insgesamt 122 Bohrlöcher zur Ausbeutung von Erdgasfeldern ausgebaut. Dabei kam es den Ambitionen der AGIP-Leitung zugute, dass außer den Lagerstätten in und um Caviaga, in Ripalta, Cortemaggiore und Cornegliano noch zehn weitere große Erdgasfelder in der Po-Ebene entdeckt worden sind.[470] Bereits am 10. November 1949 hatte Mattei im *Corriere della Sera* einen Artikel über die erfolgreichen Explorationsarbeiten der AGIP veröffentlicht: „Zwischen 1945 und 1949 hat sich uns das großartige Geheimnis unseres Erdbodens enthüllt und sich der Untergrund in der Po-Ebene als offene übervolle Schatzkiste offenbart, in die man nur hineinfassen muß, um ihre Reichtümer zum Vorschein zu bringen.“[471] Und nur wenig später verkündete er stolz in einer Radioansprache: „Unermeßliche Bodenschätze haben wir in der Po-Ebene zum Vorschein gebracht. Bis vor vier Jahren noch unentdeckt und völlig unerwartet, werden sie dauerhaft eine wahrhafte Transformation unserer Volkswirtschaft bestimmen.“[472]

---

466 Vgl. Colitti (1979), Energia e sviluppo, S. 122f.

467 Zitiert nach Giuseppe Berta, L'Italia delle fabbriche. La parabola dell'industrialismo nel Novecento, Bologna: Il Mulino (2001), S. 134.

468 Guido Carli, Cinquant'anni di vita italiana, Rom-Bari: Laterza (1993), S. 155.

469 Vgl. Paul H. Frankel, Mattei. Oil and Power Politics, London: Faber & Faber (1966), S. 48.

470 Vgl. Colitti (1984), Enrico Mattei, S. 693 sowie Valerio Castronovo, Grandi e piccoli borghesi. La via italiana al capitalismo, Rom-Bari: Laterza (1988), S. 245f.

471 Enrico Mattei, Il sottosuolo padano è una cassaforte aperta, in: Corriere della Sera, Ausgabe vom 10.11.1949, S. 1.

472 Enrico Mattei in einer Radioansprache am 27.11.1949. Zitiert nach Colitti (1984), Enrico Mattei, S. 697.

Die „unermeßlichen Bodenschätze" waren vorerst jedoch nicht allzu viel wert. Bislang war es nicht gelungen, das geförderte Erdgas auch zu den potenziellen Abnehmern – primär den Industriebetrieben – zu transportieren und diese davon zu überzeugen, für ihre Produktion die traditionellen Brennstoffe Kohle und Erdöl durch Erdgas als Energieträger zu substituieren. Vor diesem Hintergrund veranlasste der Technische Ausschuß der AGIP Ende 1949 eine Marktanalyse über den potenziellen Absatzmarkt sowie über die Errichtung eines entsprechenden Pipelinesystems, deren Ergebnisse Mattei am 15. März 1951 auf einem Kongreß der Industrie- und Handelskammer von Verona bekannt gab.[473] Allein für den Piemont, für Venetien, Ligurien, die Emilia-Romagna und die Lombardei bezifferte die Studie mindestens 12.000 potenzielle industrielle Abnehmer, die, sollten dadurch Kosteneinsparungen bei der Produktion möglich sein, auch bereit wären, die Energieversorgung ihrer Unternehmen auf Erdgas umzustellen. Um diese potenziellen Konsumenten mit dem neuen Energieträger zu versorgen, musste zunächst ein die Regionen der Po-Ebene umspannendes Transport- und Pipelinesystem aufgebaut werden. Hierfür fehlte der AGIP allerdings die rechtliche Grundlage, d. h. die Genehmigung der jeweiligen Stadt- bzw. Kommunalverwaltungen sowie der privaten Grund- und Landbesitzer. Mattei hatte sich schon im Dezember des Vorjahres über diese bürokratische Hürde hinweggesetzt und das zur AGIP gehörende staatliche Gasversorgungsunternehmen, die *Società nazionale metanodotti* (SNAM) beauftragt, eine erste Gasfernleitung von Caviaga nach Mailand und nach Sesto San Giovanni zu verlegen. Jetzt, auf der Handelskammertagung in Verona, forderte Mattei, den Weg für seine ehrgeizigen Planungen einer umfassenden Energieversorgung durch Erdgas zu ebnen und nicht durch ein mandatorisches Veto zu versperren. Die Teilnehmer, vor allem Unternehmer und Kommunalbeamte, versuchte Mattei zu überreden, der AGIP bzw. konkret der SNAM die Baugenehmigung für die Erdgaspipeline unentgeltlich zu erteilen: „Aktuell (...) können wir allein aus den bislang ausgebauten Förderbohrlöchern täglich etwa sechs Mio. Kubikmeter Erdgas ableiten, die nur darauf warten, nutzbar gemacht zu werden. (...) Die SNAM verfügt über die technische Ausstattung, ein entsprechendes Pipelinenetz schnell aufzubauen, um das Erdgas zu den Industrieunternehmen, den Städten und Gemeinden zu transportieren (...). Der Preis für das Erdgas wäre günstig und wir könnten mindestens 150 neue Abnehmer pro Monat verbinden."[474]

Im Gegensatz zu den meisten Unternehmern ließ sich die Mehrzahl der Kommunalvertreter allerdings nicht davon überzeugen, ihre Energieversorgung von Kohle und Öl auf Erdgas umzustellen. Die kommunalen Akteure verweigerten der SNAM denn auch die Baugenehmigungen für die geplanten Gasfernleitungen und zwar aus mindestens drei Gründen: *Erstens,* war die Frage nach der Vergabe der Bohrrechte vonseiten

473 Zu den Ergebnissen der Marktanalyse, vgl. Enrico Mattei, Il metano in Italia, in: Camera di commercio, industria e agricoltura di Verona, Utilizzazione del metano. Atti del convegno di Verona: Loggia Fra Giocondo, 15 marzo 1951, Verona: Tipografia Arena (1951), S. 6–14.
474 Ebd., S. 11.

der Regierung bislang immer noch nicht endgültig geklärt. Die daraus resultierende Unsicherheit bezog sich auf einen befürchteten Anstieg der Energiepreise, sollten am Ende doch die privaten in- und ausländischen Energieunternehmen und nicht die staatliche AGIP den Zuschlag für die Ausbeutung der nationalen Energiequellen erhalten. *Zweitens*, assoziierten viele der anwesenden Bürgermeister und Gemeinderäte mit ihrem Veto die prinzipielle Möglichkeit, sich eine zukünftige Lizenzvergabe an private Anbieter, falls diese den Zuschlag erhielten, entsprechend bezahlen zu lassen. *Drittens schließlich*, waren die Aussichten auf eine nachhaltige Versorgung angesichts der eher spekulativen Prognosen über zukünftige Fördermengen bislang wenig Erfolg versprechend.[475] Letztlich war es also eine Gemengelage von Unsicherheitsfaktoren, die eine Kooperation zwischen den relevanten öffentlichen Verwaltungen und der AGIP verhindert haben.

Mattei ordnete ungeachtet dessen an, ohne Mandat und Rücksprache mit der Regierung mit dem Aufbau eines die gesamte Po-Ebene umspannenden Pipelinesystems zu beginnen.[476] Bis Ende 1952 hatte die SNAM in der Po-Ebene in einem rasanten Tempo – zumeist in geheimen nächtlichen Verlegungsbauarbeiten – ein über 2.000 km langes Netzwerk von Ferntransport-Rohrleitungen unterirdisch verlegt, so dass Mailand, Pavia, Novara, Varese, Bergamo, Lecco, Cremona, Brescia, Parma, Reggio Emilia, Turin, Verona, Mantua, Vicenza, Modena und Bologna mit Erdgas versorgt werden konnten.[477] Dadurch aber hatte Mattei erreicht, dass am Vorabend der ENI-Gründung die Förderbohrlöcher der AGIP in der padanischen Ebene mit den meisten Produktionsstandorten der Industriekonzerne – zum Beispiel FIAT, *Pirelli* oder *Magneti Marelli* – verbunden waren.[478] Auf der Grundlage dieser versorgungstechnischen Vernetzung des industriellen Nordens konnte die AGIP bereits 1952 über 1,2 Mrd. Kubikmeter Erdgas im Wert von etwa 22 Mrd. Lire verkaufen. Ein für die weiteren Verhandlungen der AGIP mit der Regierung bedeutsamer Nebeneffekt bestand in einer Verringerung des volkswirtschaftlichen Zahlungsbilanzdefizits um etwa zehn Prozent, da das im Inland geförderte Erdgas die vormals aus dem Ausland importierten Energieträger Erdöl und Kohle zumindest teilweise ersetzte.[479]

Die von der AGIP verfolgte Preisstrategie für den Verkauf des Erdgases war maßgeblich von zwei Komponenten bestimmt: Wettbewerbsfähigkeit und Rentabilität. *Einerseits* wurde der Verkaufspreis individuell auf den Käufer zugeschnitten und für denselben Energieertrag auf unterhalb des vormaligen Preises für die jeweils eingesetzten Energieträger Kohle oder Öl festgelegt. Das Erdgas wurde direkt bis zu den Betriebsstätten geliefert, so dass sich für die Abnehmer damit eine doppelte

475 Vgl. Colitti (1979), Energia e sviluppo, S. 123f.

476 Zum Aufbau des Erdgas-Pipelinesystems der AGIP 1951–52 vgl. vor allem Rosi und. Scalfari (1972), Il caso Mattei, S. 33ff.

477 Vgl Carnevali (2000), ENI, S. 259.

478 Vgl. Frankel (1966), Mattei, S. 47f.

479 Vgl. Carnevali (2000), ENI, S. 259f.

Kostenreduktion ergab, da der Preis für Öl und Kohle auf der Grundlage der Handelsbestimmungen der Internationalen Handelskammer (*ICC*) lediglich *free on board* (FOB) berechnet war und den Transport der Energieträger zu den Abnehmern vom Verladehafen nicht mit einschloss. Eine von Manlio Magini durchgeführte Vergleichsanalyse kommt zu dem Ergebnis, dass die Einsparungen für die industriellen Abnehmer, bezogen auf Erdöl insgesamt 30% und bezogen auf Kohle sogar 50% ausmachten.[480] *Andererseits* war der Verkaufspreis jeweils so hoch kalkuliert, dass die erzielten Erlöse die Produktions-, Transport- und Vertriebskosten der verkauften Kubikmeter Erdgas deutlich überstiegen und das Erdgasgeschäft für die AGIP somit äußerst profitabel war.

Der durchschlagende – auch finanzielle – Erfolg der AGIP durch die Ausbeutung der padanischen Erdgasfelder hatte mittlerweile viele der ehemaligen Kritiker und Gegner Enrico Matteis von dessen außergewöhnlichen unternehmerischen Fähigkeiten und seinem „Traum" von einer nationalen Unabhängigkeit im Energiebereich überzeugen können.[481] An dieser Stelle sei mit Colitti noch einmal betont, dass „für Mattei (...) vor allem das Ziel einer nachhaltigen (...) Modernisierung Italiens handlungsleitend gewesen war."[482] Der in diesem Kontext von ihm eingeforderte volkswirtschaftliche Strukturwandel ließ sich seines Erachtens allerdings nur durch weitere, landesweit forcierte staatliche Investitionsmaßmahmen erreichen, die – flankiert von einer staatlich kontrollierten sicheren und preiswerten Energieversorgung – auch auf den Ausbau der nationalen Kraftstoff- und petrochemischen Industrie ausgerichtet sein sollten.[483] Da der zügige Auf- und Ausbau großdimensionaler moderner Raffinerien wiederum einen enormen finanziellen Aufwand erforderte und die Privatindustrie seines Erachtens nicht in der Lage war, die notwendigen Investitionen allein zu übernehmen, sah Mattei – analog zum Bereich der Energieversorgung – in einer staatlichen Unternehmung das am besten geeignete industriepolitische Instrument, die zukünftige Entwicklung auch in diesen beiden, strategisch so bedeutsamen Industriezweigen zu kontrollieren und auszugestalten.[484] Dabei war es für Mattei zentral, dass der Staat mit der ANIC als Subholding der AGIP bereits über ein effizientes Unternehmen verfügte, das seinen Binnenmarktanteil bei der Herstellung, dem Vertrieb und Verkauf von petrochemischen Produkten in der Zwischenzeit erheblich ausgebaut hatte.[485]

---

480 Vgl. Manlio Magini, L'Italia e il petrolio tra storia e cronologia, Mailand: Mondadori (1976), S. 105ff.

481 Vgl. zum Beispiel Accorinti (2004), Io c'ero, S. 325; sowie Marzio Bellacci, Italia a lume di candela, Rom: L'Asino d'oro (2010), S. 10.

482 Colitti (1979). Energia e sviluppo, S. 191.

483 Vgl. Barca und Trento (1997), Partecipazioni statali, S. 207f.

484 Vgl. Berta (2001), L'Italia delle fabriche, S. 136f.

485 Vgl. Fauri (2000), Italy's Chemical Industry, S. 288f.

Aufgrund der großen Bedeutung, die Mattei den nationalen Kraftstoff- und petrochemischen Raffinerien zuwies sowie der Tatsache, dass die kontrovers diskutierten Fragen nach Organisation, Finanzierung sowie der *property-rights* politisch noch immer nicht hinreichend entschieden waren, konzipierte er über die Wintermonate 1950/51 eine Neuausrichtung der staatlichen Energiegesellschaft. Diese Neuausrichtung setzte nicht allein auf kurzfristige Gewinnmaximierung, sondern zugleich auf eine mittel- und längerfristig ausgerichtete Expansion und Diversifikation der bestehenden Geschäftsbereiche. Seine Vorstellungen zur Abänderung der Unternehmensverfassung zielten vor allem auf die rasche Erweiterung des Produktionsprogramms der AGIP. Dabei ging es ihm um jene Produktbereiche, in denen sowohl traditionelle Importabhängigkeiten von ausländischen Unternehmen (Energie- und Kraftstoffversorgung) als auch traditionelle Monopolstellungen von inländischen privaten Unternehmen (Düngemittelproduktion, Kunststoffindustrie) durchbrochen werden konnten. Die staatliche Energieholding sollte zur Erreichung dieser Ziele als öffentliche Wirtschaftskörperschaft organisiert sein, die sich zwar an wirtschaftspolitischen Grundsatzentscheidungen der Regierung zu orientieren hätte. Ansonsten aber sollte es allein der Unternehmensführung vorbehalten sein, Formulierung und Umsetzung der jeweiligen konkreten Unternehmensziele auf der Grundlage privatrechtlicher Ordnungs- und Entscheidungsstrukturen selbst zu bestimmen und auszugestalten.[486]

Mattei hatte bereits im Juni 1949 Zielvorstellungen hinsichtlich der Gründung einer staatlichen Energieholding mit verbundenen Einzelunternehmen aus den Bereichen der Energieversorgung und der Petrochemie entwickelt[487] und in diesem Zusammenhang die besondere Verantwortung der Regierung hervorgehoben: „Oberste Aufgabe der Regierung ist es, die nationalen Interessen zu schützen und die politische sowie wirtschaftliche Modernisierung zu fördern, nicht zum Nutzen einzelner Interessensgruppen, sondern zum Wohle der gesamten Bevölkerung."[488] Die vielleicht wichtigste politische Unterstützung bei der Realisierung seiner Pläne erfuhr Mattei durch den Finanzminister Ezio Vanoni.[489] Vanoni zählte, wie auch Mattei zum reformorientierten linken Flügel der Christdemokraten, der unter seiner Führung seit Ende der 1940er Jahre zunehmend an innerparteilichem Einfluß gewann. Als Mitverfasser des sogenannten „Camaldoli-Kodex"[490] befürwortete Vanoni ein aktives Eingreifen des

486 Vgl. ebd.

487 Vgl. neben Carnevali (2000), ENI, S. 260f. vor allem Colitti (1979), Energia e sviluppo, S. 128ff.

488 So Enrico Mattei in einer Rede am 13. Juni 1949 anlässlich der Entdeckung eines kleineren Erdölvorkommens bei Cortemaggiore. Zitiert nach Berta (2001), L'Italia delle fabbriche, S. 131f.

489 Vgl. neben Nico Perrone, Il dissesto programmato. Le partecipazioni statali nel sistema di consenso democristiano, Bari: Dedalo (1991), S. 46f., vor allem Colitti (1979), Energia e sviluppo, S. 167f. Colitti schreibt: „Vanoni blieb bis zu seinem Tod der politische Schutzgarant für Mattei, Boldrini und die ENI." Coliiti (1979), Energia e sviluppo, S. 167.

490 In dem Gebirgsdorf Camaldoli (bei Arezzo), im Kloster der Mönche vom Orden des Heiligen Romualdo, trafen sich vom 18.-23. Juli 1943 mehrere Gründungsmitglieder der *Democrazia Cristiana* und erarbeiteten die wirtschaftspolitischen Leitlinien einer zukünftigen, demokratisch gewählten itali-

Staates in die Wirtschaftsprozesse, um dadurch die jeweiligen wirtschafts- und sozialpolitischen Zielsetzungen der Regierung(en) zu verwirklichen. Vanoni war einer der exponiertesten Wirtschaftsexperten der italienischen Nachkriegsgeschichte und setzte sich zunächst als Außenhandelsminister, seit 1948 dann als Finanzminister der Regierung(en) De Gasperi vehement dafür ein, den Strukturwandel durch gezielte Industrialisierungsmaßnahmen mithilfe von Staatsmonopolen in ausgewählten Schlüsselindustrien voranzutreiben.[491] So erstaunt es nicht, dass Vanoni einer Neuausrichtung der AGIP von Anfang an wohlwollend gegenüber stand. Im April 1950 gelang es ihm, auch den Ministerpräsidenten De Gasperi von der Gründung einer neu aufgestellten staatlichen Energieholding zu überzeugen.[492] Im Juni 1950 beauftragte De Gasperi den Finanzminister mit der Ausarbeitung eines Gesetzesvorschlags zur Gründung einer öffentlichen Wirtschaftsinstitution, welche die Energieversorgung, das staatliche Raffineriewesen sowie die staatliche Petrochemie miteinander vereinen sollte. In enger Kooperation mit Mattei erarbeitete Vanoni innerhalb eines Jahres einen ersten Entwurf, der am 13. Juli 1951 als *Disegno di legge, n. 2101 per l'istituzione dell'Ente Nazionale Idrocarburi* (*E.N.I.*) in der Abgeordnetenkammer zur Diskussion gestellt wurde.[493]

Interessanterweise hielt sich Mattei während der langandauernden parlamentarischen Debatte über die Gründung der ENI weitgehend zurück.[494] Er überließ es dem

---

enischen Regierung. Dieses wirtschaftspolitische Programm ist später der „Kodex von Camaldoli“ genannt worden. Zusammengefaßt geht es im „Camaldoli-Kodex“ darum, dass es die Aufgabe des künftigen – demokratisch legitimierten – Staates in Italien wäre, aktiv und permanent in die Wirtschaftsprozesse einzugreifen, um den allgemeinen Wohlstand zu fördern, um Krisen rechtzeitig zu bekämpfen und um eine allzu enge Verbindung der Wirtschaft mit politischen Parteien zu unterbinden. Explizit wird dem Staat das Monopol in der Energieversorgung des Landes zugewiesen. Zum *Codice di Camaldoli* vgl. zum Beispiel Perrone (1991), Le partecipazioni statali, vor allem Kapitel 1, S. 5–34. Der Text des *Codice* ist 1984 neu veröffentlicht worden; vgl. Il Codice di Camaldoli, Rom: Civitas (1984); online: https://codicedicamaldoli.wordpress.com/il-testo/ (besucht am 26.09.2015). Vgl. auch Michele Dau, Il Codice di Camaldoli, Rom: Castelvecchi (2015).

491 Zur Biografie Ezio Vanoni's und zu seinem politischen Wirken als Finanzminister der Regierung De Gasperi, vgl. Christina Ambrosetti, Ezio Vanoni e la riforma tributaria in Italia, in: Società italiana di economia pubblica, working paper series, No. 325 (September 2004). http://www-3.unipv.it/websiep/wp/325.pdf, vor allem die Kapitel 1 und 2.

492 Colitti schreibt hierzu: „Die Verbindung zwischen Mattei und De Gasperi wäre ohne Vanoni nie zustande gekommen, der quasi als einzige politische Führungspersönlichkeit innerhalb der *Democrazia Cristiana* die unternehmerischen, visionären und auch politischen Stärken Mattei's vollständig erfaßt hatte. Zwischen Vanoni und Mattei entwickelte sich von Anfang an weit mehr als eine bloße politische Zusammenarbeit, sie schätzten sich und wurden Freunde.“ Colitti (1979), Energia e sviluppo, S. 167.

493 Vgl. Disegno di legge, Istituzione dell'Ente Nazionale Idrocarburi (E.N.I.), in: Camera dei Deputati, Atti Parlamentari, Documenti – Disegni di Legge e Relazioni, n. 2101, Leg. 1, Anno 1951, Seduta del 13 luglio 1951, Rom 1951, S. 1–16.

494 Zum detaillierten Verlauf der parlamentarischen Debatte über die Gründung der ENI, vgl. Colitti (1979), Energia e sviluppo, S. 152–163.

Finanzminister, die politischen Widerstände zu brechen und die technischen Bedenken am Gesetzesentwurf auszuräumen. Auf den größten Widerstand in der Abgeordnetenkammer und im Senat stieß das Projekt – wie zu erwarten war – beim *Partito Liberale Italiano*, der jedwede Einmischung des Staates in die Wirtschaft kategorisch ablehnte. Aber auch innerhalb der eigenen Partei hatte sich eine starke Gegnerschaft formiert, denen der Regierungsvorstoß eindeutig zu weit ging, da er – wie sie nicht zu Unrecht hervorhob – gegen die Interessen der Privatindustrie gerichtet wäre. Die vorgesehene Exklusivrechtsvergabe für die Erdöl- und Erdgasförderung und den Vertrieb der Energieträger stellte ihrer Meinung nach einen eklatanten Verfassungsbruch dar, da sie das im Art. 41.1 der *Costituzione* gesetzlich verankerte Prinzip der freien Marktwirtschaft außer Kraft setzen würde.[495] Dagegen argumentierte Vanoni, dass der Art. 41.3 der Verfassung in Einzelfällen der Regierung durchaus das Recht einräume, in die Wirtschaftsprozesse und -strukturen einzugreifen.[496] Darüber hinaus – so seine Argumentation – schreibe der Art. 43 der Verfassung sogar ausdrücklich vor, dass es die Aufgabe des Staates wäre, zum allgemeinen Wohl der Bevölkerung bestehende Monopole der Privatwirtschaft zu brechen und mit eigenen Instrumenten eine sichere und gerechte Energieversorgung zu gewährleisten.[497] Dennoch gelang es Vanoni nicht, seine innerparteilichen Gegner von der Notwendigkeit einer Staatsmonopolbildung im Energie- und Brennstoffbereich zu überzeugen. Die erforderliche Zwei-Drittel-Mehrheit zur Annahme der Gesetzesvorlage in der Abgeordnetenkammer konnte am 08. Juli 1952 daher nur durch die Unterstützung der Linksparteien erzielt werden, die mittlerweile eine stärkere staatliche Kontrolle der Energieversorgung befürworteten.[498] Insgesamt votierten von 387 Abgeordneten 269 für die Gründung der staatlichen ENI, 53 dagegen und 65 Abgeordnete enthielten sich ihrer Stimme.[499] Auch im Senat stand der Gesetzesvorlage eine starke Opposition aus den Reihen der Christdemokraten gegenüber, die sich um den einflussreichen Wirtschafts-

---

495 Im Art. 41.1 der italienischen Verfassung heißt es: „Die unternehmerische Privatinitiative ist frei." Zitiert nach: http://www.governo.it/governo/costituzione/1_titolo3.html (besucht am 26.09.2015).

496 Im Art. 41.3 der italienischen Verfassung heißt es: „Das Gesetz bestimmt die notwendigen wirtschaftspolitischen Maßnahmen und die zuständigen Kontrollinstanzen zur Überwachung ihrer Durchführung, um die Ausrichtung der staatlichen wie auch der privaten Wirtschaftsaktivitäten auf die Erreichung sozialer Ziele zu garantieren." Zitiert nach ebd.

497 Im Art. 43 der italienischen Verfassung heißt es: „Im nationalen Wohlfahrtsinteresse ist das Gesetz ermächtigt, Unternehmen, Unternehmensgruppen und/oder -bereiche durch Enteignung und Verstaatlichung (...) in Staatsbesitz zu überführen, wenn diese zur Verbesserung und Gewährleistung der öffentlichen Versorgung als unverzichtbar erachtet werden oder (...) der Gewinnung von Energieträgern oder der Zerschlagung bestehender Privatmonopole dienen." Zitiert nach: http://www.governo.it/governo/costituzione/1_titolo3.html (besucht am 26.09.2015).

498 Vgl. Atti Parlamentari, Camera dei Deputati, Discussioni, Leg. 1, Anno 1952, Seduta pomeridiana di Martedi 8 luglio 1952, S. 39640–39648. Zur Rolle der Linksparteien bei der Annahme des Gesetzes zur Gründung der ENI, vgl. neben Carnevali (2000), ENI, S. 261 vor allem Marco Maraffi, Politica ed economia in Italia, La vicenda dell'impresa pubblica dagli anni trenta agli anni cinquanta, Bologna: Il Mulino (1990), S. 189ff.

499 Vgl. Colitti (1979), Energia e sviluppo, S. 154.

wissenschaftler Pasquale Jannaccone und den Verfassungsrechtler Umberto Merlin gruppiert hatte. Diese machten sich für die Interessen der Privatindustrie stark und warnten davor, dass durch eine staatliche Monopolbildung im Energie- und Brennstoffbereich „die Einmischung des Staates in die Belange der Wirtschaft immer zahlreicher, vielgestaltiger und tiefgreifender werden wird.“[500] Die „Verstaatlichung der Brennstoffwirtschaft“[501] würde keine Gewinner, sondern nur Verlierer hervorbringen und hohe wirtschaftliche und soziale Kosten nach sich ziehen.[502] Diese Meinung wurde von vielen der DC-Senatoren geteilt. Das Gesetz wurde daher – wie in der Abgeordnetenkammer auch – vom Senat am 21. Januar 1953 nur durch das zustimmende Votum der Linksparteien angenommen,[503] ein Tatbestand, der innerhalb der italienischen Nachkriegsgeschichte einen absoluten Präzedenzfall bildete. Bis zum Beginn der Debatte über die Verstaatlichung der Stromindustrie 1960/62 waren die Verhandlungen zur Gründung der ENI zugleich die längsten in der Parlamentsgeschichte des Apenninenstaates.

Mit dem am 10. Februar 1953 offiziell verabschiedeten Gesetz n. 136 wurde die *Ente Nazionale Idrocarburi* (ENI) schließlich – nach mehr als 18 Monaten heftiger Auseinandersetzungen im Parlament – gegründet.[504] Aufgabe der staatlichen Energieholding war es, „Vorhaben von nationalem Interesse im Bereich der Brennstoffwirtschaft anzustoßen und durchzuführen und die nationale Energieversorgung abzusichern.“[505] (Art. 1) Die ENI erhielt die Exklusivrechte für die Exploration und Ausbeutung von sämtlichen fossilen Brennstoffvorkommen, nicht nur in der Po-Ebene, sondern in ganz Italien. Ausgenommen waren lediglich jene Abbaugebiete, die bereits vor der Verabschiedung des Gesetzes von privaten Unternehmen bewirtschaftet wurden. (Art. 2) Die staatlichen Energiegesellschaften AGIP, SNAM,

---

500 So der Senator, Pasquale Jannaccone (parteilos, *gruppo liberale*), während der Senatssitzung am 15.01.1953, in: Atti Parlamentari, Senato della Repubblica, Discussioni, Leg. 1, Anno 1953, CMXVIII seduta, Giovedi 15 gennaio 1953, S. 38036.

501 So der Senator, Michele Giua (PSI), während der Senatssitzung am 15.01.1953, in: Atti Parlamentari, Senato della Repubblica, Discussioni, Leg. 1, Anno 1953, CMXVIII seduta, Giovedi 15 gennaio 1953, S. 38027.

502 So der Senator, Umberto Merlin (DC), während der Senatssitzung am 14.01.1953. Wörtlich sagte Umberto Merlin: „Wenn ich mir die Vorhaben zur Neuaufstellung der staatlichen und halbstaatlichen Unternehmen anhöre, überkommt mich ein regelrechtes Gruseln, mir wird kalt, ich zittere und habe Angst. Angst wovor? Angst, dass diese staatlichen Gesellschaften Verluste über Verluste generieren werden, die dann – wie immer! – vom Konsumenten, vom Steuerzahler, von der gesamten Nation bezahlt werden müssen.“ Atti Parlamentari, Senato della Repubblica, Discussioni, Leg. 1, Anno 1953, CMXVI seduta, Mercoledi 21 gennaio 1953, S. 38189–38213.

503 Vgl. Atti Parlamentari, Senato della Repubblica, Discussioni, Leg. 1, Anno 1953, CMXXII seduta, Mercoledi 14 gennaio 1953, S. 37979.

504 Vgl. zu den im Folgenden zitierten und verarbeiteten Textpassagen des Gründungsdekrets der Ente Nazionale Idrocarburi (ENI): Legge 10 febbraio 1953, n. 136, Istituzione dell'Ente Nazionale Idrocarburi (E.N.I.), in: Gazzetta Ufficiale della Repubblica Italiana, Serie generale, n. 72 (27.03.1953), Rom: Istituto Poligrafico dello Stato (1953).

505 Ebd., S. 1.

ANIC sowie eine Reihe kleinerer Bohrfirmen und Maschinenbauunternehmen, die auf den Bau von Fördertechnik spezialisiert waren, wurden als *Joint Stock Company* in der neu errichteten Staatsholding ENI zusammengefasst und in vier integrierten Subholdings neu organisiert: *AGIP Mineraria* für die Exploration, Förderung und Raffination von fossilen Brennstoffen, AGIP für den Vertrieb und Verkauf der Energieträger, SNAM für den Transport und ANIC für die Herstellung von chemischen Produkten aus Erdgas und /oder Erdöl. (Art. 5)

Finanziell ausgestattet wurde die staatliche ENI mit einem Gesellschaftskapital in Höhe von 30 Mrd. Lire, welches zur einen Hälfte aus den Kapitalbeständen der neu integrierten Staatsunternehmen, zur anderen Hälfte aus Staatsanleihen zusammengesetzt war. Die Staatsanleihen sollten aus den erwirtschafteten Umsätzen des laufenden Geschäftsjahres sowie der folgenden drei Geschäftsjahre an das Schatzministerium zurückgezahlt werden. (Art. 7) Generell sah das Gesetz vor, dass 20% des in jedem Geschäftsjahr erwirtschafteten Nettogewinns für Rücklagen und 15% für Forschung und Entwicklung im Bereich der Energiewirtschaft verwendet werden sollten. Die verbleibenden 65% des Nettogewinns waren an den Staat, namentlich das Schatzministerium, abzuführen. Für die folgenden drei Geschäftsjahre sollte der betreffende Anteil für das Schatzministerium allerdings der Aufstockung des ENI-Gesellschaftskapitals dienen. (Art. 22)

Im Ganzen gesehen orientierte sich die formal-juristische Organisation des neu geschaffenen Staatskonzerns ENI stark am Statut des IRI. Ebenso wie das IRI, war die ENI als Holding organisiert, deren vier Subholdings und 75 Einzelunternehmen in verschiedenen Geschäftsbereichen aktiv waren und dem wirtschaftlichen Privatrecht unterliegen sollten. (Art. 18) Die dem öffentlichen Interesse verpflichteten übergeordneten Bestimmungen der Holding wurden hingegen durch die Regierung festgelegt und durch eine neu geschaffene Kontrollinstanz – einen interministeriellen ständigen Ausschuss des Industrie- und Handelsministers, des Finanzministers und des Schatzministers – überwacht. Die Aufsichtsrats- und Vorstandsmitglieder sowie der Präsident und Vizepräsident der ENI konnten nur vom Ministerpräsidenten per Dekret ernannt werden; der jährliche Etat und Finanzplan der Energieholding musste wiederum – wie auch im Fall des IRI – zunächst den zuständigen drei Ministerien vorgelegt und anschließend noch vom Parlament genehmigt werden. (Art. 11–13)

Ungeachtet dieser Gemeinsamkeiten gab es aber sowohl unter formalen als auch informalen Gesichtspunkten durchaus Unterschiede zwischen der neu errichteten Energieholding ENI und dem IRI: Der wichtigste *formale* Unterschied bestand darin, dass schon mit dem Art. 1 des Gründungsdekrets der ENI ihr Geschäftsbereich – die Energie- und Brennstoffindustrie – gesetzlich fixiert worden war. Die in den vier integrierten Subholdings operierenden einzelnen Unternehmen waren hinsichtlich ihres jeweiligen Geschäftsfeldes insofern viel homogener als die vielen im IRI vereinten, unterschiedliche Geschäftsfelder abdeckenden Unternehmen. Darüber hinaus räumten die im Gründungsdekret der ENI festgelegten Leitungsstrukturen und -kompetenzen dem obersten Führungsgremium – der *giunta esecutiva* – einen im Vergleich zum IRI weitaus größeren Grad an Entscheidungsfreiheit ein, der noch Ende desselben Jahres weiter ausgebaut wurde. Nach dem Aufkauf der von der *Montecatini* gehaltenen ANIC-Anteile kontrollierte die ENI-Leitung alle ihre Tochtergesellschaften vollständig, weil es im Gegensatz zum IRI nunmehr keine privaten Anteilseigner an den einzelnen Unternehmen mehr gab.[506] Unter *informalem* Aspekt wiederum sind die partiell divergierenden Ziel- und Aufgabenstellungen hervorzuheben, die der Verfassungsrechtler und spätere Ministerpräsident, Giuliano Amato,[507] im Rahmen einer 1976 in Rom abgehaltenen Konferenz zur Rolle der Staatsunternehmen in Italien treffend wie folgt beschrieben hat: „Die wichtigste Funktion des IRI, gewissermaßen eine Art Arche Noah der italienischen Industriewirtschaft, wurde seit seiner Gründung immer von den Schwächen der Privatwirtschaft bestimmt. Der Hauptauftrag des IRI bestand daher immer in der Kompensation dieser Schwächen als Substitutin der Privatwirtschaft. (...). Die ENI hingegen war eine originär gegen die Interessen der Privatwirtschaft gerichtete Schöpfung, ihre Gründung eine Kampfansage gegen die internationale Monopolmacht der Sieben Schwestern, (...) ihre Zielsetzungen waren antimonopolistisch und ihre Hauptfunktion das Aufbrechen (...) verkrusteter Marktstrukturen und ihre aktive Transformation."[508] Letztlich aber lag, worauf auch Toninelli verweist, der Hauptfokus der ENI – in Kontinuität zur faschistischen Autarkiepolitik – auf der nationalen Unabhängigkeit der Brennstoffversorgung.[509]

Enrico Mattei hatte nach siebenjährigem Engagement nahezu alle seiner ursprünglichen Visionen realisiert. Nicht zuletzt durch seine engen freundschaftlichen Beziehungen zu einzelnen Regierungsmitgliedern, vor allem aber durch seine Beharrlichkeit und seine unternehmerischen Erfolge bei der Ausbeutung der Erdgasfelder in der Po-Ebene durch die AGIP, war es ihm gelungen, den Großteil der politischen Entscheidungsträger Italiens von der von ihm konzipierten *strategia del metano*[510] zu überzeugen. Als erster Präsident der neu geschaffenen Staatsholding war er zu einem der größten Industriellen des Landes, aber ebenso zu einem einflussreichen Politiker aufgestiegen. Durch die Annahme des Gesetzes zur *Istituzione dell'Ente Nazionale Idrocarburi* hatte sich zugleich – vergleichbar mit der Reetablierung des IRI – eine dirigistische Sichtweise bei der konzeptionellen Ausrichtung der nationalen Industriepolitik durchgesetzt, die

506 Vgl. Toninelli (2008), Energy supply and economic development, S. 11 sowie Daniele Pozzi, Capabilities, Entrepreneurship, and Political Direction in the Italian National Oil Company: AGIP/ENI (1926–1971), in: Franco Amatori, Robert Millward und Pier Angelo Toninelli (Hg.), Reappraising State-Owned Enterprise. A Comparism of the UK and Italy, New York-London: Routledge (2011), S. 173.

507 Giuliano Amato war in den Jahren von 1992–1993 sowie 2000–2001 Ministerpräsident Italiens.

508 Giuliano Amato, Il ruolo dell'esecutivo nel governo delle partecipazioni statali, in: Giancarlo Mazzocchi (Hg.), Il governo democratico dell'economia. Saggi e interventi, Bari: De Donato (1976), S. 135–137.

509 Vgl. hierzu vor allem Toninelli (2008), Energy supply and economic development, S. 11. Er schreibt: "Once again, then, as in the Fascist period, but much more efficaciously, the strategic focus was on the energy independence of the country."

510 Colitti (1979), Energia e sviluppo. S. 109.

einerseits an die Erfahrungen der Vorkriegszeit anknüpfte, *andererseits* aber durch die Herausforderungen des Wiederaufbaus sowie durch die kritische Auseinandersetzung mit dem Faschismus bestimmt war. Mit der Gründung der ENI war ein industriepolitisches Instrument geschaffen, mit dem es nach Auffassung seiner Protagonisten – zum Beispiel Pasquale Saraceno, Ezio Vanoni, Oscar Sinigaglia oder Enrico Mattei – möglich schien, eine landesweit sichere und günstige Energieversorgung zwecks Dynamisierung der gesamtwirtschaftlichen Entwicklung zu gewährleisten.

Ohne die Ergebnisse der nachfolgenden Kapitel vorwegnehmen zu wollen, kann an dieser Stelle bereits festgestellt werden, dass sich diese Zielvision realisiert hat. Durch das staatliche Monopolrecht gesichert, war die ENI innerhalb nur weniger Jahre zur erfolgreichsten staatlichen Unternehmensgruppe in Italien expandiert, die sich schon bald aufgrund sprudelnder Einnahmen selbst finanzieren konnte. Unter der Leitung von Enrico Mattei entwickelte sich die Holding bis zu seinem Tod im Jahr 1962 zu einem international aufgestellten Konzern, dessen beeindruckende Performance einen entscheidenden Beitrag für das starke Wirtschaftswachstum in Italien seit Mitte der 1950er Jahre leistete.[511]

1.2.4 Die institutionell-politische Neustrukturierung der Industriepolitik während der Nachkriegszeit, 1945–1952 – Ein Zwischenfazit

In der wirtschaftshistorischen Literatur zu Italien ist viel über die beiden Fragen diskutiert worden, wie stark die im Zeichen von Autarkie und Korporativismus durchgeführten Maßnahmen faschistischer Wirtschaftspolitik die wachstums- und industriepolitischen Entscheidungen der ersten Nachkriegsregierungen geprägt haben und wie groß der Beitrag einzelner Unternehmerpersönlichkeiten für den Erfolg der privatrechtlich organisierten Staatsunternehmen seit 1952 gewesen war. Die in diesem Zusammenhang von Rolf Petri eindrucksvoll belegte These, dass die italienische Wirtschaftspolitik gewissermaßen als Fortführung der „neo-merkantilistischen Strategie"[512] mit dem „Ziel der vollständigen Industrialisierung"[513] zu charakterisieren wäre und „verschiedene Maßnahmen der Autarkieperiode den Wachstumszyklus der fünfziger Jahre konkret vorbereiten halfen",[514] kann zwar viel Plausibilität für sich beanspruchen. Immerhin bestanden die in den dreißiger Jahren gegründeten staatlichen Industrieholdings auch in der Republik Italien weiter, und ihre jeweiligen Geschäftsbereiche wurden in Anknüpfung an den Vorkriegsstand sogar nachhaltig ausgebaut. Auch läßt sich die Bedeutung so charismatischer Unternehmerpersönlichkeiten wie Oscar Sinigaglia oder

511 Zur Gesamtwirtschaftsleistung der ENI von 1953–1975, vgl. Tabelle A3.2, S. 131ff. im Datenappendix A3, in: https://www.degruyter.com/view/product/552615.
512 Petri (2001), Von der Autarkie zum Wirtschaftswunder, S. 416.
513 Ebd., S. 470.
514 Ebd., S. 416.

Enrico Mattei bei der Neuaufstellung der staatlichen Industrieholdings FINSIDER und AGIP nach Kriegsende kaum in Frage stellen.[515] Doch weist insbesondere die Kontinuitätsthese eine gewisse Rigidität auf, die den Veränderungen bzw. Modifikationen industriepolitischer Interventionen nach Ende des Krieges als Folge von Anpassungszwängen, aber auch von Such- und Lernprozessen bei der Bewältigung des Wiederaufbaus der italienischen Industrie zu wenig Rechnung trägt.

Mit dem Ziel, die jeweiligen Aushandlungs- und Entscheidungsprozesse bei der Institutionalisierung einer adäquaten Industriepolitik in kein Prokrustesbett von Pfadabhängigkeiten zu zwängen, erwies sich stattdessen ein akteurszentrierter Ansatz als fruchtbar, der Krisensituationen prinzipiell als zukunftsoffen betrachtet und sowohl strukturelle, prozessuale als auch kulturelle Faktoren berücksichtigt. Durch das Transparentmachen eines komplexen Ursachen- und Bedingungsgeflechts konnten im Rahmen der durchgeführten Fallstudien zur Eisen- und Stahlindustrie sowie zur Energie- und Brennstoffindustrie erste Ergebnisse herausgearbeitet werden, die die oben genannten Thesen zur Erklärung der italienischen Industriepolitik bestätigen und ergänzen, aber auch deutlich relativieren: *Erstens*, lag dem Staatseingriff in Wirtschaft und Marktgeschehen auf Regierungsebene nach Kriegsende keineswegs eine längerfristig angelegte – modelltheoretisch basierte – industriepolitische Strategie zu Grunde.[516] Die wichtigsten Akteure staatlicher Industriepolitik entwickelten ihre jeweiligen Maßnahmen vielmehr – worauf auch Petri verweist – „aus der Konfrontation gleich bleibender Prioritäten und Ziele" – Wiederaufbau und Industrialisierung – mit den „turbulenten" außen- sowie innenpolitischen „Veränderungen" und sozioökonomischen Zwangslagen während der unmittelbaren Nachkriegszeit. Ihr Handeln stand unter der Maßgabe der Handlungsspielräume, welche der „interne Strukturwandel" ihnen ermöglichte oder auch versagte.[517] Dadurch wiederum, aber ebenso angesichts zahlreicher ordnungspolitischer Kontroversen hinsichtlich der Steuerung der wirtschaftlichen Entwicklung ergaben sich, *zweitens*, jene individuellen Freiräume, die einzelne Unternehmer wie Oscar Sinigaglia und Enrico Mattei für die Durch- und Umsetzung eigener – interessengeleiteter – Unternehmensstrategien zu nutzen wussten. Nicht zuletzt durch die wirtschaftlichen Erfolge der von diesen *dirigenti* geleiteten staatlichen Unternehmensgruppen verliehen sie mit ihren – das Wachstum der gesamten Volkswirtschaft tangierenden – unternehmensspezifischen Strategien der industriepolitischen Neuausrichtung nach Kriegsende eine entscheidende Stoßrichtung.[518] *Drittens* war die

---

515 Franco Amatori spricht in diesem Zusammenhang sogar davon, „the Italian SOE remained a private initiative of a public entrepreneur." Franco Amatori, Entrepreneurial Typologies in the History of Industrial Italy (1880–1960): A Review Article, in: Business History Review, vol. 54, n. 3 (1980), S. 379. Ähnlich auch Federico und Giannetti (1999), Le politiche industriali, S. 1147.

516 Vgl. auch Federico und Gianetti (1999), Le politiche industriali, S. 1147f.

517 Petri (2001), Von der Autarkie zum Wirtschaftswunder, S. 472f.

518 So schreibt auch Steven Tolliday in seiner Einleitung einer Sonderausgabe der Enterprise & Society zur Rolle der Staatsunternehmen für das italienische Wirtschaftswunder: „Along with Finsider in

Fokussierung auf eine verstärkte Industrieförderung mithilfe der Staatsunternehmen keinesfalls lediglich eine pfadabhängige Fortsetzung bereits vor dem Krieg angelegter Muster der Wirtschaftspolitik, sondern besaß spätestens mit der Regierungsentscheidung zur Gründung der ENI im Februar 1953 auch eine zukunftsrelevante – nicht zuletzt soziale Aspekte implizierende – innovative Dimension. So bedeutete die parlamentarische Zustimmung zur Neuausrichtung der staatlichen Brennstoffindustrie gleichsam eine Überformung, damit aber partielle Transformation des von der faschistischen Autarkiepolitik übernommenen Modells des Interventionsstaates, die sich aus den konkret-historischen Herausforderungen der unmittelbaren Nachkriegszeit ergaben: So wurde den Leitungsebenen der jeweiligen privatrechtlich organisierten staatlichen Industrieunternehmen im Vergleich zum Faschismus wesentlich mehr Freiheiten zur Durchsetzung ihrer unternehmensstrategischen Zielsetzungen eingeräumt, wodurch sich ein spezifischer Unternehmertyp herausbildete. Zugleich aber fokussierte die Neuaufstellung der großen Staatsholdings seit Beginn der 1950er Jahre die gezielte Expansion in ausgewählten Schlüsselindustrien zur Zerschlagung bestehender Monopole der Privatwirtschaft, um die Absatzpreise der jeweiligen Produkte deutlich senken und dadurch wiederum weitreichende Breitenwirkungen zur Förderung der gesamtwirtschaftlichen Entwicklung entfalten zu können. Die sektoralen Schwerpunkte lagen dabei eindeutig auf der Stahlindustrie, dann kamen die metallverarbeitende Industrie, die Mineralölwirtschaft sowie der gesamte Energiesektor, schließlich die Chemische Industrie.

Die bisherigen Ausführungen zur institutionell-politischen Auskonturierung der italienischen Industriepolitik während der Rekonstruktionsphase zusammenfassend, kann insofern festgehalten werden, dass in diesem Zusammenhang insbesondere die privatrechtlich organisierten Staatsholdings einen neuen, wenngleich historisch verwurzelten Stellenwert erlangten. In ihrer spezifischen Ausprägung einer Synthese von Interventionsinstrument und privatwirtschaftlichem Akteur stellten diese Staatsunternehmen – in ihrer Gesamtheit – damit eine institutionelle Plattform dar, von der sich im Zusammenspiel mit weiteren Wachstumsfaktoren und im Kontext der durch den Marshall-Plan eingeleiteten Westintegration die italienische Nachkriegsprosperität entfalten konnte. Sie steht im Zentrum des folgenden Kapitels.

---

the steel industry it (ENI) presented, for a time at least, the putative model of Italian state enterprise. (...) The key institutional feature of such enterprises was that, while they were owned by the state, operational control was decentralized to the hands of managers, and technocrats, or 'public entrepreneurs'. In the 1940s and 1950s, these independent managers were widely perceived to be pulling the state enterprise away from its prewar vices of nepotism, corruption, and politicized control. (...) Mattei, Sinigaglia, and others succeeded in several imaginative and ambitious projects in the 1950s, even though there was never much overall coordination and direction of their strategy by the state." Steven W. Tolliday, Introduction: Enterprise and State in the Italian "Economic Miracle", in: Enterprise & Society, vol. 1, n. 2 (2000), S. 245.

Kapitel 2
Die Nachkriegsprosperität in Italien – Volkswirtschaftliche Wachstumsdynamik im Zeichen nachholender Industrialisierung, 1952–1975

2.1 Die italienische Volkswirtschaft im internationalen Vergleich

Die 50er und 60er Jahre des 20. Jahrhunderts markieren in wachstumshistorischer Perspektive eine gesellschaftsverändernde Zäsur der jüngeren europäischen Wirtschafts- und Sozialgeschichte.[519] Die damalige, in der Zwischenzeit vielfach untersuchte Nachkriegsprosperität – auch als „Golden Age"[520] oder als „Great Boom"[521] bezeichnet – erfasste in der einen oder anderen Dimension sowie früher oder später letztlich ganz Europa, unabhängig von den in den einzelnen Ländern jeweils vorherrschenden, partiell stark divergierenden institutionell-politischen Rahmenbedingungen ökonomischen Handelns.[522] Die damit einhergehende individuelle und kollektive, die private und öffentliche Wohlstandssteigerung führte (West)Europa in eine „Periode des industriellen Massenkonsums, in die die USA bereits in der Zwischenkriegszeit eingetreten waren".[523] Kurzzeitig hatte es den Anschein, als ob eine „Ära gesicherten Wachstums"[524] bzw. eine „immerwährende(...) Prosperität"[525] begonnen hätte. Die Traumata von sozialem Elend, Zerstörung und Hunger, die sich nach Kriegsende tief in das kollektive Bewusstsein der europäischen Bevölkerung(en) eingebrannt hatten, schienen überwunden und einem neuen Optimismus, die wirtschaftliche Entwicklung bejahenden Leistungs- und Tatendrang gewichen zu sein. Vor allem Westeuropa erlebte seit Ende des Wiederaufbaus ein überdurchschnittliches Wirtschaftswachstum „with

519 Noch immer inspirierend, Hartmut Kaelble (Hg.), Der Boom 1948–1973. Gesellschaftliche und wirtschaftliche Folgen in der Bundesrepublik und Europa, Opladen: Westdeutscher Verlag (1992).

520 Vgl. Peter Temin, The Golden Age of European Growth: A Review Essay, in: European Review of Economic History, 1 (1997), S. 127–149; vgl. auch den zweiten Teil von Eric J. Hobsbawm, Das Zeitalter der Extreme. Weltgeschichte des 20. Jahrhunderts, München: Deutscher Taschenbuch Verlag (1998), S. 285–502.

521 Vgl. Nicholas F. Crafts, The Great Boom: 1950–1973, in: Max-Stephan Schulze (Hg.), Western Europe. Economic and Social Change since 1945, London: Longman (1999), S. 42–63.

522 Vgl. Grabas und Nützenadel (2014), Industrial Policy in Europe.

523 Gerold Ambrosius, Wirtschaftsraum Europa. Vom Ende der Nationalökonomien, Frankfurt a.M.: Fischer (1996), S. 11.

524 Patrizia Battilani und Francesca Fauri, Marshall-Plan und Handelsliberalisierung. Auswirkungen auf das industrielle Wachstum in den italienischen Regionen, in: Gian E. Rusconi und Hans Woller (Hg.), Parallele Geschichte? Italien und Deutschland 1945–2000, Berlin: Duncker & Humblot (2006), S. 425.

525 Burkart Lutz, Der kurze Traum immerwährender Prosperität. Eine Neuinterpretation der industriell-kapitalistischen Entwicklung im Europa des 20. Jahrhunderts, Frankfurt a.M.: Campus (1989).

https://doi.org/10.1515/9783110684223-003

the fastest rate of output expansion since the beginning of ‚modern growth'."[526] Begleitet von einem nachhaltigen Strukturwandel, veränderte sich das Antlitz der jeweiligen Volkswirtschaften in einem rasanten Tempo, das erst im Verlauf der 1960er Jahre eine gewisse Normalisierung erfuhr und schließlich – akzeleriert durch den ersten Ölpreisschock von 1973 – spätestens ab Mitte der 1970er Jahre seine strukturelle Antriebskraft verlor.[527] Bis zu diesem Zeitpunkt waren zyklische Konjunkturschwankungen eher schwach ausgeprägt, und die in vielen Ländern bei Kriegsende hohe Arbeitslosigkeit konnte – bei gleichzeitiger relativer Preisstabilität – sukzessive abgebaut werden.

Wie in Abbildung 2.1 visualisiert und in Tabelle 2.1 ablesbar, gestaltete sich die Dynamik des Wirtschaftswachstums in Italien im Vergleich der größten westeuropäischen Volkswirtschaften und zu den USA besonders intensiv. Zwischen 1952 und 1975 wuchs das italienische BIP jahresdurchschnittlich um 5,09%; nur die bundesdeutsche Entwicklung wies eine noch höhere Wachstumsrate auf.[528] Während des Zeitraumes von 1958 bis 1970 – der Kernphase der italienischen Nachkriegsprosperität – setzte sich Italien mit einer jahresdurchschnittlichen Wachstumsrate des BIP von 5,80% sogar an die Spitze des europäischen Wirtschaftsaufschwungs. Mit dieser Dynamik, die jene Westeuropas um knapp 0,9 und jene der USA um 1,5 Prozentpunkte übertraf, konnte die italienische Volkswirtschaft ihren Anteil an der Erwirtschaftung des westeuropäischen BIP von knapp 8% am Ende des Zweiten Weltkrieges (1938, 11,2%) auf ca. 15% im Jahr 1969 erhöhen. Dadurch aber entsprach die wirtschaftliche Performance Italiens erstmals in seiner Geschichte seinem westeuropäischen Bevölkerungsanteil von ebenso 15%.

Ähnlich beeindruckende Ergebnisse erzielte der Apenninenstaat – wie in Abbildung 2.2 und Tabelle 2.2 dargestellt – hinsichtlich der jahresdurchschnittlichen Zunahme des BIP pro Kopf. Allerdings darf der im internationalen Vergleich während des Untersuchungszeitraumes von 1952 und 1975 erreichte Spitzenwert von knapp 4,4% nicht darüber hinwegtäuschen, dass die absoluten Pro-Kopf-Größen des BIP

526 United Nations Economic Commission for Europe (UN/ECE), Economic Survey of Europe 2000, No. 1, chapt. 5, "Catching Up and Falling Behind: Economic Convergence in Europe", Published: 03 May 2000, S. 160, http://www.unece.org/fileadmin/DAM/ead/pub/001/001_5.pdf (besucht on 06 March 2013).

527 Vgl. Margrit Grabas, Einige methodologische Reflexionen zur konjunktur- und wachstumshistorischen Erforschung der Europäischen Nachkriegsprosperität (1948–1973) – dargestellt an der deutsch-deutschen Wirtschaftsgeschichte, in: Internationale Wissenschaftliche Vereinigung Weltwirtschaft und Weltpolitik (IWVWW) – Berichte, Nr. 180/181 (2008), S. 8–28.

528 Zur Wachstumsdynamik der Bundesrepublik Deutschland, vgl. vor allem Thomas Bittner, Das westeuropäische Wirtschaftswachstum nach dem Zweiten Weltkrieg. Eine Analyse unter besonderer Berücksichtigung der Planification und der Sozialen Marktwirtschaft, Münster: LIT (2001) sowie auch Christoph Buchheim, Ökonomischer Strukturwandel in Frankreich und Deutschland im europäischen und transatlantischen Zusammenhang, in: Hélène Miard-Delacroix und Rainer Hudemann (Hg.), Wandel und Integration. Deutsch-französische Annäherungen der fünfziger Jahre, München: Oldenbourg (2005), S. 159–178, insbesondere S. 169ff.

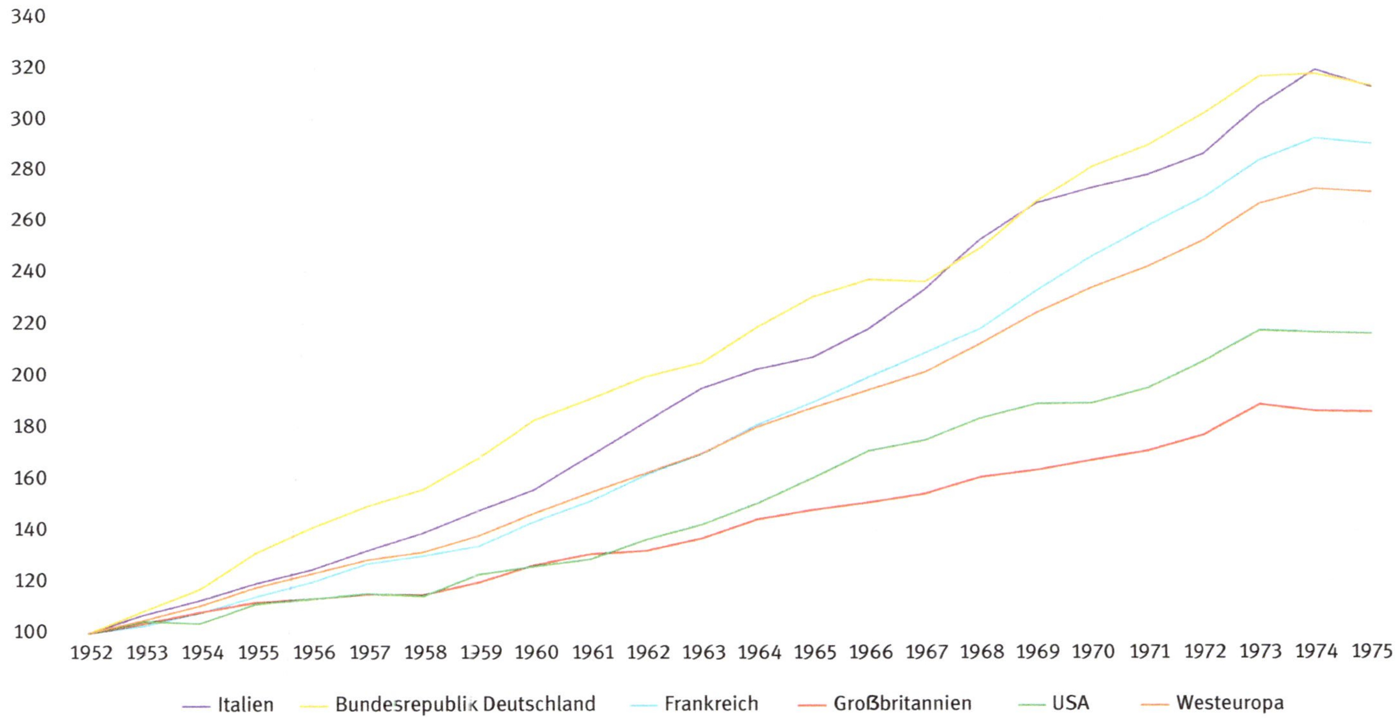

Abbildung 2.1: Entwicklung des BIP in Italien im westeuropäischen Vergleich und im Vergleich mit den USA, 1952–1975; in GK $ (1990); Index, 1952 = 100.
Quelle: Eigene Berechnungen, basierend auf GGDC (2010), Historical Statistics for the World Economy (Italien, Frankreich, Großbritannien, Westeuropa und die USA) sowie The Conference Board (2014), Total Economy Database. Output, Labor and Labor Productivity Country Details, 1950–2013 (Bundesrepublik Deutschland).

Tabelle 2.1: Entwicklung des BIP in Italien im westeuropäischen Vergleich und im Vergleich mit den USA, 1938–1975; in Mrd. GK $ (1990) und in %.

	Frankreich	Jährliche WR in %	Deutschland*	Jährliche WR in %	Italien	Jährliche WR in %	Großbritannien	Jährliche WR in %
1938	187,40		342,35		143,98		297,62	
1945	102,15		302,46		87,34		347,04	
1952	240,29		256,63		190,54		357,59	
1953	247,22	2,89	279,26	8,82	204,29	7,21	371,65	3,93
1954	259,22	4,85	300,73	7,69	214,88	5,19	386,79	4,07
1955	274,10	5,74	336,85	12,01	227,39	5,82	400,85	3,64
1956	287,97	5,06	362,53	7,62	237,70	4,53	405,83	1,24
1957	305,31	6,02	383,85	5,88	251,73	5,90	412,32	1,60
1958	312,97	2,51	400,53	4,35	265,19	5,35	411,45	−0,21
1959	321,92	2,86	431,72	7,79	281,71	6,23	428,11	4,05
1960	344,61	7,05	469,15	8,67	296,98	5,42	452,77	5,76
1961	363,75	5,56	490,33	4,51	321,99	8,42	467,69	3,30
1962	387,94	6,65	512,82	4,59	347,10	7,80	472,45	1,02
1963	408,09	5,19	527,03	2,77	371,82	7,12	490,63	3,85
1964	435,30	6,67	562,14	6,66	386,33	3,90	516,58	5,29
1965	456,46	4,86	592,31	5,37	395,02	2,25	530,00	2,60
1966	479,63	5,08	609,14	2,84	415,64	5,22	540,16	1,92
1967	501,80	4,62	607,26	−0,31	445,23	7,12	552,28	2,24
1968	523,97	4,42	640,91	5,54	482,46	8,36	574,78	4,07
1969	560,28	6,93	688,64	7,45	510,05	5,72	585,21	1,81
1970	592,39	5,73	723,75	5,10	521,51	2,25	599,02	2,36
1971	621,06	4,84	745,51	3,01	531,39	1,89	611,71	2,12
1972	648,67	4,45	777,28	4,26	546,93	2,93	633,35	3,54
1973	683,97	5,44	815,14	4,87	582,71	6,54	675,94	6,72
1974	704,01	2,93	817,31	0,27	610,04	4,69	666,76	−1,36
1975	699,11	−0,70	805,85	−1,40	596,95	−2,15	665,98	−0,12

Durchschnittl. Wachstum in %	Frankreich	Deutschland*	Italien	Großbritannien
1938–1945	−8,30	−1,75	−6,89	2,22
1945–1952	13,00	0,57	11,79	0,43
1952–1958	4,50	7,70	5,66	2,37
1952–1963	4,93	6,76	6,27	2,92
1952–1975	4,75	5,10	5,09	2,74
1958–1963	5,45	5,64	6,99	3,58
1958–1970	5,46	5,05	5,80	3,18
1963–1975	4,59	3,60	4,02	2,58
1963–1966	5,53	4,94	3,78	3,26
1966–1970	5,42	4,40	5,84	2,62
1963–1970	5,47	4,64	4,95	2,89
1966–1975	4,28	3,16	4,10	2,35
1970–1975	3,37	2,17	2,74	2,14

* ab 1952 nur Bundesrepublik Deutschland

(fortgesetzt)

Tabelle 2.1 (Fortsetzung): Entwicklung des BIP in Italien im westeuropäischen Vergleich und im Vergleich mit den USA, 1938–1975; in Mrd. GK $ (1990) und in %.

	Westeuropa	Jährliche WR in %	USA	Jährliche WR in %	Italien in % Westeuropa	Jährliche WR in %
1938	1281,10		799,36		11,24	
1945	1119,27		1644,76		7,80	−30,57
1952	1532,29		1625,25		12,44	59,35
1953	1610,50	5,10	1699,97	4,60	12,68	2,01
1954	1699,17	5,51	1688,80	−0,66	12,65	−0,30
1955	1805,10	6,23	1808,13	7,07	12,60	−0,39
1956	1887,74	4,58	1843,46	1,95	12,59	−0,04
1957	1970,16	4,37	1878,06	1,88	12,78	1,47
1958	2018,49	2,45	1859,09	−1,01	13,14	2,82
1959	2115,14	4,79	1997,06	7,42	13,32	1,37
1960	2251,31	6,44	2046,73	2,49	13,19	−0,95
1961	2371,37	5,33	2094,40	2,33	13,58	2,93
1962	2487,99	4,92	2220,73	6,03	13,95	2,74
1963	2604,57	4,69	2316,77	4,32	14,28	2,33
1964	2762,32	6,06	2450,92	5,79	13,99	−2,03
1965	2878,10	4,19	2607,29	6,38	13,73	−1,86
1966	2985,81	3,74	2778,09	6,55	13,92	1,42
1967	3091,71	3,55	2847,55	2,50	14,40	3,45
1968	3255,80	5,31	2983,08	4,76	14,82	2,90
1969	3442,08	5,72	3076,52	3,13	14,82	0,00
1970	3593,30	4,39	3081,90	0,17	14,51	−2,06
1971	3715,85	3,41	3178,11	3,12	14,30	−1,47
1972	3879,75	4,41	3346,55	5,30	14,10	−1,42
1973	4101,03	5,70	3536,62	5,68	14,21	0,79
1974	4190,03	2,17	3526,72	−0,28	14,56	2,47
1975	4171,11	−0,45	3516,83	−0,28	14,31	−1,70

Durchschnittl. Wachstum in %	Westeuropa	USA	Italien in % Westeuropa
1938–1945	−1,91	10,86	−5,08
1945–1952	4,59	−0,17	6,88
1952–1958	4,70	2,27	0,92
1952–1963	4,94	3,28	1,26
1952–1975	4,45	3,41	0,61
1958–1963	5,23	4,50	1,67
1958–1970	4,92	4,30	0,83
1963–1975	4,00	3,54	0,02
1963–1966	4,66	6,24	−0,84
1966–1970	4,74	2,63	1,05
1963–1970	4,70	4,16	0,24
1966–1975	3,78	2,65	0,31
1970–1975	3,03	2,68	−0,28

Quelle: Eigene Berechnungen, basierend auf GGDC (2010), Historical Statistics for the World Economy (Italien, Frankreich, Großbritannien, Westeuropa und USA) sowie The Conference Board (2014), Total Economy Database (Deutschland*).

Tabelle 2.2: Entwicklung des BIP pro Kopf in Italien im westeuropäischen Vergleich und im Vergleich mit den USA, 1938–1975; in GK $ (1990) und in %.

	Frankreich	Jährliche WR in %	Deutschland*	Jährliche WR in %	Italien	Jährliche WR in %
1938	4466,21		4993,60		3316,09	
1945	2573,14		4514,28		1922,06	
1952	5564,26		5045,83		3997,42	
1953	5683,94	2,15	5438,29	7,78	4259,82	6,56
1954	5915,18	4,07	5796,57	6,59	4449,04	4,44
1955	6198,79	4,79	6430,61	10,94	4675,61	5,09
1956	6448,46	4,03	6839,08	6,35	4858,83	3,92
1957	6761,78	4,86	7153,93	4,60	5118,38	5,34
1958	6855,17	1,38	7377,39	3,12	5360,01	4,72
1959	6978,78	1,80	7867,25	6,64	5653,13	5,47
1960	7397,58	6,00	8463,39	7,58	5916,24	4,65
1961	7718,43	4,34	8728,63	3,13	6373,15	7,72
1962	8067,06	4,52	9022,57	3,37	6826,83	7,12
1963	8362,67	3,66	9183,52	1,78	7262,39	6,38
1964	8819,34	5,46	9696,90	5,59	7487,04	3,09
1965	9165,42	3,92	10104,47	4,20	7598,42	1,49
1966	9544,14	4,13	10298,61	1,92	7942,41	4,53
1967	9907,19	3,80	10242,82	−0,54	8453,70	6,44
1968	10267,02	3,63	10771,63	5,16	9105,36	7,71
1969	10885,56	6,02	11464,51	6,43	9566,39	5,06
1970	11410,09	4,82	11932,94	4,09	9718,51	1,59
1971	11844,96	3,81	12161,20	1,91	9839,46	1,24
1972	12263,55	3,53	12603,39	3,64	10060,28	2,24
1973	12824,42	4,57	13152,48	4,36	10634,06	5,70
1974	13112,53	2,25	13171,01	0,14	11046,19	3,88
1975	12957,21	−1,18	13033,59	−1,04	10741,87	−2,76

Durchschnittl. Wachstum in %	Frankreich	Deutschland*	Italien
1938–1945	−7,58	−1,43	−7,50
1945–1952	11,65	1,60	11,03
1952–1958	3,54	6,54	5,01
1952–1963	3,77	5,59	5,58
1952–1975	3,74	4,21	4,39
1958–1963	4,06	4,48	6,26
1958–1970	4,34	4,09	5,08
1963–1975	3,72	2,96	3,32
1963–1966	4,50	3,89	3,03
1966–1970	4,57	3,75	5,17
1963–1970	4,54	3,81	4,25
1966–1975	3,46	2,65	3,41
1970–1975	2,58	1,78	2,02

* ab 1952 nur Bundesrepublik Deutschland

(fortgesetzt)

Tabelle 2.2 (Fortsetzung): Entwicklung des BIP pro Kopf in Italien im westeuropäischen Vergleich und im Vergleich mit den USA, 1938–1975; in GK $ (1990) und in %.

	Großbritannien	Jährliche WR in %	Westeuropa	Jährliche WR in %	USA	Jährliche WR in %
1938	6266,45		4412,00		6126,47	
1945	7056,13		3803,00		11708,65	
1952	7090,72		4951,00		10315,54	
1953	7345,80	3,60	5171,00	4,44	10612,61	2,88
1954	7619,21	3,72	5422,00	4,85	10359,11	−2,39
1955	7868,13	3,27	5723,00	5,55	10896,85	5,19
1956	7928,75	0,77	5944,00	3,86	10914,28	0,16
1957	8017,01	1,11	6160,00	3,63	10919,99	0,05
1958	7965,81	−0,64	6265,00	1,70	10630,53	−2,65
1959	8239,80	3,44	6514,00	3,97	11230,17	5,64
1960	8645,23	4,92	6879,00	5,60	11328,48	0,88
1961	8856,67	2,45	7185,00	4,45	11401,73	0,65
1962	8865,38	0,10	7465,00	3,90	11904,98	4,41
1963	9149,18	3,20	7746,00	3,76	12242,34	2,83
1964	9567,97	4,58	8145,00	5,15	12772,57	4,33
1965	9751,54	1,92	8417,00	3,34	13418,70	5,06
1966	9885,31	1,37	8667,00	2,97	14133,53	5,33
1967	10048,89	1,65	8917,00	2,88	14330,03	1,39
1968	10409,95	3,59	9336,00	4,70	14862,94	3,72
1969	10551,68	1,36	9805,00	5,02	15179,41	2,13
1970	10767,47	2,05	10169,00	3,71	15029,85	−0,99
1971	10941,47	1,62	10442,00	2,68	15304,30	1,83
1972	11293,92	3,22	10837,00	3,78	15943,87	4,18
1973	12025,28	6,48	11392,00	5,12	16689,34	4,68
1974	11858,90	−1,38	11586,00	1,70	16491,27	−1,19
1975	11847,09	−0,10	11493,00	−0,80	16283,63	−1,26

Durchschnittl. Wachstum in %	Großbritannien	Westeuropa	USA
1938–1945	1,71	−2,10	9,69
1945–1952	0,07	3,84	−1,79
1952–1958	1,96	4,00	0,50
1952–1963	2,34	4,15	1,57
1952–1975	2,26	3,73	2,00
1958–1963	2,81	4,34	2,86
1958–1970	2,54	4,12	2,93
1963–1975	2,18	3,34	2,41
1963–1966	2,61	3,82	4,90
1966–1970	2,16	4,08	1,55
1963–1970	2,35	3,96	2,97
1966–1975	2,03	3,19	1,59
1970–1975	1,93	2,48	1,62

Quelle: Eigene Berechnungen, basierend auf GGDC (2010), Historical Statistics for the World Economy (Italien, Frankreich, Großbritannien, Westeuropa und USA) sowie The Conference Board (2014), Total Economy Database (Deutschland*).

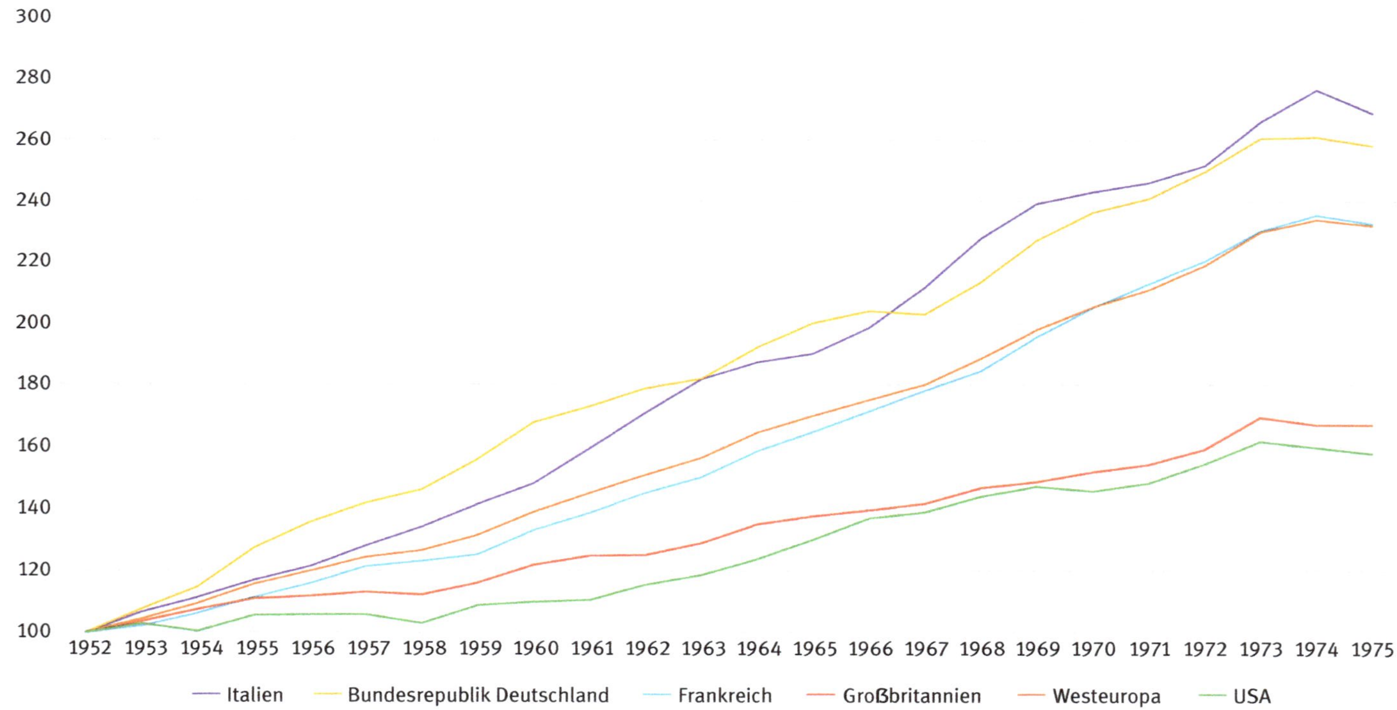

Abbildung 2.2: Entwicklung des BIP pro Kopf in Italien im westeuropäischen Vergleich und im Vergleich mit den USA, 1952–1975; in GK $ (1990); Index, 1952 = 100.

Quelle: Eigene Berechnungen, basierend auf GGDC (2010), Historical Statistics for the World Economy (Italien, Frankreich, Großbritannien, Westeuropa und die USA) sowie The Conference Board (2014), Total Economy Database (Bundesrepublik Deutschland).

nachwievor unterhalb des entsprechenden westeuropäischen Durchschnittseinkommens lagen.[529] So waren die entsprechenden Werte denn auch 1975 noch fast 18% geringer als in der Bundesrepublik Deutschland, etwa 17% geringer als in Frankreich und knapp 10% geringer als in Großbritannien.

Dennoch hatte sich das materielle Wohlstandsgefälle zu diesen drei größten Volkswirtschaften Westeuropas, aber auch im Vergleich zu den USA im Verlauf von nur zwei Jahrzehnten deutlich reduziert (Vgl. Tabelle 2.3 und Tabelle 2.4). Insofern kann festgehalten werden, dass Italien während der Europäischen Nachkriegsprosperität ein historisch bemerkenswerter, die Weltmarktentwicklung tangierender *Catching-up*-Prozess gelang – bereits 1962 war Italien zur achtstärksten Industrienation der Welt aufgestiegen. Die exzeptionelle, nur noch von Japan leicht übertroffene[530] und sich sowohl zwischen 1958 und 1963 als auch zwischen 1966 und 1970 jeweils besonders beschleunigende Aufschwungsdynamik besaß aber nicht nur eine internationale Dimension. Sie hatte zugleich und vor allem innerhalb Italiens zu einem nachhaltigen ökonomischen Strukturwandel mit weitreichenden gesamtgesellschaftlichen Implikationen geführt. In diesem Zusammenhang wirkte insbesondere die als *miracolo economico italiano* charakterisierte Wachstumsphase von 1958 bis 1963 zäsursetzend – sie steht im Mittelpunkt nachfolgender Betrachtung.

2.2 Die Zäsur des *miracolo economico italiano*

Das italienische „Wirtschaftswunder“[531] läßt sich in seinen wichtigsten Merkmalsausprägungen anhand von ausgewählten, die makroökonomische Entwicklung konkretisierenden Indikatoren transparent machen. Folgt man zunächst den Neuberechnungen der Volkswirtschaftlichen Gesamtrechnung Italiens von Alberto

529 Erst 1981 konnte das BIP pro Kopf in Italien den westeuropäischen Durchschnitt erreichen; es entwickelte sich von da an etwa mit derselben Wachstumsdynamik wie das durchschnittliche Pro-Kopf-Einkommen in Westeuropa. Vgl. GGDC (2010), Historical Statistics for the World Economy.

530 Vgl ebd.

531 Eingeführt wurde der Begriff *Wirtschaftswunder* für Italien im Mai 1956 von einem deutschen Journalisten des Nachrichtenmagazins *DIE ZEIT*, er fand aber zunächst kaum Verbreitung. Im englischsprachigen Raum wurde das Schlagwort *italian economic miracle* erstmals im Mai 1959 in einem Zeitungsartikel der *Daily Mail* von Ninetta Jucker zur Beschreibung der spektakulären Wirtschaftsentwicklung Italiens nach 1945 in Gegenüberstellung mit der Wirtschaftsentwicklung in der Bundesrepublik Deutschland eingeführt und von ihr im Februar 1960 im Leitartikel des Magazins *The Observer* wiederverwendet. Erst nachdem *The Financial Times*, *The Economist* und das *The Time*-Magazin den Slogan der englischen Journalistin übernommen hatten, wurde die Phrase zum Allgemeinplatz. In Italien fand das Schlagwort des *miracolo economico italiano* erst danach Verbreitung. Vgl. Italiens Wirtschaftswunder, in: DIE ZEIT, Ausgabe vom 31. Mai 1956, Jahrgang 1956, Nr. 22. Zitiert nach http://www.zeit.de/1956/22/italiens-wirtschaftswunder; Ninetta Jucker, The Italian Economic Miracle, in: Daily Mail, Ausgabe vom 25. Mai 1959, S. 14 sowie Ninetta Jucker, Italy's Post-War Miracle, in: The Observer, Ausgabe vom 21. Februar 1960, S. 8.

Tabelle 2.3: Entwicklung des BIP pro Kopf in Italien im westeuropäischen Vergleich und im Vergleich mit den USA (Westeuropa = 100), 1938–1975; in GK $ (1990) und in %.

	Frankreich	Jährliche WR in %	Deutschland*	Jährliche WR in %	Italien	Jährliche WR in %
1938	101,23		113,18		75,16	
1945	67,66		118,70		50,54	
1952	112,39		101,92		80,74	
1953	109,92	−2,20	105,17	3,19	82,38	2,03
1954	109,10	−0,75	106,91	1,65	82,06	−0,39
1955	108,31	−0,72	112,36	5,10	81,70	−0,43
1956	108,49	0,16	115,06	2,40	81,74	0,05
1957	109,77	1,18	116,14	0,94	83,09	1,65
1958	109,42	−0,32	117,76	1,40	85,55	2,97
1959	107,14	−2,09	120,77	2,56	86,78	1,44
1960	107,54	0,38	123,03	1,87	86,00	−0,90
1961	107,42	−0,11	121,48	−1,26	88,70	3,14
1962	108,07	0,60	120,87	−0,51	91,45	3,10
1963	107,96	−0,10	118,56	−1,91	93,76	2,52
1964	108,28	0,29	119,05	0,42	91,92	−1,96
1965	108,89	0,57	120,05	0,84	90,27	−1,79
1966	110,12	1,13	118,83	−1,02	91,64	1,51
1967	111,10	0,89	114,87	−3,33	94,80	3,45
1968	109,97	−1,02	115,38	0,44	97,53	2,87
1969	111,02	0,95	116,93	1,34	97,57	0,04
1970	112,20	1,07	117,35	0,36	95,57	−2,05
1971	113,44	1,10	116,46	−0,75	94,23	−1,40
1972	113,16	−0,24	116,30	−0,14	92,83	−1,48
1973	112,57	−0,52	115,45	−0,73	93,35	0,55
1974	113,18	0,53	113,68	−1,54	95,34	2,14
1975	112,74	−0,38	113,40	−0,24	93,46	−1,97

Durchschnittl. Wachstum in %	Frankreich	Deutschland*	Italien
1938–1945	−5,59	0,68	−5,51
1945–1952	7,52	−2,15	6,92
1952–1958	−0,44	2,44	0,97
1952–1963	−0,36	1,38	1,37
1952–1975	0,01	0,47	0,64
1958–1963	−0,27	0,14	1,85
1958–1970	0,21	−0,03	0,93
1963–1975	0,36	−0,37	−0,03
1963–1966	0,66	0,08	−0,76
1966–1970	0,47	−0,31	1,06
1963–1970	0,55	−0,15	0,27
1966–1975	0,26	−0,52	0,22
1970–1975	0,10	−0,68	−0,44

* ab 1952 nur Bundesrepublik Deutschland

(fortgesetzt)

Tabelle 2.3 (Fortsetzung): Entwicklung des BIP pro Kopf in Italien im westeuropäischen Vergleich und im Vergleich mit den USA (Westeuropa = 100), 1938–1975; in GK $ (1990) und in %.

	Großbritannien	Jährliche WR in %	Westeuropa	USA	Jährliche WR in %
1938	142,03		100	138,86	
1945	185,54		100	307,88	
1952	143,22		100	208,35	
1953	142,06	−0,81	100	205,23	−1,50
1954	140,52	−1,08	100	191,06	−6,91
1955	137,48	−2,16	100	190,40	−0,34
1956	133,39	−2,98	100	183,62	−3,56
1957	130,15	−2,43	100	177,27	−3,46
1958	127,15	−2,30	100	169,68	−4,28
1959	126,49	−0,51	100	172,40	1,60
1960	125,68	−0,65	100	164,68	−4,48
1961	123,27	−1,92	100	158,69	−3,64
1962	118,76	−3,66	100	159,48	0,50
1963	118,11	−0,54	100	158,05	−0,90
1964	117,47	−0,55	100	156,81	−0,78
1965	115,86	−1,37	100	159,42	1,66
1966	114,06	−1,55	100	163,07	2,29
1967	112,69	−1,20	100	160,70	−1,45
1968	111,50	−1,06	100	159,20	−0,94
1969	107,62	−3,49	100	154,81	−2,76
1970	105,89	−1,61	100	147,80	−4,53
1971	104,78	−1,04	100	146,56	−0,84
1972	104,22	−0,54	100	147,12	0,38
1973	105,56	1,29	100	146,50	−0,42
1974	102,36	−3,03	100	142,34	−2,84
1975	103,08	0,71	100	141,68	−0,46

Durchschnittl. Wachstum in %	Großbritannien	USA
1938–1945	3,89	12,05
1945–1952	−3,63	−5,43
1952–1958	−1,96	−3,36
1952–1963	−1,74	−2,48
1952–1975	−1,42	−1,66
1958–1963	−1,46	−1,41
1958–1970	−1,51	−1,14
1963–1975	−1,13	−0,91
1963–1966	−1,16	1,05
1966–1970	−1,84	−2,43
1963–1970	−1,55	−0,95
1966–1975	−1,12	−1,55
1970–1975	−0,54	−0,84

Quelle: Eigene Berechnungen, basierend auf GGDC (2010), Historical Statistics for the World Economy (Italien, Frankreich, Großbritannien, Westeuropa und die USA) sowie The Conference Board (2014), Total Economy Database (Deutschland*).

Tabelle 2.4: Entwicklung des BIP pro Kopf in Italien im westeuropäischen Vergleich und im Vergleich mit den USA (USA = 100), 1938–1975; in GK $ (1990) und in %.

	Frankreich	Jährliche WR in %	Deutschland*	Jährliche WR in %	Italien	Jährliche WR in %
1938	72,90		81,51		54,13	
1945	21,98		38,56		16,42	
1952	53,94		48,91		38,75	
1953	53,56	−0,71	51,24	4,76	40,14	3,58
1954	57,10	6,61	55,96	9,20	42,95	7,00
1955	56,89	−0,38	59,01	5,46	42,91	−0,09
1956	59,08	3,86	62,66	6,18	44,52	3,75
1957	61,92	4,80	65,51	4,55	46,87	5,29
1958	64,49	4,14	69,40	5,93	50,42	7,57
1959	62,14	−3,63	70,05	0,95	50,34	−0,16
1960	65,30	5,08	74,71	6,64	52,22	3,75
1961	67,70	3,67	76,56	2,47	55,90	7,03
1962	67,76	0,10	75,79	−1,00	57,34	2,59
1963	68,31	0,81	75,01	−1,02	59,32	3,45
1964	69,05	1,08	75,92	1,21	58,62	−1,19
1965	68,30	−1,08	75,30	−0,81	56,63	−3,40
1966	67,53	−1,13	72,87	−3,23	56,20	−0,76
1967	69,14	2,38	71,48	−1,91	58,99	4,98
1968	69,08	−0,08	72,47	1,39	61,26	3,85
1969	71,71	3,81	75,53	4,21	63,02	2,87
1970	75,92	5,86	79,39	5,12	64,66	2,60
1971	77,40	1,95	79,46	0,09	64,29	−0,57
1972	76,92	−0,62	79,05	−0,52	63,10	−1,86
1973	76,84	−0,10	78,81	−0,30	63,72	0,98
1974	79,51	3,47	79,87	1,34	66,98	5,12
1975	79,57	0,08	80,04	0,22	65,97	−1,52

Durchschnittl. Wachstum in %	Frankreich	Deutschland*	Italien
1938–1945	−15,74	−10,14	−15,67
1945–1952	13,69	3,46	13,05
1952–1958	3,02	6,00	4,48
1952–1963	2,17	3,96	3,95
1952–1975	1,70	2,16	2,34
1958–1963	1,16	1,57	3,30
1958–1970	1,37	1,13	2,09
1963–1975	1,28	0,54	0,89
1963–1966	−0,38	−0,96	−1,79
1966–1970	2,97	2,17	3,57
1963–1970	1,52	0,81	1,24
1966–1975	1,84	1,05	1,80
1970–1975	0,95	0,16	0,40

* ab 1952 nur Bundesrepublik Deutschland

(fortgesetzt)

Tabelle 2.4 (Fortsetzung): Entwicklung des BIP pro Kopf in Italien im westeuropäischefolln Vergleich und im Vergleich mit den USA (USA = 100), 1938–1975; in GK $ (1990) und in %.

	Großbritannien	Jährliche WR in %	Westeuropa	Jährliche WR in %	USA
1938	102,28		72,02		100
1945	60,26		32,48		100
1952	68,74		48,00		100
1953	69,22	0,70	48,73	1,52	100
1954	73,55	6,26	52,34	7,42	100
1955	72,21	-1,83	52,52	0,34	100
1956	72,65	0,61	54,46	3,70	100
1957	73,42	1,06	56,41	3,58	100
1958	74,93	2,07	58,93	4,47	100
1959	73,37	-2,08	58,00	-1,58	100
1960	76,31	4,01	60,72	4,69	100
1961	77,68	1,79	63,02	3,78	100
1962	74,47	-4,13	62,70	-0,49	100
1963	74,73	0,36	63,27	0,90	100
1964	74,91	0,24	63,77	0,79	100
1965	72,67	-2,99	62,73	-1,64	100
1966	69,94	-3,76	61,32	-2,24	100
1967	70,12	0,26	62,23	1,47	100
1968	70,04	-0,12	62,81	0,94	100
1969	69,51	-0,75	64,59	2,83	100
1970	71,64	3,06	67,66	4,74	100
1971	71,49	-0,21	68,23	0,84	100
1972	70,84	-0,92	67,97	-0,38	100
1973	72,05	1,72	68,26	0,43	100
1974	71,91	-0,20	70,26	2,92	100
1975	72,75	1,17	70,58	0,46	100

Durchschnittl. Wachstum in %	Großbritannien	Westeuropa
1938–1945	-7,28	-10,75
1945–1952	1,90	5,74
1952–1958	1,45	3,48
1952–1963	0,76	2,54
1952–1975	0,25	1,69
1958–1963	-0,05	1,43
1958–1970	-0,37	1,16
1963–1975	-0,22	0,92
1963–1966	-2,18	-1,04
1966–1970	0,60	2,49
1963–1970	-0,60	0,96
1966–1975	0,44	1,57
1970–1975	0,31	0,85

Quelle: Eigene Berechnungen, basierend auf GGDC (2010), Historical Statistics for the World Economy (Italien, Frankreich, Großbritannien, Westeuropa und die USA) sowie The Conference Board (2014), Total Economy Database (Deutschland*).

Baffigi,[532] setzte 1952 ein langanhaltender, durch hohe Wachstumsraten der Investitions- und Außenhandelsentwicklung getragener Aufschwung ein, der – wie in Tabelle 2.5 erkennbar – bis 1963 zu einer knappen Verdopplung des BIP (191%) und des BIP pro Kopf (182%) geführt hat.

Während dieser *ersten* Subperiode der Nachkriegsprosperität (1952–1963) verlief die ökonomische Entwicklung seit 1958 besonders dynamisch, und sie zeigte zugleich eine neue Qualität: Nunmehr beschleunigte sich auch das Wachstum der privaten Konsumausgaben erheblich, das bis 1963 mit einem jahresdurchschnittlichen Anstieg von 5% deutlich höher ausfiel als zwischen 1952 und 1958 (3,95%). Darüber hinaus wurde der Wirtschaftsaufschwung ab 1958 durch die Wachstumsimpulse einer positiven Außenhandelsbilanz verstärkt.

Die Periodisierung des derart sich manifestierenden *miracolo economico italiano* ist innerhalb der wirtschaftshistorischen Forschung nicht unumstritten. Der Dissens bezieht sich dabei weniger auf sein Ende, das im Allgemeinen mit dem starken Investitionsrückgang von 1963 und einer knapp drei Jahre anhaltenden Wirtschaftskrise assoziiert wird. Kontrovers wird vielmehr der Beginn des italienischen Wirtschaftswunders diskutiert. So datieren ihn einige Wirtschaftshistoriker, wie zum Beispiel Sergio Ricossa, bereits auf die späten 1940er Jahre,[533] was angesichts der deutlichen Abschwächung der wirtschaftlichen Entwicklung von 1950 bis 1952 allerdings nicht nachzuvollziehen ist.[534] Andere Autoren wiederum, wie zum Beispiel Giorgio Mori oder Patrizio Bianchi, lassen das Wirtschaftswunder stattdessen erst 1959 beginnen, da es im Vorjahr zu einer leichten Abkühlung der Konjunktur gekommen wäre und das BIP, das Investitionsvolumen, der private Konsum sowie der Außenhandel erst von diesem Zeitpunkt an deutlich steigende Wachstumsraten erzielten.[535]

Für die in dieser Untersuchung erfolgte Periodisierung der Wirtschaftswunderjahre von 1958 bis 1963 sind vor allem zwei Entwicklungen, die sich sowohl quantitativ als auch qualitativ von den vorangegangenen Aufschwungsjahren abheben, ausschlaggebend – *zum einen* das in neuer Dimension Wachstumseffekte freisetzende Zusammentreffen von steigender Inlands- und Auslandsnachfrage, *zum anderen* aber Veränderungen auf dem Arbeitsmarkt.[536]

---

532 Die von Alberto Baffigi durchgeführten Neuberechnungen der volkswirtschaftlichen Gesamtrechnung Italiens weichen hinsichtlich der Entwicklung des BIP sowie des BIP pro Kopf nur unwesentlich von den zur Veranschaulichung der Wachstumsdynamik im internationalen Vergleich verwendeten Erhebungen des GGDC ab. Vgl. Baffigi (2011), Italian National Accounts.

533 Vgl. Ricossa (1986), Italien, S. 193.

534 Vgl. Tabelle 1.14 in Kapitel I.

535 Vgl. Mori (2006), Die italienische Wirtschaft, S. 398ff. sowie Bianchi (2002), L'industria italiana, S. 89ff.

536 Vgl. in diesem Zusammenhang Jacopo Mazzini, I dati della crescita, in: Antonio Cardini (Hg.), Il miracolo economico italiano (1958–1963), Bologna: Il Mulino (2006), S. 27f. sowie Petri (2001), Von der Autarkie zum Wirtschaftswunder, S. 450. Innerhalb der kulturgeschichtlichen Forschung ist die Periodisierung des *miracolo economico italiano* von 1958 bis 1963 hingegen unumstritten und fest

Tabelle 2.5: Makroindikatoren der italienischen Volkswirtschaft (BIP, Bruttoinvestitionen, privater Konsum, Ex- und Import in Mrd. € (2010) und BIP pro Kopf in € (2010)), 1938–1963.

	BIP	Jährliche WR in %	BIP pro Kopf	Jährliche WR in %	Brutto-investitionen	Jährliche WR in %	Privater Konsum	Jährliche WR in %	Export	Jährliche WR in %	Import	Jährliche WR in %
1938	141,47		3272,63		18,59		96,78		10,62		10,18	
1945	56,95		1255,86		5,91		45,49		0,30		3,32	
1952	192,48		4048,80		41,42		133,99		17,99		24,34	
1953	209,55	8,87	4384,72	8,30	46,24	11,63	143,90	7,40	20,45	13,68	25,20	3,54
1954	218,14	4,10	4532,95	3,38	50,07	8,30	145,38	1,03	21,51	5,17	24,27	−3,68
1955	234,20	7,36	4831,15	6,58	55,97	11,78	153,90	5,86	23,51	9,30	26,24	8,10
1956	243,57	4,00	4992,27	3,33	56,83	1,54	159,33	3,52	26,08	10,92	29,22	11,38
1957	257,18	5,59	5242,83	5,02	61,25	7,77	163,52	2,63	31,04	19,03	33,40	14,30
1958	264,50	2,85	5363,71	2,31	64,86	5,91	169,05	3,38	30,23	−2,61	28,95	−13,33
1959	282,67	6,87	5694,44	6,17	72,41	11,64	178,09	5,35	33,58	11,07	30,38	4,94
1960	299,77	6,05	5992,21	5,23	77,76	7,39	184,73	3,73	39,74	18,35	40,33	32,76
1961	327,34	9,20	6498,26	8,44	86,45	11,17	196,34	6,29	44,00	10,71	43,75	8,48
1962	349,99	6,92	6903,36	6,23	93,72	8,41	207,48	5,67	46,79	6,35	48,22	10,21
1963	374,48	7,00	7334,08	6,24	92,59	−1,21	215,71	3,96	47,81	2,18	55,53	15,15
Durchschnittl. Wachstum in %	**BIP**		**BIP pro Kopf**		**Brutto-investitionen**		**Privater Konsum**		**Export**		**Import**	
1938–1945	−12,19		−12,79		−15,10		−10,22		−39,84		−14,79	
1945–1952	19,00		18,20		32,07		16,69		79,24		32,92	
1945–1948	36,12		35,27		61,55		30,41		314,97		96,03	
1948–1952	7,59		6,83		13,55		7,36		−4,50		−0,68	
1952–1958	5,44		4,80		7,76		3,95		9,03		2,94	
1952–1963	6,24		5,55		7,59		4,42		9,29		7,79	
1958–1963	7,20		6,46		7,38		5,00		9,60		13,91	

Quelle: Eigene Berechnungen, basierend auf Alberto Baffigi (2011), Italian National Accounts.

Diese These erschließt sich aus der statistischen Auswertung einer Reihe weiterer Makroindikatoren wie „Beschäftigungsstand“, „Arbeitslosigkeit“, „Leistungsbilanzsaldo“ und „Staatsverschuldung“. Wie aus Tabelle 2.6 hervorgeht, erzielte die italienische Volkswirtschaft erst seit 1958 deutliche Leistungsbilanzüberschüsse, die den Regierungen beträchtliche finanzielle Spielräume eröffneten, massiv in staatliche Wohnungsbauprogramme und in den Ausbau der technischen sowie sozialen Infrastruktur des Landes zu investieren. Dadurch aber war es möglich, den Lebensstandard der Bevölkerung nachhaltig zu verbessern, ohne dabei die Staatsschuldenquote weiter zu erhöhen. Auch die Arbeitslosenquote weist demnach erst von diesem Zeitpunkt einen bis 1963 anhaltenden Rückgang auf, um sich bei unter 3% einzupendeln. Interessanterweise waren die direkten Beschäftigungseffekte des starken Wirtschaftswachstums hingegen eher gering. Zwar war der Beschäftigungsstand in den Jahren von 1952 bis 1961 um knapp 3% bzw. etwa 565.000 Erwerbstätige gestiegen, und er erreichte damit auch seinen Höchststand während der gesamten Nachkriegsprosperität bis 1975; doch ging in den zwei Jahren bis 1963 die Beschäftigtenzahl wieder um knapp 570.000 zurück, so dass die Nettoveränderung der Beschäftigung am Ende der Wirtschaftswunderjahre im Vergleich zu 1952 sogar leicht negativ war. Dass die Arbeitslosenquote seit 1958 bei einem gleichzeitigen Bevölkerungsanstieg um mehr als 3,5 Mio. Einwohner im Vergleich zu 1952 dennoch kontinuierlich verringert werden konnte, lag an der großen Zahl der Emigranten, die auf dem nationalen Arbeitsmarkt keine adäquate oder überhaupt keine Beschäftigungsmöglichkeit fanden. Nach Schätzungen des ISTAT wanderten in den Jahren von 1952 bis 1963 knapp 3,7 Mio. Italiener ins Ausland aus, wohingegen etwa 1,9 Mio. Menschen im selben Zeitraum wieder in ihre Heimat zurückkehrten, was einen negativen Emigrationssaldo von 1,8 Mio. Auswanderern zur Folge hatte.[537] Knapp 62% der Emigranten kamen aus den strukturschwachen Regionen Süditaliens. Hier war die Arbeitslosigkeit aufgrund geringerer Beschäftigungsmöglichkeiten deutlich höher als im Rest des Landes. Der Emigrationssaldo allein für Süditalien belief sich denn auch auf insgesamt 1,3 Mio. Menschen, da den knapp 2,3 Mio. Auswanderern lediglich etwa 990.000 Heimkehrer gegenüberstanden.[538] Diese Entwicklung verweist auf regionale, offenkundig auch

---

etabliert. „Das Entscheidungsjahr 1958“ (Crainz) markiert den „Beginn einer beschleunigten sozialen Revolution“ (Ginsborg) und die Jahre bis 1963 bilden „die absolute Hochphase (...) der großen Transformation“ (Di Michele). Vgl. und zitiert Crainz (1996), Miracolo italiano, S. 57; Paul Ginsborg, Storia d'Italia 1943–1996. Famiglia, società, Stato, Turin: Einaudi (1998), S. 254 sowie Andrea Di Michele, Storia dell'Italia repubblicana. 1948–2003, Mailand: Garzanti (2008), S. 103 und 121.

537 Vgl. zu den hier gemachten Aussagen, ISTAT (2011), Sommario, Tabelle 2.9, S. 112ff. für die nationale Entwicklung sowie Tabelle 2.10, S. 115ff. für die regionale Entwicklung.

538 Zur Binnen- und Auslandsmigration nach 1945, vgl. vor allem Federico Romero, L'emigrazione operaia in Europa (1948–1973), in: Piero Bevilacqua, Andreina De Clementi und Emilio Franzina (Hg.), Storia dell'emigrazione italiana, Rom: Donzelli (2001), S. 397–414 sowie Ginsborg (1998), Storia d'Italia, S. 259–274; vgl. darüber hinaus Eugenio Sonnino, La popolazione italiana dall'espansione al contenimento, in: Francesco Barbagallo et al. (Hg.), Storia dell'Italia repubblicana, vol. 4, La trasfor-

Tabelle 2.6: Makroindikatoren der italienischen Volkswirtschaft (Beschäftigung in Anzahl der Erwerbstätigen, Arbeitslosigkeit in %, Inflation in % (Δ Verbraucherpreisindex), Leistungsbilanz in Mrd. € (2010) sowie Staatsausgaben und Staatsverschuldung in % BIP), 1938–1963.

	Beschäftigung	Jährliche WR in %	Arbeits-losigkeit	Jährliche WR in %	Inflation	Leistungs-bilanzsaldo	Staats-ausgaben	Jährliche WR in %	Staats-verschuldung	Jährliche WR in %
1938	21034877		4,3		7,7	−0,46	23,2		90	
1945	20852606		k.A.		97	−4,80	17,7		91	
1952	20465397		9,5		4,2	−5,00	k.A.		29	
1953	20717261	1,23	10	5,26	1,9	−2,93	k.A.		29	0,00
1954	21003857	1,38	8,8	−12,00	2,7	−1,04	k.A.		32	10,34
1955	20954078	−0,24	7,6	−13,64	2,8	−0,87	k.A.		32	0,00
1956	20954938	0,00	9,4	23,68	5	−0,95	k.A.		31	−3,13
1957	21000653	0,22	8,2	−12,77	1,9	0,48	k.A.		31	0,00
1958	21022835	0,11	6,6	−19,51	4,8	4,44	k.A.		31	0,00
1959	21012726	−0,05	5,6	−15,15	−0,4	6,14	k.A.		33	6,45
1960	20995712	−0,08	4,2	−25,00	2,7	2,42	26,7		31	−6,06
1961	21031732	0,17	3,5	−16,67	2,9	3,81	26	−2,62	29	−6,45
1962	20807705	−1,07	3	−14,29	5,1	2,12	27	3,85	29	0,00
1963	20462480	−1,66	2,5	−16,67	7,5	−4,80	28,1	4,07	28	−3,45

Durchschnittl. Wachstum in %	Beschäftigung		Arbeits-losigkeit				Staats-ausgaben		Staats-verschuldung	
1938–1945	−0,12		k.A.				−3,79		0,16	
1945–1952	−0,27		k.A.				k.A.		−15,07	
1945–1948	−0,56		k.A.				5,53		−32,49	
1948–1952	−0,04		1,64				k.A.		0,88	
1952–1958	0,45		−5,89				k.A.		1,12	
1952–1963	0,00		−11,43				k.A.		−0,32	
1958–1963	−0,54		−17,65				k.A.		−2,02	

Quelle: Eigene Berechnungen, basierend auf Broadberry et al. (2013), Data Appendix, Tabelle A5, S. 680 ff. (Beschäftigung); Mitchell (2007), International Historical Statistics, Tabelle B2, S. 159 ff. (Arbeitslosigkeit); ISTAT (2011), Sommario, Tabelle 21.7, S. 898 (Inflation); Ministero del tesoro (1988), Il debito pubblico in Italia, Tabelle 8, S. 40, Tabelle 10, S. 49, Tabelle 13, S. 63 (Staatsausgaben) und Tabelle 17, S. 90 (Staatsverschuldung) sowie ISTAT (1986), Sommario, Tabelle 8.11, S. 151 und Tabelle 8.12, S. 152 (Leistungsbilanzsaldo).

während des Wirtschaftswunders anhaltende Disparitäten der nachholenden Modernisierung. Sie kamen nicht nur in der Außen-, sondern auch in der Binnenmigration zum Ausdruck.

Wie groß die Gesamtzahl der italienischen Binnenmigranten war, die sich auf die Suche nach einem (besseren) Arbeitsplatz und besseren Lebensverhältnissen begaben, läßt sich nur schwer genau erfassen, „weil ein faschistisches Gesetz, das diese Form der Mobilität unterbinden sollte, offiziell noch immer galt und natürlich dauernd unterlaufen wurde.“[539] Die aktualisierten Erhebungen des ISTAT beziffern die Zahl der Binnenwanderer von 1952 bis 1963 auf etwas über 1,5 Mio., wobei Süditalien mit einem Anteil von über 80% auch in diesem Kontext die mit Abstand größten Verluste an der regionalen Bevölkerung und damit zu einem nicht unerheblichen Teil auch an potenziellen Arbeitskräften hinnehmen mußte.[540] Netto verließen in Süditalien bis 1963 demzufolge insgesamt fast 2,5 Mio. Einwohner ihre Heimat – also etwa 14% der regionalen Gesamtbevölkerungszahl von 1952. Davon wanderten allein etwa 1,2 Mio. in Richtung der strukturstarken, höher und hochindustrialisierten Landesteile. Bevorzugtes Ziel der süditalienischen Binnenmigranten waren die Regionen Nordwestitaliens, was viele der betroffenen, vor allem größeren Städte wie Mailand, Genua oder Turin zum Teil vor erhebliche kommunale und soziale Probleme stellte.[541]

Die Binnenwanderung hatte aber auch positive, die wirtschaftliche Entwicklung stabilisierende Auswirkungen. So konnten – vor dem Hintergrund der damaligen Strukturwandlungsprozesse – allmählich zwei der wichtigsten traditionellen sozioökonomischen Probleme zwar nicht gänzlich überwunden, dennoch aber zumindest im Ansatz abgebaut werden: die ländliche Überbevölkerung sowie die vor allem in Süditalien hohe Arbeitslosigkeit. Dadurch wiederum und verstärkt durch die Einkommenseffekte der sektoralen Beschäftigungsverschiebung vom primären hin zum sekundären und tertiären Sektor, bescherte das *miracolo economico* der Bevölkerung eine sukzessive individuelle Wohlstandssteigerung. Resultat und Ausdruck dieser

mazione dell'Italia: sviluppo e squilibri (parte seconda), Mailand-Turin: Einaudi (1995), S. 532–588 sowie Amalia Signorelli, Movimenti di popolazione e trasformazioni culturali, in: Francesco Barbagallo et al. (Hg.), Storia dell'Italia repubblicana, vol. 4, La trasformazione dell'Italia: sviluppo e squilibri (parte seconda), Mailand-Turin: Einaudi (1995), S. 589–660. Eine quantitative Analyse der Migrationsentwicklung liefern Matteo Gomellini und Cormac Ó Gráda, Migrations, in: Toniolo (2013), Italian Economy, S. 271–302. Für die Emigration in die Bundesrepublik Deutschland nach Kriegsende sind die Ergebnisse von Maximiliane Rieder hervorzuheben. Vgl. Maximiliane Rieder, Deutsch-italienische Wirtschaftsbeziehungen. Kontinuitäten und Brüche 1936–1957, Frankfurt a.M.: Campus (2003), S. 446–460.

539 Woller (2010), Geschichte Italiens, S. 266.

540 Vgl. ISTAT (2011), Sommario, Tabelle 2.11, S. 118ff.

541 Vgl. zum Beispiel Crainz (1996), Miracolo italiano, S. 108ff. sowie Toni Kienlechner, 12 mal Italien, München-Zürich: Piper (1980), S. 23ff. für Rom und S. 66f. für Turin.

Entwicklungen war ein schubartiger Anstieg des privaten Konsums mit jahresdurchschnittlichen Wachstumsraten bis zu 6,3% (1961), der seinerseits – in einem Prozess der positiven Rückkopplung – die Wachstumsdynamik der Wirtschaftswunderjahre nachfrageseitig entscheidend stimuliert hat.[542]

Ähnlich wie in den meisten der nördlichen und westlichen Nachbarländer, führte die private Einkommens- und Wohlstandssteigerung auch in Italien zum Durchbruch des industriegesellschaftlichen Massenkonsums. Die italienische Durchschnittsfamilie hatte durch den leichten Beschäftigungsanstieg, die sektorale Beschäftigungsverschiebung sowie die allgemeinen – wenn auch bescheidenen – Lohnsteigerungen am Ende der Wirtschaftswunderjahre deutlich mehr Geld zur persönlichen Verfügung. Wenngleich die Sparquote – trotz des im westeuropäischen Vergleich geringeren Durchschnittseinkommens – traditionell verhältnismäßig hoch war, und die Sparneigung der privaten Haushalte während der gesamten ersten Subperiode der Nachkriegsprosperität kontinuierlich anstieg,[543] kam es aufgrund der nunmehr höheren durchschnittlichen Haushaltsnettoeinkommen zu einem signifikanten Wandel der Konsumstruktur: Der Anteil für Lebensmitttel, Bekleidung, Wohnen und Energieversorgung ging von 74% (1952) auf zunächst 71% (1958) und schließlich auf unter 68% zurück. Diese Entwicklung ermöglichte eine spürbare Zunahme der privaten Konsumausgaben für nicht lebensnotwendige Güter und Dienstleistungen. Demzufolge waren die anteiligen Ausgaben der privaten Haushalte für langlebige Konsumgüter sowie für Bildung, Gesundheit und Hygiene wie auch für Freizeit und Kultur zwar nicht sprunghaft, dennoch aber kontinuierlich angestiegen.

Die allmähliche Steigerung der Massenkaufkraft bedeutete nicht, dass sich jede Familie sofort und auf einmal einen Fernseher, ein eigenes Telefon, eine Waschmaschine, einen Kühlschrank, ein Auto, einen Motorroller oder ein Fahrrad, den wöchentlichen Kino-, Konzert- und Theaterbesuch oder gar regelmäßige Urlaubsreisen leisten konnte.[544] Während der gesamten 1950er Jahre blieb der Alltag der meisten Italiener nach wie vor von den Notwendigkeiten der Existenzsicherung bestimmt.[545] Am Ende des Wirtschaftswunders hatte sich der Ausstattungsgrad des italienischen Durchschnittshaushalts dennoch deutlich verändert: Die Zahl der Fernsehanschlüsse war seit dem Start des Fernsehens in Italien im Jahr 1954 von 88.000 auf knapp über

542 Vgl. Lutz (1962), Italy, S. 144–152 sowie Petri (2001), Von der Autarkie zum Wirtschaftswunder, S. 452ff.

543 Alexander Nützenadel führt die traditionell hohe Sparquote der privaten Haushalte in Italien „insbesondere (...) auf ein familienorientiertes Modell langfristiger Vermögensbildung" zurück. Alexander Nützenadel, Im Schatten des Staates. Öffentliche Schulden, Kreditmarkt und private Vermögensbildung in Italien nach 1945, in: Geschichte und Gesellschaft, Jg. 41, Heft 3 (2015), S. 461. Vgl. auch Ute Klammer, Alterssicherung in Italien. Eine institutionelle, theoretische und empirische Analyse, Berlin: Duncker & Humblot (1997), S. 325f.

544 Vgl. Woller (2010), Geschichte Italiens, S. 260f.

545 Vgl. ISTAT (1986), Sommario, Tabelle 8.35, S. 173.

4 Mio. und die Zahl der registrierten Fernsehgeräte sogar auf 6,3 Mio. gestiegen.[546] 1958 wurden 2,5 Mio. Telefonanschlüsse gezählt, bereits mehr als doppelt so viel wie 1952, und 1963 waren es bereits fast 4 Mio. Teilnehmer.[547] Der Anteil der Familien, die im Besitz einer eigenen Waschmaschine waren, hatte sich mit einem Anstieg auf 23% (1965) nahezu verachtfacht,[548] während die Zahl der für den privaten Haushaltsgebrauch genutzten Kühlschränke bis 1959 bereits auf 370.00 und bis 1963 auf über 1,5 Mio. angewachsen war.[549]

Auch das Straßenbild veränderte sich grundlegend. Das landesweite Straßen- und Verkehrsnetz wurde in weiten Teilen erneuert und von etwa 171.000 km (1952) auf knapp 196.000 km (1963) ausgebaut. Bis zum Ende der Nachkriegsprosperität 1974/75 kam noch einmal die Hälfte der Strecke dazu.[550] Immer mehr Kraftfahrzeuge fuhren auf Italiens Straßen: Leichkrafträder, Motorroller, Motorräder, PKWs, Autobusse und Lastwagen, deren Gesamtzahl im Zeitraum von 1952 bis 1963 von 2,3 Mio. auf über 9 Mio. Fahrzeuge gestiegen war.[551] Am größten war die jeweilige Zunahme an zugelassenen PKWs und motorbetriebenen Zweirädern. Zwar war die PKW-Dichte in Italien mit 76,3 PKWs pro 1000 Einwohner auch am Ende des Wirtschaftswunders viel geringer als in den westlichen und nördlichen Nachbarländern. Doch war die sprunghafte Entwicklung bei den PKWs – insbesondere während der Wirtschaftswunderjahre – enorm: Von knapp 510.200 im Jahr 1952 zugelassenen Autos stieg die Zahl der PKWs bis 1958 zunächst auf knapp 1,4 Mio. an, danach aber, bis 1963 auf knapp 4 Mio. PKWs. Dabei stellte FIAT – vor allem mit seinen in verschiedenen Karosserievarianten erhältlichen Modellen *FIAT 500* und *FIAT 600* – mit großem Abstand die meisten Fahrzeuge und prägte damit ganz wesentlich das Straßenbild Italiens der 1950er und 1960er Jahre.[552] Im Zweiradbereich wiederum entwickelten sich die *Vespa* der Firma *Piaggio* und die *Lambretta* der Firma *Innocenti* mit einem Anstieg von zusammen knapp unter 1 Mio. (1952) auf fast 4,3 Mio. (1963) Motorroller verschiedener Bauarten rasch zu regelrechten „Volksmodellen".[553] Wie der *Topolino* und der *Seicento* auch, boten die *Vespa* und die *Lambretta* Mobilität zu moderaten Preisen und trugen dadurch sogar noch stärker als die beiden FIAT-Modelle entscheidend zur Massenmotorisierung seit

---

546 Vgl. Enrico Menduni, La nascita della televisione in Italia, in: Cardini (2006), Miracolo economico, Schaubild 1, S. 127 sowie Paolo Sorcinelli, Dalla ‚via Gluck' al miracolo economico: uno sguardo sull'Italia che cambia, in: Cardini (2006), Miracolo economico, S. 177.

547 Vgl. Stefano Maggi, La 600 e il telefono. Una rivoluzione sociale, in: Cardini (2006), Miracolo economico, Tabelle 10, S. 111.

548 Vgl. Giuseppe Vottari, Storia d'Italia (1861–2001), Mailand: Alpha Test (2004), S. 145.

549 Vgl. Sorcinelli (2006), Italia che cambia, S. 177.

550 Vgl. ISTAT (2011), Sommario, Tabelle 17.4, S. 766f.

551 Vgl. ebd., Tabelle 17.5, S. 768f.

552 Vgl. Gino Scotti, Fiat, auto e non solo. I dilemmi strategici degli Agnelli dalle origini alla crisi di oggi, Rom: Donzelli (2003), S. 40ff.

553 Vgl. Vincenzo Santangelo, Le Muse del popolo. Storia dell'Arci a Torino. 1957–1967, Mailand: FrancoAngeli (2007), S. 258.

Mitte der 1950er Jahre bei. Zusammen mit den beiden PKW-Modellen verkörperten sie – ähnlich wie der VW-Käfer in der Bundesrepublik Deutschland – die vielleicht bekanntesten Symbole des italienischen Wirtschaftswunders.[554]

Im Freizeitbereich, für den hier stellvertretend der Kino-, Konzert- und Theaterbesuch sowie die Zahl der durchgeführten Urlaubsreisen angeführt werden sollen, lassen sich die anteiligen Verschiebungen der privaten Konsumausgaben allerdings nur bedingt nachweisen.[555] Die in Italien im westeuropäischen Vergleich ohnehin sehr geringe Zahl der verhältnismäßig teuren Konzert- und Theaterbesuche pro Tag war von knapp 54.800 (1952) auf etwas über 28.200 (1963) gesunken; erst seit Mitte der 1970er Jahre verzeichneten Theater-, Konzert- und Opernhäuser wieder deutlich steigende Besucherzahlen. Auch die Besucherzahlen in den Kinos waren leicht zurückgegangen. Im Jahr 1952 gingen landesweit täglich etwas mehr als 2 Mio. Menschen ins Kino, ebenso noch im Jahr 1958. Im Jahr 1963 waren es aber nur noch 1,9 Mio. Besucher, ein Trend, der sich während der folgenden Jahrzehnte fortsetzen und erheblich verstärken sollte. Bis Mitte der 1970er Jahre hatte sich die Kinobesucherzahl pro Tag auf 1,4 Mio. verringert, und Anfang der 1990er Jahre waren es sogar nur noch knapp 230.000 Besucher. Offensichtlich war das TV-Gerät bereits am Ende des Wirtschaftswunders zum dominanten Freizeitmedium avanciert, und der häusliche Wohnbereich hatte das Kino als den beliebtesten Freizeitort abgelöst.[556]

Diesem Rückzug ins Private – nicht unwesentlich geprägt durch die Bedeutungszunahme des verhäuslichten Medienkonsums – stand der starke Zuwachs an Urlaubsreisen entgegen. Der Inlandstourismus entfaltete sich aber erst mit Beginn des Wirtschaftswunders zum Massenphänomen, wohingegen das Reisen ins Ausland noch keine große Rolle spielte. Die Zahl der Übernachtungen zu Kurzurlaubszwecken in Hotels, Pensionen, privaten Ferienwohnungen und auf den Campingplätzen belief sich 1958 pro Tag zunächst auf lediglich 180.000, war aber bis 1963 bereits um über 40% gestiegen.[557] Darüber hinaus hatte sich der Anteil der Familien, die sich zumindest einmal im Jahr eine mehr als vier Tage andauernde Urlaubsreise leisteten, im Zeichen des Wirtschaftswunders mit einem Anstieg auf 21% sogar nahezu verdoppelt.[558] Italien lag damit zwar immer noch unter dem westeuropäischen Durchschnitt. Der Trend zur Ferienreise sollte sich aber auch hier kontinuierlich fortsetzen: Bis Mitte der 1970er Jahre erhöhte sich die tägliche Zahl der Übernachtungen zu Kurzurlaubszwecken auf etwa 520.000, und die Familien, die eine längere Urlaubsreise

554 Vgl. Fernando Salsano, Consumi e stili di vita degli italiani dalla ricostruzione agli anni Ottanta: dalla miseria alle nuove povertà, in: Benedetto Coccia (Hg.), La quarta settimana. I consumi e il risparmio degli italiani che non arrivano alla fine del mese, Rom: Apes (2009), S. 257f. und S. 264f.

555 Vgl. ISTAT (2011), Sommario, Tabelle 8.4, S. 421f.

556 Vgl., neben Ginsborg (1998), Storia d'Italia, S. 289–292 und Crainz (1996), Miracolo italiano, S. 148f., auch Salsano (2009), Consumi, S. 267f.

557 Vgl. ISTAT (2011), Sommario, Tabelle 18.2, S. 800 sowie Tabelle 18.3, S. 801.

558 Vgl. ebd., Tabelle 18.4, S. 803.

unternahmen, waren anteilig auf knapp über 35% gestiegen. Ebenso wie die Massenmotorisierung und der Massenmedienkonsum, war auch der beginnende Massentourismus Ausdruck einer wachstums- und einkommensvermittelten Wohlstandssteigerung, die seit dem Ende der 1950er Jahre nicht nur zu einem Wandel von kollektiven Lebensstilen und neuartigen Mobilitätserfahrungen beitrug. Sie ermöglichte zugleich eine in dieser Form und Dimension historisch bislang unbekannte Entfaltung von individuellen Lebensentwürfen.[559]

Das Ende des Wirtschaftswunders bildete freilich keineswegs den Endpunkt der „großen Transformation",[560] weder in Bezug auf die auch während der *zweiten* Subperiode der Nachkriegsprosperität von 1963 bis 1975 anhaltenden und das Land verändernden Industrialisierungsprozesse noch in Bezug auf die weiter fortschreitende anteilige Verschiebung der privaten Konsumausgaben – weg von den Grundbedürfnissen hin zu den Massenkonsum- und Freizeitgütern. Der Trend zum Massenkonsum erfaßte während der 1960er und 1970er Jahre immer mehr Menschen, verstärkte sich sogar und erstreckte sich auf alle Landesteile, sowohl im städtischen als auch – allerdings deutlich weniger intensiv – im ländlichen Bereich. Die Wirtschaftswunderjahre von 1958 bis 1963 lassen sich dennoch gewissermaßen als eine Zäsur charakterisieren: Auf der Grundlage von Wiederaufbau und Konsolidierung der Volkswirtschaft beschleunigte und verdichtete sich ein tiefgreifender Modernisierungsprozess, der Italien in einem atemberaubenden Tempo in eine durch Wohlfahrtsstaatlichkeit, Massenkonsum und fordistische (industrielle) Massenproduktion gekennzeichnete Industriegesellschaft verwandelt hat.[561] Die Erfolgsgeschichte des italienischen Wirtschaftswunders markiert damit „einen wahrhaft historischen Umbruch in der italienischen Wirtschaftsgeschichte: der Übergang von der Schwellenindustrialisierung zum reifen Industriestaat war abgeschlossen, das Ziel einer mit England, Frankreich oder Deutschland vergleichbaren wirtschaftlichen und sozialen Struktur war im Wesentlichen erreicht."[562]

Das italienische Wirtschaftswunder war aber nicht nur hinsichtlich der Herausbildung einer modernen Industriegesellschaft zäsursetzend. Es war ebenso bedeutsam für die Verringerung des traditionellen Entwicklungsgefälles zwischen Nord- und Süditalien. Bevor die Industriewirtschaft als Motor und Träger von Wachstum und Strukturwandel näher analysiert wird, steht deshalb im Folgenden

559 Vgl. Santangelo (2007), Le Muse del Popolo, S. 258f.

560 Vgl. Guido Crainz, Storia del miracolo economico italiano: Culture, identità, trasformazione fra anni cinquanta e sessanta, Rom: Donzelli (1996), S. 87–162 sowie Di Michele (2008), Storia dell'Italia, S. 103–170.

561 Zum soziologischen Konzept der Industriegesellschaft, vgl. stellvertretend Rainer Geißler, Die Sozialstruktur Deutschlands. Ein Studienbuch zur Entwicklung im geteilten und vereinten Deutschland, Oppladen: Westdeutscher Verlag (1992), S. 16ff.

562 Petri (2001), Von der Autarkie zum Wirtschaftswunder, S. 456.

zunächst die Nachkriegsprosperität in regionalwirtschaftlicher Perspektive – unter besonderer Berücksichtigung des Mezzogiorno – im Fokus der Betrachtung.

2.3 Die italienische Volkswirtschaft im regionalen Vergleich – Verringerung des traditionellen Nord-Süd-Gefälles

Wie im Zeitalter des Faschismus waren die wertmäßige Jahresgesamtleistung und das durchschnittliche Pro-Kopf-Einkommen des Mezzogiorno auch während der gesamten Phase des wirtschaftlichen Wiederaufbaus bis 1952 langsamer gewachsen als in den nördlichen Nachbarregionen des Landes, so dass sich das Nord-Süd-Gefälle in Italien noch einmal vergrößerte. Seit Kriegsende hatte sich der Anteil Süditaliens am nationalen BIP insofern weiter reduziert – von 24,26% auf 23,68%, und das regionale BIP pro Kopf war von 55,33% auf nur noch 52,32% des durchschnittlichen Einkommensniveaus im übrigen Italien gesunken.[563] Allerdings entschleunigte sich während der Phase der wirtschaftlichen Rekonstruktion das langfristige Auseinanderdriften der beiden Makroregionen „Süd" und „Zentrum-Nord". Zum ersten Mal seit fast einem halben Jahrhundert entwickelten sich sowohl die wertmäßige Wirtschaftsgesamtleistung als auch das BIP pro Kopf in den beiden Makroregionen Italiens mit annähernd derselben Dynamik, vor allem seit der Institutionalisierung der staatlichen Sondergesetzgebung für Süditalien und der Gründung der *Cassa per il Mezzogiorno* im August 1950, wenngleich der Süden den nördlichen Nachbarregionen immer noch leicht hinterherhinkte.

Eine Trendwende setzte erst nach Ende der Rekonstruktion ein: Nunmehr – von 1952 bis 1975 – entfalteten die relevanten Makroindikatoren eine so starke Dynamik, dass sich – wie in den Abbildungen 2.3 und 2.4 dargestellt – erstmals in der Geschichte Italiens die Entwicklungsrichtung der jeweiligen regionalen Anteile an der volkswirtschaftlichen Gesamtleistung sogar leicht umkehrte. So stiegen bis 1975 das BIP sowie das durchschnittliche Pro-Kopf-Einkommen der Makroregion „Süd" jahresdurchschnittlich um 5,64% bzw. um 5,23%, wohingegen die entsprechenden Vergleichswerte für die Makroregion „Zentrum-Nord" bei 5,49% (BIP) bzw. 4,69% (BIP pro Kopf) lagen.

Anhand von Tabelle 2.7 kann der Befund einer in Süditalien besonders ausgeprägten Wachstumsintensität durch die Analyse von Beschäftigungs- und Investitionsentwicklung differenziert werden. Dabei geht es nicht zuletzt um die Frage, ob bzw. inwiefern sich die jeweilige Wirtschaftsleistung in den beiden Makroregionen während der zwei Subperioden der Nachkriegsprosperität unterschiedlich dynamisch entwickelt hat. Zunächst läßt sich feststellen, dass *einerseits* die untersuchten Makroindikatoren sowohl im Mezzogiorno als auch im übrigen Italien bereits

563 Vgl. Tabelle 1.15 in Kapitel I.

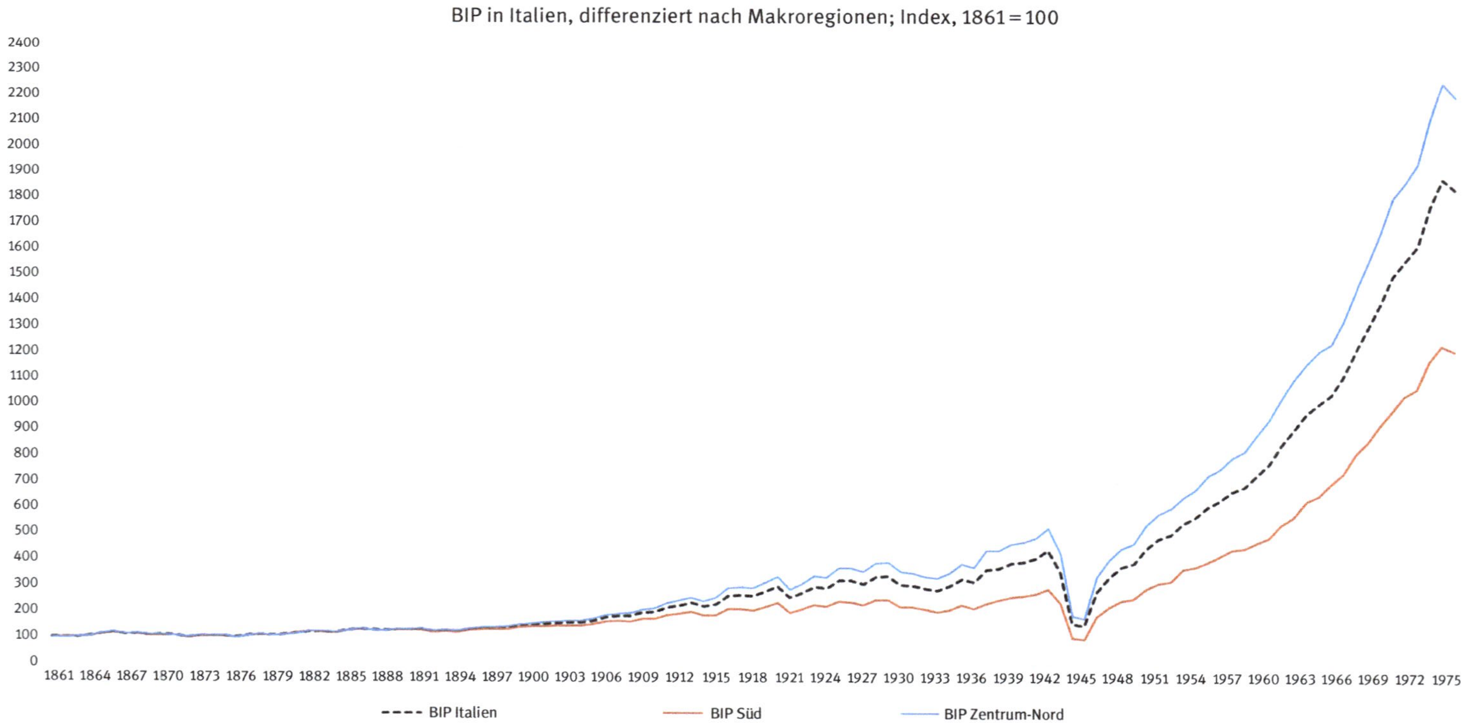

Abbildung 2.3: Entwicklung des BIP in Italien nach Makroregionen, regionale Bevölkerungsanteile sowie Anteile der Makroregionen „Süd" und „Zentrum-Nord" am BIP, 1861–1975; in Mrd. € (2010), Einwohneranzahl und in %.
Quelle: Eigene Berechnungen, basierend auf ISTAT (2017), Popolazione, Tabelle 2.3.2 (Bevölkerung; 1952–1975) und SVIMEZ (2011), Nord e Sud, Tabelle 1, S. 408ff. (BIP; 1951–1975) und Tabelle 6, S. 447ff. (BIP und Bevölkerung; 1861–1950 und 1861–1951) sowie Baffigi (2011), Italian National Accounts.

(fortgesetzt)

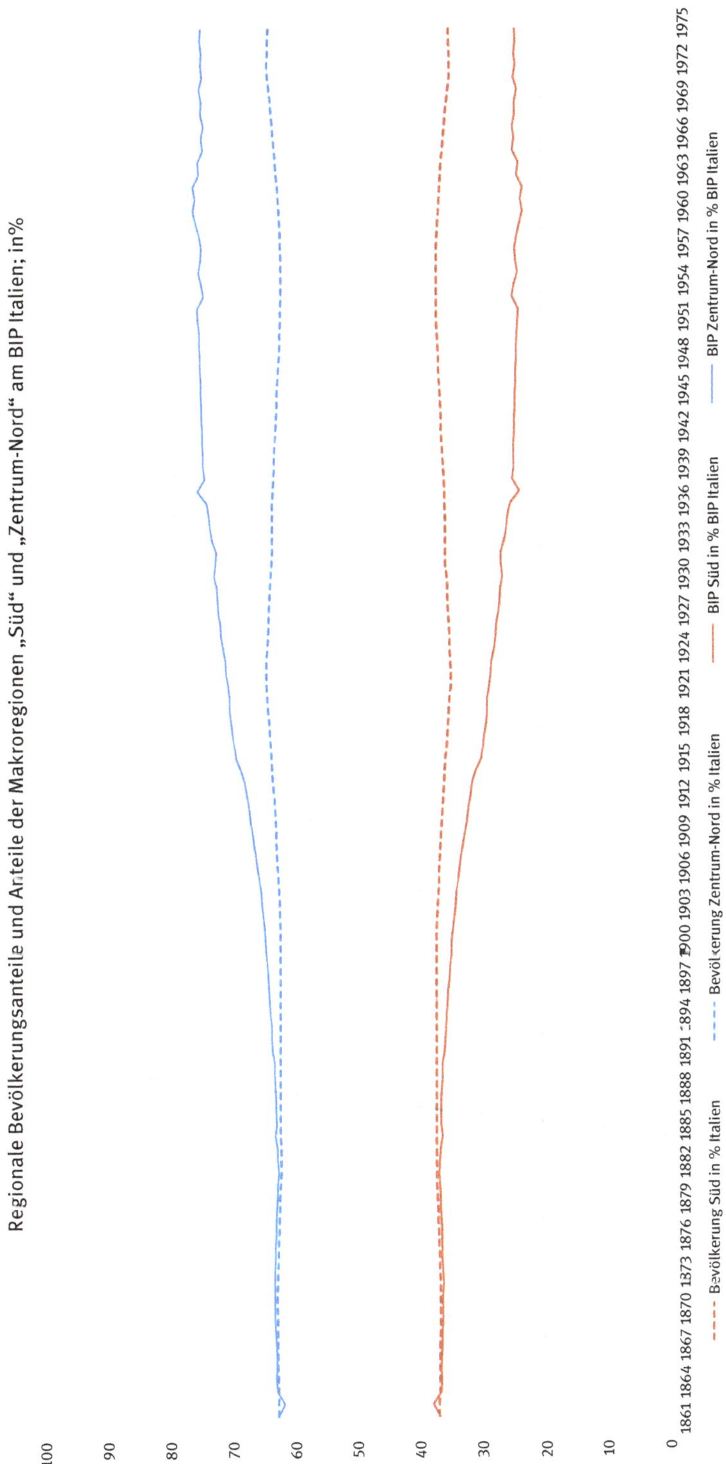

Abbildung 2.3 (Fortsetzung)

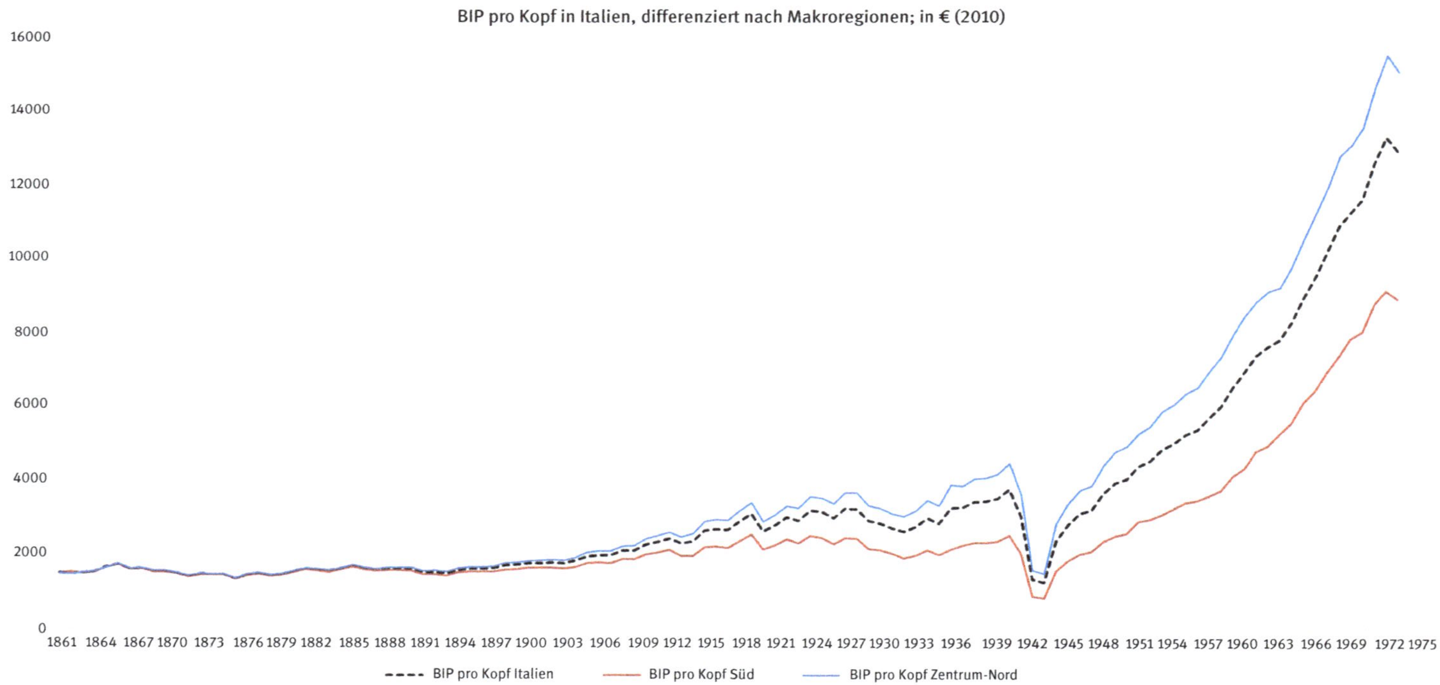

Abbildung 2.4: Relationale Entwicklung des BIP pro Kopf in Italien zwischen den Makroregionen „Süd“ und „Zentrum-Nord“, 1861–1975; in € (2010) und in %.
Quelle: Eigene Berechnungen, basierend auf ISTAT (2017), Popolazione, Tabelle 2.3.2 (Bevölkerung; 1952–1975); SVIMEZ (2011), Nord e Sud, Tabelle 1, S. 408ff. (BIP; 1951–1975) und Tabelle 6, S. 447ff. (BIP und Bevölkerung; 1861–1950 und 1861–1951) sowie Baffigi (2011), Italian National Accounts.

(fortgesetzt)

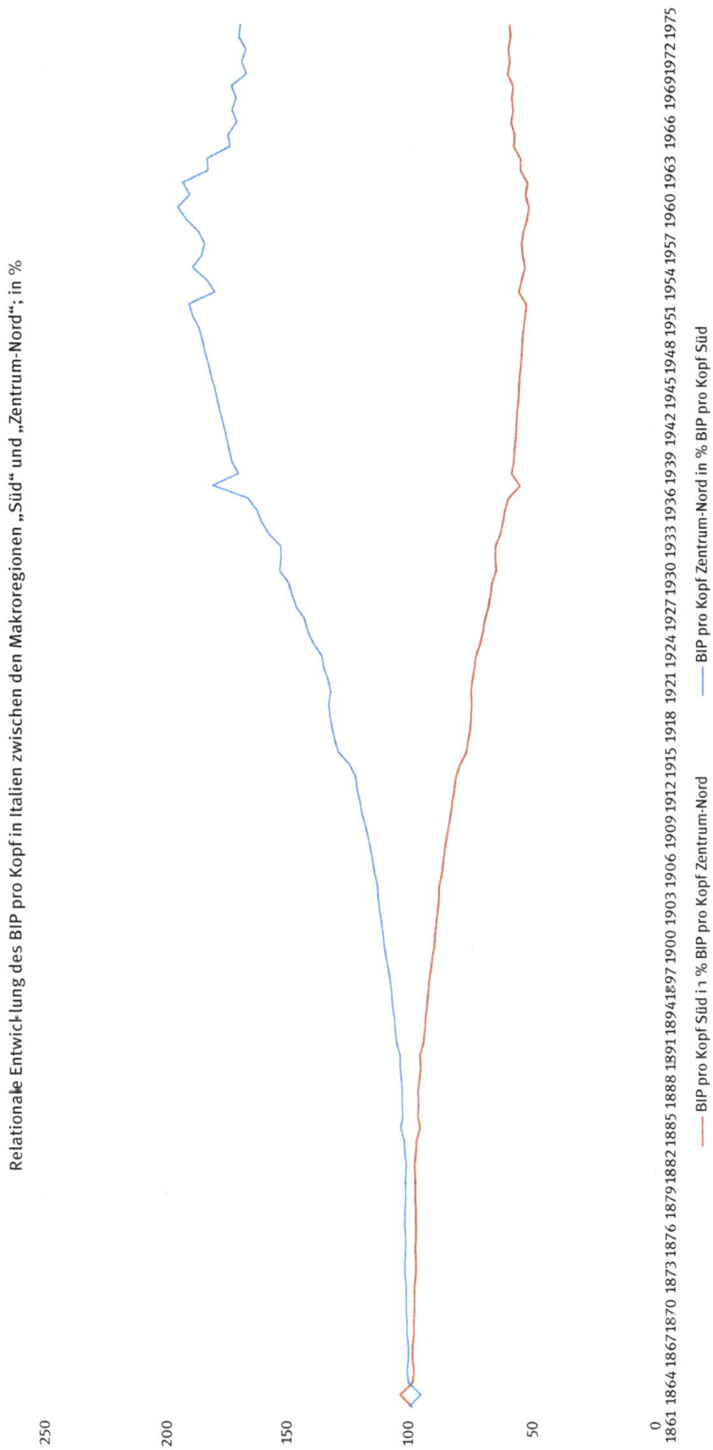

Abbildung 2.4 (Fortsetzung)

Tabelle 2.7: Makroindikatoren der gesamtwirtschaftlichen Entwicklung in den Makroregionen „Süd" und „Zentrum-Nord" in Italien (BIP, BIP pro Kopf, Beschäftigtenzahl und Bruttoinvestitionen), 1952–1975; in € (2010) und Anzahl der Erwerbstätigen; Index, 1952 = 100 und in %.

	BIP in Mrd. € (2010)		BIP pro Kopf in € (2010)	
	Süd	**Zentrum-Nord**	**Süd**	**Zentrum-Nord**
1952	100,00	100,00	100,00	100,00
1953	112,10	105,78	111,43	105,26
1954	114,85	110,40	113,34	109,13
1955	121,48	120,23	118,97	118,01
1956	128,35	124,59	124,90	121,50
1957	135,56	131,02	131,36	126,99
1958	137,59	135,44	132,95	130,39
1959	143,45	145,28	138,01	138,76
1960	149,77	155,16	143,36	146,82
1961	163,45	166,23	156,03	155,82
1962	172,19	178,65	163,82	166,10
1963	190,08	187,60	180,17	172,85
1964	193,91	192,99	183,19	176,06
1965	208,20	197,87	195,76	178,48
1966	219,53	211,14	205,71	188,48
1967	238,54	226,23	222,91	199,85
1968	251,46	243,14	234,49	212,76
1969	270,63	261,27	252,25	226,63
1970	284,85	280,48	265,44	241,25
1971	302,41	289,54	282,17	246,94
1972	310,09	301,35	290,40	257,15
1973	342,11	328,89	317,72	278,86
1974	359,42	350,52	331,14	295,51
1975	353,26	342,05	322,78	286,72
Durchschnittl. Wachstum in %	**BIP in Mrd. € (2010)**		**BIP pro Kopf in € (2010)**	
	Süd	**Zentrum-Nord**	**Süd**	**Zentrum-Nord**
1952–1958	5,46	5,19	4,86	4,52
1952–1963	6,01	5,89	5,50	5,10
1952–1975	5,64	5,49	5,23	4,69
1957–1975	5,47	5,48	5,12	4,63
1958–1963	6,68	6,73	6,27	5,80
1963–1975	5,30	5,13	4,98	4,31
1963–1966	4,92	4,02	4,52	2,93
1966–1970	6,73	7,36	6,58	6,37
1963–1970	5,95	5,91	5,69	4,88
1966–1975	5,43	5,51	5,13	4,77
1970–1975	4,40	4,05	3,99	3,51

(fortgesetzt)

Tabelle 2.7 (Fortsetzung): Makroindikatoren der gesamtwirtschaftlichen Entwicklung in den Makroregionen „Süd“ und „Zentrum-Nord“ in Italien (BIP, BIP pro Kopf, Beschäftigtenzahl und Bruttoinvestitionen), 1952–1975; in € (2010) und Anzahl der Erwerbstätigen; Index, 1952 = 100 und in %.

	Beschäftigtenzahl		Bruttoinvestitionen in Mrd. € (2010)	
	Süd	Zentrum-Nord	Süd	Zentrum-Nord
1952	100,00	100,00	100,00	100,00
1953	100,50	101,30	117,52	105,64
1954	101,37	102,89	123,57	115,95
1955	100,57	102,99	145,39	126,24
1956	100,04	103,58	144,67	134,04
1957	98,98	104,35	152,56	153,03
1958	99,06	104,85	153,63	145,84
1959	98,58	105,03	159,24	158,91
1960	98,87	104,60	186,80	176,18
1961	97,36	105,87	211,62	198,46
1962	96,48	104,44	240,59	211,91
1963	92,70	103,71	282,88	222,85
1964	92,23	103,75	281,68	204,14
1965	90,92	101,83	243,67	178,23
1966	90,25	100,09	248,33	185,53
1967	92,22	100,95	281,59	205,14
1968	91,59	100,88	305,55	230,21
1969	90,95	101,77	355,55	254,64
1970	90,13	102,55	397,00	275,72
1971	90,04	102,44	420,77	275,33
1972	89,35	101,95	425,12	279,74
1973	90,24	104,65	454,08	340,59
1974	91,79	106,85	507,48	380,02
1975	91,75	107,04	491,02	350,72
Durchschnittl. Wachstum in %	**Beschäftigtenzahl**		**Bruttoinvestitionen in Mrd. € (2010)**	
	Süd	**Zentrum-Nord**	**Süd**	**Zentrum-Nord**
1952–1958	−0,16	0,79	7,42	6,49
1952–1963	−0,69	0,33	9,91	7,56
1952–1975	−0,37	0,30	7,16	5,61
1957–1975	−0,42	0,14	6,71	4,72
1958–1963	−1,32	−0,22	12,99	8,85
1963–1975	−0,09	0,26	4,70	3,85
1963–1966	−0,89	−1,18	−4,25	−5,93
1966–1970	−0,03	0,61	12,44	10,41
1963–1970	−0,40	−0,16	4,96	3,09
1966–1975	0,18	0,75	7,87	7,33
1970–1975	0,36	0,86	4,34	4,93

Quelle: Eigene Berechnungen, basierend auf ISTAT, Serie storiche, Popolazione e società, Popolazione, Popolazione residente a inizio anno e popolazione media, per regione e ripartizione geografica – Anni 1952–2014, Tabelle 2.3.2 (Bevölkerung) und SVIMEZ (2011), Nord e Sud, Tabelle 1, S. 408 ff. (BIP und Gesamtbruttoinvestitionen) sowie Tabelle 3, S. 420 ff. (Gesamtbeschäftigtenzahl).

1974 gleichermaßen ihren Höchststand der vorangegangenen Wachstumsexpansion erreichten, so dass das Jahr 1975 das Ende der Nachkriegsprosperität markiert – zum ersten Mal seit Kriegsende weisen BIP und Pro-Kopf-Einkommen regionenübergreifend ein Negativwachstum auf, das den Beginn einer schweren Strukturkrise der italienischen Volkswirtschaft darstellt.[564] *Andererseits* aber entwickelten sich diese Indikatoren in der Makroregion „Süd" – mit Ausnahme der Beschäftigung – nicht nur zwischen 1952 und 1963, sondern ebenso zwischen 1963 und 1975 im Vergleich zum Rest des Landes überdurchschnittlich schnell.

So beeindruckend die Wachstumsgeschwindigkeit der süditalienischen Wirtschaft seit 1952 auch war, zumal sie zu einem Anstieg des BIP pro Kopf um 231,14 Prozentpunkte (1974) geführt hat, der damit um 238,41% größer ausfiel als während des Zeitraumes von 1861 bis 1952. Der historisch herausragende Wachstumsschub im Mezzogiorno reichte dennoch nicht aus, das Nord-Süd-Gefälle nachhaltig abzubauen. Insofern konnte auch eines der drängenden strukturellen Probleme – die in Süditalien traditionell hohe Arbeitslosigkeit – aufgrund eines Beschäftigungsrückgangs von knapp 10 Prozentpunkten nicht ausreichend gelöst werden.[565] Der Tiefststand der rückläufigen Beschäftigungsentwicklung war 1972 erreicht (–10,65%). Zwischen 1972 und 1975 stieg die Gesamtbeschäftigtenzahl im Mezzogiorno dann zwar wieder um 158.000 Arbeitskräfte auf insgesamt knapp über 6,04 Mio an. Damit aber waren dennoch über 543.000 Personen weniger beschäftigt als zu Beginn der Nachkriegsprosperität. Ganz anders hingegen verlief die Entwicklung in der Makroregion „Zentrum-Nord": Hier läßt sich ein Anstieg der Gesamtbeschäftigtenzahl von 1952 bis 1975 um insgesamt 961.500 Arbeitskräfte bzw. um knapp 7,04% feststellen. Demzufolge verringerte sich auch die durchschnittliche Arbeitslosenquote in der Makroregion „Zentrum-Nord", die im Jahr 1952 mit 12,5% sogar höher gewesen war als im Mezzogiorno (10,8%), bereits in der *ersten* Subperiode der Nachkriegsprosperität kontinuierlich auf unter 3%. In der *zweiten* Subperiode bis 1975 lag die Arbeitslosenquote zwar etwas höher, aber immer noch bei lediglich knapp unter 4%. Auch in den Regionen Süditaliens hatte sich die Arbeitslosenzahl zunächst – zumindest bis 1959 – leicht, auf etwa 8% reduziert, was sich bei sinkender Beschäftigung um immerhin 93.400 Arbeitskräfte vor allem aus der steigenden Abwanderung von potenziellen

564 Vgl. überblicksartig zum Beispiel Bianchi (2002), L'industria italiana, S. 181ff.

565 Im Jahr 1975 waren in Süditalien insgesamt ca. 688.000 Menschen arbeitslos. Das waren zwar rund 49.500 weniger Erwerbslose und Arbeitsuchende als 1951, allerdings etwa 167.000 mehr als im Jahr 1970, als die Gesamtzahl der Arbeitslosen in Süditalien mit knapp 521.000 ihren zwischenzeitlichen Tiefststand erreichte. Die Zahl der Arbeitslosen in den Regionen des Mezzogiorno im Jahr 1975 überstieg dabei deutlich – um etwa 174.000 – die Zahl der Erwerbslosen in der Makroregion „Zentrum-Nord", die sich während der langanhaltenden Wachstumsphase der Nachkriegsprosperität von 1.200.811 (1951) um insgesamt knapp 687.000 verringert hatte. Vgl. SVIMEZ (1978), Nord-Sud, Tabelle 160, S. 562ff. (Arbeitslosenzahlen, 1951) sowie SVIMEZ, Rapporto sull'economia del Mezzogiorno 1975, Rom: Tipolitografia F. Failli (1976), Tabelle 19, S. 92 (Arbeitslosenzahlen, 1970–1975), beides basierend auf den offiziellen Statisken des *Ministero del lavoro e della previdenza sociale*.

Arbeitskräften in den Norden Italiens oder ins Ausland erklärt. Obwohl sich der Abwanderungstrend seit Beginn der 1960er Jahre beschleunigte, war der Verlust von Arbeitsplätzen seit dieser Zeit aber so stark, dass sich die durchschnittliche Arbeitslosenquote bis Ende 1969 wieder auf 8,3% erhöhte, um bis Mitte der 1970er Jahre auf diesem hohen Niveau zu verharren.[566]

Der relativ starke Beschäftigungsrückgang sowie die hohe Arbeitslosigkeit in den Regionen des Mezzogiorno standen gewissermaßen im Widerspruch zur massiven regionalen Ausweitung der Bruttoinvestitionen als Träger des damaligen Wachstumsschubs. Dabei übertraf die Investitionsdynamik in der Makroregion „Süd" jene im übrigen Italien deutlich, so dass auch der Anteil des Mezzogiorno am landesweiten Gesamtbruttoinvestitionsvolumen kontinuierlich anstieg. Hatte dieser 1952 nur knapp 27,5% ausgemacht, so 1963 bereits 32,5%; seit den späten 1960er Jahren erreichte er schließlich das Niveau des regionalen Bevölkerungsanteils von etwa 36%. Die jährlichen Bruttoinvestitionen in den Regionen des Mezzogiorno erhöhten sich zwischen 1952 und 1963 jahresdurchschnittlich um 9,91%. Hatte die durchschnittliche Wachstumsrate in den ersten Aufschwungsjahren bereits bei 7,42% gelegen, so von 1958 bis 1963 bei 12,99%. Dadurch aber konnte sich das Bruttoinvestitionsvolumen in der Makroregion „Süd" während *ersten* Subperiode der Nachkriegsprosperität nahezu verdreifachen (282,88%). Im übrigen Italien waren die jährlichen Bruttoinvestitionsvolumina bis Ende 1963 ebenfalls äußerst stark gestiegen. Sowohl das jahresdurchschnittliche Wachstum während der *ersten* Subperiode von 7,56% als auch der Investitionsanstieg um insgesamt 122,85% fielen in der Makroregion „Zentrum-Nord" allerdings weniger stark aus als in Süditalien.

Während der *zweiten* Subperiode der Nachkriegsprosperität seit 1963 wiederum verringerten sich in der gesamten Volkswirtschaft die Bruttoinvestitionsvolumina infolge einer dreijährigen Rezession zunächst einschneidend, wenngleich in der Makroregion „Süd" mit einem Rückgang von 13,86% weniger stark als im übrigen Italien (-20,02%). Seit Überwindung des als Investitionskrise charakterisierbaren konjunkturellen Abschwungs zog die Investitionsaktivität dann aber landesweit wieder kräftig an. Bis 1974 – dem Höhepunkt der Wachstumsexpansion – hatten sich im Verlauf des neuen Konjunkturaufschwungs ab 1966 die Gesamtbruttoinvestitionen in den zwei Makroregionen Italiens jeweils mit jahresdurchschnittlichen Wachstumsraten von 9,34% (Süd) bzw. 9,38% (Zentrum-Nord) annähernd gleich stark entwickelt, verringerten sich dann allerdings im ersten Krisenjahr 1975 um 3,24% in Süditalien sowie sogar um 7,71% in den anderen Regionen des Landes.

Ungeachtet der konjunkturell bedingten Unterschiede zwischen den beiden Subperioden der Nachkriegsprosperität und ungeachtet der auch regional divergierenden entsprechenden Wachstumsraten, war die Ausweitung der Investitionen während des gesamten Untersuchungszeitraums von 1952 bis 1975 historisch herausragend: In

566 Vgl. ebd. sowie SVIMEZ (2011), Nord e Sud, Tabelle 7, S. 466ff.

der Makroregion „Zentrum-Nord" belief sich die jahresdurchschnittliche Wachstumsrate auf 5,61%, und das Jahresvolumen der Bruttogesamtinvestitionen hatte sich im Jahresvergleich mit dem Stand von 1952 etwa verdreieinhalbfacht (350,72%) bzw. im Jahr 1974 sogar auf 380,02% des Ausgangsniveaus ausgeweitet. In Süditalien hingegen waren die jährlichen Bruttogesamtinvestitionen im Durchschnitt um 7,16% pro Jahr und damit noch stärker als in den nördlichen Nachbarregionen gestiegen. Durch die anhaltend hohen Investitionszuwächse seit 1952, mit Ausnahme der Krisenjahre 1964–1966, hatte sich das Bruttoinvestitionsvolumen bis 1974 im Mezzogiorno denn auch auf mehr als das Fünffache (507,48%) gesteigert, und selbst 1975 – im ersten Jahr der beginnenden Strukturkrise – belief es sich auf 491,02% seines Ausgangsniveaus am Beginn der langen Wachstumsphase.

Abschließend kann festgehalten werden, dass sich die 1952 beginnende, mit dem *miracolo economico* beschleunigende Aufschwungsdynamik offensichtlich nicht allein auf die höher und hochindustrialisierten Regionen Italiens beschränkte; auch – und vor allem – der Mezzogiorno erlebte ein exzeptionelles Wachstum, das zweifelsfrei zu einer Verringerung des sozioökonomischen Entwicklungsgefälles geführt hat. Dieses Ergebnis erschließt sich aus der überdurchschnittlichen Expansion des sekundären Sektors, die in ihren im Zeitablauf variierenden Dimensionen und strukturellen Folgewirkungen im Mittelpunkt nachfolgender Ausführungen steht.

2.4 Die industriewirtschaftliche Entwicklung als Träger der Nachkriegsprosperität

Grundsätzlich ist Giorgio Mori darin zuzustimmen, wenn er sich gegen die innerhalb der wirtschafts- und sozialhistorischen Italienforschung partiell noch immer verbreitete Auffassung[567] verwahrt, dass Italien am Ende des Zweiten Weltkrieges ein „weitgehend agrarisches, kaum industrialisiertes Land"[568] gewesen wäre. Dabei verweist er auf die Kontinuitätslinien einer beschleunigten industriellen Entwicklung von der Giolitti- über die faschistische Ära bis in die Nachkriegszeit sowie den damit einhergehenden fortschreitenden Strukturwandel der italienischen Volkswirtschaft.[569] Unter Berücksichtigung der vorstehenden Ausführungen soll dennoch – in Abgrenzung zu Mori – noch einmal betont werden, dass sich in Italien die wesentlichen Strukturmerkmale einer industriewirtschaftlich geprägten Gesellschaft erst am Ende des *miracolo economico italiano* manifestiert und im Verlauf der *zweiten* Subperiode der Nachkriegsprosperität von 1963 bis 1974/75 immer stärker ausdifferenziert haben.

567 Vgl. zum Beispiel Paul Ginsborg, der die These vertritt, „dass Italien Mitte der fünfziger Jahre (...) noch ein unterentwickeltes Land war." Ginsborg (1998), Storia d'Italia, S. 251.

568 Mori (2006), Die italienische Wirtschaft, S. 378.

569 Vgl. ebd., S. 378 f.

Ziel der nachfolgenden Untersuchungen ist es, entlang relevanter Indikatoren die seit 1952 zur Entfaltung und Vollendung der italienischen Industriegesellschaft führenden Expansions- und Wandlungsprozesse des sekundären Sektors als Träger der langanhaltenden Prosperität herauszuarbeiten. Grundlage hierfür bildet ein aus unterschiedlichen Quellen und Statistiken zusammengetragener umfangreicher Datenkorpus, der sowohl auf volkswirtschaftlicher als auch regionalwirtschaftlicher Ebene unter inter- sowie intrasektoralem Aspekt einer detaillierten Analyse unterzogen wird.

2.4.1 Die Expansionsdynamik der Industriewirtschaft im intersektoralen Vergleich

2.4.1.1 Volkswirtschaftlicher Strukturwandel

Die Expansion des Industriesektors und der damit einhergehende Strukturwandel der Volkswirtschaft bildeten in den meisten Ländern das wichtigste Wesensmerkmal des weiter oben skizzierten europäischen Nachkriegsbooms seit den frühen 1950er Jahren. Aber in keinem anderen westeuropäischen Land – mit Ausnahme der Bundesrepublik Deutschland – und auch nicht in den USA war die Dynamik des Industriesektors so stark ausgeprägt und in ihren Folgen für die gesamtwirtschaftliche Entwicklung so nachhaltig spürbar wie in Italien. Abgesehen von der Beschäftigtenzahl, die immerhin zwischen 1952 und 1975 um fast 22% angestiegen war, hatte sich die Wirtschaftsleistung im Industriebereich vervielfacht: Die Industrieexporte wuchsen um mehr als 870% (1974), die Industrieproduktion nahm um etwa 382% (1974) zu, und die industriellen Bruttoinvestitionen wiederum stiegen um knapp 346% an (1974), während sich der Bruttokapitalbestand an Maschinen und Anlagen um 340% (1975) und die industrielle Bruttowertschöpfung um 337% (1974) erhöht hatten.

Aufgrund dieser beeindruckenden Performance entwickelte sich der sekundäre Sektor – vor allem seit Beginn der Wirtschaftswunderjahre – zum Zugpferd der gesamtwirtschaftlichen Expansion. Dieser Befund kann hinsichtlich seiner Implikationen für den Wandel des volkswirtschaftlichen Sektorengeflechts mithilfe von Abbildung 2.5 konkretisiert werden. So läßt sich anhand der Beschäftigungsentwicklung feststellen, dass der primäre Sektor bis weit in die Nachkriegszeit hinein die volkswirtschaftliche Struktur Italiens bestimmt hat. Diese Vorherrschaft war nach Kriegsende mit einem Beschäftigungsanteil von ca. 45% zwar längst nicht mehr so dominant wie während der Vorkriegszeit, als die Forst- und Agrarwirtschaft sowie das Fischereiwesen zusammen nie weniger als die Hälfte aller Erwerbstätigen beschäftigte. Doch hatte er sich auch während der Rekonstruktionsphase lediglich auf knapp 43% verringert. Am Ende der Nachkriegsprosperität betrug der Beschäftigungsanteil des primären Sektors dann aber nur noch knapp 16%, wohingegen der Industrieanteil seit 1952 von knapp 32% auf etwa 39%, der Beschäftigungsanteil im Bereich der privaten Dienstleistungen von 19% auf leicht über 30% und jener in der öffentlichen Verwaltung von etwa 6% auf 15% gestiegen waren.

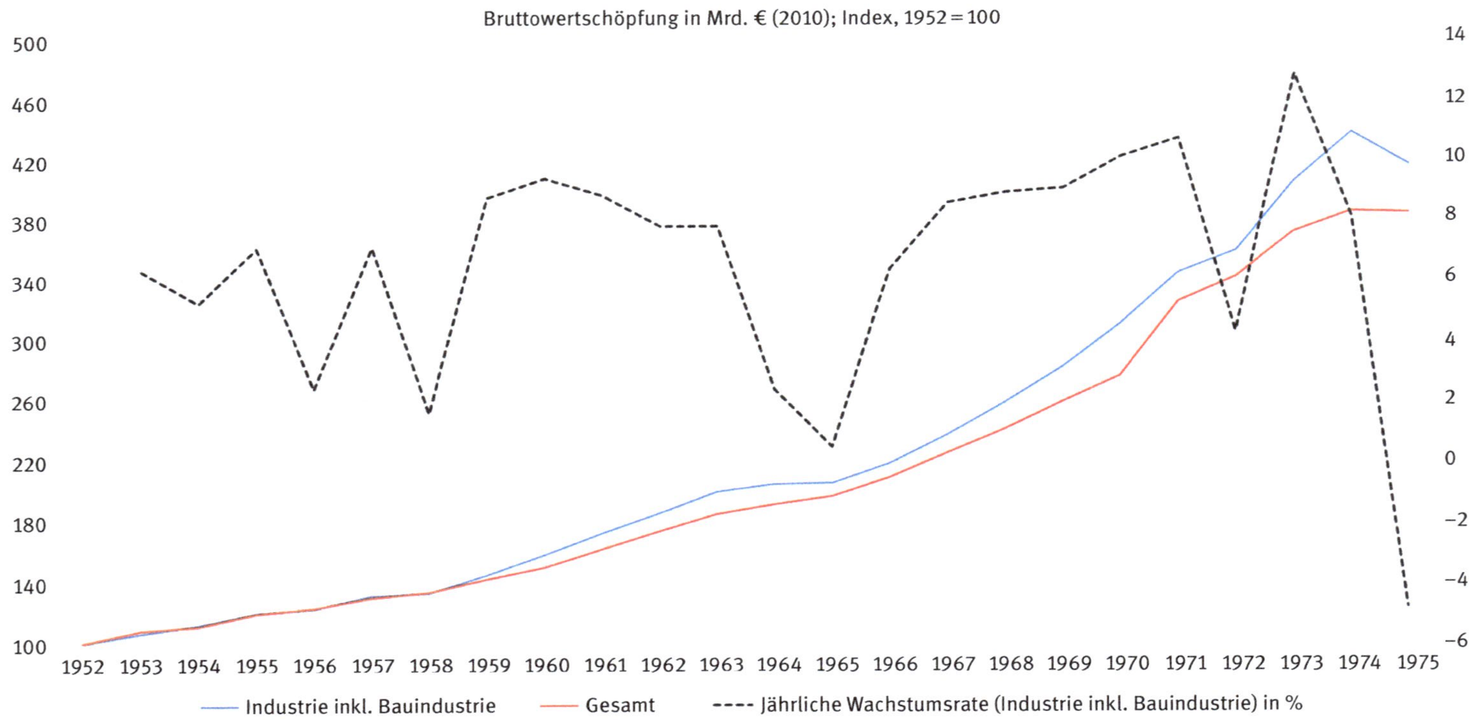

Abbildung 2.5: Entwicklung ausgewählter Leistungsindikatoren der Industriewirtschaft in Italien im gesamtwirtschaftlichen Vergleich, 1952–1975; in Mrd. € (2010), Anzahl der Erwerbstätigen und Mengeneinheiten; Index, 1952 = 100 und in %.
Quelle: Eigene Berechnungen, basierend auf ISTAT (1986), Sommario, Tabelle 8.15, S. 155 und Tabelle 8.18, S. 159 (Bruttowertschöpfung); Broadberry et al. (2013), Data Appendix, Tabelle A5, S. 680 ff. (Beschäftigung); ISTAT (alle relevanten Jahrgänge von 1953–1978), Annuario (Bruttoinvestitionen, Nettoexporterlöse und Agrarproduktion) sowie Carreras (1999), L'industria italiana, Tabelle 1, S. 190 ff. (Industrieproduktion).

(fortgesetzt)

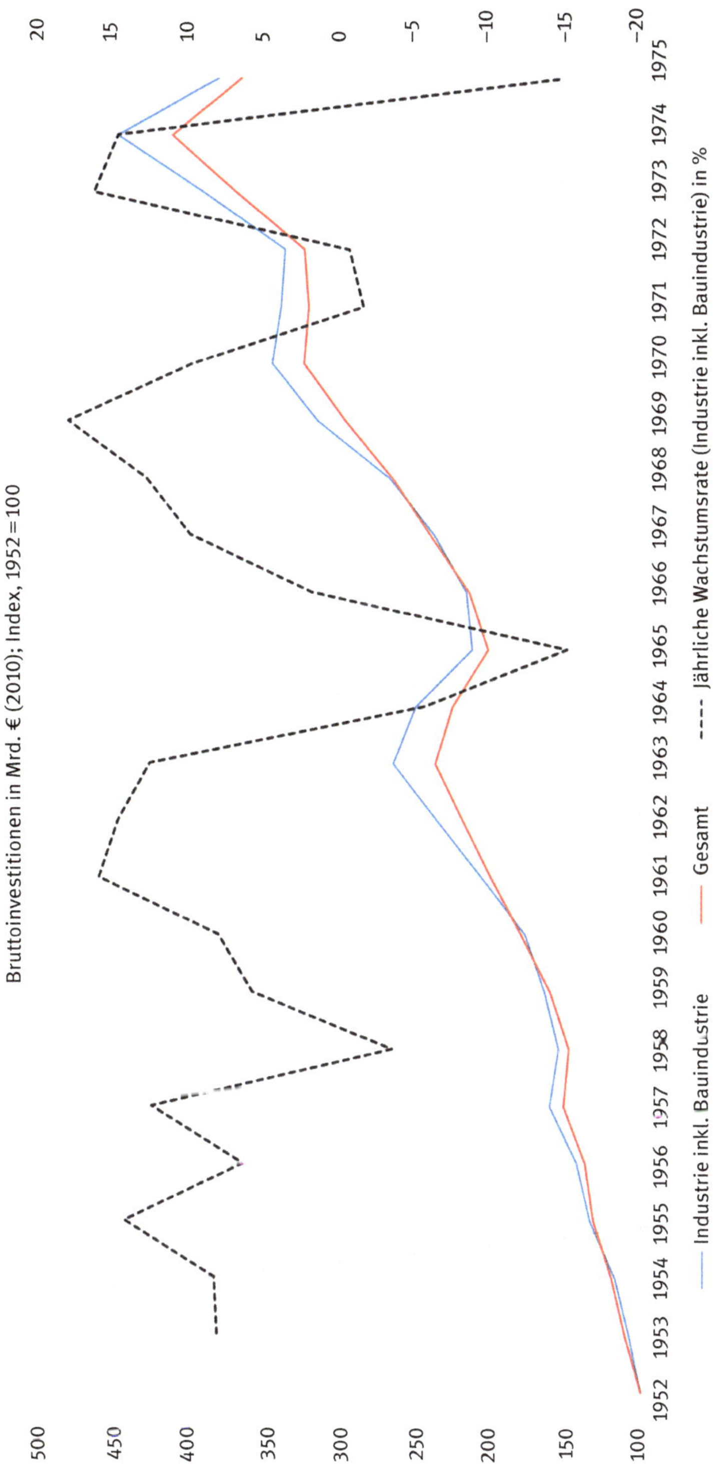

Abbildung 2.5 (Fortsetzung)

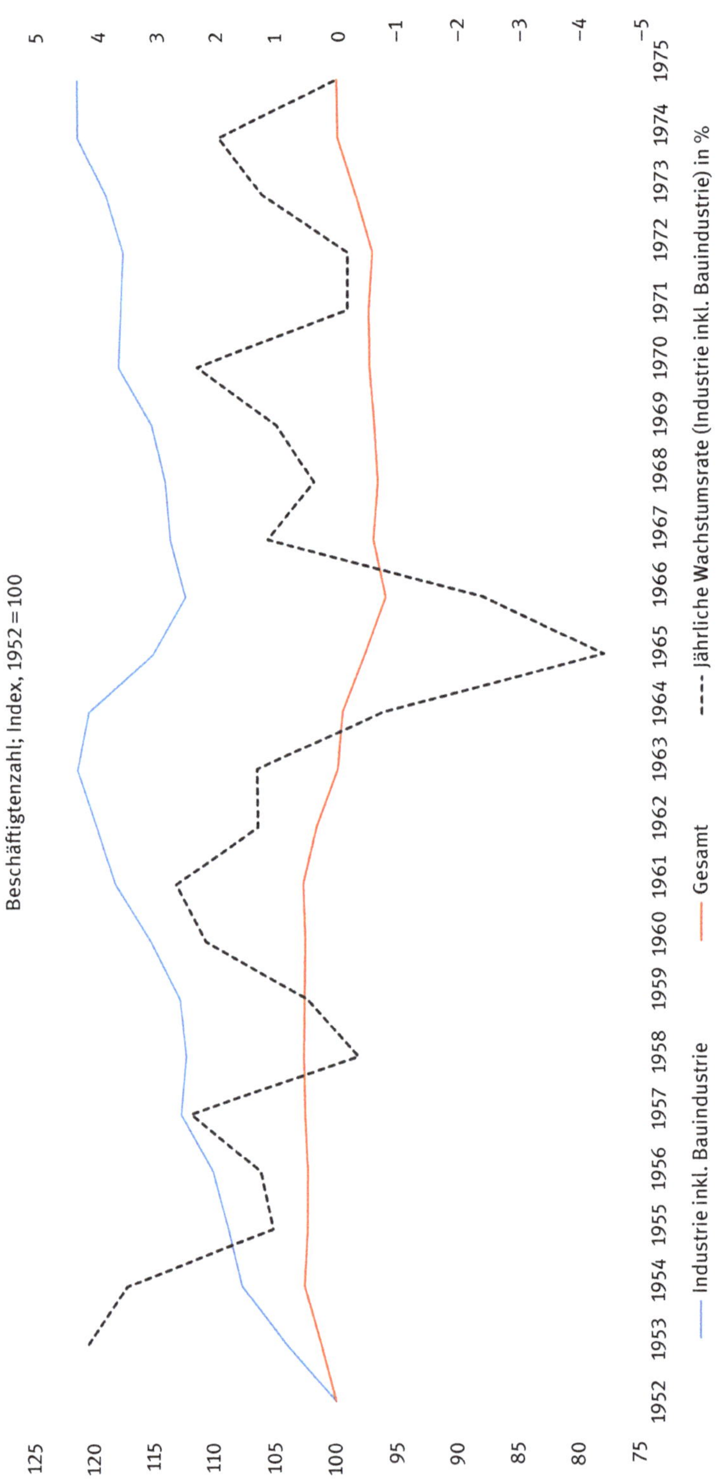

Abbildung 2.5 (Fortsetzung)

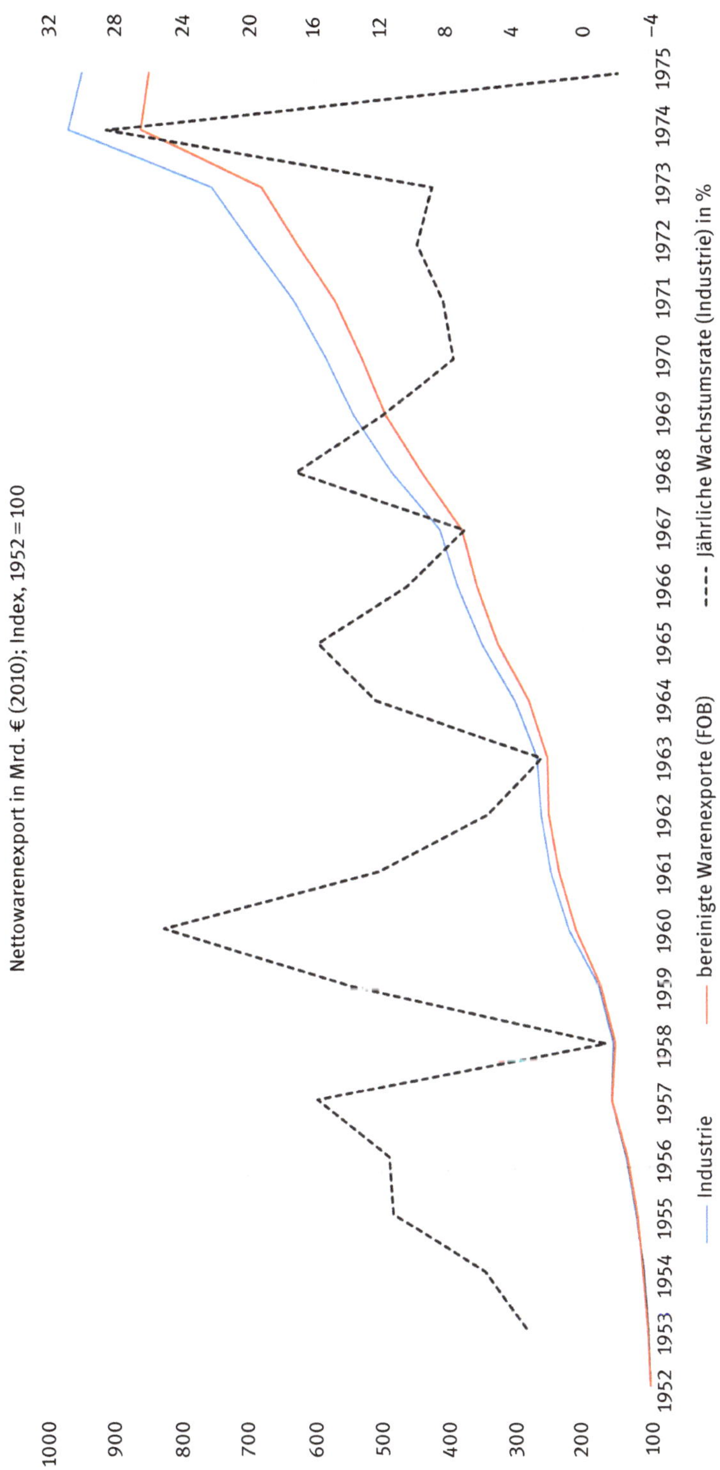

Abbildung 2.5 (Fortsetzung)

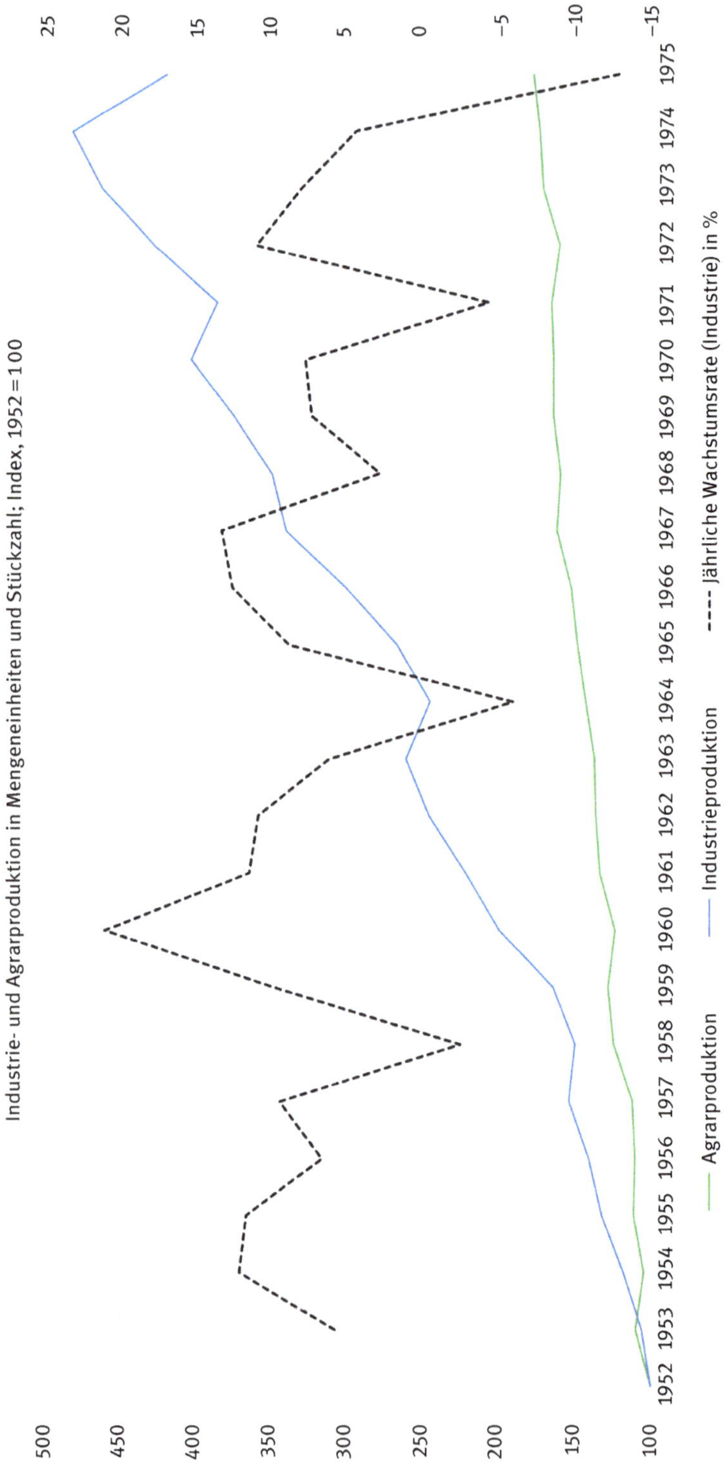

Abbildung 2.5 (Fortsetzung)

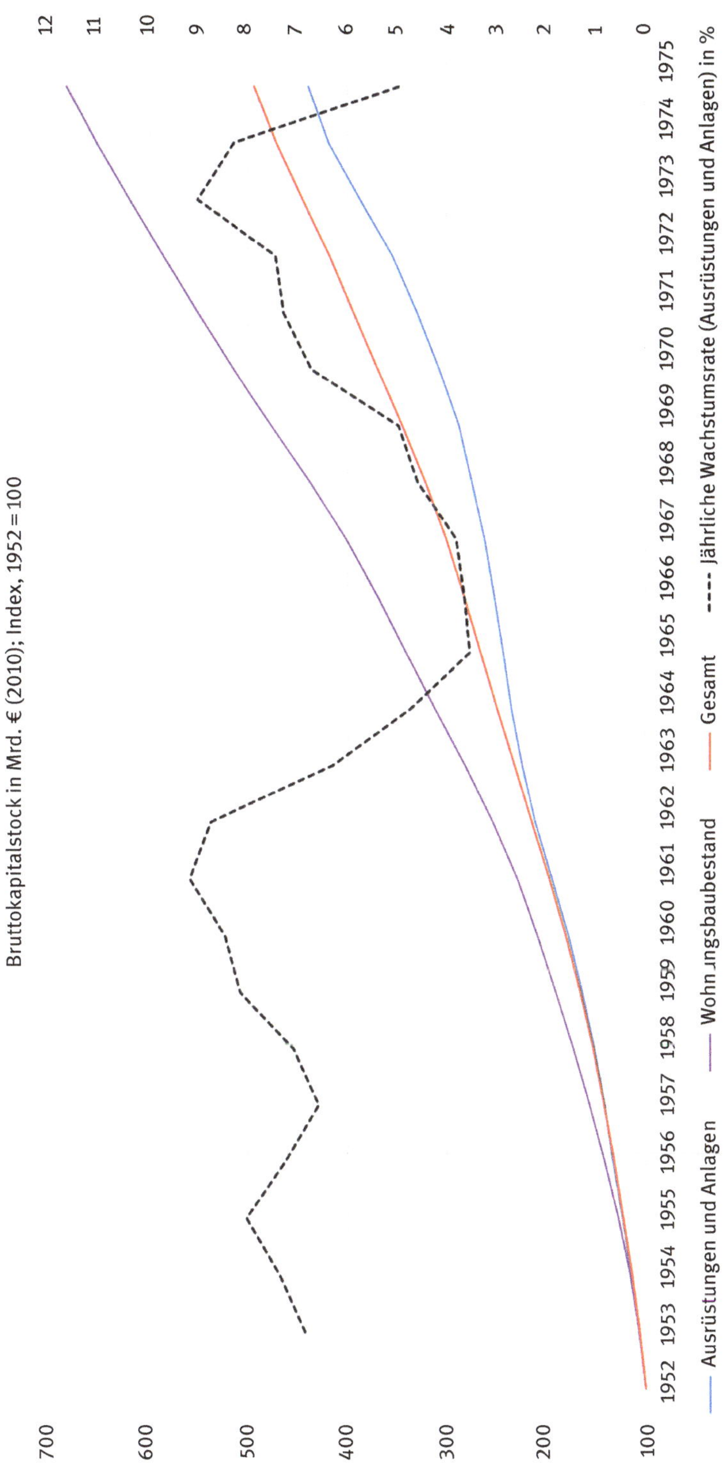

Abbildung 2.5 (Fortsetzung)

Eine ähnliche strukturelle Veränderung der Volkswirtschaft zeigt sich in der rasanten, sektoral jedoch divergierenden Entwicklung der Bruttoinvestitionen. So stieg das Bruttoinvestitionsvolumen im Industriebereich (inkl. Bauindustrie) zwischen 1952 und 1975 jahresdurchschnittlich um knapp 6%. War der Anstieg der industriewirtschaftlichen Investitionen mit 9,2% pro Jahr bereits während der *ersten* Subperiode der Nachkriegsprosperität bemerkenswert, so stiegen sie nach Überwindung des konjunkturellen Abschwungs von 1963–1966 (-18,6%) bis 1970 im Jahresdurchschnitt sogar um fast 12,5%.[570] Damit aber übertrafen sie sogar das bisherige Rekordhoch der Wirtschaftswunderjahre von 1958 bis 1963 (11,3%). Das im intersektoralen Vergleich besonders starke Wachstum der industriellen Bruttoinvestitionen erklärt sich dabei entscheidend aus der erheblichen Investitionsausweitung innerhalb der Bauwirtschaft, vor allem des Wohnungsbaus. Für die gesamte Nachkriegs prosperität übertraf sie mit einer jahresdurchschnittlichen Wachstumsrate von knapp 7,3% die Dynamik der gesamtwirtschaftlichen Investitionsentwicklung um 1,5 Prozentpunkte.

Die Bruttoinvestitionen – nicht nur im Industriebereich, sondern auch im Primär- und Tertiärsektor – überstiegen deutlich die jährlichen Abschreibungen, was von 1952 bis 1975 zu einer Erhöhung des volkswirtschaftlichen Bruttokapitalstocks um 394% führte. In der Industrie bewirkte der Nettoinvestitionszuwachs einen Produktionsanstieg um zunächst 161% (bis 1963) und dann nochmals um knapp 85% (bis 1974). Im Krisenjahr 1975 sank das Produktionsniveau zwar erstmals seit 1952, war – ungeachtet des durchaus einschneidenden Rückgangs von 13% – aber immer noch mehr als viermal so hoch wie am Beginn der Nachkriegsprosperität (419,3%). Auch im Agrarbereich war die Produktion um ca. 77% (1975) gestiegen und damit annähernd genauso stark wie seit der Gründung Italiens bis 1952 (82%). Die Erzeugung von Industriegütern wuchs aber mit einer jahresdurchschnittlichen Rate von 6,4% mehr als zweieinhalbmal so schnell wie die Agrarproduktion (2,5%).

Die sektoralen Unterschiede spiegeln sich folgerichtig in der Entwicklung der Bruttowertschöpfung wider. Während sich deren jahresdurchschnittliche Wachstumsrate in der Industrie (inkl. Bauindustrie) zwischen 1952 und 1975 auf etwa 6,4% und im tertiären Bereich sogar auf 6,9% belief, konnte sie im primären Sektor hingegen nur knapp 1,7% erreichen. Bis 1974 – dem letzten Rekordjahr der langanhaltenden Wachstumsphase – hatte sich die Bruttowertschöpfung im Industriebereich seit 1952 fast verviereinhalbfacht (+ 337%), wohingegen ihr gesamtwirtschaftlicher Anstieg nur bei knapp 285% lag. Damit vergrößerte sich der industrielle Wertschöpfungsanteil an der volkswirtschaftlichen Gesamtleistung während der

570 Während der gesamten *zweiten* Subperiode der Nachkriegsprosperität von 1963 bis 1975 betrug die jahresdurchschnittliche Wachstumsrate der industriellen Bruttoinvestitionen aufgrund der Investitionskrise insgesamt allerdings lediglich 3,06%.

Nachkriegsprosperität von etwa 36% auf fast 41% (1974); im Krisenjahr 1975 verringerte er sich dann jedoch wieder auf sein bereits am Ende der Wirtschaftswunderjahre erreichtes Niveau von 39%. Anders hingegen die Entwicklung im primären Sektor: Sein Anteil verringerte sich bis 1975 von fast 22% (1952) auf nur noch knapp über 8%. Im Vergleich der vier größten Volkswirtschaften Europas war der sektorale Wertschöpfungsanteil der Forst-, Agrar- und Fischereiwirtschaft in Italien zwar auch am Ende der Nachkriegsprosperität noch deutlich höher als in Frankreich (5,4%), in der Bundesrepublik Deutschland (2,7%) sowie in Großbritannien (2,6%).[571] Verglichen mit der Vorkriegszeit hatte sich der Modernisierungsabstand Italiens gegenüber diesen drei Volkswirtschaften hinsichtlich ihrer sektoralen Struktur allerdings erheblich reduziert.

Während des Untersuchungszeitraumes war die gesamtwirtschaftliche Investitionsquote historisch herausragend. Trotz des starken Rückgangs zwischen 1964 und 1966, belief sich der Anteil der Investitionen am BIP zwischen 1952 und 1975 im jährlichen Durchschnitt auf knapp über 20%. Damit übertraf er die jeweilige Quote der zwei bislang stärksten Wachstumsphasen in der Geschichte Italiens deutlich – die von 1900 bis 1913 um knapp 5 Prozentpunkte und jene von 1922 bis 1938 sogar um knapp 6 Prozentpunkte. Die sektorale Dominanz der industriewirtschaftlichen Entwicklung zeigte sich – wie in Abbildung 2.6 dargestellt – auch in diesem Zusammenhang: So erhöhte sich die Investitionsquote im sekundären Sektor von knapp 33% (1952) auf ihr Rekordhoch von über 43% (1963), ging anschließend zwar wieder zurück, belief sich aber dennoch im Jahresdurchschnitt der gesamten Nachkriegsprosperität bis 1974/75 auf knapp 36%. Die industrielle Investitionsquote übertraf damit die Vergleichswerte im Bereich der öffentlichen Verwaltung um knapp 19 Prozentpunkte, im Agrarbereich um knapp 21 Prozentpunkte und im privaten Dienstleistungssektor sogar um ca. 23 Prozentpunkte.

Schließlich unterstreicht auch die deutliche Zunahme der *Industrieexporte* – vor allem seit der Gründung der EWG und der Schaffung eines gemeinsamen (west)europäischen Binnenmarktes – die sowohl absolute als auch relative Bedeutungszunahme der industriellen Expansion als Träger und Motor der langen Wachstumsphase. Von 1952 bis 1975 stieg das Volumen der Industrieexporte jahresdurchschnittlich um 10,3%, wobei die Dynamik während der *zweiten* Subperiode der Nachkriegsprosperität mit 11,1% noch größer war als zwischen 1952 und 1963 (9,4%). Das Volumen der exportierten Industriegüter, das bereits 1952 mehr als sechsmal so groß war wie jenes der Forst-, Agrar- und Fischereiexporte (622%), wuchs im Jahresdurchschnitt bis 1958 mit 7,6% zunächst lediglich um etwa 1 Prozentpunkt schneller als die Ausfuhr von forst- und landwirtschaftlichen Erzeugnissen, zwischen 1958 und 1975 dann allerdings mit ca. 11,3% fast dreieinhalbmal so schnell. Bereits bis 1963 waren die

571 Vgl. ISTAT (1979), Annuario 1978, Tabelle 387, S. 423.

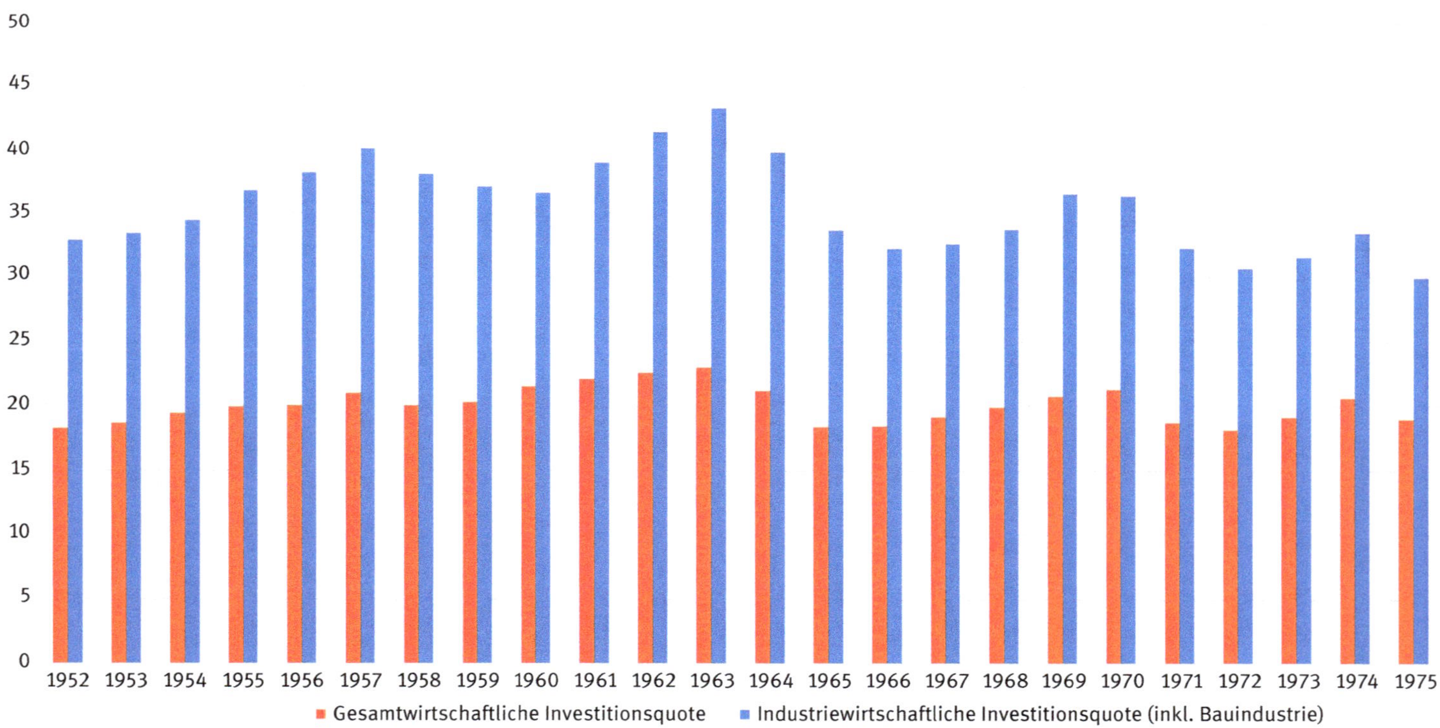

Abbildung 2.6: Entwicklung der gesamtwirtschaftlichen und industriewirtschaftlichen Investitionsquote in Italien, 1952–1975; in %.
Quelle: Eigene Berechnungen, basierend auf ISTAT (alle relevanten Jahrgänge von 1953–1978), Annuario (Bruttoinvestitionen) sowie auf ISTAT (1986), Sommario, Tabelle 8.15, S. 155 und Tabelle 8.26, S. 164 (sektorale Bruttowertschöpfung und Nettogütersteuern zur Berechnung des BIP).

Industrieexporte seit 1952 um knapp 170% gestiegen, am Ende der Nachkriegsprosperität sogar um mehr als 870% (1974) bzw. 850% (1975). Sie beliefen sich damit auf fast das 23- fache der Agrarexporte, die bis 1975 ebensfalls verhältnismäßig stark – immerhin um knapp 157% – gewachsen waren. Ergänzend soll erwähnt werden, dass die Exportentwicklung im Bereich der privaten Dienstleistungen ebenfalls äußerst erfolgreich war. Die Ausfuhr kommerzieller Dienstleistungen wuchs von 1952 bis 1975 mit einer durchschnittlichen Wachstumsrate pro Jahr von 8,8% um beachtliche 595%, übertraf dadurch am Ende der Nachkriegsprosperität das Ausfuhrvolumen des primären Sektors um das Fünffache (+ 489%) und verlieh damit, zusammen mit der rasanten Entwicklung im Industriebereich, der traditionell agrarisch geprägten Exportstruktur der italienischen Volkswirtschaft eine vollkommen neue Qualität.[572]

Diese neue Qualität korrespondierte mit einer nachhaltig veränderten Regionalstruktur des italienischen Exports[573]: *Einerseits* reduzierten sich die Exportquoten nach Übersee, Asien, Afrika, Osteuropa und in die Sowjetunion seit Beginn der 1950er Jahre kontinuierlich, und dass, obwohl sich der jeweilige Exportumsatz am Ende der Nachkriegsprosperität im Jahresvergleich mit 1952 deutlich gesteigert hatte: die Nettoexporterlöse zu konstanten Preisen mit Gesamtamerika um über 465% (USA, 452%), mit Asien um knapp 480%, mit Osteuropa und der Sowjetunion um mehr als 778% sowie mit Afrika sogar um 867%.[574] *Andererseits* aber bewirkte

572 Vgl. Petri (2001), Von der Autarkire zum Wirtschaftswunder, S. 453.

573 Die nachfolgenden Angaben zur Entwicklung der Regionalstruktur des italienischen Exporthandels sind Ergebnisse eigener Berechnungen, basierend auf ISTAT (1956), Annuario 1955, Tabelle 470, S. 425 (Nettoexporterlöse nach Kontinenten, 1901–1951) sowie Tabelle 472, S. 427 (Nettoexporterlöse nach Ländern, 1901–1951); ISTAT (1955), Annuario 1954, Tabelle 293, S. 269 (Nettoexporterlöse nach Ländern und Kontinenten, 1952; ISTAT (1962), Annuario 1961, Tabelle 311, S. 290f. (Nettoexporterlöse nach Ländern und Kontinenten, 1958); ISTAT (1966), Annuario 1965, Tabelle 329, S. 317f. (Nettoexporterlöse nach Ländern und Kontinenten, 1963) sowie ISTAT (1978), Annuario 1977, Tabelle 226, S. 238f. (Nettoexporterlöse nach Ländern und Kontinenten, 1975).

574 Im Einzelnen gestalteten sich die Veränderungen des Exports wie folgt: *Erstens*, verringerte sich während des Wirtschaftsaufschwungs der „langen" 1950er Jahre der regionale Anteil der asiatischen Länder von 12,9% im Jahr 1952 auf zunächst 10,5% im Jahr 1958 und auf nur noch 6,7% im Jahr 1963 und stieg anschließend bis Ende 1975 wieder auf 8,8%, wobei der regionale Anteil Asiens am italienischen Auslandsgeschäft am Ende der Nachkriegsprosperität damit immer noch mehr als doppelt so hoch ausfiel wie während der faschistischen Diktatur vor Ausbruch des Zweiten Weltkrieges (4,1%). *Zweitens*, ging auch der regionale Anteil Afrikas am Gesamtexportvolumen, der während der Phase der kolonialen Expansion kontinuierlich gestiegen war und vor allem nach der Gründung Italienisch-Ostafrikas (1935–1941) und Italienisch-Libyen (1934–1943) jedes Jahr neue Rekordquoten mit Spitzenwerten von 29,6% (1937) bzw. 27,4% (1938) erreicht hatte, bereits während der letzten Kriegsjahre deutlich zurück und reduzierte sich seit Beginn der langanhaltenden Wachstumsphase immer weiter, von bereits nur noch 8,6% (1952) auf 7,3% am Ende der Wirtschaftswunderjahre im Jahr 1963, stieg dann allerdings wieder leicht an – auf 9,8% im Jahr 1975. *Drittens*, war auch die Quote Osteuropas und der Sowjetunion seit 1952 von 8,3% auf 7,5% im Jahr 1963 zunächst zurückgegangen und stieg dann bis 1975 ebenfalls wieder leicht an – auf 8,4%. *Viertens* schließlich, hatte sich der regionale Anteil Gesamtamerikas dagegen deutlich reduziert: von 18,4% im Jahr 1952 auf 16,7% im Jahr 1963 und auf nur

die fortschreitende Handelsliberalisierung innerhalb Westeuropas eine zunehmende Konzentration des Exports auf die Märkte der westlichen und nördlichen Nachbarländer. Der regionale Anteil der italienischen Exporte in die Länder Westeuropas stieg während der Nachkriegsprosperität zunächst von 50,5% im Jahr 1952 auf 52,69% im Jahr 1958 und anschließend – bis 1975 – auf 60,1%, wobei sich die Nettoexporterlöse von 1952 bis 1958 lediglich um etwa 61% steigerten, bis zum Ende der langanhaltenden Wachstumsphase dann aber um fast 913,4%. Die durch die Gründung des Gemeinsamen Binnenmarktes nach dem Inkrafttreten der Römischen Verträge am 01. Januar 1958 erhebliche Ausweitung des italienischen Auslandsgeschäfts konzentrierte sich vor allem auf die Partnerländer der (ursprünglichen) „Sechsergemeinschaft(en)" der EGKS und der EWG. Hatten diese 1958 nur 23,6% der italienischen Gesamtausfuhren absorbiert, so 1963 bereits 35,5% sowie 39,6% im Jahr 1975, mit weiterhin ansteigender Tendenz. Im Jahresvergleich mit 1952 steigerten sich die Nettoexporterlöse nach Frankreich, Belgien, Luxemburg, in die Niederlande und die Bundesrepublik Deutschland bis 1958 zusammen um knapp 75%, bis 1963 um 333,8% und schließlich um 1.526,1% bis 1975. Nach Frankreich gingen im Jahr 1975 mit 13,2% des italienischen Gesamtexports mehr Waren und Dienstleistungen als nach Afrika oder Asien, und die Beneluxstaaten absorbierten zusammen 7,6% der italienischen Gesamtexporte, was – zum Vergleich – etwa dem regionalen Anteil Gesamtnordamerikas entsprach. Weltweit zum wichtigsten Absatzmarkt entwickelte sich – wie schon in den Jahren von 1925 bis 1943 – (West)Deutschland, das bereits seit 1949 wieder mehr Waren aus Italien kaufte als jedes andere Land der Welt. Im Jahr 1952 belief sich der regionale Anteil der Bundesrepublik am italienischen Export auf 10%, er steigerte sich bis Ende 1958 auf 14,1%, bis 1963 auf 17,9% und bis Ende 1975 schließlich auf 18,8%. Deutschland, gefolgt von Frankreich bilden bis in die heutige Zeit die zwei wichtigsten Absatzmärkte des italienischen Auslandsgeschäfts.[575]

Der im Wandel der Exportstruktur zum Ausdruck kommende, durch die Expansion der Industriewirtschaft maßgeblich geprägte Modernisierungsprozess der italienischen Volkswirtschaft beschränkte sich nicht allein auf die höher und hochindustrialisierten Regionen des Landes, sondern zeigte sich ebenso in Süditalien. Aufgrund der in dieser Arbeit interessierenden industriepolitischen Fragen – unter besonderer Berücksichtigung der staatlichen Südförderung – soll der vorstehend analysierte intersektorale Strukturwandel deshalb für den Mezzogiorno konkretisiert werden.

---

noch 12,2% am Ende der Nachkriegsprosperität. Der regionale Anteil der USA am italienischen Export in den Jahren von 1952–1963 belief sich dabei weitgehend unverändert auf knapp 10%, ging dann aber auf nur noch 6,5% im Jahr 1975 zurück. Eigene Berechnungen, basierend auf ebd.

575 Vgl. ISTAT (2011), Sommario, Tabelle 16.6, S. 734 sowie Tabelle 16.8, S. 736.

2.4.1.2 Regionalwirtschaftlicher Strukturwandel – Industrialisierung des Mezzogiorno

Ebenso wie in der Makroregion „Zentrum-Nord" und demzufolge auch im landesweiten Durchschnitt, entwickelte sich in Süditalien die zunehmende Expansion des sekundären Sektors zum immer stärkeren gesamtwirtschaftlichen Wachstumsmotor. Wie aus den Tabellen 2.8–2.10 zum intersektoralen Vergleich ausgewählter Indikatoren hervorgeht, erhöhten sich auch im primären Wirtschaftssektor des Mezzogiorno sowie im Bereich der privaten und öffentlichen Dienstleistungen die jährlichen Bruttoinvestitionen und die wertmäßige sektorale Gesamtleistung während der Nachkriegsprosperität historisch exzeptionell. Die zwischen 1952 und 1975 jeweils erzielten jahresdurchschnittlichen Investitions- und Bruttowertschöpfungssteigerungen der Industriewirtschaft (inkl. Bauindustrie) von 8,75% bzw. 6,79% übertrafen aber jene des Dienstleistungssektors um etwa 2 Prozentpunkte (Bruttoinvestitionen) bzw. um 0,2 Prozentpunkte (Bruttowertschöpfung) und vor allem jene der Forst-, Agrar- und Fischereiwirtschaft sogar um mehr als 3,3 Prozentpunkte (Bruttoinvestitionen) bzw. um knapp 4 Prozentpunkte (Bruttowertschöpfung).

Auch die Beschäftigtenzahl war in der Industrie kräftig gewachsen und hatte einen entscheidenden Anteil daran, dass die rückläufige Gesamtbeschäftigtenzahl im Mezzogiorno bis Mitte der 1970er Jahre nicht noch stärker gesunken war. Während der *ersten* Subperiode von 1952 bis 1963 stieg die Zahl der Industriearbeiter (inkl. Bauindustrie) zunächst um etwa 441.000 und während der *zweiten* Subperiode von 1963 bis 1975 noch einmal um 147.000. Die Beschäftigtenzahl in der Industrie betrug nunmehr ungefähr 1.765.000, was eine Steigerung von knapp 50% im Vergleich zu 1952 bedeutete. Zwar erhöhte sich die Anzahl der Erwerbstätigen im Bereich der privaten und öffentlichen Dienstleistungen sogar noch etwas schneller und – absolut betrachtet – deutlich stärker, konkret um insgesamt knapp 1,05 Mio., so dass 1975 ein sektorales Rekordhoch von 2.705.900 Erwerbstätigen erreicht wurde. Ihre Anzahl lag damit immerhin um 63,04% über dem Ausgangsniveau von 1952. Die beachtlichen Beschäftigungssteigerungen sowohl im Industrie- als auch im Dienstleistungssektor reichten jedoch nicht aus, den starken Rückgang von insgesamt fast 2,2 Mio. Arbeitskräften im primären Sektor zu kompensieren. Die regionale Gesamtbeschäftigtenzahl hatte sich daher bis Mitte der 1970er Jahre um 8,25% verringert.

Dennoch gingen von der Industrialisierung des Mezzogiorno beachtliche Stabilisierungs-, vor allem aber Modernisierungseffekte aus. Das industrielle Beschäftigungswachstum entwickelte sich letztlich ähnlich dynamisch wie die jährlichen Bruttoinvestitionen und die wertmäßige Wirtschaftsleistung der Industrie. Demzufolge erhöhten sich von 1952 bis 1975 auch – wie in Tabelle 2.11 dargestellt – die Anteile des sekundären Sektors an den jährlichen Gesamtbruttoinvestitions- und Wertschöpfungsvolumina sowie an der Gesamtbeschäftigtenzahl in der Makroregion des Mezzogiorno signifikant. Infolge dieser Leistungsbilanz konnte die traditionelle Strukturschwäche des Mezzogiorno während des Untersuchungszeitraumes denn

Tabelle 2.8: Die Beschäftigungsentwicklung Süditaliens im intersektoralen Vergleich, 1952–1975; in Anzahl der Erwerbstätigen; Index, 1952 = 100 und in %.

	Agrar	Dienstleistungen*	Industrie (ohne Bauindustrie)	Industrie (inkl. Bauindustrie)
1952	100,00	100,00	100,00	100,00
1953	97,45	103,08	101,45	106,63
1954	95,85	106,01	104,20	112,49
1955	91,99	109,41	104,99	115,46
1956	88,43	113,35	109,46	118,27
1957	84,12	116,76	113,40	121,33
1958	82,35	120,08	114,98	122,68
1959	80,66	121,16	116,43	123,87
1960	79,56	122,08	114,32	127,70
1961	75,06	123,58	111,96	131,35
1962	72,75	123,31	112,35	134,24
1963	65,59	122,17	115,24	137,47
1964	61,82	126,66	116,69	140,53
1965	61,90	121,79	119,05	139,85
1966	58,59	126,78	119,32	139,59
1967	58,81	129,75	123,78	145,71
1968	55,30	137,43	122,21	142,57
1969	53,67	137,74	123,65	143,67
1970	49,82	140,76	127,99	147,07
1971	49,81	141,23	130,88	145,96
1972	46,63	146,13	129,83	145,37
1973	45,18	151,58	132,33	147,32
1974	43,72	158,67	137,45	150,55
1975	41,92	163,04	137,71	149,96

Durchschnittl. Wachstum in %	Agrar	Dienstleistungen*	Industrie (ohne Bauindustrie)	Industrie (inkl. Bauindustrie)
1952–1958	−3,18	3,10	2,35	3,47
1952–1963	−3,76	1,84	1,30	2,94
1952–1975	−3,71	2,15	1,40	1,78
1957–1975	−3,80	1,87	1,08	1,18
1958–1963	−4,45	0,35	0,05	2,30
1963–1975	−3,66	2,43	1,50	0,73
1963–1966	−3,69	1,24	1,16	0,51
1966–1970	−3,97	2,65	1,77	1,31
1963–1970	−3,85	2,04	1,51	0,97
1966–1975	−3,65	2,83	1,61	0,80
1970–1975	−3,39	2,98	1,48	0,39

* inkl. öffentliche Verwaltung

Quelle: Eigene Berechnungen, basierend auf SVIMEZ (2011), Nord e Sud, Tabelle 48, S. 187 ff. (Forst-, Agrar- und Fischereiwirtschaft), Tabelle 39, S. 291 ff. und Tabelle 40, S. 297 ff. (Industrie) sowie Tabelle 55, S. 397 ff. (Private und öffentliche Dienstleistungswirtschaft).

Tabelle 2.9: Die Entwicklung der Bruttoinvestitionen der süditalienischen Wirtschaft im intersektoralen Vergleich, 1952–1975; in Mrd. € (2010); Index, 1952 = 100 und in %.

	Agrar	Dienstleistungen*	Industrie (ohne Bauindustrie)	Industrie (inkl. Bauindustrie)
1952	100,00	100,00	100,00	100,00
1953	126,39	115,30	123,21	119,46
1954	130,72	127,61	101,35	108,77
1955	137,47	140,66	151,84	161,91
1956	121,12	146,14	142,48	152,48
1957	142,69	155,23	135,54	149,59
1958	135,84	160,39	132,38	143,58
1959	148,26	162,84	144,10	154,89
1960	165,59	183,41	182,87	207,06
1961	174,71	201,01	227,62	260,44
1962	176,60	222,60	310,71	324,22
1963	172,68	251,35	392,68	427,84
1964	139,80	270,88	353,85	383,69
1965	139,14	258,88	252,23	253,48
1966	135,21	272,28	233,70	237,48
1967	160,56	306,62	268,30	271,83
1968	171,95	328,10	298,49	309,29
1969	173,16	375,01	373,40	393,06
1970	198,03	393,02	518,79	508,95
1971	229,33	389,49	649,16	605,91
1972	261,71	376,17	666,38	645,86
1973	255,83	405,05	720,78	693,18
1974	280,80	444,38	833,99	800,52
1975	343,27	447,76	705,07	688,01

Durchschnittl. Wachstum in %	Agrar	Dienstleistungen*	Industrie (ohne Bauindustrie)	Industrie (inkl. Bauindustrie)
1952–1958	5,24	8,19	4,79	6,21
1952–1963	5,09	8,74	13,24	14,13
1952–1975	5,51	6,73	8,86	8,75
1957–1975	5,00	6,06	9,59	8,85
1958–1963	4,92	9,40	24,29	24,41
1963–1975	5,89	4,93	5,00	4,04
1963–1966	-7,83	2,70	-15,88	-17,82
1966–1970	10,01	9,61	22,06	20,99
1963–1970	1,98	6,59	4,06	2,51
1966–1975	10,91	5,68	13,05	12,55
1970–1975	11,63	2,64	6,33	6,21

* inkl. öffentliche Verwaltung

Quelle: Eigene Berechnungen, basierend auf SVIMEZ (2011), Nord e Sud, Tabelle 48, S. 187 ff. (Forst-, Agrar- und Fischereiwirtschaft), Tabelle 39, S. 291 ff. und Tabelle 40, S. 297 ff. (Industrie) sowie Tabelle 55, S. 397 ff. (Private und öffentliche Dienstleistungswirtschaft).

Tabelle 2.10: Die Bruttowertschöpfungsentwicklung Süditaliens im intersektoralen Vergleich, 1952–1975; in Mrd. € (2010); Index, 1952 = 100 und in %.

	Agrar	Dienstleistungen*	Industrie (ohne Bauindustrie)	Industrie (inkl. Bauindustrie)
1952	100,00	100,00	100,00	100,00
1953	127,17	107,35	103,11	109,31
1954	117,04	111,58	109,74	116,61
1955	114,58	121,62	115,39	124,30
1956	121,48	129,62	121,03	126,41
1957	126,50	138,83	129,24	135,33
1958	123,47	141,13	125,64	138,18
1959	121,02	152,86	135,46	142,74
1960	108,45	163,59	145,53	154,79
1961	133,16	174,01	157,88	166,94
1962	132,21	185,75	167,30	179,76
1963	149,45	202,73	185,43	205,20
1964	132,24	214,01	192,49	211,91
1965	144,46	227,83	211,17	225,06
1966	142,67	244,00	234,34	243,49
1967	172,90	258,76	261,31	267,73
1968	158,32	281,05	280,01	287,60
1969	176,47	297,57	308,11	318,61
1970	169,80	312,50	339,82	351,95
1971	179,73	340,45	355,06	365,64
1972	158,76	368,00	356,60	365,44
1973	193,88	396,93	397,41	404,54
1974	187,21	412,50	452,36	445,18
1975	189,02	417,45	437,20	452,87

Durchschnittl. Wachstum in %	Agrar	Dienstleistungen*	Industrie (ohne Bauindustrie)	Industrie (inkl. Bauindustrie)
1952–1958	3,58	5,91	3,88	5,54
1952–1963	3,72	6,64	5,77	6,75
1952–1975	2,81	6,41	6,62	6,79
1957–1975	2,26	6,31	7,01	6,94
1958–1963	3,89	7,51	8,09	8,23
1963–1975	1,98	6,20	7,41	6,82
1963–1966	−1,54	6,37	8,12	5,87
1966–1970	4,45	6,38	9,74	9,65
1963–1970	1,84	6,38	9,04	8,01
1966–1975	3,18	6,15	7,18	7,14
1970–1975	2,17	5,96	5,17	5,17

* inkl. öffentliche Verwaltung

Quelle: Eigene Berechnungen, basierend auf SVIMEZ (2011), Nord e Sud, Tabelle 48, S. 187 ff. (Forst-, Agrar- und Fischereiwirtschaft), Tabelle 39, S. 291 ff. und Tabelle 40, S. 297 ff. (Industrie) sowie Tabelle 55, S. 397 ff. (Private und öffentliche Dienstleistungswirtschaft).

Tabelle 2.11: Entwicklung der sektoralen Wirtschaftsstruktur in Süditalien (Beschäftigung, Bruttoinvestitionen und Bruttowertschöpfung), 1952–1975; in %.

	Beschäftigung			Bruttoinvestitionen			Bruttowertschöpfung		
	Agrar	Industrie*	Dienstleistungen**	Agrar	Industrie*	Dienstleistungen**	Agrar	Industrie*	Dienstleistungen**
1952	56,91	17,88	25,21	11,72	23,08	65,20	24,56	25,19	50,25
1953	55,18	18,96	25,85	12,60	23,46	63,94	27,71	24,43	47,86
1954	53,81	19,84	26,36	12,40	20,31	67,29	25,18	25,72	49,10
1955	52,06	20,52	27,42	11,08	25,70	63,22	23,34	25,97	50,69
1956	50,30	21,13	28,56	9,81	24,32	65,87	23,53	25,11	51,36
1957	48,36	21,91	29,73	10,96	22,63	66,41	23,03	25,26	51,71
1958	47,31	22,14	30,55	10,36	21,57	68,07	22,29	25,58	52,13
1959	46,56	22,46	30,98	10,91	22,45	66,64	20,86	25,23	53,91
1960	45,79	23,09	31,12	10,39	25,58	64,03	18,02	26,37	55,61
1961	43,88	24,12	31,99	9,68	28,40	61,93	20,17	25,92	53,91
1962	42,92	24,87	32,22	8,60	31,10	60,30	18,98	26,46	54,56
1963	40,27	26,51	33,22	7,15	34,90	57,95	19,29	27,16	53,54
1964	38,15	27,24	34,62	5,82	31,43	62,75	16,80	27,60	55,61
1965	38,74	27,49	33,76	6,69	24,00	69,30	17,17	27,43	55,40
1966	36,95	27,65	35,41	6,38	22,07	71,55	16,00	28,00	55,99
1967	36,29	28,24	35,46	6,68	22,28	71,04	17,70	28,10	54,20
1968	34,36	27,82	37,82	6,60	23,36	70,05	15,40	28,68	55,92
1969	33,58	28,24	38,17	5,71	25,51	68,78	15,87	29,38	54,75
1970	31,46	29,17	39,37	5,85	29,58	64,57	14,51	30,84	54,64
1971	31,48	28,98	39,54	6,39	33,23	60,38	14,37	29,97	55,67
1972	29,70	29,08	41,22	7,22	35,06	57,73	12,34	29,13	58,53
1973	28,49	29,18	42,34	6,60	35,23	58,17	13,65	29,20	57,16
1974	27,11	29,32	43,57	6,49	36,40	57,12	12,58	30,69	56,73
1975	26,00	29,21	44,79	8,19	32,33	59,47	12,54	30,80	56,66

* inkl. Bauindustrie; ** inkl. öffentliche Verwaltung und Wohnungswesen

Quelle: Eigene Berechnungen, basierend auf SVIMEZ (2011), Nord e Sud, Tabelle 48, S. 187 ff. (forst-, agrar- und fischereiwirtschaftliche Bruttowertschöpfung, Bruttoinvestitionen und Beschäftigung), Tabelle 39, S. 291 ff. und Tabelle 40, S. 297 ff. (industriewirtschaftliche Bruttowertschöpfung, Bruttoinvestitionen und Beschäftigung) sowie Tabelle 55, S. 397 ff. (Bruttowertschöpfung, Bruttoinvestitionen und Beschäftigung der privaten und öffentlichen Dienstleistungswirtschaft).

auch deutlich abgebaut werden, wenngleich der Industrialisierungsgrad der höher und hochindustrialisierten Regionen des übrigen Italien nicht erreicht wurde.[576]

Die Ausführungen zum volks- und regionalwirtschaftlichen Strukturwandel zusammenfassend, läßt sich mithilfe von Abbildung 2.7 die weiter oben getroffene Feststellung untermauern, dass der wirtschaftliche *late-comer* Italien bereits 1963 – am Ende der Wirtschaftswunderjahre – den Übergang in eine moderne Industriegesellschaft vollzogen hat. Der durch die industriewirtschaftliche Expansion bestimmte Strukturwandel setzte sich während der *zweiten* Subperiode der Nachkriegsprosperität, vor allem nach Überwindung der Investitionskrise 1963–1965/66 weiter fort und erfasste letztlich alle Landesteile, auch die Makroregion des Mezzogiorno. Allerdings hatten an der Wachstumsdynamik des sekundären Sektors nicht alle Branchen gleichermaßen Anteil. Während des Untersuchungszeitraumes kam es insofern nicht nur zu einem folgenschweren intersektoralen Wandel der italienischen Volkswirtschaft; auch innerhalb der Industriewirtschaft vollzog sich ein modernisierungsrelevanter Strukturwandel, der nachfolgend für die Kernphase der Nachkriegsprosperität im Vergleich der beiden Makroregionen „Süd“ und „Zentrum-Nord“ analysiert werden soll.

2.4.2 Die intrasektorale Dynamik der industriewirtschaftlichen Expansion während der Kernphase der Nachkriegsprosperität im regionalen Vergleich, 1958–1970

Der intrasektorale Wandel der italienischen Industriewirtschaft kann mithilfe der Leistungsindikatoren „Bruttowertschöpfung“, „Bruttoinvestitionen“ sowie „Beschäftigung“ transparent gemacht werden. Dabei geht es um die Frage, inwiefern es hinsichtlich der damaligen strukturellen Verschiebungen im sekundären Sektor regionale Unterschiede und Gemeinsamkeiten gab. Diese Frage soll für die Kernphase der Nachkriegsprosperität von 1958 bis 1970 beantwortet werden – in ihr hat sich vor dem Hintergrund der während dieses Zeitraumes überdurchschnittlichen Wachstumsdynamik von BIP und BIP pro Kopf jene industriewirtschaftliche Struktur herausgebildet und verfestigt, die den weiter oben skizzierten volkswirtschaftlichen Modernisierungsschub maßgeblich begründet hat. Zunächst läßt sich anhand von Abbildung 2.8 und Tabelle 2.7 in Abhängigkeit unterschiedlicher Wachstumsraten von BIP und Bruttowertschöpfung der Untersuchungszeitraum in drei Teilzeiträume gliedern: in

576 Entsprechend der 2011 letztmalig aktualisierten Erhebung der SVIMEZ zur regionalen Wirtschaftsentwicklung gestaltete sich die Wirtschaftsstruktur in der Makroregion „Zentrum-Nord“ im Jahr 1975 wie folgt: Beschäftigung: 11,95% im Primärsektor, 40,66% im Sekundärsektor sowie 47,39% im Tertiärsektor; Bruttoinvestitionen: 4,73% im Primärsektor, 33,93% im Sekundärsektor sowie 61,34% im Tertiärsektor; Bruttowertschöpfung: 5,84% im Primärsektor, 41,11% im Sekundärsektor sowie 53,05% im Tertiärsektor. Eigene Berechnungen, basierend auf den Quellenangaben in Tabelle 2.9.

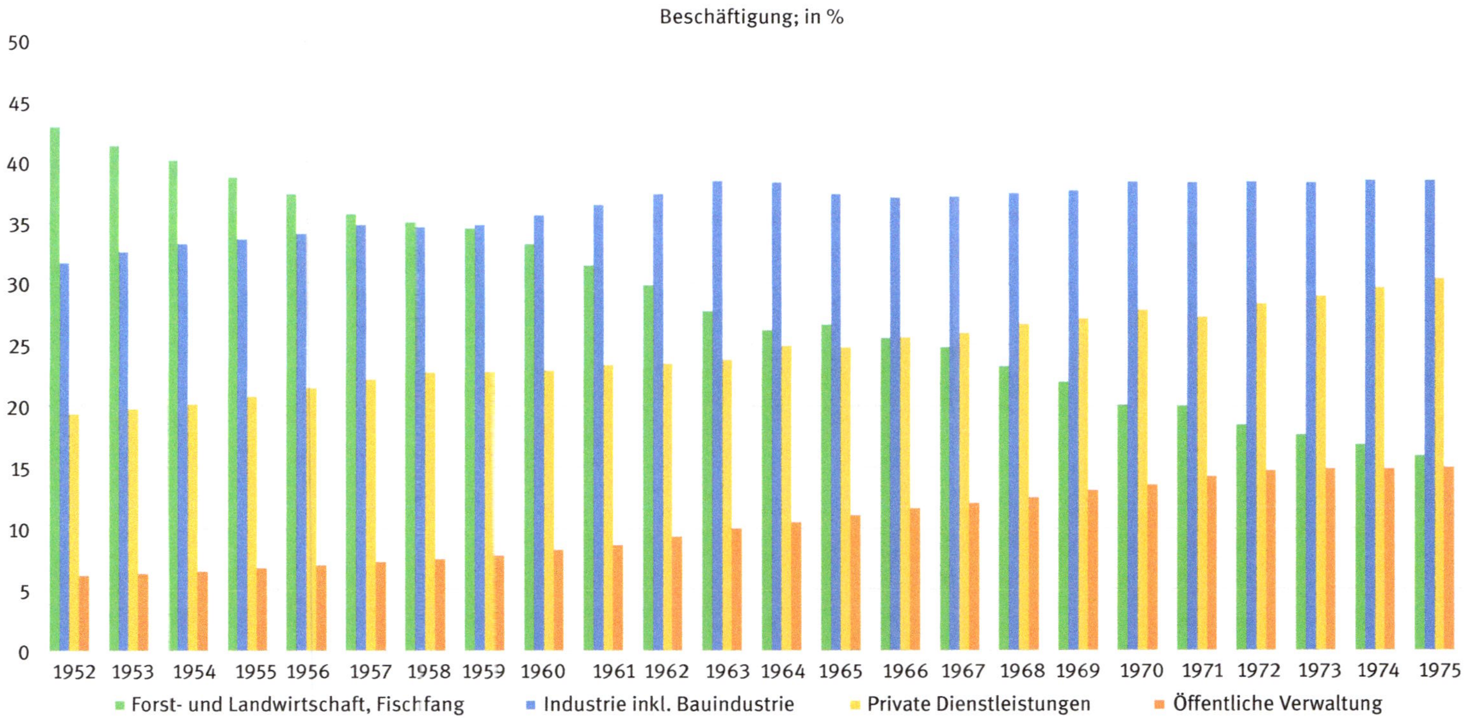

Abbildung 2.7: Sektorale Entwicklung der italienischen Volkswirtschaft, 1952–1975; in Anzahl der Erwerbstätigen, Mrd. € (2010) und in %.
Quelle: Eigene Berechnungen, basierend auf Broadberry et al. (2013), Data Appendix, Tabelle A5, S. 680 ff. (Beschäftigung); ISTAT (1986), Sommario, Tabelle 8.15, S. 155 (Bruttowertschöpfung) sowie ISTAT (alle relevanten Jahrgänge von 1953–1978), Annuario (Bruttoinvestitionen und Nettoexporterlöse).

(fortgesetzt)

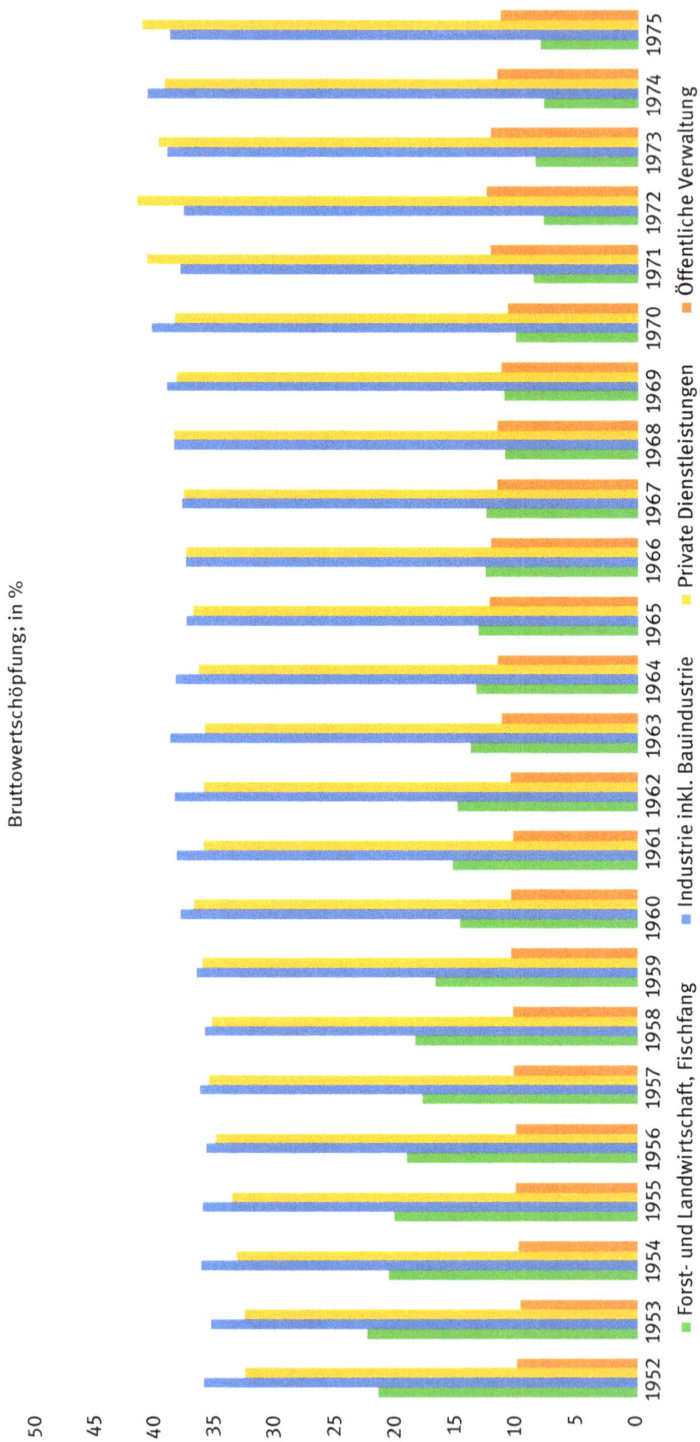

Abbildung 2.7 (Fortsetzung)

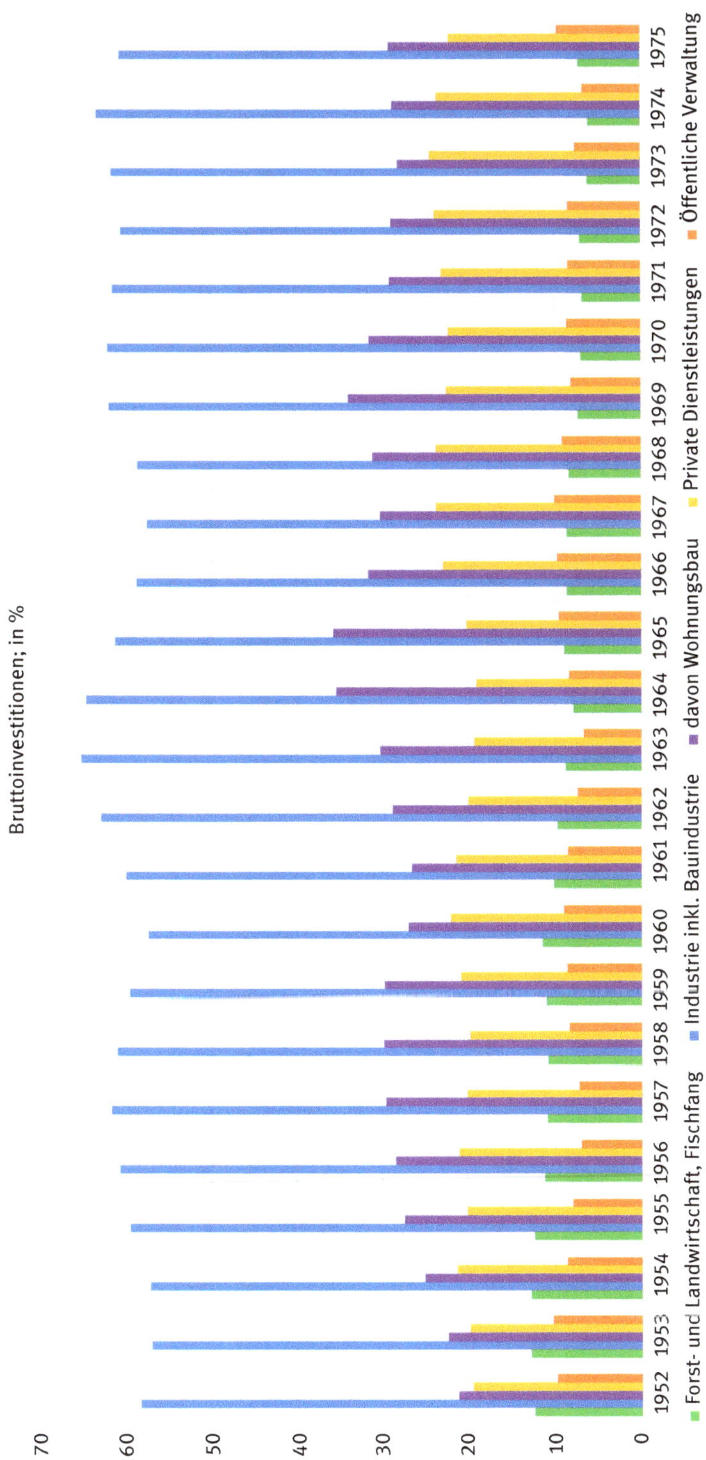

Abbildung 2.7 (Fortsetzung)

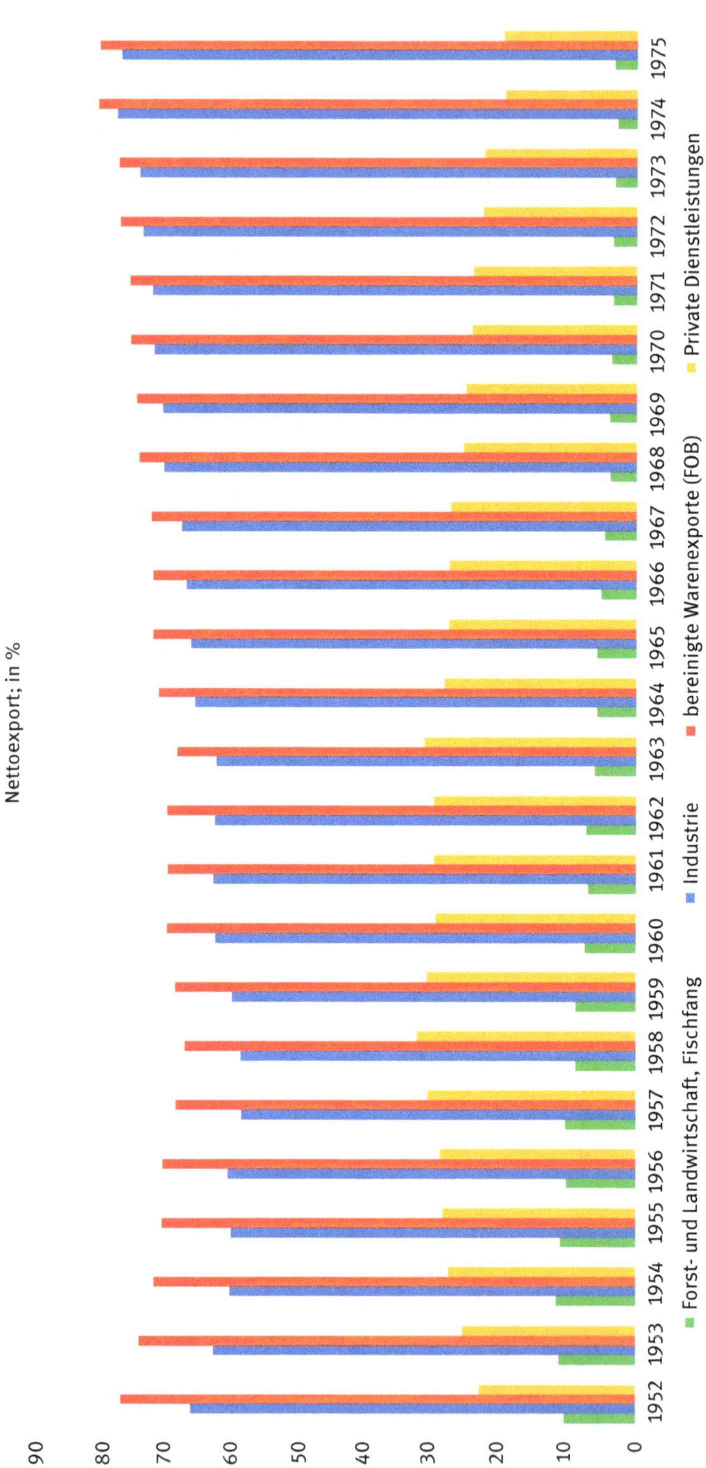

Abbildung 2.7 (Fortsetzung)

die sogenannten Wirtschaftswunderjahre von 1958 bis 1963, die Rezession von 1963 bis 1965/66 sowie in eine zweite Zeitspanne des Superwachstums von 1966 bis 1970. Nach dem Ende der Kernphase steigerten sich die untersuchten Indikatoren bis 1974 zwar noch weiter, im Jahresdurchschnitt längst aber nicht mehr so dynamisch, um im ersten Krisenjahr 1975 dann sogar zu sinken. Die Abbildung 2.8 macht darüber hinaus deutlich, dass – ungeachtet partieller Unterschiede im konjunkturellen Bewegungsmuster – in beiden hier näher betrachteten Wirtschaftsregionen die jeweilige gesamtwirtschaftliche Performance durch den Trendverlauf des sekundären Sektors bestimmt war.

Innerhalb der Industriewirtschaft bildete – wie in den Abbildungen 2.9 und 2.10 visualisiert – die Bauindustrie mit einem jahresdurchschnittlichen Anstieg von 8,32% in den Regionen Nord-, Nordost-, Nordwest- und Mittelitaliens sowie von 10,22% in den Regionen Süditaliens den hochtourigen Wachstumsmotor der sektoralen Expansion von 1958 bis 1970. Allerdings beliefen sich die Anteile der Bauindustrie an den Gesamtvolumina der sektoralen Gesamtbruttowertschöpfung in den zwei Makroregionen im Jahresdurchschnitt von 1958 bis 1970 lediglich auf 30,15% („Süd") sowie auf 17,21% („Zentrum-Nord"), so dass die expansive Wachstumsdynamik der Industriewirtschaft zwar durch die Bauindustrie permanent beschleunigt, letztlich aber dennoch klar von den ebenfalls überaus erfolgreichen Leistungssteigerungen der Verarbeitenden Industrie getragen wurde. Sie erwirtschaftete einen jahresdurchschnittlichen Anteil von 56,56% („Süd") bzw. sogar von 74,99% („Zentrum-Nord") an den jeweiligen regionalen Bruttowertschöpfungsvolumina des sekundären Sektors. Demnach war die intrasektorale Dominanz des Verarbeitenden Gewerbes – bezogen auf die Leistungsanteile an der gesamtsektoralen Bruttowertschöpfung – in den Regionen Süditaliens zwar etwas weniger stark ausgeprägt als in der Makroregion „Zentrum-Nord"; die Verarbeitende Industrie stellte aber auch im Mezzogiorno die mit deutlichem Abstand größte und wichtigste Makrobranche dar. Ähnliches gilt für die jeweiligen Anteile des Verarbeitenden Gewerbes an der sektoralen Gesamtbeschäftigtenzahl wie auch an den jährlichen Gesamtbruttoinvestitionsvolumina der Industriewirtschaft: In Süditalien waren im Jahresdurchschnitt von 1958 bis 1970 knapp 51,90% der Industriearbeiter in der Verarbeitenden Industrie beschäftigt, deren verschiedene Branchen und Fachzweige jahresdurchschnittlich zusammen 57,10% der industriellen Bruttoinvestitionen im Mezzogiorno aufbrachten. In den Regionen Nord-, Nordost-, Nordwest- und Mittelitaliens wiederum beliefen sich die entsprechenden Anteile der Verarbeitenden Industrie, bezogen auf die sektorale Gesamtbeschäftigung, jahresdurchschnittlich auf etwa 69,80% sowie auf 66,53%, gemessen an den insgesamt in der Makroregion „Zentrum-Nord" getätigten Industrieinvestitionen.

Nach dem expansiven Investitionswachstum während des *miracolo economico italiano* im landesweiten Durchschnitt von 11,81% pro Jahr waren die jährlichen Bruttoinvestitionen innerhalb der Verarbeitenden Industrie im Verlauf des konjunkturellen Abschwungs von 1963 bis 1965/66 sowohl in Süditalien als auch im Rest des Landes massiv und in etwa gleich stark zurückgegangen: um 44,07% („Süd") bzw. um 43,66

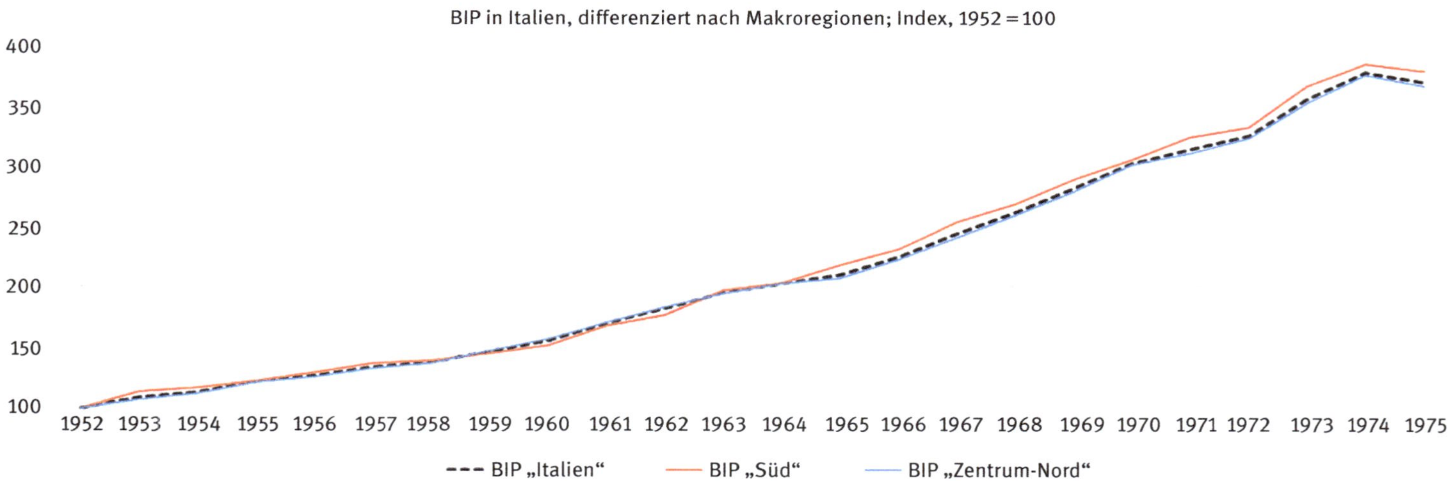

Abbildung 2.8: Entwicklung des BIP in den zwei Makroregionen „Süd“ und „Zentrum-Nord“ und Wachstum der industriellen und gesamtwirtschaftlichen Bruttowertschöpfung im Vergleich, 1952–1975; Index, 1952 = 100, in Mrd. € (2010) und in %.

Quelle: Eigene Berechnungen, basierend auf SVIMEZ (2011), Nord e Sud, Tabelle 48, S. 187ff. (regional differenzierte forst-, agrar- und fischereiwirtschaftliche Bruttowertschöpfung), Tabelle 39, S. 291ff. und Tabelle 40, S. 297ff. (regional differenzierte industriewirtschaftliche Bruttowertschöpfung), Tabelle 55, S. 397ff. (regional differenzierte Bruttowertschöpfung der privaten und öffentlichen Dienstleistungswirtschaft) sowie Tabelle 1, S. 408ff. (regional differenziertes BIP).

(fortgesetzt)

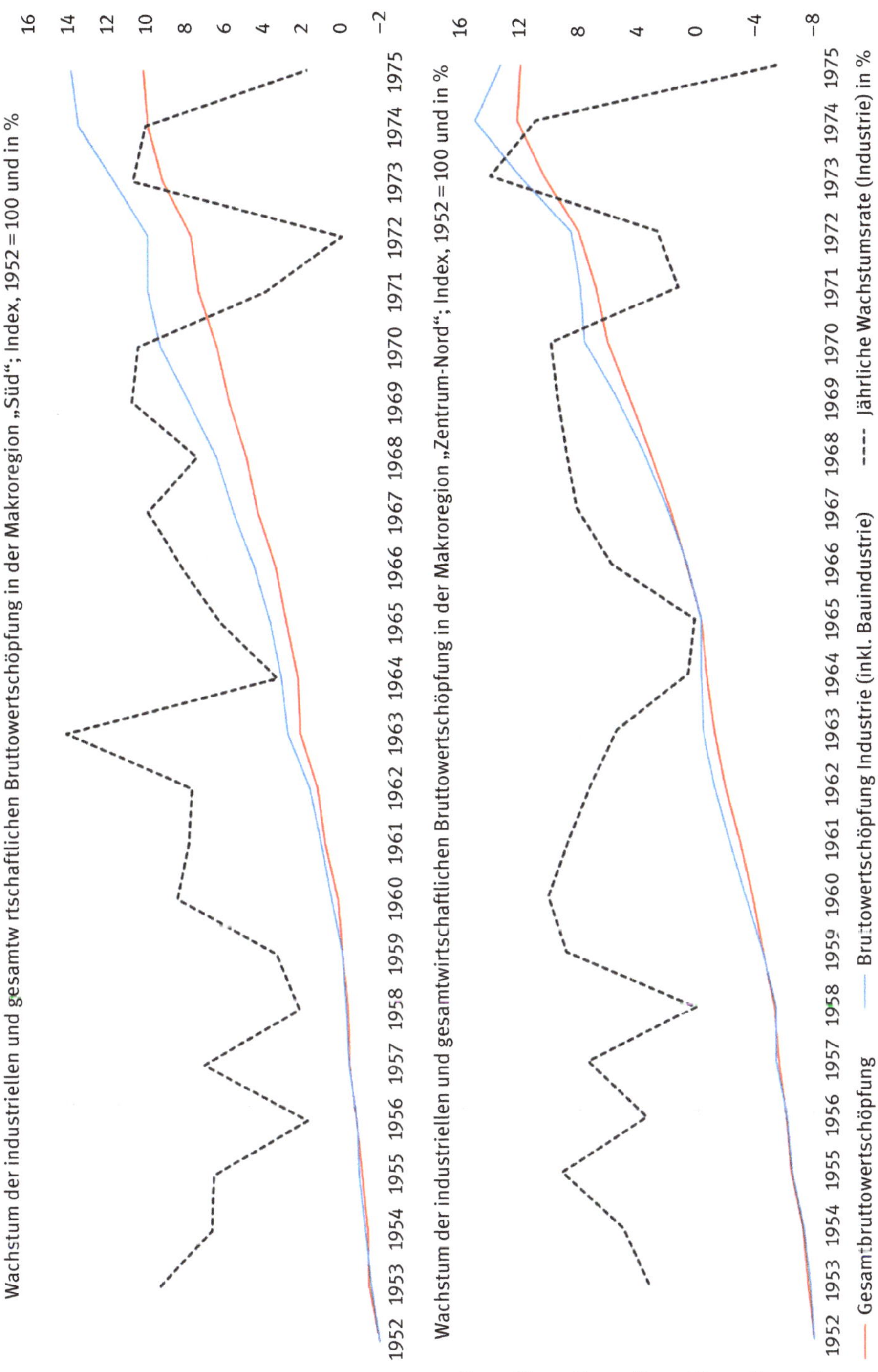

Abbildung 2.8 (Fortsetzung)

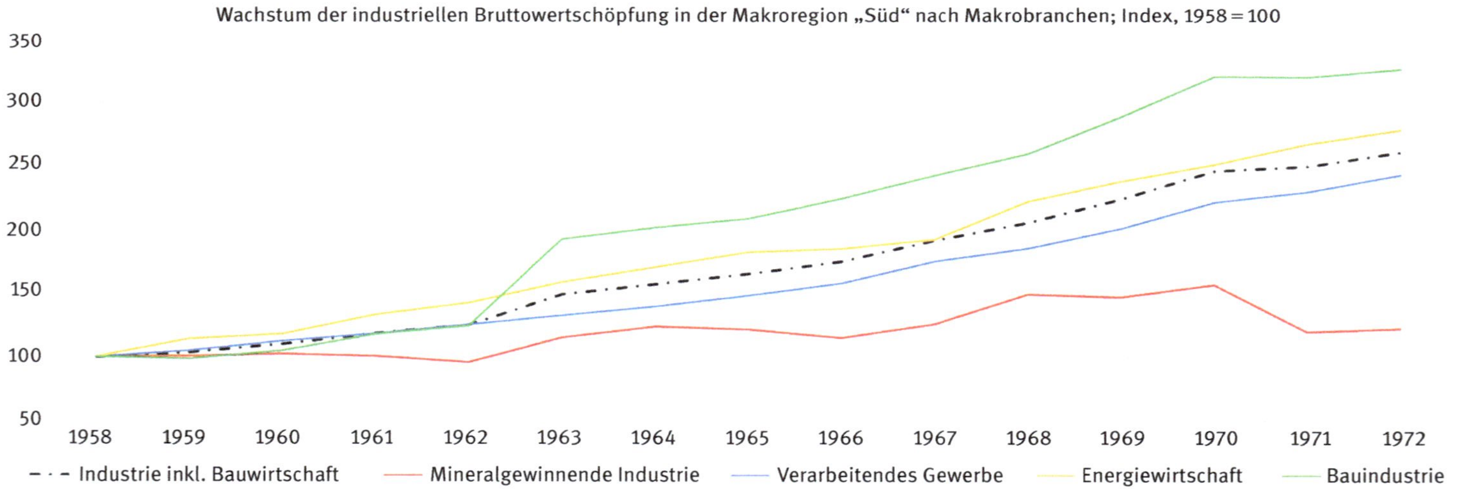

Abbildung 2.9: Entwicklung der industriellen Bruttowertschöpfung in Süditalien nach Makrobranchen, 1958–1972; Index, 1958 = 100, in Mrd. € (2010) und in %.
Quelle: Eigene Berechnungen, basierend auf ISTAT (alle relevanten Jahrgänge von 1960–1973), Annuario.

(fortgesetzt)

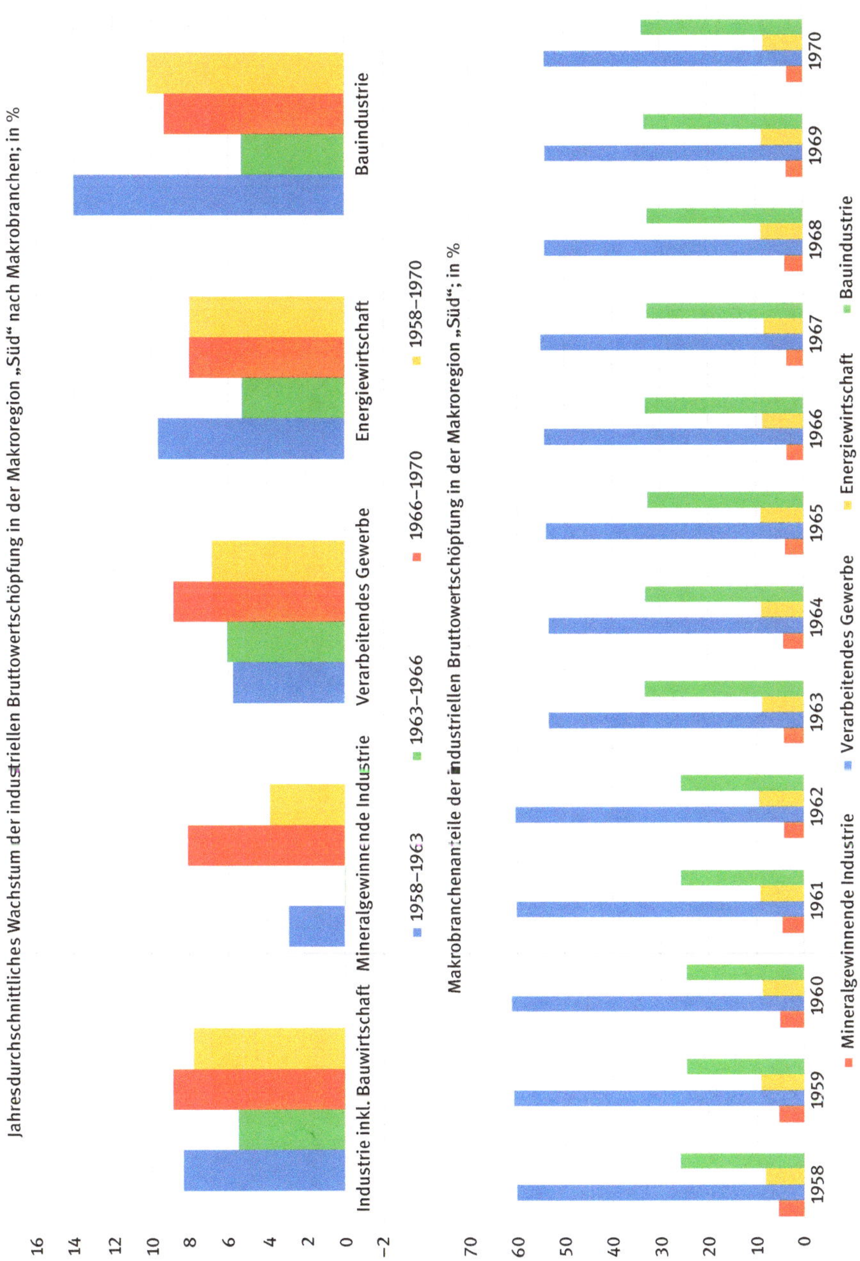

Abbildung 2.9 (Fortsetzung)

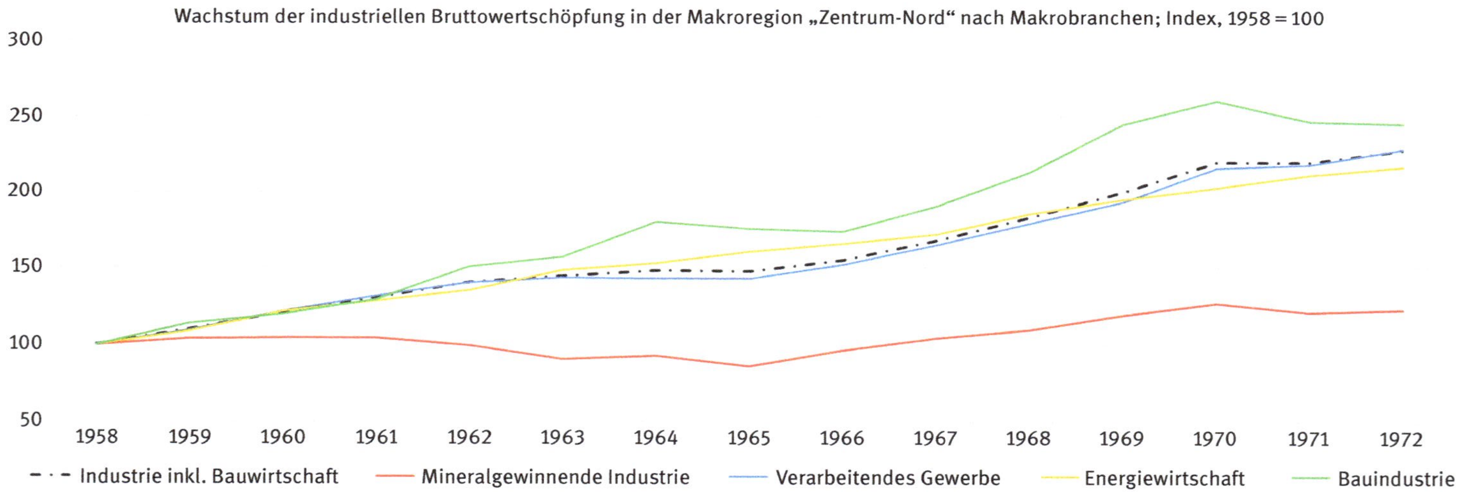

Abbildung 2.10: Entwicklung der industriellen Bruttowertschöpfung in Nord-, Nordost-, Nordwest- und Mittelitalien nach Makrobranchen, 1958–1972; Index, 1958 = 100, in Mrd. € (2010) und in %.

Quelle: Eigene Berechnungen, basierend auf ISTAT (alle relevanten Jahrgänge von 1960–1973), Annuario.

(fortgesetzt)

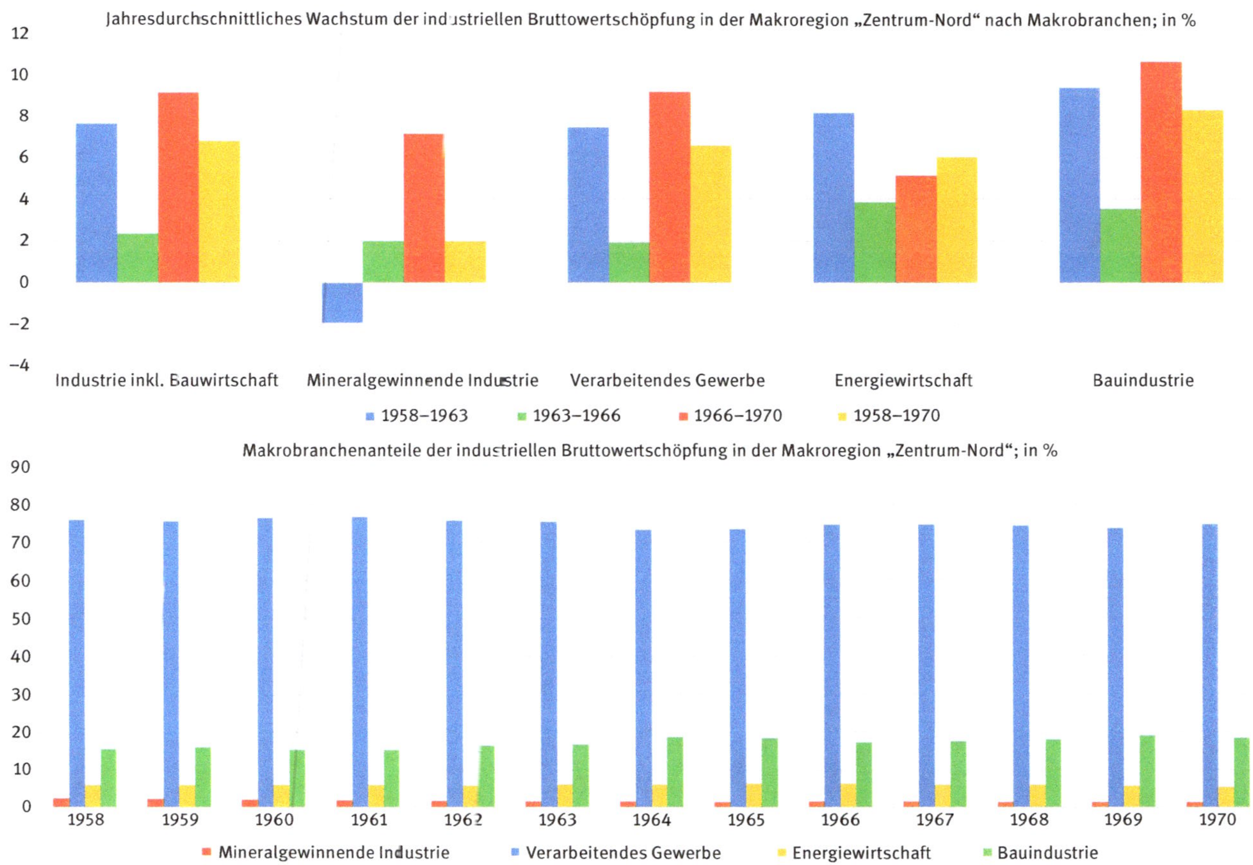

Abbildung 2.10 (Fortsetzung)

(„Zentrum-Nord"). Dabei war der zwischenzeitliche Tiefststand in den Regionen Nord-, Nordost-, Nordwest- und Mittelitaliens bereits 1965 und in den Regionen des Mezzogiorno erst 1966 erreicht. Nach Überwindung der Wirtschaftskrise steigerten sich – wie in Abbildung 2.11 dargestellt – die jährlichen Bruttoinvestitionen der Verarbeitenden Industrie bis Ende 1970 dann erneut mit einem rasanten Tempo. Mit einer durchschnittlichen Wachstumsrate von 22,60% („Süd") bzw. 11,86% (Zentrum-Nord") übertraf der Investitionsaufschwung sogar die exzeptionelle Wachstumsdynamik von 1958 bis 1963. Besonders beeindruckend war dabei die Investitionsdynamik im Mezzogiorno – hier wurden im letzten Jahr des Superwachstums 26,36% mehr investiert als im Boomjahr des vorangegangenen Konjunkturzyklus; in der Makroregion „Zentrum-Nord" waren es hingegen nur 1,83%. Landesweit war das Bruttoinvestitionsvolumen der Verarbeitenden Industrie von 1958 bis 1970 im Jahresdurchschnitt um 5,21% gewachsen und hatte sich damit bis zum Ende der Kernphase um 83,88% gesteigert.

Im Zeichen der erneuten Investitionsexpansion der Verarbeitenden Industrie stieg – dargestellt in Abbildung 2.12 – seit 1966 die Beschäftigtenzahl der Makrobranche sowohl in den Regionen Süditaliens als auch in den Regionen Nord-, Nordost-, Nordwest- und Mittelitaliens ähnlich stark an wie während der Wirtschaftswunderjahre. Der absolute Arbeitskräftezuwachs in der Makroregion „Zentrum-Nord" fiel bis 1970 mit einem Anstieg von 465.900 Beschäftigten jedoch knapp zehnmal so hoch aus wie in den Regionen des Mezzogiorno, wo noch einmal 46.800 neue Arbeitsplätze geschaffen worden sind. Der Beschäftigungsstand des Verarbeitenden Gewerbes erreichte in den zwei Makroregionen „Süd" und „Zentrum-Nord" jeweils ein neues Rekordhoch: von etwa 990.900 Arbeitskräften in Süditalien sowie von 4.819.300 Erwerbstätigen in den Regionen Nord-, Nordost-, Nordwest- und Mittelitaliens. Demzufolge übertraf die jeweilige Gesamtbeschäftigtenzahl der Verarbeitenden Industrie am Ende der Kernphase jene von 1958 um 10,3% in der Makroregion des Mezzogiorno sowie um 25,00% in der Makroregion „Zentrum-Nord".

Im landesweiten Durchschnitt führten der starke Beschäftigungszuwachs sowie die expansive Ausweitung der Bruttogesamtinvestitionen zu einem erheblichen Produktionsanstieg in der Verarbeitenden Industrie um zunächst 68,47% (bis 1963) und dann nochmals um 55,42% (bis 1970). Damit hatte sich die Produktionsleistung während der Kernphase der Nachkriegsprosperität um insgesamt 161,84% erhöht. Selbst während des Konjunkturabschwungs von 1963 bis 1965/66 konnte die Produktion dieser Makrobranche um 21,80% wachsen, so dass auch deren Bruttowertschöpfung im landesweiten Durchschnitt von 1958 bis 1970 mit einer jährlichen Wachstumsrate von 6,67% deutlich stärker angestiegen war als zwischen 1952 und 1958 (3,66%).[577]

577 Die Angaben zur Produktionsentwicklung der Verarbeitenden Industrie von 1958–1970 sind Ergebnisse eigener Berechnungen, basierend auf ISTAT (1961), Annuario 1960, Tabelle 222, S. 191 (Produktionsleistung, 1958), ISTAT (1967), Annuario 1966, Tabelle 227, S. 218 (Produktionsleistung, 1963), ISTAT (1968), Annuario 1967, Tabelle 229, S. 236 (Produktionsleistung, 1966) sowie ISTAT (1973), An-

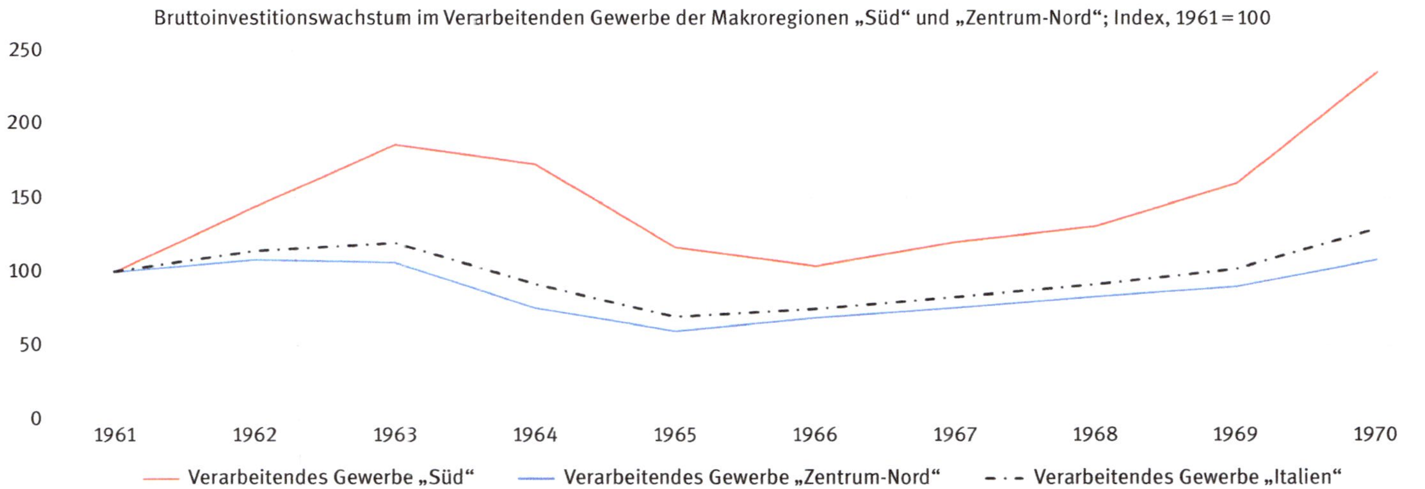

Abbildung 2.11: Entwicklung der Bruttoinvestitionen im Verarbeitenden Gewerbe in den zwei Makroregionen „Süd“ und „Zentrum-Nord“, 1961–1970; Index, 1961 = 100, in Mrd. € (2010) und in %.

Quelle: Eigene Berechnungen, basierend auf Mario Amendola und Paolo Baratta, Investimenti industriali e sviluppo dualistico, Mailand: Giuffrè (1978), Tabelle 1, S. 117 („Süd“) und Tabelle 2, S. 118 („Zentrum-Nord“).

(fortgesetzt)

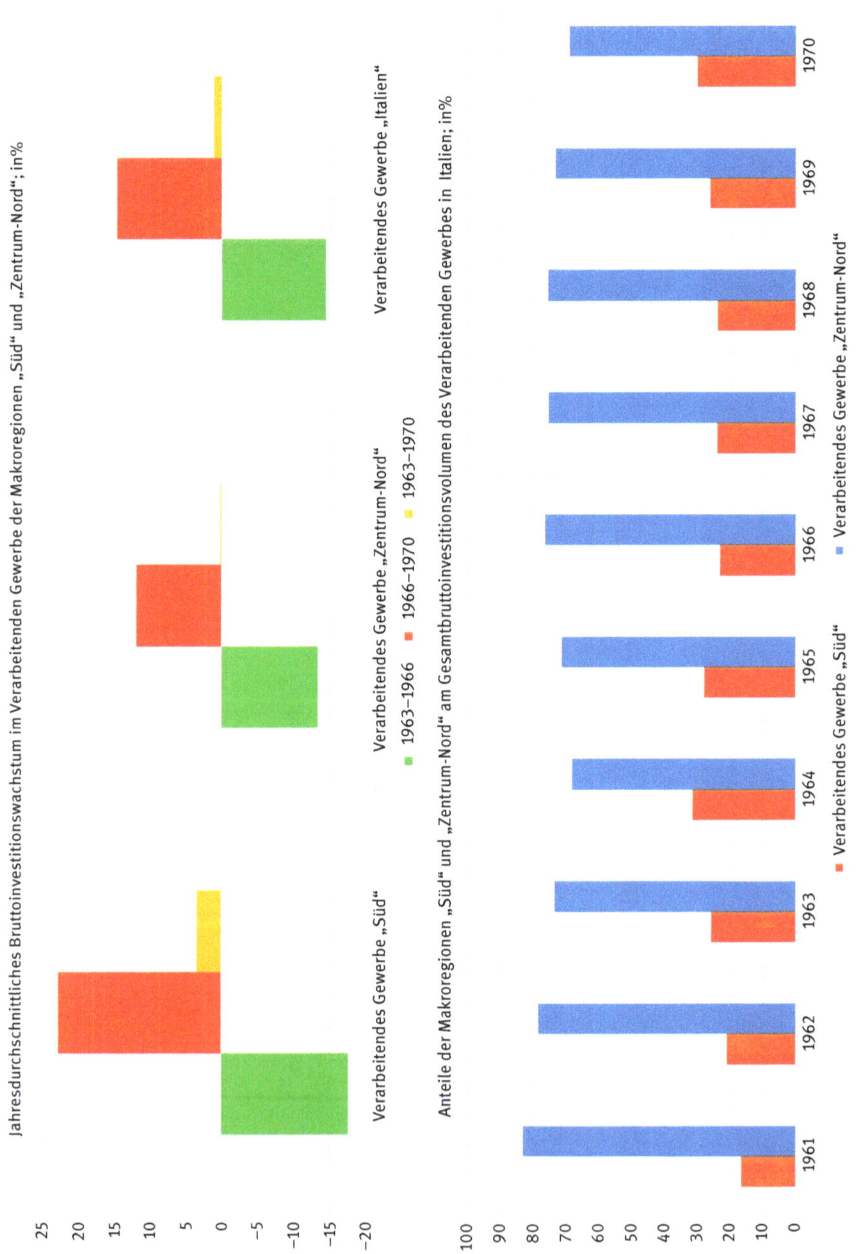

Abbildung 2.11 (Fortsetzung)

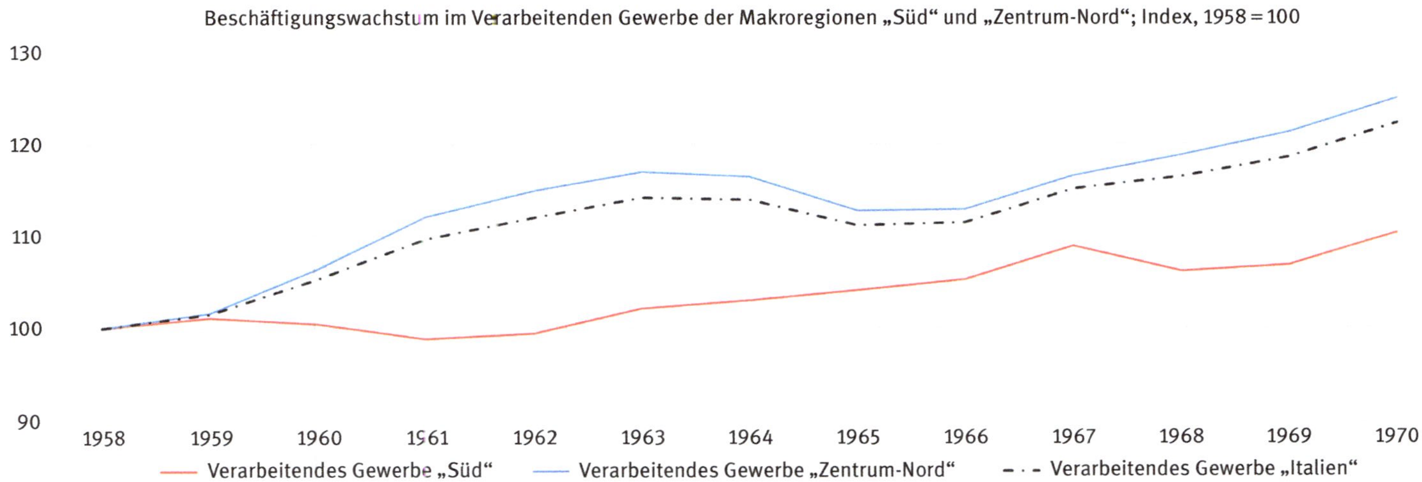

Abbildung 2.12: Entwicklung der Beschäftigtenzahl im Verarbeitenden Gewerbe in den zwei Makroregionen „Süd“ und „Zentrum-Nord“, 1958–1970; Index, 1958 = 100, in Anzahl der Erwerbspersonen und in %.

Quelle: Eigene Berechnungen, basierend auf Amendola und Baratta (1978), Investimenti industriali, Tabelle 13, S. 137f. („Süd“) und Tabelle 14, S. 139f. („Zentrum-Nord“).

(fortgesetzt)

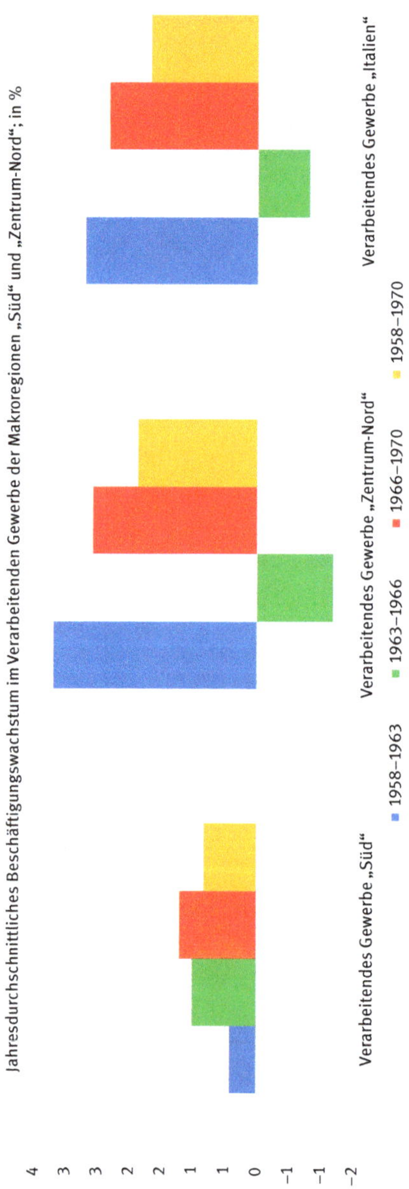

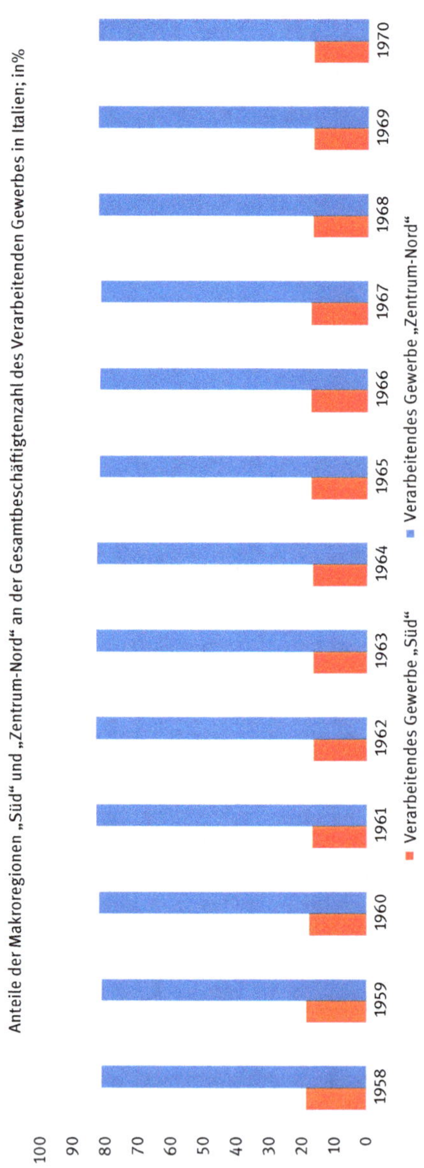

Abbildung 2.12 (Fortsetzung)

Sowohl in Süditalien als auch in den Regionen Nord-, Nordost-, Nordwest- und Mittelitaliens erhöhte sich die wertmäßige Gesamtleistung der Verarbeitenden Industrie bereits während der Wirtschaftswunderjahre enorm. In der Makroregion „Zentrum-Nord" steigerte sich die Bruttowertschöpfung jahresdurchschnittlich um 7,50% und damit etwa doppelt so schnell wie während der vorausgegangenen Aufschwungsjahre von 1952 bis 1958 (3,71%). Durch den starken Investitionsrückgang in den Jahren 1964 und 1965 verringerten sich zwar auch die wertmäßigen Jahreswirtschaftsleistungen, wenngleich mit knapp 0,57% nur marginal. Schon 1966 überstieg das entsprechende Volumen der Makroregion das Jahresniveau von 1963 um 5,97%, jenes von 1958 damit sogar um 52,07%. In Süditalien wiederum stieg die Bruttowertschöpfung des Verarbeitenden Gewerbes von 1958 bis 1966 kontinuierlich, zunächst um 5,78% während der Wirtschaftswunderjahre und anschließend – trotz des im Vergleich zum übrigen Italien gleich starken Investitionsrückgangs um etwa 44% – auch während der Krisenjahre stärker als zuvor um jahresdurchschnittlich 6,08%. Dadurch aber war das Bruttowertschöpfungsvolumen 1966 um 58,11% größer als im Jahr 1958. Von 1966 bis 1970 schließlich übertraf das jahresdurchschnittliche Bruttowertschöpfungswachstum der Verarbeitenden Industrie sowohl in der Makroregion „Zentrum-Nord" (9,19%) als auch in der Makroregion „Süd" (8,85%) die so erfolgreiche Wachstumsdynamik der Wirtschaftswunderjahre noch einmal signifikant. Im Ergebnis war die jeweilige Wirtschaftsgesamtleistung am Ende der Kernphase in den Regionen Nord-, Nordost-, Nordwest- und Mittelitaliens um 128,79% sowie in den Regionen Süditaliens um 144,04% größer als 1958 und damit letztlich um 189,99% („Zentrum-Nord") bzw. sogar um 202,49% („Süd") höher als zu Beginn der Nachkriegsprosperität im Jahr 1952.

Allerdings konnte die größte und wichtigste Makrobranche der Industriewirtschaft mit der oben aufgezeigten noch stärkeren Performance der Bauindustrie nicht Schritt halten. In der Makroregion „Zentrum-Nord" entfalteten die Branchen und Fachzweige des Verarbeitenden Gewerbes von 1958 bis 1970 zusammen insofern nur die zweitgrößte Wachstumsdynamik, übertrafen aber mit einem jahresdurchschnittlichen Anstieg von 6,64% das Entwicklungstempo der jährlichen Bruttowertschöpfungssteigerungen innerhalb der Energiewirtschaft wie auch jenes der Mineralgewinnenden Industrie, die ihre wertmäßigen Leistungen im Durchschnitt um 6,07% bzw. lediglich um 2,01% pro Jahr ausgeweitet hatten. In Süditalien wiederum war die Bruttowertschöpfung des Verarbeitenden Gewerbes im Jahresdurchschnitt von 1958 bis 1970 um 6,87% gewachsen, so dass sie damit die Dynamik in den Regionen Nord-, Nordost-, Nordwest- und Mittelitaliens sogar noch übertraf. Im intrasektoralen Vergleich der verschiedenen Makrobranchen belegten die Branchen und Fachzweige des Verarbeitenden Gewerbes zusammen dennoch nur den dritten Platz – vor der Mine-

nuario 1972, Tabelle 194, S. 220 (Produktionsleistung, 1970). Zur Bruttowertschöpfungsentwicklung, vgl. die Angaben in Abbildung 2.10.

ralgewinnenden Industrie (3,85%), aber hinter der Bauindustrie (10,22%) und der Energiewirtschaft (8,00%). Dieses Ranking schmälert deren regionalwirtschaftliche Bedeutung keineswegs. Es unterstreicht vielmehr die exzeptionelle Expansion der gesamten Industriewirtschaft in der Makroregion „Süd".

2.5 Ein Zwischenfazit

Im Kontext der Europäischen Nachkriegsprosperität und insbesondere während der Wirtschaftswunderjahre vollzog Italien den Sprung in eine moderne Industriegesellschaft. Ähnlich wie in anderen west- und mitteleuropäischen Staaten auch, war der gesellschaftliche Strukturwandel während des Untersuchungszeitraumes insofern *einerseits* durch rasante Industrialisierung und rapide Deagrarisierung bei gleichzeitiger Tertiarisierung gekennzeichnet,[578] der *andererseits* wiederum den Prägestempel nationalspezifischer – historisch verwurzelter – Erscheinungsmerkmale trug. Dieser zäsursetzende Strukturwandel stand hinsichtlich seiner industriewirtschaftlichen Dynamik und Struktureffekte im Mittelpunkt vorangehender quantitativer Analyse, die sowohl auf volks- als auch regionalwirtschaftlicher Ebene durchgeführt worden ist. Ihre wichtigsten Ergebnisse sollen als Grundlage der nachfolgenden industriepolitischen Betrachtungen noch einmal knapp zusammengefaßt werden: *Zunächst* konnte entlang relevanter ökonomischer Indikatoren gezeigt werden, dass Italien nach Abschluß der Wiederaufbauphase zwischen 1952 und 1975 ein in dieser Intensität historisch einzigartiges Wachstum erlebte, dessen Motor und Träger der sekundäre Sektor war. Aufgrund der exzeptionellen Dynamik der industriewirtschaftlichen Entwicklung, die ab 1958 eine Beschleunigung erfuhr und sich nach der ersten Nachkriegsrezession von 1963–1965/66 sogar noch einmal verstärkte, verlor der primäre Sektor seine bis zu diesem Zeitpunkt die Beschäftigungsstruktur und Wertschöpfung der Volkswirtschaft dominierende Bedeutung – Italien hatte sich endgültig zu einem „vollgültigen Industriestaat" (Hertner) gewandelt. Dennoch hatten das industriewirtschaftliche Wachstum sowie der Strukturwandel – so ein *zweites* Ergebnis – nicht alle Regionen des Landes gleichermaßen verändert, trotz überdurchschnittlicher Dynamik im bislang unterentwickelten Mezzogiorno. Auch am Ende der Nachkriegsprosperität war Italien insofern durch regionale Disparitäten in Gestalt eines nach wie vor vorhandenen, wenngleich verringerten Nord-Süd-Gefälles mit erheblichen sozioökonomischen, politischen und soziokulturellen Folgewirkungen bestimmt. *Drittens*, führte die Expansion des sekundären Sektors zu einer die Arbeitslosigkeit erheblich reduzierenden, die Einkommen erhöhenden Erweiterung und Modernisierung bestehender Produktionskapazitäten. Italien konnte auf diese Weise nicht nur das traditionelle

578 Vgl. Ambrosius und Kaelble (1992), Einleitung, S. 12f.

Wohlstandsgefälle, sondern auch den Modernisierungsrückstand gegenüber seinen westlichen und nördlichen Nachbarn zwar nicht gänzlich überwinden, dennoch aber erheblich abbauen. Am Ende der *ersten* Subperiode der Nachkriegsprosperität (1952–1963) war Italien zur achtstärksten Volkswirtschaft der Welt aufgestiegen, in der nicht mehr die Produktion industrieller Güter eher niedriger Fertigungsstufen vorherrschend war, sondern überwiegend qualitativ höher- und hochwertige Waren gehobener Fertigungsstufen produziert wurden, auch für den Konsumbereich. Italien hatte sich vor allem mit Entfaltung des legendären *miracolo economico* in eine moderne Konsumgesellschaft verwandelt, die sich während der *zweiten* Subperiode der langen Wachstumsphase (1963–1975) immer stärker ausdifferenziert hat. *Viertens*, richtete sich die Industrieproduktion im Zuge der fortschreitenden innereuropäischen und internationalen Handelsliberalisierung immer stärker auf das zunehmend an Bedeutung gewinnende Auslandsgeschäft aus, das sich noch dynamischer entwickelte als der florierende Binnenmarkt. Dadurch erhöhten sich sowohl der Anteil der Industrieexporte an der Außenhandelsstruktur der italienischen Volkswirtschaft als auch der Exportanteil an der industriellen Bruttowertschöpfung beträchtlich – schon am Ende des Wirtschaftswunders hatte sich Italien zur weltweit siebtstärksten Exportnation emporgearbeitet. Auf der Branchenebene wiederum entfalteten, *fünftens*, innerhalb der Industriewirtschaft die modernen, eher kapital- und technologieintensiven Branchen während der gesamten langen Wachstumsphase seit Beginn der 1950er Jahre eine deutlich stärkere Dynamik als die traditionellen, eher arbeitsintensiven Branchen.[579] Durch die erfolgreichere Gesamtperformance der modernen Branchen veränderte sich die intrasektorale Beschäftigungs-, Investitions- und Bruttowertschöpfungsstruktur der Industriewirtschaft so stark und nachhaltig, dass die in der Wirtschaftsgeschichte Italiens bislang vorhandene Dominanz der traditionellen Branchen am Ende der Nachkriegsprosperität vollständig aufgelöst war. Doch gab es, *siebtens*, hinsichtlich des vorherrschenden

579 Vgl. hierzu auch die Ausführungen in Kapitel IV. Innerhalb der Verarbeitenden Industrie werden die Textil- Bekleidungs- und Schuhindustrie, die Lederindustrie, die Lebensmittel- und Tabakindustrie, die nichtmetallische Baustoffindustrie, die Holz- und Möbelindustrie, die Papierindustrie, das Druckereigewerbe sowie verschiedene kleinere Fachzweige wie zum Beispiel die Musikinstrumente- oder Lampenfabrikation als „traditionelle Branchen“ zusammengefaßt. Charakteristisch für diese Branchen waren eine starke Dominanz kleiner und mittelständischer Unternehmen, eine eher geringe Kapitalintensität, eine eher hohe Arbeitsintensität, niedrige Produktivität sowie ein relativ geringer Technologisierungsgrad des Produktionsprozesses. Den „traditionellen Branchen“ werden die metallurgische Industrie, die Maschinen-, Schiff-, Fahr- und Flugzeugbauindustrie sowie die Chemie- und Kunststoffindustrie als „moderne Branchen“ gegenübergestellt, in denen die Leistungsanteile der größeren und großen Unternehmen an der Branchengesamtperformance dominieren und eine eher hohe Kapitalintensität, eine eher hohe Arbeitsproduktivität, hohe Skalenerträge sowie ein relativ hoher Diffusionsgrad moderner Technologien die Wesensmerkmale bildeten. Vgl. Rafalski (1984), Italienischer Faschismus, S. 91ff. oder auch Stephanie Tilly, Arbeit – Macht – Markt. Industrieller Arbeitsmarkt 1900–1929. Deutschland und Italien im Vergleich, Berlin: Akademie Verlag (2006), S. 35ff.

Trends von Technologisierung und Exportorientierung der industriewirtschaftlichen Produktion gewisse Abweichungen: Sowohl für den Straßen- und Wohnungsbau als auch – wie noch zu zeigen sein wird – für Komplementärindustrien wie der nichtmetallischen Baustoffindustrie besaß das Auslandsgeschäft keine bzw. kaum eine Relevanz, und auch der Technologisierungsgrad der Produktion war im Vergleich mit den modernen Branchen deutlich niedriger. Ungeachtet dessen steigerten die Bau- und Baustoffindustrie ihre Gesamtperformance überdurchschnittlich. Durch den massiven Auf- und Ausbau der baulichen Infrastruktur(en) des Landes leisteten sie einen erheblichen Beitrag sowohl zur Modernisierung der Industriestruktur als auch zur Dynamisierung der sektoralen und gesamtwirtschaftlichen Entwicklung. Die Straßen- und Wohnungsbauindustrie verzeichnete im Rahmen verschiedener staatlich finanzierter Wohnungsbauprogramme und Infrastrukturprojekte ein explosives Wachstum, und die nichtmetallische Baustoffindustrie wiederum, die wie kein anderer Industriezweig vom anhaltenden Bauboom seit Beginn der 1950er Jahre profitierte, entfaltete ebenfalls eine beeindruckende Performance. Damit aber konzentrierte sich, *achtens*, das überdurchschnittliche Wachstum zuallerst auf jene Branchen, die bereits während der Wiederaufbauphase im Rahmen der verschiedenen struktur- und industriepolitischen Maßnahmen zwecks Wiederankurbelung und Stabilisierung der industriewirtschaftlichen Entwicklung vom Staat gefördert worden sind und deren Förderung auch weiterhin das wichtigste Ziel der Industriepolitik bildete.

Da die Industriepolitik offensichtlich erfolgreich war, soll im Folgenden die Auskonturierung des während der Rekonstruktionsphase erst in Ansätzen erfolgten Paradigmenwechsels – hin zu einer dirigistischen und entwicklungsökonomisch ausgerichteten Industriepolitik – näher betrachtet werden.

Kapitel 3
Wandel der Industriepolitik – Genese und Institutionalisierung der *Programmazione Economica Organica* im Spannungsfeld von ungleichmäßiger Industrieexpansion und politischen Zäsuren

Die langanhaltende kräftige Nachkriegsprosperität in Italien war letztlich das Ergebnis zahlreicher, ganz verschiedener nationaler und internationaler – sozioökonomischer, technologischer, institutionell-politischer sowie soziokultureller – Bedingungs- und Bestimmungsfaktoren. Die Frage, welchen Beitrag die einzelnen wirtschaftspolitischen Maßnahmen und Reformen der jeweilgen Regierungen im Allgemeinen und die staatliche Industriepolitik im Besonderen zur Entfaltung, Dynamisierung sowie Stabilisierung des außerordentlichen Wachstums bis 1974/75 leisteten, läßt sich im Rahmen nur einer Untersuchung kaum beantworten. Fest steht lediglich, dass der sekundäre Sektor Träger und Motor der damaligen Prosperität war und dieser noch stärker als während der Rekonstruktionsphase durch direkte staatliche Interventionen gesteuert worden ist. Bevor im nachfolgenden Kapitel IV die wichtigsten industriepolitischen Maßnahmen in ihrer Praxisrelevanz am Beispiel der staatlichen Südförderung aufgezeigt und problematisiert werden wird, geht es zunächst um die Analyse von Genese und Implementierung dirigistischer Wirtschaftspolitik. Beide Prozesse verliefen keineswegs geradlinig. Stattdessen durchliefen sie verschiedene Metamorphosen, die in direktem Zusammenhang mit dem Aufstieg reformorientierter Wirtschaftsplanung standen. Zusammen mit der staatlichen Förderung des rückständigen Mezzogiorno, avancierte die industriepolitische Leitidee einer entwicklungsökonomisch überformten Wirtschaftsplanung zum zentralen Paradigma italienischer Wirtschaftspolitik, das mit der Institutionalisierung der *Programmazione Economica Organica* allerdings erst Mitte der 1960er Jahre seinen praktischen Niederschlag fand. Konzeptioneller Ausgangspunkt bildete das im Dezember 1954 offiziell vorgestellte *Schema di sviluppo dell'occupazione e del reddito in Italia nel decennio 1955–1964.*[580] Der unter dem Namen seines Verfassers, Ezio Vanoni, bekannt gewordene Entwurf eines Zehn-Jahres-Entwicklungsplans zur Förderung von Einkommen und Beschäftigung nahm nahezu alle wichtigen Zielsetzungen und Instrumente der seit 1967 auch gesetzlich sanktionierten staatlichen Wirtschaftsplanung vorweg. Das *Schema Vanoni* soll deshalb in einem ersten Unterabschnitt in seinen wichtigsten Eckpunkten vorgestellt und diskutiert werden.

---

580 Vgl. Ministero del bilancio, Schema di sviluppo dell'occupazione e del reddito in Italia nel decennio 1955–1964, unveröffentlicht (Januar 1955), abgedruckt in: Presidenza del Consiglio dei Ministri (Hg.), Documenti sul Programma di sviluppo economico, Rom: Istituto Poligrafico dello Stato (1957), S. 37–139.

https://doi.org/10.1515/9783110684223-004

3.1 Geplanter Wohlstand für Italien – Das *Schema Vanoni*

3.1.1 Planung im Zeichen der Selbstkritik – Saracenos Plädoyer für eine Reform der staatlichen Sondergesetzgebung für Süditalien auf dem Studienkonvent der *Cassa per il Mezzogiorno* im November 1953

Die Idee für ein längerfristig ausgerichtetes, gesamtwirtschaftliches Entwicklungsprogramm wurde im institutionellen Rahmen der SVIMEZ konzeptionell ausgearbeitet und von Pasquale Saraceno Anfang November 1953 auf der zweiten Jahresstudientagung der *Cassa per il Mezzogiorno* in Neapel zum Thema „Industrialisierung und Berufsausbildung im Mezzogiorno" erstmals offiziell vorgestellt.[581] Im Zentrum seiner Rede stand die Frage nach dem bisherigen Erfolg staatlicher Förderpolitik, wie sie für Süditalien mit der Gründung der *Cassa per il Mezzogiorno* institutionalisiert worden war.[582] Nachdem er die Maßnahmen der *Cassa* skizziert hatte, präsentierte Saraceno einen kurzen, regional und sektoral differenzierten Überblick zur gesamtwirtschaftlichen Entwicklung Italiens seit 1950, die seines Erachtens als Resultat der eingeleiteten staatlichen Reformpolitik (Agrarreform, Steuerreform, Südförderung), vor allem aber dank der ausländischen Finanzhilfen von einem deutlichen Aufwärtstrend gekennzeichnet war. Die größte sektorale Dynamik verzeichnete demnach die Industriewirtschaft, deren prozentuale Wertschöpfungs- und Beschäftigungsanteile in den Regionen des Mezzogiorno allerdings deutlich geringer waren als in den anderen Landesteilen. Immerhin hätte sich das ökonomische Entwicklungsgefälle zwischen Nord- und Süditalien aufgrund der deutlichen Agrarproduktionssteigerungen im Rahmen der von der *Cassa* durchgeführten Fördermaßnahmen in den Jahren 1952 und 1953 sowie erster Erfolge der in Süditalien operierenden staatlichen Industrieunternehmen leicht verringert. Doch wären die Rückständigkeiten des Mezzogiorno gegenüber dem

581 Vgl. Pasquale Saraceno, Necessità e prospettive dello sviluppo industriale nelle regioni meridionali, in relazione all'opera della Cassa per il Mezzogiorno, Relazione di Pasquale Saraceno al II Convegno della Cassa per il Mezzogiorno (Napoli, 4–5 novembre 1953) su „L'industrializzazione e l' istruzione professionale nel Mezzogiorno", in: Cassa per le opere straordinarie di pubblico interesse nell'Italia meridionale, Atti del Convegno di Napoli (3–4 novembre 1953), abgedruckt in: Manin Carabba (Hg.), Mezzogiorno e programmazione, Mailand: Giuffrè (1980), S. 103–140.

582 Für einen zusammenfassenden Überblick über die von der *Cassa per il Mezzogiorno* implementierten Maßnahmen während der ersten Jahre nach ihrer Gründung, vgl. International Bank for Reconstruction and Development, Department of Operations. Europe, Africa and Australasia, Cassa per il Mezzogiorno and the Economic Development of Southern Italy, May 20, 1955, S. 5ff. http://win.svimez.info/cassa/materiali/1.%20Rapporti%20interni%20IBRD/1955%20-%20(B)%20Cassa%20per%20il%20Mezzogiorno.pdf (besucht am 15.03.2016). Ansonsten, vgl. Emanuele Felice und Amedeo Lepore, State intervention and economic growth in Southern Italy: the rise and fall of the Cassa per il Mezzogiorno (1950–1986), in: MPRA Paper Series, n. 69466 (2016), S. 15f. Zur staatlichen Finanzierung der Maßnahmen, vgl. SVIMEZ (2011), Nord e Sud, Tabelle 3, S. 1029 sowie Tabellen 8 und 9, S. 1038f.

Rest des Landes weiterhin enorm: Nur 12,3% der landesweiten Privatinvestitionen wurden – so Saraceno – in Süditalien getätigt, und trotz der erheblichen Ausweitung der staatlichen Fördergelder, die 1952 fast 58% des gesamten Investitionsvolumens der Region ausmachten, erwirtschaftete der Mezzogiorno nur 20,3% des nationalen BIP. Damit aber erreichte das regionale Pro-Kopf-Einkommen nur 63,6% des landesweiten Durchschnittseinkommens, und auch das durchschnittliche Lohnniveau wäre immer noch erheblich geringer, die Arbeitslosigkeit aber gleichzeitig weitaus höher als im übrigen Italien.[583]

„Kern des Problems“[584] bildete für Saraceno vor allem der gravierende Industrialisierungsrückstand der Regionen Süditaliens. Er würde, „das Haupthemmnis (…) der wirtschaftlichen Entwicklung im Mezzogiorno darstellen bzw. sogar seinen wirtschaftlichen Niedergang immer weiter beschleunigen (…).“[585] Dadurch wiederum würde sich aber – so seine Sorge – die Schere zwischen den verschiedenen Makroregionen Italiens immer weiter öffnen, da die Regionen mit einem höheren Industrialisierungsgrad, einem höherem Investitionsaufkommen, höherem Kapitalbestand und höherem Durchschnittseinkommen höhere Produktionssteigerungen erzielen und demzufolge wiederum erneut stärker wachsen würden als die weniger industrialisierten Regionen, um erneut mehr Kapital zu akkumulieren usw.[586] Die einzige Möglichkeit, diesen Teufelskreis zu durchbrechen – so Saraceno weiter –, würde seines Erachtens in einer über einen längeren Zeitraum hinweg staatlich forcierten und subventionierten Kapitalakkumulation liegen, um mittel- und längerfristig einen „autopropulsiven“ Industrialisierungsprozess mit intersektoraler Breitenwirkung und damit ein sich selbst tragendes Wachstum in den Entwicklungsregionen des Mezzogiorno zu generieren.[587]

583 Vgl. Saraceno (1953), Sviluppo industriale nelle regioni meridionali, S. 110 ff. sowie Tabellen 1, 2 und 3, S. 126 f.

584 Ebd., S. 116.

585 Ebd. 103. Der von Saraceno konstatierte Industrialisierungsrückstand der Regionen des Mezzogiorno gegenüber den anderen Landesteilen wurde von ihm in seiner Rede auf dem Studienkonvent der *Cassa per il Mezzogiorno* weder näher erklärt noch mit empirischen Ergebnissen zur regionalen Beschäftigungs-, Investitions- und Wertschöpfungsstruktur belegt. Es ist davon auszugehen, dass ihm zum damaligen Zeitpunkt keine validen, sektoral differenzierten statistischen Erhebungen zur regionalen Wirtschaftsstruktur vorlagen. Die ersten umfassenden Datenerhebungen zur Wirtschaftsstruktur in den verschiedenen Regionen und Makroregionen Italiens sind erst seit Anfang 1954 vom ISTAT in Zusammenarbeit mit der SVIMEZ und der *Cassa per il Mezzogiorno* durchgeführt worden. Die Durchführung dieser Arbeiten wurde am 04. November 1953 zum Abschluß der Studientagung zwischen Francesco Giordani (SVIMEZ, Präsident), Alessandro Molinari (SVIMEZ, Generaldirektor) und Pietro Campilli (Minister für die Entwicklung des Mezzogiorno) vereinbart. Vgl. Galisi (2014), Intervento straordinario, S. 83. Wie in Kapitel II gezeigt werden konnte, bestätigen die nachträglich durchgeführten und seitdem kontinuierlich aktualisierten statistischen Erhebungen der SVIMEZ und des ISTAT allerdings eindeutig den von Saraceno konstatierten Industrialisierungsrückstand der süditalienischen Regionen gegenüber dem Rest des Landes.

586 Vgl. Saraceno (1953), Sviluppo industriale nelle regioni meridionali, S. 108 f. und S. 118.

587 Vgl. ebd., S. 105, S. 113 und S. 117.

Diese industriepolitischen Überlegungen Saracenos waren, für sich genommen, nicht neu. Sie lassen sich sowohl in seinen wirtschaftswissenschaftlichen Publikationen als auch und vor allem im Zusammenhang mit seinen vielfachen politischen Beratertätigkeiten zurückverfolgen – sei es in der Gründungsphase der SVIMEZ, sei es bei der Ausarbeitung des *Programma a lungo termine* zum Erhalt der US-amerikanischen Finanzhilfen im Rahmen des Marshall-Plans oder sei es bei der strategischen Neuausrichtung der staatlichen Südpolitik durch die Gründung der *Cassa per il Mezzogiorno*. Der von Saraceno bereits unmittelbar nach Kriegsende erstmals vorgestellte und seitdem gemeinsam mit anderen SVIMEZ-Mitarbeitern kontinuierlich weiterentwickelte industriepolitische Lösungsansatz zur Überwindung des Nord-Süd-Gefälles wurde zwar mittlerweile auch auf Regierungsebene von einigen Ministern, vor allem von Ezio Vanoni (erst Finanz-, dann Haushaltsministerium) wie auch von Amintore Fanfani (erst Landwirtschafts-, dann Innenminsterium, später Ministerpräsident) offen unterstützt. Auch fand er darüber hinaus im linken Parteienflügel der DC, die seit 1948 die Wirtschaftspolitik der Regierung(en) De Gasperi maßgeblich bestimmte, immer mehr Anklang. In der praktischen Wirtschaftspolitik hingegen hatte sich Saraceno mit seinen Forderungen bis zur Gründung der *Cassa* im Herbst 1950 gar nicht und danach nur partiell durchsetzen können. Selbst im Zusammenhang mit der strategischen Ausarbeitung des ursprünglich auf zehn Jahre projektierten Investitionsprogramms der staatlichen Entwicklungsagentur fand der industriepolitische Ansatz Saracenos zunächst nur einen theoretischen Niederschlag.[588] Obwohl eine staatliche Industrieförderung in Süditalien durchaus als notwendig erachtet wurde, sollten vorerst nur die Vorbedingungen einer zukünftigen Industrialisierung geschaffen werden. Konkrete industriepolitische Maßnahmen, die über den Wiederaufbau von Produktionsanlagen staatlicher Industrieunternehmen hinausgingen, wurden insofern auf einen späteren Zeitpunkt verschoben.[589]

Seit Frühjahr 1952 war es im Rahmen der staatlichen Sondergesetzgebung für Süditalien allerdings zu drei wichtigen gesetzlichen Neuerungen gekommen, die es – wie Saraceno später in einem Interview zusammenfaßte – der *Cassa* erlauben sollten, nicht nur Agrar-, Tourismus- und Infrastrukturprojekte zu fördern, sondern zukünftig auch verstärkt Industrieprojekte direkt zu finanzieren und zu koordinieren, „um dadurch alle Möglichkeiten zur Einleitung eines nachhaltigen Industrialisierungsschubes voll

---

588 Zum Investitionsprogramm der *Cassa per il Mezzogiorno* für die Jahre 1950–1960, vgl. International Bank for Reconstruction and Development (1955), Cassa per il Mezzogiorno, S. 2ff. Ansonsten, vgl. Margaret Carlyle, The Awakening of Southern Italy, London: Oxford University Press (1962), S. 138ff.

589 Vgl., zusätzlich zu der in Kapitel I, Abschnitt 2.2.3 aufgeführten Literatur, Amedeo Lepore, Cassa per il Mezzogiorno e politiche per lo sviluppo, in: Andrea Leonardi (Hg.), Istituzioni ed economia, Bari: Cacucci (2011), S. 139f.

auzuschöpfen“[590]: *Erstens*, wurde am 22. März 1952 ein Gesetz über die Vergabe zusätzlicher Finanzmittel an die *Cassa* für den Auf- und Ausbau industrieller Infrastrukturen (Schienennetz, Bahnhöfe, Schnellstraßen, Hafenanlagen, etc.) verabschiedet, das der staatlichen Entwicklungsagentur für Süditalien den Gegenwert der im Oktober des Vorjahres von der IBRD erhaltenen ersten zwei Kreditzahlungen in Höhe von jeweils 10 Mio. US $, umgerechnet zusammen etwa 12,5 Mrd. Lire,[591] zusätzlich zu der im Gründungsgesetz der *Cassa* festgelegten finanziellen Ausstattung zur Verfügung stellte.[592] *Zweitens*, wurde am 25. Juli 1952 im Rahmen einer umfassenden – speziell den KMU-Bereich fokussierenden – Reformgesetzgebung zur landesweiten Industrieförderung durch die Gründung des *Istituto centrale di credito a medio termine alle medie e piccole imprese* (nachfolgend *Mediocredito*) auch die finanzielle Ausstattung der staatlichen Entwicklungsagentur für Süditalien noch einmal um weitere 210 Mrd. Lire erhöht. Darüber hinaus wurde die *Cassa* verpflichtet, in Zukunft anteilig mehr Gelder in den Auf- und Ausbau industrieller Infrastrukturen (+5,9%) zu investieren, die im gleichen Umfang nicht mehr für Agrarinvestitionen zur Verfügung standen.[593] Die zusätzlichen Infrastrukturinvestitionen sollten dabei konkret für den Auf- und Ausbau des regionalen Schienennetzes verwendet werden.[594] *Drittens* schließlich, wurde am 11. April 1953 ein Gesetz über die Reorganisation der staatlichen Regionalkreditinstitute ISVEIMER (Mezzogiorno, Festland) und IRFIS (Sizilien) sowie die Gründung des CIS (Sardinien) zur Kreditfinanzierung für kleine und mittelständische Industrieunternehmen in Süditalien verabschiedet. Das Gesetz gewährte der *Cassa* ein Vorzugsrecht zum Erhalt der subventionierten Kredite – der sog. *crediti a tasso agevolato* – und war darauf ausgerichtet, ausgewählte Industrieunternehmen zur Umsetzung der von der *Cassa* ausgearbeiteten und koordinierten Industrieprojekte gezielt zu fördern. Ziel war es, den Aufbau lokaler Industriestrukturen in den süditalienischen Regionen bereits in den folgenden Jahren zu forcieren.[595]

---

590 Pasquale Saraceno, La funzione della Cassa nella rinascita del Sud, S. 3, in: Archivio Storico SVIMEZ, Serie 3, Ricerche e studi, Unità Archivistica 17, Cassa per il Mezzogiorno (Campilli), Osservazioni e materiale vario, busta 83, fasc. 1, Note, appunti, bozze di articoli e discorsi relativi alla Cassa del Mezzogiorno, Appunti sulle conversazioni alla Rai sul tema: “La Cassa per il Mezzogiorno a metà strada”, Bozza discorso Saraceno, S. 26.

591 Vgl. Costantino Formica, Evoluzione del sistema degli incentivi finanziari a sostegno della ricerca e innovazione per le piccole e medie imprese del Mezzogiorno, Neapel: Giapeto (2015), Tabelle 1, S. 46.

592 Vgl. Legge 22 Marzo 1952, n. 166, Istituzione di un Comitato esecutivo della Cassa per il Mezzogiorno e nuove norme per i prestiti esteri, in: Gazzetta Ufficiale della Repubblica Italiana, Serie generale, n. 77 (31.03.1952), Rom: Istituto Poligrafico dello Stato (1953).

593 Vgl. Legge 25 luglio 1952, n. 949, Provvedimenti per lo sviluppo dell’economia e incremento dell’occupazione, in: Gazzetta Ufficiale della Repubblica Italiana, Serie generale, n. 174 (29.07.1952), Rom: Istituto Poligrafico dello Stato (1952), Art. 1, S. 1.

594 Vgl. International Bank for Reconstruction and Development (1955), Cassa per il Mezzogiorno, S. 3 sowie Lepore und Felice (2016), State intervention, S. 16.

595 Vgl. Legge 11 aprile 1953, n. 298, Sviluppo dell’attivita’ creditizia nel campo industriale nell’Italia meridionale ed insulare, in: Gazzetta Ufficiale della Repubblica Italiana, Serie generale, n. 102

Mit diesen drei Gesetzen wurde „die Industrialisierung (...) der Regionen des Mezzogiorno“[596] erstmalig sanktioniert und die „Industrialisierungsfunktion der *Cassa*“[597] damit gewissermaßen nicht nur öffentlich akzeptiert, sondern zugleich auch institutionalisiert.[598] Die unmittelbaren praktischen Folgewirkungen waren jedoch zunächst wenig erfolgreich: So war die im März 1952 verabschiedete erste Kapitalerhöhung in Höhe des Gegenwerts der IBRD-Kredite angesichts der enormen, im Investitionsprogramm der *Cassa* von 1950 zunächst auf 90 Mrd. Lire, später dann aber deutlich höher – auf 260 Mrd. Lire – veranschlagten Kosten für den Auf- und Ausbau industrieller Infrastrukturen eher (zu) gering.[599] Außerdem bewirkte die im Juli 1952 sanktionierte zweite Kapitalerhöhung der Südkasse *de facto* gar keine Aufstockung der jährlich verfügbaren Finanzmittel, da mit der Verabschiedung des Gesetzes über die *Provvedimenti per lo sviluppo dell'economia e incremento dell'occupazione* die urprünglich im Gründungsdekret der *Cassa* festgeschriebene zehnjährige Laufzeit der Südkasse auf insgesamt zwölf Jahre bis Ende 1962 verlängert wurde und die zusätzliche Ausstattung in Höhe von 210 Mrd. Lire erst für die zwei Geschäftsjahre 1960–1962 bereitgestellt werden sollte.[600] Darüber hinaus befand sich der durch die beschlossene Investitionsverschiebung zugunsten von Infrastrukturprojekten ermöglichte Auf- und Ausbau des regionalen Schienennetzes durch die *Cassa* im Herbst 1953 noch immer in der Planungsphase, und erst im Verlauf des folgenden Jahres sollte mit umfangreichen Gleisbauarbeiten und der (Neu)Errichtung von Bahnhöfen begonnen werden.[601] Schließlich nahm die im April 1953 gesetzlich sanktionierte Neuausrichtung der industriellen Industriefinanzierung durch die Reorganisation des ISVEIMER und des IRFIS sowie die Gründung des CIS mehr Zeit in Anspruch als anfangs angenommen. Bis Ende 1954 sollte es dauern, bis das ISVEIMER und das IRFIS ihre Geschäftstätigkeiten im vollen Umfang aufnehmen konnten. Das CIS eröffnete ihren Geschäftsbetrieb sogar erst ein weiteres Jahr später.[602] Demzufolge blieben die bis Herbst 1953 von der *Cassa* eingeleiteten Fördermaßnahmen,

(05.05.1953), Rom: Istituto Poligrafico dello Stato (1953). Die Dotationsfonds der drei Regionalkreditinstitute waren zu 40% von der *Cassa* finanziert, die dadurch wiederum berechtigt war, zu bestimmten, für jedes der drei Institute gesondert festgelegten Quoten die zinsvergünstigten Kredite an ausgewählte Unternehmen zu vergeben: 61% der ISVEIMER Kredite für das süditalienische Festland, 29% der IRFIS Kredite für Sizilien sowie 10% der CIS Kredite für Sardinien. Vgl. ebd., Art. 20, S. 11.

596 Legge 22 Marzo 1952, Istituzione di un Comitato esecutivo della Cassa, Art. 2, S. 1.

597 Luca Bussotti, Studi sul Mezzogiorno repubblicano. Storia politica ed analisi sociologica, Soveria Mannelli: Rubbettino (2003), S. 127.

598 Vgl. International Bank for Reconstruction and Development (1955), Cassa per il Mezzogiorno, S. 4.

599 Zu den Investitionsprogrammen der *Cassa per il Mezzogiorno* von 1950 und 1959, vgl. Carlyle (1962), The Awakening, S. 140 sowie Lepore (2011), Cassa per il Mezzogiorno, S. 142ff.

600 Vgl. Legge 25 luglio 1952, Provvedimenti, Art. 2, S. 2.

601 Vgl. Lepore und Felice (2016), State intervention, Tabelle 2, S. 52.

602 Vgl. Sergio Barzanti, The Underdeveloped Areas Within the Common Market, Princeton: Princeton University Press (1965), S. 116.

trotz der drei gesetzlichen Neuerungen, auch weiterhin nahezu ausschließlich auf den Agrarbereich und den Straßenbau begrenzt. Seit 1950 waren lediglich 14 Industrieunternehmungen von der *Cassa* durch staatliche Gelder in Höhe von 1,24 Mrd. Lire finanziert worden, was einem Anteil an den Gesamtinvestitionen der Südkasse von weniger als einem Prozent (0,63%) entsprach.[603] Die bislang durch die staatlich finanzierten Maßnahmen der *Cassa* erzielten Industrialisierungserfolge in Süditalien waren dementsprechend marginal.

In offener Selbstkritik bewertete Saraceno, immerhin einer der Hauptverantwortungsträger für die strategische Ausrichtung der staatlichen Interventions- und Investitionspolitik im Rahmen der Sondergesetzgebung für Süditalien, die nach der Gründung der *Cassa per il Mezzogiorno* bereits eingeleiteten wie auch die bis Ende 1962 projektierten staatlichen Maßnahmen daher als nicht ausreichend. Die ursprüngliche – im Zusammenhang mit der Verteilung der ERP-Hilfen entwickelte – industriepolitische Idee, der *Cassa* von Regierungsseite die erforderlichen Finanzmittel zur Koordination und Umsetzung der geplanten Maßnahmen zur Verfügung zu stellen, um die notwendigen Vorbedingungen für die nachfolgende Industrialisierungphase zu schaffen, sollte seines Erachtens dementsprechend revidiert werden. Nunmehr – also drei Jahre später – plädierte er für eine grundlegende Modifizierung und Ausweitung der staatlichen Südförderung.[604]

Konkret forderte Saraceno, dass die betreffenden öffentlichen Maßnahmen zur Agrarförderung, zum Auf- und Ausbau der technischen und sozialen Infrastruktur etc. zwar weiter von der *Cassa* gesteuert werden sollten, nicht zuletzt deshalb, weil die dafür erforderlichen Finanzmittel schon freigegeben und teilweise bereits ausgezahlt worden waren.[605] Gleichzeitig aber gelte es, in konzertierter Aktion der *Cassa*, der staatlichen Industrieunternehmen und der staatlichen Industriefinanzierungsinstitute den ursprünglich für einen späteren Zeitpunkt projektierten Industrialisierungsschub für den Mezzogiorno umgehend durch massive staatliche Direktinvestitionen im Industriebereich und zusätzliche Investitionsanreize für die Privatwirtschaft auf den Weg zu bringen: „Um die Probleme des Mezzogiorno zu lösen, genügt nicht allein ein umfassendes Maßnahmenpaket von öffentlichen Infrastrukturarbeiten, um dadurch analoge Arbeits- und Wirtschaftsbedingungen wie in den anderen wenn

603 Vgl. Stefano Mangullo, Dal fascio allo scudo crociato. Cassa per il Mezzogiorno, politica e lotte sociali nell'Agro Pontino (1944–1961), Mailand: FrancoAngeli (2015), S. 90.

604 Vgl. Saraceno (1953), Sviluppo industriale nelle regioni meridionali, S. 122ff.

605 Insgesamt wurden der *Cassa per il Mezzogiorno* während der ersten drei Jahre nach ihrer Gründung bereits 280 Mrd. Lire zur Verfügung gestellt. Für das laufende Jahr sollten weitere 90 Mrd. Lire ausgezahlt werden. Vgl. Legge 10 agosto 1950, Istituzione della Cassa, Art. 10, S. 4f. Bis Anfang November 1953 hatte die *Cassa* davon allerdings erst weniger als 195 Mrd. Lire für Landgewinnungs- (65,6%), Agrarförder- (11,4%), Infrastruktur- (22%) und andere Projekte (1%) ausgegeben sowie etwa 5 Mrd. Lire für Lohnzahlungen für die eigenen Mitarbeiter und Mietzahlungen. Vgl. SVIMEZ (2011), Nord e Sud, Tabelle A1, S. 1025 und Tabelle A3, S. 1029 sowie Felice und Lepore (2016), State intervention, Tabelle 2, S. 32.

nicht gleichzeitig Landesteilen zu kreieren. Auch genügt nicht die verstärkte Ausweitung staatlicher Direktinvestitionen im primären Sektor (...) oder eine wie auch immer geartete staatliche Unterstützung zur verstärkten Abwanderung aus Süditalien; stattdessen gilt es eben auch – ja sogar vor allem – parallel einen nachhaltigen Industrialisierungsprozess zu forcieren. (...) Die Industrialisierung Süditaliens ist kein Prozeß, der erst eingeleitet werden kann, *nachdem* vergleichbare Standortfaktoren wie in den höher- und hochindustrialisierten Regionen des Landes geschaffen worden sind, (...) von denen der Großteil letztlich nur durch die Industriewirtschaft selbst generiert werden kann (...). Neben den bereits durchgeführten und zukünftig weiter zu verstärkenden Maßnahmen zur Verbesserung der allgemeinen Wirtschaftsbedingungen ist es daher unbedingt notwendig, zugleich auch mit dem Aufbau großer industrieller Produktionszentren zu beginnen, die ihrerseits selbst als unentbehrliche Standortfaktoren fungieren und Breitenwirkungen für ein verstärktes Industriewachstum entfalten werden (...). Haupttriebkraft und zentraler Taktgeber (...) für die Industrialisierung Süditaliens muß aber der Staat sein, nicht in dem Sinne, dass er allein die Aufgabe der Ansiedlung von neuen Industrie- und Wirtschaftszweigen übernimmt wie er die Aufgabe zur Durchführung öffentlicher Infrastrukturarbeiten wahrnimmt, sondern vielmehr bezogen darauf, dass der Staat die geeigneten Maßnahmen ergreift (...), die darauf abzielen, die Privatwirtschaft zur Ansiedlung von Industrieunternehmen in Süditalien zu veranlassen."[606]

Die programmatische Rede Saracenos auf der als „Kongress der Selbstkritik“[607] berühmt gewordenen Studientagung der *Cassa* im November 1953 ist von der historischen Italienforschung als „eine zentrale Zäsur“[608] gewürdigt worden. Ihr Zäsurcharakter wird dabei zumeist mit den von Saraceno vorgebrachten Forderungen nach einer forcierten Industrialisierung Süditaliens durch staatliche Investitionen und andere industriepolitische Maßmahmen begründet.[609] Dieser Charakterisierung einer paradigmatischen industriepolitischen Wende[610] ist allerdings nur partiell zuzustimmen: Zwar hat die Rede Saracenos tatsächlich ganz erheblich zu einer „beschleunigten Revision der staatlichen Sondergesetzgebung für den Mezzogiorno“[611] beigetragen und – zumindest sah es zunächst ganz danach

606 Saraceno (1953), Sviluppo industriale nelle regioni meridionali, S. 103f.

607 Die Bezeichnung der zweiten Jahresstudientagung der *Cassa per il Mezzogiorno* vom 3.-4. November 1953 in Neapel als *congresso dell'autocritica* geht auf den Politiker und einflußreichen Publizisten Gerardo Chiaromonte (PCI) zurück und ist danach von der historischen Italienforschung übernommen worden. Vgl. Gerardo Chiaromonte, Un piano per il Mezzogiorno, Rom: Editori Riuniti (1971), S. 116. Vgl. Federico Pirro, I laboratorio di Aldo Moro, Bari: Dedalo (1983), S. 105.

608 Bussotti (2003), Mezzogiorno reppublicano, S. 125.

609 Vgl., neben Bussotti, zum Beispiel Lavista (2010), Programmazione, S. 115ff. oder Pavarin (2011), Lo sviluppo del Mezzogiorno, S. 23ff.

610 Vgl. zum Beispiel Piero Bini, Introduzione, in Piero Bini (Hg.), Il Mezzogiorno nel parlamento repubblicano (1948–1972), vol. I, Mailand: Giufrè (1976), S. 25f.

611 Bussotti (2003), Mezzogiorno reppublicano, S. 125.

aus – einen umfassenden Kurswechsel der Förderpolitik für Süditalien eingeleitet. Den Bruch mit der erst gut drei Jahre zuvor sanktionierten Politik des *intervento straordinario*[612] markierte dabei jedoch weniger der von Saraceno vorgestellte industriepolitische Lösungsansatz zur Überwindung des Nord-Süd Gefälles, der weder neu war noch unmittelbar einen essentiellen praktischen Niederschlag in der Wirtschaftspolitik finden sollte. Das eigentliche Novum bildete vielmehr die im weiteren Verlauf seines Vortrags postulierte Auffassung, dass eine regionale Industrieförderpolitik für Süditalien nur als integraler Bestandteil eines gesamtwirtschaftlichen, längerfristig ausgerichteten Entwicklungsprogramms Aussicht auf Erfolg haben würde,[613] weil – wie Saraceno in einem späteren Resümee über die Vorbereitungen zur Ausarbeitung des *Schema Vanoni* noch einmal betonte – „sich jedwede staatliche Fördermaßnahme im Mezzogiorno letztlich als inadäquat und erfolglos erweist, wenn nicht gleichzeitig sämtliche landesweit relevanten wirtschaftspolitischen Maßnahmen mit der staatlichen Südförderung abgestimmt sind oder – schlimmer noch – wenn die Förderpolitik (...) durch diese unter Umständen sogar konterkariert wird."[614]

Ausgehend von dieser Auffassung erläuterte Saraceno im Schlußteil seiner Rede, inwiefern und in welchem Umfang eine für einen Zeitraum von zehn Jahren geplante forcierte Investitionspolitik für Süditalien nicht nur einen regional-, sondern gesamtwirtschaftlichen Nutzen evozieren würde. Seine Ausführungen basierten dabei auf einem bereits 1951 von der SVIMEZ entwickelten Modell zur Berechnung der makroökonomischen Wachstums- und Einkommenseffekte öffentlicher Investitionen[615] sowie auf den Ergebnissen zweier ebenfalls von der SVIMEZ im unmittelbaren Vorfeld der Tagung verfaßten Entwicklungsstudien,[616] die zusammen den ersten, in sich konsistenten modelltheoretischen Versuch abbildeten, „das Problem des Mezzogiorno in den Rahmen eines aufeinander abgestimmten gesamtwirtschaftlichen Wachstumsszenarios zu integrieren."[617] Wie sich Saraceno später erinnerte, sollten die unter seiner

612 Schon für den damaligen, für die Verwaltung der *Cassa* zuständigen Minister, Pietro Campilli, markierten die programmatischen Ausführungen Pasquale Saracenos zur Industrialisierung des Mezzogiorno „einen tiefgreifenden Kurswechsel der staatlichen Südförderung", wie er es in einem Zeitungsinterview nach Abschluß der Tagung am 05. November 1953 ausdrückte, Vgl. Campilli inaugura il convegno della Cassa del Mezzogiorno, in: Corriere della sera, Ausgabe vom 05.11.1953, S. 5.

613 Vgl. Saraceno (1953), Sviluppo industriale nelle regioni meridionali, S. 122.

614 Archivio Centrale dello Stato, Pasquale Saraceno – Scritti, b. 137, Criteri, risultati e prospettive della politica di industrializzazione del Mezzogiorno (unveröffentlichte Druckfahne).

615 Vgl. SVIMEZ, Effetti economici di un programma di investimenti nel Mezzogiorno, Mailand: Giuffrè (1951).

616 Vgl. Pasquale Saraceno, Effetti della spesa pubblica addizionale effettuata per investimenti nel Mezzogiorno nel 1953 rispetto al 1950, anno precedente l'inizio dell'attività della 'Cassa', abgedruckt in: Carabba (1980), Mezzogiorno, S. 130–137 sowie Pasquale Saraceno, Ipotesi di sviluppo dell'occupazione nel Mezzogiorno tra il 1952 e il 1963, abgedruckt in: Carabba (1980), Mezzogiorno, S. 138–140.

617 Vgl. die Angaben in Fußnote 614.

Leitung durchgeführten SVIMEZ-Studien den zuständigen Regierungsinstanzen als Orientierungsgrundlage dienen für „verstärkte staatliche Wirtschaftsinterventionen (...), die dazu geeignet wären, unser Wirtschaftssystem dahingehend zu verändern (...), dass die von uns und der Regierung erachteteten zwei wichtigsten Zielsetzungen für die nationale Einheit erreicht werden könnten: die vollständige und landesweite Absorption des vorhandenen Arbeitskräfteangebots (...) sowie der schrittweise und konsequente Abbau des Nord-Süd-Gefälles."[618]

Tatsächlich bildeten die von Saraceno seinen Zuhörern im November 1953 vorgestellten Entwicklungsstudien der SVIMEZ den Ausgangspunkt für die spätere Ausarbeitung des *Schema Vanoni* bzw. – wie Manin Carabba treffend konstatierte – den ersten Schritt „der konzeptionellen Überleitung der staatlichen Sondergesetzgebung für den Mezzogiorno in ein globales staatliches Wirtschafts- und Entwicklungsprogramm."[619] Vor diesem Hintergrund ist es interessant, das von Saraceno skizzierte Entwicklungsszenario der italienischen Volkswirtschaft näher zu betrachten. Es basierte im Kern auf folgenden sechs Annahmen: *Erstens*, auf der allgemeinen modelltheoretischen Annahme des Multiplikator-Akzelerator-Mechanismus der damals international anerkannten postkeynesianischen Wachstumstheorie[620]; *zweitens*, auf regional sowie sektoral differenzierenden Hypothesen zur Entwicklung von Einkommen und Beschäftigung für einen Zeitraum von zehn Jahren unter Berücksichtigung sowohl der regionalen und sektoralen Jahresdurchschnittswerte der Privatinvestitionen während der Jahre 1950–1953, die Saraceno bis Ende 1963 als stabil voraussetzte, als auch der geplanten staatlichen Investitionen zur Förderung der Agrarwirtschaft und zum Auf- und Ausbau der technischen und sozialen Infrastrukturen[621]; *drittens*, auf regional und sektoral differenzierenden konkreten Wachstumszielen für Einkommen und Beschäftigung bis Ende 1963, von deren Realisierung die Überwindung der sozialen Disparitäten und strukturellen Ungleichgewichte zwischen den Regionen des Mezzogiorno und dem Rest des Landes sowie ein angestrebtes Vollbeschäftigungsniveau in ganz Italien abhängig wären[622]; *viertens*, auf der Annahme, dass der Agrarproduktion in Süditalien durch vorgegebene räumliche wie klimatische Bedingungen natürliche Wachstumsgrenzen gesetzt seien, die bereits bei der Ausarbeitung der

618 Archivio Centrale dello Stato, Pasquale Saraceno – Attività di consulenza, b. 111, Lo schema Vanoni due anni dopo la sua presentazione (maschinenschriftliches unveröffentlichtes Dokument).

619 Manin Carabba, Introduzione, in: Carabba (1980), Mezzogiorno, S. 6.

620 Zum Multiplikator-Akzelerator-Modell der postkeynesianischen Wachstumstheorie, vgl. grundlegend Roy G.D. Allan, Mathematische Wirtschaftstheorie, Berlin: Duncker & Humblot (1971), Kapitel 3, S. 73–109 sowie Kapitel 7, S. 255–291. Zur Wachstumsbedeutung der autonomen Investitionen, vgl. in diesem Zusammenhang auch Herbert Edling, Der Staat in der Wirtschaft, München: Vahlen (2001), S. 252ff.

621 Vgl. Saraceno (1953), Sviluppo industriale nelle regioni meridionali, S. 113 (Agrarwirtschaft) sowie S. 115ff. (Industriewirtschaft und Dienstleistungssektor).

622 Vgl. ebd., Tabelle 4, S. 128 (Bruttowertschöpfung) sowie S. 138f. und Prospetto 2, S. 139 (Beschäftigung).

Investitionsprogramme der *Cassa* berücksichtigt worden sind, so dass die agrarwirtschaftliche Beschäftigungs- und Einkommensentwicklung durch zusätzliche private oder staatliche Investitionen nicht signifikant gesteigert werden könnte[623]; *fünftens*, auf der empirischen Feststellung, dass das durchschnittliche Einkommensniveau pro Kopf der im Agrar- und Dienstleistungssektor Beschäftigten generell deutlich niedriger wäre als im Industriebereich.[624] *Sechstens* schließlich, basierten die Ausführungen Saracenos auf der daraus resultierenden Schlußfolgerung, dass zusätzliche staatliche Investitionen für Süditalien ausschließlich im Bereich der Industriewirtschaft getätigt werden müßten, um in den rückständigen Regionen des Mezzogiorno ausreichend neue Arbeitsplätze zu schaffen, das allgemeine Einkommensniveau zu verbessern und dadurch die zunehmende Abwanderung aus Süditalien in den Norden oder ins Ausland zu stoppen bzw. zumindest abzuschwächen.[625]

Unter Berücksichtigung dieser Annahmen prognostizierte Saraceno nachfolgende gesamtwirtschaftliche Wachstumseffekte einer volkswirtschaftlich integrierten – geplanten – Industrialisierung des Mezzogiorno: Demnach würde sich das gesamtwirtschaftliche Volkseinkommen durch einen zusätzlichen Anstieg der staatlichen Industrieinvestitionen in Süditalien um den Faktor 1,66 vergrößern, wobei 74% der direkten und induzierten gesamtwirtschaftlichen Einkommenserhöhung auf die Regionen des Mezzogiorno entfallen und 26% dem Rest des Landes zufließen würden.[626] Bei einem hypothetisch vorausgesetzten Wachstum der nationalen Industriewirtschaft von jahresdurchschnittlich 3% – ohne eine zusätzliche Industrieförderpolitik für Süditalien – gelte es, im Mezzogiorno während der folgenden zehn Jahre über eine gezielte und jährlich neu anzupassende Aufstockung der staatlichen Industrieinvestitionen ein Industriewachstum von jahresdurchschnittlich mindestens 5% zu generieren, wodurch sich das Wachstumstempo der Industriewirtschaft in ganz Italien auf jahresdurchschnittlich 4% beschleunigen und sich der Industrialisierungs- wie auch Einkommensrückstand der süditalienischen Regionen kontinuierlich verkürzen würden.[627] In einem solchen Szenario – so die Prognosen Saracenos – würden sich die industrielle Bruttowertschöpfung in Süditalien bis Ende 1963 um etwa 71% und die regionale Gesamtbruttowertschöpfung um knapp 49% im Vergleich zu 1952 steigern. Diese Entwicklungen würden mit einem Beschäftigungsanstieg in Süditalien um etwa 1 Mio. Arbeitskräfte korrespondieren, so dass sich das durchschnittliche Pro-Kopf Einkommen im Mezzogiorno um insgesamt 27% erhöhen könnte. In den Regionen Nordwest-, Nordost- und Mittelitaliens würden die industrielle wie auch die Gesamtbruttowertschöpfungssteigerungen dann zwar etwas weniger stark, dennoch aber deutlich erfolgreicher ausfallen als ohne eine zusätzliche Ausweitung

623 Vgl. ebd., S. 114.
624 Vgl. ebd., Tabelle 2, S. 127, Prospetto 1 und 2, S. 138f. sowie S. 140.
625 Vgl. ebd., S. 121.
626 Vgl. ebd., S. 132f.
627 Vgl. ebd., S. 122.

der staatlichen Südförderung und ebenfalls mit einer erheblichen Beschäftigungs- und Einkommenszunahme korrespondieren.

Ohne Saracenos Szenarien im Detail kritisch zu diskutieren, muß zumindest darauf verwiesen werden, dass die auf der Studientagung der *Cassa* vorgestellten regional- und gesamtwirtschaftlichen Wachstumsprognosen und -prozesse sowie die seinen Ausführungen zu Grunde liegenden Modellrechnungen der SVIMEZ auf zum Teil völlig unrealistischen Annahmen basierten – wie zum Beispiel ein stabiler Beschäftigungsstand im Bereich der Agrarwirtschaft oder ein Industriewachstum in den Regionen Nordwest-, Nordost- und Mittelitaliens von jahresdurchschnittlich nur 3%. Darüber hinaus blieben aber auch die Fragen nach dem erforderlichen Jahres- und Gesamtvolumen der zusätzlichen staatlichen Industrieinvestitionen sowie nach ihrer lokalen und Branchenausrichtung gänzlich unbeantwortet. Schließlich und vor allem ließ Saraceno die Finanzierungsfrage der von ihm geforderten staatlichen Investitionsausweitung weitgehend ungeklärt.

Erst ganz am Ende seiner Rede ging Saraceno immerhin kurz auf die Finanzierungsproblematik ein. Knapp deutete er an, wie die zusätzlichen staatlichen Investitionsausgaben gegenfinanziert werden könnten, ohne die erdrückende Staatsschuldenlast und das seit 1952 erneut stark angestiegene staatliche Leistungsbilanzdefizit weiter zu erhöhen. Mithilfe einer grob vereinfachten Modellrechnung zeigte Saraceno seinen Zuhörern auf, dass die industriepolitisch generierten Einkommenssteigerungen zu vermehrten Steuereinnahmen führen und auf diese Weise etwa 42% der staatlichen Investitionskosten wieder direkt an den Staat zurückfließen würden, so dass effektiv nur etwa 58% der zusätzlichen Investitionsausgaben durch einen Anstieg der Staatsverschuldung gegenzufinanzieren wären. Ein weiteres Viertel der notwendigen Mehrinvestitionen würde darüber hinaus im Inland über die aus den Einkommenssteigerungen resultierende Erhöhung der volkswirtschaftlichen Ersparnis ausgeglichen bzw. finanziert werden können. Das verbleibende Drittel könnte dann aber nicht mehr im Inland finanziert werden, so dass mit einem temporären – seines Erachtens aber notwendigen – weiteren Anstieg des Leistungsbilanzdefizits zu rechnen wäre.[628]

Obwohl Saraceno die sich aufdrängenden Fragen nach Gesamtumfang, (industrieller) Standortbestimmung, Branchenausrichtung sowie Finanzierung der von ihm geforderten zusätzlichen staatlichen Industrieinvestitionen eher unzureichend beantwortete, traf die Idee einer durch staatliche Industrialisierungsprojekte forcierten Südförderung im Rahmen eines längerfristig ausgerichteten gesamtwirtschaftlichen Entwicklungsprogramms bei seinen Zuhörern auf große Zustimmung. Prominente Unterstützung unter den Konferenzteilnehmern fand Saraceno nicht nur – wie zu erwarten war – bei der SVIMEZ-Leitung, dem Präsidenten Francesco Giordani und dem Generaldirektor Alessandro Molinari sowie bei seinem langjährigen Freund und Förderer, dem Zentralbankchef Donato Menichella, sondern zum Beispiel auch

628 Vgl. ebd., S. 133f.

beim damaligen, für die Verwaltung der *Cassa* verantwortlichen Minister für die Entwicklung des Mezzogiorno, Pietro Campilli. Letzterer hatte noch in seiner Eröffnungsrede auf der ersten Jahresstudientagung der *Cassa* im Oktober 1952 betont, dass „die öffentliche Versorgung sowie die Förderung der Landwirtschaft zusammen das Hauptziel der *Cassa per il Mezzogiorno* abbilden.“[629] Mittlerweile aber befürwortete er – wie Saraceno – einen Kurswechsel der staatlichen Mezzogiornopolitik, „eine stärkere Ausrichtung der *Cassa* auf Industriefördermaßnahmen.“[630]

Auch Giuseppe Di Vittorio, der in weiten Teilen der Arbeiterschaft wie ein Volksheld gefeierte und politisch äußerst einflußreiche Generalsektretär des größten, dem PCI und dem PSI nahe stehenden nationalen Gewerkschaftsbundes – der *Confederazione Generale Italiana del Lavoro* (CGIL) – begrüßte und unterstützte die Forderungen Saracenos nach einer strategischen Neuausrichtung der staatlichen Südförderung. Di Vittorio hatte bereits im Oktober 1949 auf der Jahreshauptversammlung der CGIL einen Entwurf für einen nationalen Wirtschaftsplan mit einem detaillierten, stark keynesianisch ausgerichteten Maßnahmenkatalog zur Überwindung der sozialen und ökonomischen Unterschiede im Land präsentiert und dabei eine stärkere industriepolitische Ausrichtung der staatlichen Wirtschaftspolitik zur Förderung des Mezzogiorno angemahnt.[631] Der *Piano economico e costruttivo per la rinascita dell'economia nazionale* stellte zum damaligen Zeitpunkt gewissermaßen einen komplementären Gegenentwurf zum staatlichen *Programma a lungo termine* zwecks Verteilung der Marshall-Plan-Hilfen dar, das von der CGIL scharf kritisiert worden war. Ihrer Meinung nach war dieses Programm primär darauf ausgerichtet, lediglich den *status quo ante* wiederherzustellen, indem vor allem die industriellen Großbetriebe in den bereits hochindustrialisierten Regionen Nord- und Nordwestitaliens von den US-amerikanischen Finanzhilfen profitieren würden. Die gravierenden strukturellen Ungleichgewichte der Volkswirtschaft und regionalen Rückständigkeiten des Mezzogiorno könnten mithilfe des staatlichen Wiederaufbauprogramms hingegen nicht bzw. nur unzureichend abgebaut werden, weshalb es – wie Di Vittorio in seiner Eröffnungsrede auf dem Kongress der CGIL betonte – durch geplante und koordinierte öffentliche Maßnahmen zu ergänzen sei, „die darauf abzielten, einen nachhaltigen Wachstumsschub für die Wirtschaft auszulösen, der es ermöglichen würde, eine große Anzahl von Arbeitslosen wieder in den Arbeitsmarkt zu integrieren, das volkswirtschaftliche Gesamteinkommen zu steigern sowie den allgemeinen Lebensstandard der Bevölkerung deutlich zu verbessern.“[632]

629 Il discorso inaugurale del ministro Pietro Campili, in: Cassa per le opere straordinarie di pubblico interesse nell'Italia meridionale, Atti del Convegno di Napoli (13–14 ottobre 1952), zitiert nach Bussotti (2003), Mezzogiorno reppublicano, S. 125.

630 Campilli inaugura il convegno della Cassa del Mezzogiorno (05.11.1953), S. 5.

631 Vgl. CGIL, Il Piano del Lavoro del 1949–50, http://old.cgil.it/news/Default.aspx?ID=20499 (besucht am 12.04.2016).

632 Giuseppe Di Vittorio, Relazione introduttiva al II Congresso Confederale della CGIL, Mozione conclusiva, zitiert nach: della Repubblica, CGIL. II Congresso Nazionale – Genova 4–9 ottobre 1949,

Das konkrete Ziel des unter dem programmatischen Label *Piano del lavoro* – Plan der Arbeit – berühmt gewordenen Planungsentwurfs der CGIL war die Schaffung von 700.000 neuen Arbeitsplätzen, vorwiegend in Süditalien, durch eine massive Ausweitung staatlicher Wirtschaftsinterventionen innerhalb von drei bis vier Jahren.[633] Der *Piano del lavoro* basierte dabei auf vier strategischen Eckpfeilern: *Erstens*, auf der Verstaatlichung und dem forcierten Ausbau der landesweiten Energiewirtschaft, *zweitens*, auf umfangreichen Landgewinnungs-, Bewässerungs- und anderen Maßnahmen zur Agrarförderung sowie, *drittens*, auf umfassenden Wohnungsbaumaßnahmen und dem verstärkten Ausbau der technischen und sozialen Infrastrukturen im Land.[634] Die zusammenfassende Klammer des von den renommierten Ökonomen Giorgio Fuà, Sergio Stéve, Paolo Sylos Labini und Alberto Breglia mitverfaßten Planungsentwurfs bildete schließlich, *viertens*, die schwerpunktmäßige Ausrichtung der staatlichen Wirtschaftsinterventionen auf Süditalien.[635] Finanziert werden sollten die verschiedenen staatlichen Maßnahmen durch den Verkauf eines Teils der nationalen Währungsreserven, einen deutlichen Einkommensteueranstieg in den höheren und hohen Einkommensklassen, eine progressive Gewinn- und Kapitalertragssteuer sowie durch internationale Kredite.[636]

Die von Di Vittorio im Oktober 1949 vorgestellten Reformplanungen waren während der folgenden Monate intensiv von der Politik, der Presse und im Wissenschaftsbereich diskutiert worden, und sie hatten auch außerhalb des linken Wählerspektrums teilweise großes Lob und Zustimmung geerntet.[637] Und tatsächlich hatte es zumindest während des Winters 1949–1950 den Anschein, dass es zu einer Zusammenarbeit der Regierung mit der CGIL zur Umsetzung der von Di Vittorio vorgestellten Reformpläne kommen könnte. Doch war der *Piano del lavoro* im Frühjahr 1950 mit der Begründung der Nicht-Finanzierbarkeit offiziell abgelehnt worden. Wie Angelo Costa bereits am 06. Dezember 1949 auf der Jahreshauptversammlung der *Confindustria* treffend bemerkte, hatte eine Realisierung des ehrgeizigen Wirtschaftsplans der CGIL zum

---

Dalla Mozione conclusiva, La C.G.I.L. propone al Paese un Piano economico ricostruttivo, in: http://www.dellarepubblica.it/sindacati-cgil-congressi (besucht am 13.04.2016), S. 1.

633 Vgl. Ginsborg (1998), Storia d'Italia, S. 224f.

634 Vgl. Di Vittorio (1949), Relazione, Mozione conclusiva, S. 1f. Zum *Piano del lavoro* der CGIL, vgl. zusammenfassend den Zeitungsartikel: Di Vittorio illustra il piano costruttivo proposto dalla CGIL a tutta la Nazione, in: L'Unità, Ausgabe vom 05.10.1949, S. 1f. Für eine ausführliche politik-, wirtschafts- und sozialhistorische Analyse des *Piano del lavoro*, vgl. vor allem Marco Gozzelino, Keynes e la cultura economica della Cgil Un'analisi del Piano del lavoro nella prospettiva della Teoria Generale, Rom: Ediesse (2010), insbesonders Kapitel 3, S. 61–88; Silvia Berti (Hg.), Crisi, rinascita, ricostruzione. Giuseppe Di Vittorio e il Piano del lavoro (1949–50), Rom: Donzelli (2012) sowie Andrea Gianfagna, Il piano del lavoro e il Mezzogiorno. Rivendicazione sindacale e interesse nazionale in Giuseppe Di Vittorio, Rom: Ediesse (2009).

635 Vgl. CGIL, Il Piano del Lavoro.

636 Vgl. Di Vittorio (1949), Relazione, Mozione conclusiva, S. 2.

637 Vgl. Ginsborg (1998), Storia d'Italia, S. 225f.

damaligen Zeitpunkt ohnehin aus ideologischen Gründen keine Aussicht auf Erfolg: „Auch wenn die Vorschläge (der CGIL) zur Ausarbeitung eines nationalen Wirtschaftsprogramms durchaus als konstruktiv zu beurteilen sind, ist die politische Zielsetzung des Planungsentwurf derart offensichtlich gegen die Regierungsarbeit gerichtet, dass eine sachdienliche Zusammenarbeit mit der CGIL unter keinen Umständen möglich erscheint, nicht einmal Themen betreffend, über die eigentlich keinerlei Interessenswidersprüche existieren."[638]

Eine politische Wiederannäherung oder gar eine Zusammenarbeit zwischen der CGIL und der Regierung De Gasperi war also zunächst in weite Ferne gerückt, zumal die CGIL auf ihren alten Konfrontationskurs gegen die Regierungsarbeit eingeschwenkt war, den sie seit dem Ausscheiden der Kommunisten und Sozialisten aus der Regierung im Mai 1947 eingeschlagen hatte. Aus Protest gegen die Ablehnung des *Piano del lavoro* hatte sich in der Folgezeit dieser Kurs sogar radikalisiert – jede neue Reformanstrengung der Regierung wurde torpediert, und die Streik- und Protestaktionen wurden massiv ausgeweitet.[639] Dabei vermischten sich nicht selten durchaus begründete konstruktive Arbeitnehmerforderungen mit fundamentalistischer Umsturzpropaganda. Die Regierung zögerte im Gegenzug wiederum nicht, gegen die – zumeist im Schulterschluß mit dem PCI durchgeführten – Gewerkschaftsaktionen zum Teil mit brachialer Gewalt vorzugehen, was ebenfalls entscheidend dazu beitrug, die innenpolitische Situation seit Beginn der 1950er Jahre erneut dramatisch zu destabilisieren und die Kluft zwischen der Gewerkschaftsbewegung und der Regierung erheblich zu vergrößern.[640]

Angesichts der verhärteten Fronten zwischen den linken Parteien und der Regierung sowie angesichts der strikt ablehnenden Haltung der CGIL gegenüber den seit Jahresbeginn 1950 eingeleiteten wirtschaftspolitischen Reformen der Regierung(en) De Gasperi, damit aber zugleich gegenüber der durch die Gründung der *Cassa per il Mezzogiorno* initialisierten und institutionalisierten staatlichen Südförderung, war es durchaus bemerkenswert, dass Di Vittorio als Redner zur Studientagung der *Cassa* im November 1953 eingeladen worden war. Gewissermaßen läßt sich die Einladung Di Vittorios als ein Angebot der Regierung an die CGIL zur Wiederaufnahme des politischen Dialogs interpretieren. Dass neben Di Vittorio zugleich Giulio Pastore, der Generalsekretär der *Confederazione italiana sindacati lavoratori* (CISL), der zweiten großen nationalen Gewerkschaftsbewegung, als Redner vorgesehen war, spricht

638 Zitiert nach ebd., S. 225.

639 Allein in den Jahren 1950–1952 erfaßten die offiziellen Statistiken 3062 Streikaktivitäten mit über 7,5 Mio. Streikteilnehmern und einen dadurch verursachten Arbeitsausfall von 126,4 Mio. Arbeitsstunden. Der Großteil der Streikaktionen wurde vom CGIL organisiert. Vgl. ISTAT (1986), Sommario, Tabelle 7.11, S. 138.

640 Vgl. zum Beispiel Giuseppe Cantarano, Alla riversa per una storia degli scioperi a rovescio 1951–52, Bari: Dedalo (1989), S. 53ff. sowie Woller (2010), Geschichte Italiens, S. 244f.

ebenfalls für eine bewußte politische Entscheidung, die Arbeitnehmerinteressen wieder stärker in den politischen Willensbildungsprozeß zu integrieren.[641]

Di Vittorio war offensichtlich zur Annahme des Dialogangebots der Regierung bereit, meldete sich mehrmals während der zweitägigen Studientagung der *Cassa* mit konstruktiven Kommentaren zu Wort und verzichtete in seiner Rede auf jegliche parteipolitische Polemik. Vor allem aber signalisierte er durch seine dezidiert vorgetragene Unterstützung für Pasquale Saraceno, den vielleicht wichtigsten und einflußreichsten wirtschaftspolitischen Regierungsberater der damaligen Zeit, die Bereitschaft der CGIL zu einer realpolitischen Annäherung an die Regierungspositionen. Di Vittorio machte deutlich, dass er persönlich ebenfalls davon überzeugt sei, dass sich die gravierenden Rückständigkeiten des Mezzogiorno gegenüber dem Rest des Landes nur durch zusätzliche staatliche Industrieinvestitionen nachhaltig abbauen ließen. Er plädierte dabei für die zentrale Fokussierung einer geplanten staatlichen Investitionslenkung auf die staatlichen Industrieunternehmen, die allerdings zwecks effizienter Koordinierung nicht nur unter parlamentarische, sondern auch unter die Kontrolle eines neu zu gründenden Ministeriums gestellt werden sollten: „Entscheidend ist dabei, dass der Staat bereits über das IRI im Besitz eines regelrechten Industrieimperiums ist. (...) Stellen wir die Vielzahl der IRI-Unternehmen unter parlamentarische Kontrolle und ordnen wir sie unter die direkte politische Verantwortung eines zuständigen Ministeriums, könnte der Staat über die Investitionen der IRI-Unternehmen direkt in die Wirtschaft intervenieren und (...) die Industriewirtschaft gezielt fördern."[642] Schließlich erinnerte Di Vittorio am Ende seiner Rede an die Reformplanungen der CGIL von vor vier Jahren. Immerhin bildete die Industrialisierung der süditalienischen Entwicklungsregionen eines der Hauptziele des damals abgelehnten *Piano del lavoro*, um die hohe Arbeitslosigkeit im Mezzogiorno und das regionale Einkommensgefälle zwischen Süd- und Norditalien abzubauen. Die CGIL – so betonte Di Vittorio – werde daher ein etwaiges staatliches Wirtschafts- und Investitionsprogramm zur Initialisierung, Dynamisierung und Absicherung eines forcierten Industrialisierungsprozesses in Süditalien nicht nur nicht boykottieren, sondern mittragen und nach Kräften unterstützen.[643]

Die Unterstützung Di Vittorios für Saraceno wurde von den Tagungsteilnehmern als großer Erfolg der Wiederannäherung der Gewerkschaftsbewegung an das Regierungslager gefeiert. Sie markiert den Beginn einer kurzen, aber intensiven und äußerst produktiven Zusammenarbeit zwischen den wichtigsten Reformkräften des Landes, dem linken Parteiflügel der DC um Amintore Fanfani und Ezio Vanoni, der SVIMEZ, dem Studienzentrum des IRI sowie den zwei größten und einflußreichsten

641 Vgl. Bussotti (2003), Mezzogiorno reppublicano, S. 126ff. sowie Galisi (2014), Intervento straordinario, S. 83f.

642 Vgl. und zitiert nach „Di Vittorio dichiara che il Meridione non può risorgere senza riforme", in: L'Unità, Ausgabe vom 05.11.1953, S. 2.

643 Vgl. ebd.

nationalen Gewerkschaftsverbänden, der CGIL und der CISL.[644] Noch am Abend des ersten Tagungstages saßen Saraceno, die beiden Gewerkschaftsführer Di Vittorio und Pastore, der Zentralbankchef Menichella, der SVIMEZ-Präsident Giordani sowie der Generaldirektor der SVIMEZ, Molinari, lange zusammen, um über die von Saraceno vorgestellten Szenarien und ihre politische Umsetzung zu diskutieren. Wie sich Saraceno in einem späteren Brief an Piero Barucci erinnerte, drängte Di Vittorio in diesem Gespräch darauf, dass sowohl die Wachstums- als auch die Beschäftigungsziele eines zu erarbeitenden Wirtschafts- und Investitionsprogramms ehrgeiziger sein müßten als in den veranschaulichten Modellberechnungen. Konkret forderte Di Vittorio einen Anstieg des BIP um jahresdurchschnittlich 5% und eine landesweite Beschäftigungssteigerung innerhalb von zehn Jahren um 4 Mio. Arbeitskräfte. Diese Zielgrößen wurden von Giordani und Menichella als realistisch eingeschätzt, und man einigte sich darauf, der Regierung ein längerfristig ausgerichtetes, staatlich koordiniertes gesamtwirtschaftliches Entwicklungsprogramm zum Abbau des Nord-Süd-Gefälles offiziell vorzuschlagen.[645] Menichella und Saraceno wollten sich hierfür an den Finanzminister Vanoni wenden, der ihnen nicht zuletzt deshalb der geeignete Ansprechpartner im Ministerrat erschien, weil beide mit ihm seit Jahren freundschaftlich eng verbunden waren, weil Vanoni die im Rahmen des IRI und der SVIMEZ ausgearbeiteten wirtschaftspolitischen Reformplanungen bislang immer nach Kräften unterstützt hatte und er darüber hinaus innerhalb der DC – über alle parteiinternen Richtungsstreitigkeiten hinweg – höchstes Ansehen genoß.[646]

3.1.2 Die innenpolitische Zäsur von 1954 – Das Ende der Ära De Gasperi und die Wahl Amintore Fanfanis zum neuen Parteivorsitzenden der *Democrazia Cristiana*

Die von Saraceno auf dem Studienkonvent der *Cassa per il Mezzogiorno* eingeforderte Reform der staatlichen Südförderung fand bereits Ende Juni 1954 auf dem fünften Parteikongress der DC ihren ersten konkreten politikpraktischen Niederschlag. Der Parteivorsitzende De Gasperi stellte am Ende seiner programmatischen Eröffnungsrede den Antrag, den Nationalen Parteirat offiziell zu beauftragen, „ein integriertes mehrjähriges nationales Wirtschaftsprogramm zur Förderung von Wachstum und Beschäftigung mit der fachlichen Unterstützung von Wirtschaftswissenschaftlern und anderen Experten

644 Vgl. Simone Misiani, Lo schema Vanoni e il Nuovo Meridionalismo, in: Rivista online della Scuola Superiore dell'Economia e delle Finanze, n. 1 (2004), in: http://www.rivista.ssef.it/www.rivista.ssef.it/site9513.html?page=20040112181814584&edition=2010-02-01 (besucht am 22.04.2016).

645 Vgl. Roberto Bonuglia, Tra economia e politica: Pasquale Saraceno, Rom: Nuova cultura (2010), S. 310f. sowie Galisi (2014), Intervento straordinario, S. 83f.

646 Vgl. Misiani (2004), Lo schema Vanoni.

auszuarbeiten", dessen Umsetzung „das gravierendste Problem Italiens – die hohe Arbeitslosigkeit – vollständig und für alle Zeiten bewältigen soll."[647]

Der Antrag De Gasperis wurde von den anwesenden Parteifunktionären einstimmig angenommen, was als fundamentale Weichenstellung für einen sich ankündigenden Paradigmenwechsel – hin zu einer *geplanten* Wirtschaftsverfassung und einer noch stärker dirigistisch sowie entwicklungsökonomisch ausgerichteten Wirtschaftspolitik mit industriepolitischer Stoßrichtung – zu bewerten ist. Gleichzeitig läßt sich dieser Paradigmenwechsel gewissermaßen als das politische Vermächtnis des wichtigsten Staatsmannes in der Geschichte Italiens während des ersten Nachkriegsjahrzehnts begreifen. De Gasperi, der nach acht Jahren im Amt des Ministerpräsidenten im August des Vorjahres nach einer verlorenen Vertrauensabstimmung von allen seinen politischen Ämtern zurückgetreten war, verstarb nur wenige Wochen nach dem Parteikongress.[648]

Wohl ahnend, dass er nicht mehr lange leben werde, organisierte De Gasperi auf dem Parteikongress auch seine parteiinterne Nachfolge und beantragte, dem Nationalen Parteirat Amintore Fanfani für die Wahl zum neuen Parteivorsitzenden vorzuschlagen. De Gasperi setzte großes Vertrauen in Fanfani, von dem er noch am ehesten glaubte, die zunehmenden Richtungskämpfe innerhalb der Partei ausgleichen und die verschiedenen *correnti* auf einen gemeinsamen parteipolitischen Kurs verpflichten zu können, um die von seinen Regierungen eingeleitete Reformpolitik weiter fortzuführen und voranzutreiben.[649] Auch dieser Antrag De Gasperis wurde mit großer Mehrheit angenommen und Fanfani am 16. Juli 1954 vom Nationalen Parteirat zum neuen Parteivorsitzenden gewählt.[650]

Mit der Wahl Fanfanis zum neuen Parteivorsitzenden hatte sich der bereits seit Ende der 1940er Jahre zunehmend an parteipolitischen Einfluß gewinnende reformorientierte Parteiflügel der linken Mitte endgültig innerhalb der DC durchgesetzt, für den die ursprünglich von Dossetti konzipierte Politik des Staatsinterventionismus und des sozialen Interessenausgleichs handlungsleitend war.[651] Neben Fanfani gehörten der seit 1951 unter dem programmatischen Label der *Inizitiva Democratica* organisierten Mitte-Links-Fraktion auch Aldo Moro, Mariano Rumor, Paolo Emilio Taviani, Emilio Colombo, Luigi Gui, Benigno Zaccagnini, Lorenzo Natali und viele

---

647 Alcide De Gasperi, Relazione al V congresso nazionale della Democrazia Cristiana (Napoli, 26.-29.06.1954), abgedruckt in: Il Popolo, Ausgabe vom 28.06.1954, S. 3.

648 Alcide De Gasperi verstarb am 19. August 1954.

649 Vgl. Gianni Baget-Bozzo, Il partito cristiano e l'apertura a sinistra. La DC di Fanfani e di Moro 1954–1962, Florenz: Vallecchi (1977), S. 9ff.

650 Vgl. Francesco Malgeri, La stagione del centrismo. Politica e società nell'Italia del secondo dopoguerra (1945–1960), Soveria Manelli: Rubbettino (2002), S. 173ff.

651 Vgl. La Democrazia Cristiana in Italia, La svolta del 1954 e la segreteria Fanfani (1954–1959), in: http://www.storiadc.it/storia/storia_04.html (besucht am 21.04.2016). Vgl. darüber hinaus auch Luciano Radi, La DC di De Gasperi a Fanfani, Soveria Manelli: Rubbettino (2005), S. 30ff. sowie Morcaldo (2007), Intervento pubblico, S. 44f.

weitere einflußreiche politische Persönlichkeiten an – sie sollten die italienische Politik bis weit in die 1960er Jahre hinein maßgeblich bestimmen und die wichtigsten Partei- und Regierungsposten übernehmen.

Die von Fanfani angeführte *Inizitiva Democratica* sah sich allerdings schon bald schärfsten Widerständen innerhalb der eigenen Partei, speziell vonseiten der liberalkonservativen und rechten Minderheitsfraktionen gegenüber, die vor allem im Bereich der Wirtschaftspolitik erheblich von den stark dirigistischen Vorstellungen der neuen Mehrheitsfraktion, der sog. *seconda generazione democristiana* differierten.[652] Diese parteiinternen Widerstände, die bereits bei der Ausarbeitung eines ersten Planungsentwurfs für ein gesamtwirtschaftliches Entwicklungsprogramm in Erscheinung traten und die Implementierung einer *organischen* – geplanten – Wirtschaftpolitik entscheidend blockierten, erzeugten nicht nur eine zunehmende große Unsicherheit innerhalb der DC bezüglich der Führungskompetenzen ihres neuen Parteivorsitzenden. Sie gipfelten im Verlauf der anhaltenden Auseinandersetzungen schließlich sogar in einem regelrechten „Vernichtungskampf",[653] der erst mit dem Rücktritt Fanfanis als Parteivorsitzender im Frühjahr 1959 einen vorläufigen Abschluss finden sollte.[654]

3.1.3 Inhalt und Ziele des *Schema Vanoni*

Für die neue christdemokratische Mehrheitsfraktion der *Iniziativa democratica* hatte die Konzeptionierung und Implementierung eines nationalen Wirtschaftsplans zunächst absolute Priorität. Die politische Verantwortung innerhalb des Parteirats für die Ausarbeitung eines Planungsentwurfs wurde Ezio Vanoni übertragen, der im Regierungskabinett unter der Führung des neuen Ministerpräsidenten Mario Scelba dem Haushalts- und nicht mehr dem Finanzministerium vorstand. Die Nominierung Vanonis war naheliegend: Saraceno hatte ihm bereits zu Jahresanfang eine aktualisierte Fassung seines auf dem Studienkonvent der *Cassa* gehaltenenen Vortrags vorgestellt. Daraufhin – im März 1954 – hatte Vanoni den Führungsgremien der DC wie auch dem neuen Ministerpräsidenten die Reformvorschläge des angesehenen Politikberaters zur industriepolitisch verklammerten Integration der staatlichen Südförderung in ein längerfristig ausgerichtetes gesamtwirtschaftliches Entwicklungsprogramm präsentiert.[655] Vanoni, der von den Planungen Saracenos äußerst angetan war und ihm von Anfang an seine volle Unterstützung zusicherte, hatte die SVIMEZ bereits inoffiziell mit der Ausarbeitung eines ersten Entwurfs für ein organisches

---

652 Vgl. Manin Carabba, Un ventennio di programmazione. 1954–1974, Rom-Bari: Laterza (1977), S. 16ff.

653 Woller (2010), Geschichte Italiens, S. 272.

654 Vgl. ebd., S. 275f. sowie Radi (2005), La DC, S. 134ff.

655 Vgl. Misiani (2004), Lo schema Vanoni.

nationales Wirtschaftsprogramm betraut. Offensichtlich ging er davon aus, sowohl die Partei als auch den Ministerrat von der Notwendigkeit einer volkswirtschaftlichen Gesamtplanung überzeugen zu können.[656] Nachdem die DC auf dem Kongress im Juni mit der Annahme des Antrags De Gasperis einstimmig die Konzeptionierung eines entwicklungsökonomisch ausgerichteten Wirtschaftsplans befürwortet hatte, erfolgte schon Anfang Juli der offizielle Regierungsbeschluss, für einen Zeitraum von zehn Jahren ein entsprechendes Programm zu entwerfen. Zugleich erfolgte der offizielle Entscheid zur Übernahme der Planungsarbeiten vonseiten der SVIMEZ.[657] Vanoni, dem die politische Verantwortung für die Ausarbeitung dieses Programms vom Ministerrat übertragen worden war, stellte der SVIMEZ zur Unterstützung der Planungsarbeiten ein aus anerkannten Akademikern und Politikern zusammengesetztes Expertenteam zur Seite. Neben einigen führenden italienischen Ökonomen wie Salvatore Guidotti, Giuseppe Di Nardi, Ferdinando Di Fenizio, Libero Lenti, Alessandro Molinari, Giuseppe Parenti, Marcello Boldrini und Albino Uggè,[658] konnte er so namhafte internationale Persönlichkeiten wie den Wirtschaftswissenschaftler und IBRD-Berater Paul N. Rosenstein-Rodan, den Ökonomen und OEEC-Berater Austin Robinson, den späteren Nobelpreistrager für Wirtschaftswissenschaften und EGKS-Berater Jan Tinbergen sowie den Generalsekretär der OEEC, Robert Marjolin gewinnen.[659] Unter der Leitung Saracenos wurden während der folgenden Monate verschiedene Fassungen für einen Planungsentwurf erarbeitet und jeweils dem Haushaltsminister zur Begutachtung vorgelegt. In enger Rücksprache mit Fanfani, der einen zunehmenden Gegenwind aus der eigenen Partei zu spüren bekam, ordnete Vanoni immer wieder Änderungen an. Hierbei ging es im Kern um eine Abschwächung der streng dirigistischen Stoßrichtung des ursprünglichen Entwurfs, wie er von Saraceno und seinen Mitarbeitern konzipiert worden war.

In seiner finalen Fassung wurde das *Schema di sviluppo dell'occupazione e del reddito in Italia nel decennio 1955–1964* am 29. Dezember 1954 dem Ministerrat von Vanoni übergeben und am 25. März des folgenden Jahres im Senat dem Parlament vorgestellt.[660] Das *Schema Vanoni* – wie das Entwicklungsprogramm im Allgemeinen kurz bezeichnet wird und das im Folgenden hinsichtlich seines Inhalts und seiner Zielstellungen skizziert werden soll – basierte im Wesentlichen auf drei strategischen

---

656 Vgl. Piero Barucci, Di Ezio Vanoni e del suo piano, in: Rivista online della Scuola Superiore dell'Economia e delle Finanze, n. 2 (2010), in: http://www.rivista.ssef.it/www.rivista.ssef.it/sitee93b.html?page=stampa&idpagestampa=20031231142715682&edition=2010-02-01#_edn1 (besucht am 22.04.2016).

657 Vgl. vor allem Valeria Vitale, L'attività della SVIMEZ dal 1946 al 1991, in: Rivista economica del Mezzogiorno, n. 2 (2000), S. 591f. Zusammenfassend, vgl. Bonuglia (2010), Saraceno, S. 310ff. oder Misiani (2004), Lo schema Vanoni sowie Barucci (2010), Vanoni.

658 Vgl. Ministero del bilancio (1955), Schema di sviluppo, S. 40.

659 Vgl. ebd. sowie Lavista (2010), Programmazione, S. 119.

660 Vgl. Atti Parlamentari, Senato della Repubblica, Discussioni, Leg. 2, Anno 1955, CCLXXIII seduta, 25 marzo 1955, S. 10967–10974.

Eckpfeilern: *Erstens*, auf einer koordinierten, auf zehn Jahre projektierten regionalen und sektoralen differenzierten Ausweitung von staatlichen Investitionen in den Bereichen Forst- und Agrarwirtschaft, öffentliche Versorgung und Infrastruktur (*settori propulsivi* – propulsive Sektoren).[661] *Zweitens*, auf einem groß angelegten staatlichen Wohnungsbauprogramm für die Jahre von 1955 bis 1964 zur zusätzlichen Nachfragestimulierung und Wachstumsregulierung, wobei die geplanten staatlichen Investitionen im Bereich der Wohnungsbauwirtschaft (*settore regolatore* – regulierender Sektor) schnell und flexibel an das Wachstum der gesamtwirtschaftlichen Nachfrage angepaßt werden sollten.[662] Den *dritten* strategischen Eckpfeiler des *Schema Vanoni* bildete die geplante Gegenfinanzierung des staatlichen Investitions- und Wohnungsbauprogramms durch Steuermehreinnahmen, einen Anstieg der volkswirtschaftlichen Ersparnis sowie durch Kredite aus dem Ausland.[663]

Abgesichert durch eine jährliche Überprüfung, Anpassung und Implementierung dieses großangelegten staatlichen Investitions- und Wohnungsbauprogramms, sollte auf diese Weise eine dem Markt überlegene optimale Allokation der verfügbaren volkswirtschaftlichen Ressourcen gewährleistet werden, um drei übergeordnete Zielsetzungen (*obiettivi fondamentali*) zu realisieren: Ein gesamtwirtschaftlicher Zuwachs von 4 Mio. neuen Arbeitsplätzen, ein nachhaltiger Abbau der regionalen ökonomischen und sozialen Ungleichgewichte sowie ein Ausgleich der Zahlungsbilanz.[664] Für das Erreichen dieser Zielsetzungen definierte das *Schema* folgende ökonomische und nichtökonomische Voraussetzungen: auf volkswirtschaftlicher Ebene eine jahresdurchschnittliche Steigerung des NIP während der nächsten zehn Jahre von 5% sowie – auf sektoraler Ebene – einen Nettowertschöpfungsanstieg im Agrarsektor von durchschnittlich 1,8% pro Jahr, im Dienstleistungsbereich von 5,7% und von 6,2% im Bereich der Industriewirtschaft,[665] außerdem eine deutliche und nachhaltige Exportsteigerung sowie eine vollständige Verortung der neuen Arbeitsplätze außerhalb der Forst- und Agrarwirtschaft; auf institutionell-politischer Ebene ein gezielter Abbau von Wettbewerbsbeschränkungen; auf technologischer Ebene eine forcierte Adaption und Diffusion modernster Technologien und Organisationsstrukturen mittels staatlicher Investitionslenkung und -regulierung; auf regionaler Ebene eine überproportional starke Ausrichtung der geplanten staatlichen Investitionen auf Süditalien sowie auf sozialpolitischer Ebene schließlich eine nachhaltige Verbesserung des Schul-, Ausbildungs- und Gesundheitssystems, die Beseitigung der Wohnungsnot und die qualitative Verbesserung der Wohnverhältnisse.[666]

---

661 Vgl. Ministero del bilancio (1955), Schema di sviluppo, S. 57ff.
662 Vgl. ebd., S. 58 und S. 80ff.
663 Vgl. ebd., S. 89ff.
664 Vgl. ebd., S. 47, S. 52 und S. 56.
665 Vgl. ebd., S. 47, S. 54 und S. 109f.
666 Vgl. ebd., S. 54f., und S. 115ff.und S. 127f.

Auf der Grundlage einer fundierten, regional und sektoral differenzierenden Analyse der sozioökonomischen Entwicklung von 1950 bis 1954 gliederte sich der Planungsentwurf in verschiedene Teilprogramme und -pläne: in ein Investitionsprogramm, einen Finanz- und Ergebnisplan sowie in eine abschließende Spezifizierung der Politikvorschläge zur staatlich forcierten Industrialisierung des Mezzogiorno, zur gezielten Exportsteigerung und zur quantitativen wie qualitativen Verbesserung des Schul- und Ausbildungssystems. Im Mittelpunkt des Planungsentwurfs stand das Investitionsprogramm, das sich wiederum noch einmal in drei einzelne Investitionspläne untergliederte: in einen nach Sektoren und Branchen differenzierenden Investitionsplan für die Gesamtdauer von zehn Jahren ohne jährliche Staffelung, in einen nach Jahren gestaffelten Investitionsplan für die Jahre von 1955 bis 1958 sowie in einen Investitionsplan zur regionalen Verteilung der staatlichen Investitionen zwischen Süditalien und dem Rest des Landes für die Gesamtdauer von 1955 bis 1964, ohne jährliche Staffelung.

Insgesamt sollten die im *Schema* geplanten finanziellen Aufwände in den Bereichen Forst- und Agrarwirtschaft, öffentliche Versorgung, Infrastruktur und Wohnungsbauwirtschaft die sonstigen Staatsausgaben um 10.935 Mrd. Lire zu Preisen von 1954 (159,83 Mrd. € (2010)) erhöhen, zuzüglich der erforderlichen Abschreibungen[667] und der staatlichen Zuschüsse für den privaten Wohnungsbau.[668] Das geplante Gesamtvolumen der staatlichen Bruttoanlageinvestitionen belief sich bis Ende 1964 insofern schätzungsweise auf knapp 18.000 Mrd. Lire (233,86 Mrd. € (2010)); diese gewaltige Summe entsprach damit – zum Vergleich – etwa dem 1,2fachen Wert des BIP von 1954.[669] Circa 18,4% der geplanten staatlichen Nettoanlageinvestitionen sollten für den Agrarsektor zur konsequenten Umsetzung der bereits eingeleiteten Agrarreformmaßnahmen, zur Bodenmelioration und Landgewinnung, zum Auf- und Ausbau der landesweiten Bewässerungssysteme wie auch der Lager- und Produktionsstätten, zur Mechanisierung der forst- und landwirtschaftlichen Betriebe, zur Verbesserung der beruflichen und fachlichen Ausbildung sowie für Viehzuchtprogramme bereitgestellt werden.[670] Daneben sollten 14,4% der staatlichen Nettoinvestitionen in den

667 Die staatlichen Abschreibungen werden im *Schema Vanoni* selbst nicht aufgelistet bzw. ausgepreist, sondern nur die volkswirtschaftlichen Gesamtabschreibungen für ganz Italien. Anhand des im *Schema* geplanten staatlichen Anteils an den Gesamtnettoanlageinvestitionen wurde das Gesamtvolumen der staatlichen Abschreibungen schätzungsweise auf knapp 4.840 Mrd. Lire berechnet.

668 Auch die genaue Höhe der geplanten staatlichen Zuschüsse für den privaten Wohnungsbau während der Jahre von 1955–1964 wird im *Schema Vanoni* nicht angegeben, sondern nur ihr prozentualer Anteil an den geplanten Gesamtinvestitionen im Wohnungsbau in Höhe 5.100 Mrd. Lire, der sich – je nach Bedarf – zwischen sieben und zwölf Prozent belaufen würde. Um das Gesamtvolumen der geplanten staatlichen Bruttoanlageinvestitionen zumindest näherungsweise zu schätzen, wurde hieraus der Mittelwert – knapp 500 Mrd. Lire – berechnet.

669 Eigene Berechnungen, basierend auf Baffigi (2011), Italian National Accounts. Baffigi berechnet das BIP im Jahr 1954 zu laufenden Preisen auf 14.924,44 Mrd. Lire.

670 Vgl. ebd., S. 59ff., S. 64 und Tabelle 39, S. 118.

Wohnungsbau fließen, wodurch bis Ende 1964 im Rahmen eines umfassenden Wohnungsbauprogramms allein 3,5 Mio. neue Wohnräume errichtet werden sollten.[671] Für den sozialen und technischen Infrastrukturbereich bestimmte das *Schema* wiederum einen Anteil am geplanten staatlichen Gesamtnettoinvestitionsvolumen von 24,2%, wobei mit knapp 70% der Löwenanteil der insgesamt in diesem Bereich geplanten staatlichen Investitionen in Höhe von 2.650 Mrd. Lire für straßen-, verkehrs- und wasserbauliche Maßnahmen verwendet werden sollte, wohingegen für den Auf- und Ausbau von Schulen, Hochschulen, Krankenhäusern und anderen sozialen Einrichtungen lediglich 820 Mrd. Lire eingeplant waren.[672]

Mit insgesamt 4.700 Mrd. Lire bzw. einem Anteil am Gesamtvolumen der staatlichen Nettoanlageinvestitionen von knapp 43% bildete der Bereich der öffentlichen Versorgung den strategischen Schwerpunkt des staatlichen Investitionsprogramms. Im Planungsfokus des *Schema* stand dabei insbesondere die Energiewirtschaft. Ausgehend von der Annahme, dass sich der Stromverbrauch sowohl der privaten Haushalte als auch und vor allem der Industrieunternehmen in wechselseitiger Abhängigkeit mit der fortschreitenden und durch die Implementierung des staatlichen Investitionsprogramms noch zusätzlich forcierten Expansion der Industriewirtschaft bis Ende 1964 im Jahresdurchschnitt um mindestens 5,7% erhöhen würde,[673] sollte mit 3.050 Mrd. Lire der größte Anteil an den staatlichen Nettoanlageinvestitionen in den Bereich der Stromwirtschaft gelenkt werden. Ziel war es, durch den Aufbau neuer Kraftwerke die Stromproduktion an die steigende Nachfrage anzupassen und gleichzeitig das nationale Versorgungsnetz zu modernisieren, auszubauen und zu verdichten.[674] Weitere 285 Mrd. Lire sollten in die Exploration und Förderung von Erdgas sowie in den forcierten Auf- und Ausbau eines landesweiten Gasleitungsnetzwerkes investiert werden.[675] Neben der Energiewirtschaft standen aber auch der landesweite Eisenbahn- sowie der innerstädtische Personennahverkehr im Planungsfokus des *Schema*, die in Höhe von insgesamt 665 Mrd. Lire massiv gefördert werden sollten, um den erwarteten zunehmenden Transport- und Mobilitätserfordernissen gerecht werden zu können.[676] Darüber hinaus waren schließlich noch Nettoanlageinvestitionen im Umfang von 415 Mrd. Lire für die Modernisierung und den Ausbau des landesweiten Wasserversorgungssystems sowie weitere 285 Mrd. Lire für die Vergrößerung und qualitative Verbesserung des nationalen Telefonnetzes eingeplant.[677]

671 Vgl. ebd., S. 80ff.
672 Vgl. ebd., S. 71ff. und Tabelle 39, S. 118.
673 Vgl. ebd., S. 67.
674 Konkret sollten während der folgenden zehn Jahre nach den Planungen des *Schema* 1.430 Mrd. Lire in die Stromerzeugung zum Aufbau neuer Kraftwerke sowie 1.780 Mrd. Lire in die Stromversorgung investiert werden. Vgl. ebd., S. 68 und Tabelle 39, S. 118.
675 Vgl. ebd., S. 68f. und Tabelle 39, S. 118.
676 Vgl. ebd., S. 69 und Tabelle 39, S. 118.
677 Vgl. ebd., S. 70 und Tabelle 39, S. 118.

Im Investitionsprogramm des *Schema Vanoni* war das erforderliche Gesamtvolumen der Bruttoanlageinvestitionen als Voraussetzung für das Erreichen seiner übergeordneten Zielsetzungen mit insgesamt 35.107 Mrd. Lire (513,13 Mrd. € (2010)) ausgewiesen. Sie sollten sich mit einer jahresdurchschnittlichen Wachstumsrate von 6,9% kontinuierlich steigern und 1964 ungefähr das Doppelte (198%) des Jahreswertes von 1954 erreichen. Abzüglich der mit 10.770 Mrd. Lire (157, 42 Mrd. € (2010)) veranschlagten Abschreibungen, sollte die Investitionssteigerung bis zum Ende der Laufzeit zu einer Erhöhung des volkswirtschaftlichen Kapitalstocks um 24.337 Mrd. Lire (355,72 Mrd. € (2010)) führen. Mit knapp 11.000 Mrd. Lire belief sich der staatliche Anteil am Gesamtvolumen der Nettoanlageinvestitionen von 1955 bis 1964 nach den Planungen des *Schema* dementsprechend auf etwa 45%, was – angesichts der tatsächlich im Jahr 1954 getätigten staatlichen Bruttoanlageinvestitionen in Höhe von knapp 453 Mrd. Lire (6,62 Mrd. € (2010)) und dem sich daraus ergebenen staatlichen Anteil an den volkswirtschaftlichen Gesamtinvestitionen von lediglich 18,2% – nahezu eine Verzweieinhalbfachung des durchschnittlichen staatlichen Investitionsanteils bedeutet hätte.[678]

Um insbesondere die regionale Wirtschaftsentwicklung in Süditalien gezielt zu dynamisieren und gleichzeitig das sozioökonomische Gefälle zum übrigen Italien dauerhaft zu reduzieren, sollten nach den Investitionsplanungen des *Schema Vanoni* insgesamt 47,8% der bis Ende 1964 projektierten staatlichen Nettoanlageinvestitionen in Süditalien getätigt werden.[679] Der regionale Investitionsanteil überstieg dabei deutlich den regionalen Bevölkerungsanteil des Mezzogiorno, der nach den Berechnungen der SVIMEZ während der nächsten zehn Jahre nur unwesentlich – auf 38% – steigen würde.[680] Die für Süditalien geplanten staatlichen Pro-Kopf-Investitionen waren damit erheblich höher als im übrigen Italien. Die geplanten regionalen Investitionsquoten in den staatlich geförderten Wirtschaftsbereichen differierten allerdings zum Teil ganz erheblich, wobei in allen Bereichen – abgesehen von der öffentlichen Versorgung (36,2%) sowie vom Straßen-, Tief- und Verkehrswasserbau (47,3%) – sogar mehr als 50% der für die gesamte Volkswirtschaft jeweils geplanten staatlichen Investitionen im Mezzogiorno getätigt werden sollten: im Wohnungsbaubereich 52,9%, im Agrarsektor 54,3% sowie im Bereich „Schulen, Hochschulen, Krankenhäuser und andere sozialen Einrichtungen“ sogar 58,8%.[681] Die Gesamtnettoanlageinvestitionen hätten sich demzufolge im Mezzogiorno während der nächsten zehn Jahre auf

---

678 Eigene Berechnungen, basierend auf Atti Parlamentari, Camera dei Deputati, Relazione generale sulla situazione economica del Paese (1955), presentata dal ministro del bilancio (Zoli) e dal ministro del tesoro (Medici) alla Presidenza il 14 marzo 1956, Rom: Istituto Poligrafico dello Stato (1956), Tabelle 1, S. 54 (Gesamtbruttoanlageinvestitionen, 1954) und Tabelle 4, S. 145 (staatliche Bruttoanlageinvestitionen, 1954). Die Gesamtbruttoanlageinvestitionen in Italien im Jahr 1954 beliefen sich auf 2.489 Mrd. Lire, das Gesamtvolumen der staatlichen Bruttoanlageinvestitionen auf 452,96 Mrd. Lire.

679 Vgl. ebd., Tabelle 39, S. 118.

680 Vgl. ebd., S. 120.

681 Vgl. ebd., Tabelle 39, S. 118.

11.726 Mrd. Lire (171,39 Mrd. € (2010)) und damit auf 48,2% des gesamtwirtschaftlichen Investitionsvolumens belaufen müssen, um einen Anstieg des regionalen NIP von jahresdurchschnittlich mindestens 6% bis Ende 1964 zu gewährleisten.[682] Etwas mehr als 5.258 Mrd. Lire (76,85 Mrd. € (2010)) – also knapp 45% – sollten davon durch den Staat investiert werden. Ergänzt werden sollte das geplante Investitionsaufkommen des Staates durch weitere Nettoanlageinvestitionen privater Investoren in Höhe von 2.700 Mrd. Lire im Bereich der Verarbeitenden Industrie, von 1.500 Mrd. Lire im Dienstleistungsbereich, von 1.706 Mrd. Lire im Wohnungsbau sowie von etwa 562 Mrd. Lire im Agrarsektor.[683] Von dieser Investitionsförderung sollte die gesamte Volkswirtschaft profitieren, da „sich die Multiplikatoreffekte der im Mezzogiorno getätigten Investitionen größtenteils in den höher und hoch industrialisierten Landesteilen entfalten würden."[684] Konkret sollten entsprechend der Planungsstatistik des Vanoni-Entwurfs nur etwa 60% der durch die Nettoanlageinvestitionen in Süditalien generierten direkten und induzierten Nettowertschöpfungserhöhung auf die Regionen des Mezzogiorno entfallen, 40% hingegen zusätzlich dem Rest des Landes zufließen. Dadurch aber wäre der regionale Anteil Nordwest-, Nordost- und Mittelitaliens am landesweiten Wertschöpfungszuwachs mit knapp über 60% deutlich größer als der geplante regionale Investitionsanteil von 51,8%. Der Anstieg des regionalen NIP bis Ende 1964 wiederum sollte dementsprechend – absolut betrachtet – erheblich höher ausfallen als in den Regionen Süditaliens.[685] In ganz Italien sollte das NIP im Jahr 1964 durch die Umsetzung des im *Schema Vanoni* projektierten Investitionsprogramms das Niveau von 1954 um 62,7% übertreffen,[686] die Nettowertschöpfung der Forst- und Landwirtschaft um 19,6% ansteigen, im Dienstleistungssektor um 73,6% und innerhalb der Industriewirtschaft sogar um 82%.[687] Entsprechend dieser Zielvorgaben sollte sich die sektorale Wertschöpfungsstruktur der italienischen Volkswirtschaft insgesamt nachhaltig verändern und zugleich den sektoralen Wertschöpfungsstrukturen der weltweit führenden Industrienationen sukzessive angleichen[688]: Der Wertschöpfungsanteil der Forst- und Landwirtschaft würde sich von 26% auf 20% verringern, der Dienstleistungssektor stattdessen einen Anstieg von 34% auf 36% und die Industriewirtschaft sogar einen Anstieg von 40% auf 44% erreichen.[689]

Über die Realisierung der gesamtwirtschaftlichen und sektoralen Wachstumsziele des im *Schema* geplanten Investitionsprogramms sollte bis Ende 1964 darüber hinaus ein gesamtwirtschaftlicher – stabiler und langfristiger – Beschäftigungszuwachs von

682 Vgl. ebd., S. 120.
683 Vgl. ebd., Tabelle 39, S. 118 und Tabelle 44, S. 126.
684 Ebd., S. 119.
685 Vgl. ebd., S. 119 und Tabelle 42, S. 122.
686 Vgl. ebd., Tabelle 33, S. 109.
687 Vgl. ebd., Tabelle 42, S. 122.
688 Vgl. ebd., S. 121.
689 Vgl. ebd., Tabelle 42, S. 122.

insgesamt 3,61 Mio. Arbeitsplätzen ermöglicht werden, davon lediglich etwa 410.000 in den Bereichen der öffentlichen Versorgung sowie der technischen und sozialen Infrastruktur,[690] in der Verarbeitenden Industrie sowie im privaten Dienstleistungsbereich allerdings jeweils 1,6 Mio.[691] Hinzukommen sollten schließlich noch etwa eine halbe Mio. neuer Arbeitsplätze im Bereich der Bauindustrie durch die Umsetzung des staatlichen Wohnungsbauprogramms. Ungeachtet des prognostizierten Zuwachses an neuen Arbeitskräften bis Ende 1964 in Höhe von etwas über 2 Mio.[692] sowie des erwarteten Beschäftigungsrückgangs im Bereich der Forst- und Landwirtschaft von 900.000 könnte dadurch – so die Erwartung – die aktuelle Arbeitslosenzahl im Jahr 1954 in Höhe von 1,8 Mio. auf unter 700.000 Arbeitssuchende verringert werden.[693]

Die Planungsakteure gingen dabei von einer spürbaren sozialen und wirtschaftlichen Verbesserung des Mezzogiorno bis Ende 1964 aus: *Erstens*, sollte der Arbeitsangebotsüberschuß in Süditalien während der folgenden zehn Jahre durch eine Binnenmigration von etwa 600.000 Arbeitskräften vom Süden in den Norden des Landes ausgeglichen werden, so dass die Anfang der 1950er Jahre gravierende Arbeitslosigkeit im Mezzogiorno nahezu vollständig abgebaut werden könnte.[694] *Zweitens*, würden sich sowohl das regionale NIP als auch das regionale Pro-Kopf-Einkommen bis Ende 1964 mehr als verdoppeln und mit einer individuellen materiellen Wohlstands- und Konsumsteigerung der süditalienischen Bevölkerung einhergehen.[695] *Drittens*, versprach man sich durch die sowohl quantitative als auch qualitative Verbesserung der Wohnverhältnisse sowie der sozialen Infrastrukturen eine suzessive Angleichung des Lebensstandards (Ernährung, Kleidung, Wohnen, Bildung, Gesundheit, Lebenserwartung, Freizeit, Mobilität, etc.) in Süditalien an den nationalen Durchschnitt.[696] *Viertens*, wurde eine Verringerung des ökonomischen Abstands zwischen dem Mezzogiorno und dem übrigen Italien erwartet, wobei der regionale Anteil Süditaliens am NIP von 21% im Jahr 1954 auf immerhin 28% im Jahr 1964 und das regionale Pro-Kopf-Einkommen um mehr als zehn Prozentpunkte auf knapp 75% des nationalen Durchschnitts steigen sollten.[697] *Fünftens* schließlich, verband man mit dem im *Schema Vanoni* geplanten Investitionsprogramm einen forcierten, primär auf den Mezzogiorno konzentrierten Strukturwandel, damit aber eine Annäherung der durchschnittlichen inter- und intrasektoralen Beschäftigungs-, Produktivitäts- und Wertschöpfungsstrukturen der südita-

690 Vgl. ebd., Tabelle 14, S. 73.
691 Vgl. ebd., S. 76 und Tabelle 15, S. 77.
692 Vgl. ebd., Tabelle 1, S. 49.
693 Vgl. ebd., Tabelle 35, S. 111.
694 Vgl. ebd., S. 125.
695 Vgl. ebd., Tabelle 42, S. 122.
696 Vgl. ebd. S. 97 ff.
697 Vgl. ebd., Tabelle 42, S. 122.

lienischen Wirtschaft an die Wirtschaftstrukturen der höher- und hochindustrialisierten Regionen Nordwest-, Nordost- und Mittelitaliens.[698]

3.1.4 Das *Schema Vanoni* – Eine kritische Würdigung

Ideengeschichtlich geht das *Schema Vanoni* unverkennbar auf Pasquale Saraceno zurück. Nahezu alle wichtigen inhaltlich-strategischen Planungselemente einer zukünftigen regionalen Investitionspolitik für Süditalien, die Saraceno seinen Zuhörern schon auf der Studientagung der *Cassa* im Spätherbst 1953 als integralen Bestandteil eines gesamtwirtschaftlichen, längerfristig ausgerichteten Investitionssprogramms präsentiert und erklärt hatte, fanden in dem unter der politischen Verantwortung Ezio Vanonis ausgearbeiteten und im Frühjahr 1955 dem Parlament vorgestellten Planungsentwurf für ein Zehn-Jahres-Entwicklungsprogramm der italienischen Volkswirtschaft ihren Niederschlag. Saraceno hatte – wie weiter oben dargestellt – bereits seit Kriegsende, gemeinsam mit Mitarbeitern des IRI-Studienzentrums und der SVIMEZ nach einem industriepolitischen Lösungsansatz zum Abbau des italienischen Nord-Süd-Gefälles gesucht. Dieser Ansatz war schließlich um die planerischen Elemente dirigistischer Regionalpolitik und staatlicher gesamtwirtschaftlicher Investitionslenkung sowie um die post-keynesianische Wachstumstheorie der Einkommens- und Beschäftigungseffekte autonomer Investitionen erweitert und durch das *Schema Vanoni* in Form regional-, sektoral- und branchenspezifischer Investitionspläne, basierend auf umfangreichen Modellrechnungen konkretisiert worden.

Innerhalb der historischen Italienforschung wird das *Schema* mehrheitlich als zäsursetzend und als Höhepunkt der seit Ende 1949 mit dem Fanfani-Plan eingeleiteten ersten Reformperiode nach dem Ende des Zweiten Weltkrieges beurteilt. Dieses weit verbreitete Interpretament ist allerdings zu relativieren. Zwar stellte der Planungsentwurf hinsichtlich seiner ehrgeizigen Zielsetzungen, der Höhe der geplanten staatlichen Investitionen sowie der industriepolitischen Stoßrichtung zweifellos eine neue Qualität dar, zumal er sich vor allem auch konzeptionell deutlich von den bisherigen staatlichen Reformbemühungen absetzte. Doch formulierte der Vanoni-Entwurf – und darin zeigt sich seine Ambivalenz – lediglich nur Ziele und keine konkreten wirtschaftspolitischen Entscheidungen bzw. Schrittfolgen, *wie* die verschiedenen Zielsetzungen praktisch erreicht werden könnten. In diesem Zusammenhang war es von besonderer Brisanz, dass das staatliche Investitionsprogramm über die Ausweitung der staatlichen Investitionen – das eigentliche Herzstück des *Schema Vanoni* – regional sowie inter- und intrasektoral differenzierte, zeitlich hingegen keine näheren Angaben beinhaltete. Dadurch blieb aber offen, wann, wo und wieviel der Staat innerhalb des jeweils projektierten Planungszeitraumes investieren

698 Vgl. ebd., S. 121f.

sollte. Entgegen der ursprünglichen Intention der Verfasser, wurde das *Schema* denn auch nicht in ein Wirtschaftsprogramm mit detailliertem Maßnahmenkatalog und operationablen Finanzierungsmodalitäten transformiert, stattdessen während der folgenden Jahre mehrfach um- und neu ausgearbeitet.[699] Die in den Jahren 1955, 1957, 1958 und 1959 dem Ministerrat und dem Parlament jeweils vorgelegten neubearbeiteten Fassungen des *Schema* stellten ebenfalls nur Entwürfe für ein zukünftiges Wirtschaftsprogramm dar, nicht aber konkrete Pläne mit gesetzlichem Verbindlichkeitscharakter.[700] Demzufolge hatte das *Schema Vanoni* kaum einen direkten Einfluß auf die praktische Wirtschaftspolitik seit Mitte der 1950er Jahre, so dass auch die im *Schema* projektierten Reformmaßnahmen nicht – zumindest nicht unmittelbar und im Ganzen – umgesetzt wurden. Mit anderen Worten: Das *Schema Vanoni* besaß letztlich keine, die sozioökonomische Entwicklung maßgeblich verändernde unmittelbare Praxisrelevanz.

Hinsichtlich der Konzeptionierung und Sanktionierung (neuer) industriepolitischer Strategien und Maßnahmen blieb der von Vanoni verantwortete Programmentwurf, ungeachtet seines ambitionierten Zielkatalogs, weit hinter den ursprünglichen Forderungen Saracenos nach einer umfassenden Reform der staatlichen Sondergesetzgebung für die Regionen des Mezzogiorno, nach einer koordinierten massiven Ausweitung der staatlichen Industrieinvestitionen und nach der Implementierung weiterer Industriefördermaßnahmen zur Industrialisierung Süditaliens zurück: So wurde die staatliche Sondergesetzgebung für Süditalien weder institutionell sowie organisatorisch neu definiert noch wurden die Exekutivfunktionen der bislang verantwortlichen staatlichen Instanzen – das *Comitato dei ministri per il Mezzogiorno* und die *Cassa per il Mezzogiorno* – überhaupt thematisiert. Beides wäre aber notwendig gewesen, um die staatliche Südförderung in ein gesamtwirtschftliches

---

699 Vgl. Comitato interministeriale per la ricostruzione. Segreteria per il programma di sviluppo economico, Programma italiano di sviluppo economico. Rapporto al gruppo di lavoro n. 9 del Consiglio dell'Oece sullo stadio dei lavori al 28 febbraio 1955. Elementi per la politica economica del quadriennio 1955–1958 (unveröffentlichte Druckfahne), in: Archivio Storico della Banca d'Italia, Studi, prattiche, n. 288, fasc. 12, S. 226–267; Comitato interministeriale per la ricostruzione. Segreteria per il programma di sviluppo economico, Lineamenti del programma di sviluppo dell'occupazione e del reddito in Italia, Rom: Istituto Poligrafico dello Stato (1956); Pasquale Saraceno, Schema di sviluppo e Mercato Comune Europeo. Rapporto del Presidente del Comitato per lo sviluppo dell'occupazione e del reddito al Presidente del Consiglio dei Ministri, unveröffentlicht (Oktober 1957), abgedruckt in: Presidenza del Consiglio dei Ministri (1957), Documenti, S. 25–36; Pasquale Saraceno, Elementi per una politica di bilancio. Rapporto del Presidente del Comitato per lo sviluppo dell'occupazione e del reddito al Presidente del Consiglio dei Ministri, unveröffentlicht (Mai 1958), in: Archivio Storico della Banca d'Italia, Studi, prattiche, n. 293, fasc. 12, S. 136–145 sowie Presidenza del Consiglio dei Ministri. Comitato per lo sviluppo dell'occupazione e del reddito, Riconsiderazione dello „Schema Vanoni" nel quinto anno della sua presentazione. Rapporto del Presidente del Comitato al Presidente del Consiglio dei Ministri, Rom: Istituto Poligrafico dello Stato (1959).

700 Vgl. in diesem Zusammenhang vor allem Galisi (2014), Intervento straordinario, S. 83 ff. sowie Lavista (2010), Programmazione, S. 128 ff.

Entwicklungsprogramm zu integrieren. Darüber hinaus war das geplante Fördervolumen direkter staatlicher Industrieinvestitionen für Süditalien bei weitem zu gering. Schließlich fehlten weitere, die geplante staatliche Investitionspolitik flankierende industriepolitische Maßnahmen. Selbst die Verfasser des *Schema* konstatierten, dass die Implementierung bzw. Umsetzung des projektierten staatlichen Investitionsprogramms allein nicht ausreichen würde, in den Regionen des Mezzogiorno ein sich selbst tragendes Industriewachstum zu generieren.[701] Knapp 19% der staatlichen Nettoanlageinvestitionen sollten in den Wohnungsbau fließen, etwa 23,3% in den Agrarsektor, 25,5% in den Auf- und Ausbau der technischen und sozialen Infrastrukturen sowie 32,3% in den Bereich der öffentlichen Versorgung.[702] Mit 1.150 Mrd. Lire zum Ausbau der regionalen Stromproduktion und -versorgung sowie weiteren 36 Mrd. Lire zur Exploration und erhofften Ausbeutung von Erdgasfeldern auf Sizilien sollten allerdings nur knapp mehr als 22,5% der insgesamt bis Ende 1964 für Süditalien geplanten Investitionen im Industriebereich direkt investiert werden.[703] Neben den staatlichen, im Mezzogiorno ansässigen und/oder operierenden IRI-Unternehmen der Stromindustrie und der staatlichen Energieagentur ENI (Erdgas), hätten zwar auch die süditalienischen Unternehmen der privaten und staatlichen Bauindustrie direkt durch das Entwicklungsprogramm profitiert, was im Vergleich mit den bislang eingleiteten Maßnahmen der Sondergesetzgebung für Süditalien durchaus ein erheblicher Investitionsimpuls zur Industrieförderung in Süditalien gewesen wäre. Staatliche Direktinvestitionen in den Bereichen der Mineralgewinnenden und vor allem der Verarbeitenden Industrie waren allerdings im Investitionsprogramm des *Schema Vanoni* gar nicht vorgesehen. Gerade sie wären aber dringend erforderlich gewesen, um die indirekten Wertschöpfungseffekte der staatlichen Investitionspolitik für Zulieferer- und Komplementärindustrien *in loco* in vollem Umfang ausnutzen zu können.

In allen Regionen Süditaliens – mit Ausnahme des (halb)industriellen Ballungsraumes in und um Neapel – war insbesondere das Verarbeitende Gewerbe traditionell im Vergleich zum übrigen Italien stark unterentwickelt und insgesamt kaum wettbewerbsfähig; daran hatte sich auch nach Kriegsende nichts geändert.[704] Die Bauindustrie nicht mitgerechnet, belief sich der regionale Anteil Süditaliens an der Gesamtbruttowertschöpfung sowie am Gesamtbruttoanlageinvestitionsvolumen der nationalen Industriewirtschaft im Jahr 1954 auf gerade einmal 11,7% bzw. 13,5%.[705] Innerhalb der

701 Vgl. Ministero del bilancio (1955), Schema di sviluppo, S. 117f.

702 Eigene Berechnungen, basierend auf ebd., Tabelle 39, S. 118.

703 Vgl. ebd.

704 Vgl. vor allem Kevin Allan, Regional Intervention, in: Stuart Holland (Hg.), The State as Entrepreneur. New Dimensions for Public Enterprise: The IRI State Shareholding Formula, London: Weidenfeld and Nicolson (1972), S. 167f.; Carreras (1999), Un ritratto quantitativo, S. 263ff. sowie Luigi Bruni, Analisi disaggregata dello sviluppo manufatturiero dopo la seconda guerra mondiale, in: Fuà (1975), Lo sviluppo economico, S. 290ff. Ansonsten vgl. Sandro Petriccione, Politica industriale e Mezzogiorno, Rom-Bari: Laterza (1976), S. 15ff.

705 Eigene Berechnungen, basierend auf SVIMEZ (2011), Nord e Sud, Tabelle 39, S. 291ff.

wichtigsten Zuliefer- und Komplementärindustrien – der Baustoff-, Eisen- und Stahl-, Maschinen-, Schiff- und Fahrzeugbau- sowie der Chemischen Industrie – übertraf nur die Baustoffindustrie, in der sich der regionale Anteil des Mezzogiorno an der nationalen Gesamtproduktion auf immerhin 20% belief,[706] die sektoralen Durchschnittswerte. In allen anderen Branchen lagen die Anteile Süditaliens an der jeweiligen nationalen Gesamtperformance jedoch weit darunter.[707] Die Eisen- und Stahlindustrie war, abgesehen vom Produktionszentrum in Bagnoli bei Neapel (Kampanien), schwerpunktmäßig in Ligurien (Genua), in der Toskana (Piombino), in der Lombardei (Mailand und Bergamo) sowie in Umbrien (Terni) angesiedelt, die Maschinen- und Fahrzeugbauindustrie im Städte-Dreieck Mailand-Turin-Genua, und die großen Produktionszentren der Chemie- und Düngemittelindustrie verteilten sich ebenfalls auf die Makroregion „Zentrum-Nord" – auf die Lombardei, den Piemont, Venetien, Ligurien, die Emilia-Romagna, Latium und die Toskana.[708] Aber auch die Baustoffindustrie in Süditalien war zu Beginn der 1950er Jahre weit davon entfernt, die bereits seit der unmittelbaren Nachkriegszeit stetig steigende Nachfrage in der Makroregion aus eigener Produktion abzudecken. Ihr nationales Gravitationszentrum lag weiterhin im Piemont, in der Toskana, der Emilia-Romagna, im Latium, in der Lombardei und in Venetien.[709] Doch reichte nicht nur der mengenmäßige Output der im Mezzogiorno ansässigen und/oder operierenden Unternehmen der betreffenden Industriebranchen und -fachzweige bei weitem nicht aus, die Nachfrage in Süditalien nach Roh- und Werkstoffen, Düngemitteln, Maschinen, Halb- und Werkzeugen, Konstruktionselementen u.v.m. aus eigener Produktion zu befriedigen. Problematisch war darüber hinaus, dass die Angebotspalette weder qualitativ noch hinsichtlich ihrer Güterstruktur der Nachfrage entsprach, da die süditalienischen Industrieunternehmen – zumeist kleinerer und mittlerer Betriebsgrößen – ihre Produktion oftmals auf Spezial- und Nischenprodukte spezialisiert hatten und/oder den mittlerweile gestiegenen nationalen Qualitätsstandards hinterherhinkten. Letzteres nicht zuletzt deshalb, weil sie von den staatlichen Industriefördermaßnahmen seit Kriegsende und vor allem von den amerikanischen und internationalen Finanzhilfen ungleich weniger profitiert hatten als die Konkurrenz in den Regionen Nordwest-, Nordost- und Mittelitaliens. Bereits zum Zeitpunkt der Ausarbeitung des *Schema Vanoni* mußten deshalb die verschiedensten

---

706 Vgl. SVIMEZ, Il Mezzogiorno che cambia: Un quarto di secolo in cifre, in: SVIMEZ, Un quarto di secolo nelle statistiche Nord-Sud, Mailand: Giuffrè (1978), S. XXXII.

707 Kevin Allan schätzt den durchschnittlichen regionalen Wertschöpfungsanteil des Mezzogiorno am Beginn der 1950er Jahre für die Eisen- und Stahl-, Maschinen-, Schiff- und Fahrzeugbau- sowie der Chemischen Industrie auf 8,7%. Vgl. Allan (1975), Regional Intervention, S. 168. Rosario Romeo berechnet den regionalen Wertschöpfungsanteil des Mezzogiorno für diese Branchen für das Jahr 1951 auf sogar nur 6,1%. Vgl. Romeo (1988), Grande industria, S. 298.

708 Vgl. SVIMEZ (1978), Nord-Sud, Tabelle 96, S. 318f.

709 Vgl ebd.

Industriegüter in großem Umfang aus den nördlichen Nachbarregionen bezogen oder aus dem Ausland importiert werden.[710] Zwar gehören Handelsbeziehungen zum Normalerscheinungsbild einer modernen, durch Arbeitsteilung geprägten Volkswirtschaft. Dennoch zählen Standortbedingungen regionaler Industrieunternehmen zu entscheidenden Kostenfaktoren, hängen Stabilität und Wachstum einer Wirtschaftsregion nicht zuletzt von ihrem Verflechtungsgrad vor- und nachgelagerter Wirtschaftsbereiche ab. Vor dem Hintergrund fehlender Wirtschaftsintegration des Mezzogiorno war denn auch nicht zu erwarten, dass die regional ansässigen Unternehmen der betreffenden Branchen und Fachzweige der Verarbeitenden Industrie die im *Schema Vanoni* antizipierte steigende Industriegüternachfrage aus eigener Produktion auch nur annähernd hätten bedienen können. Hierfür wären staatliche Direktinvestitionen oder andere Fördermaßnahmen notwendig gewesen, die auf eine ausgedehnte Neuansiedlung von Unternehmen bzw. auf die forcierte Modernisierung und Steigerung der Produktionskapazitäten bereits im Mezzogiorno ansässiger Industrieunternehmen abzielten. Eine derartige Investitionsausrichtung war im *Schema Vanoni* aber nicht konzeptioniert. Ja mehr noch: Es ist davon auszugehen, dass die induzierten Wachstumseffekte der für Süditalien geplanten staatlichen Investitionsausweitung im Wohnungsbau, der Forst- und Landwirtschaft sowie im öffentlichen Infrastruktur- und Versorgungsbereich auch weiterhin vor allem den Regionen Nordwest-, Nordost- und Mittelitaliens und nicht – wie proklamiert – dem unterentwickelten Süden des Landes zugute gekommen wären. Der Leistungsabstand zwischen dem Mezzogiorno und dem Rest des Landes, vor allem im Bereich der Verarbeitenden Industrie, hätte sich damit sogar immer weiter vergrößert.

Die Verfasser des *Schema Vanoni* waren sich dieser Problematik offensichtlich bewußt. Über ein adäquates Lösungskonzept, *wie* die Verarbeitende Industrie im Mezzogiorno aus eigener Kraft ihre strukturelle Rückständigkeit hätte abbauen können, verfügten sie jedoch nicht. Den Planungen des *Schema Vanoni* zufolge sollte das für die Verarbeitende Industrie in Süditalien projektierte Nettoanlageinvestitonsvolumen von insgesamt 2.700 Mrd. Lire allein durch die Privatwirtschaft aufgebracht werden. Wie dieses Investitionsvolumen in Anbetracht der 1954 in den Regionen des Mezzogiorno getätigten Bruttoanlageinvestitionen im Industriebereich (ohne Bauindustrie) von 118,4 Mrd. Lire durch private Investoren bis Ende 1964 generiert werden sollte, blieb indes offen. Ebenso ungeklärt blieben auch die im *Schema* projektierten regionalen Verteilungsquoten für Süditalien und den Rest des Landes von jeweils 50% der gesamten privaten Industrieinvestitionen, die angesichts des tatsächlichen regionalen Anteils des Mezzogiorno im Jahr 1954 von 14% als vollkommen unrealistisch zu betrachten sind.[711]

710 Vgl. Romeo (1988), Grande industria, S. 297f.

711 Vgl. Eigene Berechnungen, basierend auf ISTAT (1961), Annuario 1960, Tabelle 409, S. 370.

Alternative industriepolitische Maßnahmen für Süditalien, die über das staatliche Investitionsprogramm hinausgingen und die Investitionen der Privatwirtschaft gezielt hätten beschleunigen können, waren im *Schema* nicht vorgesehen bzw. nicht näher erläutert. Staatliche Industriefinanzierung, Kredit-, Export- und Steuererleichterungen wurden zwar als mögliche Maßnahmen zur Attrahierung privater Investitionen zwecks Kompensation zu geringer staatlicher Direktinvestitionen im Industriebereich erwähnt.[712] Auch wurde die Rolle der staatlichen, privatrechtlich organisierten Industrieunternehmen im *Schema Vanoni* – zumindest kurz – angesprochen: „Der Staat hat die Möglichkeiten, mithilfe seiner Wirtschaftsinstitutionen und der Investitionen seiner Industrieunternehmen dort, wo es notwendig erscheint, auch außerhalb der propulsiven Sektoren direkt und gezielt zu intervenieren, um (a) in bestimmten Regionen zusätzliche Produktionsanlagen zu errichten; um (b) Grundstoffindustrien und andere Industriezweige zu fördern, so dass notwendige positive externe Effekte zur Stimulierung der Investitionstätigkeit vonseiten der Privatindustrie entstehen sowie um (c) das Wachstum in den bereits vom Staat kontrollierten Industriezweigen zu stärken."[713] Modelltheoretische Konkretisierungen der Wirkungsmechanismen der etwaigen industriepolitischen Fördermaßnahmen, daraus abgeleitete konkrete politische Handlungsanweisungen, wann, wie lange und durch welche Institutionen eventuelle Gesetzesänderungen oder -neuerungen implementiert und durchgeführt werden sollten oder gar ein detailliertes Investitionsprogramm für die staatlichen Industrieunternehmen, lieferte der Vanoni-Entwurf hingegen nicht.[714]

Zusammenfassend ist deshalb festzustellen, dass sich ein tatsächlicher industriepolitischer Kurswechsel der staatlichen Südförderung aus dem im *Schema Vanoni* projektierten Investitionsprogramm für den Mezzogiorno nicht bzw. nur teilweise ableiten läßt. Insofern ist auch Giuliano Amato zuzustimmen, wenn er in diesem Zusammenhang schreibt: „Im Grunde gab es nicht wirklich viel Neues (...) in dem von Vanoni vorgestellten Programmentwurf, der letztlich bloß die projektierte Ausweitung bereits bestehender staatlicher Fördermaßnahmen beinhaltete und auf den althergebrachten Konzepten staatlicher Wirtschaftsinterventionen basierte."[715] Die forcierte – aufholende – Industrialisierung des Mezzogiorno, wie sie im *Schema Vanoni* strategisch anvisiert wurde, war abermals in die Zukunft verschoben worden. Ungeachtet aller empirischen und konzeptionellen Stärken muß deshalb eine uneingeschränkt positive Würdigung des *Schema Vanoni*, das übrigens in der Literatur oftmals fälschlicherweise als „Vanoni-Plan" bezeichnet wird, zurückgewiesen werden. Die Konzeptionierung (neuer) industriepolitischer Strategien und Maßnahmen zur Förderung der industriewirtschaftlichen Entwicklung der Südregionen, damit aber der gesamten Industriewirtschaft Italiens, war partiell inkonsequent und inkohärent.

712 Vgl. Ministero del bilancio (1955), Schema di sviluppo, S. 58.
713 Ebd.
714 Vgl. auch Fausto (1998), Intervento pubblico, S. 619f.
715 Amato (1972), Introduzione, S. 36f.

Vor allem aber wurden sie nicht implementiert. Dennoch waren die mittel- und längerfristigen institutionell-politischen Folgewirkungen des von Vanoni verantworteten Planungsentwurfs – zumindest im Bereich der Wirtschaftspolitik – durchaus von Bedeutung. Sie reichten in ihrer Vielfältigkeit bis weit in die 1960er Jahre hinein: So lieferte das *Schema Vanoni*, *erstens*, zweifellos eine solide analytische und empirische Orientierungsgrundlage für die Ausarbeitung verschiedener vertikaler Politikmaßnahmen, insbesondere sektoraler und regionaler Wirtschaftsinterventionen, die politisch durchgesetzt und in das italienische Wirtschaftssystem implementiert werden konnten. *Zweitens*, wurden die übergeordneten Zielsetzungen des Planungsentwurfs zum Abbau der wirtschaftlichen Probleme wie auch der sozialen Mißstände des Landes als handlungsleitende Grundmaximen der staatlichen Wirtschaftspolitik übernommen. Trotz der vielen Regierungswechsel und Koalitionsbrüche in der Post-De Gasperi-Ära blieben diese, über alle parteiinternen und zwischenparteilichen Richtungsstreitigkeiten hinweg, als prioritäre Zielgrößen der italienischen Politik bestimmend, an denen sich der jeweilige Erfolg oder auch das Scheitern der in den Folgejahren eingeleiteten industriepolitischen Maßnahmen messen lassen mußten.[716] Schließlich nahm der Vanoni-Entwurf, *drittens*, sowohl konzeptionell als auch inhaltlich bereits die wichtigsten Planungsbestimmungen der *Programmazione Economica Organica* – wie die seit den frühen 1960er Jahren vorangetriebene und seit 1967 auch gesetzlich sanktionierte staatliche Wirtschaftsplanung in Italien genannt wird – in ersten Konturen vorweg.[717] Nicht nur finden sich in den verschiedenen Nationalen Wirtschaftsprogrammen der 1960er Jahre zwecks Förderung von Wachstum und Beschäftigung genau jene zentralen Zielsetzungen und Reformbestrebungen, aber auch modelltheoretischen Grundannahmen sowie wirtschaftspolitischen Instrumente und Maßnahmen wieder, die bereits im *Schema Vanoni* – wenn auch noch unausgereift und lediglich skizzenhaft – formuliert und projektiert worden sind. Die permanenten verschiedenen Versuche, das *Schema* in ein operationables Wirtschaftsprogramm zu transformieren, führten auf diese Weise zugleich bereits seit Mitte der 1950er Jahre auf Regierungs- und Ministerialebene zu einer immer stärkeren institutionellen und organisatorischen Verankerung zentraler wirtschaftspolitischer Planungsinstanzen. Mittelfristig ebneten sie dadurch den Weg für eine staatliche Wirtschaftsplanung, in der die Industriepolitik die Schlüsselposition zur Erreichung der

716 Vgl. vor allem Fausto (1998), L'intervento pubblico, S. 567ff. sowie Petriccione (1976), Politica industriale, S. 10f.

717 Ausführlich zur *Programmazione Economica* der „langen" 1960er Jahre, vgl., neben Lavista (2010), Programmazione, S. 295–442 und Carabba (1977), Un ventennio di programmazione, S. 27–313, auch Gianluca Dente, La programmazione economica negli anni '60: un tentativo non riuscito, in: Crescenzi (2007), I documenti di programmazione, S. 61–120 sowie grundlegend Giorgio Ruffolo, Rapporto sulla programmazione, Rom-Bari: Laterza (1973), S. 3–84.

übergeordneten Wachstumsziele einnehmen sollte.[718] Der von Pasquale Saraceno im Rahmen der SVIMEZ ausgearbeitete *integrierte* industriepolitische Lösungsansatz der italienischen Südfrage bildete dabei die wichtigste inhaltlich-strategische, konzeptionelle und modelltheoretische Grundlage.[719] Damit läutete der Vanoni-Entwurf – und genau darin scheint seine wichtigste Bedeutung zu liegen – gewissermaßen die Inkubationszeit für einen *zweifachen* Paradigmenwechsel der staatlichen Wirtschaftspolitik ein: die Entfaltung eines gesamtwirtschaftlichen Planungsparadigmas sowie die Neuausrichtung der Industriepolitik.

Während sich der Planungsansatz innerhalb der staatlichen Wirtschaftspolitik erst nach der politischen Wende der sog. *apertura a sinistra* in den Jahren 1962/63 durchsetzen sollte und die im Rahmen der *Programmazione Economica Organica* projektierten wirtschafts- und sozialpolitischen Reformen – zumindest teilweise – sogar erst knapp 13 Jahre nach der Ausarbeitung des *Schema Vanoni* von den neuen Mitte-Links-Regierungen implementiert wurden, erfolgte der industriepolitische Kurswechsel der staatlichen Wirtschaftspolitik hingegen schon in der zweiten Hälfte der 1950er Jahre. Bevor dieser Kurswechsel in Kapital IV ausführlich betrachtet und in seiner praktischen Umsetzung und Folgedimension für die Industrialisierung des Mezzogiorno analysiert wird, geht es zunächst um den wechselvollen und keinesfalls selbstverständlichen Aufstieg der *Programmazione Economica Organica*.

3.2 Konzeptionelle Metamorphosen des Planungsparadigmas – Revision des *Schema Vanoni*

3.2.1 Das Scheitern des Vanoni-Projekts

Nachdem Ezio Vanoni am 25. März 1955 in der Senatskammer des Parlaments in seiner Funktion als Haushaltsminister den Haushaltsbericht für das Vorjahr vorgestellt und seinen Entwurf für ein 10-Jahres-Entwicklungsprogramm unter dem einhelligen Beifall der christdemokratischen Senatoren präsentiert hatte, kam es zu einer über mehrere Monate andauernden parlamentarischen Diskussion. Dabei konzentrierte sich die Kritik der Oppositionsparteien in beiden Abgeordnetenkammern nicht etwa auf die Zielsetzungen des Planungsentwurfs, die auch die Linksparteien, die Liberalen und sogar die Neofaschisten und Monarchisten weitgehend teilten. Vielmehr

718 Vgl. das namentlich nicht unterzeichnete Arbeitspapier der *Commissione Nazionale per la Programmazione Economica* vom 02. Oktober 1962, Documento di lavoro relativo ai problemi della programmazione e del coordinamento economico, in: Archivio Centrale dello Stato, Ministero del bilancio – Gabinetto – Archivio Generale, b. 61, fasc. 2, Commissione Nazionale per la Programmazione Economica, 1962, S. 18 f.

719 Vgl. Fausto (1998), Intervento pubblico, S. 567 ff., Lavista (2010), Programmazione, S. 127 ff. sowie Carabba (1977), Un ventennio di programmazione, S. 16–26.

richtete sich die Kritik zuallererst auf das nahezu vollständige Fehlen „konkreter Politikmaßnahmen" und „sonstiger politikpraktischer Verbindlichkeiten"[720] sowie auf die im *Schema* „unvollkommen projektierten Investitionspläne"[721] zur Wachstums- und Beschäftigungsförderung. Giorgio Amendola, der hier stellvertretend für die Oppositionskritik zitiert werden soll, kritisierte vor allem, dass sich aus den im Planungsentwurf projektierten Investitionsplänen ein wirtschaftspoltischer Kurs- oder Strategiewechsel, namentlich im Bereich der Industriepolitik, nicht bzw. nur teilweise ableiten ließe, was seiner Meinung nach zur Folge hätte, „dass sich die derzeitige Wirtschaftsstruktur Italiens kaum verändern würde (...) und sich die industrielle Rückständigkeit als das zentrale Hauptproblem der volkswirtschaftlichen Entwicklung daher nicht bewältigen" ließe.[722] Völlig zu Recht stellte sich demnach für Amendola die entscheidende Frage: „(W)er oder was garantiert die effektive Realisierung der notwendigen Industrieinvestitionen?"[723] Die in diesem Zusammenhang gravierendste Fehleinschätzung des von Vanoni präsentierten Planungsentwurfs, so machte Amendola im weiteren Verlauf seiner Rede deutlich, wären die im *Schema* projektierten regionalen Verteilungsquoten für Süditalien und für den Rest des Landes von jeweils 50% der privaten Gesamtindustrieinvestitionen. Die Wirtschaftsentwicklung während der Jahre von 1950 bis 1954 hätte eindeutig gezeigt, dass die privaten Industrieunternehmen – trotz der gesetzlich neu geschaffenen Anreizstrukturen der staatlich subventionierten Industriefinanzierung – nicht bzw. nur wenig gewillt waren, in die industriell rückständigen Regionen des Mezzogiorno zu investieren, „so dass der regionale Investitionsanteil des Mezzogiorno im Industriebereich auf unter zehn Prozent gesunken war und sich der Abstand zwischen Süd- und Norditalien, ganz im Gegensatz zu den Vorhersagen der SVIMEZ, nicht verringert, sondern sogar noch vergrößert hatte."[724] Um den Industrialisierungsprozeß in Süditalien zu beschleunigen und dadurch die wirtschaftlichen Ungleichgewichte und sozialen Probleme abzubauen, gelte es daher, die Rolle der staatlichen Industrieunternehmen als Instrument der Industriepolitik neu zu definieren, mit ihrer Hilfe direkt und stärker als zuvor in den strategisch wichtigen Industriebranchen zu investieren sowie den Fokus vor allem auf Süditalien zu richten: „Der Kampf gegen die hohe Arbeitslosigkeit und die verbreitete Massenarmut im Mezzogiorno erfordert (...) eine Politik der forcierten regionalen Industrialisierung (...) vor allem mithilfe der Industrieunternehmen des IRI (...) zum Aufbau großer staatlicher Produktionszentren (...) in den Regionen Süditaliens."[725] Amendolas Ansicht

720 So der Abgeordnete des PCI, Giorgio Amendola, in seiner Rede in der Abgeordnetenkammer des Parlaments in der Nachmittagssitzung am 19. Juli 1955, in: Atti Parlamentari, Camera dei Deputati, Discussioni, Leg. 2, Anno 1955, CCXCIX seduta, 19 luglio 1955, S. 18720.

721 Ebd., S. 18723.

722 Ebd., S. 18723f.

723 Ebd., S. 18722.

724 Vgl. und zitiert ebd., S. 18719f. und S. 18723.

725 Ebd., S. 18727.

nach würde es sich beim *Schema* schließlich auch „gar nicht um ein ausgereiftes Wirtschaftsprogramm oder einen nationalen Wirtschaftsplan“ handeln, „sondern eher um eine wirtschaftswissenschaftliche Fallstudie, die lediglich auf Hypothesen basierte, welche die Realitäten der aktuellen Wirtschaftsentwicklung jedoch nur unzureichend widerspiegelten.“[726]

Mit dieser Darstellung hatte Amendola nur wenige Monate nach der Vorlage des *Schema* im Parlament die wichtigsten Schwächen des Planungsentwurfs zusammengefasst. Dabei gilt es allerdings festzuhalten, dass Vanoni selbst – sowohl bei seiner Präsentation des Entwicklungsprogramms im Senat als auch während der nachfolgenden parlamentarischen Diskussion – immer wieder hervorhob, dass es sich bei dem Entwurf tatsächlich eher um eine Fallstudie handelte, die noch überprüft und weiter ausgearbeitet werden müßte, nicht aber um ein ausgereiftes nationales Wirtschaftsprogramm oder einen organischen gesamtwirtschaftlichen Plan.[727] Auch in einer im Herbst 1955 anberaumten Pressekonferenz betonte Vanoni: „Wir reden hier nicht über das finale Ergebnis einer vorab beschlossenen und klar definierten wirtschaftspolitischen Strategie und keineswegs über ein bereits fertiges, in sich geschlossenes Wirtschaftsprogramm. Vielmehr handelt es sich bei dem von uns vorgelegten Entwurf um ein verschriftliches, mehr oder weniger detailliertes und vorläufiges Gedankenkonstrukt, das die Probleme unserer Wirtschaft aufzeigt und konkrete Lösungsvorschläge anbietet. Diese Lösungsvorschläge müssen jetzt bewertet, diskutiert und anschließend neu ausformuliert werden.“[728] Für die Um- bzw. Neuausarbeitung zu einem gesetzlich verbindlichen Wirtschaftsprogramm sollte das *Schema* demzufolge lediglich eine erste solide Orientierungsgrundlage liefern.[729]

Wie im vorangegangenen Abschnitt bereits erwähnt, ist es zur Implementierung eines derartig weiterentwickelten, gesetzlich verbindlichen Wirtschaftsprogramms nicht gekommen. Für das Scheitern des *Schema Vanoni* lassen sich vor allem zwei Gründe nennen: Der *erste* Hauptgrund bestand in dem Ableben Ezio Vanonis, das hinsichtlich der institutionellen Stabilität des noch instabilen industriepolitischen bzw. entwicklungsprogrammatischen Weges Italiens aufgrund des eruptiven Aufbre-

726 Ebd., S. 18719f.

727 Konkret sagte Ezio Vanoni bei seiner Präsentation des *Schema di sviluppo dell'occupazione e del reddito in Italia nel decennio 1955–64* am 25. März 1955 in der Senatskammer des italienischen Parlaments: „Diese von mir politisch verantwortete und von Pasquale Saraceno koordinierte wissenschaftliche Untersuchung (...) zielt darauf, die strukturellen wirtschaftlichen und sozialen Defizite des Landes herauszuarbeiten und zu vermessen sowie Lösungsmöglichkeiten zu entwickeln, diese modelltheoretisch auszuloten und den für ausgewählte Entwicklungsszenarien erforderlichen staatlichen Finanzierungsaufwand wie auch die erforderliche Verteilung der staatlichen Finanzmittel annäherungsweise zu berechnen und detailliert zu erklären.“ Atti Parlamentari, Senato della Repubblica, Discussioni, Leg. 2, Anno 1955, CCLXXIII seduta, 25 marzo 1955, S. 10967.

728 Zitiert nach Mario Ferrari Aggradi, Il Piano Vanoni. Premessa ai discorsi di Ezio Vanoni sul Programma di Sviluppo Economico, Rom: Istituto Poligrafico dello Stato (1956), S. 11.

729 Vgl. ebd.

chens divergierender Denkstrukturen relevanter Akteuere und damit einhergehender Richtungsstreitigkeiten weitreichende Konsequenzen nach sich zog. Ezio Vanoni war nach einer Rede in der Senatskammer des Parlaments am 16. Februar 1956 völlig unerwartet an einem Herzinfarkt verstorben. Die Regierungspartei der *Democrazia Cristiana* verlor damit ihre unangefochtene politische Führungsfigur für Wirtschaftsfragen, die für die seit Ende 1947 eingeleiteten Reformgesetzgebungen der Regierung(en) De Gasperi die Verantwortung trug und die Wirtschaftspolitik Italiens seit Kriegsende insgesamt wie kein anderer Politiker strategisch beeinflußt hatte. Durch den Tod Vanonis, der parteiintern über alle Richtungskämpfe hinweg höchstes politisches Ansehen genoß und in seinen Ministerfunktionen die forcierte staatliche Förderung der rückständigen Regionen des Mezzogiorno in das Zentrum der staatlichen Wirtschaftspolitik gerückt hatte, verlor damit aber auch der planungs- und industriepolitische Lösungsansatz zum Abbau der regionalen Ungleichgewichte seinen wichtigsten politischen Protagonisten. Die Vanoni im Amt nachfolgenden Minister verfügten weder über vergleichbare politische Erfahrungen, politische Durchsetzungskraft noch über eine adäquate wirtschaftswissenschaftliche Kompetenz. Vor allem aber waren sämtliche Nachfolger Vanonis im Haushaltsministerium bis zur Amtsübernahme Ugo La Malfas im Februar 1962 nicht oder wenig vom längerfristig ausgerichteten *organischen* Planungsansatz des *Schema Vanoni* überzeugt.[730] Nicht nur bezweifelten Adone Zoli, Giuseppe Medici, Fernando Tambroni und Giuseppe Pella sowie mehrheitlich auch die anderen, für das Resort der Wirtschaftspolitik zuständigen Minister der jeweiligen Regierungen, dass aufgrund fehlender übergeordneter Planungsinstitutionen und Kontrollinstanzen die im Entwurf Vanonis projektierte Ausweitung der staatlichen Investitionen, ihre Kombination mit preispolitischen und geldwertstabilisierenden Maßnahmen wie auch mit Steuer- und Sozialreformen im Rahmen eines gesamtwirtschaftlichen Entwicklungsprogramms zum damaligen Zeitpunkt überhaupt realisierbar wären. Die wirtschaftspolitischen Entscheidungträger befürchteten darüber hinaus erhebliche Kompetenzverluste für die von ihnen geführten Ministerien, falls es zu einer Implementierung des Zehn-Jahres-Programms kommen würde. Anstelle des längerfristig ausgerichteten organischen Planungsmodells favorisierten sie daher mehrheitlich einen selektiven – sektoralen und/oder regionalen – Planungsansatz, auf den bereits die wirtschaftspolitischen Reformbemühungen der Regierung(en) De Gasperi seit Ende der 1940er Jahre basierten. Demzufolge bestimmte letzterer Ansatz auch weiterhin maßgeblich die wirtschaftspolitischen Gesetzgebungen bis zum Ende der Wirtschaftswunderjahre.[731] Die in diesem Zusammenhang wichtigsten, seit Jahresbeginn 1955 verabschiedeten Gesetze, deren zum Teil äußerst ehrgeizige

730 Vgl. Lavista (2010), Programmazione, S. 131ff.

731 Vgl. vor allem Francesco Paolo Pugliese, Il governo dell'industria tramite incentivi: 1946–1965, in: Fabio Merusi (Hg.), La legislazione economica italiana dalla fine della guerra al primo Programma Economico, Mailand: FrancoAngeli (1974), S. 171–220; Carabba (1977), Un ventennio di programmazione, S. 14ff. sowie Crescenzi und Dente (2007), I primi interventi programmatici, S. 32–42.

Zielsetzungen weitgehend realisiert werden konnten, waren, *erstens*, der mit dem Gesetz Nr. 463 am 21. Mai 1955 implementierte *Piano autostradale* über den für zehn Jahre projektierten Auf- und Ausbau des landesweiten Autobahnen- und Schnellstraßensystems (1956 und 1960 modifiziert);[732] *zweitens*, das Gesetz Nr. 6 vom 11. Januar 1957 über die staatlich regulierte Ausbeutung der nationalen fossilen Brennstoffvorkommen sowie über die Förderung der nationalen Brennstoffindustrie (zunächst vier Jahre; später mehrfach verlängert);[733] *drittens*, der mit dem Gesetz Nr. 374 am 06. Juni 1957 in Kraft getretene *Piano regolatore telefonico nazionale* über die Modernisierung, Automatisierung sowie den Ausbau des nationalen Telefonnetzes und den Übergang der verschiedenen privaten und staatlichen Betreibergesellschaften in den Besitz des IRI (im Oktober 1964 modifiziert);[734] *viertens*, das am 29. Juli 1957 beschlossene Gesetz Nr. 634 über die Reform der staatlichen Sondergesetzgebung für Süditalien, über gezielte staatliche Industrialisierungsmaßnahmen für die Regionen des Mezzogiorno sowie über die Laufzeitverlängerung der *Cassa per il Mezzogiorno* bis Ende 1965 (später mehrfach verlängert und modifiziert);[735] *fünftens*, der mit dem Gesetz Nr. 454 am 02. Juni 1961 eingeleitete *Piano Verde* über die staatlich subventionierte Förderung der Forst- und Landwirtschaft (zunächst fünf Jahre, im Oktober 1966 um weitere fünf

---

732 Vgl. Legge 21 maggio 1955, n. 463, Provvedimenti per la costruzione di autostrade e strade e modifiche alle tasse automobilistiche, in: Gazzetta Ufficiale della Repubblica Italiana, Serie generale, n. 131 (08.06.1955), Rom: Istituto Poligrafico dello Stato (1955). Zum *Piano autostradale*, vgl. zum Beispiel Federico Paolino, Storia sociale dell'automobile in Italia, Rom: Carocci (2007), S. 45f. sowie Enrico Menduni, L' Autostrada del Sole, Bologna: Il Mulino (1999), S. 39f.

733 Vgl. Legge 11 gennaio 1957, n. 6, Ricerca e coltivazione degli idrocarburi liquidi e gassosi, in: Gazzetta Ufficiale della Repubblica Italiana, Serie generale, n. 25 (29.01.1957), Rom: Istituto Poligrafico dello Stato (1957). Zur staatlich regulierten Ausbeutung der nationalen fossilen Brennstoffvorkommen durch die ENI und zur Entwicklung der nationalen Brennstoffindustrie seit Mitte der 1950er Jahre, vgl. vor allem Colitti (1979), S. 195–230 sowie zusammenfassend Carnevali (2000), ENI, S. 262–273.

734 Vgl. Decreto legge 06 giugno 1957, n. 374, Norme integrative del Codice postale e delle telecomunicazioni approvato con regio decreto 27 febbraio 1936, n. 645, in: Gazzetta Ufficiale della Repubblica Italiana, Serie generale, n. 143 (07.06.1957), Rom: Istituto Poligrafico dello Stato (1957). Zum *Piano regolatore telefonico nazionale* und die Entwicklung des Telefonsektors in Italien seit 1957, vgl. vor allem Sergio Mariotti, Le telecomunicazioni: dal monopolio tecnologico ai mutamenti degli anni Ottanta e Novanta, alla privatizzazione, in: Franco Russolillo (Hg.), Storia dell'IRI, vol. V, Un Gruppo singolare. Settori, bilanci, presenza nell'economia italiana, Rom-Bari: Laterza (2015), S. 201–276 und Renato Abeille, Storia delle telecomunicazioni italiane e della Sip. 1964–1994, Mailand: FrancoAngeli (1999), S. 23–30 sowie zusammenfassend Maggi (2006), Il 600 e il telefono, S. 111ff.

735 Vgl. Legge 29 luglio 1957, n. 634, Provvedimenti per il Mezzogiorno, in: Gazzetta Ufficiale della Repubblica Italiana, Serie generale, n. 193 (03.08.1957), Rom: Istituto Poligrafico dello Stato (1957). Zum industriepolitischen Richtungswechsel der staatlichen Sondergesetzgebung für Süditalien, vgl. die Ausführungen im nachfolgenden Kapitel IV. Aus der Vielzahl der Literatur, vgl. zusammenfassend Cafiero (2000), L'intervento straordinario, S. 49–54; Fausto (1998), Intervento pubblico, S. 590–596 sowie Pugliese (1974), Incentivi, S. 187–193.

Jahre verlängert);[736] *sechstens*, die Verabschiedung des auf zehn Jahre projektierten Fördergesetzes Nr. 211 vom 27. April 1962für eine umfassende Modernisierung und einen koordinierten, großräumigen Auf- und Ausbau der staatlichen Eisenbahnbetriebe[737]; *siebtens*, das mit dem Gesetz Nr. 588 am 11. Juni 1962 verabschiedete Wachstumsprogramm für Sardinien – der *Piano di rinascita della Sardegna* (im September 1972 und im Mai 1974 modifiziert; um insgesamt weitere 12 Jahre verlängert)[738] sowie, *achtens* schließlich, das Gesetz Nr. 1643 vom 06. Dezember 1962 über die Verstaatlichung der nationalen Elektrizitätswirtschaft, die Gründung der Staatsholding ENEL sowie die Entschädigungszahlungen an die privaten Stromproduzenten und Netzbetreiber.[739] Seit Jahresbeginn 1955 bis Ende 1963 wurde noch eine große Zahl weiterer Pläne und Programme mit einem längerfristigen Planungshorizont zur Förderung einzelner Wirtschaftsbereiche und/oder einzelner Regionen per Gesetz verabschiedet – zumeist unter der politischen Verantwortung lediglich eines Ministeriums oder einiger weniger Ministerien. Sie reichten von der staatlich regulierten Förderung der Bergregionen Norditaliens, einzelner Handwerksberufe, des Personennah- und

---

736 Vgl. Legge 02 giugno 1961, n. 454, Piano quinquennale per lo sviluppo dell'agricoltura, in: Gazzetta Ufficiale della Repubblica Italiana, Serie generale, n. 141 (10.06.1961), Rom: Istituto Poligrafico dello Stato (1961). Zum ersten *Piano verde*, vgl. vor allem Guido Fabiani, L'agricoltura in Italia tra sviluppo e crisi. 1945–1985, Bologna: Il Mulino (1986), S. 199ff. sowie, zusammenfassend, Laura Rainaldi, L'intervento pubblico localmente differenziato (1946–1970), in: Merusi (1974), Legislazione economica, S. 414–417.

737 Vgl. Legge 27 aprile 1962, n. 211, Rinnovamento, riclassamento, ammodernamento e potenziamento delle ferrovie dello Stato, in: Gazzetta Ufficiale della Repubblica Italiana, Serie generale, n. 118 (09.05.1962), Rom: Istituto Poligrafico dello Stato (1962). Zur Umsetzung des Modernisierungsprogramms für die staatlichen Eisenbahnbetriebe, das mit einem Finanzierungsaufwand von insgesamt 1.500 Mrd. Lire eines der kostenintensivsten staatlichen Förderprogramme während der gesamten Nachkriegsgeschichte Italiens darstellte, vgl. Marzia Morena, Morphological, Technological and Functional Characteristics of Infrastructures as a Vital Sector of the Competitiveness of a Country System. An Analysis of the Evolution of Waterfronts, Santarcangolo di Romagna: Maggioli (2011), S. 33f.

738 Vgl. Legge 11 giugno 1962, n. 588, Piano straordinario per favorire la rinascita economica e sociale della Sardegna, in attuazione dell'articolo 13 della legge costituzionale 26 febbraio 1948, n. 3, in: Gazzetta Ufficiale della Repubblica Italiana, Serie generale, n. 166 (03.07.1962), Rom: Istituto Poligrafico dello Stato (1962). Zum *Piano di rinascita della Sardegna*, vgl. zum Beispiel Salvatore Mura, Pianificare la modernizzazione. Istituzioni e classe politica in Sardegna. 1959–1969, Mailand: FrancoAngeli (2015), vor allem S. 114–127.

739 Vgl. Legge 06 dicembre 1962, n. 1643, Istituzione dell'Ente nazionale per l'energia elettrica e trasferimento ad esso delle imprese esercenti le industrie elettriche, in: Gazzetta Ufficiale della Repubblica Italiana, Serie generale, n. 316 (12.12.1962), Rom: Istituto Poligrafico dello Stato (1962). Zur Gründung der ENEL und zur Entwicklung der italienischen Stromwirtschaft nach 1962, vgl. vor allem Valerio Castronovo, Il gioco delle parti. La nazionalizzazione dell'energia elettrica in Italia, Mailand: Rizzoli (2012). Zusammenfassend vgl. Renato Giannetti, Industrial Policy and the Nationalization of the Italian Electricity Sector in the Postwar II Period, in: Amatori, Millward und Toninelli (2011), Reappraising State-Owned Enterprise. S. 242–261 oder Battilani und Fauri (2009), Economia italiana, S. 112ff.

Fernverkehrs, der Schiffbauindustrie, der Filmindustrie, über die Modernisierung der Seidenproduktion bis hin zur Reorganisation der landesweiten Badeanstalten und Thermalbäder. Ihre Umsetzung verlief jedoch, im Unterschied zu den oben aufgeführten sieben Gesetzen, mehrheitlich wenig erfolgreich, so dass auch die jeweils projektierten Zielvorgaben in den meisten Fällen nicht realisiert werden konnten.[740]

Für die Konzeption und Durchführung der vielen selektiven Pläne und Programme, auf die Jahr für Jahr ein nicht unerheblicher und stetig wachsender Anteil der laufenden Staatsausgaben entfiel, wurde eine Vielzahl zuständiger Ausschüsse, Kommissionen, Räte und Beiräte, Komitees, Verwaltungsabteilungen und anderer Gremien geschaffen, die jeweils ihre eigenen, mitunter gegeneinander ausgerichteten Plan- oder Programmziele verfolgten. Eine übergeordnete Instanz, welche die verschiedenen Planungsinitiativen und Programmziele im Bereich der Wirtschaftspolitik koordinierte und die Mittelverwendung sowie die Durchführung der einzelnen Pläne und Programme kontrollierte, gab es hingegen nicht. Das CIR, das für eine solche Funktion eigentlich zuständig gewesen wäre, hatte diese Aufgabe jedenfalls nicht übernommen.[741] Die fehlende Koordinierung der seit Mitte der 1950er eingeleiteten Pläne und Programme wie auch die fehlende Kontrolle ihrer Umsetzung(en) waren von großer Praxisrelevanz: *Einerseits* kam es zu zahlreichen Kompetenzüberschneidungen, Zielkonflikten, Widersprüchen und erheblichen Wirkungsverlusten, damit aber zu einer ineffizienten bzw. suboptimalen Allokation der zur Verfügung stehenden finanziellen und personellen staatlichen Ressourcen. *Andererseits* aber hatte der Auf- und Ausbau der verschiedenen Planungs- und Verwaltungsinstitutionen im Zuge der gesetzlichen Sanktionierung der vielen selektiven Pläne und Programme sowohl im Bereich der Wirtschaftspolitik als auch in anderen Politikbereichen ganz entscheidenden Anteil daran, dass die öffentliche Verwaltung in Italien nach 1955 „binnen weniger Jahre gigantische Dimensionen gewann,“[742] Unmengen der staatlichen Gelder verschlang und sich sukzessive zu einer Art *Staat im Staate* entwickelte. Unabhängig von Regierungskrisen und -wechseln baute dieser seine Kompetenzen immer weiter aus, machte zunehmend seinen Einfluß auf die prozesspolitischen Entscheidungen der jeweiligen Regierung geltend und entwickelte sich zum vielleicht schwerwiegendsten Problemballast für die Politik der nachfolgenden Jahrzehnte bei der praktischen Durch- und Umsetzung dringend erforderlicher Reformmaßnahmen.[743]

Die stetig steigende Anzahl von Verwaltungsbeamten und Funktionären rekrutierte sich fast ausnahmslos aus den Parteireihen der *Democrazia Cristiana*, so dass die DC gegen Ende der 1950er Jahre nahezu alle wichtigen Schaltstellen der

---

740 Vgl. Carabba (1977), Un ventennio di programmazione, S. 14ff.

741 Vgl. ebd. sowie Amato (1972), Introduzione, S. 38–43.

742 Woller (2010), Geschichte Italiens, S. 271.

743 Vgl. zum Beispiel Barca (1997), Compromesso senza riforme, vor allem S. 62–64 und S. 101–106 sowie Amoroso und Olsen (1978), Lo stato imprenditore, S. 40–48.

Wirtschaftspolitik auch unterhalb der Ministerialebene kontrollierte und eine annähernd ubiquitäre Präsenz im gesamten Wirtschaftsleben Italiens erlangte. Diese „neue Schicht von Funktionären",[744] die oftmals ganz persönliche Vorteile verfolgten, hatte kaum noch etwas gemeinsam mit den wissenschaftlich wie praktisch hervorragend ausgebildeten Technokraten aus der Ministerial- und Wirtschaftsbürokratie oder der staatlichen und staatsnahen Wirtschaft der späten 1940er und frühen 1950er Jahre. Die *alten* Eliten einer dem Wohl des Landes moralisch verpflichteten und – wie Rolf Petri es treffend beschreibt – „ethisch geleiteten Technokratie",[745] deren Führungspersönlichkeiten wie Pasquale Saraceno, Donato Menichella, Enrico Mattei, Oscar Sinigaglia, Francesco Giordano, Aldo Fascetti oder Raffaele Mattioli nach Kriegsende kraft ihrer Expertise hauptverantwortlich für die Konzeption und erfolgreiche Umsetzung der seit Ende der 1940er Jahre eingeleiteten Reformmaßnahmen waren, hatten ausnahmslos das Vanoni-Projekt nach Kräften unterstützt, waren sogar teilweise an der Ausarbeitung des *Schema* unmittelbar beteiligt und setzten sich auch nach dem Tod Vanonis vehement dafür ein, den Planungsentwurf zu einem gesetzlich verbindlichen Wirtschafts- und Entwicklungsprogramm umzuarbeiten. Die *neuen* politischen Funktionseliten des wirtschaftspolitischen Verwaltungsapparates hingegen hatten an der Implementierung eines organischen nationalen Wirtschaftsprogramms, die in ihren Augen vor allem die Veränderung des *status quo* implizierte, mehrheitlich kein Interesse. Demzufolge boykottierten sie in der Regel jegliche von den Regierungen (neu) initiierten Versuche, den Planungsentwurf und die ehrgeizigen Reformvorhaben Vanonis in einen Gesetzesvorschlag über ein organisches Wirtschaftsprogramm zu transformieren.

Der *zweite* Hauptgrund für das Scheitern des *Schema Vanoni* lag wiederum in den sich verändernden – wirtschaftspolitische Volatilität erzeugenden – italienischen Mehrheitsverhältnissen, die seit den zweiten Parlamentswahlen von 1953 bei weitem nicht mehr so eindeutig waren wie nach dem fulminanten Wahlsieg der Christdemokraten von 1948.[746] Die *Democrazia Cristiana* – als immer noch stärkste politische Kraft – stellte zwar auch weiterhin ausnahmslos den Ministerpräsidenten, war für die Regierungsbildung(en) allerdings auf mehr oder weniger zuverlässige Koalitionspartner angewiesen, die aber vor allem im Bereich der Wirtschaftspolitik meist nicht gewillt waren, alle von der DC vorgeschlagenen Gesetzesinitiativen mitzutragen. Immer wieder drohten sie mit der Regierungsauflösung und zögerten auch nicht, die jeweiligen Koalition(en) wieder zu verlassen. Die Alternative für die DC bestand in der Bildung von Minderheitsregierungen, deren politische Handlunsspielräume

744 Woller (2010), Geschichte Italiens, S. 271f.

745 Rolf Petri, Technokratie und industrielle Entwicklung 1907–1963, in: Rolf Wörsdörfer (Hg.), Sozialgeschichte und soziale Bewegungen in Italien 1848–1998, Mitteilungsblatt des Instituts zur Erforschung der europäischen Arbeiterbewegung, Heft 21 (1998), S. 157.

746 Zu den Ergebnissen der Parlamentswahlen in Italien ab 1948, vgl. Ministero dell'Interno, Archivio storico delle elezioni, in: http://elezionistorico.interno.it (besucht am 26.06.2016).

indes äußerst begrenzt waren und die sich in den meisten Fällen sogar noch schneller wieder auflösten als die Koalitionsregierungen.[747] Italien erlebte nach dem Rücktritt De Gasperis als Ministerpräsident im August 1953 bis zum Amtsantritt Aldo Moros und der Bildung der ersten Mitte-Links-Regierung aus Christdemokraten und Sozialisten im Dezember 1963 insgesamt zehn Regierungskrisen, 12 Regierungsneu- bzw. Umbildungen sowie sieben verschiedene Ministerpäsidenten, die den von ihnen geführten Regierungen und Regierungsinstitutionen zum Teil ganz unterschiedliche programmatische Marschrichtungen verordneten. Daher verschoben sich im Bereich der Wirtschaftspolitik die unmittelbaren Prioritäten immer wieder neu, was die Überführung des *Schema Vanoni* in einen Gesetzesvorschlag erschwerte und letztlich verhinderte.

3.2.2 Die Neuauflage des *Schema Vanoni* im *Programma Fanfani*

Zwar wurde nur wenige Monate nach dem Tod Vanonis – im Juni 1956 – per Dekret des Ministerpräsidenten Antonio Segni ein Ministerausschuss – das *Comitato dei ministri per il coordinamento dei provvedimenti in attuazione dello Schema di sviluppo dell'occupazione e del reddito*[748] – gebildet, dem nunmehr die vormalige politische Verantwortung des verstorbenen Haushaltsministers für die Ausarbeitung eines nationalen Entwicklungsprogramms oblag. Dem Ministerausschuss wurde im Dezember 1956 noch eine Expertenkommission – das *Comitato per lo sviluppo dell'occupazione e del reddito*[749] – zur Seite gestellt, die erneut unter der wissenschaftlich-technischen Leitung Pasquale Saracenos die eigentliche Aufgabe einer Um- bzw. Neuausarbeitung des *Schema Vanoni* zu einem verbindlichen Plan oder Programm übernehmen sollte.[750] Allerdings wechselte der Ministerausschuss allein bis zum Frühjahr 1959 als Folge der Regierungskrisen vom Mai 1957 und Januar 1959 sowie der Wahlen im Mai

---

747 Zu den vielschichtigen Schwierigkeiten der Regierungsbildungen zwischen der *Democrazia Cristiana* und ihren jeweiligen Koalitionspartnern seit 1954, vgl. vor allem Francesco Malgeri, Gli anni di transizione: da Fanfani a Moro (1954–1962), in: Francesco Malgeri (Hg.), Storia della Democrazia Cristiana, vol. III, Gli anni di transizione: da Fanfani a Moro (1954–1962), Rom: Cinque Lune (1988), S. 3–268 sowie Baget-Bozzo (1977), Il partito cristiano. Zusammenfassend, vgl. Woller (2010), Geschichte Italiens, S. 250 f.

748 Die Bildung des Ministerausschusses wurde während der Ministerratssitzungen am 12. und 26. Juni 1956 beschlossen. Vgl. Massimo Annesi, Riflessi giuridici della programmazione e della pianificazione economica, in: Centro Nazionale di Prevenzione e Difesa Sociale (Hg.), Problemi sullo sviluppo delle aree arretrate. Scritti di V. Ajemone Marsan et al., Bologna: Il Mulino (1960), S. 308.

749 Vgl. Decreto del Presidente del Consiglio dei Ministri, Costituzione del Comitato per lo sviluppo dell'occupazione e del reddito, in: Gazzetta Ufficiale della Repubblica Italiana, Serie generale, n. 304 (01.12.1956), Rom: Istituto Poligrafico dello Stato (1956).

750 Zu den Aufgaben des *Comitato per lo sviluppo dell'occupazione e del reddito* unter der Leitung seines Präsidenten Pasquale Saraceno, vgl. Discorso pronunciato dal Presidente del Consiglio dei Ministri il 13 dicembre 1956 per l'insediamento del Comitato per lo sviluppo dell'occupazione e del reddito, in: Archivio Storico della Banca d'Italia, Studi, prattiche, n. 271, fasc. 1, S. 664–670.

1958 viermal die personelle Zusammensetzung, was die Arbeiten der Expertenkommission maßgeblich behinderte. Hinzu kam, dass sich jeweils auch die Zielvorgaben des Ministerausschusses für die Expertenkommission immer wieder veränderten und die Entscheidungsbefugnisse des *Comitato per lo sviluppo dell'occupazione e del reddito* letztlich äußerst limitiert waren. Enttäuscht stellte Saraceno im Februar 1959 in einem Brief an Rosenstein-Rodan, mit dem er mittlerweile eng befreundet war, denn auch fest: „Substantielle Ergebisse (...) haben wir jedenfalls bislang so gut wie keine erzielt."[751]

Dabei sah es nach der Regierungsneubildung unter Amintore Fanfani im Juli 1958 anfangs so aus, dass das *Schema Vanoni* doch noch in ein gesetzlich verbindliches nationales Wirtschaftsprogramm transformiert werden könnte. In seiner Regierungsantrittsrede – im Anschluß an die Präsentation seines zweiten Regierungskabinetts[752] – stellte Fanfani erst im Senat und danach in der Abgeordnetenkammer des Parlaments am 09. Juli 1958 sein Regierungsprogramm vor. Zur obersten Handlungsmaxime seiner Regierung erklärte er die Ausarbeitung eines „fertigen Gesetzesentwurfs zur Implementierung und Umsetzung eines organischen Zehn-Jahres-Wirtschaftsprogramms",[753] die bis zum Ende der parlamentarischen Sommerpause abgeschlossen sein und sich dabei explizit am Planungsentwurf Vanonis orientieren sollte. Da allerdings „(...) eine Vielzahl von Wirtschaftsbereichen am gesamtwirtschaftlichen Aufwärtstrend während der vergangenen fünf Jahre nicht bzw. nur begrenzt partizipieren konnte, (...) gelte es" – so Fanfani –, „die im *Schema Vanoni* projektierten Reform- und Investitionspläne auf ihre Aktualität hin zu überprüfen, (...) sie gegebenenfalls noch einmal zu überarbeiten und zusätzlich mit weiteren Reformmaßnahmen zu kombinieren, (...) um die bislang verfehlten Hauptzielsetzungen des *Schema* – der nachhaltige Abbau der Arbeitslosigkeit und der wirtschaftlichen wie sozialen Disparitäten zwischen den verschiedenen Makroregionen Italiens – doch noch realisieren zu können."[754]

Das von Fanfani grob skizzierte „neue Reform- und Entwicklungsprogramm"[755] seiner Regierung orientierte sich tatsächlich stark am Planungsentwurf Vanonis. Es beinhaltete sämtliche übergeordnete Zielsetzungen des *Schema*, die daraus abgeleiteten sektoral und regional differenzierten Wachstumsziele wie auch das wirtschaftspolitische Instrumentarium einer koordinierten staatlichen Investitionsausweitung in den Bereichen der Agrarwirtschaft, der öffentlichen Versorgung und Infrastruktu-

751 Zitiert nach Lavista (2010), Programmazione, S. 132f. Der Brief Saracenos an Rosenstein-Rodan ist datiert vom 19. Februar 1959. Das Zitat bezieht sich auf die durch den Rücktritt des Ministerpräsidenten Amintore Fanfani am 26. Januar 1959 ausgelöste Regierungskrise.

752 Bereits im Januar 1954 war der neue Parteivorsitzende der DC zum ersten Mal zum Ministerpräsidenten ernannt worden. Seine Regierung hielt allerdings nur knapp vier Wochen und wurde am 10. Februar 1954 vom Regierungskabinett unter Mario Scelba abgelöst.

753 Atti Parlamentari, Senato della Repubblica, Assemblea – Resoconto stenografico, Leg. 3, Anno 1958, IV seduta, 09 luglio 1958, S. 152.

754 Ebd., S. 151f.

755 Ebd., S. 148.

ren sowie im Wohnungsbau. Dennoch hob sich das geplante neue Programm – das wurde im weiteren Verlauf der richtungweisenden Antrittsrede Fanfanis bald offensichtlich – vom Planungsentwurf Vanonis durchaus in wesentlichen Aspekten ab: *Zum einen* waren die übergeordneten Zielsetzungen in Umfang und Ausrichtung ehrgeiziger, *zum anderen* aber in Bezug auf die jeweiligen industriepolitischen Strategien und Maßnahmen stärker dirigistisch-interventionistisch geprägt. So sollten, *erstens*, die vom *Schema* übernommenen vier Hauptziele einer stabilen und starken Bruttowertschöpfungs- und Einkommenssteigerung, eines Abbaus der Arbeitslosigkeit und der regionalen sozialen und wirtschaftlichen Unterschiede zwischen Süditalien und dem Rest des Landes sowie einer ausgeglichenen Zahlungsbilanz um die zwei weiteren übergeordneten Zielvorgaben einer gerechteren Einkommensverteilung[756] sowie einer nachhaltigen Verbesserung von Bildung und Forschung zur Förderung des technischen Fortschritts[757] erweitert werden. *Zweitens*, leiteten sich daraus die Notwendigkeiten der Durchführung einer umfassenden Schul-, Bildungs- und Ausbildungsreform[758] sowie die konsequente Umsetzung einer produktivitätsorientierten Lohnpolitik und weiterer verteilungspolitischer Maßnahmen ab,[759] die von einer schrittweisen Reform des Gesundheitswesens[760] flankiert werden sollten. *Drittens*, sollte das entwicklungsstrategische Investitionsprogramm des Vanoni-Entwurfs zwar übernommen, allerdings erheblich aufgestockt und sektoral durch massive staatliche Direktinvestitionen im Bereich der Verarbeitenden Industrie entscheidend erweitert werden.[761] *Viertens*, sollten diese Direktinvestitionen von den privatrechtlich organisierten staatlichen Industrieunternehmen getätigt werden.[762] *Fünftens*, sollte sich der Fokus des neuen Investitionsprogramms noch stärker auf die Förderung des Mezzogiorno ausrichten und ein insgesamt deutlich höherer Anteil der staatlichen Gesamtinvestitionen für die Regionen Süditaliens projektiert werden.[763] Der zum *Schema Vanoni* aber vielleicht wichtigste Unterschied des von Fanfani vorgestellten Reform- und Entwicklungsprogramms seiner Regierung bestand, *sechstens*, in der geplanten schrittweisen Verstaatlichung der Energiewirtschaft. Zu diesem Zweck sollten die marktbeherrschenden Privatunternehmen der Stromindustrie, zusammen mit den bereits in Staatsbesitz befindlichen Strom- und Brennstoffunternehmen, in eine neu zu gründende staatliche Energiegesellschaft überführt werden, um eine landesweit

756 Vgl. ebd., S. 156.
757 Vgl. ebd., S. 152.
758 Vgl. ebd., S. 152f.
759 Vgl. ebd., S. 156f.
760 Vgl. ebd., S. 156.
761 Vgl. ebd., S. 153.
762 Vgl. ebd., S. 153f.
763 Vgl. ebd., S. 151 sowie S. 153.

bessere und kosteneffiziente Energieverorgung zu gewährleisten und dadurch die zukünftige Wirtschaftsentwicklung insgesamt zu stimulieren.[764]

Eindringlich appellierte Fanfani am Ende seiner jeweiligen Regierungsantrittsreden am 09. Juli 1958 an die Abgeordneten und Senatoren, für die Annahme des neuen Reform- und Entwicklungsprogramms seiner Regierung zu stimmen, „um durch eine Integration der sektoralen und regionalen Pläne zu einem organischen Ganzen (...) eine kluge, (...) weitsichtige (...) und effiziente Allokation der verfügbaren öffentlichen Ressourcen zu gewährleisten.“[765] Dabei betonte er ausdrücklich, dass dem Staat die notwendigen finanziellen Mittel zur Umsetzung der ehrgeizigen Reformvorhaben und für die Ausweitung der staatlichen Investitionen durch bislang nicht verwendete ausländische Kreditzahlungen, durch erhöhte Steueraufkommen während der letzten vier Jahre sowie durch die erwarteten wachstumsinduzierten staatlichen Mehreinnahmen in ausreichendem Umfang zur Verfügung stehen würden.[766] Insofern würde das Reform- und Entwicklungsprogramm auch nicht zu einer Aufweichung der von allen Regierungen während der vergangenen zehn Jahre verfolgten Geldwertstabilität führen: „Um die Zielsetzungen des neuen Entwicklungsprogramms vollständig zu erreichen, ist es unabdingbar, dass wir zugleich an der überaus erfolgreichen stabilitätsorientierten Geldpolitik festhalten, welche überhaupt erst die entscheidenden Voraussetzungen und die Absicherung des starken Wirtschaftswachstums während der vergangenen Jahre geschaffen und gewährleistet hat. Die Politik zur Stärkung unserer Geldwertstabilität wird daher konsequent fortzusetzen sein. Folglich gilt es, die vorgeschlagenen Reformmaßnahmen im Rahmen eines ausgeglichenen Staatshaushaltes ohne die Aufnahme neuer Schulden durchzufühen. Das aber erfordert eine klare Prioritätensetzung sowie ein verbessertes Qualifizierungssystem zur Verteilung der Staatsausgaben wie auch die effizientere Nutzbarmachung der zur Verfügung stehenden staatlichen Gelder und anderer Ressourcen. (...) Die Ausarbeitung, Implementierung und konsequente Umsetzung eines organischen Wirtschafts- und Entwicklungsprogramms (...) mit detaillierten und aufeinander abgestimmten kurz- sowie mittelfristig orientierten Plänen (...) zur systematischen Koordinierung der Investitionstätigkeit des Staates, aber auch der Privatwirtschaft, (...) ist deshalb unser wichtigstes Regierungsvorhaben, (...) um das Wachstum unserer gesamten Wirtschaft zu steigern und vor allem die Industrialisierung des Mezzogiorno zu forcieren (...).“[767]

In beiden Kammern des Parlaments votierten zunächst die Senatoren und eine Woche darauf auch die Abgeordneten der christdemokratischen Mehrheitsfraktion für die Annahme des neuen Regierungsprogramms. Damit aber erklärten sie implizit auch ihre Zustimmung für Implementierung und Durchführung

764 Vgl. ebd., S. 153f.

765 Vgl. und zitiert ebd., S. 153.

766 Vgl. ebd., S. 150, S. 153 sowie S. 157.

767 Ebd., S. 157.

eines gesamtwirtschaftlichen Reform- und Entwicklungsprogramms.[768] Allerdings wurde während der Parlamentsdebatten über die Annahme oder Ablehnung des neuen Regierungsprogramms bereits unmittelbar nach der Antrittserklärung des neuen Ministerpräsidenten deutlich, dass Fanfani bei der Umsetzung seiner ambitionierten Programminhalte parteiübergreifend mit den größten Widerständen rechnen mußte.[769] Die linken Oppositionsparteien des PCI und des PSI warfen der neuen Regierung unter anderem eine „fehlende Reformbereitschaft“, „Utopismus“, „Aktivismus“,[770] „Heuchelei“, „Konzeptions- sowie Orientierungslosigkeit“[771] vor.

---

768 Das Programm der Regierung Fanfani wurde am 12. Juli 1958 zunächst in der Senatskammer des Parlaments angenommen. 128 der anwesenden Senatoren stimmten für die Annahme des Regierungsprogramms, 111 Senatoren dagegen. Am 19. Juli 1958 wurde das Regierungsprogramm auch in der Abgeordnetenkammer – allerdings erneut nur mit knapper Mehrheit – angenommen. 295 Abgeordnete stimmten für die Annahme des Regierungsprogramms, 287 dagegen. Zur Abstimmung in der Senatskammer des Parlaments am 12. Juli 1958, vgl. Atti Parlamentari, Senato della Repubblica, Assemblea – Resoconto stenografico, Leg. 3, Anno 1958, IX seduta, 12 luglio 1958, S. 365. Zur Abstimmung in der Abgeordnetenkammer des Parlaments am 19. Juli 1958, vgl. Atti Parlamentari, Camera dei Deputati, Discussioni, Leg. 3, Anno 1958, XII seduta, 19 luglio 1958, S. 591.

769 Neben den nachfolgenden Quellenangaben zur unmittelbaren parlamentarischen Kritik am Regierungsprogramm Fanfanis, vgl. zu den Schwierigkeiten der Regierungsarbeit des Kabinetts Fanfani II bis zum 15. Februar 1959 zusammenfassend Paolo Pombeni, I partiti e la politica dal 1948 al 1963, in: Giovanni Sabbatucci und Vittorio Vidotto (Hg.), Storia d'Italia, vol. 5, La Repubblica 1943–1963, Rom-Bari: Laterza (1997), S. 202ff.

770 So die gegen Fanfani gerichteten Vorwürfe des Generalsekretärs des PCI, Palmiro Togliatti, am 18. Juli 1958 in der Abgeordnetenkammer des Parlaments. Das von Fanfani vorgestellte Regierungsprogramm bezeichnete Togliatti in seiner Rede als „eine Reihe unfertiger und lückenhafter Maßnahmen, die (...) eine bizarre Form von sinnlosem Aktivismus und bürokratischem Utopismus abbildeten. (...) Tatsächlich wird sich daher durch diese Maßnahmen gar nichts an den wirtschaftlichen und sozialen Ungleichheiten und Ungleichgewichten des Landes ändern: (...) die Arbeitslosenzahlen werden bei über zwei Millionen bleiben, das Nord-Süd-Gefälle wird sich sogar noch vergrößern, an der gravierenden Situation der rückständigen Bergregionen wird sich nichts ändern, genauso wenig, wie sich etwas an den Problemen der starken Landflucht und der starken Abwanderung ins Ausland ändern wird, die beide ebenfalls weiter zunehmen werden. (...) In euren (der *Democrazia Cristiana*) Vorhaben gebraucht ihr so oft die Begriffe 'Plan' und ‚Pläne'. Ihr redet seit 5, 10, 50, 100 Jahren immer von 'Plan' und ‚Plänen'. Ich haben Ihnen bereits zu anderen Gelegenheiten gesagt, ehrenwerter Herr Fanfani, dass das, wovon Sie sprechen, keine echten ‚Pläne' sind, sondern bloße Rechenspiele und Ausgabenkalkulationen und dass Sie dadurch, dass Sie die Begriffe 'Plan'und ‚Pläne' verwenden, letztlich nur den Eindruck erwecken wollen, dass ihre Partei ungeheuer viel unternimmt, obwohl sie eigentlich gar nichts oder nur wenig macht (...). Ihr Regierungsprogramm ist daher nur voll von Worten, aber letztendlich inhaltsleer (...) Die Zukunftsaussichten für unser Land (...) sind, (...) betrachten wir nun Ihr Regierungsvorhaben, wirklich düster." Atti Parlamentari, Camera dei Deputati, Discussioni, Leg. 3, Anno 1958, XI seduta, 18 luglio 1958, S. 436f und S. 442.

771 So zum Beispiel der Abgeordnete und ehemalige Parteiführer des PSI, Lelio Basso, am 19. Juli 1958 in der Abgeordnetenkammer des Parlaments. Die von Fanfani vorgestellten Reformvorhaben bezeichnete Basso unter anderem als „scheinheilig, dubios, widersprüchlich und heuchlerisch.“ Vgl. und zitiert Atti Parlamentari, Camera dei Deputati, Discussioni, Leg. 3, Anno 1958, XII seduta, 19 luglio 1958, S. 565.

Folgerichtig votierten sie geschlossen gegen die Annahme des Regierungsprogramms, das ihrer Meinung nach die „eklatanten Mißstände im Land nicht beseitigen, sondern vielmehr weiter verfestigen würde" und einzig dazu diene, „den Einflußbereich und die Machtkompetenzen der *Democrazia Cristiana* immer weiter auszubauen."[772] Auch die Rechtsparteien votierten geschlossen gegen die Annahme des von Fanfani vorgestellten Regierungsprogramms, wobei sich die Kritik des neofaschistischen MSI sowie der monarchistischen Parteien des PMP und des PNM gegen die etatistische und zentralistische Ausrichtung der im Regierungsprogramm geplanten Wirtschaftsinterventionen,[773] gegen die Rolle der staatlichen Unternehmen als wichtigstem Instrument der staatlichen Investitionspolitik[774] und – vor allem – gegen die geplante Verstaatlichung des Energiesektors richtete, „die einerseits die kontinuierliche und progressive Aufweichung und Mortifikation der Privatinitiative sowie andererseits die offensichtliche Hinwendung zu verstärktem Etatismus und schrittweisen Verstaatlichungsmaßnahmen bedeuten und die wirtschaftliche Lage Italiens nicht verbessern, sondern dramatisch verschlechtern würde."[775] Die Kritik der liberalen Opposition wiederum richtete sich ebenfalls vornehmlich gegen die

772 So der Abgeordnete des PCI, Giancarlo Pajetta, am 19. Juli 1958 in der Abgeordnetenkammer des Parlaments. Am Anfang seiner Rede beschuldigte er Fanfani, „eine parlamentarische Mehrheit zu formieren, die es der *Democrazia Cristiana* ermöglicht(e), nicht nur die Partei zu sein, welche die Regierung bestimmt und führt, sondern auch die Partei, die den Staatsapparat unseres Landes immer zahlreicher besetzt und bald vollständig beherrscht. Und wir, die wir gegen diese Regierungswahl und ihre Vorhaben votieren werden, votieren dann vor allem auch gegen diese regelrechte Regimepolitik, die primär darauf abzielt, die gesellschaftliche Vorherrschaft der – sagen wir es deutlich – christlichen Fundamentalisten weiter auszubauen." Vgl. und zitiert ebd., S. 569.

773 So die Kritik des Abgeordneten des MSI, Arturo Michelini, am 19. Juli 1958 in der Abgeordnetenkammer des Parlaments. Das von Fanfani projektierte, längerfristig ausgerichtete organische Wirtschaftsprogramm seiner Regierung bezeichnete Michelini als ein „etatistisches Programm," dessen Ziel es sei, „immer mehr wirtschaftliche Befugnisse und wirtschaftliche Macht zu den getreuen Händen von Parteifreunden und -unterstützern zu transferieren und zu konzentrieren, um mithilfe dieser wirtschaftlichen Machtmittel immer stärkeren politischen Druck ausüben und ein Regime errichten zu können." Vgl. und zitiert ebd., S. 555.

774 So zum Beispiel der Abgeordnete des MSI, Augusto De Marsanich, am 15. Juli in der Abgeordnetenkammer des Parlaments, der das von Fanfani vorgestellte Regierungsprogramm als „ein Dokument voller marxistischem Gedankengut" vehement kritisierte. „(I)m Bereich der Wirtschaftspolitik geht es in dem Regierungsprogramm doch letztlich darum, dass quasi alle Aufgaben dem IRI, der ENI und anderen staatlichen Gesellschaften übertragen bzw. bestimmten staatlichen Institutionen anvertraut werden sollen, die aber noch gar nicht existieren und deren Kompetenzbereiche Sie (Fanfani) ja noch gar nicht näher erklärt haben. (...) Dieses Regierungsprogramm bedeutet daher im Kern die ‚Phagozytierung' der gesamten Wirtschaftsprozesse des Landes durch den Staat." Vgl. und zitiert Atti Parlamentari, Camera dei Deputati, Discussioni, Leg. 3, Anno 1958, VI seduta, 15 luglio 1958, S. 203 und S. 209.

775 So der Abgeordnete des PNM, Achille Lauro, am 19. Juli 1958 in der Abgeordnetenkammer des Parlaments. Atti Parlamentari, Camera dei Deputati, Discussioni, Leg. 3, Anno 1958, XII seduta, 19 luglio 1958, S. 548.

geplante Ausweitung staatlicher Wirtschaftsinterventionen und die Fokussierung des Reform- und Entwicklungsprogramms auf die privatrechtlich organisierten Staatsunternehmen als Hauptinstrument der staatlichen Investitionspolitik, fiel aber – in der Wortwahl – längst nicht so radikal aus. Ungeachtet dessen votierte der PLI – daran ließen auch der Senator Venditi und der Abgeordnete Malagodi in ihren jeweiligen Redebeiträgen keine Zweifel – geschlossen gegen die personelle Zusammensetzung des neuen Kabinetts und das Regierungsprogramm: „Wir lehnen das neue Regierungsprogramm ab, weil es unseren ideologischen Grundvorstellungen widerspricht, und wir lehnen die neue Regierung ab, weil uns die Zusammensetzung des Kabinetts mißfällt."[776] Doch kritisierten auch einige der DC-Abgeordneten und Senatoren ihren Parteivorsitzenden und neuen Regierungschef für seine Reformplanungen scharf[777]: Für Giuseppe Pella beispielsweise, dem auch überparteilich hoch angesehenen langjährigen Schatzminister (1948–1951) und ehemaligen Ministerpräsidenten in direkter Nachfolge De Gasperis (1953–1954), der bis vor kurzem noch im Kabinett der Regierung Zoli das Amt des Außenministers (1957–1958) ausgeübt hatte, waren die Reformvorhaben der neuen Regierung schlicht „unausgereift", „zu ambitioniert" und daher in ihrer Umsetzung „nicht realistisch".[778] Vor allem aber warnte Pella eindringlich vor der Gefahr einer Staatsverschuldung, eines erneuten Anstiegs des Leistungsbilanzdefizits sowie eines damit einhergehenden Verlustes

776 So der Senator des PLI, Mario Vendittti, am 12. Juli 1958 in der Senatskammer des Parlaments, in: Atti Parlamentari, Senato della Repubblica, Assemblea – Resoconto stenografico, Leg. 3, Anno 1958, IX seduta, 12 luglio 1958, S. 352. Das abschließende Urteil von Giovanni Malagodi, Abgeordneter des PLI und späterer Schatzminister im ersten Regierungskabinett Giulio Andreottis (1972/73), in seiner Rede eine Woche darauf in der Abgeordnetenkammer des Parlaments fiel ebenso unmißverständlich gegen die Annahme des neuen Regierungsprogramms aus: „Wir haben bislang nicht ein Wort (...) zum Problemfeld Industrie-Staatsinterventionismus-Staatliches Unternehmertum-Privatinitiative gehört (...) Und dasselbe gilt für viele andere kritische Punkte. (...) Dieses Regierungsvorhaben bedarf dringend einer eingehenden und lückenlosen Überprüfung (...) durch unsere Opposition. Den Dienst, den wir dieser Regierung erweisen können, ist der, dass wir ihre Vorhaben ablehnen – und leider ist es für uns unmöglich, dieses Regierungsprogramm nicht abzulehnen! (...) Wir werden nicht (...) damit aufhören, diese Regierung zu kritisieren, (...) denn wir – genau wie die gesamte Bevölkerung – haben das vordringliche Interesse, dass Sie (Fanfani) Erfolg haben und kein Interesse daran, dass sie scheitern. (...) Wir werden versuchen, Ihnen (der Regierung) gute Ratschläge zu geben. (...) Aber dennoch, (...) verehrter Herr Ministerpräsident, müssen wir an dieser Stelle noch einmal (...) unsere Ablehnung ihres Regierungsprogramms sowie unsere Nicht-Zusammenarbeit mit der Regierung und unsere Opposition bestätigen: allerdings eine konstruktive und nützliche Opposition." Atti Parlamentari, Camera dei Deputati, Discussioni, Leg. 3, Anno 1958, XII seduta, 19 luglio 1958, S. 558f.

777 Zum Führungswechsel innerhalb der *Democrazia Cristiana* von der sog. „ersten" zur „zweiten Generation der *Democrazia Cristiana*" nach dem Tod De Gasperis sowie zu den verschiedenen Parteifraktionen während der Jahre von 1954–1963, vgl. La Democrazia Cristiana in Italia, Le correnti della Democrazia Cristiana, in: http://www.storiadc.it/correnti.html (besucht am 09.07.2016).

778 So der Abgeordnete der DC, Giuseppe Pella, am 19. Juli 1958 in der Abgeordnetenkammer des Parlaments, in: Atti Parlamentari, Camera dei Deputati, Discussioni, Leg. 3, Anno 1958, XII seduta, 19 luglio 1958, S. 550ff.

der Geldwertstabilität. Pella forderte Fanfani deshalb auf, seine Pläne zur Implementierung eines gesamtwirtschaftlichen Entwicklungsprogramms zu konkretisieren und/oder zu modifizieren.[779] Auch Guglielmo Schiratti, der wie Pella der Fraktion des sozialliberal orientierten *Centrismo Popolare* angehörte, hielt das Regierungsprogramm für „überambitioniert" und die geplante massive Ausweitung der staatlichen Investitionen für kaum vereinbar mit einer stabilitätsorientierten Geld- und Haushaltspolitik: „Die große Anzahl der geplanten Reformvorhaben sowie die gesamtwirtschaftliche Ausrichtung des geplanten Wirtschafts- und Entwicklungsprogramms haben in weiten Teilen der Öffentlichkeit – ich würde nicht sagen: die große Sorge ausgelöst (das wäre übertrieben!) – zumindest aber die Frage aufgeworfen: Wie will die neue Regierung all das Viele halten, was sie verspricht? Denn sowohl die vorhandenen finanziellen Mittel als auch die zur Verfügung stehende Zeit sind knapp und setzen allen zukünftigen staatlichen Reformvorhaben klare Grenzen; alles auf einmal zu versuchen, birgt darüber hinaus auch die unmittelbare Gefahr des erneuten und überaus schädigenden Verlustes unserer hart erkämpften Geldwert- und Haushaltsstabililtät."[780] Für Vincenzo Rivera, der aus Protest gegen das neue Regierungsprogramm unmittelbar nach der Regierungserklärung Fanfanis sogar aus der DC ausgetreten war,[781] stand hingegen die angebliche Annäherung der *Democrazia Cristiana* an die linksideologischen Positionen der Kommunisten und Sozialisten im Fokus der Kritik, da – wie er nicht zu Unrecht hervorhob – einige der erstmals bereits 1949/50 im *Piano del lavoro* formulierten und seitdem von den linken Parteien weiterhin vehement postulierten wirtschaftspolitischen Forderungen Eingang in das von Fanfani vorgestellte Regierungsprogramm gefunden hätten. Eindringlich warnte Rivera vor einem Überhandnehmen staatlicher Wirtschaftsinterventionen. Von der neuen Regierung verlangte er, den direkten Staatseingriff in das Marktgeschehen zu reduzieren und die staatliche Wirtschaftspolitik (wieder) stärker auf die ordnungspolitischen Kernkompetenzen des Staates zur Bewahrung und Förderung der wirtschaftlichen Privatinitiativen zu konzentrieren. „Sollte die neue Regierung (...) aber tatsächlich immer stärker (...) in die Wirtschaftsprozesse eingreifen wollen," so Rivera, „wird das geplante staatliche Wirtschaftsprogramm zum weit geöffneten Einfallstor von Etatismus und kommunistischen Interessen, zunächst auf der Ebene der Wirtschaft, dann der Politik."[782]

779 Vgl. ebd., S. 551.

780 So der Abgeordnete der DC, Guglielmo Schiratti, am 15. Juli 1958 in der Abgeordnetenkammer des Parlaments. Vgl. und zitiert Atti Parlamentari, Camera dei Deputati, Discussioni, Leg. 3, Anno 1958, VI seduta, 15 luglio 1958, S. 212.

781 Vgl. Camera dei Deputati, Portale storico, Deputati, Vincenzo Rivera, in: http://storia.camera.it/deputato/vincenzo-rivera-18900406 (besucht am 05.08.2016).

782 So der ehemalige Abgeordnete der DC, Vincenzo Rivera, am 15. Juli 1958 in der Abgeordnetenkammer des Parlaments. Vgl. und zitiert Atti Parlamentari, Camera dei Deputati, Discussioni, Leg. 3, Anno 1958, VI seduta, 15 luglio 1958, S. 201f.

Die Kritik am neuen Regierungsprogramm aus den eigenen Parteireihen richtete sich zwar vor allem gegen die geplanten Wirtschaftsinterventionen, umfaßte darüber hinaus aber auch andere Themenbereiche. So wurden die von Fanfani in seiner Regierungserklärung projektierten Handelsabkommen mit der Sowjetunion und anderen Ländern des RGW[783] ähnlich beanstandet wie die angeblich von Fanfani in Kauf genommene Preisgabe laufender handelspolitischer Schutzmaßnahmen für bestimmte Industrie- und Agrarprodukte zur Erfüllung der EWG-Verträge. Kritikpunkte bildeten daneben verschiedene außen- und sicherheitspolitische Aspekte, zum Beispiel die im Regierungsprogramm nicht beachteten, bislang jedoch ungeklärten Triest- und Südtirolfragen oder die von Fanfani geforderte deutlich aktivere Rolle Italiens in der NATO an der Seite der USA zur Verteidigung und Durchsetzung der westlichen Interessen im Nahen Osten im Zusammenhang mit den Regierungskrisen im Libanon, dem Irak und in Jordanien.[784]

Die Formierung massiven Widerstands innerhalb der eigenen Partei blieb nicht folgenlos: Zwar erfolgte noch am 22. Juli 1958 der offzielle Auftrag des neuen Ministerrats zur „systematischen Ausarbeitung (...) eines organischen Wirtschaftsprogramms."[785] Doch sollte der von Fanfani in seiner Regierungserklärung vorgestellte Entwurf für ein nationales Reform- und Entwicklungsprogramm – ähnlich wie bereits das *Schema Vanoni* – gar nicht erst zu einem konkreten Gesetzesvorschlag ausgearbeitet werden. Ja mehr noch – die anvisierten wirtschafts- und sozialpolitischen Reformvorhaben, die Giuseppe Saragat, der Parteivorsitzende der Sozialdemokraten, mit denen die DC als Koalitionspartner die neue Regierung bildete, als die „weitsichtigsten und mutigsten der italienischen Nachkriegsgeschichte" bezeichnet hatte,[786] blieben nach dem Ende der parlamentarischen Sommerpause 1958 nahezu vollständig von der politischen Tagesordnung verschwunden. Einzig die von Fanfani in seinem Regierungsprogramm eingeforderte umfassende Schul- und Bildungsreform

---

783 Rat für Gegenseitige Wirtschaftshilfe.

784 Zur neuen Rolle Italiens in der Nato im Zusammenhang mit den politischen Unruhen im Nahen und Mittleren Osten nach der Suezkrise von 1956/57, vgl. Alessandro Brogi, Confronting America. The Cold War between the United States and the Communists in France and Italy, Chapel Hill: University of North Carolina Press (2011), S. 229ff. Zu den von Fanfani in seiner Regierungserklärung vorgestellten außen- und sicherheitspolitischen sowie außenwirtschaftlichen Programmpunkten, die vor allem von Giuseppe Pella in seiner Rede vor der Abgeordnetenkammer des Parlaments am 19. Juli 1958 zum Teil scharf kritisiert wurden, vgl. Atti Parlamentari, Senato della Repubblica, Assemblea – Resoconto stenografico, Leg. 3, Anno 1958, IV seduta, 09 luglio 1958, S. 146f. (Triest- und Südtirolfragen), S. 148 (EWG und Handelsabkommen mit Ländern des RGW) sowie S. 149f. (NATO).

785 Vgl. die Ausführungen des neuen Haushaltsministers, Giuseppe Medici, am 23. Juli 1958 in der Abgeordnetenkammer des Parlaments anläßlich der Präsentation des Staatsfinanzberichts, in: Atti Parlamentari, Camera dei Deputati, Discussioni, Leg. 3, Anno 1958, XIII seduta, 23 luglio 1958, S. 610ff. Zitiert aus ebd., S. 612.

786 Vgl. und zitiert Atti Parlamentari, Camera dei Deputati, Discussioni, Leg. 3, Anno 1958, XI seduta, 18 luglio 1958, S. 494.

wurde im *Piano per lo sviluppo della scuola nel decennio dal 1959 al 1969* zum *disegno di legge, n. 129* ausgearbeitet und am 22. September 1958 in der Senatskammer des Parlaments offiziell vorgestellt.[787] Vom Parlament angenommen wurde allerdings auch dieser Gesetzesvorschlag zunächst nicht; es sollten noch weitere knapp vier Jahre vergehen, bis die Schul- und Bildungsreform auf der Grundlage des ursprünglichen, von der Regierung Fanfani konzipierten Planungsentwurfs zumindest eingeleitet werden konnte.[788] Alle anderen, in der Regierungserklärung Fanfanis skizzierten sozialpolitischen Reformvorhaben wurden hingegen nicht weiter vorangetrieben, insofern auch nicht die koordinierte Ausweitung der staatlichen Direktinvestitionen zur Förderung ausgewählter Wirtschaftszweige und/oder Regionen. Binnen weniger Monate entfalteten sich die parteiinternen Widerstände gegen die Reformvorhaben Fanfanis zu einem regelrechten Regierungsboykott. Bereits bei den Regionalwahlen in Sizilien am 23. Oktober 1958 war Fanfani eine empfindliche Niederlage zugefügt worden: Anstelle des von ihm vorgeschlagenen Kandidaten für das Amt des neuen Regionalpräsidenten, Barbaro Lo Giudice, hatten die Regionalabgeordneten der DC mit Silvio Milazzo ein prominentes Mitglied der von Mario Scelba angeführten Minderheitsfraktion des *Centrismo Popolare* zum neuen Präsidenten Siziliens gewählt.[789] Dieser offene Affront gegenüber dem Parteivorsitzenden verschärfte die seit längerem ausgetragenen, die Regierungsarbeit zunehmend blockierenden parteiinternen Richtungs- und Personalstreitigkeiten, die schließlich am 26. Januar 1959 in einer Regierungskrise mündeten: Ezio Vigorelli (PSDI), Minister für Arbeit und Soziales sowie Giuseppe Togni (DC), Minister für öffentliche Versorgung reichten aus Protest gegen den Reformkurs des Ministerpräsidenten ihren Rücktritt ein, woraufhin Fanfani die Regierung auflöste und selbst zunächst als Ministerpräsident und anschließend – am 31. Januar 1959 – auch als Parteivorsitzender der DC zurücktrat.[790] Die Auflösung der Regierung brachte zugleich das vorläufige Ende ihrer ehrgeizigen Reformvorhaben, damit aber letztlich das Scheitern der von Fanfani und seiner Regierung projektierten großdimensionierten und industriepolitisch überformten Neuauflage des Vanoni-Projekts.

---

787 Vgl. Camera dei Deputati, Portale storico, III Legislatura della Repubblica italiana dal 12 giugno 1958 al 15 maggio 1963, in: http://storia.camera.it/cronologia/leg-repubblica-III/elenco (besucht am 04.08. 2016). Vgl. darüber hinaus auch Mario Reguzzoni, La natura 'politica' della scuola materna statale, in: La civiltà cattolica, vol. 4, n. 1 (1966), S. 124.

788 Vgl. Legge 24 luglio 1962, n. 1073, Provvedimenti per lo sviluppo della scuola nel triennio dal 1962 al 1965, in: Gazzetta Ufficiale della Repubblica Italiana, Serie generale, n. 199 (08.08.1962), Rom: Istituto Poligrafico dello Stato (1962). Zu den parlamentarischen Debatten über die Verabschiedung der Schul- und Bildungsreform zwischen Herbst 1958 und Sommer 1962, vgl. Matthias Kirchner, Hochschulreform und Studentenrevolte in Italien 1958–1974, Paderborn: Ferdinand Schöningh (2015), S. 121–150.

789 Zum *caso Milazzo*, vgl. Malgeri (2002), La stagione del centrismo, S. 342f.

790 Vgl. ebd., S. 357–361.

3.2.3 Die Durchsetzung des Planungsparadigmas im Zeichen der *apertura a sinistra*

3.2.3.1 Der Wiederaufstieg des Planungsparadigmas nach der politischen Wende im Juli 1960

Unter der vom Staatspräsidenten, Giovanni Gronchi, provisorisch eingesetzten, von Antonio Segni angeführten neuen Regierung wie auch unter der Nachfolgeregierung Fernando Tambronis spielte der gesamtwirtschaftliche organische Planungsansatz, auf dem sowohl das *Schema Vanoni* als auch das *Programma Fanfani* im Kern basierten, vorübergehend in der politischen Alltagspraxis keine Rolle mehr. Die Wirtschaft florierte auch unabhängig von einem gesamtwirtschaftlichen Plan, das geflügelte Wort des „Wirtschaftswunders" war in aller Munde, und die internationalen Beobachter der OECD wie auch die internationale Presse zollten der italienischen Wirtschaftspolitik ihren Respekt. Sie waren voll des Lobes für die wirtschaftlichen Erfolge Italiens sowie die damit einhergehende individuelle wie kollektive Wohlstandssteigerung, die das Alltagsbild des Apenninenstaates nachhaltig zu verändern begann.[791]

Allerdings hatten nicht alle Italiener gleichermaßen an der Nachkriegsprosperität partizipiert, wie Saraceno in seiner Funktion als Präsident des *Comitato per lo sviluppo dell'occupazione e del reddito* am 24. Juni 1959 dem Ministerrat in einem Bericht zur Wirtschaftsentwicklung während der vergangenen vier Jahre kritisch reflek-

791 Drei Beispiele sollen an dieser Stelle zur Veranschaulichung genügen: *Erstens*, wurde Italien am 11. Januar 1960 von der *Financial Times* der sog. Währungsoskar für das Jahr 1959 verliehen und die italienische Lira als „star currency of the year 1959" ausgezeichnet. Vgl. Riccardo Faucci, A History of Italian Economic Thought, London und New York: Routledge (2014), S. 211. *Zweitens*, schrieb die *Berliner Handelsgesellschaft* am 03. September 1960 vom „italienischen Währungswunder" und urteilte am Ende ihres Länderberichts über Italien: „Der jungen, nach ihrer Verfassung ‚auf Arbeit gegründeten' Republik gebührt (...) das Kompliment, trotz der mit keinem anderen Land Westeuropas vergleichbaren Belastung (...) – das starke Wohlstandsgefälle vom Norden zum Süden – (...) und einer nur zur Hälfte produktionstüchtigen Volkswirtschaft eine Expansion und eine Stabilität erzielt zu haben, die sich neben der der übrigen EWG-Partner, ja sogar der USA, durchaus sehen lassen kann." Berliner Handelsgesellschaft, Wachstum ohne Inflation, in: Wirtschaftsdienst, Nr. 273, Frankfurt am Main (03. September 1960), S. 1 und S. 3, in: Archivio Storico della Banca d'Italia, Studi, prattiche, n. 347, fasc. 22, S. 14 und S. 16. *Drittens* schließlich, fiel auch das Urteil des Länderwirtschaftsausschusses der OECD im 12. Jahresreport zu Italien vom Februar 1961 erstmalig durchweg positiv aus: „Italy has recently been through a period of very rapid expansion of output and foreign trade, accompanied by a remarkable degree of price and wage stability and by further increases of external reserves, although at a reduced rate compared to the exceptionally high accumulation of 1958 and 1959. This wave of expansion, following upon a pretty steady and rapid growth over the last few years had led by the winter of 1960 to impressive results." Organisation for European Economic Co-Operation. Economic Committee, Twelfth Annual Review. Italy, Paris: unveröffentlicht (27. Februar 1961), in: Archivio Centrale dello Stato, Presidenza del Consiglio dei Ministri, PCM, Comitato Interministeriale per la Ricostruzione, CIR, b. 135, Rapporto OEEC XII, 1960, S. 3.

tierte.[792] In dem von ihm im Regierungsauftrag[793] erarbeiteten Abgleich mit den im *Schema Vanoni* entworfenen Entwicklungsszenarien zeigte Saraceno detailliert auf, dass sich das Wirtschaftswachstum zwischen 1955 und 1958 in allen Sektoren zwar noch erfolgreicher entwickelt hätte als im *Schema* prognostiziert,[794] dennoch die übergeordneten Zielsetzungen des Planungsentwurfs Vanonis nicht erreicht werden konnten.[795] Allein die Zahlungsbilanz hätte sich seit 1957 positiv gestaltet, mit weiter ansteigender Tendenz.[796] Aber weder die hohe Arbeitslosigkeit[797] noch der ökonomische Abstand zwischen den rückständigen Regionen des Mezzogiorno und dem Rest des Landes[798] hätten sich signifikant verringert. Die hohen Produktivitätszuwächse hätten sich primär auf einige wenige Branchen der Industriewirtschaft und die enormen Gewinne wiederum vorwiegend auf einige wenige große Unternehmen und Unternehmensgruppen in den hochindustrialisierten Regionen des Landes konzentriert.[799] Darüber hinaus wäre auch das durchschnittliche Einkommensgefälle zwischen den gut bezahlten Beschäftigten in den expandierenden industriellen Wachstumsbranchen sowie in der öffentlichen Verwaltung und den übrigen Beschäftigten der Volkswirtschaft erheblich angewachsen.[800] Aus diesen für ihn ernüchternden Ergebnissen schlußfolgerte Saraceno,[801] dass die wirtschaftlichen Ungleichgewichte und sozialen Disparitäten weiter anwachsen würden, sollte es der Regierung nicht gelingen, geeignete Maßnahmen einzuleiten, um diesen Negativentwicklungen entschieden entgegenzusteuern. Die Hauptziele des *Schema* seien daher auch für die zukünftige Wirtschaftspolitik handlungsleitend, wie auch die im Vanoni-Entwurf projektierte koordinierte staatliche Investitionsausweitung, -regulierung und -steuerung nach wie vor dringend erforderlich wären. Diese müßten jedoch an die während der vergangenen vier Jahre veränderten Bedingungen angepaßt und durch weitere Wirtschaftsinterventionen ergänzt werden. Notwendig wäre insofern „ein entschiedener Kurswechsel im Bereich der Wirtschaftspolitik durch die Implementierung und Umsetzung eines organischen gesamtwirtschaftlichen Entwicklungsprogramms, über das die Regierung (...) die übergeordneten Zielsetzungen der zukünftigen Wirtschafts-

792 Vgl. Presidenza del Consiglio dei Ministri. Comitato per lo sviluppo dell'occupazione e del reddito, Riconsiderazione dello ‚Schema Vanoni'nel quinto anno dalla sua presentazione. Rapporto del Presidente del Comitato al Presidente del Consiglio dei Ministri, Rom: unveröffentlichte Druckfahne (24. Juni 1959), in: Archivio Storico della Banca d'Italia, Studi, prattiche, n. 288, fasc. 12, S. 328–354.

793 Vgl. Antonio Segni, Lettera d'incarico del Presidente del Consiglio dei Ministri al Presidente del Comitato, Rom (23. April 1959), in: ebd., S. 326f.

794 Vgl. Presidenza del Consiglio dei Ministri (1959), Riconsiderazione dello 'Schema Vanoni', S. 332.

795 Vgl. ebd., S. 333f.

796 Vgl. ebd., S. 332f.

797 Vgl. ebd., S. 330f., S. 334 und S. 343f.

798 Vgl. ebd., S. 333f. und S. 350.

799 Vgl. ebd., S. 334.

800 Vgl. ebd. S. 332f.

801 Vgl. ebd., S. 348ff.

entwicklung festlegt, Investitionsanreize durch Subventionen sowie Handels- und Steuererleicherungen schafft und weitere notwendige Strukturmaßnahmen einleitet. Es geht darum, die Markprozesse dahingehend zu steuern, dass vor allem die für ein nachhaltiges Gesamtwirtschaftswachstum erforderlichen Investitionen im Bereich der Verarbeitenden Industrie in einem deutlich stärkeren Umfang (...) getätigt werden als sie bislang allein von der Privatwirtschaft aufgebracht worden sind. (...) Daher sind alle Politikmaßnahmen zunächst der vordringlichen Notwendigkeit unterzuordnen, die staatlichen Investitionen deutlich zu steigern und ihre sektorale und regionale Verortung auf den Abbau der hohen Arbeitslosigkeit sowie des starken Nord-Süd-Gefälles auszurichten, (...) flankiert von einkommenspolitischen Maßnahmen (...).“[802]

Auf Regierungsebene blieb die von Saraceno, gemeinsam mit den anderen Mitgliedern der Expertenkommission verfaßte *Riconsiderazione dello'Schema Vanoni'* jedoch zunächst ohne Reaktion, obwohl sich nach der Veröffentlichung des Kommissionsberichts Ende Juli 1959[803] immer mehr kritische, aber auch mahnende Stimmen hinsichtlich der Folgeprobleme ungleichmäßiger Industrieexpansion öffentlichkeitswirksam zu Wort meldeten. Namentlich die wirtschaftswissenschaftlichen Experten(teams) der vier großen staatlichen bzw. staatsnahen privaten wirtschaftspolitischen Studien- und Beratungszentren – des *Ufficio studi dell'IRI*, des *Ufficio studi dell'ENI*, des 1955 gegründeten ISCO sowie der SVIMEZ – verwiesen auf zahlreiche Fehlentwicklungen des viel umjubelten Wirtschaftswunders, die sie als Resultat eines wirtschaftspolitischen Steuerungsverlustes des Staates interpretierten.[804] Die Ergebnisse ihrer

802 Ebd., S. 342 und S. 354.

803 Vgl. Presidenza del Consiglio dei Ministri. Comitato per lo sviluppo dell'occupazione e del reddito, Riconsiderazione dello ‚Schema Vanoni'nel quinto anno dalla sua presentazione. Rapporto del Presidente del Comitato al Presidente del Consiglio dei Ministri, Rom: Istituto Poligrafico dello Stato (1959).

804 Aus der steigenden Vielzahl der kritischen Publikationen des ISCO, der SVIMEZ sowie der beiden Studienzentren des IRI und der ENI, vgl. vor allem die zwischen Herbst 1959 und Juli 1963 veröffentlichten Arbeiten Pasquale Saracenos als Präsident des IRI-Studienzentrums sowie als Generalsekretär der SVIMEZ: Pasquale Saraceno, Iniziativa privata e azione pubblica nei piani di sviluppo economico, Rom: Giuffrè (1959); Pasquale Saraceno, Lo Stato e l'economia. Relazione tenuta al primo Convegno nazionale di studio della DC, in: Mondo Economico, n. 38 (1961), S. 28–36; Pasquale Saraceno, Fini ed obiettivi nell'azione economica pubblica, in: Nord e Sud, n. 27 (1962), S. 5–20 sowie Pasquale Saraceno, L'Italia verso la piena occupazione, Mailand: Feltrinelli (1963). Für die SVIMEZ, vgl. auch Giuseppe di Nardi, I provvedimenti per il Mezzogiorno: 1950–1960, in: I piani di sviluppo in Italia dal 1945 al 1960. Studi in memoria del Prof. Jacopo Mazzei, Mailand: Giuffrè (1960), S. 489–520; Claudio Napoleoni, Il problema della programmazione in Italia, in: Rivista trimestrale, n. 4 (1962), S. 701–720 oder Nino Novacco, La strumentazione democratica della programmazione, in: Tempi moderni, n. 11 (1962), S. 104–115. Für das ISCO, vgl. vor allem Ferdinando di Fenizio, Questioni di pianificazione indicativa, in: L'industria, n. 4 (1961), S. 552–569 sowie Ferdinando di Fenizio, Le leggi dell'economia, vol. V, La programmazione globale in Italia, Rom: Istituto Nazionale per lo Studio della Congiuntura (1962). Für das Studienzentrum des ENI, vgl. zum Beispiel Luigi Spaventa, Dualism in Economic Growth, in: Banca Nazionale del Lavoro Quarterly Review, vol. 12, n. 51 (1959), S. 386–434 oder auch Giorgio Fuà und Paolo Sylos Labini, Idee per la programmazione economica, Rom-Bari: Laterza (1963).

Studien präsentierten die politisch äußerst einflußreichen Wirtschaftsexperten – zumeist leitende Vertreter der vier Institute und mehrheitlich durch ihre haupt- oder zweitberuflichen Tätigkeiten als Berater, Lehrstuhlinhaber, Fakultätsdekane oder gar als Hochschulpräsidenten in Wissenschaft und Politik gut vernetzt – nicht nur in ihren akademischen Publikationen sowie auf verschiedenen wissenschaftlichen und politischen Veranstaltungen. Auch in zahlreichen Zeitungen und Zeitschriften vertraten sie die Auffassung, die vorhandenen Gestaltungsspielräume, die der verstetigte und seit 1958 noch einmal akzelerierte Wirtschaftsaufschwung prinzipiell eröffnet hat, effizient(er) auszuschöpfen. Dabei gelte es primär – so der unter ihnen weit verbreitete Konsens –, die laufenden wie auch die zukünftigen Wirtschaftsinterventionen im Rahmen einer geplanten, längerfristig ausgerichteten Wirtschaftspolitik – einer *Programmazione Economica Organica* – besser zu koordinieren sowie in diesem Zusammenhang (endlich) auch die längst überfälligen sozialpolitischen Reformen in den Bereichen Bildung, Gesundheit, soziale Absicherung und Wohnungsversorgung einzuleiten und umzusetzen.

Die öffentliche Resonanz auf die Forderungen der renommierten Sachverständigen war erheblich. Zunehmend standen sie im Fokus medial inszenierter Auseinandersetzungen.[805] Die von jeweiligen Medienintellektuellen mitunter ganz unterschiedlich beantworteten Fragen nach Notwendigkeit und Ausrichtung der *Programmazione Economica Organica*, nach ihren ordnungspolitischen Implikationen, aber auch gesellschaftlichen Kosten und Wirkungen fanden dadurch in nahezu allen Gesellschaftsbereichen und Bevölkerungsschichten eine immer schnellere – medial trans-

805 Ausgangspunkt der medialen Auseinandersetzungen bildete die vom 28.-29. Oktober 1961 in Rom von den sechs eher links gerichteten Wochen- bzw. Monatszeitschriften *Il Mondo*, *L'Espresso*, *Critica Sociale*, *Mondo Operaio*, *Nord e Sud* und *Il Ponte* im *Teatro Eliseo* veranstaltete, für alle Pressevertreter des Landes öffentliche Tagung zum Thema „Prospettive di una nuova politica economica" – „Perspektiven einer neuen Wirtschaftspolitik". Die eingeladenen Redner aus Politik, Wirtschaft, Kultur und Presse diskutierten die Entwicklung der italienischen Wirtschaft während der 1950er Jahre und die sich daraus ergebenen sozioökonomischen wie kulturellen Veränderungen, aber auch die Fragen nach den Vor- und Nachteilen der Implementierung einer geplanten Wirtschaftspolitik. Die Tagungsvorträge wurden von nahezu allen Tageszeitungen Italiens sowie von vielen weiteren, periodisch erscheinenden Zeitschriften besprochen. Der Präsident des Veranstaltungskomitees war der renommierte Journalist und Soziologe, Eugenio Scalfari. Eine Auflistung über die personelle Zusammensetzung des Veranstaltungskomitees sowie eine Kopie seiner viel beachteten Eröffnungsrede mit einem detaillierten Forderungskatalog für die damalige Regierung unter der Führung Amintore Fanfanis zur Ausarbeitung eines nationalen, organischen Reform- und Entwicklungsprogramms befindet sich im Archiv der *Banca d'Italia*. Vgl. Eugenio Scalfari, Prospettive di una nuova politica economica, in: Archivio Storico della Banca d'Italia, Studi, prattiche, n. 269, fasc. 1, S. 252–272. Zur Verbreitung der Forderungen nach einer reformorientierten und auf den sozialen Interessenausgleich abzielenden umfassenden staatlichen Wirtschaftsplanung durch die Medien, vgl. vor allem Antonella Rancan, The Italian 'Metaphysical Adventure' of Economic Planning as Seen Through the Italian Newspapers (1962–1964), in: Riccardo Faucci (Hg.), Economic Policy During the Planning Era in Italy. Theory, History, and Documents, Pisa-Rom: Fabrizio Serra (2008), S. 133–154.

portierte – Verbreitung. Sie entfalteten sich schließlich zu einem der bestimmenden öffentlichen Diskurse während der gesamten 1960er Jahre, dem sich auch die Politik nicht länger verschließen konnte.

Die wirtschaftspolitische Diskursdynamik war eingebettet in eine Neujustierung der politischen Grundkoordinaten in Italien. Vor dem Hintergrund der Regierungskrise vom Februar 1960, die von einer gesellschaftlichen Destabilisierung begleitet war, kam es zu einem temporären Rechtsruck der Parteienlandschaft.[806] Weil aber der neue Ministerpräsident, Fernando Tambroni, „mit seinem Versuch, eine Mitte-Rechts-Regierung mit Rückendeckung der Neofaschisten zu bilden, nicht nur Schiffbruch erlitt, sondern so große Teile der Öffentlichkeit gegen sich aufbrachte, dass Experimente dieser Art künftig tabu waren,"[807] ebnete er auf diese Weise, gewissermaßen unfreiwillig, den Weg für die politische Wende der sog. *apertura a sinistra* – der prinzipiellen Bereitschaft der *Democrazia Cristiana* zu einer zukünftigen Regierungszusammenarbeit nicht nur mit den Sozialdemokraten, sondern erstmals auch mit den Sozialisten.[808] Damit aber war zugleich der Weg für eine wirtschaftspolitische Wende geebnet, da der PSI eine gemeinsame Koalitionsbildung von mindestens zwei Bedingungen abhängig machte: *zum einen* davon, ob die DC gewillt war, jetzt – nach den vielen verpaßten Gelegenheiten während der vergangenen Jahre – eine umfassende Reformpolitik einzuleiten und die dafür notwendigen wirtschafts- und sozialpolitischen Maßnahmen durch die Implementierung eines gesetzlich verbindlichen, längerfristig und gesamtwirtschaftlich ausgerichteten Programms oder Plans (besser) zu koordinieren. Die *zweite* Hauptbedingung, die der PSI unter der Führung ihres Generalsekretärs Pietro Nenni unmißverständlich mit der Möglichkeit einer zukünftigen Regierungszusammenarbeit verknüpfte, war die von allen linken Parteien seit Jahren vehement eingeforderte Verstaatlichung der nationalen Elektrizitätswirtschaft und die damit verbundene Zerschlagung des vom *Edison*-Konzern dominierten Oligopols der Stromproduktion und -versorgung.[809] Nach der

806 Vgl. vor allem Crainz (1996), Miracolo italiano, S. 169–179 sowie Malgeri (2002), La stagione del centrismo, S. 373–392.

807 Woller (2010), Geschichte Italiens, S. 276.

808 Eine mögliche politische Partnerschaft mit den Kommunisten in einer Regierung schloss die „Öffnung der *Democrazia Cristiana* nach links" allerdings nach wie vor strikt aus, ganz im Sinne der *conventio ad escludendum*, wie der Jurist Leopoldo Elia die während der 1950er und 1960er Jahre geltende stillschweigende Übereinkunft über die kategorische Ablehnung innerhalb der DC gegen eine Regierungszusammenarbeit mit dem PCI später genannt hatte. Bis zur Auflösung des PCI im Jahr 1990 wurde an dieser politischen Ausschlußdoktrin strikt festgehalten. Zur *conventio ad escludendum*, vgl. Stefano Merlini, Il governo costituzionale, in: Raffaele Romanelli (Hg.), Storia dello Stato italiano dall'unità a oggi, Rom: Donzelli (1995), S. 61f.

809 Pointiert fasste der Sozialistenführer, Pietro Nenni, die beiden Hauptbedingungen vonseiten des PSI für eine mögliche zukünftige gemeinsame Regierungspartnerschaft mit der DC in seiner Rede in der Abgeordnetenkammer des Parlaments im März 1962 wie folgt zusammen: „Ich möchte es noch einmal wiederholen und noch einmal betonen, dass die Verstaatlichung sowohl der Stromproduktion als auch der Stromversorgung (...) die wichtigste Grundvoraussetzung (...) für unsere Zusammenarbeit mit der *Democrazia Cristiana* darstellt. Die zweite, von uns immer schon als zentral erachtete

nicht nur bei den Linksparteien weit verbreiteten Meinung, wäre dieses Oligopol für die insgesamt (zu) hohen Verbraucherpreise wie auch für das (vor allem in den ländlichen Gegenden) räumlich unzureichende und technisch veraltete Stromverteilernetz verantwortlich, würde daher eines der größten Wachstums- und Modernisierungshemmnisse der volkswirtschaftlichen Entwicklung darstellen.[810]

Zwar läßt sich der „Weg zur *apertura a sinistra*“[811] in den Jahren zwischen 1960 und 1963 sicherlich nicht – wie Woller bemerkt – „als alternativlos“ bewerten. Die Chancen zur Akzeptanz der vom PSI geforderten zwei *conditiones sine quibus non* für eine regierungsverantwortliche Partnerschaft mit der DC stiegen aber erheblich, als der Staatspräsident Giovanni Gronchi nach dem von der Parteiführung der Christdemokraten regelrecht erzwungenen Rücktritt Tambronis erneut Amintore Fanfani mit der Regierungsneubildung beauftragt hat. Als damaliger Parteivorsitzender hatte sich Fanfani schon während der Wahlkampfmonate im Spätfrühling 1958 für die Möglichkeit einer Regierungszusammenarbeit mit den Sozialisten stark gemacht.[812] Schon zu diesem Zeitpunkt hatte er sich in seinen politischen Zielsetzungen – nicht zuletzt in Bezug auf die auch von ihm geplante Verstaatlichung der Elektrizitätswirtschaft – den Positionen des PSI stärker angenähert als jeder andere Ministerpräsident seit der Auflösung des *tripartito* im Mai 1947.

Dass er an seinen bereits vor zwei Jahren vorgestellten wirtschafts- und sozialpolitischen Reformvorhaben festhalten und diese im Rahmen eines auf der Grundlage des *Schema Vanoni* erarbeiteten *organischen* Entwicklungsprogramms mit seiner neuen Regierung umsetzen wollte, daran ließ Fanfani gleich in seiner Antrittserklärung in der Abgeordnetenkammer des Parlaments am 02. August 1960 keine Zweifel aufkommen.[813] In diesem Zusammenhang betrachtete er den Ausbau und die Erweiterung

Grundvoraussetzung (...) für eine politische Partnerschaft der Sozialisten mit der *Democrazia Cristiana* ist die Garantie für die Einleitung und für die konsequente Umsetzung einer echten staatlichen Wirtschaftsplanung (...) zur Überwindung der schädlichen Fragmentarität selektiver Programme und Pläne, die für die von den Vorgängerregierungen implementierten staatlichen Wirtschaftsinterventionen kennzeichnend war (...) und zumeist zu Ressourcenverschwendung und auch zu Korruption und Ineffizienz innerhalb der öffentlichen Verwaltung geführt hat (...).“ Atti Parlamentari, Camera dei Deputati, Discussioni, Leg. 3, Anno 1962, DLXXVI seduta pomeridiana, 06 marzo 1962, S. 27807f. und S. 27813.

810 Zusammenfassend, vgl. zum Beispiel Pietro Lezzi, Pagine socialiste, Neapel: Guida (2002), S. 110f.

811 Vgl. und zitiert nach Woller (2010), Geschichte Italiens, Kapitel 20, Auf dem Weg zur ‚apertura a sinistra‘, S. 269–284.

812 Vgl. Malgeri (2002), La stagione del centrismo, S. 384ff. sowie Giuseppe Tamburrano, Storia e cronaca del centrosinistra, Mailand: Rizzoli (1990), S. 28.

813 Vgl. die Antrittsrede Amintore Fanfanis am 02. August 1960 in der Abgeordnetenkammer des Parlaments, in: Atti Parlamentari, Camera dei Deputati, Discussioni, Leg. 3, Anno 1960, CCCXXV seduta, 02 agosto 1960, S. 16119–16130. Zur Wiederaufnahme der bereits vor zwei Jahren geplanten Reformbemühungen, vgl. vor allem ebd., S. 16124f. Die strategischen Eckpfeiler seines neuen Regierungsprogramms in den Bereichen der Sozial- und Wirtschaftspolitik bildeten dabei – abermals – die Einlei-

der Befugnisse der staatlichen Planungsorgane sowie den Dialog der Regierung mit den Interessensvertretern der Wirtschaft – sowohl der Unternehmens- und Arbeitgeberverbände als auch der Gewerkschaften – als elementare institutionelle Voraussetzungen.[814] Darüber hinaus wollte Fanfani den politischen Dialog mit allen anderen im Parlament vertretenen Parteien im Interesse einer Mitte-Links-Koalition intensivieren. Ausdrücklich nahm er von diesem Angebot jedoch den linksradikalen PCI und den neofaschistischen MSI aus, die sich seiner Meinung nach – im Fall des PCI – bereits seit der unmittelbaren Nachkriegszeit sowie – im Fall des MSI – während der Regierungsbeteiligung im Kabinett Tambroni als demokratische Parteien diskreditiert hätten.[815] Dieses Bekenntnis war ein eindeutiges Signal an die Sozialisten, was der PSI in den nachfolgenden Abstimmungen über die Zusammensetzung und die programmatischen Vorhaben der neuen Regierung denn auch prompt honorierte – das neue Regierungsprogramm wurde am 03. sowie 05. August 1960 durch die Enthaltungen der sozialistischen Senatoren und Abgeordneten in den zwei Kammern des Parlaments jeweils mit großer Mehrheit angenommen.[816]

Innerhalb der eigenen Partei erfuhr Fanfani die wichtigste politische Unterstützung durch seinen Nachfolger im Amt des Parteivorsitzenden, Aldo Moro. Moro beeinflußte die italienische Politik während der folgenden Jahre bis zu seiner Entführung und Ermordung durch die linke Terrororganisation der *Brigate Rosse* im Mai 1978 maßgeblich. Angesichts der unsicheren und instabilen Mehrheitsverhältnisse im Parlament, selbst nach den leichten Wahlerfolgen von 1958, hatte sich auch Moro bereits seit längerem für die Möglichkeit einer zukünftigen Regierungsbildung mit dem PSI ausgesprochen; insofern setzte er sich erneut verstärkt für eine Kooperation mit den Sozialisten – für eine *apertura a sinistra* – ein. Ebenso befürwortete er die ehrgeizigen Reformvorhaben der neuen Regierung sowie die von Fanfani in seiner programmatischen Antrittserklärung projektierte Neuausrichtung der staatlichen Wirtschaftspolitik durch die Ausarbeitung und Implementierung einer indikativen *organischen* staatlichen Wirtschaftplanung. Sein Ziel war es, die verschiedenen Fraktionen der eigenen Partei auf eine gemeinsame strategische Marschrichtung einzuschwören, ohne dabei

tung und Umsetzung einer umfassenden Schul- und Bildungsreform, eine schnelle und nachhaltige Verbesserung des Wohnungswesens, der konsequente Ausbau und die Modernisierung der technischen Infrastrukturen, eine stabilitätsorientierte Geld- und Haushaltspolitik, eine koordinierte staatliche Agrar- und Industrieförderung mit einer deutlich überproportionalen regionalen Schwerpunktsetzung auf die Regionen Süditaliens sowie die stufenweise Verstaatlichung der Elektrizitätswirtschaft.

814 Vgl. ebd., S. 16128.

815 Vgl. ebd., S. 16122f.

816 Im Senat stimmten 126 Senatoren für eine Annahme der neuen Regierung, 58 dagegen. In der Abgeordnetenkammer erhielt die neue Regierung 310 Ja-und 156 Nein-Stimmen. Vgl. Camera dei Deputati, Portale storico, III Legislatura della Repubblica italiana dal 12 giugno 1958 al 15 maggio 1963, in: http://storia.camera.it/cronologia/leg-repubblica-III/elenco (besucht am 20.08. 2016). Zur parlamentarischen Diskussion über die Annahme oder Ablehnung des dritten Regierungskabinetts Amintore Fanfanis, vgl. Malgeri (2002), La stagione del centrismo, S. 388ff.

die eher konservativ orientierten Parteifunktionäre zu verprellen.[817] Woran sein Vorgänger im Amt des Parteivorsitzenden vor zwei Jahren noch gescheitert war, erreichte Moro schließlich durch kontinuierlichen Dialog und intensive Verhandlungen mit den verschiedenen Parteilagern. Die parteiinternen Verhandlungen erstreckten sich über mehr als 14 Monate. Am Ende gelang es Moro, die Streitigkeiten zwischen den *correnti* der DC beizulegen und die Widerstände aus den eigenen Parteireihen gegen den Reformkurs Fanfanis zumindest für die Dauer einiger weniger Jahre weitgehend abzubauen.

Der endgültige Richtungsentscheid innerhalb der *Democrazia Cristiana* über die strategische Neuausrichtung der Partei fiel Ende Januar 1962 auf dem achten Nationalen Parteitag der DC in Neapel,[818] als die anwesenden Parteifunktionäre einstimmig dafür votierten, „das Regierungsprogramm von 1958 neu in Angriff zu nehmen (...) und eine koordinierte wirtschafts- und sozialpolitische Reformpolitik auf der konzeptionellen Grundlage staatlicher Wirtschaftsplanung einzuleiten und umzusetzen, um dadurch die nach wie vor bestehenden Ungleichgewichte und Ungleichheiten so schnell wie möglich zu beseitigen und eine gerechtere Verteilung des kontinuierlich steigenden Volkseinkommens zu gewährleisten."[819] Neben der Wiederaufnahme des *Programma Fanfani* von 1958, wurde aber auch über die von Fanfani und Moro geforderte „Öffnung nach links" abgestimmt. Zwar nicht einstimmig, doch mit großer Mehrheit, wurde ein vom Parteivorsitzenden verfaßtes Positionspapier über die Möglichkeit einer zukünftigen Regierungszusammenarbeit mit den Sozialisten von den Parteifunktionären am letzten Tag des Parteikongresses angenommen, das eine Koalitionsbildung mit dem PSI nicht nur für „möglich", sondern sogar als „wünschenswert" deklarierte.[820] Nur Mario Scelba und Guido Gonella von der sozialliberal orientierten Parteifraktion des *Centrismo popolare* sowie Giulio Andreotti, der Fraktionsführer der eher rechtskonservativen *Primavera*-Fraktion, stimmten gegen die Annahme des Positionspapiers und damit gegen die nunmehr von der *Democrazia Cristiana* beschlossene *appertura a sinistra*.

Trotz dieser ausdrücklichen Willensbekundungen vonseiten der DC schreckten die Sozialisten ihrerseits vor einer Regierungskoalition mit den Christdemokraten letztlich

817 Vgl. Giorgio Campanini, Aldo Moro. Cultura e impegno politico, Rom: Studium (1992), S. 57–59.

818 Zur strategischen Neuausrichtung der *Democrazia Cristiana* auf dem achten Nationalen Parteikongress der DC in Neapel vom 27.-31. Januar 1962, vgl. die Redebeiträge in: La Democrazia Cristiana in Italia, Atti dell' VIII Congresso nazionale della Democrazia Cristiana, Rom: Cinque lune (1963). Zusammenfassend, vgl. Malgeri (1988), Anni di transizione, S. 260–265 sowie La Democrazia Cristiana in Italia, VIII Congresso nazionale della Democrazia Cristiana, Napoli, 27–31 gennaio 1962, in: http://www.storiadc.it/congressi/congr_08.html (besucht am 03.10.2016).

819 La Democrazia Cristiana in Italia, VIII Congresso nazionale della Democrazia Cristiana, Mozione 'Centrismo popolare', Napoli, 31 gennaio 1962, in: http://www.storiadc.it/doc/1962_08congr_centrismopopolare.html (besucht am 03.10.2016).

820 Vgl. und zitiert La Democrazia Cristiana in Italia, VIII Congresso nazionale della Democrazia Cristiana, Mozione di maggioranza, Napoli, 31 gennaio 1962, in: http://www.storiadc.it/doc/1962_08congr_mozione.html (besucht am 03.10.2016).

doch zurück. Wie die parteiintern auf dem Parteikongress in Neapel verabschiedete *Öffnung nach links* der DC, so benötigte auch die *Öffnung nach rechts* seitens des PSI offensichtlich zweierlei: Zeit und gegenseitiges Vertrauen. Die Sozialisten forderten von der *Democrazia Cristiana*, für eine prinzipiell in der Zukunft durchaus vorstellbare Koalition dem von Fanfani und Moro bislang nur proklamierten politischen Erneuerungswillen erst Taten folgen zu lassen.[821] Die Regierungskoalition, die Fanfani dann – im Februar 1962 – aufgrund der Absage des PSI stattdessen mit den Sozialdemokraten (PSDI) und Republikanern (PRI) gebildet hat, stellte ihren Erneuerungswillen schon bald unter Beweis. In einem beeindruckenden Tempo brachte sie eine Vielzahl von Reformprojekten auf den Weg, forcierte darüber hinaus aber auch den seit längerem diskutierten institutionellen Aus- bzw. Neuaufbau der staatlichen Wirtschaftsplanung. Bevor letzterer ausführlich dargestellt wird, soll die zäsursetzende Reformaktivität der vierten Regierung Fanfani zumindest überblicksartig skizziert werden.

3.2.3.1.1 Reformgesetzgebungen der vierten Regierung Fanfani

Auch wenn Fanfani während seiner nur 15 Monate andauernden vierten Amtszeit längst nicht alle Reformvorhaben seines alten und neuen Regierungsprogramms umsetzen konnte und einige drängende Problembereiche wie das Gesundheitswesen oder die Städteentwicklung immer noch – zumindest substantiell – ausgeklammert blieben, war die Erfolgsbilanz seiner leicht links orientierten Regierung beachtlich. Die wichtigsten Reformgesetzgebungen lassen sich hinsichtlich ihrer strategischen Stoßrichtung in *drei* Komplexe klassifizieren – „Sozial- und Kulturpolitik", „selektive Wirtschaftsförderung" und „Verstaatlichung".

Die sozial- und kulturpolitischen Reformen zielten auf den quantitativen Ausbau und/oder die qualitative Verbesserung des Renten- und Steuersystems,[822] des Schul-

---

821 Vgl. Malgeri (2002), La stagione del centrismo, S. 392f.

822 Rentensystem: Mit den Gesetzen Nr. 233 und Nr. 1338 wurden bereits im März und August 1962 erste Schritte für eine umfassende, mehrjährige Rentenreform eingeleitet, wobei mit sofortiger Wirkung eine deutliche Rentenerhöhung (März) – zunächst jedoch nur für einige ausgewählte Berufsgruppen der staatlichen Versorgungsbetriebe – sowie die Einführung einer Mindestrente (August) verabschiedet wurde. Vgl. Legge 28 marzo 1962, n. 233, Rivalutazione delle pensioni maturate anteriormente al 1 gennaio 1954 e adeguamento dei contributi concernenti il Fondo di previdenza per il personale dipendente dalle aziende private del gas, in: Gazzetta Ufficiale della Repubblica Italiana, Serie generale, n. 127 (19.05.1962), Rom: Istituto Poligrafico dello Stato (1962) sowie Legge 12 agosto 1962, n. 1338, Disposizioni per il miglioramento dei trattamenti di pensione dell'assicurazione obbligatoria per l'invalidità, la vecchiaia e i superstiti, in: Gazzetta Ufficiale della Repubblica Italiana, Serie generale, n. 229 (11.09.1962), Rom: Istituto Poligrafico dello Stato (1962). Steuersystem: Im April 1962 wurden mit dem Gesetz Nr. 209 zunächst die Einkommenssteuersätze (sozial) angepaßt, wobei die niedrigsten zwei Einkommensklassen zukünftig leicht entlastet, die zweit- bis fünfthöchsten Einkommensklassen hingegen etwas stärker belastet werden sollten. In beiden Richtungen lagen die prozentualen Verschiebungen der Einkommenssteuersätze bei unter einem Prozentpunkt. Der Spitzensteuersatz für die höchste Einkommensklasse wurde allerdings um drei Prozentpunkte – auf

und Hochschulwesens,[823] des Arbeitsrechts[824] sowie der Zensurgesetzgebung.[825] Sie bewirkten einen erheblichen, dringend notwendigen Modernisierungsschub für die

65% – angehoben. Vgl. Legge 18 aprile 1962, n. 209, Variazione della scala delle aliquote dell'imposta complementare progressiva sul reddito complessivo, in: Gazzetta Ufficiale della Repubblica Italiana, Serie generale, n. 118 (09.05.1962), Rom: Istituto Poligrafico dello Stato (1962). Darüber hinaus wurde im Dezember 1962 mit dem Gesetz Nr. 1745 die Besteuerung der Aktiengewinne in Höhe von 15% beschlossen. Vgl. Legge 29 dicembre 1962, n. 1745, Istituzione di una ritenuta d'acconto o di imposta sugli utili distribuiti dalle società e modificazioni della disciplina della nominatività obbligatoria dei titoli azionari, in: Gazzetta Ufficiale della Repubblica Italiana, Serie generale, n. 5 (07.01.1963), Rom: Istituto Poligrafico dello Stato (1963).

823 Mit dem Gesetz Nr. 1073 wurde zunächst, im Juli, ein dreijähriges staatliches Investitionsprogramm für den Ausbau der Schulen und Hochschulen beschlossen, das dem staatlichen Bildungs- und Ausbildungssektor bis Ende 1965für diesen Zweck insgesamt knapp 10 Mrd. Lire zur Verfügung stellte. Vgl. Legge 24 luglio 1962, n. 1073, Provvedimenti per lo sviluppo della scuola nel triennio dal 1962 al 1965, in: Gazzetta Ufficiale della Repubblica Italiana, Serie generale, n. 199 (08.08.1962), Rom: Istituto Poligrafico dello Stato (1962). Im Dezember wurde mit dem Gesetz Nr. 1859 dann eine umfassende Schul- und Bildungsreform verabschiedet, deren wichtigste Neuerung die Schaffung einer einheitlichen kostenfreien Mittelschule betraf und die Dauer der Schulpflicht von fünf (Grundschule) auf acht (Mittelschule) Jahre erhöhte. Darüber hinaus sah das Gesetz eine landesweite Angleichung der Lerninhalte pro Klassenstufe vor, regelte die zukünftige Maximalauslastung der Klassengrößen und begründete eine landesweit einheitliche Abschlußprüfung am Ende der Mittelschule zur Berechtigung des Gymnasialbesuchs. Vgl. Legge 31 dicembre 1962, n. 1859, Istituzione e ordinamento della scuola media statale, in: Gazzetta Ufficiale della Repubblica Italiana, Serie generale, n. 27 (30.01.1963), Rom: Istituto Poligrafico dello Stato (1963).

824 Mit den im Januar und Februar 1963 vom Parlament verabschiedeten Gesetzen Nr. 7 und Nr. 66 wurden vor allem die Arbeitsrechte der Frauen gestärkt. Das Gesetz Nr. 7 (Januar) regelte den Kündigungsschutz für Schwangere und Mütter. Weiterhin sah das Gesetz vor, dass die Eheschließung – wie zuvor möglich und weit verbreitet – keinen ausreichenden Kündigungsgrund darstellte. Vgl. Legge 09 gennaio 1963, n. 7, Divieto di licenziamento delle lavoratrici per causa di matrimonio e modifiche alla legge 26 agosto 1950, n. 860: 'Tutela fisica ed economica delle lavoratrici madri', in: Gazzetta Ufficiale della Repubblica Italiana, Serie generale, n. 27 (30.01.1963), Rom: Istituto Poligrafico dello Stato (1963). Das im Februar verabschiedete Gesetz Nr. 66 begründete die arbeitsrechtliche Gleichstellung von Frauen im Öffentlichen Dienst und ermöglichte ihnen – was in den Bereichen des gehobenen und höheren Dienstes zuvor nicht möglich war – den beruflichen Zugang zu allen öffentlichen Stellen. Vgl. Legge 09 febbraio 1963, n. 66, Ammissione della donna ai pubblici uffici ed alle professioni, in: Gazzetta Ufficiale della Repubblica Italiana, Serie generale, n. 48 (19.02.1963), Rom: Istituto Poligrafico dello Stato (1963).

825 Mit Gesetz Nr. 161 wurde am 21. April 1962 eine umfassende Reform der Zensurgesetzgebung für die Bereiche Theater und Film verabschiedet. Für das Theater wurde die staatliche Zensur vollständig aufgehoben, und auch den Filmschaffenden wurden weitaus größere künstlerische Meinungs- und Darstellungsfreiheiten eingeräumt. Darüber hinaus regelte das Gesetz die zukünftige personelle Zusammensetzung der staatlichen Filmprüfgremien, die über die generelle Freigabe sowie über die Altersfreigabe von Filmen zu entscheiden hatten. Die Teilnahme an diesen Zensurgremien von Personen aus den Bereichen Film- und Theaterwissenschaften sowie einer vorgeschriebenen Zahl Filmschaffender war zukünftig für ein verbindliches Zensururteil verpflichtend. Vgl. Legge 21 aprile 1962, n. 161, Revisione dei film e dei lavori teatrali, in: Gazzetta Ufficiale della Repubblica Italiana, Serie generale, n. 109 (28.04.1962), Rom: Istituto Poligrafico dello Stato (1962).

Gesellschaft, durch den sich Italien vielen sozialen Standards (Presse-, Meinungs- und Kunstfreiheit, Geschlechtergleichstellung im Arbeitsrecht, Altersversorgung und soziale Mindestsicherung, Bildungsgerechtigkeit und achtjährige Einheitsschule) anpaßte oder zumindest annäherte, wie sie in den meisten der nördlichen und westlichen Nachbarländer bereits seit längerem existierten. Innerhalb des *zweiten* Reformkomplexes bildete das am 11. Juni 1962 verabschiedete 12-jährige Wachstumsprogramm für Sardinien[826] – der *Piano di rinascita della Sardegna* – die wichtigste gesetzliche Neuerung der selektiven regionalen Wirtschaftsförderung. Daneben konnte eine Vielzahl weiterer regional ausgerichteter staatlicher Fördergesetze von der Regierung Fanfani durchgesetzt werden, die ausnahmslos die Entwicklung der rückständigen Regionen des Mezzogiorno betrafen.[827] Allerdings handelte es sich hierbei lediglich um zeitliche Verlängerungen und/oder Verbesserungen bereits eingeleiteter entwicklungspolitischer Maßnahmen für Süditalien sowie um kurzfristige Unterstützungsaktionen für einzelne Städte oder kleinere Gebiete, deren Finanzierungsaufwand und deren soziale wie wirtschaftliche Folgewirkungen im Vergleich mit dem ehrgeizigen Aufbauplan für Sardinien erheblich geringer waren.[828] Die zwei wichtigsten Gesetzgebungen zur selektiven sektoralen Wirtschaftsförderung wiederum bildeten *zum einen* die Verabschiedung des Fördergesetzes Nr. 211 vom 27. April 1962für eine umfassende Modernisierung und einen großräumigen Auf- und Ausbau der staatlichen Eisenbahnbetriebe, das der nationalen Eisenbahngesellschaft – der *Ferrovie dello Stato* – über einen Zehnjahreszeitraum insgesamt 1.500 Mrd. Lire zur Verfügung stellte und bis heute das größte Förderprogramm für das Schienenverkehrs- und Transportsystem in der Geschichte Italiens darstellt.[829] *Zum anderen* wurde am 02. Juni 1962 ein ebenfalls äußerst ehrgeiziges Modernisierungprogramm für die staatlichen Schifffahrtunternehmen des IRI beschlossen, das für die in der Subholding des IRI *Finmare* zusammengefaßten fünf staatlichen Betreibergesellschaften Subventionzahlungen über einen Zeitraum

826 Zum staatlichen Förderprogramm für Sardinien, vgl. die Angaben in Fußnote 738.

827 Vgl. die Gesetzesübersicht der Jahre 1962–1963, in: Camera dei Deputati, Portale storico, Norme fondamentali e leggi, Leggi ordinarie, 1962 und 1963, in: http://storia.camera.it/norme-fondamentali-e-leggi/leggi/faccette/*:*|anni:1962#nav sowie http://storia.camera.it/norme-fondamentali-e-leggi/leggi/faccette/*:*|anni:1963#nav (besucht am 03.10.2016).

828 Die jährliche finanzielle Ausstattung des staatlichen Förderprogramms für Sardinien für die Jahre 1962–1975 war in Art. 7 des Gesetzes Nr. 588 vom 11. Juni 1962festgelegt und belief sich auf insgesamt 395 Mrd. Lire. Vgl. Legge 11 giugno 1962, n. 588, Piano straordinario per favorire la rinascita economica e sociale della Sardegna, in attuazione dell'articolo 13 della legge costituzionale 26 febbraio 1948, n. 3, in: Gazzetta Ufficiale della Repubblica Italiana, Serie generale, n. 166 (03.07.1962), Rom: Istituto Poligrafico dello Stato (1962).

829 Zum staatlichen Modernisierungsprogramm für die staatlichen Eisenbahnbetriebe, vgl. die Angaben in Fußnote 737.

von 20 Jahren in einem Gesamtumfang von 530 Mrd. Lire vorsah.[830] Der *dritte* Reformkomplex schließlich betraf die mit dem Gesetz Nr. 1643 vom 06. Dezember 1962 sanktionierte Gründung der staatlichen Elektrizitätsgesellschaft *Ente Nazionale per l'Energia Elettrica* (ENEL) mit dem zentralen Hauptsitz in Rom.[831] Die Reform sah die schrittweise, auf zehn Jahre projektierte Verstaatlichung sämtlicher Privatunternehmen der nationalen Elektrizitätswirtschaft vor,[832] die Zusammenführung der verstaatlichten Unternehmen mit den bereits zuvor in Staatsbesitz befindlichen Unternehmen der Elektrizitätsproduktion und -versorgung unter das Dach der neuen Staatsholding ENEL[833] sowie die Entschädigungszahlungen an die privaten Stromproduzenten und Netzbetreiber.[834] Bis Ende 1973 wurden insgesamt knapp 1.200 Betriebe in den Besitz der ENEL überführt,[835] wobei die 73 größeren und großen Produktions- und Versorgungsunternehmen, die im Jahr 1962 zusammen 85% des Gesamtumsatzes der nationalen Elektrizitätswirtschaft und 31,12% des gesamten Aktienkapitals in Italien auf sich vereinten,[836] bereits bis Ende 1963 verstaatlicht und von der neuen staatlichen Elektrizitätsgesellschaft übernommen worden sind.[837] Das ursprünglich von der parlamentarischen Sonderkommission berechnete

830 Vgl. Legge 02 giugno 1962, n. 600, Riordinamento dei servizi marittimi di preminente interesse nazionale, in: Gazzetta Ufficiale della Repubblica Italiana, Serie generale, n. 167 (04.07.1962), Rom: Istituto Poligrafico dello Stato (1962).

831 Vgl. Legge 06 dicembre 1962, n. 1643, Istituzione dell'Ente nazionale per l'energia elettrica e trasferimento ad esso delle imprese esercenti le industrie elettriche, in: Gazzetta Ufficiale della Repubblica Italiana, Serie generale, n. 316 (12.12.1962), Rom: Istituto Poligrafico dello Stato (1962). Zur Gründung der ENEL und zur Entwicklung der italienischen Stromwirtschaft nach 1962, vgl. die Literaturangaben in Fußnote 739.

832 Ausnahmen bildeten die privaten Stromproduzenten, die mehr als 70% der eigenen Jahresstromproduktion selbst konsumierten. Vgl. Legge 06 dicembre 1962, Istituzione dell'Ente nazionale per l'energia elettrica, Art. 4 6, S. 6.

833 Vgl. ebd., Art. 1, S. 1 sowie Art. 4, S. 5f.

834 Vgl. ebd., Art. 5 und 6, S. 6–8.

835 Vgl. Camera dei Deputati, Relazione della Corte dei Conti al Parlamento sulla gestione finanziaria degli enti sottoposti a controllo in applicazione della legge 21 marzo 1958, n. 259, Ente Nazionale per l'Energia Elettrica (Esercizi 1973, 1974 e 1975), presentata alla Presidenza il 10 agosto 1976, Rom: Stabilimenti Tipografici Carlo Colombo (1976), S. 19.

836 Vgl. Centro Studi Economico-Sociali, La nazionalizzazione dell'industria elettrica. Brevi note, Rom: Studium (1962), S. 38f.

837 Vgl. die Rede des späteren Staatssekretärs im Industrieministerium während der ersten *organischen* Mitte-Links-Regierungskoalition aus Christdemokraten und Sozialisten, Danilo De'Cocci, im Juni 1981 über die Gründung der ENEL, in: Senato della Repubblica, Relazione della 10ª Commissione permanente (Industria, commercio, turismo), comunicata alla Presidenza il 15 maggio 1981, sul disegno di legge „Conferimento al fondo di dotazione dell'ENEL e modifiche alla legge 6 dicembre 1962, n. 1643, sull'istituzione dell'Ente nazionale per l'energia elettrica" approvato dalla Camera dei deputati nella seduta del 15 aprile 1981, Relatore de' Cocci, Rom: Tipografia del Senato (1981), S. 2. Bis Ende 1964 belief sich die Zahl der verstaatlichten und in den Besitz der ENEL überführten Unternehmen auf insgesamt 221, die einen Anteil am Gesamtumsatz der Elektrizitätswirtschaft im Jahr 1962 von etwa 92% besaßen. Die verbleibenden 8% des Gesamtumsatzes wurden von einer Vielzahl kleinerer Unternehmen erwirtschaftet, deren jeweilige Unternehmensleistung somit kaum relevant

Gesamtvolumen der Entschädigungszahlungen belief sich auf rund 1.500 Mrd. Lire, die von der ENEL in halbjährlichen Tranchen über einen Zehn-Jahreszeitraum, zuzüglich einer Jahresverzinsung von 5,5% an die Privatunternehmen ausgezahlt werden sollten, so dass sich eine Gesamtbelastung für die neue staatliche Elektrizitätsgesellschaft in Höhe von etwa 2.000 Mrd. Lire ergeben hätte. *De facto* aber bezifferte sich der Gesamtumfang der Entschädigungszahlungen an die verstaatlichten Unternehmen bis Ende 1973 auf etwas mehr als 2.200 Mrd. Lire,[838] was – zum Vergleich – annähernd zehn Prozent des nominalen BIP von 1962 entsprach. Organisiert war die neue staatliche Elektrizitätsgesellschaft als *ente autonomo di gestione* – als Staatsholding mit juristischer Persönlichkeit und Bilanzautonomie, die zwar formal der politischen Kontrolle des Industrie- und Handelsministeriums unterstellt war,[839] faktisch aber über ein äußerst hohes Maß an unternehmerischer Entscheidungsautonomie verfügte, ihre Geschäftsaktivitäten nach den Kriterien der Wirtschaftlichkeit im Wettbewerb mit den privaten Unternehmungen ausübte und dabei – wie jedes andere Privatunternehmen auch – dem allgemeinen Arbeits- und Wettbewerbsrecht unterlag.[840] Das Gesetz über die *Istituzione dell'Ente nazionale per l'energia elettrica e trasferimento ad esso delle imprese esercenti le industrie elettriche* sah vor, dass die verschiedenen Unternehmungen in den Bereichen der Stromproduktion und -versorgung von der ENEL weitergeführt werden sollten mit dem Ziel, „die Stromproduktion zu steigern, die Preise für die Endverbraucher zu reduzieren und die landesweite Stromversorgung nachhaltig zu verbessern."[841] Dafür sollten die regionalen Unternehmensgruppen in acht übergeordnete Subholdings, unterteilt in Regionalzonen mit je einer Hauptgeschäftsstelle in Turin, Mailand, Venedig, Florenz, Rom, Neapel, Palermo und Cagliari zusammengefaßt und die Anzahl der den jeweiligen Subholdings zugeordneten Unternehmen durch Fusionen deutlich verringert werden. Desweiteren sollten die regional und teilweise lokal divergierenden Stromtarife national vereinheitlicht und gesenkt werden. Schließlich legte das Reformgesetz zur Gründung der ENEL fest, neue Kraftwerke in Süditalien zu errichten sowie die verschiedenen regionalen und lokalen Verteilernetze zu

---

war, so dass die Verstaatlichung der nationalen Elektrizitätswirtschaft Ende 1964 – substantiell – bereits abgeschlossen war. Vgl. Camera dei Deputati, Relazione della Corte dei Conti al Parlamento sulla gestione finanziaria degli enti sottoposti a controllo in applicazione della legge 21 marzo 1958, n. 259, vol. CXXIII, Ente Nazionale per l'Energia Elettrica (Esercizio 1964), presentata alla Presidenza il 13 Luglio 1965, Rom: Istituto Poligrafico dello Stato (1965), S. 30. Eine Übersicht über die bereits bis Ende 1964 verstaatlichten 221 größeren und großen Unternehmen der Elektrizitätswirtschaft findet sich in ebd., S. 24–29.

838 Vgl. Camera dei Deputati (1976), Esercizi ENEL 1973, 1974 e 1975, S. 20.

839 Vgl. Legge 06 dicembre 1962, Istituzione dell'Ente nazionale per l'energia elettrica, Art. 1, S. 1 sowie Art. 3, S. 3f.

840 Vgl. ebd., Art. 1, S. 1.

841 Ebd.

modernisieren, zusammenzuführen, zu vereinheitlichen und – ebenfalls mit einer territorialen Schwerpunktssetzung auf Süditalien – kontinuierlich zu erweitern.[842]

Die Verstaatlichung der Elektrizitätswirtschaft und die Gründung der neuen Staatsholding ENEL bildeten unter industrie- und ordnungspolitischem Aspekt die wichtigste Reform der vierten Fanfani-Regierung. Sie war Ausdruck eines sich durchsetzenden industriepolitischen Paradigmas, mithilfe von Staatsunternehmen in den Verlauf der wirtschaftlichen Entwicklung dirigistisch einzugreifen. Dieser Prozess korrespondierte mit der Durchsetzung des gesamtwirtschaftlichen Planungsparadigmas auf Regierungsebene und seiner institutionellen Verankerung im Wirtschaftssystem Italiens seit Anfang der 1960er Jahre.

3.2.3.2 Die institutionelle Verankerung der *Programmazione Economica Organica* im Wirtschaftssystem Italiens, 1960–1963

Die von Fanfani seit dem Frühjahr 1962 politisch durchgesetzten Reformprojekte flankierte seine Regierung mit dem schrittweisen Aufbau wirtschaftspolitischer Planungsinstanzen auf Regierungsebene. Sie bildeten die institutionelle Plattform für die vielfältigen Versuche der verschiedenen Mitte-Links-Regierungen nach 1963, eine auf den sozialen Interessenausgleich abzielende organische staatliche Wirtschaftsplanung zu implementieren. Vorausgegangen war ein zähes politisches und wissenschaftliches Ringen um ihre Ausgestaltung.

3.2.3.2.1 Die *Commissione Papi*

Fanfani hatte bereits zu Beginn seiner dritten Regierungszeit darauf gedrängt, mit der Ausarbeitung eines auf dem *Schema Vanoni* basierenden, längerfristig und gesamtwirtschaftlich ausgerichteten organischen Entwicklungsprogramms zu beginnen. Dafür – so Fanfani im August 1960 – sei es dringend erforderlich, „den Aufbau (...) von zuarbeitenden und entscheidungskompetenten staatlichen Planungsinstanzen voranzutreiben (...).“[843] Aufgrund von Richtungsstreitigkeiten zwischen Gegnern und Befürwortern der *Programmazione Economica* kam der institutionelle Aufbau adäquater Planungsorgane allerdings erst seit Jahresbeginn 1961 voran. Am 25. Januar 1961 war in der Abgeordnetenkammer des Parlaments ein Antrag des Ministerausschusses für Süditalien eingereicht[844] und am 08. Februar in überarbeiteter Form angenommen

842 Vgl. ebd., Art. 3, S. 2f.

843 Vgl. die Regierungsantrittsrede Amintore Fanfanis am 02. August 1960 in der Abgeordnetenkammer des Parlaments, in: Atti Parlamentari, Camera dei Deputati, Discussioni, Leg. 3, Anno 1960, CCCXXV seduta, 02 agosto 1960, S. 16128. Zitiert aus ebd.

844 Zum Antrag des Ministerausschusses für Süditalien über die Ausarbeitung eines nationalen Wirtschafts- und Entwicklungsprogramms, vgl. die am 25. Januar 1961 in der Abgeordnetenkammer

worden, der die Regierung offiziell damit beauftragte, „dem Parlament so bald wie möglich den Entwurf für ein organisches Wachstums- und Beschäftigungsprogramm vorzulegen, (...) das vor allem auf die endgültige Beseitigung sämtlicher struktureller Rückständigkeiten und Hemmnisse der Wirtschaftsentwicklung im Mezzogiorno (...) ausgerichtet ist."[845] Als unmittelbare Folge dieses Parlamentsentscheids wurde am 20. März 1961 auf Dekret des Haushaltsministers die *Commissione per la elaborazione di uno schema organico di sviluppo nazionale dell'occupazione e del reddito* eingerichtet, eine wissenschaftliche Expertenkommission unter dem Vorsitz des angesehenen Wirtschaftswissenschaftlers und Rektors der römischen Universität *La Sapienza*, Giuseppe Ugo Papi.[846] Die nach ihrem Präsidenten benannte *Commissione Papi* war in sechs Arbeitsgruppen organisiert – Makroökonomische Wachstumsprognosen (Leitung: Ferdinando di Fenizio), Wirtschaftsdemografie (Leitung: Giuseppe Parenti), Industrie (Leitung: Pasquale Saraceno), Agrarwirtschaft (Leitung: Mario Bandini), Zahlungsbilanz (Leitung: Salvatore Guidotti) sowie Transport und Kommunikation (Leitung: Glauco della Porta). Sie bestand zunächst aus 19, später dann aus 21 Wissenschaftlern, die sich, abgesehen von Papi, ausnahmslos aus den wissenschaftlichen Beratungszentren der SVIMEZ und des ISCO sowie aus den zwei Studienzentren des IRI und ENI rekrutierten.[847]

Trotz ihres programmatischen Titels bestand der Auftrag der *Commissione Papi* nicht in der Ausarbeitung eines nationalen Entwicklungsprogramms, sondern vielmehr in der wissenschaftlichen Fundierung eines zukünftigen Programms, „um die Kriterien, Modalitäten und möglichen Wirkungsszenarien einer die gesamte Wirtschaft umfassenden staatlichen Wirtschaftsplanung herauszuarbeiten."[848] Die konkrete Ausformulierung eines zukünftigen Programms oder Plans sollte hingegen zu einem späteren Zeitpunkt von anderen, übergeordneten Planungsorganen übernommen werden. Da diese aber noch gar nicht existierten, wurde über deren Organsisationsstruktur und deren rechtliche Kompetenzen innerhalb des Ministerausschusses ebenso heftig gestritten wie über die zeitliche und inhaltliche Ausrichtung, die zu

des Parlaments gehaltene Rede des Abgeordneten Lorenzo Isgrò, in: Atti Parlamentari, Camera dei Deputati, Discussioni, Leg. 3, Anno 1961, CCCLXXXII seduta, 25 gennaio 1961, S. 18681–18685.

845 Atti Parlamentari, Camera dei Deputati, Discussioni, Leg. 3, Anno 1961, CCCXCII seduta, 08 febbraio 1961, S. 19205.

846 Zur *Commissione Papi*, vgl. vor allem Di Fenizio (1962), La programmazione globale, S. 203–218 sowie Lavista (2010), Programmazione, S. 297–307.

847 Vgl. den Brief von Giuseppe Ugo Papi an Pasquale Saraceno vom 06. Juni 1961, in: Archivio Centrale dello Stato, Pasquale Saraceno – Attività di consulenza, busta 113, Commissione Papi 1961.

848 Das Zitat aus dem Gründungsdekret der *Commissione Papi* stammt aus einer unveröffentlichten, vom Schatzministerium Ende 1961 verfaßten Abhandlung zur Wirtschaftsplanung in Italien. Vgl. und zitiert nach Ministero del Tesoro, Rapporto sulla Programmazione Economica in Italia, Rom: unveröffentlicht (1961), in: Archivio Centrale dello Stato, Ministero del tesoro – Ispettorato generale per i finanziamenti, le partecipazioni statali e le operazioni finanziarie in genere – Miscellanea, b. 22, fasc. 6, S. 4.

verwendenden Mittel und Instrumente sowie – vor allem – über den Verbindlichkeitscharakter der *Programmazione Economica.*

„Wie aber die Wirtschaft staatlich planen?“,[849] darüber herrschte in der neu gegründeten *Commissione Papi* weitgehend Uneinigkeit.[850] Der mit erheblicher Schärfe ausgetragene Richtungsstreit zwischen den Kommissionsmitgliedern bildete letztlich die Hauptursache dafür, dass die Expertenkommission bis zu ihrer offiziellen Auflösung im Februar 1962 lediglich marginale Ergebnisse vorweisen konnte.[851] Innerhalb der *Commissione Papi* kristallisierten sich bereits während der ersten drei Arbeitstreffen bis Ende Juni 1961 zwei Hauptströmungen heraus: *Auf der einen Seite* – angeführt vom Kommissionspräsidenten Giuseppe Ugo Papi und dem Leiter der Arbeitsgruppe „Makroökonomische Wachstumsprognosen“, Ferdinando di Fenizio –, die Befürworter einer ausschließlich indikativen, *funktionalen* staatlichen Wirtschaftsplanung. Sie vertraten die Auffassung, dass ein zukünftiges Wirtschaftsprogramm hochaggregierte, sektoral sowie regional differenzierte makroökonomische Prognosen zur volkswirtschaftlichen Entwicklung sowie ein Set möglicher Politikinstrumente bereitstellen sollte. In einem derartigen Verständnis ging es demnach lediglich um die Bereitsstellung einer Orientierungsgrundlage für die prozesspolitischen Entscheidungen der Regierung und die strategischen Investitionsentscheidungen der Privatwirtschaft.[852] *Auf der anderen Seite* standen wiederum die Verfechter einer indikativ-operativen, *strukturellen* Wirtschaftsplanung,[853] die sich um Pasquale Saraceno, den Generaldirektor der SVIMEZ,

849 Vgl. den gleichnamigen Titel des Aufsatzes von Carlo Cristiano zur Wirtschaftsplanung in Italien aus dem Jahr 2006, Carlo Cristiano, Come si fa una politica di programmazione: Pasquale Saraceno e i lavori della Commissione Nazionale per la Programmazione Economica, in: Rivista italiana degli economisti, n. 2 (2006), S. 279–308.

850 Vgl. zum Beispiel den von Volrico Travaglini – Mitglied der *Commissione Papi* in der Arbeitsgruppe „Wirtschaftsdemografie“ – Ende April 1961 erarbeiteten Fragenkatalog über die Ziele und Aufgaben der Expertenkommission: Volrico Travaglini, I compiti della Commissione, Appunti (Rom, 29. April 1961), in: Archivio Storico della Banca d'Italia, Studi, prattiche, n. 287, fasc. 3, S. 32–40.

851 Die zwei einzigen, im Haushaltsministerium offiziell eingereichten Berichte über die Fortschritte der Arbeiten der *Commissione Papi* waren: Commissione Papi, Gruppo di lavoro 1 (gruppo econometrico), Proiezioni macroeconomiche al 1970 (Rom, 03. Oktober 1961), in: Archivio Storico della Banca d'Italia, Studi, prattiche, n. 297, fasc. 1, S. 63–84 sowie Commissione Papi, Prime linee schematiche di un rapporto sullo sviluppo dell'economia italiana dal 1950 al 1960; sugli squilibri attuali del sistema economico; sulla riconsiderazione dello sviluppo e sul problema della programmazione (16. Februar 1962), in: Archivio Storico della Banca d'Italia, Studi, prattiche, n. 267, fasc. 3, S. 2–41.

852 Zur Begründung Di Fenizios für die Ausarbeitung eines nationalen Entwicklungsprogramms auf der Grundlage einer rein indikativen staatlichen Wirtschaftsplanung, vgl. vor allem Commissione Papi, Gruppo di lavoro 1 (gruppo econometrico), Promemoria alla „Commissione Papi“ per l'avvio dei lavori riguardanti la redazione di un piano indicativo per l'economia italiana (30. April 1961), in: Archivio Storico della Banca d'Italia, Studi, prattiche, n. 287, fasc. 3, S. 11–27 sowie Ferdinando di Fenizio, Esperienze e proposti di pianificazione globale in Italia (16. Februar 1962), in: Archivio Storico della Banca d'Italia, Studi, prattiche, n. 297, fasc. 1, S. 2–62.

853 Die hier skizzierte ordnungspolitische Grundunterscheidung zwischen *funktionaler* und *struktureller* Wirtschaftsplanung stammt von Ferdinando di Fenizio. Vgl. Di Fenizio (1962), La program-

Alessandro Molinari sowie den Süditalienexperten im Industrieministerium, Lorenzo Isgrò formierten. Sie begriffen ein zukünftiges Wirtschaftsprogramm im Unterschied zur ersten Strömung als eine Art Mischform zwischen den letztlich unverbindlichen Wachstumsprognosen der rein indikativen Wirtschaftsplanung und der vollzugsverbindlichen zentralen Wirtschaftsplanung sowjetischen Zuschnitts.[854] Um die bestehenden Ungleichgewichte zwischen den einzelnen Sektoren und Regionen, aber auch Einkommensschichten abzubauen, sollte ein in diesem Verständnis auszuarbeitendes nationales Wirtschafts- und Entwicklungsprogramm zwar ebenfalls makroökonomische Wachstumsprognosen für die Laufzeit der staatlichen Wirtschaftsplanung liefern. Diese sollten aber darüber hinaus auch nach Branchen und Fachzweigen sowie nach Unterregionen differenziert sein, um sowohl die Entstehung, Verfestigung oder Vertiefung von wirtschaftlichen Ungleichgewichten und sozialen Disparitäten als auch ihre Ursachen zu identifizieren. Auf dieser strukturanalytischen Grundlage sollten, *erstens*, konkrete Zielvorgaben zu ihrer Beseitigung formuliert, *zweitens*, die bislang durchgeführten und eingeleiteten wirtschafts- und sozialpolitischen Maßnahmen auf ihre Eignung zur Erreichung dieser Ziele überprüft und gegebenfalls korrigiert oder sogar gestoppt sowie, *drittens* schließlich, neue Politikinstrumente und Reformen konzipiert und implementiert werden. Die *Programmazione Economica* sollte demnach *einerseits* den Orientierungsrahmen für Politik und Privatwirtschaft vorgeben, *andererseits* aber zugleich rechtlich verbindliche, wenngleich flexibel an die sich verändernden Bedingungen anzupassende Maßnahmen enthalten – einen konkreten politischen Reformkatalog, staatliche Subventionen, Steuer-, Kredit- und Handelserleichterungen etc., daneben aber auch detaillierte Investitionspläne sowohl für die Staatsunternehmen als auch die Privatwirtschaft. Erst durch die rechtliche Verbindlichkeit der staatlichen Wirtschaftsplanung würde es nach Auffassung dieser zweiten Strömung nach möglich sein, Wachstum und Strukturwandel der Volkswirtschaft nachhaltig zu steuern.

---

mazione globale, S. 194ff. sowie zusammenfassend Lavista (2010), Programmazione, S. 302 und S. 313.

854 Zu den nachfolgenden zusammenfassenden Ausführungen zum konzeptionellen und inhaltlich-strategischen Aufbau einer operativ-indikativen staatlichen Wirtschaftsplanung, vgl. ausführlich zum Beispiel die von Lorenzo Isgrò in der Abgeordnetenkammer des Parlaments am 26. Mai 1961 gehaltene Rede mit dem Titel „Verso la programmazione economica", in: Camera dei Deputati, Relazione della V Commissione permanente (Bilanci e partecipazioni statali) sul disegno di legge „Stato di previsione della spesa del Ministero del bilanco per l'esercizio finanziario dal 1° luglio 1961 al 30 giugno 1962", approvato dal Senato della Repubblica nella seduta del 10 maggio 1961, presentata alla Presidenza il 26 maggio 1961, Relatore Lorenzo Isgrò, Verso la programmazione economica, S. 3–34, vor allem S. 16f., S. 21 und S. 23., Vgl. darüber hinaus die von Pasquale Saraceno am 14. September 1961 auf dem ersten Studienkongress der *Democrazia Cristiana* in San Pellegrino gehaltene Rede „Lo Stato e l'economia", die kurz danach in leicht überarbeiteter Form in der Zeitschrift *Mondo Economico* erstveröffentlicht wurde. Vgl. Saraceno (1961), Lo Stato e l'economia, vor allem S. 4–8. Vgl. auch Pasquale Saraceno, Fini ed obiettivi nell'azione economica pubblica, in: Nord e Sud, n. 27 (1962), S. 5–20, vor allem S. 14–19. Zu den wissenschaftlichen Positionen der einzelnen Mitglieder der *Commissione Papi*, vgl. Siro Lombardini, La programmazione. Idee, esperienze, problemi, Turin: Einaudi (1967), S. 75–82.

Im Bereich der staatlichen Wirtschaftsförderung favorisierten die innerhalb der *Commissione Papi* von Saraceno angeführten Vertreter einer strukturellen Wirtschaftsplanung die staatliche Investitionspolitik als das wichtigste Hauptinstrument eines nationalen Wirtschafts- und Entwicklungsprogramms. Im Zentrum der staatlichen Investitionspolitik sollte die Förderung der industriewirtschaftlichen Entwicklung stehen, und zwar mit einer regionalen Schwerpunktsetzung auf Süditalien, um dadurch das (zu) geringe Investitionsaufkommen der privaten Industrieunternehmen in den rückständigen Regionen des Mezzogiorno zu kompensieren und die im Rahmen der staatlichen Wirtschaftsplanung festgesetzten, für die Erreichung der projektierten Wachstumsziele jeweils erforderlichen Investitionsvolumina generieren und realisieren zu können. Konkret sollten – neben der Revision der bereits seit Beginn der 1950er Jahre eingeführten und stetig ausgebauten staatlichen Investitionsanreize sowie der Festlegung von regionalen Investitionsquoten für private Industrieunternehmen – vor allem durch eine massive Ausweitung von Direktinvestitionen mithilfe der staatlichen Industrieunternehmen „großdimensionierte propulsive Produktionszentren in Süditalien"[855] „in den strategisch wichtigen Bereichen (...) der Grundstoffindustrien"[856] aufgebaut werden, um mit größtmöglicher Breitenwirkung für den gesamten Industriesektor den regionalen Industrialisierungsprozess und den damit einhergehenden Strukturwandel zu beschleunigen. Damit bildete die industriepolitische Instrumentalisierung der staatlichen Industrieunternehmen zur Lösung der „Südfrage" nicht nur das abgeleitete Hauptziel, sondern zugleich den integralen Kern eines indikativ-operativ ausgerichteten gesamtwirtschaftlichen Wirtschafts- und Entwicklungsprogramms.[857]

Dieser von Saraceno im Rahmen der SVIMEZ bereits vor nahezu zehn Jahren formulierte und seitdem immer weiter entwickelte *integrierte* industriepolitische Lösungsansatz zur Überwindung des traditionellen regionalen Strukturdualismus stand damit im schroffen Gegensatz zu den Vorschlägen der Befürworter einer rein indikativen staatlichen Wirtschaftsplanung. Zwar akzeptierten sie ebenfalls die Notwendigkeiten staatlicher Wirtschaftsinterventionen zur Förderung der rückständigen Regionen des Mezzogiorno, doch wollten sie diese im Rahmen der staatlichen Sondergesetzgebung für Süditalien – des *intervento straordinario* – lediglich fortsetzen und gegebenfalls ausweiten. Ihrer Auffassung nach sollte die staatliche Mezzogiornopolitik demzufolge auch keinen integralen Bestandteil eines zukünftigen nationalen Programms oder Plans bilden. Stattdessen lautete die Devise: „ein Plan für Italien, (...) ein Plan für Süditalien (...)."[858]

---

855 Vgl. und zitiert Saraceno (1959), Iniziativa privata e azione pubblica, S. 91ff.
856 Isgrò (1961), Verso la programmazione economica, S. 23.
857 Vgl. auch Carabba (1977), Un ventennio di programmazione, S. 27ff.
858 Di Fenizio (1962), La programmazione globale, S. 216f. Vgl. auch Lavista (2010), Programmazione, S. 300f.

Wie aus dem kontinuierlichen, mit der Gründung der *Commissione Papi* Anfang März 1961 einsetzenden und im September 1962 dann abgebrochenen Briefwechsel zwischen Saraceno und Papi hervorgeht, zeigte sich der Präsident der Expertenkommission aufgrund fehlender konkreter politischer Direktiven zu Zielen, Aufbau und Verbindlichkeit der staatlichen Wirtschaftsplanung bereits seit Ende Juni 1961 zunehmend ratlos, wie die divergierenden Auffassungen der verschiedenen Kommissionsmitglieder konstruktiv in Einklang zu bringen wären. Ebenso wie Papi war auch Saraceno davon überzeugt, „dass die Kommissionsarbeiten solange wenig erfolgreich vorangehen werden, wie die Ziele und Instrumente einer globalen staatlichen Wirtschaftsplanung (...) von der Regierung nicht festgelegt und plausibel gemacht sind."[859] Papis Vorschläge zur Ausarbeitung und Implementierung eines letztlich nur aus Wachstumsprognosen zusammengesetzten, rein indikativen Wirtschaftsprogramms lehnte Saraceno jedoch als „ungenügend" und „ungeeignet" kategorisch ab. Er schlug daher vor, „dass die verschiedenen Arbeitsgruppen ihre Forschungsarbeiten vorerst unabhängig voneinander fortsetzen (...) und bis Ende September jeweils in einer Art Zwischenbericht zusammenfassen sollten."[860] Den Vorschlag Saracenos aufgreifend, forderte der Kommissionspräsident nur wenig später die verschiedenen sechs Arbeitsgruppen dazu auf, zeitnah ihre Zwischenberichte zu erstellen. Nachdem die Berichte bereits am 25. September eingereicht und während der nachfolgenden Kommissionssitzungen präsentiert und diskutiert worden sind, eskalierte der wissenschaftliche Dissens zwischen den beiden Richtungslagern im November 1961 dann allerdings derart, dass eine ergebnisoffene Zusammenarbeit zwischen den einzelnen Arbeitsgruppen nach Auffassung des Präsidenten der Expertenkommission kaum noch möglich schien.[861]

De facto waren die Arbeiten der *Commissione Papi* schon im Oktober 1961 zum Erliegen gekommen. Die Regierung hatte in der Zwischenzeit ihre Pläne zum zukünftigen organisatorischen Aufbau der staatlichen Wirtschaftsplanung konkretisiert und am 19. Oktober im Parlament einen Gesetzesvorschlag über die *Autorizzazione di spesa per i servizi della programmazione economica generale* eingebracht, in dem die Gründung neuer Planungsinstanzen projektiert war: *erstens*, ein *Ufficio del Programma* – eines im Haushaltsministerium angesiedelten zentralen Planungsorgans mit hoheitlichen Entscheidungskompetenzen für die operative Umsetzung eines zukünftigen Wirtschafts- und Entwicklungsprogramms – ; *zweitens*, einer

859 Brief Pasquale Saracenos an Giuseppe Ugo Papi vom 06. August 1961, in: Archivio Centrale dello Stato, Pasquale Saraceno – Attività di consulenza, busta 113, Commissione Papi 1961.

860 Vgl. und zitiert ebd.

861 Vgl. die beiden Briefe Saracenos an Papi vom 08. und 25. November 1961 sowie den Brief Papis an Saraceno vom 08. Januar 1962, in: Archivio Centrale dello Stato, Pasquale Saraceno – Attività di consulenza, busta 113, Commissione Papi 1961. Zum wissenschaftlichen Richtungsstreit innerhalb der *Commissione Papi* seit Juni 1961 bis Ende Februar 1962, vgl. ausführlich vor allem Lavista (2010), Programmazione, S. 300ff.

Commissione interministeriale per la coordinata esecuzione dei piani di sviluppo – einer Kommission von hochrangigen Ministerialbeamten zur Abstimmung und Koordinierung der im Rahmen der *Programmazione Economica* einzuleitenden Politikmaßnahmen – sowie, *drittens*, einer *Commissione scientifica per la elaborazione del programma* – einer Wissenschaftskommission zur wissenschaftlichen Fundierung und Ausarbeitung eines gesamtwirtschaftlichen Wirtschafts- und Entwicklungsprogramms. Explizit war in diesem Gesetzesvorschlag auf die bestehende Expertenkommission an keiner Stelle Bezug genommen worden. Das aber bedeutete implizit, dass die *Commissione Papi* in den Regierungsplanungen keine Rolle mehr spielte.[862] Zutiefst enttäuscht über die Vehemenz des Richtungsstreits innerhalb der von ihm geleiteten Planungskommission sowie die fehlende politische Unterstützung, beantragte daraufhin Papi die Auflösung der *Commissione per la elaborazione di uno schema organico di sviluppo nazionale dell'occupazione e del reddito*. Allerdings wurde diesem Antrag erst am 02. Februar 1962 vom noch amtierenden Haushaltsminister Pella offiziell stattgegeben.[863]

Am selben Tag verkündete Fanfani den geschlossenen Rücktritt seines dritten Regierungskabinetts mit dem Ziel einer Regierungsneubildung mit den Sozialisten, die jedoch – wie bereits erwähnt – im letzten Moment an den Beharrungskräften vor allem innerhalb des PSI scheiterte. Fanfani, dem Ende Januar 1962 vonseiten seiner Partei grünes Licht für eine Regierungsbildung mit den Sozialisten, damit aber zugleich für die Einführung umfassender Reformmaßnahmen im Rahmen eines längerfristig ausgerichteten *organischen* Wirtschafts- und Entwicklungsprogramms gegeben worden war, hatte sein Regierungsprogramm insofern bereits in Teilen gemeinsam mit dem gewünschten Koalitionspartner ausgearbeitet. Nach dem plötzlichen Rückzug des PSI versuchte er nunmehr, diese ambitionierten Vorhaben in einer Regierungskoalition mit den Reformparteien des PSDI und des PRI durch- und umzusetzen. Es sollte sich schon schnell zeigen, dass diese kleineren Regierungsparteien den Reformkurs des vierten Regierungskabinetts Fanfani maßgeblich bestimmten. Mit ihrer Hilfe kam es im Verlauf der kommenden Monate nicht nur zur Implementierung der weiter oben skizzierten wirtschafts- und sozialpolitischen Reformen. Gleichermaßen ist ihnen die Forcierung des institutionellen und organisatorischen Aus- bzw. Neuaufbaus der staatlichen Wirtschaftsplanung zu verdanken. So forderten die Sozialdemokraten, die bereits 1954 als damaliger Koalitionspartner der DC in der Regierung Scelba über die Ministerposten „Finanzen", „Arbeit und Soziales" sowie „Öffentliche Versorgung" in die Ausarbeitung des *Schema Vanoni* involviert waren, seit langem die für eine Transformation des *Schema* in ein operationables staatliches Wirtschaftsprogramm notwendigen Planungsinstitutionen. Und auch die

862 Vgl. Disegno di legge, Autorizzazione di spesa per i servizi della programmazione economica generale, in: Camera dei Deputati, Atti Parlamentari, Documenti – Disegni di Legge e Relazioni, n. 3343, Leg. 3, Anno 1961, Seduta del 19 ottobre 1961, Rom: Tipografia dello Stato (1961), S. 1–2.
863 Vgl. Di Fenizio (1962), La programmazione globale, S. 203.

Republikanische Partei – insbesondere in Person ihres überparteilich hoch angesehenen stellvertretenden Parteivorsitzenden, Ugo La Malfa – trug entscheidend dazu bei, dass schließlich während der vierten Amtszeit von Fanfani das Institutionengefüge der staatlichen Wirtschaftsplanung zügig und konsequent auf- und ausgebaut wurde.

3.2.3.2.2 Die *Nota La Malfa*

In seiner Regierungsantrittsrede am 02. März 1962 hatte Fanfani in Absprache mit seinen Koalitionspartnern noch einmal die wichtigsten Gründe für die Notwendigkeit der Implementierung einer gesamtwirtschaftlich ausgerichteten staatlichen Wirtschaftsplanung benannt und aufgezeigt, wie er sich den zukünftigen institutionellen und organisatorischen Aufbau der staatlichen Wirtschaftsplanung vorstellte: „Die regionalen, sektoralen und sozialen Ungleichgewichte und Ungleichheiten, welche die Wirtschaftsentwicklung (...) in Italien während der Periode des sogenannten ‘Wirtschaftswunders' kennzeichnen und sich, trotz des starken Wachstums, sogar noch vergrößert haben, (...) verdeutlichen und ermahnen uns, dass die während der vergangenen Jahre eingeleiteten kurz- und mittelfristigen sektoralen und/oder regionalen Programme nicht genügen und teilweise sogar mehr Schaden angerichtet als Nutzen gestiftet haben (...), wenn diese nicht aufeinander abgestimmt sind. Die Erfahrungen der bislang praktizierten staatlichen Südförderung lehren uns, dass diese nicht als Politik einer selektiven Regionalförderung fortgeführt werden kann, die allein der Verantwortung einer einzigen, wenn auch flexibel agierenden, finanziell gut ausgestatteten, kompetenten und äußerst tatkräftigen Institution wie der *Cassa per il Mezzogiorno* überlassen ist. Der staatlichen Südförderung muß vielmehr die oberste Priorität innerhalb festgelegter zentraler Zielsetzungen der gesamten Regierungspolitik unseres Landes eingeräumt werden: (...) Die Regierung sowie die sie unterstützende parlamentarische Mehrheit erachten daher die Einleitung und Umsetzung einer geplanten organischen Wirtschaftspolitik als unbedingt notwendig (...).“ Und an anderer Stelle weiter: „Die Regierung verpflichtet sich (...) ein nationales Wirtschafts- und Entwicklungsprogramm auszuarbeiten, dessen Umsetzung, unter der vollständigen Anerkennung und Beachtung demokratischer und marktwirtschaftlicher Prinzipien, eine weiterhin erfolgreiche, allerdings ausgewogenere Wirtschaftsentwicklung (...) ermöglicht, zusammen – und die Privatinitiative ergänzend sowie, falls notwendig, auch ersetzend – mit der öffentlichen Hand (...). Hinsichtlich der geeigneten Instrumente der staatlichen Wirtschaftsplanung soll das Haushaltsministerium, das in *Ministero del bilancio e della programmazione economica* umbenannt wird, ihr wichtigstes politisch-administratives Zentrum sein. (...) Ein ständiger Ministerausschuss für staatliche Wirtschaftsplanung soll das C.I.R. ersetzen. Er wird als Regierungsorgan mit hoheitlichen Entscheidungskompetenzen für die Koordinierung der staatlichen Wirtschaftsplanung verantwortlich sein. Eine ständige Expertenkommission, zusammengesetzt aus Wirtschaftswissenschaftlern, Unternehmern sowie Gewerkschaftsvertretern, soll wiederum die jeweiligen Entwürfe für ein Wirtschafts- und Entwicklungsprogramm sowie die entsprechenden Investitionspläne vorbereiten und ausarbeiten."[864]

Nicht von ungefähr war im neuen Regierungskabinett das Amt des Haushaltsministers mit Ugo La Malfa besetzt worden, der sich als politisch äußerst erfahrener, prominenter Wirtschaftsexperte des PRI bereits seit langem für die Implementierung einer organischen staatlichen Wirtschaftsplanung stark gemacht hat. In diesem Zusammenhang befürwortete er auch das politische Projekt einer zukünftigen Regierungszusammenarbeit der *Democrazia Cristiana* mit den Sozialisten.[865] Als langjähriges Regierungsmitglied während der Ära De Gasperi und als überzeugter Anhänger der in Italien auf Regierungsebene zumindest bis zum Ende der 1940er Jahre weithin abgelehnten nachfrageorientierten Wirtschaftspolitik des Keynesianismus,[866] hatte sich La Malfa schon während der unmittelbaren Nachkriegszeit und der Phase der Rekonstruktion für eine koordinierte Ausweitung der Staatsausgaben zur Wachstums- und Beschäftigungsteigerung und gleichzeitigen Modernisierung der technischen und sozialen Infrastrukturen eingesetzt.[867] Ebenso befürwortete La Malfa – den dirigistischen Vorstellungen der IRI-Technokratie und der innerhalb der SVIMEZ ausgearbeiteten Strategie des *nuovo meridionalismo* ähnlich – die gezielte staatliche Förderung ausgewählter industrieller Wachstumsbranchen mit einer territorialen Schwerpunktsetzung auf Süditalien im Rahmen mittel- oder längerfristiger Investitionsprogramme. Insofern hatte er auch, selbst nach dem Ausscheiden des PRI aus der Regierungsverantwortung im Sommer 1953, die im *Schema Vanoni* ausgearbeiteten planungs- und industriepolitischen Vorhaben konsequent unterstützt.[868]

---

864 Atti Parlamentari, Camera dei Deputati, Discussioni, Leg. 3, Anno 1962, DLXXII seduta, 02 marzo 1962, S. 27605 und S. 27608f.

865 Zum Leben und politischen Wirken Ugo La Malfas, vgl. vor allem Paolo Soddu, Ugo La Malfa. Il riformista moderno, Rom: Carocci (2008). Zu La Malfas, erstmals bereits in einer Rede in der Außenhandelskammer im September 1956 formulierten Plänen über die Vorteile einer Regierungskoalition aus DC und PSI, vgl. ebd., S. 187ff. und S. 228f.

866 Zur Keynes-Rezeption in Italien während der Phase des wirtschaftlichen Wiederaufbaus nach 1945, vgl. neben Saraceno (1993), Intervista, S. 299f. zum Beispiel auch Piero Roggi, Il mondo cattolico e i „grandi temi" della politica economica, in: Giorgio Mori (Hg.), La Cultura economica nel periodo della ricostruzione, Bologna: Il Mulino (1980), S. 587ff. sowie Pietro Bolchini, La fortuna di Keynes in Italia, in: Miscellanea storica ligure, Nr. 1 (1982), S. 37ff.

867 Vgl. Soddu (2008), La Malfa, vor allem S. 43ff.

868 Die Republikanische Partei Italiens war, abgesehen von der kurzen Dauer des sog. *tripartito* – Februar bis Mai 1947 – in jedem Regierungskabinett De Gasperi nach Kriegsende bis Juli 1953 mit vertreten. Vgl. zur Unterstützung La Malfas des Vanoni-Projekts – neben Soddu (2008), La Malfa, S. 198f. – zum Beispiel die Rede Ugo La Malfas in der Abgeordnetenkammer des Parlaments am 23. Februar 1956 über die Notwendigkeit der Neuausarbeitung des *Schema Vanoni* in ein operationables Wirtschaftsproramm, in: Atti Parlamentari, Camera dei Deputati, Discussioni, Leg. 2, Anno 1956, CCCLXXXV seduta, 23febbraio 1956, S. 23624–23632.

Seitdem hatte La Malfa die Regierungsarbeit der *Democrazia Cristiana* aufgrund der „Nicht-Transformierung des *Schema Vanoni* in ein tatsächliches Wirtschafts- und Entwicklungsprogramm“[869] und der dadurch bedingten Fragmentarität der Wirtschaftsinterventionen allerdings scharf kritisiert.[870] Seit dem Tod Vanonis übernahm mit La Malfa erstmals wieder ein erklärter Gegner der selektiven – sektoral oder regional begrenzten – staatlichen Wirtschaftsplanung das wichtige Amt des Haushaltsministers. Als Verfechter der *Programmazione Economica Organica* war ihm nach der Regierungsneubildung im Februar 1962 insofern von Fanfani die politische Verantwortung übertragen worden, zunächst die geeigneten institutionellen Grundlagen einer längerfristig und gesamtwirtschaftlich ausgerichteten Wirtschaftsplanung zu schaffen und anschließend mit der Ausarbeitung eines nationalen Wirtschafts- und Entwicklungsprogramms zu beginnen.

Nach nur drei Monaten – am 22. Mai 1962 – präsentierte La Malfa im Parlament einen Nachtrag zur *Relazione generale sulla situazione economica del Paese* für das Jahr 1961 über die *Problemi e prospettive dello sviluppo economico italiano*,[871] in dem er die Zielsetzungen, die inhaltlich-strategische Ausrichtung sowie den institutionellen und organisatorischen Aufbau der von der Regierung projektierten organischen staatlichen Wirtschaftsplanung ausführlich begründete und vor allem operationalisierte. Die *Nota La Malfa* oder auch *Nota aggiuntiva* basierte auf einer nach Makroregionen und Sektoren differenzierten Analyse der volkswirtschaftlichen Entwicklung (1950–1961). Der Nachtragsbericht offerierte ein ambivalentes, wenngleich bekanntes Ergebnis: Obwohl sich die gesamtwirtschaftliche Wachstumsdynamik im Zuge des langanhaltenden Wirtschaftsaufschwungs seit Beginn der 1950er Jahre stärker und erfolgreicher entwickelt hätte als jemals zuvor in der Geschichte Italiens, hätten die traditionellen Hauptprobleme der italienischen Wirtschaft nicht bzw. nur partiell überwunden werden können.[872] Die Erklärung für dieses ernüchternde Paradoxon stimmte nahezu vollständig überein mit den drei Jahre zuvor in der *Riconsiderazione dello Schema Vanoni* bereits von Saraceno veranschaulichten Gründen einer im Zeitablauf verfestigten Ungleichgewichtigkeit der sozioökonomischen Entwicklung; diese

---

869 So einer der von Ugo La Malfa bei verschiedenen Gelegenheiten wiederholten Hauptkritikpunkte an der Regierungsarbeit der DC im Bereich der Wirtschaftspolitik. Vgl. und zitiert Atti Parlamentari, Camera dei Deputati, Discussioni, Leg. 3, Anno 1961, CCCLXXXV seduta, 31 gennaio 1961, S. 18796.

870 Vgl. neben La Malfas Rede in der Abgeordnetenkammer des Parlaments am 31. Januar 1961, in: ebd., S. 18796–18804, zum Beispiel auch Soddu (2008), La Malfa, S. 216ff. sowie Stefano Mangullo, Repubblica, partito e territorio in Ludovico Camangi, in: Annali della Fondazione Ugo La Malfa. Storia e politica, vol. 24, Rom: Gangemi (2009), S. 67f.

871 Ministero del bilancio, Problemi e prospettive dello sviluppo economico italiano, Nota presentata al parlamento dal Ministro del bilancio, on. Ugo La Malfa, il 22 maggio 1962, Rom: Istituto Poligrafico dello Stato (1962), in: Archivio Storico della Banca d'Italia, Carte Rey, cart. 9, fasc. 5, S. 966–1008.

872 Vgl. ebd., S. 7.

waren von La Malfa in seinem Bericht allerdings noch stärker empirisch belegt und vor allem konkretisiert worden.[873]

Als Resumee konstatierte La Malfa, dass die gesamtwirtschaftlichen Modernisierungs- und Wachstumserfolge zwar durchaus vornehmlich durch den Freien Markt und die Unternehmungen der Privatwirtschaft generiert worden wären, wohingegen die vielfältigen staatlichen Wirtschaftsinterventionen zur selektiven Förderung einzelner Sektoren, Branchen, Regionen oder Gebiete die Investitions- und Beschäftigungsentwicklung kaum, wenn nicht gar negativ beeinflußt hätten.[874] Der Freie Markt und die primär auf Gewinnmaximierung orientierte unternehmerische Privatinitiative hätten jedoch die strukturellen sowie regionalen Disparitäten des Landes, vor allem die gravierenden wirtschaftlichen und sozialen Mißstände in Süditalien nicht beseitigt, sondern diese zum Teil noch vergrößert.[875] Allein die durch die *Cassa per il Mezzogiorno* koordinierte staatliche Investitionsausweitung zur Förderung der Agrarwirtschaft, der öffentlichen Versorgung und der technischen Infrastrukturen in Süditalien sowie die erheblichen Wachstumserfolge der staatlichen Unternehmen hätten dazu beigetragen, die entwicklungsblockierenden Strukturprobleme – zumindest partiell – abzubauen.[876] Vor diesem Hintergrund bestand nach Auffassung La Malfas die politische Herausforderung letztlich darin, die nichtintendierten Folgewirkungen des Marktes durch direkte und indirekte staatliche Wirtschaftsförderung sowie -regulierung zu kompensieren, oder anders formuliert: durch eine wirtschaftspolitisch gesteuerte Synthese von Markt und Staat eine sozial gerechte und gleichgewichtige ökonomische Entwicklung zu gewährleisten. Die unternehmerische Privatinitiative sollte also keineswegs eingeschränkt, sondern vielmehr stärker als zuvor – zum Beispiel durch Subventionen, Steuer- sowie Handelserleichterungen und andere Investitionsanreize – gefördert und dahingehend beeinflußt werden, die unternehmerischen Entscheidungen mit den staatlich vorgegebenen Zielsetzungen besser in Einklang zu bringen. Diese Herausforderung könnte aber nur im Rahmen einer längerfristig ausgerichteten, gesetzlich verbindlichen staatlichen Wirtschaftsplanung bewältigt werden: „Sowohl die traditionellen als auch die neuen Probleme unserer Volkswirtschaft erfordern jetzt ein deutlich resoluteres Handeln vonseiten des Staates im Vergleich mit den in der Vergangenheit eingeleiteten Maßnahmen und vor allem einen mutigeren, umfassenderen neuen konzeptionellen Ansatz wie den der gesamtwirtschaftlichen organischen staatlichen Wirtschaftsplanung (...), nicht nur im Interesse der rückständigen Wirtschaftsregionen und -sektoren, sondern

873 Zu den nachfolgend zusammengefaßten Erklärungen La Malfas in seiner *Nota aggiuntiva* für die anhaltenden Strukturprobleme der italienischen Wirtschaft, vgl. ebd., S. 19–24.

874 Vgl. ebd., S. 28.

875 Vgl. ebd., S. 26 und S. 28f.

876 Vgl. ebd., S. 29.

gerade auch im Interesse der hochentwickelten Landesteile sowie der erfolgreichsten Wirtschaftszweige."[877]

Im Anschluss an diesen programmatischen Appell einer im Kern ordnungspolitischen Metamorphose des italienischen Wirtschaftssystems wurden die bisherigen Planungsbestrebungen während der Nachkriegszeit – von den ersten Hilfs- und Einfuhrplänen unmittelbar nach Kriegsende, über das Wiederaufbauprogramm im Rahmen des Marshall-Plans von 1948, das *Schema Vanoni* von 1954, die selektiven regionalen und sektoralen Pläne seit Mitte der 1950er Jahre bis hin zu den Arbeiten der *Commissione Papi* im Jahr 1961 – von La Malfa kurz in Erinnerung gerufen und ihre jeweiligen Erfolge und Nichterfolge kritisch beleuchtet.[878] Dabei betonte La Malfa, dass der von Vanoni dem Parlament im Dezember 1954 vorgestellte Planungsentwurf für ein nationales Wirtschafts- und Entwicklungsprogramm den ersten und bislang einzigen konzeptionell ausgereiften, allerdings letztlich gescheiterten Versuch darstellte, im institutionellen Rahmen einer gesamtwirtschaftlich ausgerichteten staatlichen Wirtschaftsplanung nicht allein das Wachstum der Volkswirtschaft, sondern zugleich eine gleichgewichtige und sozial gerechte Wirtschaftsentwicklung aktiv zu fördern.[879] Die Ursachen für das Scheitern des *Schema Vanoni* erblickte La Malfa in einem sich während des *miracolo economico italiano* bei vielen politischen Entscheidungsträgern verfestigten Steuerungsmythos des Marktes, der jegliche Regulierung oder staatliche Kontrolle wirtschaftlicher Aktivitäten blockiert hätte: Die damaligen Akteure wären davon überzeugt gewesen, „dass die italienische Wirtschaft die bestehenden Probleme der regionalen und sektoralen Ungleichgewichte im Zeichen des fortgesetzten Wirtschaftsaufschwungs automatisch würde bewältigen können."[880] La Malfa erinnerte in diesem Zusammenhang noch einmal daran, dass ungeachtet dieser vorherrschenden Mythologisierung der Steuerungskraft des Marktes sowohl Wissenschaftsexperten wie Pasquale Saraceno und andere führende Mitarbeiter der SVIMEZ als auch einflußreiche Politiker wie Amintore Fanfani oder der langjährige Gewerkschaftsvorsitzende der CISL und jetzige Präsident des Ministerausschusses für Süditalien, Giulio Pastore, immer wieder auf die Notwendigkeit verwiesen hätten, „eine geplante – die verschiedenen staatlichen Fördermaßnahmen und Reformvorhaben koordinierende (...) sowie primär auf den nachhaltigen Abbau des wirtschaftlichen und sozialen Nord-Süd-Gefälles (...) abzielende – organische Wirtschaftspolitik einzuleiten (...) und umzusetzen." Da sich der von ihnen postulierte gesamtwirtschaftliche Planungsansatz politisch nicht durchsetzen konnte, die gravierenden Strukturprobleme des Landes sich jedoch immer weiter vergrößert hätten, gelte es daher, auf der Grundlage des Vanoni-Entwurfs endlich ein gesamtwirtschaftliches Entwicklungsprogramm auszuarbeiten. Die Finanzierung der im Rahmen der

877 Ebd., S. 32.
878 Vgl. ebd., S. 33–38.
879 Vgl. ebd., S. 35.
880 Ebd., S. 36.

Programmazione Economica zu implementierenden Wirtschaftsinterventionen und Reformmaßnahmen wäre jedenfalls – so La Malfa – durch die erheblichen Steuermehreinnahmen der vergangenen Jahre gewährleistet.[881]

Im letzten Teil der *Nota aggiuntiva* entwarf der Haushaltsminister schließlich das institutionelle Gerüst einer organischen staatlichen Wirtschaftsplanung, die La Malfa als das „notwendig zentrale Organisationsprinzip zur erfolgreichen politischen Gestaltung des sozialen und ökonomischen Entwicklungsprozesses"[882] interpretierte. Hierbei lassen sich vor allem zehn Eckpfeiler benennen[883]: *Erstens*, sollte sich der Planungszeitraum für ein nationales Wirtschafts- und Entwicklungsprogramm auf fünf Jahre belaufen. *Zweitens*, würden sich die wichtigsten übergeordneten Ziele der staatlichen Wirtschaftsplanung aus den persistierenden Strukturproblemen der nationalen Wirtschaft selbst erklären – nachhaltiger Abbau der anhaltend hohen Arbeitslosigkeit bei gleichzeitiger Reduzierung der gravierenden wirtschaftlichen und sozialen Unterschiede zwischen den strukturell rückständigen Regionen des Mezzogiorno und dem Rest des Landes. *Drittens*, sollten die daraus abgeleiteten konkreten Modernisierungs-, Reform- und Wachstumsziele von der Politik gemeinsam mit der Zentralbank und den wichtigsten Interessenvertretern der Wirtschaft festgelegt werden, ebenso wie auch der zeitliche Rahmen, die jeweiligen staatlichen Regulierungs- und Fördermaßnahmen sowie der Umfang und die regionale, sektorale und branchenspezifische Lokalisierung der notwendigen Investitionsaufkommen von der Regierung gemeinsam mit der *Banca d'Italia* sowie den Arbeitgeber-, Gewerkschafts- und Sozialverbänden projektiert werden sollten. Unterstützt werden sollten sie dabei von unabhängigen Expertenteams aus der Wissenschaft bzw. der wissenschaftlichen Politikberatung. *Viertens*, betrafen die wichtigsten Reformen, die im Rahmen der staatlichen Wirtschaftsplanung zeitnah eingeleitet und umgesetzt werden sollten, das Bildungs-, Renten-, Gesundheits- und das Steuersystem sowie die Städteentwicklung. *Fünftens*, sollte die staatliche Investitionspolitik das zentrale Hauptinstrument zur Erreichung der konkreten Wachstums- und Modernisierungsziele der *Programmazione Economica* bilden, die im Vergleich mit der staatlichen Investitionsförderung während der vergangenen Jahre stärker koordiniert, konzeptionell verbessert und finanziell erheblich ausgeweitet werden sollte. *Sechstens*, sollten mithilfe der staatlichen Investitionsmaßnahmen zwar nach wie vor auch die Forst- und Agrarwirtschaft, die öffentliche Versorgung wie auch der Ausbau der technischen und sozialen Infrastrukturen weiter gefördert werden. Schwerpunktmäßig sollte es jedoch um Dynamisierung, Stabilisierung und Regulierung der industriewirtschaftlichen Entwicklung gehen: *zum einen* durch Investitionszulagen, Kreditsubventionierungen, Sonderabschreibungen, Steuer- und Handelserleichterungen, *zum anderen* – und vor allem – durch massiv verstärkte staatliche Direktinvestitionen im Bereich der

881 Vgl. ebd., S. 37 f.
882 Ebd., S. 40.
883 Vgl. hierzu ausführlich ebd., S. 39–48.

Verarbeitenden Industrie mittels der staatlichen Industrieunternehmen, die im Rahmen der *Programmazione Economica* die zentralen Funktionen zur Steuerung der gesamtwirtschaftlichen Entwicklung zugewiesen bekamen. Daneben sollten aber auch noch ausgewählte regionale oder branchenspezifische Investitionskontrollen und andere Regulierungsmaßnahmen für die Privatwirtschaft ausgearbeitet und implementiert werden, um die jeweiligen regionalen und/oder branchenspezifischen Wachstumsziele zu realisieren. *Siebtens*, sollten die strukturell rückständigen Regionen des Mezzogiorno zwecks Überwindung des Nord-Süd-Gefälles den territorialen Schwerpunkt der finanziell deutlich aufzustockenden staatlichen Investitionsförderung bilden. *Achtens*, sollten für alle Regionen des Landes konkrete Wirtschafts- und Entwicklungsprogramme mit sektoral und branchenspezifisch differenzierten Investitionsplänen, jeweils adäquatem Maßnahmenkatalog und Finanzierungsplan ausgearbeitet und in ein gesamtwirtschaftliches, nationales Wirtschafts- und Entwicklungsprogramm integriert werden. *Neuntens*, sollte das nationale Wirtschafts- und Entwicklungsprogramm per Gesetz vom Parlament verabschiedet werden und damit sowohl für den Öffentlichen Sektor (Gebietskörperschaften, Zentralbank, Sozialversicherungen und staatliche Unternehmen) als auch für den privaten Unternehmenssektor (Investitionskontrollen und andere Regulierungsmaßnahmen) gesetzlich verbindlich sein. *Zehntens* schließlich, sollten der institutionelle und organisatorische Aufbau der staatlichen Wirtschaftsplanung in jener Form möglichst zeitnah vorangebracht werden, wie sie bereits am 19. Oktober 1961 in dem Gesetzesvorschlag Nr. 3343 über die *Autorizzazione di spesa per i servizi della programmazione economica generale* dem Parlament vorgestellt worden war.

Bereits wenige Monate nach der offiziellen Vorstellung der *Nota La Malfa* fand das gesamtwirtschaftliche Planungsparadigma durch den institutionellen und organisatorischen Aufbau der zukünftigen staatlichen Wirtschaftsplanung nicht nur einen ersten konkreten praxisrelevanten Niederschlag. Der schrittweise Aufbau entscheidungskompetenter Planungsorgane und -institutionen tangierte zuallererst das Haushaltsministerium, implizierte aber zugleich – wie La Malfa im März 1963 in einem Schreiben an Saraceno treffend zusammenfaßte – „eine umfassende strukturelle Reorganisation der zuständigen Regierungsinstitutionen, der öffentlichen Verwaltung wie auch ausgewählter Teilbereiche des staatlichen Unternehmenssektors." Die damit verbundene Hoffnung des damaligen Haushaltsministers bestand darin, „dass dieser institutionell-politische Neuaufbau der staatlichen Wirtschaftsplanung sowie die zukünftige Implementierung und Umsetzung eines nationalen Wirtschaftsprogramms das sogenannte 'Wirtschaftswunder' eben nicht abbremsen und beenden, sondern – im Gegenteil – das starke Wirtschaftswachstum noch einmal steigern würden (...)."[884]

884 Vgl. das vermutlich im Februar 1963 verfaßte Schreiben des Haushaltsministers, La Malfa, an Pasquale Saraceno mit dem Titel „La 'programmazione economica' in Italia", in dem er Saraceno in dessen Funktion als Vizepräsident der *Commissione Nazionale per la Programmazione Economica* über die im Ministerrat beschlossenen Zielsetzungen der zukünfigen staatlichen Wirtschaftsplanung informierte, in: Archivio Centrale dello Stato, Ministero del bilancio – Gabinetto – Archivio Generale,

Die institutionelle Sanktionierung des neuen Planungsparadigmas erfolgte in drei Etappen, wobei dem Haushaltsministerium die politische Verantwortung und die Koordinierung der staatlichen Wirtschaftsplanung übertragen worden ist[885]: Am 06. August 1962 kam es auf Dekret des Haushaltsministers zunächst zur Gründung der *Commissione Nazionale per la Programmazione Economica* (CNPE) – einer 32-köpfigen Expertenkommission unter der politischen Leitung La Malfas, zusammengesetzt aus den jeweiligen Vorsitzenden der neun wichtigsten Arbeitgeber- und Arbeitnehmerverbände des Landes, aus jeweils einem zusätzlichen Sachverständigen pro Verband oder Vereinigung sowie aus 13 Wissenschaftlern der Fachbereiche Wirtschaftswissenschaften, Statistik, Demografie, Städteplanung und Architektur – „mit dem Auftrag, den Entwurf für ein nationales Wirtschafts- und Entwicklungsprogramm auszuarbeiten."[886] Zum technischen Leiter und Vizepräsidenten der Expertenkommission wurde Saraceno ernannt,[887] was die herausragende Persönlichkeit des valtellinischen Politikberaters und Wissenschaftlers sowie den richtungsweisenden Stellenwert seiner Konzeption dirigistischer Wirtschaftsplanung mit einer territorialen und sektoralen Fokussierung auf die Förderung der industriewirtschaftlichen Entwicklung im Mezzogiorno unterstreicht, ebenso aber seine Bedeutung für die konkrete Ausgestaltung eines zukünftigen, indikativ-operativ ausgerichteten Wirtschafts- und Entwicklungsprogramms. Der Gründung der CNPE folgte – in einer *zweiten* Etappe – am 14. November 1962 der Beschluß über die jährliche finanzielle Zusatzausstattung für das Haushaltsministerium in Höhe von 150 Mio. Lire „für die Durchführung von (...) wissenschaftlichen Studien sowie für Datenerhebungen (...) zur Vorbereitung der Planungsarbeiten (...)".[888] Schließlich wurden – in einem *dritten* Schritt – am 30. Januar 1963 auf Beschlußfassung des CIR das *Comitato tecnico interministeriale di coordinamento ai fini della Programmazione Economica per la coordinata*

---

b. 61, fasc. 3, Commissione Nazionale per la Programmazione Economica, 1963, (maschinenschriftliches, unveröffentlichtes Dokument, undatiert).

885 Die aufgabenbezogene Umbenennung des Haushaltsministeriums in *Ministero del bilancio e della programmazione economica* erfolgte allerdings erst mit dem Gesetz Nr. 48 vom 27. Februar 1967. Vgl. Legge 27 febbraio 1967, n. 48, Attribuzioni e ordinamento del Ministero del bilancio e della programmazione economica e istituzione del Comitato dei Ministri per la programmazione economica, in: Gazzetta Ufficiale della Repubblica Italiana, Serie generale, n. 55 (02.03.1967), Rom: Istituto Poligrafico dello Stato (1967).

886 Vgl. Ministro del bilancio, Decreto ministeriale 06 agosto 1962, Costituzione della Commissione nazionale per la programmazione economica, in: Archivio Centrale dello Stato, Presidenza del Consiglio dei Ministri, PCM, Comitato Interministeriale per la Ricostruzione, CIR, b. 12, 1961–1962, fasc. 14 (maschinenschriftliches, unveröffentlichtes Dokument, 06. August 1962). Ebd., Art. 1, S. 1.

887 Vgl. Archivio Centrale dello Stato, Pasquale Saraceno, Attività di consulenza, b. 114, Corrispondenza varia su Programmazione, Pasquale Saraceno, Promemoria per il signor direttore generale (maschinenschriftliches, unveröffentlichtes Dokument, 06. August 1962).

888 Vgl. Legge 14 novembre 1962, n. 1619, Autorizzazione di spesa per i servizi della programmazione economica generale, in: Gazzetta Ufficiale della Repubblica Italiana, Serie generale, n. 306 (01.12.1962), Rom: Istituto Poligrafico dello Stato (1962). Ebd., S. 1.

esecuzione dei piani di sviluppo sowie das *Ufficio del Programma* gegründet. Dabei sollte der Technische Ausschuss, der sich aus hochrangigen Funktionären der die staatlichen Planungsinhalte betreffenden Ministerien zusammensetzte, die Koordinierung der im Rahmen der *Programmazione Economica* einzuleitenden Politikmaßnahmen übernehmen. Das *Ufficio del Programma* wiederum – als zentrales, im Haushaltsministerium angesiedeltes Planungsorgan mit hoheitlichen Entscheidungskompetenzen – sollte für die operative Umsetzung eines zukünftigen Wirtschafts- und Entwicklungsprogramms zuständig sein.[889]

Mit diesen institutionellen und organisatorischen Neuerungen konstituierte sich zwischen 1962 und 1963 das Institutionengefüge der staatlichen Wirtschaftsplanung in Italien. Es sollte in dieser Form bis zur Gründung des *Comitato Interministeriale per la Programmazione Economica* (CIPE) im Februar 1967 und der parlamentarischen Annahme des Pieraccini-Plans im Juli 1967, die eine nochmalige institutionell-politische Aufwertung des Planungsparadigmas vorsahen, unverändert bestehen bleiben.[890]

3.3 Die Implementierung der volkswirtschaftlichen Gesamtplanung im Erfahrungshorizont der Nachkriegsrezession von 1963/66

Von der Regierung wurden die Verstaatlichung der Elektrizitätswirtschaft und die Gründung der ENEL sowie der institutionelle Aufbau der *Programmazione Economica*

889 Zum Präsidenten des Technischen Ausschusses wurde Pasquale Saraceno ernannt, dem damit die Leitung über die zwei wichtigsten staatlichen Planungsorgane übertragen worden war. Zu den Gründungen des *Comitato tecnico interministeriale di coordinamento ai fini della Programmazione Economica per la coordinata esecuzione dei piani di sviluppo* und des *Ufficio del Programma*, ihrer personellen Zusammensetzung, ihren Funktionen und Zielsetzungen, vgl. das Protokoll der Gründungssitzung des interministeriellen Ausschusses zur Koordinierung der staatlichen Wirtschaftsplanung vom 06. Februar 1963 sowie die zusammenfassenden Ausführungen Pasquale Saracenos in einem *Appunto* an den Haushaltsminister, La Malfa, vom 28. März 1963. Vgl. Archivio Centrale dello Stato, Fondo Ugo La Malfa, sottoserie III, Cariche di governo, Ministro del bilancio, b. 70, fasc. Comitato tecnico intermininisteriale di coordinamento ai fini della Programmazione. Seduta d'insediamento 6.II.63, docc. 2, Verbale della seduta di insediamento del Comitato tecnico interministeriale di coordinamento ai fini della programmazione economica (maschinenschriftliches, unveröffentlichtes Dokument, 06. Februar 1963) sowie Archivio Centrale dello Stato, Pasquale Saraceno, Attività di consulenza, b. 114, Corrispondenza varia su Programmazione, Pasquale Saraceno, Appunto per il Ministro del bilanco (maschinenschriftliches, unveröffentlichtes Dokument, 28. März 1963).

890 Zur im Februar 1967 mit dem Gesetz Nr. 48 erfolgten Umstrukturierung des Haushaltsministeriums und der staatlichen Planungsinstitutionen, zur Gründung des *Comitato Interministeriale per la Programmazione Economica*, zu seinen Aufgaben sowie der personellen Zusammensetzung des CIPE und seinen Planungsaktivitäten während der Jahre 1967–1975, vgl. vor allem Lavista (2010), S. 390–404.

Organica als die größten Erfolge der seit Februar 1962 eingeleiteten Reformprozesse gefeiert. Immerhin nahm, *erstens*, das Regierungsvorhaben eines längerfristigen nationalen Wirtschafts- und Entwicklungsprogramms schon bald konkrete Gestalt an. Saraceno hatte in seiner Funktion als Vizepräsident der *Commissione Nazionale per la Programmazione Economica* bereits am 12. Dezember 1962 einen ersten Entwurf für ein derartiges Programm im Haushaltsministerium präsentiert.[891] Aufgrund neuer politischer Direktiven nach den Wahlen am 23. April 1963 und den zwei Regierungsumbildungen im Juni und Dezember desselben Jahres mußte dieser Entwurf zwar noch mehrfach umformuliert werden. Dennoch konnte er zielgerichtet in Gestalt des *Progetto di programma di sviluppo economico per il quinquennio 1965–1969* zu einem staatlichen Fünf-Jahres-Programm mit detailliertem Maßnahmenkatalog, differenzierten Investitionsplänen und operationablen Finanzierungsmodellen transformiert und nach einer nochmaligen Regierungsneubildung (1964) und Umarbeitung unter der Leitung des neuen Haushaltsministeriums am 16. Juni 1965 im Parlament offiziell vorgestellt werden.[892] Die parlamentarische Annahme des Gesetzesvorschlags,

---

891 Dieser erste Entwurf mit dem Titel *Contenuto, obiettivi e linee di azione di un programma di sviluppo economico* blieb ungedruckt und war nur für den internen Gebrauch im Haushaltsministerium bestimmt. Vgl. Archivio Centrale dello Stato, Pasquale Saraceno, Attività di consulenza, b. 116, Commissione Nazionale per la Programmazione Economica, Pasquale Saraceno, Rapporto del Vice Presidente: Contenuto, obiettivi e linee di azione di un programma di sviluppo economico, (maschinenschriftliches, unveröffentlichtes Dokument, 12. Dezember 1963).

892 Der finale, von Pasquale Saraceno ausgearbeitete Entwurf für ein nationales Wirtschaftsprogramm mit dem Titel *Rapporto del vice presidente della Commissione Nazionale per la Programmazione Economica* war schon am 09. Januar 1964 der Abgeordnetenkammer des Parlaments vorgelegt worden. Er bildete die Grundlage für einen Gesetzesentwurf zur Annahme eines nationalen Wirtschafts- und Entwicklungsprogramms für die Jahre von 1965–1969, den der Haushaltsminister der ersten organischen Mitte-Links-Regierung, Antonio Giolitti (PSI), am 27. Juni 1964 auf einer Sitzung der CNPE präsentierte. Vgl. Ministero del bilancio. Commissione Nazionale per la Programmazione Economica, Rapporto del vice presidente della Commissione Nazionale per la Programmazione Economica, Rom: Tipolitografia F. Failli (1964) sowie Ministero del bilanco, Progetto di programma di sviluppo economico per il quinquennio 1965–1969, presentato dal ministro del bilancio Antonio Giolitti alla Commissione Nazionale per la Programmazione Economica il 27 giugno 1964, in: Ministero del bilancio e della programmazione economica, La programmazione economica in Italia, vol. IV, Rom: Società grafica romana (1967), S. 1–55. Zur Chronologie, vgl. vor allem die faszinierende autobiografische Erzählung des damaligen Leiters des *Ufficio del Programma*, Giorgio Ruffolo (PSI): Giorgio Ruffolo, Il libro dei sogni. Una vita a sinistra, raccontata a Vanessa Roghi, Rom: Donzelli (2007) sowie – stichpunktartig – Camera dei Deputati, Portale storico, IV Legislatura della Repubblica italiana dal 16 maggio 1963 al 04 giugno 1968, in: http://storia.camera.it/cronologia/leg-repubblica-IV/elenco#nav (besucht am 05.10.2016). Das *Progetto di programma di sviluppo economico per il quinquennio 1965–1969* – kurz: *Piano Giolitti* – konnte anschließend allerdings nicht mehr im Ministerrat und im Parlament eingebracht werden, da Aldo Moro bereits am Tag zuvor als Ministerpräsident zurückgetreten war und die Regierung aufgelöst hatte. Im neuen Regierungskabinett, erneut unter der politischen Führung Aldo Moros, war Giolitti aber nicht mehr vertreten und das Amt des Haushaltsministers mit Giovanni Pieraccini besetzt worden. Pieraccini wiederum veranlaßte, den Giolitti-Plan noch einmal umzuarbeiten. Erst nach knapp einem Jahr, am 16. Juni 1965, wurde ein neuer Gesetzesentwurf zur

damit aber die gesetzliche Sanktionierung des noch weitere Male überarbeiteten *Programma economico nazionale per il quinquennio 1966–1970* erfolgte schließlich zwei Jahre später, am 27. Juli 1967.

Ähnlich erfolgreich gestalteten sich, *zweitens*, die schrittweise Verstaatlichung der Elektizitätswirtschaft sowie die Zusammenführung der einzelnen Unternehmen unter das Dach der neu geschaffenen Staatsholding ENEL. Der staatlichen Stromgesellschaft gelang es bereits binnen weniger Jahre, nicht nur ihre gesetzlich verankerten übergeordneten sozialen Zielsetzungen – Preissenkung für die Endverbraucher und Verbesserung der landesweiten Stromversorgung – zu realisieren, sondern zugleich auch ihre betriebswirtschaftlichen Ziele – nachhaltige Modernisierung der Produktionsanlagen und Verteilersysteme sowie kontinuierliche Produktions-, Umsatz- und Gewinnsteigerung – zu erfüllen. Allein in den Jahren von 1963 bis 1965 steigerte sich die Jahresproduktion für alle Stromproduktionsverfahren von knapp über 47.700 Mio. kWh auf über 56.200 Mio. kWh, die Zahl der privaten und öffentlichen Anschlüsse stieg von 16,54 Mio. auf annähernd 19 Mio. und das nationale Stromnetz der ENEL wurde auf mehr als 153.000 km ausgebaut.[893] Die Jahresnettoumsätze erhöhten sich von umgerechnet ca. 10,5 Mrd. € (2010) auf über 11,6 Mrd. € (2010), während die gemittelten Nominalpreise für die Endverbraucher landesweit vereinheitlicht wurden und konstant bei 39,4 Lire pro kWh blieben. Obwohl die Stromtarife aufgrund beginnender Inflation real gesunken waren,[894] erwirtschaftete die staatliche Energieholding ohne zusätzliche staatliche finanzielle Unterstützung durch Dotationsfonds, staatliche Kreditsubventionen, etc. sogar einen leichten, dafür aber konstanten Jahresüberschuß in Höhe von etwas über eineinhalb Mio. € (2010), trotz der immensen finanziellen Dauerbelastung der verzinsten Entschädigungszahlungen an die ehemaligen Eigentümer der

Annahme des überarbeiteten *Programma* im Parlament vorgestellt. Vgl. Disegno di legge, Approvazione delle finalità e delle linee direttive generali del programma di sviluppo economico per il quinquennio 1965–1969, in: Camera dei Deputati, Atti Parlamentari, Documenti – Disegni di Legge e Relazioni, n. 2457, Leg. 4, Anno 1965, Seduta del 16 giugno 1965, Rom 1965, S. 1–4.

893 Die Angaben über die Ausweitung der Jahresstromproduktion, die Zunahme der landesweiten Anschlüsse zur Stromzuführung sowie über die längenmäßige Ausdehnung des nationalen Verteilernetzes der staatlichen ENEL während der Jahre 1963–1965 basieren auf Camera dei Deputati, Relazione della Corte dei Conti al Parlamento sulla gestione finanziaria degli enti sottoposti a controllo in applicazione della legge 21 marzo 1958, n. 259, vol. CXXIII, Ente Nazionale per l'Energia Elettrica (Esercizio 1964), presentata alla Presidenza il 13 Luglio 1965, Rom: Istituto Poligrafico dello Stato (1965), S. 42 (Jahresstromproduktion, 1963) und S. 53 (Anschlüsse zur Stromzuführung, 1963) sowie Camera dei Deputati, Relazione della Corte dei Conti al Parlamento sulla gestione finanziaria degli enti sottoposti a controllo in applicazione della legge 21 marzo 1958, n. 259, vol. CLXXIX, Ente Nazionale per l'Energia Elettrica (Esercizio 1965), presentata alla Presidenza il 09 settembre 1966, Rom: Istituto Poligrafico dello Stato (1966), S. 52 (Jahresstromproduktion, 1965), S. 62 (Anschlüsse zur Stromzuführung, 1965) und S. 112 (Ausdehnung des ENEL-Stromverteilernetzes, 1963–1965).

894 Zur Inflationsentwicklung bis 1975, vgl. Tabelle 3.4. S. 325f. Zur Entwicklung der Stromtarife in Italien von 1952–1975, vgl. ISTAT (1986), Sommario, Tabelle 16.8, S. 312f.

verstaatlichten Unternehmen.[895] Diese positive Entwicklung – zumindest hinsichtlich Produktion und Umsatz – konnte sich während der folgenden Jahre bis zum Ende der Nachkriegsprosperität verstetigen und zwischenzeitlich sogar noch beschleunigen. Die Jahresstromproduktion erreichte 1975 ein Ausstoßvolumen von 110.770 Mio. kWh, der Nettoumsatz belief sich auf knapp 20,2 Mrd. € (2010) und die Zahl der Anschlüsse war auf über 22,7 Mio. gestiegen. Allerdings erwirtschaftete die staatliche Stromgesellschaft ENEL seit 1972 aufgrund ihrer von Regierungsseite vorgegebenen sozial- und wachstumspolitisch motivierten Preispolitik nunmehr ein starkes Defizit, weil die Stromtarife bei einer durchschnittlichen Inflationsentwicklung von knapp 7% in den Jahren von 1963 bis 1975 nicht adäquat nach oben angepaßt und im Jahr 1974 zunächst leicht – auf 37,47 Lire pro kWh – sowie im Jahr 1975 dann deutlich – auf nur noch 21,13 Lire pro kWh – gesenkt wurden. Der zunehmende reale Preisverfall für elektrische Energie bedeutete aber – als (nicht)intendierte Folgewirkung einer ansonsten erfolgreichen Reform – *de facto* eine immer stärkere staatliche Subventionierung des Stromkonsums der privaten Haushalte und im gewerblichen Bereich.[896]

Die Reformaktivitäten entfalteten darüber hinaus weitere – sowohl politische als auch ökonomische – nichtintendierte Handlungs- und Wirkungsketten. So fand die Reformpolitik Fanfanis – ungeachtet ihrer temporären positiven Effekte – keineswegs überall in Wirtschaft und Gesellschaft eine breite Akzeptanz. Das Gesetz über die *Istituzione dell'Ente nazionale per l'energia elettrica e trasferimento ad esso delle imprese esercenti le industrie elettriche* wurde nicht nur gegen den ausdrücklichen Willen der rechtskonservativen Parteien des MSI und des PDIUM, des liberalen PLI und der unternehmerfreundlichen *Primavera*-Fraktion innerhalb der DC politisch durchgesetzt,[897] sondern vor allem auch gegen den erbitterten Widerstand weiter Teile des Privatunternehmertums. Insbesondere die *Confindustria* als der größte und einflußreichste Arbeitgeber- und Unternehmerverband Italiens stand der Verstaatlichung der Elektrizitätswirtschaft strikt ablehnend gegenüber. Ebenso lehnte der Dachverband der landesweiten Industrieunternehmen die immer konkreter werdenden

895 Für einen detaillierten Überblick zur Gesamtwirtschaftsleistung der ENEL von 1963–1975, vgl. Tabelle A3.3, S. 142ff. im Datenappendix A3, in: https://www.degruyter.com/view/product/552615.
896 Vgl. ebd. sowie Relazione della Corte dei Conti (1976), ENEL (Esercizi 1973, 1974 e 1975), S. 70 (Jahresstromproduktion, 1975) und S. 73 (Anschlüsse zur Stromzuführung, 1975). Im Jahr 1972 erwirtschaftete die staatliche Stromgesellschaft ENEL zum ersten Mal seit ihrer Gründung im Dezember 1962 ein Defizit in Höhe von umgerechnet 2,85 Mrd. € (2010), im Jahr 1973 ein Defizit von 1,86 Mrd. € (2010), im Jahr 1974 ein Defizit von 3,02 Mrd. € (2010) sowie ein Defizit von 2,68 Mrd. € (2010) im Jahr 1975. Vgl. Tabelle A3.3, S. 142ff. im Datenappendix A3, in: https://www.degruyter.com/view/product/552615.
897 Vgl. vor allem die beiden Debatten in der Abgeordnetenkammer des Parlaments am 22. und 27. November 1962 unmittelbar vor der parlamentarischen Abstimmung über das Gesetz Nr. 1643, in: Atti Parlamentari, Camera dei Deputati, Discussioni, Leg. 3, Anno 1962, DCCXLIV seduta, 22 novembre 1962, S. 35812–35838 sowie Atti Parlamentari, Camera dei Deputati, Discussioni, Leg. 3, Anno 1962, DCCXLV seduta, 27 novembre 1962, S. 35856–35882.

Regierungsvorhaben zur Implementierung einer indikativ-operativen und rechtlich verbindlichen staatlichen Wirtschaftsplanung vehement ab.[898] Lediglich einige wenige Industrieunternehmer wie Vittorio Valetta, Präsident des FIAT-Konzerns, Adriano Olivetti, Präsident der Olivetti-Gruppe, sowie Leopoldo Pirelli, Präsident der Pirelli-Gesellschaft, unterstützten die Reformpolitik der Regierung Fanfani.[899] Ungeachtet dieser Ausnahmen gab es ansonsten eine mehrheitliche Kritik des Industrieverbandes, die sich generell – wie der neue Präsident Furio Cicogna (seit 1961) bereits im Februar 1962 auf der Jahreshauptversammlung formulierte – gegen das „Überhandnehmen staatlicher Wirtschaftsinterventionen in immer weitere Bereiche der Privatwirtschaft"[900] sowie gegen die „politischen Abenteuer"[901] der staatlichen Wirtschaftsplanung und der projektierten Verstaatlichung der privaten Elektrizitätswirtschaft richtete.

Ein Jahr später erneuerte und verschärfte Cicogna seine Kritik an der Regierung Fanfani. Im Namen der von ihm vertretenen Industrieunternehmerschaft betonte er noch einmal, dass „keine produktionstechnischen, keine wirtschaftlichen und keine sozialen Gründe die Verstaatlichung der Elektrizitätswirtschaft rechtfertigen würden, sondern nur ideologische Gründe (...)." Enttäuscht stellte er in seiner Rede auf der Jahreshauptversammlung im Februar 1963 fest, „dass die Anzahl der staatlichen Wirtschaftsinterventionen im Jahr 1962 massiv zugenommen" hätten (...) „und dass die staatliche Kontrolle der Wirtschaft nun bereits seit einigen Jahren immer umfassender und tiefgreifender geworden" wäre."[902] Eindringlich warnte er davor, „dass die Verstaatlichung der Elektrizitätswirtschaft schwerwiegende Konsequenzen (...) im Hinblick auf erheblich verschlechterte Renditeerwartungen der privaten Unternehmer hat und haben wird (...)." So würden seines Erachtens „dieser Verstaatlichung andere Enteignungen und Verstaatlichungen folgen," die Investitionsnachfrage würde

898 Vgl. Osservazioni del dott. Furio Cicogna e del dott. Franco Mattei al 'Rapporto del vice presidente della Commissione Nazionale per la Programmazione Economica – dicembre 1963', in: Archivio Storico della Banca d'Italia, Studi, prattiche, n. 289, fasc. 14, S. 2–49, (maschinenschriftliches, unveröffentlichtes Dokument, Januar 1964).

899 Zur Haltung Adriano Olivettis gegenüber den Reformvohaben des vierten Regierungskabinetts Fanfani, vgl. vor allem Lavista (2010), Programmazione, S. 139–212, insbesondere S. 171ff. Zur Haltung des FIAT-Präsidenten, Vittorio Valetta, vgl. zum Beispiel Ginsborg (1998), Storia d'Italia, S. 318ff. Zu Leopoldo Pirellis Unterstützung der Reformvorhaben Fanfanis, vgl. zum Beispiel Tamburrano (1990), Centrosinistra, S. 81f.

900 Discorso pronunciato dal dott. Furio Cicogna, presidente della Confederazione Generale dell'Industria Italiana, all'assemblea dei delegati delle associazioni aderenti il 21febbraio 1962, in: Confederazione Generale dell'Industria Italiana, Assemblea annuale, (Rom, 21. Februar 1962), in: Archivio Storico della Banca d'Italia, Segreteria particolare, prattiche, n. 483, fasc. 1, sfasc. 10, S. 18.

901 Ebd., S. 22.

902 Discorso pronunciato dal dott. Furio Cicogna, presidente della Confederazione Generale dell'Industria Italiana, all'assemblea dei delegati delle associazioni aderenti il 28febbraio 1963, in: Confederazione Generale dell'Industria Italiana, Assemblea annuale, (Rom, 28. Februar 1963), in: Archivio Storico della Banca d'Italia, Segreteria particolare, prattiche, n. 483, fasc. 1, sfasc. 9, S. 8 und S. 16.

erheblich sinken und das rasante Entwicklungstempo der nationalen Wirtschaft der letzten Jahre schon bald erheblich abflauen. Deshalb wäre es dringend erforderlich, die weiteren Planungsbestrebungen der Regierung „zur Einführung staatlicher Investitionskontrollen (...) und drakonischer Steuerhöhungen“[903] sowie „zur immer stärkeren Ausweitung des staatlichen Unternehmertums“[904] zu blockieren und, wenn möglich, ganz zu verhindern.

Und tatsächlich: Der von der Regierung Fanfani erhoffte Investitions- und Wachstumseffekt der Verstaatlichung der privaten Elektrizätsunternehmen blieb aus; die faktisch enteigneten Unternehmer der Stromwirtschaft hatten ihre „großzügig kalkulierten Entschädigungszahlungen“ – anders als geplant – keineswegs in neue Unternehmungen reinvestiert,[905] stattdessen zu einem Großteil ins Ausland transferiert.[906] Doch auch in anderen Industriebranchen reduzierten immer mehr Betriebe seit den Herbstmonaten ihre Inlandsinvestitionen und/oder verlagerten ihre Unternehmung(en) ins Ausland,[907] so dass das reale Investitionsvolumen für Maschinen und Anlagen 1963 erstmals seit Kriegsende geschrumpft war – um 8,51%. Das volkswirtschaftliche Bruttoinvestitionsvolumen war zwar nicht so stark rückläufig, ging aber auch um 1,21% zurück.[908] Während der zwei folgenden Jahre verringerten sich die Bruttoinvestitionen im Industriebereich dann noch stärker, 1964 im Vorjahresvergleich um 20,4% sowie 1965 sogar noch einmal um weitere knapp 22%. Italien durchlief offensichtlich seine erste Nachkriegsrezession, die sich auf die Jahre 1963–1965/66 erstreckte.[909] Die durchschnittliche Rückgangsrate der Industrieinvestitionen belief sich auf –11,16% pro Jahr; erst 1969 erreichte bzw. übertraf das industrielle Bruttoinvestitionsvolumen wieder das Niveau von 1963.[910] Mit dieser Entwicklung einhergehend sank die Industriebeschäftigtenzahl während der Krisenjahre 1963–1965/66 ebenfalls deutlich – um jahresdurchschnittlich 2,5% –, womit sich die Zahl der Arbeitskräfte von 7,88 Mio. auf knapp unter 7,3 Mio. reduzierte. Erst am Ende der italienischen Nachkriegsprosperität näherte sich die Beschäftigtenzahl wieder dem bisherigen Rekordniveau von 1963, konnte sogar in den Jahren 1974 und 1975 leicht

903 Ebd., S. 10.

904 Ebd., S. 17.

905 Vgl. und zitiert Carli (1977), Intervista, S. 88f.

906 Der damalige Schatzminister der von Giovanni Leone geführten Übergangsregierung, Emilio Colombo, schätzte die allein während des ersten Halbjahres 1963 ins Ausland transferierten Vermögenszahlungen auf insgesamt 935 Mrd. Lire, umgerechnet knapp 10 Mrd. € (2010), was – zum Vergleich – einem Anteil von über 14% des Gesamtbruttoinvestitionsvolumens Italiens aus dem Jahr 1962 entsprach. Vgl. Italien. Kapitalflucht: Fluß ohne Wiederkehr, in: Der Spiegel, Nr. 46, Augabe vom 11. November 1963, S. 92f.

907 Vgl. Carli (1977), Intervista, S. 83–91.

908 Eigene Berechnungen, basierend auf Alberto Baffigi (2011), Italian National Accounts.

909 Vgl. zur intersektoralen und regionalen Ausprägung der Rezession, Kapitel II.

910 Eigene Berechnungen, basierend auf ISTAT (alle relevanten Jahrgänge von 1966–1972), Annuario.

übertroffen werden.[911] Die wertmäßige Wirtschaftsleistung im industriellen Sektor wies hingegen keine Negativbewegung auf, was primär den gesteigerten Ausgaben für den privaten Konsum und vor allem dem während des Konjunkturabschwungs forcierten Exportgeschäft zu verdanken war. Die privaten Konsumausgaben stiegen ab 1963 bis Ende 1975 fast in jedem Jahr deutlich stärker als während des langen Aufschwungs seit Beginn der 1950er Jahre; die industriellen Nettoexporterlöse wiederum erzielten während der Krisenjahre mit einer jahresdurchschnittlichen Steigerung von knapp 13% (1963–1966) sogar noch höhere Wachstumsraten als während der Wirtschaftswunderjahre (11,6%).[912] Dennoch verlangsamte sich das Wachstum der industriellen Bruttowertschöpfung deutlich. Es belief sich während der Rezession auf jahresdurchschnittlich nur noch 3,02% und war damit mehr als fünf Prozentpunkte schwächer als während des vorangegangenen konjunkturellen Aufschwungs von 1958 bis 1963.[913]

Da die Industriewirtschaft als Wachstumsmotor des sog. Wirtschaftswunders plötzlich schwächelte, verlangsamte sich – wie aus den Tabellen 3.1 und 3.2 hervorgeht – während der Krise 1963–1965/66 zwangsläufig auch die Entwicklungsdynamik der gesamten Volkswirtschaft. Interessanterweise konnten die starken Investitions- und Beschäftigungsrückgänge sowie die Wachstumsverlangsamung der Bruttowertschöpfung im Industriebereich durch das anhaltend kräftige Wachstum des tertiären Sektors teilweise kompensiert werden. So läßt sich nicht nur ein Bruttowertschöpfungsanstieg von jahresdurchschnittlich knapp 6% sowie eine Beschäftigungszunahme von circa 170.000 Arbeitskräften im privaten Dienstleistungsbereich feststellen. Aufgrund des Ausbaus des öffentlichen Sektors – gerade während des konjunkturellen Abschwungs – stiegen die öffentlichen Investitionen im Jahresdurchschnitt um fast 10% und die Bruttowertschöpfung um knapp 7%. Die Beschäftigung nahm wiederum um 257.000 Personen zu.[914]

Sicherlich lassen sich der starke Investitionsrückgang und Beschäftigungseinbruch im Bereich der Industriewirtschaft wie auch die daraus resultierende sektorale und gesamtwirtschaftliche Wachstumsverlangsamung der Jahre 1963–1965/66 nicht allein als unmittelbare Folge der von der vierten Regierung Fanfani seit August 1962

911 Eigene Berechnungen, basierend auf Broadberry et al. (2013), Data Appendix, Tabelle A5, S. 680ff.

912 Eigene Berechnungen, basierend auf ISTAT (alle relevanten Jahrgänge von 1960–1968), Annuario.

913 Eigene Berechnungen, basierend auf ISTAT (1986), Sommario, Tabelle 8.15, S. 155.

914 Eigene Berechnungen, basierend auf Broadberry et al. (2013), Data Appendix, Tabelle A5, S. 680ff. (Beschäftigung), ISTAT (1967), Annuario 1966, Tabelle 426, S. 421, ISTAT (1968), Annuario 1967, Tabelle 421, S. 425, ISTAT (1969), Annuario 1968, Tabelle 386, S. 362, ISTAT (1970) und Annuario 1969, Tabelle 392, S. 366 (Investitionen) sowie ISTAT (1986), Sommario, Tabelle 8.15, S. 155 (Bruttowertschöpfung).

Tabelle 3.1: Makroindikatoren der italienischen Volkswirtschaft (BIP, Bruttoinvestitionen, privater Konsum, Ex- und Import in Mrd. € (2010) und BIP pro Kopf in € (2010)), 1952–1966.

	BIP	Jährliche WR in %	BIP pro Kopf	Jährliche WR in %	Brutto-investitionen	Jährliche WR in %	Privater Konsum	Jährliche WR in %	Export	Jährliche WR in %	Import	Jährliche WR in %
1952	192,48		4048,80		41,42		133,99		17,99		24,34	
1958	264,50		5363,71		64,86		169,05		30,23		28,95	
1963	374,48		7334,08		92,59		215,71		47,81		55,53	
1964	389,09	3,90	7563,36	3,13	99,22	7,16	230,58	6,90	51,88	8,50	50,73	−8,63
1965	402,28	3,39	7749,96	2,47	99,40	0,18	248,42	7,74	59,56	14,80	49,65	−2,14
1966	430,43	7,00	8227,14	6,16	99,07	−0,33	263,71	6,16	65,14	9,38	56,26	13,31

Durchschnittl. Wachstum in %	BIP	BIP pro Kopf	Brutto-investitionen	Privater Konsum	Export	Import
1952–1963	6,24	5,55	7,59	4,42	9,29	7,79
1958–1963	7,20	6,46	7,38	5,00	9,60	13,91
1963–1966	4,75	3,90	2,28	6,93	10,86	0,44

Quelle: Eigene Berechnungen, basierend auf Alberto Baffigi (2011), Italian National Accounts.

Tabelle 3.2: Makroindikatoren der italienischen Volkswirtschaft (Beschäftigung in Anzahl der Erwerbstätigen, Arbeitslosigkeit in %, Inflation in % (Δ Verbraucherpreisindex), Leistungsbilanz in Mrd. € (2010) sowie Staatsausgaben und Staatsverschuldung in % BIP), 1952–1966.

	Beschäftigung	Jährliche WR in %	Arbeits-losigkeit	Jährliche WR in %	Inflation	Leistungs-bilanzsaldo	Staats-ausgaben	Jährliche WR in %	Staats-verschuldung	Jährliche WR in %
1952	20465397		9,5		4,2	−5,00	k.A.		29	
1958	21022835		6,6		4,8	4,44	k.A.		31	
1963	20462480		2,5		7,5	−4,80	28,1		28	
1964	20374866	−0,43	2,7	8,00	5,9	4,07	28,7	2,14	27	−3,57
1965	20004036	−1,82	3,6	33,33	4,3	13,55	31,2	8,71	30	11,11
1966	19659231	−1,72	3,9	8,33	2	12,79	31,3	0,32	31	3,33

Durchschnittl. Wachstum in %	Beschäftigung	Arbeits-losigkeit	Staats-ausgaben	Staats-verschuldung
1952–1963	0,00	−11,43	k.A.	−0,32
1958–1963	−0,54	−17,65	k.A.	−2,02
1963–1966	−1,33	15,98	3,66	3,45

Quelle: Eigene Berechnungen, basierend auf Broadberry et al. (2013), Data Appendix, Tabelle A5, S. 680 ff. (Beschäftigung); Mitchell (2007), International Historical Statistics, Tabelle B2, S. 159 ff. (Arbeitslosigkeit); ISTAT (2011), Sommario, Tabelle 21.7, S. 898 (Inflation); Ministero del tesoro (1988), Il debito pubblico in Italia, Tabelle 8, S. 40, Tabelle 10, S. 49, Tabelle 13, S. 63 (Staatsausgaben) und Tabelle 17, S. 90 (Staatsverschuldung) sowie ISTAT (1986), Sommario, Tabelle 8.11, S. 151 und Tabelle 8.12, S. 152 (Leistungsbilanzsaldo).

forcierten und immer konkretere Gestalt annehmenden Planungsvorhaben sowie der im November 1962 sanktionierten Verstaatlichung der Elektrizitätswirtschaft interpretieren. Neben einer Überhitzung der Konjunktur, dürfte nicht zuletzt der von den Gewerkschaften durchgesetzte starke Lohnkostenanstieg im Kontext zunehmend radikalisierter Arbeitskämpfe seit den frühen 1960er Jahren eine entscheidende Krisenkomponente gewesen sein. In fast allen Branchen und Fachzweigen der Industriewirtschaft herrschte seit 1961 annähernd Vollbeschäftigung, wodurch sich die bislang eher schwache Verhandlungsposition der Gewerkschaften gegenüber den Arbeitgeberverbänden nachhaltig verbesserte.[915] Die Gewerkschaften mobilisierten die Industriearbeiterschaft und erkämpften im Zuge der vor allem seit Jahresbeginn 1962 drastisch ausgeweiteten Streikaktivitäten, die mit über 366 Mio. verlorenen Arbeitsstunden während der folgenden vier Jahre ein bislang völlig ungekanntes Ausmaß annahmen,[916] bis Ende 1966 durchschnittliche Lohn- und Gehaltssteigerungen von 9,13% (Löhne) bzw. 9,35% (Gehälter). Diese fielen damit fast doppelt so hoch aus wie im Jahresdurchschnitt zwischen 1952 und 1963 (5%, Löhne; 5,33%, Gehälter).[917] Erstmals seit Beginn des starken Wirtschaftsaufschwungs waren sie sogar größer – ebenfalls fast doppelt so hoch – als die jahresdurchschnittlichen Produktionszuwächse der Industriewirtschaft.[918] Die überdurchschnittlich – vor allem im Vergleich zur Produktivität – gestiegenen Lohnkosten reduzierten zwangsläufig die Umsatzrendite der Unternehmen, von denen nicht wenige in erhebliche Schwierigkeiten gerieten und sich zu Sparmaßnahmen und/oder auch zu einer Drosselung ihrer Produktion gezwungen sahen. Immer mehr Firmen und Betriebe waren auf eine stärkere Fremdfinanzierung ihrer Unternehmungen angewiesen. Die Kredite waren allerdings nicht billig, und sie wurden immer teurer. Da die Unternehmen zunächst versuchten, die zunehmende Last der Lohnkostensteigerungen auf die Preise abzuwälzen und damit die Inflation angefacht hatten, drückte die *Banca d'Italia* mittels einer restriktiven und auf diese Weise die Rezession zunächst verschärfenden Zinspolitik kräftig auf die Kreditbremse, um die Geldwertentwicklung zu stabilisieren. Gleichzeitig erhöhte der Staat aber auch die Steuern, um die expansive Ausgabenpolitik der Jahre ab 1963 zu

---

915 Zur Gewerkschafts- und Arbeiterstreikbewegung sowie zu den daraus resultierenden Lohnsteigerungen seit Beginn der 1960er Jahre, vgl. neben Woller (2010), Geschichte Italiens, S. 284f., vor allem Crainz (1996), Miracolo italiano, S. 188–209 sowie Claudia Magnanini, Ricostruzione e miracolo economico. Dal sindacato unitario al sindacato di classe nella capitale dell'industria, Mailand: FrancoAngeli (2006), S. 237–259, insbesondere ab S. 244ff. Zusammenfassend, vgl. zum Beispiel Barca (1997), Compromesso senza riforme, S. 70–78.

916 Zur Streikentwicklung im Industriebereich (Streikanzahl und Streikteilnehmer) und zu den daraus resultierenden Arbeitsausfällen in Arbeitsstunden, vgl. ISTAT (2011), Tabelle 10.22, S. 517.

917 Eigene Berechnungen, basierend auf ISTAT (1957), Annuario 1956, Tabelle 390, S. 350, ISTAT (1961), Annuario 1960, Tabelle 363, S. 329, ISTAT (1964), Annuario 1963, Tabelle 360, S. 350 sowie ISTAT (1968), Annuario 1967, Tabelle 371, S. 377.

918 Eigene Berechnungen, basierend auf Carreras (1999), Un ritratto quantitativo, Tabelle 1, S. 190ff.

finanzieren. Bis Ende 1966 stiegen die Staatsausgaben in nur drei Jahren fast ebenso stark wie während des gesamten langen Wirtschaftsaufschwungs von 1952 bis 1963.[919]

Die staatlichen Planungsaktivitäten und Eingriffe in die Elektrizitätswirtschaft hatten – unter psychologischem Aspekt – das seit 1962 konjunkturell ohnehin bereits eingetrübte Investitionsklima der italienischen Volkswirtschaft zusätzlich verschlechtert, und die unternehmerische Unsicherheit hinsichtlich zukünftiger Investitionsentscheidungen begann sich im Zuge der starken Lohnzuwächse, der Kreditverteuerungen und Steuererhöhungen kumulativ zu verstärken. Die politische Durchsetzung dieser zwei zentralen Reformprojekte bildete zwar weder Auslöser noch Ursache des konjunkturellen Abschwungs. Sie trug aber wesentlich dazu bei, dass das italienische Wirtschaftswunder 1963 abrupt endete und in eine Rezession mündete. Die durch einen gesellschaftlichen Stimmungsumschwung maßgeblich verstärkte Krise war erst seit den Sommermonaten 1966 überwunden, als aufgrund sich neu belebender Nachfrage – nicht zuletzt durch eine ausgeweitete Kreditförderpolitik – die Industrieinvestitionen wieder kräftig anzogen und sich dadurch die volkswirtschaftliche Entwicklung insgesamt wieder stabilisierte.[920]

Von den Wählern wurde die vierte Regierung Fanfani aufgrund ihrer Reformaktivitäten bereits bei den Parlamentswahlen vom 28. April 1963 abgestraft – den einen gingen sie zu weit, anderen wiederum nicht weit genug. Die DC erhielt nur knapp 38,3% (Abgeordnetenhaus) bzw. 36,5% (Senat) der Wählerstimmen; sie mußte damit einen Stimmenverlust von jeweils über vier Prozent gegenüber den Wahlergebnissen von 1958 hinnehmen. Diese Entwicklung änderte aber zunächst grundsätzlich nichts an der inoffiziellen – schon vor der Wahl getroffenen – Übereinkunft zwischen den Christdemokraten und Sozialisten für eine zukünftige gemeinsame Regierungszusammenarbeit, so dass Anfang Mai die Koalitionsverhandlungen zwischen den beiden großen Parteien der politischen Mitte auch offiziell aufgenommen wurden.[921] Allerdings sahen sich die parteiinternen Kritiker der DC durch das schlechte Wahlergebnis in ihrer ablehnenden Haltung gegen den von Fanfani letztlich kompromißlos durchgesetzten Reformkurs bestätigt. Sie forderten vom Nationalen Parteirat, Fanfani, der in ihren Augen die Partei und die DC-Wählerschaft seit Jahren in vielerlei Hinsicht überfordert hat und den sie für das Wahldebakel verantwortlich machten, nicht mehr

919 In den Jahren von 1963 bis 1966 stiegen die Staatsausgaben um etwa 22,55 Mrd. € (2009), während die Staatsausgaben von 1952–1963 um circa 24,92 Mrd. € (2009) gestiegen waren. Vgl. Ragioneria Generale dello Stato. Servizio Studi Dipartimentale, La spesa dello Stato dall'unità d'Italia. Anni 1862–2009, Rom: Ministero dell'economia e delle finanze (2011), Tabelle 18, S. 36. Zur *stretta creditizia* des Jahres 1963, vgl. die Schilderungen des damaligen Gouverneurs der *Banca d'Italia*, Guido Carli, in: Carli (1977), Intervista, S. 83ff. sowie Gelsomino (1998), Moneta e sviluppo, S. 358–372.

920 Vgl. hierzu die Ausführungen in Kapitel IV.

921 Vgl. Pierluigi Castellani, La Democrazia Cristiana dal centro-sinistra al delitto Moro (1962–1978), in: Francesco Malgeri (Hg.), Storia della Democrazia cristiana, vol. IV, Dal Centro Sinistra agli ‚Anni di Piombo' (1962–1978), Rom: Cinque lune (1989), S. 19f.

als Ministerpräsidenten zu nominieren. Zugleich drängten sie darauf, die vielfältigen staatlichen Wirtschaftsinterventionen in Zukunft zu reduzieren.

Die Reaktion der Parteispitze war verblüffend defensiv, und tatsächlich gelang es den konservativen *correnti*, ihren durch das enttäuschende Wahlergebnis wiedergewonnenen innerparteilichen Einfluß *zum einen* dahingehend geltend zu machen, dass der Nationale Parteirat nicht, wie ursprünglich vorgesehen, Amintore Fanfani, sondern den Parteivorsitzenden, Aldo Moro, für das Amt des neuen Ministerpräsidenten vorschlug. *Zum anderen* aber vertrat die DC gegenüber dem avisierten Koalitionspartner des PSI nunmehr Verhandlungspositionen, die erheblich auf die Forderungen der oppositionellen Minderheitsfraktionen des *Centrismo Popolare* und der *Primavera*-Fraktion zugeschnitten waren. Der PSI, für den die konsequente Fortsetzung und Intensivierung der von Fanfani eingeleiteten Reformpolitik die Hauptbedingung für eine Regierungzusammenarbeit mit der DC bildete, reagierte prompt: Auf Beschlussfassung des Zentralkomitees der Partei wurden die Koalitionsverhandlungen abgebrochen, und das politische – auf Reformen ausgerichtete – Projekt einer organischen Mitte-Links-Regierung wurde im letzten Moment abermals fallengelassen.[922] „Das Spiel mußte also von vorne beginnen – was so viel hieß wie: Bildung einer DC-Minderheits- und Übergangsregierung, die nur den Zweck verfolgte, Moro und Nenni Zeit zu verschaffen, damit sie ihre Reihen ordnen und besser auf das Abenteuer einer Zusammenarbeit vorbereiten konnten.“[923]

Es vergingen knapp weitere fünf weitere Monate, bis doch noch eine offizielle Übereinkunft für eine gemeinsame Regierungsbildung erzielt wurde. Nachdem der Nationale Parteirat der DC bereits Ende Juli seine Entscheidungen vom Mai revidiert und den Beschluß gefaßt hat, die Verhandlungen mit den Sozialisten wieder aufzunehmen und auch die Parteifunktionäre des PSI Ende Oktober auf dem 35. Parteikongreß der Sozialisten schließlich für die Aufnahme erneuter Koalitionsverhandlungen mit den Christdemokraten votierten, ordnete Giovanni Leone, dem seit Mitte Juni das Amt des Ministerpräsidenten innerhalb des *governo ponte* übertragen worden war, am 05. November 1963 die Auflösung seiner Übergangsregierung an. Damit aber ebnete er den Weg für die erste „echte“ Mitte-Links-Koalition, die sich etwa einen Monat später unter der Führung des neuen Ministerpräsidenten Aldo Moro konstituierte und die sog. Ära des *centro-sinistra organico* einleitete.[924]

Die Bildung einer Mitte-Links-Regierung aus Christdemokraten, Sozialisten, Sozialdemokraten und Republikanern am 04. Dezember 1963 sollte den weiteren Verlauf der Wirtschafts- und Sozialgeschichte Italiens maßgeblich beeinflussen. Da sie mit dem konjunkturellen Wendepunkt Mitte 1963, der für viele Zeitgenossen das Ende des *miracolo economico italiano* markierte, zusammenfiel, läßt sich eine Vielzahl von

922 Vgl. ebd., S. 21f.
923 Woller (2010), Geschichte Italiens, S. 283.
924 Vgl. Castellani (1989), La Democrazia Cristiana, S. 22–26.

wirtschaftspolitischen Entscheidungen letztlich nur im Erfahrungshorizont der ersten Nachkriegsrezession intepretieren. Zwar konnte sich – wie in den Tabellen 3.3 und 3.4 dargestellt sowie in Kapitel II im regionalen Vergleich konkretisiert – das Wachstum der Investitionen, des BIP und BIP pro Kopf, der Beschäftigung, des Außenhandels sowie des privaten und öffentlichen Konsums nach Krisenüberwindung zwischen 1966 bis Ende 1974 sogar noch dynamischer entfalten als während des starken Wirtschaftsaufschwungs der langen 1950er Jahre. Jedoch war diese letzte Zeitspanne der Nachkriegsprosperität bereits durch partielle – strukturell bedingte – volkswirtschaftliche Destabilisierungen gekennzeichnet, die sich in steigender Arbeitslosigkeit, Inflation sowie Staatsverschuldung zeigten[925] und damit den Handlungs- und Entscheidungsrahmen der staatlichen Planungsaktivitäten ganz wesentlich abgesteckten. Oder anders formuliert: Das gesamtwirtschaftliche Planungsparadigma hatte sich unter dem Eindruck veränderter Wachstumsbedingungen sowie durch die Regierungsbeteiligung des PSI endgültig fest etabliert. In Anbetracht der zwar nur temporären, mental allerdings nachhallenden krisenhaften Entwicklung versuchten sämtliche Mitte-Links-Regierungen nach 1963, eine reformorientierte, auf den sozialen Interessenausgleich abzielende organische Wirtschaftsplanung zu implementieren, um die exzeptionelle Wachstumsdynamik der Wirtschaftswunderjahre zurückzuholen, strukturellen Fehlentwicklungen entgegenzuwirken und das weiterhin vorhandene Nord-Süd-Gefälle abzubauen. Die politische, durch die wirtschaftlichen und sozialen Herausforderungen der 1960er Jahren geprägte Ära des *centro-sinistra organico* läßt sich daher auch als das „Zeitalter der Wirtschaftsplanung“[926] charakterisieren – mit der im Februar 1967 erfolgten Gründung des CIPE, die auf der Grundlage des sog. Pieraccini-Plans[927] eine zentrale Verankerung der staatlichen Planung im Wirtschaftssystem Italiens forcieren sollte, hat es schließlich auch die ihm adäquate wirtschaftspolitische Schlüsselinstitution hervorgebracht.

---

925 Zur Wirtschaftsentwicklung der späten 1960er Jahre bis zum Beginn der Strukturkrise der italienischen Volkswirtschaft seit Mitte der 1970er Jahre, vgl. überblicksartig zum Beispiel Bianchi (2002), L'industria italiana, S. 153–179. Ansonsten, vgl. Kapitel II.

926 Vgl. den gleichnamigen Titel – in Übersetzung – der von Fabio Lavista im Jahr 2010 veröffentlichten Analyse zur staatlichen Wirtschaftsplanung in Italien, „La stagione della programmazione“.

927 Die gesetzliche Verabschiedung des bereits im Juni 1965 im Parlament vorgestellten Pieraccini-Plans erfolgte mit Legge 27 luglio 1967, n. 685, Approvazione del programma economico nazionale per il quinquennio 1966–1970, in: Gazzetta Ufficiale della Repubblica Italiana, Serie generale, n. 203 (14.08.1967), Rom: Istituto Poligrafico dello Stato (1967). Ausführlich zur Entstehung des Pieraccini-Plans, zu seinen Planungsbestimmungen und seiner Umsetzung, vgl. vor allem Lavista (2010), Programmazione, S. 369–385; zusammenfassend, vgl. Carabba (1977), Un ventennio di programmazione, S. 90ff. sowie Dente (2007), La programmazione economica negli anni '60, S. 93–97.

Tabelle 3.3: Makroindikatoren der italienischen Volkswirtschaft (BIP, Bruttoinvestitionen, privater Konsum, Ex- und Import in Mrd. € (2010) und BIP pro Kopf in € (2010)), 1952–1975.

	BIP	Jährliche WR in %	BIP pro Kopf	Jährliche WR in %	Brutto-investitionen	Jährliche WR in %	Privater Konsum	Jährliche WR in %	Export	Jährliche WR in %	Import	Jährliche WR in %
1952	192,48		4048,80		41,42		133,99		17,99		24,34	
1963	374,48		7334,08		92,59		215,71		47,81		55,53	
1964	389,09	3,90	7563,36	3,13	99,22	7,16	230,58	6,90	51,88	8,50	50,73	−8,63
1965	402,28	3,39	7749,96	2,47	99,40	0,18	248,42	7,74	59,56	14,80	49,65	−2,14
1966	430,43	7,00	8227,14	6,16	99,07	-0,33	263,71	6,16	65,14	9,38	56,26	13,31
1967	468,47	8,84	8886,06	8,01	106,24	7,23	279,83	6,11	68,51	5,17	62,45	11,01
1968	502,07	7,17	9458,66	6,44	117,87	10,95	291,36	4,12	77,12	12,57	65,55	4,96
1969	539,99	7,55	10113,88	6,93	133,55	13,31	310,11	6,44	86,38	12,01	77,02	17,50
1970	580,68	7,54	10816,44	6,95	148,10	10,89	338,81	9,26	91,52	5,94	89,20	15,81
1971	603,63	3,95	11187,00	3,43	151,26	2,13	353,23	4,25	97,73	6,79	91,96	3,10
1972	626,07	3,72	11553,37	3,27	153,25	1,32	367,92	4,16	106,12	8,58	99,83	8,55
1973	684,89	9,40	12549,68	8,62	177,50	15,83	402,93	9,51	114,64	8,03	126,50	26,71
1974	727,03	6,15	13235,80	5,47	197,82	11,44	423,57	5,12	140,04	22,15	166,66	31,75
1975	711,12	−2,19	12861,00	-2,83	185,85	-6,05	425,11	0,36	138,43	−1,15	136,51	−18,09
Durchschnittl. Wachstum in %	**BIP**		**BIP pro Kopf**		**Brutto-investitionen**		**Privater Konsum**		**Export**		**Import**	
1952–1963	6,24		5,55		7,59		4,42		9,29		7,79	
1958–1963	7,20		6,46		7,38		5,00		9,60		13,91	
1958–1970	6,77		6,02		7,12		5,96		9,67		9,83	
1963–1966	4,75		3,90		2,28		6,93		10,86		0,44	
1963–1975	5,49		4,79		5,98		5,82		9,26		7,78	
1966–1970	7,77		7,08		10,57		6,47		8,87		12,21	
1963–1970	6,47		5,71		6,94		6,66		9,72		7,01	
1966–1974	6,77		6,12		9,03		6,10		10,04		14,54	
1970–1975	4,14		3,52		4,65		4,64		8,63		8,88	

Quelle: Eigene Berechnungen, basierend auf Alberto Baffigi (2011), Italian National Accounts.

Tabelle 3.4: Makroindikatoren der italienischen Volkswirtschaft (Beschäftigung in Anzahl der Erwerbstätigen, Arbeitslosigkeit in %, Inflation in % (Δ Verbraucherpreisindex), Leistungsbilanz in Mrd. € (2010) sowie Staatsausgaben und Staatsverschuldung in % BIP), 1952–1975.

	Beschäftigung	Jährliche WR in %	Arbeitslosigkeit	Jährliche WR in %	Inflation	Leistungsbilanzsaldo	Staatsausgaben	Jährliche WR in %	Staatsverschuldung	Jährliche WR in %
1952	20465397		9,5		4,2	−5,00	k.A.		29	
1963	20462480		2,5		7,5	−4,80	28,1		28	
1964	20374866	−0,43	2,7	8,00	5,9	4,07	28,7	2,14	27	−3,57
1965	20004036	−1,82	3,6	33,33	4,3	13,55	31,2	8,71	30	11,11
1966	19659231	−1,72	3,9	8,33	2	12,79	31,3	0,32	31	3,33
1967	19868585	1,06	3,5	−10,26	2	9,61	30,7	−1,92	31	0,00
1968	19792669	−0,38	3,5	0,00	1,3	15,30	31,6	2,93	33	6,45
1969	19857043	0,33	3,2	−8,57	2,8	13,37	31,2	−1,27	33	0,00
1970	19938600	0,41	5,4	68,75	5,1	4,25	30,9	−0,96	34	3,03
1971	19945100	0,03	5,4	0,00	5	2,90	33,8	9,39	40	17,65
1972	19893400	−0,26	6,4	18,52	5,6	1,88	35,7	5,62	43	7,50
1973	20175000	1,42	6,4	0,00	10,4	−17,53	35	−1,96	45	4,65
1974	20488700	1,55	5,4	−15,63	19,4	−36,71	35	0,00	47	4,44
1975	20504300	0,08	5,9	9,26	17,2	−9,03	38,9	11,14	55	17,02

Durchschnittl. Wachstum in %	Beschäftigung	Arbeitslosigkeit	Staatsausgaben	Staatsverschuldung
1952–1963	0,00	−11,43	k.A.	−0,32
1958–1963	−0,54	−17,65	k.A.	−2,02
1958–1970	−0,44	−1,66	k.A.	0,77
1963–1966	−1,33	15,98	3,66	3,45
1963–1975	0,02	7,42	2,75	5,79
1966–1970	0,35	8,48	−0,32	2,34
1963–1970	−0,37	11,63	1,37	2,81
1966–1974	0,52	4,15	1,41	5,34
1970–1975	0,56	1,79	4,71	10,10

Quelle: Eigene Berechnungen, basierend auf Broadberry et al. (2013), Data Appendix, Tabelle A5, S. 680 ff. (Beschäftigung); Mitchell (2007), International Historical Statistics, Tabelle B2, S. 159 ff. (Arbeitslosigkeit); ISTAT (2011), Sommario, Tabelle 21.7, S. 898 (Inflation); Ministero del tesoro (1988), Il debito pubblico in Italia, Tabelle 13, S. 63 (Staatsausgaben) und Tabelle 17, S. 90 (Staatsverschuldung) sowie ISTAT (1986), Sommario, Tabelle 8.11, S. 151 und Tabelle 8.12, S. 152 (Leistungsbilanzsaldo).

3.4 Der lange Aufstieg der *Programmazione Economica Organica* – Ein Zwischenfazit

Der als *Nota aggiuntiva* oder auch *Nota La Malfa* berühmt gewordene Nachtrag zum Jahreswirtschaftsbericht für das Jahr 1961 über die „Probleme und Aussichten der volkswirtschaftlichen Entwicklung in Italien" war das erste offizielle Regierungsdokument seit der Veröffentlichung des *Schema Vanoni* im Dezember 1954, das die *organische* staatliche Wirtschaftsplanung, basierend auf den Prinzipien einer grundsätzlich freien Markt- und Wettbewerbswirtschaft, zum zentralen Organisationsprinzip für die Wirtschafts- und Sozialpolitik bestimmte. Damit markiert die *Nota La Malfa* die Durchsetzung des gesamtwirtschaftlichen Planungsparadigmas auf Regierungsebene sowie den innerhalb der historischen Italienforschung weithin anerkannten institutionellen Ausgangspunkt der *Programmazione Economica Organica*, wenngleich diese – trotz aller Planungsbemühungen – erst mit der Verabschiedung des Pieraccini-Plans im Juli 1967 gesetzlich sanktioniert, eingeleitet und – zumindest partiell – auch umgesetzt werden konnte.[928]

Was von der einschlägigen Forschungsliteratur in diesem Zusammenhang jedoch nahezu vollkommen unberücksichtigt bleibt, ist der Tatbestand, dass am Beginn des langen und wechselvollen Aufstiegs des gesamtwirtschaftlichen Planungsparadigmas *nicht* – wie durchweg behauptet – das *Schema Vanoni* stand, sondern stattdessen der von Saraceno im Rahmen der SVIMEZ ausgearbeitete und erstmals bereits im November 1953 auf der Studientagung der *Cassa per il Mezzogiorno* vorgestellte *integrierte* planungs- und industriepolitische Lösungsansatz zur Überwindung des traditionellen regionalen Strukturdualismus in Italien. Dieser Lösungsansatz hatte aber im Planungsentwurf Vanonis nur teilweise und in deutlich abgeschwächter Form eine konsequente inhaltlich-strategische und modelltheoretische Entsprechung gefunden.

Für seine zwei Hauptforderungen – *erstens*, nach einer umfassenden Reform der staatlichen Sondergesetzgebung für die Regionen des Mezzogiorno, nach einer koordinierten Ausweitung der staatlichen Industrieinvestitionen mithilfe der staatlichen Industrieunternehmen und der Implementierung weiterer Industriefördermaßnahmen zur progressiv verstärkten Industrialisierung Süditaliens sowie, *zweitens*, nach der Integration dieser industriepolitischen Lösung der Südfrage in den institutionellen Rahmen einer gesamtwirtschaftlich ausgerichteten, organischen staat-

928 Zur historiographischen Einordnung und der Bedeutung der *Nota La Malfa* für die endgültige politische Durchsetzung des gesamtwirtschaftlichen Planungsparadigmas in Italien, vgl. vor allem Roberto Ricciuti, Stato e mercato nella Nota aggiuntiva La Malfa, Università degli Studi di Verona, Dipartimento di Scienze Economiche, Working Paper Series, Nr. 37 (2012), S. 1–13 sowie Paolo Savona, La ‚Nota Aggiuntiva' di Ugo La Malfa quarant'anni dopo, in: Francesco Cossiga, Francesco Paolo Casavola und Paolo Savona, La ‚Nota Aggiuntiva' di Ugo La Malfa quarant'anni dopo, Rom: Fondazione Ugo La Malfa (2002), S. 10–27. Zusammenfassend, vgl. Dente (2007), La programmazione economica negli anni '60, S. 81–87 oder Carabba (1977), Un ventennio di programmazione, S. 31–33.

lichen Wirtschaftsplanung – fand Saraceno während der vergangenen Jahre zwar immer mehr Befürworter, sowohl innerhalb der Wissenschaft als auch in der Politik. Politisch durchsetzen konnte er sich hingegen nicht, zumindest nicht vollständig, weder im Zusammenhang mit der Ausarbeitung des *Schema Vanoni* im Jahr 1954 noch in seiner Funktion als Präsident des *Comitato per lo sviluppo dell'occupazione e del reddito* in den Jahren 1956–1959, das vor dem Hintergrund des Wirtschaftswunders von der Regierung Segni aufgelöst worden war. Auch konnte er sich innerhalb der *Commissione Papi* (März 1961 bis Februar 1962), die das Planungsparadigma wissenschaftlich fundieren sollte, nicht durchsetzen. Erst in der von La Malfa am 22. Mai 1962 im Parlament vorgestellten *Nota aggiuntiva* wurde die von Saraceno seit fast einem Jahrzehnt propagierte und immer wieder überarbeitete industriepolitische Lösung der italienischen Südfrage – als abgeleitetes Hauptziel und instrumentaler Kern eines zeitnah auszuarbeitenden indikativ-operativen langfristigen Wirtschafts- und Entwicklungsprogramms – in ein offizielles Regierungsdokument vollständig übernommen. Zugleich sollte sein Ansatz im instituionell-politischen Rahmen schrittweiser Planungsimplementierung im Erfahrungshorizont ungleichmäßiger und ungleichgewichtiger Industrieexpansion durch die verschiedenen Mitte-Links-Koalitionen konzeptionell weiter entwickelt und 1967 schließlich auch gesetzlich sanktioniert werden. Damit aber hatte das auf Saraceno und seine Mitarbeiter zurückführbare, industriepolitisch ausgerichtete gesamtwirtschaftliche Planungsparadigma letztlich doch noch – nach zahlreichen Rückschlägen und Neuanfängen – im Spannungsfeld politischer und ökonomischer Zäsuren seine Institutionalisierung gefunden.

Kapitel 4
Forcierter Abbau des Nord-Süd-Gefälles – Der ambivalente Stellenwert der industriepolitischen Südförderung, 1952/57–1975

Für die von den verschiedenen Mitte-Links-Koalitionen ab Dezember 1963 immer wieder neu forcierten Planungsaktivitäten bildete der von Saraceno bereits in den frühen 1950er Jahren erstmals offiziell vorgestellte und seitdem konsequent weiter ausgearbeitete integrierte industriepolitische Lösungsansatz der italienischen Südfrage die wichtigste strategische, konzeptionelle und modelltheoretische Orientierungsgrundlage. Die Förderung der rückständigen Entwicklungsregionen des Mezzogiorno nahm daher in den Planungsbestimmungen der *Programmazione Economica Organica* einen besonderen – ja sogar *den* zentralen – Stellenwert zur Erreichung der übergeordneten Wachstumsziele ein. Mit seinen zu vielen Gelegenheiten immer wieder neu formulierten Forderungen nach Ausarbeitung und Implementierung einer industriepolitische Ziele fokussierenden staatlichen Wirtschaftsplanung hatte sich der in der Nachkriegsgeschichte Italiens wohl einflußreichste Politikberater für Wirtschaftsfragen zwar erst am Ende der Wirtschaftswunderjahre durchsetzen können; eine Schwerpunktsetzung der Industriepolitik auf die Regionen des Mezzogiorno war dagegen bereits mit der Verabschiedung der *ersten* großen Reform der staatlichen Sondergesetzgebung im Juli 1957 rechtlich sanktioniert worden. Damit aber wurden die staatlich subventionierte Industriekreditfinanzierung sowie die privatrechtlich organisierten staatlichen Industrieunternehmen – neben der *Cassa per il Mezzogiorno* – als die zwei wichtigsten Hauptinstrumente der Südförderung per Gesetz etabliert.[929]

Das am 29. Juli 1957 offiziell verabschiedete Gesetz Nr. 634 über die *Provvedimenti per il Mezzogiorno* sah eine quantitative und qualitative Ausdehnung der mit der Gründung der *Cassa per il Mezzogiorno* im August 1950 eingeleiteten staatlichen Südförderung vor. Die drei wichtigsten Verordnungen des neuen Reformgesetzes zur Förderung des Mezzogiorno waren, *erstens*, die Laufzeitverlängerung der *Cassa per il Mezzogiorno* zunächst bis Ende 1965 und die jeweilige Aufstockung der finanziellen Ausstattung für die Jahre 1959 und 1960 von 100 Mrd. Lire auf 150 Mrd. Lire sowie von 100 Mrd. Lire auf 180 Mrd. Lire für den Zeitraum von 1960 bis 1965. Diese zusätzlich zur Verfügung gestellten Finanzmittel sollten ausschließlich für den Auf- und Ausbau industrieller Infrastrukturen in den verschiedenen Regionen des Mezzogiorno verwendet werden. *Zweitens*, wurden die im April 1953 mit dem Gesetz Nr. 298 geschaffenen Investitionsanreize für neue Industrieunternehmungen

929 Vgl. – zusammenfassend – De Benedetti (2013), Lo sviluppo sospeso, S. 131–165; Cafiero (2000), L'intervento straordinario, S. 47–63 sowie Petriccione (1976), Politica industriale, S. 22–40.

https://doi.org/10.1515/9783110684223-005

erheblich ausgeweitet: *Einerseits* sollten nunmehr auch größere Unternehmen mit einer Beschäftigtenzahl zwischen 250 und 500 (zuvor; ≤ 250) mithilfe von staatlichen Förderkrediten subventioniert, *andererseits* aber die staatliche Direktbezuschussung zwecks Neugründungen kleiner und mittelständischer Industrieunternehmen auf bis zu 20% (zuvor; bis zu 10%) der belegbaren Ausgaben erhöht werden. Darüber hinaus wurden, unabhängig von der Beschäftigtenzahl, zusätzliche Steuererleichterungen für neu gegründete Industrieunternehmen festgelegt (zum Beispiel Wegfall der Grunderwerbssteuer, Halbierung der Gewerbe- und Umsatzsteuer für fünf Jahre, usw.). *Drittens* schließlich, wurden die privatrechtlich organisierten staatlichen Holdinggesellschaften verpflichtet, mindestens 60% ihrer jährlichen Investitionen für Industrieunternehmungen und mindestens 40% ihrer jährlichen Gesamtinvestitionen in den Regionen Süditaliens zu tätigen.[930] Mit der Verabschiedung des neuen Reformgesetzes erhielt die Industrialisierung der rückständigen Regionen des Mezzogiorno oberste Priorität. Das Gesetz vom Juli 1957 markiert damit die industriepolitische Wende der staatlichen Sondergesetzgebung für Süditalien.

Wie nachfolgend gezeigt werden soll, leisteten die staatlich subventionierte Industriekreditfinanzierung und die staatlichen Industrieunternehmen einen entscheidenden Beitrag für Einleitung und Dynamisierung eines vor allem seit Beginn der 1960er Jahre intensivierten Industrialisierungsprozesses in den Regionen Süditaliens. Er konnte durch umfangreiche Infrastrukturmaßnahmen der *Cassa per il Mezzogiorno* stabilisiert werden und fand erst Mitte der 1970er Jahre im Zeichen der Strukturkrise der italienischen Volkswirtschaft seinen Abschluß. Ziel ist es, diesen Beitrag der Industriepolitik auf der Grundlage eigener Berechnungen zur Ausgabenexpansion der *Cassa per il Mezzogiorno*, zur Ausweitung der jährlichen Gesamtvolumina staatlich subventionierter Industriekredite sowie zur Gesamtleistung der privatrechtlich organisierten staatlichen Industrieunternehmen herauszuarbeiten. Darüber hinaus sollen aber auch Defizite bzw. Schwächen der staatlichen Industrieförderung in Süditalien aufgezeigt und ihre im Untersuchungszeitraum variierende Steuerungseffizienz im Vergleich zur Makroregion „Zentrum-Nord" diskutiert werden.

4.1 Die Hauptinstrumente der staatlichen Südförderung

4.1.1 Die Ausgabenexpansion der *Cassa per il Mezzogiorno*, 1952–1975

Die staatlichen Fördergelder, die von der *Cassa per il Mezzogiorno* verwaltet und zur Umsetzung der von ihren Expertenteams ausgearbeiteten Investitionsprojekte an lokale Unternehmen in den verschiedenen Regionen Süditaliens verteilt wurden,

930 Vgl. Legge 29 luglio 1957, n. 634, Provvedimenti per il Mezzogiorno, in: Gazzetta Ufficiale della Repubblica Italiana, Serie generale, n. 193 (03.08.1957), Rom: Istituto Poligrafico dello Stato (1957).

waren während der Nachkriegsprosperität – wie in Abbildung 4.1 dargestellt – um 762,87% gestiegen. Die in den Jahren von 1952 bis 1975 von der *Cassa per il Mezzogiorno* finanzierten und koordinierten Investitionsprojekte lassen sich dabei den Interventionsbereichen „Infrastrukturarbeiten", „Subventionierte Kreditfinanzierung" sowie „Sonstige Subventionen" zuordnen. In allen drei Interventionsbereichen stiegen die vergebenen Fördermittel in der langen Frist mehr oder weniger kontinuierlich an und gingen lediglich im Bereich der staatlich subventionierten Kreditfinanzierung zwischen 1972 und 1975 wieder leicht zurück.

Mit einem Anteil von jahresdurchschnittlich 61,40% an den Gesamtausgaben der staatlichen Südkasse (ohne Personalkosten) stellte der Auf- und Ausbau von technischen und sozialen Infrastrukturen den wichtigsten Interventionsbereich der *Cassa per il Mezzogiorno* dar. Dabei war er bis zur *ersten* Reform der staatlichen Südförderung im Juli 1957 mit 85,02% sogar noch erheblich höher. Von 1958 bis zur *zweiten* Reformgesetzgebung im Juni 1965, durch die die Laufzeit der staatlichen Südkasse noch einmal verlängert und eine erneute Aufstockung der staatlichen Fördergelder beschlossen wurde,[931] verringerte sich der jahresdurchschnittliche Anteil der Direktinvestitionen für Infrastrukturarbeiten an den Gesamtausgaben der *Cassa* allerdings zunächst auf 58,08% und von 1966 bis zum Ende der langen Wachstumsphase dann auf nur noch 49,89%. Die zwei Hauptschwerpunkte im Interventionsbereich „Infrastrukturarbeiten" bildeten die Förderung der Forst- und Agrarwirtschaft – vor allem durch Aufforstung, Kulturlandgewinnung sowie Hydro- und Bodenmeliorationen – mit einem jahresdurchschnittlichen Anteil an den Gesamtinfrastrukturinvestitionen von 37,40% sowie der Ausbau und die Modernisierung der ländlichen und städtischen Wasserversorgung und Abwasserentsorgung mit einem jahresdurchschnittlichen Anteil von 28,58%.[932] Daneben gingen knapp 16,73% der insgesamt von der *Cassa* zur Finanzierung von Infrastrukturprojekten im Mezzogiorno zur Verfügung gestellten Fördermittel in den Straßen-, Schnellstraßen- und Brückenbau, 5,85% in den Bahnhofsbau, 4,35% in die Erweiterung und Erneuerung des Schienennetzes sowie 1,5% in den Auf- und Ausbau von Hafen- und Flughafenanlagen; 3,05% der Fördergelder wurden in den Aufbau von städtischen Krankenhäusern und ländlichen Krankenstationen investiert und ca. 3% für sonstige Infrastrukturprojekte vergeben,

931 Vgl. Legge 26 giugno 1965, n. 717, Disciplina degli interventi per lo sviluppo del Mezzogiorno, in: Gazzetta Ufficiale della Repubblica Italiana, Serie generale, n. 159 (30.06.1965), Rom: Istituto Poligrafico dello Stato (1965). Mit dem Gesetz Nr. 853 vom 06. Oktober 1971 wurde die Laufzeit der *Cassa per il Mezzogiorno* ein weiteres Mal – bis Ende 1975 – verlängert und die Finanzsausstattung der staatlichen Südagentur ebenfalls aufgestockt. Vgl. Legge 06 ottobre 1971, n. 853, Finanziamento della Cassa per il Mezzogiorno per il quinquennio 1971–1975 e modifiche e integrazioni al testo unico delle leggi sugli interventi nel Mezzogiorno, in: Gazzetta Ufficiale della Repubblica Italiana, Serie generale, n.271 (26.10.1971), Rom: Istituto Poligrafico dello Stato (1971).

932 Eigene Berechnungen, basierend auf SVIMEZ (2011), Nord e Sud, Tabelle 3, S. 1029f. (Gesamtausgaben nach Interventionsbereichen) sowie Lepore und Felice (2016), State Intervention, Tabelle 2, S. 52 (prozentuale Verteilung der jährlichen Gesamtausgaben für Infrastrukturarbeiten).

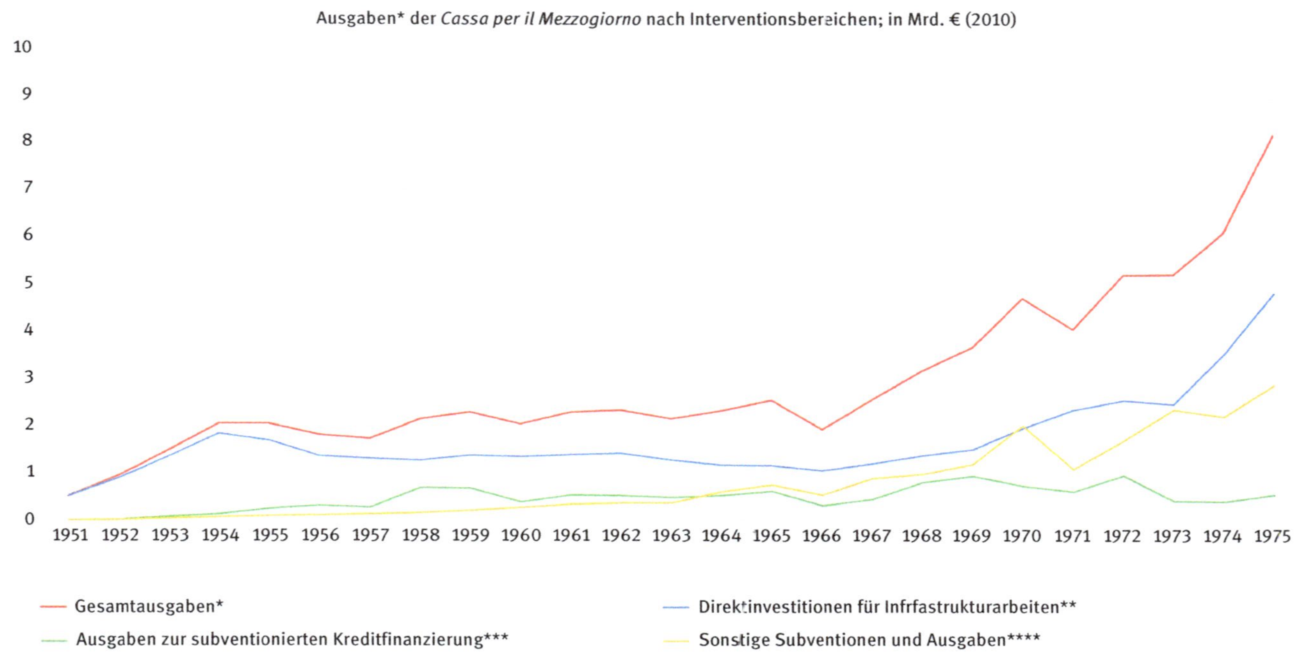

Abbildung 4.1: Gesamtausgaben und Ausgabenstruktur der *Cassa per il Mezzogiorno* nach Interventionsbereichen, 1951–1975; in Mrd. € (2010) und in %.

* ohne Personalausgaben; ** allgemeine und sektorspezifische technische Infrastrukturen sowie Schulen und andere (Weiter)Bildungs- und Ausbildungseinrichtungen; *** subventionierte Kreditfinanzierung für Industrieunternehmen durch das ISVEIMER; IRFIS und CIS; **** Direktbezuschussungen für Neugründungen kleiner und mittelständischer Agrar-, Industrie- und Dienstleistungsunternehmen sowie Ausgaben für Forschung und Entwicklung

Quelle: Eigene Berechnungen, basierend auf SVIMEZ (2011), Nord e Sud, Tabelle 3, S. 1029f.

(fortgesetzt)

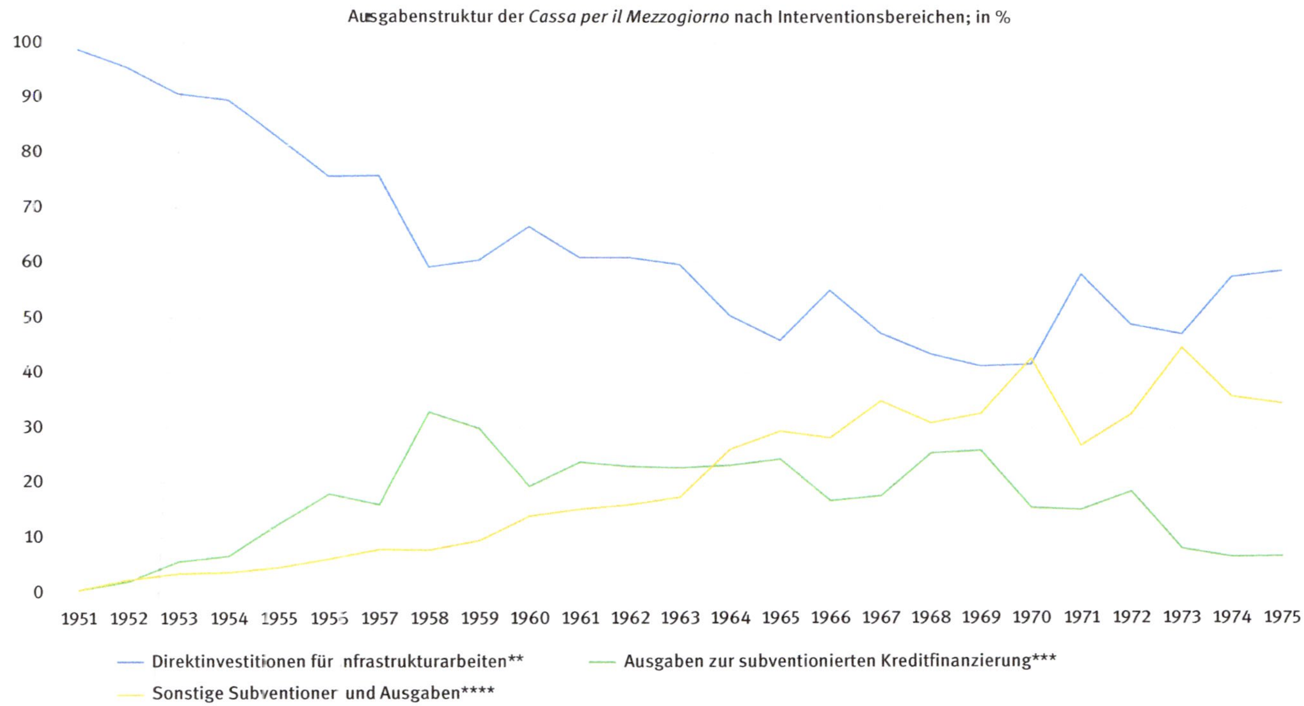

Abbildung 4.1 (Fortsetzung)
* ohne Personalausgaben; ** allgemeine und sektorspezifische technische Infrastrukturen sowie Schulen und andere (Weiter)Bildungs- und Ausbildungseinrichtungen; *** subventionierte Kreditfinanzierung für Industrieunternehmen durch das ISVEIMER; IRFIS und CIS;
**** Direktbezuschussungen für Neugründungen kleiner und mittelständischer Agrar-, Industrie- und Dienstleistungsunternehmen sowie Ausgaben für Forschung und Entwicklung

u. a. für die Modernisierung und Erweiterung der regionalen Stromversorgung, den Bau von Schulen und andere Bildungs- und Ausbildungseinrichtungen sowie für den Wiederaufbau von erdbebengeschädigten Gemeinden und Städten. Zur Finanzierung von industriellen Infrastrukturprojekten wurden hingegen, trotz anders lautender Bestimmungen in den Gesetzen Nr. 949 vom 25. Juli 1952 sowie Nr. 634 vom 29. Juli 1957, zunächst gar keine Fördergelder zur Verfügung gestellt. Von 1963 bis 1975 stiegen die Fördermittel der *Cassa* für den Auf- und Ausbau von Industriekraftwerken, industriellen Klär-, Druckluft-, Wärme- und Kälteanlagen oder industriellen Kommunikationssystemen dann allerdings kontinuierlich und stark an, so dass der Anteil der staatlichen Finanzhilfen für industrielle Infrastrukturen schließlich 19,8% umfasste. Gemessen am Gesamtvolumen der Infrastrukturinvestitionen der staatlichen Südagentur in Höhe von 41,77 Mrd. € (2010) spielte die Industrieförderung während des Untersuchungszeitraumes aber letztlich eine vergleichsweise eher untergeordnete Rolle – mit knapp 2,90 Mrd. € (2010) absorbierte sie lediglich einen jahresdurchschnittlichen Anteil von 6,95%.

Ganz anders dagegen die sektorale Verteilung der über die *Cassa per il Mezzogiorno* vergebenen staatlichen Fördergelder im zweitwichtigsten Interventionsbereich „Sonstige Subventionen", dessen Investitionsvolumen von insgesamt ca. 19,41 Mrd. € (2010) einem Anteil von 21,22% an den Gesamtausgaben der *Cassa* zwischen 1952 und 1975 entsprach.[933] Davon gingen knapp 78,40% an Industrieunternehmen (für Unternehmensneugründungen, für den Ausbau der Produktionskapazitäten sowie die Modernisierung der Produktionsanlagen), wohingegen die forst-, fischerei- und landwirtschaftlichen Betriebe zusammen lediglich einen Anteil von 20,62% und die Tourismuswirtschaft sogar nur etwas weniger als 1% der Direktsubventionen auf sich vereinten. Die Industriewirtschaft bildete jedoch erst nach der Verabschiedung des Reformgesetzes der staatlichen Südförderung im Juli 1957 den Hauptschwerpunkt bei der Vergabe von Direktsubventionen; fast 94,50% der industriellen Gesamtdirektbezuschussungen durch die *Cassa* wurden sogar erst in den zehn Jahren nach 1965 vergeben.

Der *dritte* Interventionsbereich wiederum – „Subventionierte Kreditfinanzierung" – war mit einem Gesamtinvestitionsvolumen von etwas über 11,84 Mrd. € (2010) und einem jahresdurchschnittlichen Anteil an den Gesamtausgaben der staatlichen Südagentur von 17,38% fast vollständig auf die Industrieförderung ausgerichtet. Die von der *Cassa* finanzierten Förderkredite, die ausschließlich an Industrieunternehmen vergeben wurden, spielten während der ersten Aufschwungsjahre seit 1952 allerdings zunächst noch keine große Rolle. Sie stiegen ebenfalls erst nach der industriepolitischen Wende vom Juli 1957 deutlich an, vor allem bis Ende 1972. Während

933 Eigene Berechnungen, basierend auf SVIMEZ (2011), Nord e Sud, Tabelle 3, S. 1029 f. (Gesamtausgaben nach Interventionsbereichen) sowie SVIMEZ (1978), Nord-Sud, Tabelle 280, S. 896 (sektorale Verteilung der jährlichen Gesamtausgaben).

dieses Zeitraumes erhöhte sich das Volumen der Förderkredite im Jahresdurchschnitt um 8,55% und damit stärker als jeder andere Ausgaben- und Interventionsbereich der *Cassa per il Mezzogiorno*.

Die *Cassa per il Mezzogiorno* leistete durch ihre – insbesondere seit Mitte der 1960er Jahre ausgeweitete – regionalwirtschaftliche Fördertätigkeit einen erheblichen Beitrag für Dynamisierung und Stabilisierung des langanhaltenden Wirtschaftsaufschwungs in der Makroregion des Mezzogiorno, dadurch aber für die allmähliche Verringerung des italienischen Nord-Süd-Gefälles. Dieser Beitrag läßt sich in drei Punkten konkretisieren: *Erstens*, war die staatliche Südagentur hauptverantwortlich dafür, dass die städtischen und ländlichen Verkehrs- und Transportwege in der Makroregion „Süd" enorm ausgebaut und modernisiert worden sind und sich die allgemeinen Versorgungs- und Hygienestandards deutlich verbesserten. Zugleich hatte die *Cassa per il Mezzogiorno* einen entscheidenden Anteil daran, dass der Tourismussektor in den Regionen Süditaliens von 1952 bis 1975 expandierte und die Bildungs- und Ausbildungsmöglichkeiten verbessert werden konnten, ohne jedoch auch nur annähernd die ungleich höhere Versorgungsdichte an Schulen und anderen Bildungs-, Aus- und Weiterbildungseinrichtungen im Rest des Landes zu erreichen. Das Gesamtvolumen an Dienstleistungsinvestitionen belief sich auf umgerechnet knapp 23,44 Mrd. € (2010) und bildete mit einem Anteil von 32,09% an den Gesamtausgaben den zweitwichtigsten Ausgabenbereich der staatlichen Südagentur im Untersuchungszeitraum. Wenngleich der *qualitative* Beitrag der von der *Cassa per il Mezzogiorno* finanzierten Dienstleistungsinvestitionen, vor allem hinsichtlich der nachhaltigen Verbesserung der öffentlichen Daseinsvorsorge, als durchaus hoch einzuschätzen ist, leistete sie unter *quantitativem* Aspekt lediglich einen anteiligen Beitrag von 4,44% an den sektoralen Gesamtinvestitionen des Mezzogiorno. Damit aber dürfte sie letztlich für die regionalwirtschaftliche Dynamik des Tertiärsektors eine nur untergeordnete Rolle gespielt haben.[934]

Zweitens, ermöglichte die *Cassa per il Mezzogiorno* durch die zunehmende Finanzierung von Agrarinvestitionen eine inhaltlich und räumlich erheblich ausgeweitete Fortsetzung der bereits während der Rekonstruktionsphase mithilfe der Marshall-Plan-Gelder eingeleiteten Agrarfördermaßnahmen. Gemessen an der langfristigen Entwicklung der Forst-, Agrar- und Fischereiwirtschaft im Mezzogiorno seit 1861, konnte dadurch ein historisch bislang nicht erreichtes Wachstum der wertmäßigen Gesamtleistung im primären Wirtschaftssektor erzielt werden, vor allem während der *ersten* Subperiode von 1952 bis 1963 mit einer jahresdurchschnittlichen Dynamik von 3,72% sowie einer sektoralen Bruttowertschöpfungssteigerung von 2,81% im Jahresdurchschnitt während der gesamten Wachstumsphase bis Ende 1975. Damit übertraf das Wachstum der Forst-, Agrar- und Fischereiwirtschaft in der Makroregion „Süd"

934 Eigene Berechnungen, basierend auf ebd. sowie SVIMEZ (2011), Nord e Sud, Tabelle 55, S. 397 ff. (Bruttoinvestitionen der privaten und öffentlichen Dienstleistungswirtschaft in Süditalien). Zur Förderung der Dienstleistungswirtschaft in Süditalien durch die *Cassa per il Mezzogiorno* seit Beginn der 1950er Jahre, vgl. zum Beispiel Cafiero (2000), L´intervento straordinario, S. 54 ff.

jenes in der Makroregion „Zentrum-Nord" während der gesamten Nachkriegsprosperität im Jahresdurchschnitt um 233,47% sowie um fast das Sechsfache (582,47%) in den Jahren von 1952 bis 1963. Ausschlaggebend für diesen Erfolg waren Produktivitätssteigerungen sowohl infolge eines höheren Mechanisierungsgrades der Bewirtschaftung als auch durch verbesserte Boden- und Saatgutqualitäten, Pflanzenschutz- und Düngemittel, Bewässerungsmöglichkeiten sowie eine stark zunehmende Massentierhaltung, deren Anschaffung, Erreichung, Einführung und Ausbau zu großen Teilen von der *Cassa per il Mezzogiorno* vollfinanziert und/oder bezuschusst worden sind. Das Gesamtvolumen von der staatlichen Südkasse finanzierten Agrarinvestitionen belief sich auf umgerechnet knapp 19,63 Mrd. € (2010) und damit auf einen Anteil von 26,88% an den Gesamtausgaben der *Cassa per il Mezzogiorno* sowie auf einen Anteil von fast 30,60% an den Gesamtbruttoinvestitionen im primären Wirtschaftssektor des Mezzogiorno von 1952 bis 1975.[935]

Während der Beitrag der staatlichen Südagentur für das starke Bruttowertschöpfungswachstum im primären, aber auch tertiären Wirtschaftssektor Süditaliens in der einschlägigen Literatur unumstritten ist, wird hier – *drittens* – im Unterschied zur historischen Italienforschung[936] die Hypothese aufgestellt, der *Cassa per il Mezzogiorno* zugleich eine (mit)entscheidende Bedeutung hinsichtlich der in Kapitel II aufgezeigten Wachstumserfolge der Industriewirtschaft in den Regionen des Mezzogiorno beizumessen. Das Gesamtinvestitionsvolumen der *Cassa per il Mezzogiorno* zur Industrieförderung von 1952 bis 1975 belief sich für die drei Interventionsbereiche „Infrastrukturarbeiten", „Subventionierte Kreditfinanzierung" sowie „Sonstige Subventionen" zusammen auf etwas mehr als 29,96 Mrd. € (2010). Diese Summe entsprach einem Anteil an den Gesamtausgaben der staatlichen Südagentur während der Nachkriegsprosperität von etwa 41% und machte damit den größten Teil der insgesamt von der *Cassa per il Mezzogiorno* vergebenen Fördergelder aus, und das, obwohl sich der sektorale Förderungsschwerpunkt erst seit den späten 1950er Jahren in den Bereich der Industriewirtschaft verlagerte.[937]

Zwecks Verifizierung der vorstehenden Hypothese wird im Folgenden auf zwei unterschiedliche Datenerhebungen zurückgegriffen. Entsprechend der 2011 letztmalig von der SVIMEZ aktualisierten Erhebungen zur regional vergleichenden

---

935 Eigene Berechnungen, basierend auf ebd. sowie SVIMEZ (2011), Nord e Sud, Tabelle 48, S. 187 ff. (Bruttoinvestitionen der Forst-, Agrar- und Fischereiwirtschaft in Italien, unterteilt nach Makroregionen). Zur Förderung der Agrarwirtschaft in Süditalien durch die *Cassa per il Mezzogiorno* seit Beginn der 1950er Jahre, vgl. zum Beispiel Cafiero (2000), L´intervento straordinario, S. 54 ff.

936 Ausnahmen bilden in diesem Zusammenhang Petriccione (1976), Politica industriale, S. 5–41 sowie Lepore und Felice (2016), State Intervention, S. 16–20.

937 Eigene Berechnungen, basierend auf SVIMEZ (2011), Nord e Sud, Tabelle 3, S. 1029 f. (jährliche Gesamtausgaben der *Cassa per il Mezzogiorno* für „Infrastrukturarbeiten", „Kreditfinanzierung" und „sonstige Subventionen"); Lepore und Felice (2016), State Intervention, Tabelle 2, S. 52 (prozentuale Verteilung der jährlichen Gesamtausgaben für Infrastrukturarbeiten) sowie SVIMEZ (1978), Nord-Sud, Tabelle 280, S. 896 (sektorale Verteilung der Direktbezuschussungen und sonstigen Subventionen).

Wirtschaftsentwicklung ergibt sich für das auf der Grundlage der jeweiligen Jahresbilanzen ermittelte Gesamtvolumen der von der *Cassa per il Mezzogiorno* von 1952 bis 1975 finanzierten Industrieinvestitionen ein Anteil von ca. 15,38% an den in der Makroregion „Süd" getätigten Gesamtindustrieinvestitionen (ohne Bauindustrie). Die Anteile der staatlichen Südkasse an den jährlichen Industrieinvestitionen waren dabei nach der industriepolitischen Wende vom Juli 1957 ungleich höher als während der ersten Aufschwungsjahre zwischen 1952 und 1957: sie erhöhten sich von jahresdurchschnittlich 6,20% auf 16,33% zwischen 1958 und 1975.[938]

Legt man wiederum zur Berechnung der anteiligen Investitionsleistung der *Cassa per il Mezzogiorno* an den Gesamtindustrieinvestitionen in Süditalien die zeitgenössischen jährlichen Erhebungen des ISTAT zugrunde, so ergibt sich sogar ein noch höherer Anteil.[939] Demnach beliefen sich die Anteile an den Gesamtbrut-

---

938 Eigene Berechnungen, basierend auf ebd. sowie SVIMEZ (2011), Nord e Sud, Tabelle 39, S. 291ff. (industriewirtschaftliche Bruttoinvestitionen in Süditalien ohne Bauindustrie).

939 Den Erhebungen der zeitgenössischen Statistischen Jahrbücher des ISTAT zufolge, waren die jährlichen Bruttoinvestitionsvolumina 1952–1975 nicht nur im Bereich der Industriewirtschaft, sondern auch im privaten und öffentlichen Dienstleistungssektor im Mezzogiorno deutlich niedriger als die jeweiligen Bruttoinvestitionsvolumina, die von der SVIMEZ im Jahr 2011 neu berechnet worden sind. Zwar entwickelte sich das sektorale Bruttoinvestitionswachstum in den Bereichen der Industrie- sowie der privaten und öffentlichen Dienstleistungswirtschaft den ISTAT-Erhebungen zufolge mit ungefähr derselben Gesamtdynamik wie nach den SVIMEZ-Erhebungen. Auf der Berechnungsgrundlage der ISTAT-Angaben ergeben sich allerdings jeweils deutlich höhere Anteile der Investitionsleistung der *Cassa per il Mezzogiorno* an den jeweiligen Jahresinvestitionsvolumina im Vergleich mit der anteiligen Investitionsleistung der *Cassa per il Mezzogiorno*, gemessen an den sektoralen Jahresbruttoinvestitionsvolumina, die auf den SVIMEZ-Angaben basieren. Die in den Statistischen Jahrbüchern des ISTAT angegebenen jährlichen Gesamtinvestitionen im Bereich der Forst-, Agrar- und Fischereiwirtschaft unterscheiden sich hingegen nur marginal von den SVIMEZ-Angaben bzw. übersteigen diese sogar leicht. Den ISTAT Erhebungen zufolge belief sich das Gesamtvolumen der von 1952 bis 1975 getätigten Bruttoinvestitionen im primären Wirtschaftssektor auf umgerechnet 65,98 Mrd. € (2010); es belief sich auf 64,15 Mrd. € (2010) auf der Berechnungsgrundlage der SVIMEZ-Erhebungen. Der quantitative Beitrag der von der *Cassa per il Mezzogiorno* 1952–1975 zur Verfügung gestellten Agrarfördergelder weicht dementsprechend mit 29,75% auch kaum von dem auf der Grundlage der SVIMEZ-Erhebungen berechneten Anteil der Agrarinvestitionen der staatlichen Südagentur an den Gesamtbruttoinvestitionen im primären Wirtschaftssektor in Höhe von knapp 30,60% ab. Die Summe der jährlichen industriellen Bruttoinvestitionen während der starken Wachstumsphase belief sich nach den Erhebungen des ISTAT allerdings auf lediglich 140,73 Mrd. € (2010) gegenüber einem auf der Grundlage der SVIMEZ-Erhebungen berechneten erheblich höherem Gesamtbruttoinvestitionsvolumen im Industriebereich von 194,81 Mrd. € (2010). Für den Bereich der privaten und öffentlichen Dienstleistungen ergibt sich nach den ISTAT-Erhebungen ein ebenfalls relativ deutlich niedrigeres Gesamtvolumen der 1952–1975 erbrachten jährlichen Bruttoinvestitionen von 281,83 Mrd. € (2010) im Vergleich mit dem auf der Grundlage der SVIMEZ-Erhebungen berechneten Gesamtbruttoinvestitionsvolumen im tertiären Wirtschaftssektor von 527,32 Mrd. € (2010). Der quantitative Beitrag der von der staatlichen Südkasse insgesamt finanzierten Dienstleistungsinvestitionen, gemessen an den Gesamtbruttoinvestitionen im tertiären Wirtschaftssektor in Süditalien 1952–1975, belief sich demnach – basierend auf den ISTAT-Erhebungen – auf 8,32%. Damit war dieser zwar fast doppelt so hoch wie den SVIMEZ-Erhebungen

toinvestitionen der Industriewirtschaft (ohne Bauindustrie) auf 9,33% während der ersten Aufschwungsjahre bis Ende 1957 sowie auf 22,42% in den Jahren von 1958 bis Ende 1975.[940] Berücksichtigt man zudem die Tatsache, dass – im Unterschied zu den SVIMEZ-Daten – die in den Statistischen Jahrbüchern des ISTAT angewandten Berechnungsmethoden von der staatlichen Südkasse zur Ermittlung der jährlichen Abschlußbilanzen übernommen worden sind und demnach die ausgewiesenen Jahresvolumina der erbrachten Bruttoinvestitionen in den verschiedenen Interventionsbereichen der *Cassa* auf denselben Berechnungsgrundlagen basieren wie die jährlichen Erhebungen des ISTAT, so kommt letzteren Ergebnissen eine durchaus hohe Aussagekraft zu. Oder anders formuliert: Die *Cassa per il Mezzogiorno* leistete offenkundig einen weitaus größeren Beitrag zur Expansion der süditalienischen Industriewirtschaft als bislang angenommen, eine Schlußfolgerung, die man letztlich unter Verwendung beider Erhebungen ziehen kann.

Eine ähnliche Neubewertung läßt sich hinsichtlich des Beitrags der Südkasse für die gesamtwirtschaftliche Dynamik in Süditalien vornehmen. Das steigende Gesamtinvestitionsvolumen der *Cassa per il Mezzogiorno* belief sich im Untersuchungszeitraum für die drei Interventionsbereiche „Infrastrukturarbeiten", „Subventionierte Kreditfinanzierung" sowie „Sonstige Subventionen" zusammen auf fast 73,03 Mrd. € (2010), was einen auf der Grundlage der statistischen Jahrbücher des ISTAT berechneten Anteil an den Gesamtbruttoinvestitionen der Makroregion „Süd" von beachtlichen 14,95% ergibt. Zwar wäre dieser damit fast doppelt so hoch wie der nach den SVIMEZ-Erhebungen ermittelte Anteil von lediglich knapp 8,76%. Aber auch in

zufolge (4,44%), ist allerdings insgesamt als immer noch eher gering zu beurteilen. Aufgrund der signifikant großen Unterschiede zwischen den SVIMEZ- und ISTAT-Erhebungen hinsichtlich der Höhe der jährlichen Bruttoinvestitionen im sekundären und tertiären Wirtschaftssektor übersteigen auch die auf der Grundlage der SVIMEZ-Erhebungen berechneten jährlichen gesamtwirtschaftlichen Bruttoinvestitionen in Süditalien jene Werte, die auf den Angaben der Statistischen Jahrbücher des ISTAT basieren. Den SVIMEZ-Erhebungen zufolge belief sich das Gesamtbruttoinvestitionsvolumen 1952–1975 auf 833,86 Mrd. € (2010); das auf der Grundlage der ISTAT-Angaben berechnete Gesamtbruttoinvestitionsvolumen der Makroregion belief sich hingegen auf 488,39 Mrd. € (2010). Zum Vergleich der zwei Berechnungsgrundlagen, vgl. SVIMEZ (2011), Nord e Sud, Tabelle 48, S. 187ff. (forst-, agrar- und fischereiwirtschaftliche Bruttoinvestitionen in Süditalien), Tabelle 39, S. 291ff. (industriewirtschaftliche Bruttoinvestitionen in Süditalien ohne Bauindustrie), Tabelle 55, S. 397ff. (Bruttoinvestitionen der privaten und öffentlichen Dienstleistungswirtschaft in Süditalien) und Tabelle 1, S. 408ff. (Gesamtbruttoinvestitionen in Süditalien) sowie ISTAT (alle relevanten Jahrgänge von 1960–1978), Annuario (regional und sektoral differenzierte Bruttoinvestitionen).

940 Eigene Berechnungen, basierend auf SVIMEZ (2011), Nord e Sud, Tabelle 3, S. 1029f. (jährliche Gesamtausgaben der *Cassa per il Mezzogiorno* für „Infrastrukturarbeiten", „Kreditfinanzierung" und „sonstige Subventionen"); Lepore und Felice (2016), State Intervention, Tabelle 2, S. 52 (prozentuale Verteilung der jährlichen Gesamtausgaben für Infrastrukturarbeiten); SVIMEZ (1978), Nord-Sud, Tabelle 280, S. 896 (sektorale Verteilung der Direktbezuschussungen und sonstigen Subventionen) sowie ISTAT (alle relevanten Jahrgänge von 1960–1978), Annuario (industrielle Bruttoinvestitionen in Süditalien ohne Bauindustrie).

letzterer Größenordnung wäre der regionalwirtschaftliche Beitrag der *Cassa* nicht unerheblich. Dabei ist es interessant, dass sich dieser Beitrag entsprechend *beider* Berechnungsgrundlagen auf die zwei Subperioden der Nachkriegsprosperität unterschiedlich verteilt: Die anteilige Investitionsgesamtleistung der staatlichen Südagentur am gesamten Bruttoinvestitionsaufkommen war während der *ersten* Subperiode von 1952 bis 1963 mit einem jahresdurchschnittlichen Anteil von 9,30% (SVIMEZ) bzw. 16,85% (ISTAT) gegenüber der *zweiten* Subperiode von 1963 bis 1975 mit einem jahresdurchschnittlichen Anteil von 8,16% (SVIMEZ) bzw. 13,69% (ISTAT) deutlich höher.

Wie aus Abbildung 4.2 hervorgeht, stiegen die Anteile der Fördergelder der *Cassa per il Mezzogiorno* am gesamten Bruttoinvestitionsaufkommen in Süditalien vor allem während der ersten Aufschwungsjahre bis Ende 1954 äußerst stark an – auf einen Spitzenwert während der gesamten Nachkriegsprosperität von 12,89% (SVIMEZ) bzw. 22,82% (ISTAT). Bis Ende 1959 blieben die entsprechenden Anteile – ungeachtet ihres temporären Rückgangs bis 1956 – in der Summe überdurchschnittlich hoch. Obwohl die Gesamtausgaben der *Cassa per il Mezzogiorno* auch nach 1959 – mit Ausnahme des kurzzeitigen, verhältnismäßig starken Rückgangs im Jahr 1966 – bis zum Ende der Nachkriegsprosperität weiter anstiegen, verringerte sich jedoch der Investitionsanteil der staatlichen Südkasse zunächst – bis Ende 1963 – um fast die Hälfte im Vergleich zu 1959 – auf 5,88% (SVIMEZ) bzw. 10,42% (ISTAT). Von 1966 stieg er erst langsam, dann allerdings – zwischen 1971 und 1975 – abermals äußerst stark an, um im letzten Jahr der langanhaltenden Wachstumsphase, als die Gesamtbruttoinvestitionen in den Regionen Süditaliens im Zeichen der beginnenden Strukturkrise der italienischen Volkswirtschaft bereits deutlich zurückgingen, mit 12,89% (SVIMEZ) bzw. 22,27% (ISTAT) wieder (fast) den Spitzenwert von 1954 zu erreichen.

Im Jahresdurchschnitt von 1952 bis 1975 übertreffen die auf der Grundlage der ISTAT-Erhebungen berechneten Investitionsanteile der *Cassa per il Mezzogiorno* an den jährlichen Gesamtbruttoinvestitionen jene, die auf den SVIMEZ-Erhebungen basieren, um 74,02%. Demnach kommt der *Cassa per il Mezzogiorno* in Abhängigkeit der jeweils verwendeten – mithin stark divergierenden – Datengrundlage für die Gesamtwirtschaftsleistung Süditaliens eine mehr oder weniger große Bedeutung zu. Wenngleich ihre exakte quantitative Vermessung insofern problematisch ist, kann dennoch Folgendes festgehalten werden: Die im August 1950 von der damaligen Regierung De Gasperi gesetzlich verankerte Südförderung durch die *Cassa per il Mezzogiorno* war aufgrund ihrer ökonomischen Bedeutung von allen Nachfolgeregierungen des *centrismo* wie auch von den seit Dezember 1963 amtierenden Mitte-Links-Regierungen nicht nur aufrechterhalten und mehrfach verlängert, sondern durch die Vergabe zusätzlicher Finanzhilfen bis 1975 auch massiv ausgebaut worden. Die im Zeitablauf zwar schwankenden, insgesamt aber steigenden Gesamtausgaben der staatlichen Entwicklungsagentur entfalteten im Rahmen von umfassenden Infrastruktur- und Kulturlandgewinnungsprojekten während der Anfangsjahre der Nachkriegsprosperität ihre größte Durchschlagskraft, insbesondere in der Agrarwirtschaft. Sie läßt sich vor allem an den dynamischen Wachstumssteigerungen der wertmäßigen Gesamtleistung der

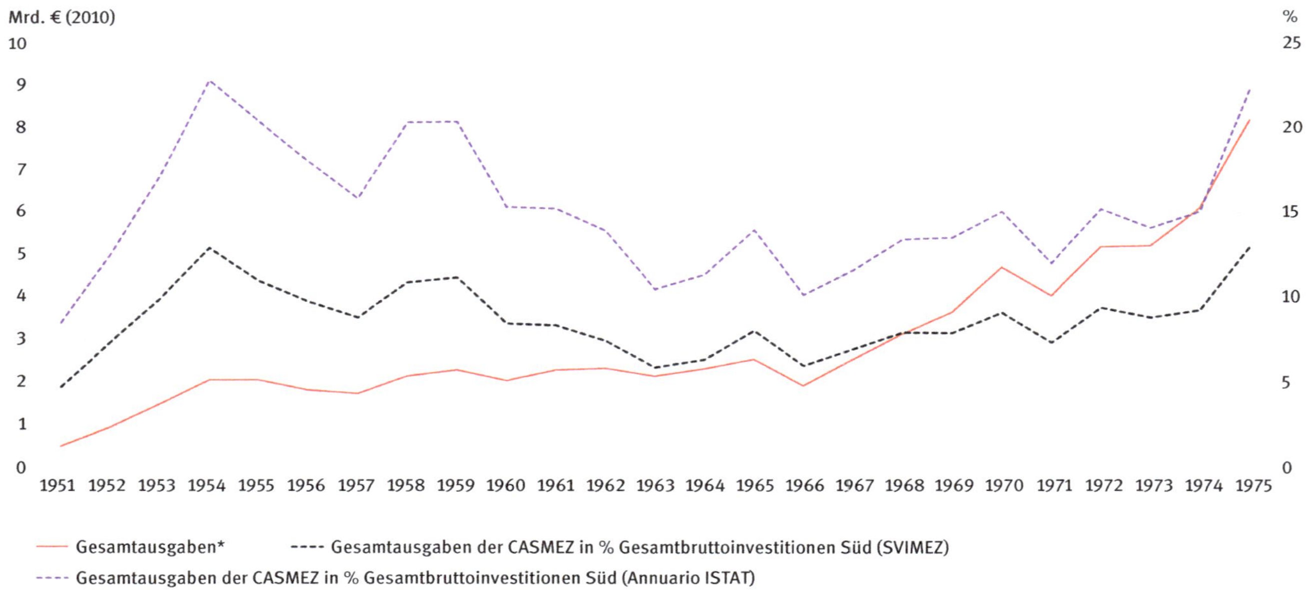

Abbildung 4.2: Wachstum der Gesamtausgaben* der *Cassa per il Mezzogiorno* und Anteile der Gesamtausgaben* der *Cassa per il Mezzogiorno* am Gesamtbruttoinvestitionsvolumen Süditaliens, 1951–1975; in Mrd. € (2010) und in %.

* ohne Personalausgaben

Quelle: Eigene Berechnungen, basierend auf SVIMEZ (2011), Nord e Sud, Tabelle 1, S. 408ff. (Gesamtbruttoinvestitionen in Süditalien) und Tabelle 3, S. 1029f. (jährliche Gesamtausgaben der *Cassa per il Mezzogiorno* für „Infrastrukturarbeiten“, „Kreditfinanzierung“ und „sonstige Subventionen“) sowie ISTAT (alle relevanten Jahrgänge von 1960–1978), Annuario (Gesamtbruttoinvestitionen in Süditalien).

Bauindustrie sowie der forst-, agrar- und fischereiwirtschaftlichen Bruttowertschöpfung festmachen. Nach der industriepolitischen Wende und der Reform der Sondergesetzgebung für Süditalien im Juli 1957 verlagerte sich der Förderschwerpunkt der *Cassa per il Mezzogiorno* dann jedoch zunehmend in den Bereich der Industriewirtschaft. Bei gleichzeitiger Ausweitung von Agrarfördermaßnahmen sowie von Projekten für den Auf- und Ausbau der technischen und sozialen Infrastrukturen, absorbierte sie nunmehr den mit deutlichem Abstand größten Anteil der vergebenen Finanzhilfen. Dadurch stieg zwischen 1958 und 1975 die anteilige Investitionsleistung der *Cassa* an den in der Südregion insgesamt getätigten Industrieinvestitionen signifikant. Entgegen ihrem ursprünglichen Gründungsauftrag, war die staatliche Südagentur damit zu einem äußerst wirkungsmächtigen Instrument zur Förderung der industriewirtschaftlichen Entwicklung in Süditalien umfunktioniert worden. Die staatlichen Finanzhilfen wurden dabei mehrheitlich von den privatrechtlich organisierten staatlichen Industrieunternehmen sowie von einigen wenigen privaten Großunternehmen aus Norditalien wie dem FIAT- oder dem *Pirelli*-Konzern, der *Montecatini*- und der *Edison*-Gruppe (ab 1966, *Montedison*) abgeschöpft.[941] Mithilfe der staatlichen Fördergelder konnten sie verschiedene Großindustrieprojekte realisieren, die sich weitgehend auf die kapitalintensiven Branchen der metallverarbeitenden sowie vor allem der metallurgischen und der Chemischen Industrie konzentrierten. Zusammenfassend kann deshalb festgehalten werden, dass sich der weiter vorn quantifizierte Industrialisierungs- und Aufholprozess in den Regionen Süditaliens nur unter Berücksichtigung der industriepolitischen Bedeutungszunahme der *Cassa* erklären läßt.

Eine ähnliche wachstumsrelevante Wirkungsdimension entfaltete das zweite Hauptinstrument der staatlichen Südförderung: die staatlich subventionierte Kreditfinanzierung der Industrie. Sie erhielt nach der industriepolitischen Wende von 1957 ebenfalls einen neuen Stellenwert, der insbesondere in der Entwicklung der Verarbeitenden Industrie zum Ausdruck kommt und nachfolgend im regionalen Vergleich analysiert wird.

4.1.2 Wachstum auf Pump. Die Expansion staatlich subventionierter Industriekredite in Süditalien im landesweiten Vergleich, 1958–1975

In Kapitel II konnte in regional vergleichender Perspektive die überdurchschnittliche Performance der Verarbeitenden Industrie in Süditalien während der Kernphase der Nachkriegsprosperität von 1958 bis 1970 herausgearbeitet werden. Auch im intrasektoralen Vergleich zeigte sie beachtliche Wachstums- und Modernisierungseffekte.

941 Zu den Industrieprojekten der privaten Großkonzerne in Süditalien seit Mitte der 1950er Jahre, vgl. zusammenfassend Raffaele Cercola, L´intervento esterno nello sviluppo industriale del Mezzogiorno. Analisi della situazione attuale e delle tendenze recenti, Neapel: Guida editori (1984), S. 110–136.

Während die Investitionsfinanzierung im Bereich der exzeptionell wachsenden Bauindustrie landesweit mehrheitlich im Rahmen öffentlicher Straßen- und Wohnungsbauprojekte gewährleistet war, wurden die jährlichen Bruttoinvestitionen der Verarbeitenden Industrie hingegen zu einem immer größer werdenden Anteil kreditfinanziert. Der Kreditfinanzierung durch die verschiedenen staatlichen und staatlich kontrollierten *Istituti di credito speciale* ist daher eine erhebliche und zugleich zunehmende Relevanz für die Wachstumsdynamik des Verarbeitenden Gewerbes sowohl in den Regionen Nord-, Nordost-, Nordwest- und Mittelitaliens als auch – und vor allem – in den Regionen des Mezzogiorno beizumessen.

Seit Beginn der 1950er Jahre wurde das vom Faschismus übernommene System der *gesonderten*, staatlich kontrollierten Kreditfinanzierung für Industrieunternehmungen durch die *Istituti di credito speciale* entscheidend ausgebaut und modifiziert, konkret durch die Einführung und schrittweise finanzielle, inhaltliche sowie räumliche Ausweitung der *crediti speciali agevolati*. Hierbei handelte es sich um staatlich subventionierte zinsvergünstigte Industriekredite, die (zunächst) ausschließlich von den im *Mediocredito centrale* zusammengefaßten Regionalkreditinstituten[942] sowie von der *Cassa per il Mezzogiorno* vergeben werden konnten. Bezogen auf die Summe der seit Mitte der 1950er Jahre bis Ende 1970 zum marktüblichen Nominalzinssatz vergebenen mittel- und langfristigen „ordentlichen" sowie zinsvergünstigten Industriekredite entfielen im landesweiten Durchschnitt etwa 35% auf die Regionalkreditinstitute des *Mediocredito*, während der Löwenanteil von annähernd 50% vom *Istituto Mobiliare Italiano* (IMI) abgewickelt wurde. Die verschiedenen anderen *Istituti di credito speciale* – die *Mediobanca*, die *Centrobanca*, die *Efibanca*, das *Crediop* sowie die *Aziende di Credito* – spielten hingegen jeweils eine eher untergeordnete Rolle für die Entwicklung der jährlichen Gesamtkreditvolumina.[943]

4.1.2.1 Das Kreditwachstum innerhalb der Verarbeitenden Industrie, 1958–1970

Wie in Abbildung 4.3 dargestellt, waren die seit Mitte der 1950er Jahre zur Investitionsfinanzierung für die Verarbeitende Industrie ausgereichten Kredite stark gestiegen, insbesondere ab 1958. Dabei entfaltete das Kreditwachstum jeweils während der

942 Die Regionalkreditinstitute des *Mediocredito* in der Makroregion „Zentrum-Nord" waren das *Mediocredito Piemontese*, das *Mediocredito Ligure*, das *Mediocredito Lombardo*, das *Mediocredito delle Venezie*, das *Mediocredito Trentino Alto Adige*, das *Mediocredito per le Piccole e Medie Imprese del Friuli-Venezia Giulia*, das *Mediocredito Emilia-Romagna*, das *Mediocredito delle Marche*, das *Mediocredito Toscano*, das *Mediocredito dell'Umbria* sowie das *Mediocredito del Lazio*. Die Regionalkreditinstitute des *Mediocredito* in der Makroregion „Süd" wiederum waren das *Credito Industriale Sardo* (CIS), das *Istituto per lo Sviluppo Economico dell'Italia Meridionale* (ISVEIMER) sowie das *Istituto Regionale per il Finanziamento alle Industrie in Sicilia* (IRFIS). Zusammengefaßt und kontrolliert waren die insgesamt 14 Regionalkreditinstitute im *Mediocredito Centrale* mit Hauptsitz in Rom (bis 1962: *Istituto Centrale di Credito a Medio Termine alle Medie e Piccole Imprese*).

943 Vgl. Rota (2013), Credit and Growth, S. 433.

beiden Teilzeiträume 1958–1963 und 1966–1970 seine größte Dynamik. Von 1955 bis Ende 1957 waren die Kredite für das Verarbeitende Gewerbe in Süditalien zunächst lediglich um 30,96% und in den übrigen Landesteilen sogar nur um 19,63% gestiegen. Im Unterschied dazu beliefen sich die Kreditzuwächse zwischen 1958 und 1963 auf 249,45% in den Regionen des Mezzogiorno sowie auf 126,62% in den Regionen Nord-, Nordost-, Nordwest- und Mittelitaliens. Damit hatten sich die Kreditvolumina in den zwei italienischen Makroregionen „Süd" und „Zentrum-Nord", gemessen am jeweiligen Kreditumfang von 1955, bereits verfünffacht (501,74%) bzw. mehr als verzweieinhalbfacht (271,11%). Nach einer konjunkturbedingten Verlangsamung bis 1966 weiteten sich die Kredite dann abermals kräftig aus, wobei der Kreditzuwachs bis Ende 1970 in den Regionen Nord-, Nordost-, Nordwest- und Mittelitaliens um weitere 63,09% erstmals sogar – um knapp neun Prozentpunkte – stärker ausfiel als in den Regionen des Mezzogiorno. Ungeachtet dieser gegen Ende der 1960er Jahre leicht stärkeren Dynamik, verlief die Kreditexpansion in der Makroregion des Mezzogiorno während der gesamten Kernphase der Nachkriegsprosperität weitaus rasanter. Hier läßt sich ein für Italien historisch beispielloser Anstieg des Kreditvolumens um 706,03% nachweisen, der damit fast doppelt so hoch ausfiel wie in der Makroregion „Zentrum-Nord" (368,03%). Der Anteil Süditaliens am Gesamtkreditvolumen für die Verarbeitende Industrie erhöhte sich damit – nach einem ersten Sprung von zunächst 25,60% (1955) auf 29,22% (1958) – auf beachtliche 41,56%. Wenngleich sich die Anteile der Makroregion „Zentrum-Nord" folgerichtig stark verringerten, waren die jährlichen Kreditvolumina von 1958 bis 1970 aber auch hier schneller und stärker gestiegen als jemals zuvor.

Die damalige außergewöhnliche Kreditexpansion für die Verarbeitende Industrie war durch mindestens zwei, konjunkturell eingebettete Faktoren begünstigt worden: *zum einen* durch das Absenken des marktüblichen Zinssatzes für „ordentliche" Industriekredite im Durchschnitt der landesweiten *Istituti di Credito Speciale per l'industria* jeweils am Beginn der ersten und zweiten Hochphase der Kreditexpansion – 1958 bis 1963 sowie 1966 bis 1970 –, *zum anderen* aber durch die substantielle Ausweitung der staatlich subventionierten Finanzierungsmöglichkeiten durch zinsvergünstigte Förderkredite jeweils kurz vor Beginn dieser zwei Phasen. Beide Entwicklungen waren letztlich Ergebnis eines institutionell-politischen Arrangements zwischen Zentralbank und Regierung und lassen sich nur im Kontext der industriepolitischen Wende der staatlichen Südförderung vom Juli 1957 erklären.

4.1.2.2 Die Nominalzinssatzentwicklung der „ordentlichen" Industriekredite, 1958–1970

Anfang Juni 1958 wurde der Leitzins in Italien von der *Banca d´Italia* erstmals seit 1950 wieder gesenkt, von 4% um einen halben Prozentpunkt auf 3,5%,[944] und in

944 Nach der deutlichen Leitzinsanhebung von 4% auf 5,5% im September 1947 als Teil des als *linea Einaudi* bekannt gewordenen Maßnahmenbündels zur Inflationsbekämpfung wurde der Leitzins

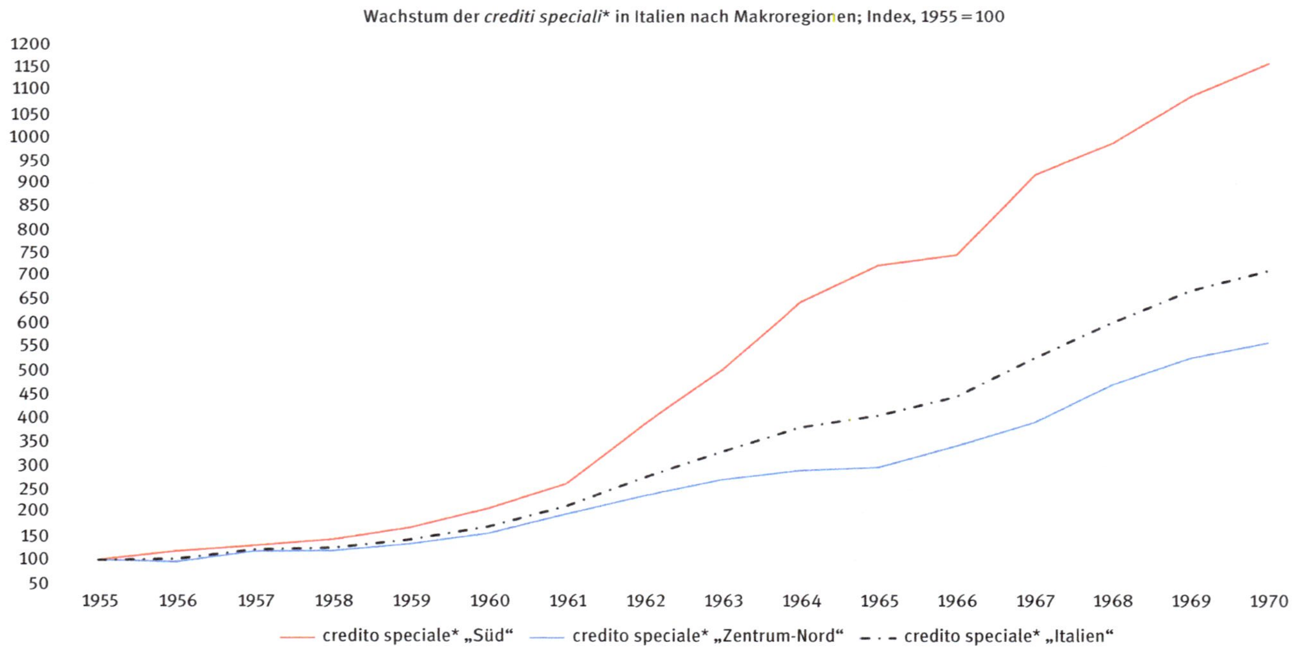

Abbildung 4.3: Entwicklung der mittel- und langfristigen Industriekredite für das Verarbeitende Gewerbe in Italien und Anteile der zwei Makroregionen „Süd“ und „Zentrum-Nord“ am Gesamtvolumen der mittel- und langfristigen *crediti speciali* für das Verarbeitende Gewerbe in Italien, 1955–1970; Index, 1955 = 100 und in %.

* nur mittel- und langfristige Industriekredite für das Verarbeitende Gewerbe

Quelle: Eigene Berechnungen, basierend auf Rota (2013), Credit and Growth, Tabelle A1, S. 449 (Süditalien) und Tabelle A2, S. 450 (Nord-, Nordost-, Nordwest- und Mittelitalien).

(fortgesetzt)

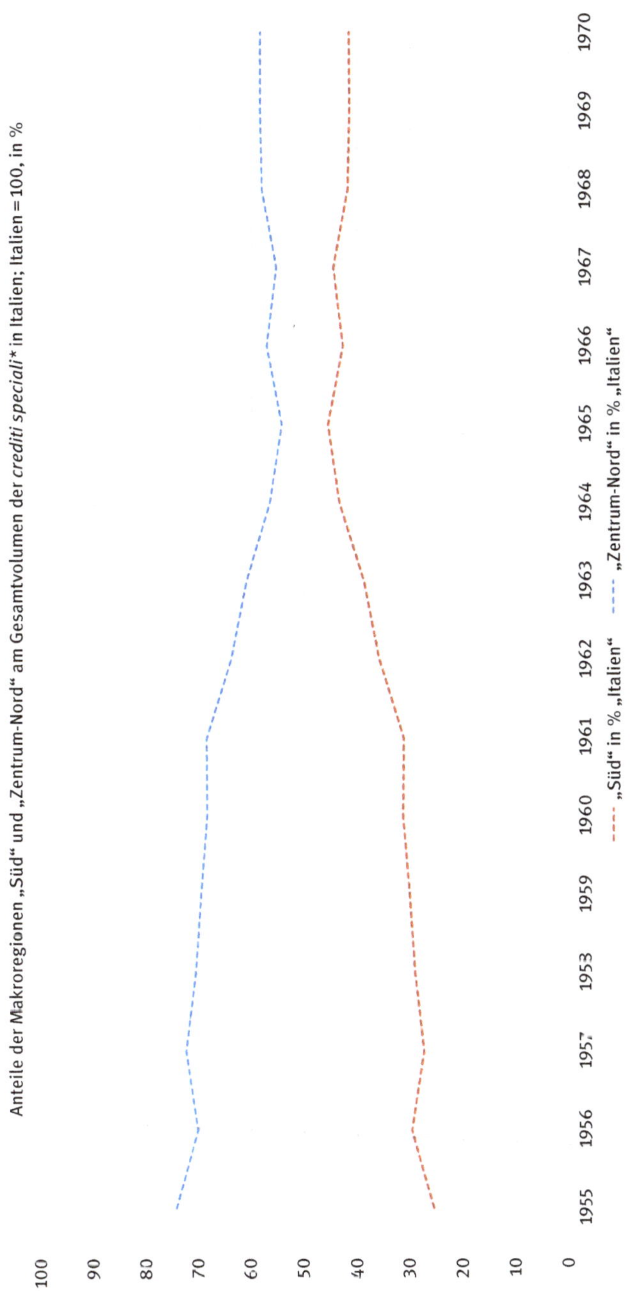

Abbildung 4.3 (Fortsetzung)

der Folge wurden auch die jeweiligen Zinssätze der nicht staatlich subventionierten Industriekredite für die verschiedenen *Istituti di credito speciale* vom dafür zuständigen *Comitato interministeriale per il credito ed il risparmio* (CICR) sukzessive reduziert. Dadurch ergab sich für das Jahr 1959 ein durchschnittlicher Nominalzinssatz der „ordentlichen" mittel- und langfristigen Kredite zur Investitionsfinanzierung für die Industriewirtschaft von 7,74%, der damit bereits knapp mehr als einen Prozentpunkt niedriger war als der durchschnittliche Nominalzinssatz der *crediti speciali ordinari* von 1958 (8,65%). Um das Industriewachstum weiter anzukurbeln, wurden vom CICR weitere Zinssenkungen für die verschiedenen *Istituti di credito speciale* festgelegt, so dass sich – wie in Tabelle 4.1 aufgezeigt – der durchschnittliche marktübliche Nominalzinssatz für Industriekredite während der Wirtschaftswunderjahre immer weiter verringerte und im Jahr 1961 mit 6,97% seinen absoluten Tiefsstand während der gesamten Nachkriegsgeschichte erreichte. Zwar wurden die Nominalzinssätze zur Industriekreditfinanzierung 1962 und 1963 wieder angehoben, im Durchschnitt der verschiedenen *Istituti di credito speciale* zunächst auf 7,08% und anschließend auf 7,90%. Im Jahresdurchschnitt von 1959 bis 1963 belief sich der Nominalzinssatz der *crediti speciali ordinari* aber auf knapp 7,37% und lag damit fast 1,6 Prozentpunkte unterhalb des Nominalzinssatzes von 1958 bzw. knapp 1,2 Prozentpunkte unterhalb des jahresdurchschnittlichen Nominalzinssatzes von 1955 bis 1958. Diese Entwicklung dürfte den Anstieg der jährlich vergebenen *crediti speciali ordinari*, damit aber letztlich die in Kapitel II aufgezeigte expansive Steigerung der jährlichen Bruttoinvestitionen der Verarbeitenden Industrie von 1958 bis 1963 begünstigt haben.

Gleiches gilt umgekehrt für den starken Investitionsrückgang während der Rezession von 1963 bis 1965/66. Neben den starken Lohnzuwächsen, den Steuererhöhungen sowie den allgemein unsicheren Renditeerwartungen der Industrieunternehmen dürfte der Konjunkturabschwung nicht zuletzt durch die vom Gouverneur der *Banca d´Italia*, Guido Carli, verordnete Kreditbremse beeinflusst worden sein: Der durchschnittliche Nominalzinssatz der *crediti speciali ordinari* wurde seit November 1963 deutlich erhöht und betrug im Jahresdurchschnitt von 1964 bis 1966 nunmehr 8,42%. Das Eingreifen der Zentralbank in den Konjunkturverlauf hatte also die Kreditnachfrage zur Investitionsfinanzierung erheblich gedrosselt, so dass die Kreditausweitung vergleichsweise gering ausfiel.

Erst seit August 1966 wurden die Kreditzügel wieder etwas gelockert und der Nominalzinssatz der „ordentlichen" mittel- und langfristigen Kredite schrittweise gesenkt, zunächst auf 7,96% (1967) und anschließend noch einmal leicht auf 7,89%

---

jeweils im April 1949 sowie im April 1950 wieder reduziert, zunächst auf 4,5% und schließlich auf 4%. Vgl. Banca d´Italia, Tavole Storiche. Indicatori monetari e finanziari, Rom: Banca d´Italia (2013), Tabelle 3.2, S. 28.

Tabelle 4.1: Nominale Zinssatzentwicklung der mittel- und langfristigen Industriekreditfinanzierung in Italien, 1953–1975; in %.

	marktüblicher Zinssatz „Italien"*	subventionierter Zinssatz „Zentrum-Nord-MC"**	subventionierter Zinssatz „Süd-MC"***	subventionierter Zinssatz „Süd-CASMEZ"****	subventionierter Zinssatz „Zentrum-Nord-MI"*****	subventionierter Zinssatz „Süd-MI"******
1953	8,57	k.A.	k.A.	3,00–5,00		
1954	8,56	k.A.	k.A.	3,00–5,00		
1955	8,48	k.A.	k.A.	3,00–5,00		
1956	8,53	6,50	6,50	3,00–5,00		
1957	8,65	k.A.	k.A.	3,00–5,00		
1958	8,65	k.A.	k.A.	3,00–5,00		
1959	7,74	k.A.	k.A.	3,00–5,00	5,00	3,00
1960	7,14	k.A.	k.A.	3,00–5,00	5,00	3,00
1961	6,97	k.A.	k.A.	3,00–5,00	5,00	3,00
1962	7,08	6,50	6,50	3,00–5,00	5,00	3,00
1963	7,90	6,50	6,50	3,00–5,00	5,00	3,00
1964	8,58	k A.	k.A.	3,00–5,00	4,68	3,00
1965	8,51	6,00	3,00–4,00	3,00–5,00	4,74	3,00
1966	8,16	5,00–6,00	3,00–4,00	4,00–6,00	5,00	3,00
1967	7,96	5,00–5,85	3,00–4,00	4,00–6,00	4,80	3,70
1968	7,89	k.A.	3,00–4,00	4,00–6,00	k.A.	k.A.
1969	8,17	5,40–6,25	3,00–4,00	4,00–6,00	k.A.	k.A.
1970	9,78	6,00–6,90	4,00	4,00–6,00	4,68	3,00
1971	9,87	6,00–6,90	4,00	4,00–6,00	4,68	3,00
1972	8,98	5,65–6,65	3,65	4,00–6,00	5,00	3,00
1973	8,71	5,65–6,65	3,65	4,00–6,00	5,00	3,00
1974	11,10	5,65–6,55	3,65	4,00–6,00	4,00–5,00	3,00
1975	12,80	8,00–10,10	5,00	5,00–7,50	6,10–7,60	4,55

* im Durchschnitt der landesweiten *Istituti di Credito Speciale per l'industria* ohne die staatlich subventionierten Zinssätze der Kreditvergaben durch die Regionalinstitute des *Mediocredito;* ** im Durchschnitt der Regionalkreditinstitute des *Mediocredito* in Nord-, Nordost-, Nordwest- und Mittelitalien; *** im Durchschnitt der Regionalkreditinstitute des *Mediocredito* in Süditalien; **** im Durchschnitt der Kreditkontingente der *Cassa per il Mezzogiorno* an den jährlichen Gesamtkreditvolumina der Regionalkreditinstitute des *Mediocredito* in Süditalien; ***** im Durchschnitt der Kreditkontingente des *Ministero dell´Industria e del Commercio* an den jährlichen Gesamtkreditvolumina der Regionalkreditinstitute des *Mediocredito* in Nord-, Nordost-, Nordwest- und Mittelitalien; ****** im Durchschnitt der Kreditkontingente des *Ministero dell´Industria e del Commercio* an den jährlichen Gesamtkreditvolumina der Regionalkreditinstitute des *Mediocredito* in Süditalien.

Quelle: Spadavecchia (2003), State Subsidies, Tabelle 4.1, S. 171 (marktüblicher Zinssatz, 1955–1965), Tabelle 4.2, S. 173 (subventionierter Zinssatz, 1955–1965), Tabelle 4.3, S. 175 (marktüblicher Zinssatz, 1966–1970), Tabelle 4.4, S. 178 (subventionierter Zinssatz, 1966–1970), Tabelle 4.5, S. 179 (marktüblicher Zinssatz, 1971–1975) sowie Tabelle 4.6, S. 183 (subventionierter Zinssatz, 1971–1975).

(1968). Die Kreditnachfrage in der Verarbeitenden Industrie wurde dadurch erneut stimuliert, so dass im Zusammenspiel mit anderen Wachstumsfaktoren auch die jährlichen Bruttoinvestitionen der Makrobranche wieder kräftig anstiegen. Seit Juni 1969 verteuerten sich die Industriekredite jedoch abermals, sogar erheblich stärker als 1964 und 1965. Im Jahr 1970 belief sich der durchschnittliche Nominalzinssatz für Industriekredite auf 9,78% und beendete damit die seit 1966 erneute Kreditexpansion.

Allerdings belief sich der Nominalzinssatz der *crediti speciali ordinari* im Jahresdurchschnitt der zweiten Kreditexpansionsphase auf 8,39%, war also nur unwesentlich niedriger als während der *stretta creditizia*. Dass sich das Kreditvolumen für die Verarbeitende Industrie ungeachtet dessen ab 1966 insgesamt wieder stärker ausweitete, ist mit einer strukturellen Verschiebung innerhalb des Kreditgefüges zu erklären: Die „ordentlichen", nicht staatlich subventionierten Kredite waren zwar bis Ende 1970 immerhin um 23,80% gestiegen, machten im Jahresdurchschnitt von 1966 bis 1970 aber nur noch 29,08% der insgesamt an das Verarbeitende Gewerbe vergebenen Industriekredite aus. Die staatlich subventionierten Industriekredite hingegen – die *crediti speciali agevolati* – weiteten sich im Unterschied dazu bis 1970 um 77,34% aus. Wie aus Abbildung 4.4 hervorgeht, waren sie nunmehr mit einem auf 74,50% steigenden Löwenanteil am Gesamtvolumen der *crediti speciali* hauptverantwortlich für die erneute Kreditexpansion bis zum Ende der Kernphase der italienischen Nachkriegsprosperität.

Aufgrund ihrer im Zeitverlauf nicht nur für das Verarbeitende Gewerbe, sondern für die gesamte Industriewirtschaft zunehmenden Bedeutung geht es im Folgenden zunächst um Institutionalisierung und Entwicklung der staatlich subventionierten Industriekreditfinanzierung im interregionalen Vergleich. Daran anschließend soll deren industriepolitische Steuerungseffizienz sowohl auf Branchenebene als auch auf der Ebene der Staatsholdings – insbesondere für den Mezzogiorno – vermessen und problematisiert werden.

4.1.2.3 Reformen und Entwicklung der staatlich subventionierten Industriekreditfinanzierung, 1952–1975

Das ursprünglich mit dem Gesetz Nr. 949 vom 25. Juli 1952 zur landesweiten Förderung kleiner und mittelständischer Industrieunternehmen begründete System der staatlich subventionierten Kreditfinanzierung mittels der Regionalkreditinstitute des *Mediocredito* wurde vor allem durch das Gesetz Nr. 634 vom 29. Juli 1957, die Gesetze Nr. 555 und Nr. 623 vom 18. und 30. Juli 1959 sowie die Gesetze Nr. 60, Nr. 123, Nr. 219 und Nr. 717 vom 01. Februar, 11. März, 29. März und 26. Juni 1965 *dreifach* grundlegend modifiziert und ausgebaut. Obwohl durch die jeweiligen Reformen die gesamte Industriewirtschaft Italiens in der einen oder anderen Weise beeinflußt wurde, profitierten von der Vergabe zinsvergünstigter Kredite vor allem die verschiedenen Branchen und Fachzweige des Verarbeitenden Gewerbes – mit 80,64% im Jahresdurchschnitt von

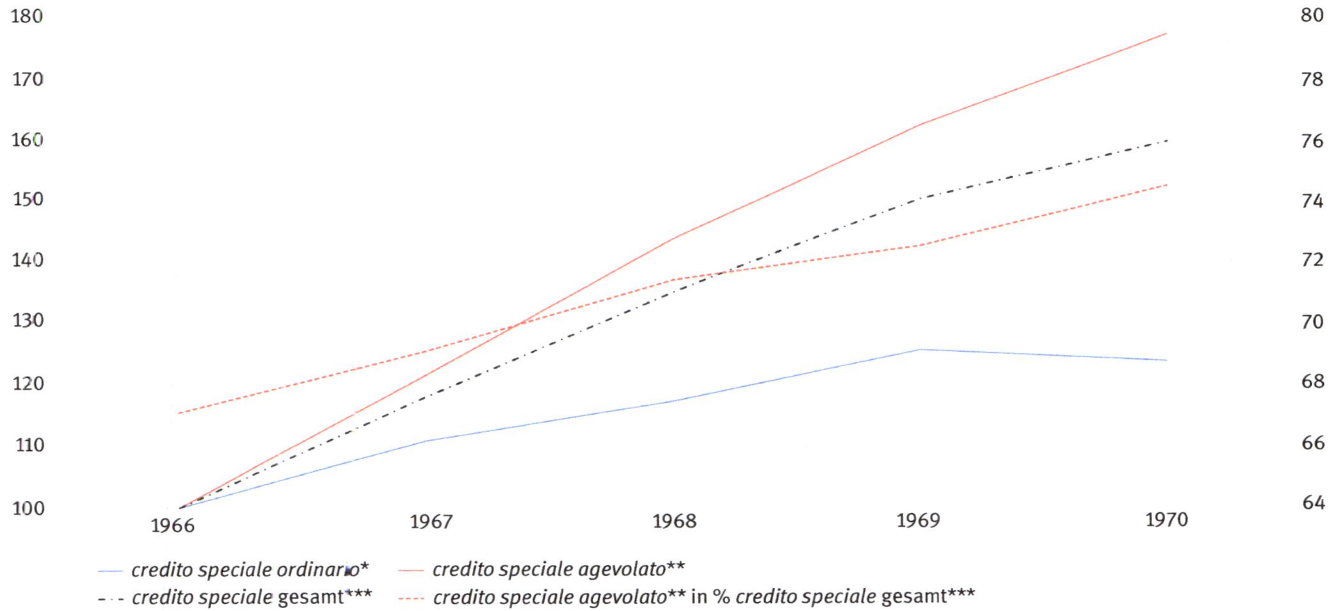

Abbildung 4.4: Entwicklung staatlich subventionierter und „ordentlicher“, nicht subventionierter Industriekredite für das Verarbeitende Gewerbe in Italien in Mrd. € (2010), 1966–1970; Index, 1966 = 100 und in %.
* von den *Istituti di credito speciale* vergebene Kredite an die Verarbeitende Industrie zum marktüblichen Zinssatz; ** von den *Istituti di credito speciale* vergebene zinsvergünstigte Kredite an die Verarbeitende Industrie; *** von den *Istituti di credito speciale* insgesamt vergebene Kredite an die Verarbeitende Industrie.
Quelle: Eigene Berechnungen, basierend auf Rota (2013), Credit and Growth, Tabelle A1, S. 449 (*credito speciale* gesamt, Süditalien) und Tabelle A2, S. 450 (*credito speciale* gesamt, Nord-, Nordost-, Nordwest- und Mittelitalien) sowie Federico und Gianetti (1999), Italy, Tabelle 5.1, S. 139 (Anteile der der *crediti speciali agevolati* am Gesamtkreditvolumen für die Verarbeitende Industrie).

1961 bis 1970 vereinten sie den mit Abstand größten Anteil auf sich.[945] Zugleich beinhalteten die Reformen eine im Zeitablauf jeweils wechselnde, konzeptionell partiell inkonsistente industriepolitische Fokussierung auf Süditalien mit weitreichenden Konsequenzen.

4.1.2.3.1 Erste Reform (Sommer 1957) – Aufwertung des Mezzogiorno

Mit dem von der Regierung Zoli am 29. Juli 1957 verabschiedeten *ersten* großen Reformgesetz der staatlichen Südförderung wurde die regionale Stoßrichtung der staatlich subventionierten Kreditfinanzierung zugunsten des Mezzogiorno neu definiert. Dabei waren – wie aus der oben aufgeführten Tabelle 4.1 hervorgeht – die Zinssatzregelungen der mittel- und langfristigen *crediti speciali agevolati* zunächst noch nicht verändert worden. Der vom CICR festgelegte Nominalzinssatz für die von den Regionalkreditinstituten in Süditalien vergebenen zinsvergünstigten Kredite belief sich weiterhin auf 6,5% und entsprach damit dem staatlich subventionierten Nominalzinssatz der in den Regionen Nord-, Nordost-, Nordwest- und Mittelitaliens von den Regionalkreditinstituten des *Mediocredito* vergebenen Kredite. Die jeweilige Zinsdifferenz zum geltenden Nominalzinssatz der marktüblichen *crediti speciali ordinari* wurde dabei für alle landesweiten Regionalkreditinstitute vom *Mediocredito Centrale* und damit vom Schatzministerium ausgeglichen. Auch für die von der *Cassa per il Mezzogiorno* vermittelten *crediti speciali agevolati* blieben die Nominalzinssätze auf ihrem bereits 1953 vom CICR festgelegten äußerst niedrigen Niveau von 3,00–5,00%, deren Zinsdifferenz zum geltenden Nominalzinssatz der „ordentlichen“ Industriekredite ebenfalls vom Schatzministerium ausgeglichen wurde. Die bislang landesweit geltenden Kriterien der Kreditvergabe hinsichtlich der Unternehmensgröße sowie des geplanten Investitionsaufkommens wurden nunmehr jedoch für die Regionen des Mezzogiorno maßgeblich verändert. Zwar galten für die direkt vom ISVEIMER, dem IRFIS und dem CIS vergebenen *crediti speciali agevolati* auch weiterhin die im Gründungsdekret des *Mediocredito* festgelegten Bestimmungen über eine maximale Beschäftigungszahl von ≤ 250 Arbeitskräften der Kredite nachfragenden Industrieunternehmen, an die zur Teilfinanzierung ihrer Investitionsprojekte zinsvergünstigte Kredite in Höhe von ≤ 50 Mio. Lire vergeben werden konnten, die innerhalb von maximal zehn Jahren zurückgezahlt werden mußten. Über die von der *Cassa per il Mezzogiorno* vermittelten subventionierten Industriekredite, die ebenfalls von den drei Regionalkreditinstituten in Süditalien abgewickelt wurden, sollten zukünftig darüber hinaus aber auch größere Unternehmen mit einer Beschäftigtenzahl von ≤ 500 Arbeitnehmern gefördert werden. Außerdem wurde die bislang geltende äußerst geringe Kreditobergrenze von lediglich 50 Mio. Lire aufgehoben, um zukünftig auch größere und große

945 Eigene Berechnungen, basierend auf Banca d´Italia (alle relevanten Jahrgänge von 1962–1971), Assemblea generale ordinaria dei partecipanti, Rom: Tipografia Banca d´Italia und Centro stampa Banca d´Italia.

Industrieprojekte in Süditalien durch die subventionierten Kredite teilfinanzieren zu können. Je nach der Höhe des geplanten Investitionsaufkommens sollte der vergünstigte Nominalzinssatz zwischen 3–5% variieren: 3,00% für Kredite zur Finanzierung von Neugründungen industrieller Unternehmen in Süditalien im Wert von ≤ 1,5 Mrd. Lire sowie zur Finanzierung der Produktionsausweitung und Modernisierung bereits bestehender Unternehmen im Wert von ≤ 0,5 Mrd. Lire; 4,00% für Industrieprojekte in Süditalien im Wert von ≤ 6,0 Mrd. Lire, unabhängig von der Art der geförderten Investitionen sowie 5,00% für Kredite zur Teilfinanzierung von Unternehmensneugründungen, -erweiterungen und/oder Modernisierungen im Wert von ≥ 6,0 Mrd. Lire. Schließlich wurde auch die maximale Laufzeit für die von der *Cassa* vermittelten Industriekredite, mit der die geförderten Industrieunternehmen bis zu 70% des geplanten Investitionsaufkommens finanzieren konnten, auf 15 Jahre erhöht.[946] Als unmittelbare Folge des Reformgesetzes vom 29. Juli 1957 erhöhte sich die Nachfrage nach den von der *Cassa per il Mezzogiorno* vermittelten *crediti speciali agevolati* rasant, allerdings nur für die kurze Dauer von zwei Jahren. Die Summe der über die *Cassa* in diesem Zeitraum vergebenen subventionierten Kredite, die ausschließlich den verschiedenen Branchen und Fachzweigen des Verarbeitenden Gewerbes zugutekamen, war fast eineinhalbmal höher als der Gesamtkreditumfang der staatlichen Südagentur von 1951 bis 1957.[947]

Zinsvergünstigte Kredite zur Finanzierung von Großindustrieprojekten mit einem Investitionsaufwand von ≥ 6,0 Mrd. Lire wurden von der *Cassa per il Mezzogiorno* bis zum Sommer 1959 allerdings (noch) nicht vergeben. Die finanzstarken privaten wie auch die staatlichen und staatlich kontrollierten Industrieunternehmen waren aufgrund der Größenrestriktion hinsichtlich der Beschäftigtenzahl von der Vergabe der subventionierten Kredite ausgeschlossen, andere Industriebetriebe mit einer Beschäftigtenzahl von ≤ 500 Arbeitnehmern waren wiederum nicht gewillt oder in der Lage, in Süditalien mit einem derart großen Kapitalaufwand zu investieren. Nicht zuletzt auf Betreiben Saracenos in seiner Funktion als Präsident des *Comitato per lo sviluppo dell'occupazione e del reddito*, der sich vehement bei der seit Februar 1959 amtierenden neuen Regierung Segni für eine Ausweitung der staatlichen Fördermöglichkeiten auch auf die privaten und staatlichen Großindustrieunternehmen einsetzte, wurde daher im Juli 1959 die *zweite* umfassende Modifizierung der staatlich subventionierten Kreditvergabe sanktioniert und institutionalisiert.

4.1.2.3.2 Zweite Reform (Sommer 1959)

Mit der Verabschiedung des Gesetzes über die *Modifiche ed integrazioni della legge 29 luglio 1957, n. 634, recante provvedimenti per il Mezzogiorno* am 18. Juli 1959 wurde

946 Vgl. ausführlich Spadavecchia (2003), State Subsidies, S. 122–127 sowie Michael F. Dunford, Capital, the State and Regional Development, London: Pion (1988), S. 149f.

947 Eigene Berechnungen, basierend auf SVIMEZ (2011), Nord e Sud, Tabelle 3, S. 1029f.

zum einen das Kriterium der Beschäftigungsobergrenze für die Kreditvergabe durch die *Cassa per il Mezzogiorno* ganz aufgehoben, so dass sich fortan alle Industrieunternehmen, egal welcher Größe, um die zinsvergünstigten Investitionsfinanzierungen durch die staatliche Südagentur bewerben konnten.[948] Die Nominalzinssätze der von der *Cassa per il Mezzogiorno* vermittelten subventionierten Industriekredite variierten dabei weiterhin zwischen 3,00–5,00%, und die im Juli 1957 festgelegten Kriterien der vergünstigten Verzinsungen hatten, abhängig von der Höhe der teilzufinanzierenden Investitionen, ebenfalls weiterhin Bestand. *Zum anderen* aber wurde am 30. Juli 1959 mit dem Gesetz über die *Nuovi incentivi a favore delle medie e piccole industrie e dell´ artigianato* die mit dem Reformgesetz von 1957 sanktionierte schwerpunktmäßige staatliche Kreditförderung von industriellen Investitionsprojekten in Süditalien durch die Einführung eines neuen Förderkredits des Industrie- und Handelsministeriums wieder relativiert.[949] Die vom Industrie- und Handelsministerium vergebenen Kredite konnten landesweit von Industrieunternehmen abgerufen werden, wenngleich die entsprechenden Finanzierungsvorteile für Investitionsprojekte in Süditalien größer waren. So wurde der vergünstigte Nominalzinssatz zur Teilfinanzierung von Investitionsprojekten in den Regionen des Mezzogiorno auf maximal 3,00% festgesetzt, während die Kredite für Industrieunternehmungen in den übrigen Landesteilen mit maximal 5,00% verzinst waren. Die jeweilige Differenz zum marktüblichen Zinssatz der *crediti speciali ordinari* wurde dabei vom Industrie- und Handelsministerium ausgeglichen. Als Obergrenze für die vom Industrie- und Handelsministerium vermittelten Kredite bestimmte das Gesetz vom 30. Juli 1959 eine maximale Finanzierung von 1 Mrd. Lire für Unternehmensneugründungen in Süditalien sowie von 500 Mio. Lire zur Produktionsausweitung und/oder zur Modernisierung der Produktionsanlagen von Unternehmen, die bereits in den Regionen des Mezzogiorno ansässig waren. Im übrigen Italien hingegen konnten Unternehmensneugründungen mit einem maximalen Kreditvolumen von 500 Mio. Lire und Investitionen zur betrieblichen Produktionsexpansion und/oder Modernisierung mit einem maximalen Kreditvolumen von 250 Mio. Lire teilfinanziert werden. Schließlich belief sich die maximale Laufzeit der für Industrieunternehmungen in Süditalien vergebenen Förderkredite auf 15 Jahre, der Kredite in den Regionen Nord-, Nordost-, Nordwest- und Mittelitaliens dagegen lediglich auf zehn Jahre. Wie bei den von der *Cassa per il Mezzogiorno* vermittelten zinsvergünstigten Industriekrediten auch, konnten mit den *crediti speciali agevolati* des Industrie- und Handelsministeriums maximal bis zu 70% des gesamten geplanten

---

948 Vgl. Felice und Lepore (2016), State Intervention, S. 19f. Für den Gesetzestext, vgl. Legge 18 luglio 1959, n. 555, Modifiche ed integrazioni della legge 29 luglio 1957, n. 634, recante provvedimenti per il Mezzogiorno, in: Gazzetta Ufficiale della Repubblica Italiana, Serie generale, n. 186 (04.08.1959), Rom: Istituto Poligrafico dello Stato (1959).

949 Vgl. Legge 30 luglio 1959, n. 623, Nuovi incentivi a favore delle medie e piccole industrie e dell'artigianato, in: Gazzetta Ufficiale della Repubblica Italiana, Serie generale, n. 198 (19.08.1959), Rom: Istituto Poligrafico dello Stato (1959).

Investitionsaufkommens der jeweiligen Industriebetriebe finanziert werden, unabhängig von der regionalen Verortung der geförderten Unternehmung. Die Beschäftigungsobergrenze als Kriterium für die Kreditvergabe wurde auf ≤ 500 Arbeitskräfte festgelegt und galt ebenfalls für sämtliche, landesweit teilfinanzierten Investitionsprojekte. Im Gegensatz zu den bislang geltenden Bestimmungen war jedoch nicht die Beschäftigungsgröße des geförderten Unternehmens, sondern die zur Realisierung des geförderten Investitionsprojekts notwendige Arbeitskräftezahl ausschlaggebend. Durch die Reform profitierten insofern landesweit nunmehr auch größere und damit ungleich mehr Unternehmen von der Einführung des neuen Förderkredits des Industrie- und Handelsministeriums. Ebenfalls landesweit und erheblich mehr Industrieunternehmen profitierten von einer weiteren wichtigen, durch das Reformgesetz vom 30. Juli 1959 sanktionierten Neuerung im System der staatlich subventionierten Kreditfinanzierung: Die seit 1952 geltende Beschäftigungsobergrenze von ≤ 250 Arbeitskräften als Kriterium für die Kreditvergabe durch die Regionalkreditinstitute des *Mediocredito* wurde auf ≤ 500 Arbeitskräfte angehoben. Die Kreditobergrenze der zinsvergünstigten Kredite des *Mediocredito* von maximal 50 Mio. Lire hatte hingegen weiterhin Bestand.

Die *zweite* Reform der staatlich subventionierten Kreditfinanzierung für Industrieunternehmen besaß eine ambivalente Wirkungsdimension: *einerseits* eine massive Ausweitung der in den zwei Makroregionen „Süd“ und „Zentrum-Nord“ Italiens vergebenen zinsvergünstigten Kredite und – im Zusammenspiel mit der Niedrigzinspolitik der *Banca d´Italia* und des CICR – eine Steigerung der insgesamt für die Unternehmen der Verarbeitenden Industrie vergebenen Industriekredite bis zum Ende der Wirtschaftswunderjahre, die sich erst infolge der starken Nominalzinssatzerhöhungen für die nichtsubventionierten *crediti speciali ordinari* von 1964/65 vorübergehend wieder verlangsamte. *Andererseits* wurde die potenzielle Wirkungskraft der im Sommer 1957 festgelegten Bestimmungen zwecks schwerpunktmäßiger Förderung von Industrieinvestitionsprojekten in Süditalien durch die landesweite Ausdehnung der neuen staatlichen Förderkredite erheblich abgeschwächt. Zwar waren in den Regionen des Mezzogiorno aufgrund der vielfältigen staatlichen Fördermöglichkeiten die jährlichen Gesamtvolumina der zinsvergünstigten Industriekredite nach der Verabschiedung der Reformgesetze im Juli 1959 bis Ende 1965 sogar noch einmal deutlich stärker und schneller anstiegen als während der zwei Jahre zuvor.[950] Mitunter hätte es aber ohne Einbeziehung der sonstigen Wirtschaftsregionen in das System staatlicher Investitionsanreize eine noch schnellere Industrialisierungsdynamik des Mezzogiorno gegeben. Immerhin kam es in der Makroregion „Zentrum-Nord“ infolge der Reform zu

950 Die zur Finanzierung von Investitionsprojekten in Süditalien vergebenen zinsvergünstigten Industriekredite waren 1965 fast dreizehnmal (1.274,75%) so hoch wie im Jahresdurchschnitt von 1953 bis 1956. Eigene Berechnungen, basierend auf Anna Spadavecchia, Regional and National Industrial Policies in Italy, 1950s–1991. Where Did the Subsidies Flow?, in: Economics & Management Discussion Papers, n. 48 (2007), Tabelle 7, S. 22.

einer schubartigen Nachfrage nach den *crediti speciali agevolati*, die größer war als in den Regionen des Mezzogiorno, obwohl die neuen Förderkredite zur Investitionsfinanzierung in Süditalien zu noch günstigeren Konditionen vom Industrie- und Handelsministerium vergeben worden sind. Die Anreize zu einer Investitionsverlagerung nach Süditalien wurden jedoch offensichtlich von der großen Mehrzahl der Industriebetriebe als weitaus niedriger eingeschätzt als die Risikokosten einer Unternehmensneugründung in den rückständigen Regionen des Mezzogiorno.[951]

Allerdings hatten sich die staatlich subventionierten Industriekredite in der Makroregion „Süd" bis 1965 in ihrer Entwicklungsdynamik schneller erhöht als in der Makroregion „Zentrum-Nord",[952] so dass sich auch der regionale Anteil des Mezzogiorno an den insgesamt seit 1957 in Italien vergebenen staatlich subventionierten Industriekrediten deutlich vergrößerte – er belief sich im Jahresdurchschnitt auf 39,60% und war damit mehr als doppelt so hoch wie zwischen 1953 und 1956 (16,70%). Letztlich übertraf der Gesamtumfang der von 1957 bis 1965 an Industrieunternehmen in den Regionen Nord-, Nordost-, Nordwest- und Mittelitaliens von den Regionalinstituten des *Mediocredito* direkt vergebenen sowie der vom Industrie- und Handelsministerium vermittelten zinsvergünstigten Kredite das Gesamtvolumen der *crediti speciali agevolati* im Mezzogiorno aber um 52,81%. Daraus läßt sich schlussfolgern, dass die Makroregion „Zentrum-Nord" nach wie vor am stärksten von der zinsvergünstigten Industriekreditfinanzierung profitierte, insbesondere die Industrieunternehmen aus der Lombardei, dem Piemont und Ligurien. Diese drei am höchsten industrialisierten Regionen Italiens vereinten in der Summe den größten Anteil der Förderkredite (39,59%) auf sich, was den ursprünglich angedachten nachhaltigen Abbau der traditionellen wirtschaftlichen Ungleichgewichte und sozialen Disparitäten zwischen den verschiedenen Landesteilen ebenfalls konterkarierte.[953]

4.1.2.3.3 Dritte Reform (erstes Halbjahr 1965)

Seit Jahresbeginn 1965 wurden die Finanzierungsmöglichkeiten für Industrieunternehmen durch staatlich subventionierte Kredite erneut erheblich ausgeweitet und zugleich inhaltlich modifiziert, wobei der Bereich der kleinen und mittelständischen Unternehmen eine Aufwertung erfuhr. Die bereits nach der Reform von 1959 in Erscheinung tretende regionale Allokationsproblematik der staatlichen Kreditförderung zwischen Süd- und Norditalien wurde dadurch aber noch einmal verstärkt. Im Einzelnen umfaßte die *dritte* Reform der staatlich subventionierten Industriekreditfinanzierung

---

951 Vgl. vor allem De Benedetti (2013), Lo sviluppo sospeso, S. 131–152; Fausto (1998), Intervento pubblico, S. 592ff. sowie Spadavecchia (2003), State Subsidies, S. 123ff.

952 Die zur Finanzierung von Investitionsprojekten in der Makroregion „Zentrum-Nord" vergebenen zinsvergünstigten Industriekredite waren bis 1965 um 315,45% im Vergleich mit dem Jahresdurchschnittsniveau von 1953 bis 1956 gestiegen. Eigene Berechnungen, basierend auf Spadavecchia (2007), Subsidies, Tabelle 7, S. 22.

953 Eigene Berechnungen, basierend auf ebd.

folgende Gesetzesneuerungen: *Erstens*, wurde bereits am 14. Januar 1965 beim staatlichen Finanzierungsinstitut IMI ein neuer Finanzierungsfonds für wirtschaftlich angeschlagene kleine und mittelständische Unternehmen der Verarbeitenden Industrie eingerichtet, die auf dem regulären Kreditmarkt aufgrund ihrer defizitären Unternehmenssituation kein neues Kapital erhielten, nunmehr aber aus dem *Fondo speciale per il finanziamento delle medie e piccole industrie manifatturiere* mit zinsvergünstigten Krediten bei einer Maximallaufzeit von 20 Jahren ausgestattet werden konnten.[954] Die Nominalzinssätze der aus dem neuen Finanzierungsfonds des IMI landesweit vergebenen Industriekredite waren dabei an die vom Industrie- und Handelsministerium vermittelten *crediti speciali agevolati* angelehnt und variierten zwischen 3,00% für Unternehmen in Süditalien und etwa 5% für Unternehmen in der Makroregion „Zentrum-Nord".[955] *Zweitens*, wurde am 01. Februar 1965 den drei Regionalkreditinstituten des *Mediocredito* in Süditalien – ISVEIMER (61%), IRFIS (29%) und CIS (10%) – jeweils ein zusätzlicher revolvierender Kreditfonds in Höhe von insgesamt 175 Mrd. Lire zur Verfügung gestellt. Ziel war es, mit dem aufgestockten Kapital Kredite für Industrieunternehmen in den Regionen des Mezzogiorno zu noch stärker subventionierten Zinssätzen anbieten zu können, um dadurch neue Industrieinvestitionen privater Investoren zu attrahieren.[956] Die Nominalzinssätze für die vom ISVEIMER,

954 Vgl. Decreto-Legge 14 gennaio 1965, n. 1, Istituzione di un fondo speciale per il finanziamento delle medie e piccole industrie manifatturiere, in: Gazzetta Ufficiale della Repubblica Italiana, Serie generale, n. 12 (15.01.1965), Rom: Istituto Poligrafico dello Stato (1965). Die Reformbestimmungen wurden am 11. März 1965 in leicht modifizierter Fassung als Gesetz verabschiedet. Vgl. Legge 11 marzo 1965, n. 123, Conversione in legge, con modificazioni, del decreto-legge 14 gennaio 1965, n. 1, relativo alla istituzione di un Fondo speciale per il finanziamento delle medie e piccole industrie manifatturiere, in: Gazzetta Ufficiale della Repubblica Italiana, Serie generale, n. 66 (15.03.1965), Rom: Istituto Poligrafico dello Stato (1965).

955 Vgl. Pugliese (1974), Incentivi, S. 196 und Simona Pergolesi, Il credito agevolato alle imprese industriali. Le incentivazioni gestite dal Ministero dell´Industria, 1962–1984, Mailand: FrancoAngeli (1988), S. 49.

956 Vgl. Legge 01 febbraio 1965, n. 60, Costituzione di fondi di rotazione presso l'ISVEIMER, IRFIS e CIS per mutui alle piccole e medie industrie, in: Gazzetta Ufficiale della Repubblica Italiana, Serie generale, n. 54 (02.03.1965), Rom: Istituto Poligrafico dello Stato (1965). Im Gegensatz zu den Regionalkreditinstituten des *Mediocredito* in der Makroregion „Zentrum-Nord", wurden die direkt vom ISVEIMER, IRFIS und CIS für Industrieunternehmen in Süditalien vergebenen *crediti speciali agevolati* nicht aus der jährlichen „ordentlichen" Mittelausstattung finanziert, sondern stammten aus einem revolvierenden Kreditfonds. Aus der „ordentlichen" Mittelausstattung wurden lediglich die Personal-, Miet- und sonstigen laufenden Unterhaltskosten bezahlt. Der erste Kreditfonds in Höhe von 11,25 Mrd. Lire war im Februar 1955 eingerichtet und schrittweise in den Jahren 1957, 1958 und 1960 auf insgesamt knapp 43,69 Mrd. Lire erhöht worden. Vgl. Legge 12 febbraio 1955, n. 38, Finanziamenti industriali nell´Italia meridionale e insulare, Art. 1, in: Gazzetta Ufficiale della Repubblica Italiana, Serie generale, n. 50 (02.03.1955), Rom: Istituto Poligrafico dello Stato (1955); Legge 15 febbraio 1957, n. 48, Utilizzazione di parte del prestito di cui all'Accordo con gli Stati Uniti d'America del 23 maggio 1955, per finanziamenti industriali nell´Italia meridionale e insulare, Art. 1 und Art. 2, in: Gazzetta Ufficiale della Repubblica Italiana, Serie generale, n. 65 (11.03.1957), Rom: Istituto Poligrafico dello

IRFIS und CIS direkt vergebenen mittel- und langfristigen *crediti speciali agevolati* wurden daraufhin vom CICR im Durchschnitt um drei Prozentpunkte von zuvor 6,50% auf 3,00–4,00% gesenkt, lagen damit sogar noch niedriger als jene der von der *Cassa per il Mezzogiorno* vermittelten Industriekredite. *Drittens*, wurde am 29. März 1965 die „ordentliche" jährliche Mittelausstattung der insgesamt elf Regionalkreditinstitute des *Mediocredito* in der Makroregion „Zentrum-Nord" bis Ende 1979 um jeweils 3 Mrd. Lire auf jeweils 6 Mrd. Lire erhöht, um dadurch ebenfalls die Kreditvergabe zu noch günstigeren Zinssätzen gegenzufinanzieren.[957] In der Folge wurden auch die Nominalzinssätze für die von den Regionalkreditinstituten des *Mediocredito* in den Regionen Nord-, Nordost-, Nordwest- und Mittelitalien vergebenen Industriekredite vom CICR jeweils deutlich gesenkt, allerdings nicht so stark wie die Nominalzinsätze des ISVEIMER, IRFIS und CIS in Süditalien: von zuvor 6,50% im Durchschnitt aller Regionalkreditinstitute in der Makroregion „Zentrum-Nord" auf zunächst 6,00% (1965), dann auf 5,00–6,00% (1966) und schließlich auf 5,00–5,85% (1967). Bereits seit 1968 wurde allerdings aufgrund einer zunehmenden Überhitzung des Kapitalmarktes vom CICR schrittweise eine leichte Wiederanhebung des Nominalzinssatzes der *crediti speciali agevolati* des *Mediocredito-Centro-Nord* in Anlehnung an die durchschnittliche landesweite Kreditverteuerung der *crediti speciali ordinari* festgelegt, so dass der durchschnittliche Nominalzinssatz für die staatlich subventionierten Industriekredite des *Mediocredito* in der Makroregion „Zentrum-Nord" mit 6,00–6,90% im Jahr 1970 in etwa wieder sein durchschnittliches Ausgangsniveau der Jahre von 1952 bis 1964 erreicht hatte.[958]

Neben diesen drei Gesetzen zur staatlich subventionierten Industriekreditfinanzierung wurde schließlich – am 26. Juni 1965 – das *zweite* große Reformgesetz der staatlichen Südförderung über die *Disciplina degli interventi per lo sviluppo del Mezzogiorno* verabschiedet. Kernelemente bildeten die erneute Laufzeitverlängerung der *Cassa per il Mezzogiorno* um weitere 15 Jahre bis Ende 1980, die zusätzliche Finanzmittelausstattung der staatlichen Südagentur in Höhe von insgesamt 1.640 Mrd. Lire für die folgenden fünf Jahre sowie die Institutionalisierung einer Vielzahl

---

Stato (1957); Legge 08 febbraio 1958, n. 102, Utilizzazione di parte del prestito di cui all´Accordo con gli Stati Uniti d´America, stipulato il 30 ottobre 1956 e successivi emendamenti, per finanziamenti industriali nell´Italia meridionale ed insulare, Art. 1 und Art. 2, in: Gazzetta Ufficiale della Repubblica Italiana, Serie generale, n. 59 (08.03.1958), Rom: Istituto Poligrafico dello Stato (1958) sowie Legge 29 giugno 1960, n. 657, Utilizzazione del prestito di cui all´Accordo con gli Stati Uniti d´America del 7 marzo 1958, per finanziamenti industriali nell'Italia meridionale ed insulare, Art. 1, in: Gazzetta Ufficiale della Repubblica Italiana, Serie generale, n. 172 (15.07.1960), Rom: Istituto Poligrafico dello Stato (1960).

957 Vgl. Legge 29 marzo 1965, n. 219, Autorizzazione della spesa di lire 3 miliardi annui per gli scopi di cui alla legge 30 luglio 1959, n. 623, relativa a nuovi incentivi a favore delle medie e piccole industrie, in: Gazzetta Ufficiale della Repubblica Italiana, Serie generale, n. 88 (07.04.1965), Rom: Istituto Poligrafico dello Stato (1965).

958 Vgl. Spadacecchia (2003), State Subsidies, S. 173f.

verschiedener zusätzlicher Investitionsanreize für Industrieunternehmen in den Regionen Süditaliens.[959] Auch die bestehenden Kreditkonditionen der *Cassa per il Mezzogiorno* wurden – allerdings nur leicht – modifiziert: Abhängig vom Gesamtumfang des jeweiligen Investitionsprojekts variierten die neuen Nominalzinssätze der über die *Cassa per il Mezzogiorno* vermittelten subventionierten Industriekredite, mit denen Unternehmen weiterhin bis zu 70% ihrer Investitionskosten abdecken konnten, zwischen 4,00% und 6,00%. Dabei wurde Investitionsprojekten von ≤ 1,5 Mrd. Lire im neuen Kreditschema der staatlichen Südagentur kein Sonderförderstatus mehr eingeräumt (zuvor; 3,00%). Investitionsprojekte von ≤ 6 Mrd. Lire konnten wiederum mit Krediten zu einem Nominalzinssatz von 4,00% sowie alle weiteren Investitionsprojekte von ≥ 6 Mrd. Lire zu einem Nominalzinssatz von 5,00–6,00% teilfinanziert werden. Damit hatten sich die von der *Cassa per il Mezzogiorno* vermittelten *crediti speciali agevolati* zur Teilfinanzierung von größeren und großen Industrieunternehmungen mit einem Investitionsaufkommen von ≥ 6 Mrd. Lire leicht verteuert: der Nominalzinssatz war um einen Prozentpunkt angehoben worden, letztlich aber immer noch im Jahresdurchschnitt von 1965 bis 1970 mehr als die Hälfte niedriger als die Verzinsung der marktüblichen *crediti speciali ordinari*. Da größere und große Projekte mit einem Investitionsaufkommen von ≥ 1 Mrd. Lire weiterhin nur in Süditalien und ausschließlich über die *Cassa per il Mezzogiorno* durch die Vergabe zinsvergünstigter Kredite gefördert wurden, blieben die Förderkredite der staatlichen Südagentur daher nach wie vor äußerst attraktiv. In diesem Kontext ist zu ergänzen, dass die zinsvergünstigte Kreditfinanzierung zusätzlich mit verschiedenen Direktbezuschussungen der *Cassa* in Höhe von bis zu weiteren 7% der Gesamtinvestitionskosten sowie mit sonstigen Handels- und Steuererleichterungen kombiniert werden konnte und in den meisten Fällen auch kombiniert wurde. Diese Praxis entsprach dem politischen Auftrag der staatlichen Südagentur, bereits geförderten Unternehmen die maximal mögliche finanzielle Unterstützung zu gewähren, um keine Investitionsruinen zu produzieren.[960]

Zusammen bildeten die während der ersten Jahreshälfte 1965 verabschiedeten Gesetze die *dritte*, äußerst wirkungsmächtige Reform der staatlich subventionierten Industriekreditfinanzierung seit der Gründung des *Mediocredito centrale* im Juli 1952. Durch die vierfach sanktionierte umfassende Ausweitung und die beträchtliche Verbilligung der zahlreichen bereits bestehenden und enorm günstigen *crediti speciali agevolati* leitete diese Reform die Hochblüte einer landesweit immer stärker verbreiteten Praxis einer Investitionsfinanzierung durch staatliche Förderkredite ein. Niemals zuvor oder danach waren die staatlich subventionierten Finanzierungsmöglichkeiten

959 Vgl. Legge 26 giugno 1965, n. 717, Disciplina degli interventi per lo sviluppo del Mezzogiorno, in: Gazzetta Ufficiale della Repubblica Italiana, Serie generale, n. 159 (30.06.1965), Rom: Istituto Poligrafico dello Stato (1965).

960 Vgl. ausführlich Kevin Allen und Malcolm C. MacLennan, Regional Problems and Policies in Italy and France, London: Allen & Unwin (1970), S. 87 ff.

für Industrieunternehmen in Italien so vielseitig und die staatlichen Industrieförderkredite so günstig wie nach der Reformgesetzgebung von 1965. Wie die *zweite* Kreditreform von 1959 auch, führte das Reformbündel von 1965 zu einem massiven Anstieg der jährlichen Gesamtvolumina zinsvergünstigter Industriekredite. Mit Ausnahme Nordwestitaliens (bis 1971) fiel er in allen Makroregionen des Landes bis Ende 1972 erheblich stärker aus als die Ausweitung der jährlichen Gesamtvolumina der „ordentlichen" Industriekredite, so dass sich auch die Anteile der *crediti speciali agevolati* an den entsprechenden Gesamtkreditvolumina kontinuierlich erhöhten und landesweit mit 52% schließlich ihr Rekordhoch erreichten.[961]

Die durch die Reformgesetzgebung von 1965 induzierte abermalige Expansion der staatlichen Förderkredite setzte sich bis in die frühen 1970er Jahre hinein fort, verlangsamte sich in der Makroregion „Zentrum-Nord" aber bereits infolge der Nominalzinssatzerhöhungen von 1970 erheblich. In Süditalien hielt sie dagegen noch bis Mitte 1972 ungebremst an, endete dann jedoch abrupt. Hintergrund bildete die schrittweise Einführung verschärfter Kontrollmechanismen für die Kreditvergabe durch die *Cassa per il Mezzogiorno* seit Mai 1972, in deren Folge sich die von der staatlichen Südagentur vermittelten subventionierten Industriekredite binnen Jahresfrist massiv – um knapp 55% – verringerten. Dadurch reduzierte sich – erstmals seit der 1950 institutionalisierten Sondergesetzgebung für Süditalien überhaupt – das Jahresgesamtvolumen der *crediti speciali agevolati* der Makroregion „Süd", wenngleich nur leicht (0,69%). Als im Spätherbst 1974 vom CICR die Nominalzinssätze im Durchschnitt der verschiedenen Förderkredite der *Cassa per il Mezzogiorno*, der Regionalkreditinstitute des *Mediocredito* in Süditalien sowie des Industrie- und Handelsministeriums um etwa 1,50 Prozentpunkte erhöht wurden, gingen die in den Regionen des Mezzogiorno vergebenen zinsvergünstigten Industriekredite allerdings deutlich zurück – im Vergleich mit dem Rekordhoch von 1972 zunächst um 17,01%, 1975 dann schließlich um insgesamt 25,50%.[962] In der Makroregion „Zentrum-Nord" hatte sich zwischen 1970 und 1972 der Kreditumfang der *crediti speciali agevolati* ebenfalls noch einmal erhöht, mit lediglich 19,87% längst aber nicht mehr so rasant wie von 1966 bis 1970 (81,15%) und nicht annähernd so stark wie in Süditalien (53,47%). Demzufolge reduzierte sich der Anteil der Wirtschaftsregion am landesweiten Gesamtvolumen der staatlich subventionierten Industriekredite kurzzeitig erheblich und war erstmals seit

---

961 Vgl. die nachfolgende Tabelle 4.2.

962 Eigene Berechnungen, basierend auf SVIMEZ (2011), Nord e Sud, Tabelle 3, S. 1029f. (Kreditvergabe *Cassa per il Mezzogiorno*, 1972–1975); Banca d´Italia (alle relevanten Jahrgänge von 1969–1975), Relazione annuale (regional differenzierte staatlich subventionierte Industriekredite in Italien, 1969; regional differenzierter Nettozuwachs der staatlich subventionierten Industriekredite in Italien, 1970–1973 und Nettokreditzuwachs staatlich subventionierter Industriekredite in Italien, 1974 und 1975) sowie Spadavecchia (2003), State Subsidies, S. 207 (regionale Verteilung, 1974 und 1975). Zur Einführung neuer, verschärfter Kontrollmechanismen bei der Kreditvergabe durch die *Cassa per il Mezzogiorno* seit Mai 1972, vgl. Dunford (1988), Regional Development, S. 155f. sowie Spadavecchia (2003), State Subsidies, S. 142ff.

der Gründung des *Mediocredito* im Juli 1952 geringer als der Anteil der in den Regionen des Mezzogiorno vergebenen staatlichen Förderkredite.[963]

Während des Zeitraumes von 1966 bis 1970 – der *zweiten* Kreditexpansionsphase – belief sich der Anteil Süditaliens am landesweiten Gesamtvolumen der *crediti speciali agevolati* im Jahresdurchschnitt auf 46,69%, war demzufolge im Vergleich mit dem Jahresdurchschnitt von 1957 bis 1965 noch einmal um mehr als sieben Prozentpunkte gestiegen, im Vergleich zu den frühen Aufschwungsjahren von 1953 bis 1956 sogar um 30 Prozentpunkte. Dennoch hatte sich – wie aus Tabelle 4.2 hervorgeht – der Anteil der Makroregion „Süd" am jährlichen Gesamtvolumen der *crediti speciali agevolati* in Italien nach der Verabschiedung der Reformgesetze von 1965 bis 1970 auf 46,60% verringert, weil das jahresdurchschnittliche Wachstum der in den Regionen Nord-, Nordost-, Nordwest- und Mittelitaliens vergebenen *crediti speciali agevolati* mit 16,45% erstmals seit 1957 größer ausfiel – um 1,4 Prozentpunkte – als in den Regionen des Mezzogiorno.[964] Diese Entwicklung entsprach der anfänglich vordergründigen konjunkturpolitischen Ausrichtung der *dritten* Reform, die in ihrer Wirkung die gleichsam intendierte Beseitigung des süditalienischen Industrialisierungsrückstandes gewissermaßen abgeschwächt hat: Das Reformbündel von 1965 zielte primär darauf ab, *erstens*, die seit dem Frühsommer 1963 landesweit stark rückläufigen Investitionen der Industriewirtschaft durch die starken Nominalzinssatzsenkungen für die von den Regionalkreditinstituten des *Mediocredito* vergebenen Industriekredite wieder anzukurbeln (Gesetz Nr. 60 und Gesetz Nr. 219); *zweitens*, möglichst viele der nach Krisenausbruch im Frühsommer 1963 in wirtschaftliche Schwierigkeiten geratenen kleinen und mittelständischen Unternehmen des Verarbeitenden Gewerbes mit Unterstützungskrediten aus dem neuen Finanzierungsfonds des IMI vor dem Konkurs zu bewahren (Gesetz Nr. 123) sowie *drittens*, die Fortsetzung der industriellen Großprojekte in Süditalien durch die Kreditfinanzierung der *Cassa per il Mezzogiorno* zu gewährleisten (Gesetz Nr. 717). Mit dieser dreifachen Stoßrichtung profitierten die Industrieunternehmen in der Makroregion „Zentrum-Nord" von der neuen Reformgesetzgebung ungleich stärker als die Industriewirtschaft Süditaliens, so dass sich der bereits mit der Vergabe von neuen Förderkrediten des Industrie- und Handelsministeriums im Juli 1959 sichtbare Trend einer abermaligen industriepolitischen Fokussierung auf die Investitionsförderung in den höher und hoch industrialisierten Regionen des Landes in den Jahren von 1966 bis 1970 weiter fortsetzte. Dass die Industrieunternehmen in den Regionen des Mezzogiorno hingegen in den Jahren 1972 (52,77%) und 1973 (51,48%) jeweils etwas mehr als die Hälfte der landesweiten *crediti speciali agevolati* auf sich vereinten, erklärt sich vor allem aus den Nominalzinssatzsteigerungen

---

963 Vgl. ebd.

964 Eigene Berechnungen, basierend auf Spadavecchia (2007), Subsidies, Tabelle 7, S. 22 (regional differenzierte Kreditvolumina, 1953–1956 und 1957–1965) sowie Banca d'Italia (alle relevanten Jahrgänge von 1967–1972), Relazione annuale (regional differenzierte Kreditvolumina, 1966–1969 und Nettozuwachs der regional differenzierten Kreditvolumina, 1970).

Tabelle 4.2: Entwicklung der mittel- und langfristigen Industriekredite in Italien, differenziert nach Makroregionen, 1963–1973; in Mrd. € (2010) und in %.

	in Mrd. € (2010)					
	Nordwestitalien			Nordostitalien		
	*credito speciale ordinario**	*credito speciale agevolato***	*credito speciale* gesamt***	*credito speciale ordinario**	*credito speciale agevolato***	*credito speciale* gesamt***
1963	10,84	4,85	15,69	5,25	1,61	6,86
1964	11,54	5,19	16,73	5,00	1,75	6,76
1965	11,87	5,41	17,28	4,83	1,94	6,76
1966	14,72	6,00	20,72	4,28	2,50	6,79
1967	15,36	7,15	22,52	4,35	3,23	7,59
1968	15,93	8,10	24,04	5,58	4,00	9,58
1969	16,18	9,89	26,07	5,89	4,55	10,44
1970	17,03	10,82	27,85	6,25	4,50	10,74
1971	20,13	12,87	33,00	7,02	4,98	12,01
1972	21,63	13,04	34,67	7,28	5,27	12,55
1973	26,18	13,40	39,58	8,10	5,70	13,80

	in % Makroregion					
	Nordwestitalien			Nordostitalien		
	*credito speciale ordinario**	*credito speciale agevolato***	*credito speciale* gesamt***	*credito speciale ordinario**	*credito speciale agevolato***	*credito speciale* gesamt***
1963	69,07	30,93	100	76,54	23,46	100
1964	68,98	31,02	100	74,06	25,94	100
1965	68,71	31,29	100	71,33	28,67	100
1966	71,04	28,96	100	63,09	36,91	100
1967	68,24	31,76	100	57,37	42,63	100
1968	66,29	33,71	100	58,22	41,78	100
1969	62,05	37,95	100	56,42	43,58	100
1970	61,16	38,84	100	58,15	41,85	100
1971	61,01	38,99	100	58,48	41,52	100
1972	62,39	37,61	100	58,00	42,00	100
1973	66,15	33,85	100	58,70	41,30	100

	in % Italien					
	Nordwestitalien			Nordostitalien		
	*credito speciale ordinario**	*credito speciale agevolato***	*credito speciale* gesamt***	*credito speciale ordinario**	*credito speciale agevolato***	*credito speciale* gesamt***
1963	40,54	33,48	38,06	19,63	11,10	16,63
1964	40,60	30,42	36,78	17,60	10,27	14,85
1965	41,04	28,12	35,88	16,68	10,08	14,04
1966	47,55	27,74	39,40	13,83	11,58	12,90
1967	46,92	26,44	37,66	13,29	11,96	12,69
1968	44,33	25,43	35,45	15,52	12,57	14,13
1969	42,79	27,48	35,33	15,58	12,64	14,15
1970	42,55	27,82	35,29	15,60	11,56	13,61
1971	44,27	27,78	35,95	15,44	10,76	13,08
1972	44,48	24,75	34,22	14,96	10,00	12,39
1973	43,44	24,97	34,74	13,44	10,62	12,11

* von den *Istituti di credito speciale* vergebene Kredite zur Investitionsfinanzierung für Industrie- und Infrastrukturprojekte zum marktüblichen Zinssatz; ** von den *Istituti di credito speciale* vergebene zinsvergünstigte Kredite zur Investitionsfinanzierung für Industrie- und Infrastrukturprojekte; *** von den *Istituti di credito speciale* insgesamt vergebene Kredite zur Investitionsfinanzierung für Industrie- und Infrastrukturprojekte

(fortgesetzt)

Tabelle 4.2 (Fortsetzung): Entwicklung der mittel- und langfristigen Industriekredite in Italien, differenziert nach Makroregionen, 1963–1973; in Mrd. € (2010) und in %.

	in Mrd. € (2010)					
	Mittelitalien			Süditalien		
	*credito speciale ordinario**	*credito speciale agevolato***	*credito speciale* gesamt***	*credito speciale ordinario**	*credito speciale agevolato***	*credito speciale* gesamt***
1963	5,24	1,99	7,23	5,41	6,04	11,45
1964	5,49	2,27	7,76	6,40	7,85	14,25
1965	5,60	2,48	8,08	6,64	9,40	16,04
1966	5,90	2,79	8,69	6,06	10,34	16,40
1967	6,08	3,95	10,03	6,95	12,71	19,66
1968	7,35	4,88	12,23	7,08	14,87	21,95
1969	8,08	5,22	13,29	7,66	16,33	23,99
1970	8,81	5,45	14,26	7,94	18,12	26,06
1971	9,84	6,10	15,94	8,48	22,37	30,85
1972	10,51	6,58	17,09	9,21	27,81	37,02
1973	12,12	6,94	19,05	13,87	27,61	41,48
	in % Makroregion					
	Mittelitalien			Süditalien		
	*credito speciale ordinario**	*credito speciale agevolato***	*credito speciale* gesamt***	*credito speciale ordinario**	*credito speciale agevolato***	*credito speciale* gesamt***
1963	72,42	27,58	100	47,24	52,76	100
1964	70,71	29,29	100	44,90	55,10	100
1965	69,29	30,71	100	41,37	58,63	100
1966	67,93	32,07	100	36,95	63,05	100
1967	60,62	39,38	100	35,34	64,66	100
1968	60,11	39,89	100	32,25	67,75	100
1969	60,75	39,25	100	31,92	68,08	100
1970	61,79	38,21	100	30,47	69,53	100
1971	61,73	38,27	100	27,50	72,50	100
1972	61,52	38,48	100	24,89	75,11	100
1973	63,60	36,40	100	33,43	66,57	100
	in % Italien					
	Mittelitalien			Süditalien		
	*credito speciale ordinario**	*credito speciale agevolato***	*credito speciale* gesamt***	*credito speciale ordinario**	*credito speciale agevolato***	*credito speciale* gesamt***
1963	19,59	13,75	17,53	20,24	41,67	27,77
1964	19,30	13,32	17,06	22,50	45,99	31,31
1965	19,35	12,90	16,77	22,94	48,90	33,30
1966	19,05	12,88	16,51	19,58	47,81	31,19
1967	18,57	14,60	16,77	21,21	47,00	32,88
1968	20,46	15,32	18,04	19,70	46,68	32,38
1969	21,37	14,50	18,02	20,26	45,38	32,51
1970	22,01	14,01	18,07	19,83	46,60	33,02
1971	21,64	13,17	17,37	18,65	48,29	33,61
1972	21,62	12,48	16,86	18,94	52,77	36,53
1973	20,11	12,93	16,73	23,01	51,48	36,42

* von den *Istituti di credito speciale* vergebene Kredite zur Investitionsfinanzierung für Industrie- und Infrastrukturprojekte zum marktüblichen Zinssatz; ** von den *Istituti di credito speciale* vergebene zinsvergünstigte Kredite zur Investitionsfinanzierung für Industrie- und Infrastrukturprojekte; *** von den *Istituti di credito speciale* insgesamt vergebene Kredite zur Investitionsfinanzierung für Industrie- und Infrastrukturprojekte

(fortgesetzt)

Tabelle 4.2 (Fortsetzung): Entwicklung der mittel- und langfristigen Industriekredite in Italien, differenziert nach Makroregionen, 1963–1973; in Mrd. € (2010) und in %.

	Italien in Mrd. € (2010)		
	*credito speciale ordinario**	*credito speciale agevolato***	*credito speciale* **gesamt*****
1963	26,73	14,50	41,23
1964	28,43	17,07	45,50
1965	28,93	19,23	48,17
1966	30,97	21,63	52,60
1967	32,74	27,05	59,79
1968	35,95	31,86	67,81
1969	37,80	35,99	73,79
1970	40,03	38,88	78,91
1971	45,48	46,32	91,80
1972	48,64	52,69	101,33
1973	60,27	53,65	113,91
	in % Italien		
	*credito speciale ordinario**	*credito speciale agevolato***	*credito speciale* **gesamt*****
1963	64,83	35,17	100
1964	62,49	37,51	100
1965	60,07	39,93	100
1966	58,87	41,13	100
1967	54,76	45,24	100
1968	53,01	46,99	100
1969	51,23	48,77	100
1970	50,73	49,27	100
1971	49,54	50,46	100
1972	48,00	52,00	100
1973	52,91	47,09	100

* von den *Istituti di credito speciale* vergebene Kredite zur Investitionsfinanzierung für Industrie- und Infrastrukturprojekte zum marktüblichen Zinssatz; ** von den *Istituti di credito speciale* vergebene zinsvergünstigte Kredite zur Investitionsfinanzierung für Industrie- und Infrastrukturprojekte; *** von den *Istituti di credito speciale* insgesamt vergebene Kredite zur Investitionsfinanzierung für Industrie- und Infrastrukturprojekte

Quelle: Eigene Berechnungen, basierend auf Banca d'Italia (alle relevanten Jahrgänge von 1964–1973), Relazione annuale (regional differenzierte Kreditvolumina, 1963–1969 und Nettozuwachs der regional differenzierten Kreditvolumina, 1970–1973).

von 1970 für die von den Regionalkreditinstituten des *Mediocredito* in der Makroregion „Zentrum-Nord" vergebenen Förderkredite, die zu einer kurzfristigen anteiligen Verschiebung der Kreditvergabe nach Süditalien beitrug. Sie war insofern keineswegs das Ergebnis einer politisch durchgesetzten strategischen (Wieder)Neuausrichtung der staatlich subventionierten Kreditfinanzierung auf den Mezzogiorno; ganz im Gegenteil wurde diese sogar bewußt zurückgefahren. So markiert die bereits erwähnte Einführung verschärfter Kontrollmechanismen für die Kreditvergabe durch die *Cassa per il Mezzogiorno* seit Mai 1972 denn auch den Auftakt einer einschneidenden Reduzierung und Einschränkung der seit 1952 auf- und ausgebauten staatlich geförderten Finanzierungsmöglichkeiten für Industrieunternehmungen in Süditalien und damit gleichzeitig das Ende der mit der Kreditreform von 1957 eingeleiteten Expansion zinsvergünstigter Industriekredite.[965] Kleine und mittelständische Industrieunternehmungen waren von dieser industriepolitischen Entscheidung am stärksten betroffen, wohingegen die staatlich subventionierte Kreditfinanzierung größerer und großer Investitionsprojekte im Mezzogiorno – wenngleich in ebenso eingeschränkter Form – weiterhin Bestand hatte. Die jährlichen Gesamtvolumina der zinsvergünstigten Kredite reduzierten sich in Süditalien bis 1980 im Jahresvergleich zu 1972 schließlich um 66,33%.[966]

Zusammenfassend läßt sich unter Berücksichtigung der in Kapitel II analysierten regional vergleichenden Wachstumsdynamik feststellen, dass die staatlichen Förderkredite ein äußerst wirkungsmächtiges Instrument zur Industrialisierung des Mezzogiorno bildeten. Zwar hatte sich die jährliche Ausweitung der zur (Teil)Finanzierung von Investitionsprojekten vergebenen zinsvergünstigten Industriekredite nach der Kreditreform von 1965 zugunsten der Makroregion „Zentrum-Nord" verlangsamt, doch waren ihre jährlichen Gesamtvolumina von 1966 bis 1970 noch einmal um 75,19% gestiegen. Das Gesamtvolumen der *crediti speciali agevolati* übertraf damit das jahresdurchschnittliche Kreditvolumen von 1957 bis 1965 um mehr als das Fünffache (+514,95%) sowie jenes vor der *ersten* Reform der staatlichen Kreditförderung im Juli 1957 sogar um mehr als das 77-fache (+7.739,06%). Dabei waren die *crediti speciali agevolati* bereits seit der Gründung des *Mediocredito* im Juli 1952, vor allem aber nach der industriepolitischen Wende von 1957 schneller gewachsen als die „ordentlichen" Industriekredite, so dass sich der Anteil der zinsvergünstigten Förderkredite an den jährlichen Gesamtkreditvolumina der Industriewirtschaft in den Regionen des Mezzogiorno zunächst – bis 1963 – auf 52,76% und anschließend – bis 1970 – sogar auf

965 Vgl. Spadavecchia (2003), State Subsidies, S. 207–211 sowie S. 224.

966 Eigene Berechnungen, basierend auf Banca d´Italia (alle relevanten Jahrgänge von 1969–1981), Relazione annuale (regional differenzierte Kreditvolumina, 1969; Nettozuwachs der regional differenzierten Kreditvolumina, 1970–1973 und Nettokreditzuwachs Italien, 1974–1980) sowie Spadavecchia (2003), State Subsidies, S. 207 (regionale Verteilung, 1974–1980).

69,53% erhöht hat.[967] Die staatlich subventionierte Industriekreditfinanzierung war daher von größter Relevanz für die während der Kernphase der italienischen Nachkriegsprosperität massiv gesteigerten jährlichen Bruttoinvestitionen und damit für das exzeptionelle Wachstum der industriewirtschaftlichen Bruttowertschöpfung im Mezzogiorno.

Auch in der Makroregion „Zentrum-Nord“ hatten sich bis 1970 die jährlichen Gesamtvolumina der zinsvergünstigten Industriekredite schneller ausgeweitet als der jährliche Kreditumfang der „ordentlichen“ Industriekredite. Im Vergleich mit dem jahresdurchschnittlichen Gesamtvolumen der *crediti speciali agevolati* von 1957 bis 1965 waren sie um mehr als das Vierfache (+404,66%) gestiegen und übertrafen damit den Kreditumfang im Jahresdurchschnitt der ersten Aufschwungsjahre von 1953 bis 1956 um fast das 19-fache (+1.872,12%).[968] Dennoch stellten die „ordentlichen“ Kredite während der gesamten Nachkriegsprosperität den mit deutlichem Abstand größten Teil der jährlichen Gesamtkreditvolumina der Industriewirtschaft in der Makroregion dar. Selbst während der *zweiten* Phase der landesweiten Kreditexpansion von 1966 bis 1970 belief sich der Anteil der staatlichen Förderkredite am Gesamtkreditvolumen der Industriewirtschaft in der Makroregion „Zentrum-Nord“ im Jahresdurchschnitt auf lediglich 36,54%. Damit aber war dieser Anteil ca. 30 Prozentpunkte niedriger als in Süditalien (66,61%).[969] Der staatlich subventionierten Industriekreditfinanzierung kommt zwar in der der Makroregion „Zentrum-Nord“ während des Untersuchungszeitraumes ebenso eine zunehmende Bedeutung zu. Sie war jedoch für die Industrialisierung des Mezzogiorno weitaus größer. Im Folgenden soll dieses Ergebnis vorstehender Ausführungen auf disaggregierter Ebene – am Fallbeispiel der Verarbeitenden Industrie und regional vergleichend – konkretisiert werden.

4.1.2.4 Die Branchenverteilung der Industriekredite innerhalb der Verarbeitenden Industrie, 1958–1970

Die Verarbeitende Industrie absorbierte – wie bereits erwähnt – im Jahresdurchschnitt von 1961 bis 1970 zusammen knapp mehr als vier Fünftel der neu vergebenen staatlichen Förderkredite.[970] Dabei herrschten sowohl hinsichtlich der Vergabe der staatlich subventionierten als auch der „ordentlichen“ Industriekredite klare Prioritäten, die allerdings in den zwei Makroregionen „Süd“ und „Zentrum-Nord“ ganz unterschiedlich gesetzt wurden.

---

967 Eigene Berechnungen, basierend auf Spadavecchia (2007), Subsidies, Tabelle 7, S. 22 (regional differenzierte Kreditvolumina, 1953–1956 und 1957–1965) sowie Banca d´Italia (alle relevanten Jahrgänge von 1967–1972), Relazione annuale (regional differenzierte Kreditvolumina, 1966–1969 und Nettozuwachs der regional differenzierten Kreditvolumina, 1970.

968 Vgl. ebd.

969 Vgl. ebd.

970 Angaben zum regional- und branchendifferenzierten Umfang der staatlich subventionierten Industriekredite in Italien liegen erst ab 1961 vor.

Der mit deutlichem Abstand größte Teil der während der Kernphase der italienischen Nachkriegsprosperität an das Verarbeitende Gewerbe in den Regionen Süditaliens vergebenen Industriekredite ging – wie in Abbildung 4.5 dargestellt – an die Chemische Industrie (inkl. Petrochemie). Ihr Anteil an den jährlichen Gesamtvolumina erhöhte sich von zunächst 27,50% (1958) auf 44,27% (1970) und belief sich im Jahresdurchschnitt von 1958 bis 1970 auf 35,98%. Dahinter folgten die Eisen- und Stahlindustrie mit einem jahresdurchschnittlichen Anteil von 13,63% (1958, 8,29%; 1970, 16,49%), die Lebensmittel- und Tabakindustrie mit 12,30% (1958, 19,03%; 1970, 7,45%), der Maschinen-, Schiff-, Fahr- und Flugzeugbau mit 10,99% (1958, 11,44%; 1970, 12,35%), die Baustoffindustrie mit 10,93% (1958, 15,06%; 1970, 7,69%), die Textil-, Bekleidungs-, Schuh- und Lederindustrie mit 5,93% (1958, 9,11%; 1970, 4,38%) sowie verschiedene kleine Branchen und Fachzweige, wie die Papier- und Druckindustrie, die Holz- und Möbelindustrie, die Gummiindustrie usw., die zusammen einen jahresdurchschnittlichen Anteil von 10,25% (1958, 9,57%; 1970, 7,38%) der entsprechenden Gesamtkreditvolumina abschöpften. Dabei verschoben sich die jeweiligen Branchenanteile der Verarbeitenden Industrie seit 1958 zunehmend zugunsten der modernen, d. h. kapital- und technologieintensiven Branchen – der Chemischen Industrie, der Eisen- und Stahlindustrie sowie des Maschinen-, Schiff-, Fahr- und Flugzeugbaus – , deren gemeinsamer Anteil am Gesamtkreditumfang der Makrobranche von 47,23% im Jahr 1958 bis zum Ende der Kernphase der Nachkriegsprosperität kontinuierlich anstieg: auf 58,61% im Jahr 1963, auf 64,01% im Jahr 1966 und schließlich auf 73,11% im Jahr 1970. Umgekehrt proportional verringerte sich der Gesamtanteil der traditionellen Branchen – der Lebensmittel- und Tabakindustrie, der Textil-, Bekleidungs-, Schuh- und Lederindustrie, der Baustoffindustrie sowie der kleineren und kleinen Branchen und Fachzweige des Verarbeitenden Gewerbes – im Untersuchungszeitraum stetig. Im Jahresdurchschnitt von 1958 bis 1970 gingen damit 60,59% der jeweils vergebenen Kredite an die modernen Branchen, deren jährlicher Gesamtkreditumfang sich mehr als verzwölfeinhalbfacht (1257,07%) und damit fast dreimal so stark ausgeweitet hat wie die entsprechenden Volumina der traditionellen Branchen der Verarbeitenden Industrie (433,85%). Dennoch sind auch diese stärker gestiegen als jemals zuvor oder danach in der Wirtschaftsgeschichte Italiens. Die Wachstumsdynamik der für alle Branchen der Verarbeitenden Industrie einzigartigen Kreditexpansion von 1958 bis 1970 folgte dabei – wie aus Tabelle 4.3 hervorgeht – in Süditalien dem aufgezeigten sektoralen Trend einer sukzessiven Verlangsamung, wobei sich das ohnehin geringere Kreditwachstum innerhalb der traditionellen Branchen infolge der jeweiligen Nominalzinssatzsteigerungen für „ordentliche" Industriekredite besonders stark abgeschwächt hat: während der Investitionskrise von 1963 bis 1965/66 auf jahresdurchschnittlich 8,40% und nach der *dritten* Kreditreform von 1965 auf jahresdurchschnittlich 4,06% (1966–1970). Im Unterschied dazu verlangsamte sich das Entwicklungstempo der für die drei modernen Branchen gemittelten jährlichen Kreditausweitung bis 1970 ebenfalls deutlich, von jahresdurchschnittlich 34,88% (1958–1963) auf zunächst 18,42% (1963–1966) und schließlich auf 14,12% (1966–1970),

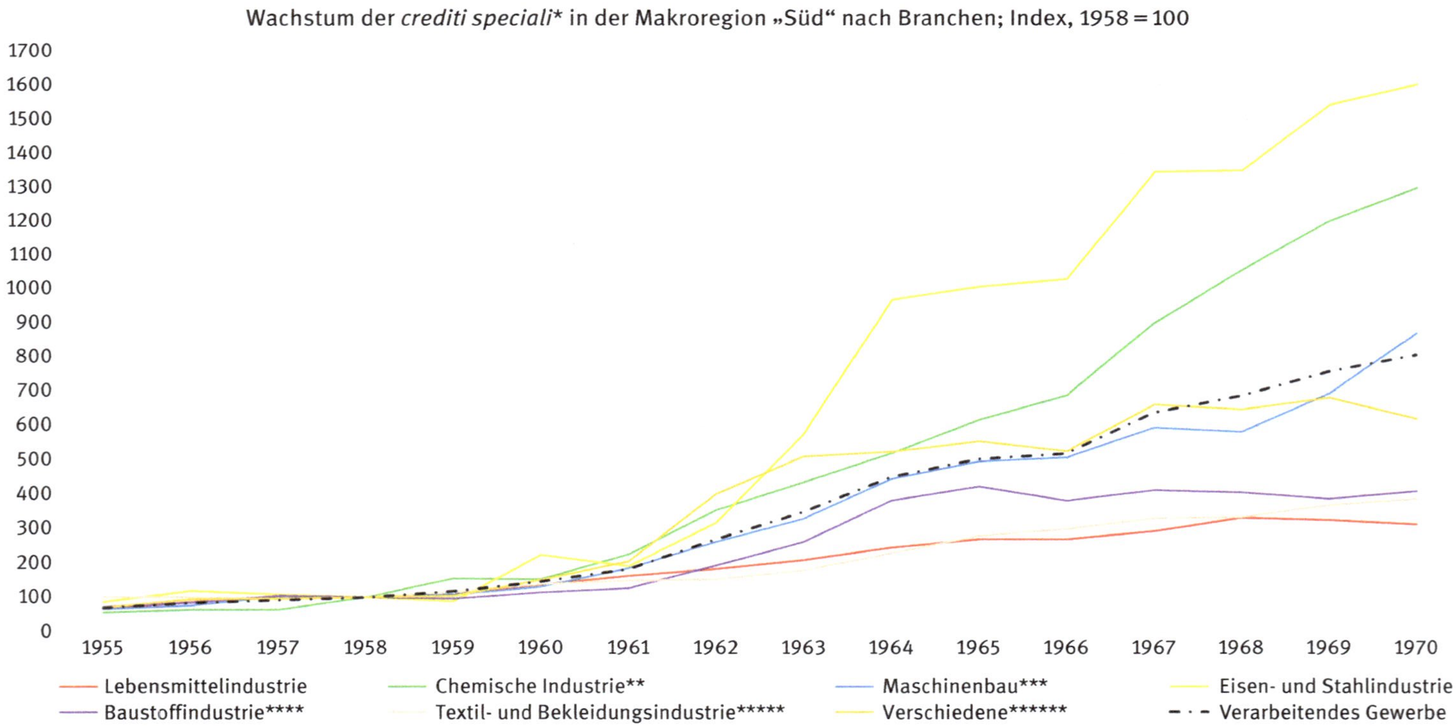

Abbildung 4.5: Entwicklung der mittel- und langfristigen *crediti speciali* für das Verarbeitende Gewerbe in Süditalien nach Branchen, 1955–1970; in Mrd. € (2010) und in %.

* nur mittel- und langfristige Industriekredite für das Verarbeitende Gewerbe; ** inkl. Petrochemie; *** inkl. Schiff-, Fahr- und Flugzeugbau; **** nichtmetallisch; ***** inkl. Schuh- und Lederindustrie; ****** inkl. Druck- und Papierindustrie, Holz- und Möbelindustrie sowie Gummiproduktion

Quelle: Eigene Berechnungen, basierend auf Rota (2013), Credit and Growth, Tabelle A1, S. 449.

(fortgesetzt)

Branchenanteile am Gesamtvolumen der *crediti speciali** in der Makroregion „Süd"; in %

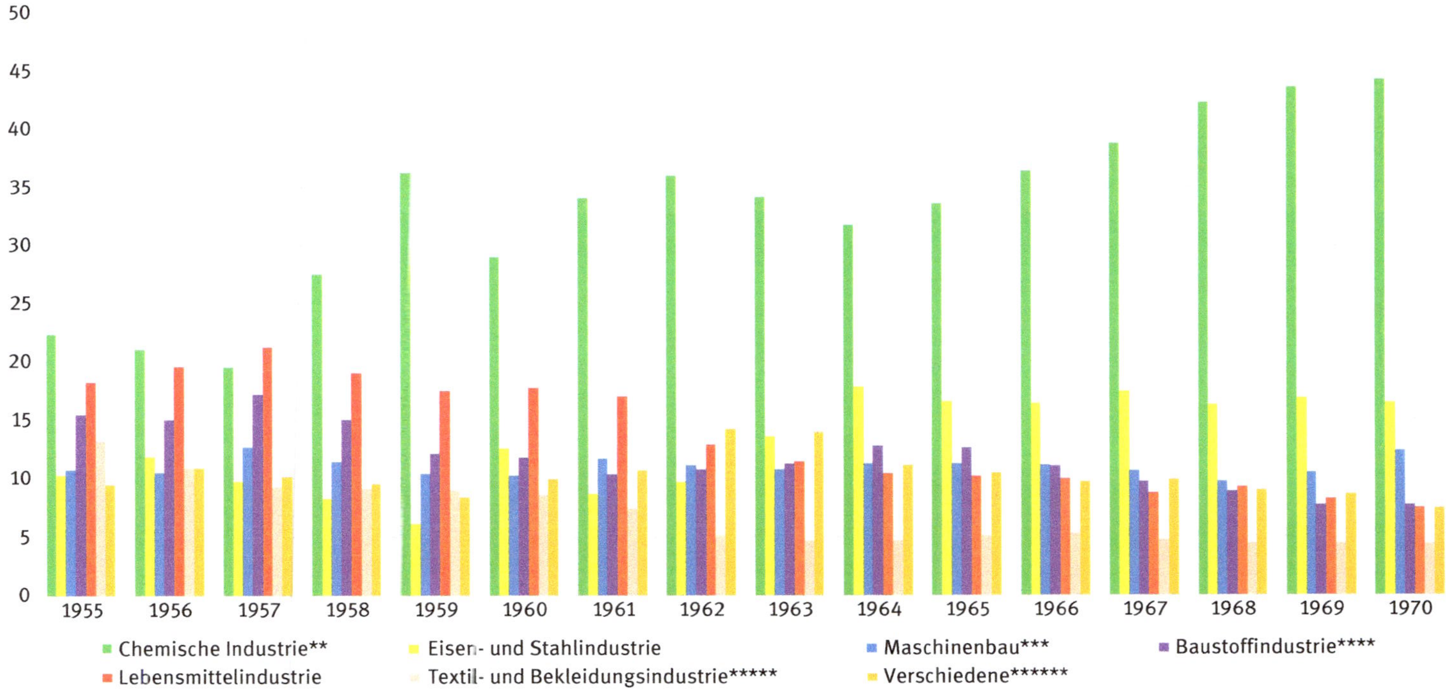

Abbildung 4.5 (Fortsetzung)

* nur mittel- und langfristige Industriekredite für das Verarbeitende Gewerbe; ** inkl. Petrochemie; *** inkl. Schiff-, Fahr- und Flugzeugbau; **** nichtmetallisch; ***** inkl. Schuh- und Lederindustrie; ****** inkl. Druck- und Papierindustrie, Holz- und Möbelindustrie sowie Gummiproduktion

Tabelle 4.3: Entwicklung der mittel- und langfristigen Industriekredite für das Verarbeitende Gewerbe im Mezzogiorno nach Branchen und regionale Anteile der Makroregion „Süd“ am Gesamtvolumen der *crediti speciali* für das Verarbeitende Gewerbe in Italien, 1955–1970; in Mrd. € (2010) und in %.

	Makroregion „Süd“; in Mrd. € (2010)							
	Verarbeitendes Gewerbe	Lebensmittel-industrie	Chemische Industrie*	Maschinen-bau**	Eisen- und Stahlindustrie	Baustoff-industrie***	Textil- und Bekleidungsindustrie****	Verschiedene*****
1955	1,51	0,28	0,34	0,16	0,16	0,23	0,20	0,14
1956	1,81	0,35	0,38	0,19	0,22	0,27	0,20	0,20
1957	1,98	0,42	0,39	0,25	0,19	0,34	0,18	0,20
1958	2,17	0,41	0,60	0,25	0,18	0,33	0,20	0,21
1959	2,56	0,45	0,93	0,27	0,16	0,31	0,23	0,22
1960	3,17	0,56	0,92	0,33	0,40	0,37	0,27	0,32
1961	3,96	0,67	1,35	0,46	0,34	0,41	0,29	0,43
1962	5,86	0,76	2,11	0,65	0,57	0,63	0,30	0,83
1963	7,59	0,87	2,59	0,82	1,03	0,86	0,36	1,06
1964	9,77	1,02	3,10	1,10	1,74	1,25	0,46	1,09
1965	10,94	1,12	3,68	1,23	1,81	1,38	0,56	1,15
1966	11,28	1,12	4,11	1,26	1,85	1,25	0,59	1,09
1967	13,89	1,22	5,38	1,48	2,42	1,35	0,66	1,38
1968	14,91	1,38	6,31	1,45	2,43	1,33	0,66	1,35
1969	16,46	1,36	7,18	1,73	2,78	1,27	0,73	1,42
1970	17,51	1,30	7,75	2,16	2,89	1,35	0,77	1,29
1958–1970	120,06	12,24	46,00	13,20	18,62	12,09	6,08	11,83
Durchschnittl. Wachstum in %								
1958–1970	19,00	10,04	23,81	19,76	26,01	12,51	11,95	16,44
1958–1963	28,43	16,00	34,13	27,00	41,86	21,25	12,48	38,51
1963–1966	14,12	8,92	16,56	15,40	21,43	13,35	18,65	1,07
1966–1970	11,62	3,82	17,22	14,41	11,74	1,89	6,53	4,23

* inkl. Petrochemie; ** inkl. Schiff-, Fahr- und Flugzeugbau; *** nichtmetallisch; **** inkl. Schuh- und Lederindustrie; ***** inkl. Papier- und Druckindustrie, Holz- und Möbelindustrie und Gummiproduktion

(fortgesetzt)

Tabelle 4.3 (Fortsetzung): Entwicklung der mittel- und langfristigen Industriekredite für das Verarbeitende Gewerbe im Mezzogiorno nach Branchen und regionale Anteile der Makroregion „Süd“ am Gesamtvolumen der *crediti speciali* für das Verarbeitende Gewerbe in Italien, 1955–1970; in Mrd. € (2010) und in %.

	„Süd“ in % Italien							
	Verarbeitendes Gewerbe	**Lebensmittelindustrie**	**Chemische Industrie***	**Maschinenbau****	**Eisen- und Stahlindustrie**	**Baustoffindustrie*****	**Textil- und Bekleidungsindustrie******	**Verschiedene*******
1955	25,60	58,61	32,92	7,93	12,59	97,06	36,91	44,69
1956	29,72	59,05	35,57	9,72	17,77	89,73	39,78	45,20
1957	27,46	60,50	30,54	11,28	12,76	95,88	30,15	38,29
1958	29,22	58,95	45,95	10,49	12,57	74,57	31,64	36,77
1959	30,24	60,10	52,04	10,84	9,27	68,82	34,67	33,60
1960	31,43	65,75	43,82	11,37	19,24	66,81	31,88	41,13
1961	31,36	56,58	49,08	13,26	15,44	58,97	23,35	41,94
1962	36,03	53,18	59,48	14,64	21,88	71,01	18,12	50,45
1963	38,90	52,58	59,85	16,16	32,52	78,52	19,06	45,95
1964	43,37	55,62	71,98	20,31	36,77	88,83	23,67	38,12
1965	45,60	57,63	77,71	21,39	37,57	87,08	27,53	37,04
1966	42,76	48,85	81,33	20,88	33,36	76,43	25,05	31,93
1967	44,59	42,25	81,84	22,61	38,41	64,36	21,64	37,23
1968	41,87	41,75	78,70	19,07	36,12	59,22	19,39	31,45
1969	41,52	39,25	75,79	18,40	42,61	53,56	18,90	31,10
1970	41,56	44,14	75,25	19,48	40,33	58,34	20,35	28,41
Durchschnittl. Anteil in %								
1958–1970	38,34	52,05	65,60	16,84	28,93	69,73	24,25	37,32
1958–1963	32,86	57,86	51,70	12,79	18,48	69,78	26,46	41,64
1963–1966	42,66	53,67	72,72	19,69	35,05	82,71	23,83	38,26
1966–1970	42,46	43,25	78,58	20,09	38,17	62,38	21,06	32,02

* inkl. Petrochemie; ** inkl. Schiff-, Fahr- und Flugzeugbau; *** nichtmetallisch; **** inkl. Schuh- und Lederindustrie; ***** inkl. Papier- und Druckindustrie, Holz- und Möbelindustrie und Gummiproduktion

Quelle: Eigene Berechnungen, basierend auf Rota (2013), Credit and Growth, Tabelle A1, S. 449 (Süditalien) sowie Tabelle A2, S. 450 (Nord-, Nordost-, Nordwest- und Mittelitalien).

fiel aber mit dieser erheblich abgeschwächten Dynamik immer noch ungleich stärker aus als das Kreditwachstum in jedem anderen Wirtschaftsbereich Italiens.

Hintergrund für das seit 1963 zwar abgeschwächte, dennoch bis 1970 weiterhin hohe Kreditwachstum innerhalb der modernen Branchen der Verarbeitenden Industrie bildete die seit der *ersten* Reform der staatlichen Sondergesetzgebung für Süditalien im Juli 1957 massiv ausgeweitete Investitionstätigkeit der privatrechtlich organisierten staatlichen Industrieunternehmen in den Regionen des Mezzogiorno. Dabei waren deren verschiedene Großindustrieprojekte – wie im nächsten Abschnitt zu vertiefen sein wird – mit einem Investitionsanteil von zusammen 65,97% in den Bereichen der Chemischen Industrie (25,25%), des Maschinen-, Schiff-, Fahr- und Flugzeugbaus (8,01%) sowie der Eisen- und Stahlindustrie (32,71%) angesiedelt, der zwischen 1958 und 1970 im Jahresdurchschnitt zu 41,72% durch mittel- und langfristige Kredite (teil)finanziert worden ist.[971] Die staatlichen Industrieunternehmen haben insbesondere von der im Juli 1959 verabschiedeten *zweiten* Kreditreform profitiert. Sie ermöglichte es ihnen, nicht nur die zahlreichen direkten staatlichen Subventionen für ihre jeweiligen Industrieprojekte zu erhalten, sondern auch einen immer größeren Teil der staatlichen Förderkredite abzuschöpfen. Bis zum Ende der landesweiten Kreditexpansion im Jahr 1970 belief sich der Anteil der zur (Teil)Finanzierung von Großindustrieprojekten in Süditalien mit einem Investitionsaufkommen von ≥ 3 Mrd. Lire bewilligten Förderkredite am Gesamtvolumen der zinsvergünstigten Industriekredite auf jahresdurchschnittlich 55,92% (1961–1970), die mit 84,19% nahezu vollumfänglich an die Chemische Industrie (57,26%), die Eisen- und Stahlindustrie (18,36%) sowie den Maschinen-, Schiff-, Fahr- und Flugzeugbau (8,57%) geflossen sind.[972] Das aber bedeutet, dass den verschiedenen staatlichen Unternehmen, die in den Regionen Süditaliens zwischen 1966 und 1970 im Durchschnitt dieser drei Wachstumsbranchen zusammen 55,85% der Gesamtbruttoinvestitionen auf sich vereinten, zunehmend immer mehr Kredite zur Verfügung gestellt worden sind.[973] Der Anteil der

971 Eigene Berechnungen, basierend auf Tabelle A1.1, S. 2ff., Tabelle A1.3, S. 12ff. und Tabelle A1.4.1, S. 32ff. im Datenappendix A1 (Investitionsanteil) sowie Ministero delle partecipazioni statali (alle relevanten Jahrgänge von 1962–1974). Relazione programmatica, Rom: Istituto Poligrafico dello Stato (Finanzierung, 1958–1970). Für den Datenappendix, vgl. https://www.degruyter.com/view/product/552615.

972 Im Jahresdurchschnitt von 1966 bis 1970 brachten die privatrechtlich organisierten Staatsunternehmen im Bereich der Chemischen Industrie 69,34%, im Bereich der Eisen- und Stahlindustrie 58,00% sowie im Bereich des Maschinen-, Schiff-, Fahr- und Flugzeugbaus 40,22% der jeweiligen Gesamtbruttoinvesitionsvolumina der Branchen auf. Eigene Berechnungen, basierend auf Comitato dei Ministri per il Mezzogiorno e per le zone depresse del Centro-Nord, Relazione sull´attuazione del piano di coordinamento degli interventi pubblici nel Mezzogiorno e sui provvedimenti per le aree depresse del Centro-nord, presentata dal Ministro per gli interventi straordinari nel Mezzogiorno e nelle zone depresse del Centro-Nord (Paolo E. Taviani), communicata alla Presidenza il 30 aprile 1971, Appendice statistica, Rom: Istituto Poligrafico dello Stato (1971), Tabelle 20, S. 286ff.

973 Eigene Berechnungen, basierend auf Comitato dei Ministri per il Mezzogiorno (alle relevanten Jahrgänge von 1968–1972), Relazione sull´attuazione del piano di coordinamento.

drei modernen Branchen an den insgesamt in den Regionen des Mezzogiorno von 1961 bis 1970 vergebenen staatlich subventionierten Förderkrediten belief sich im Jahresdurchschnitt auf 64,87%, was mehr als der Hälfte (53,15%) der Gesamtkreditvolumina der Verarbeitenden Industrie entsprach.[974] Die drei Wachstumsbranchen schöpften nach der *zweiten* Kreditreform von 1959 aber nicht nur den Großteil der an die Verarbeitende Industrie in Süditalien vergebenen *crediti speciali agevolati* ab, die im Jahresdurchschnitt 75,74% ihres Gesamtkreditvolumens abdeckten. Sie schöpften mit 92,51% zugleich fast den gesamten Kreditumfang der *crediti speciali ordinari* ab.

Letztere Entwicklung verweist zugleich auf die essentielle Bedeutung der staatlich subventionierten Industriekreditfinanzierung in den traditionellen Branchen der Verarbeitenden Industrie – sie waren nahezu vollständig (95,51%) von der Inanspruchnahme zinsvergünstigter Industriekredite abhängig[975]: die nichtmetallische Baustoffindustrie, deren Branchengesamtleistung seit der Gründung des neuen Produktionszentrums *Cave Meridionali* in Maddaloni (Kampanien) im Oktober 1952 von der im IRI integrierten staatlichen CEMENTIR klar dominiert wurde, profitierte dabei am stärksten von der Ausweitung der zinsvergünstigten Förderkredite. Hier stiegen die jährlichen Kreditvolumina bis Ende 1970 auf 411% des Branchenkreditumfangs von 1958 – damit zwar erheblich weniger expansiv als in den drei Wachstumsbranchen, jedoch stärker als im Bereich der Textil- und Bekleidungsindustrie (387,37%) sowie im Bereich der Lebensmittel- und Tabakindustrie (315,37%). Wie in den modernen Branchen auch, erhöhte sich in der Baustoffindustrie der Anteil der *crediti speciali agevolati* an den jährlichen Gesamtkreditvolumina nach der *zweiten* Kreditreform noch einmal erheblich – er belief sich im Jahresdurchschnitt von 1961 bis 1970 schließlich auf 96,53%. Mit 9,03% erhielt die Baustoffindustrie nach der Chemischen Industrie (39,28%), der Maschinen-, Schiff-, Fahr- und Flugzeugbauindustrie (13,35%) sowie der Eisen- und Stahlindustrie (12,24%) den viertgrößten Anteil am Gesamtvolumen der staatlich subventionierten Industriekredite in der betrachteten Makrobranche. Als kleinste der traditionellen Branchen bekam sie damit mehr zinsvergünstigte Förderkredite als die beiden großen süditalienischen Traditionsbranchen der Lebensmittel- und Tabakindustrie (8,48%) sowie der Textil- und Bekleidungsindustrie (4,74%), deren jährliche Gesamtkreditvolumina von 1961 bis 1970 mit einem Anteil von durchschnittlich 96,42% bzw. 95,75% ebenfalls fast gänzlich von den staatlichen Förderkrediten abgedeckt worden sind.[976]

Im Folgenden soll geprüft werden, inwieweit die vorstehend skizzierte, branchenspezifisch variierende Kreditexpansion der Verarbeitenden Industrie in Süditalien mit jener im Rest des Landes korrespondierte. Wie in Abbildung 4.6 illustriert, vereinten die drei kapital- und technologieintensiven Branchen der Chemischen Industrie

974 Eigene Berechnungen, basierend auf Comitato dei Ministri per il Mezzogiorno (1971), Relazione sull'attuazione del piano di coordinamento 1971, Appendice Statistica, Tabelle 20, S. 286ff.

975 Vgl. ebd.

976 Vgl. ebd.

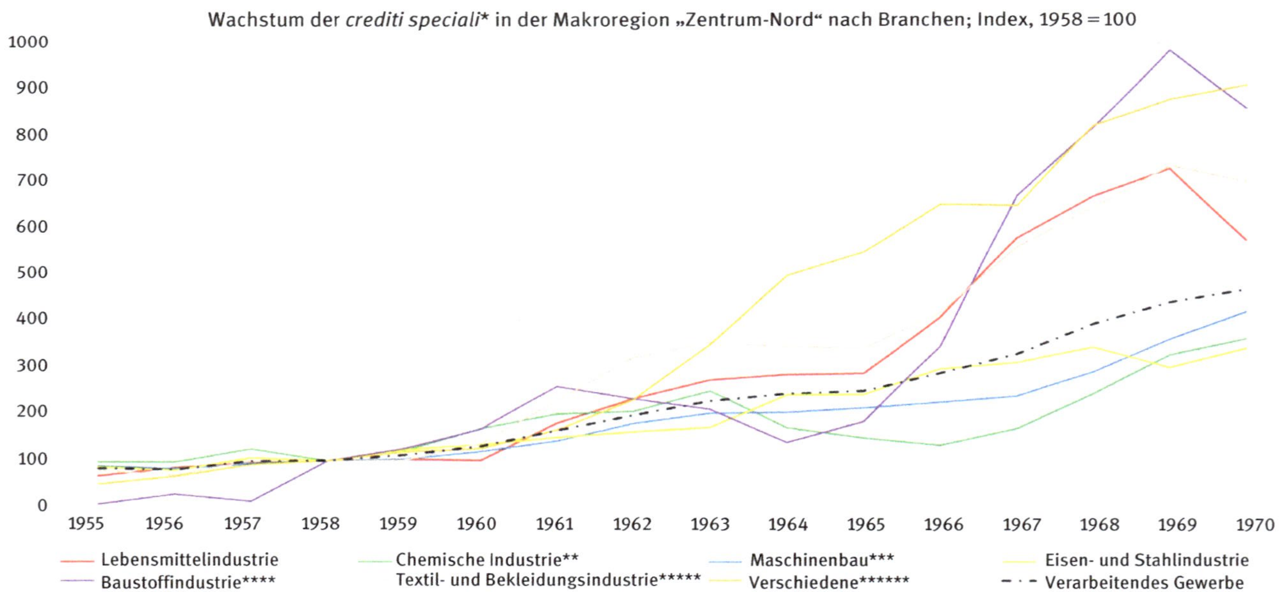

Abbildung 4.6: Entwicklung der mittel- und langfristigen *crediti speciali* für das Verarbeitende Gewerbe in Nord-, Nordost-, Nordwest- und Mittelitalien nach Branchen, 1955–1970; in Mrd. € (2010) und in %.
* nur mittel- und langfristige Industriekredite für das Verarbeitende Gewerbe; ** inkl. Petrochemie; *** inkl. Schiff-, Fahr- und Flugzeugbau; **** nichtmetallisch; ***** inkl. Schuh- und Lederindustrie; ****** inkl. Druck- und Papierindustrie, Holz- und Möbelindustrie sowie Gummiproduktion
Quelle: Eigene Berechnungen, basierend auf Rota (2013), Credit and Growth, Tabelle A2, S. 450.

(fortgesetzt)

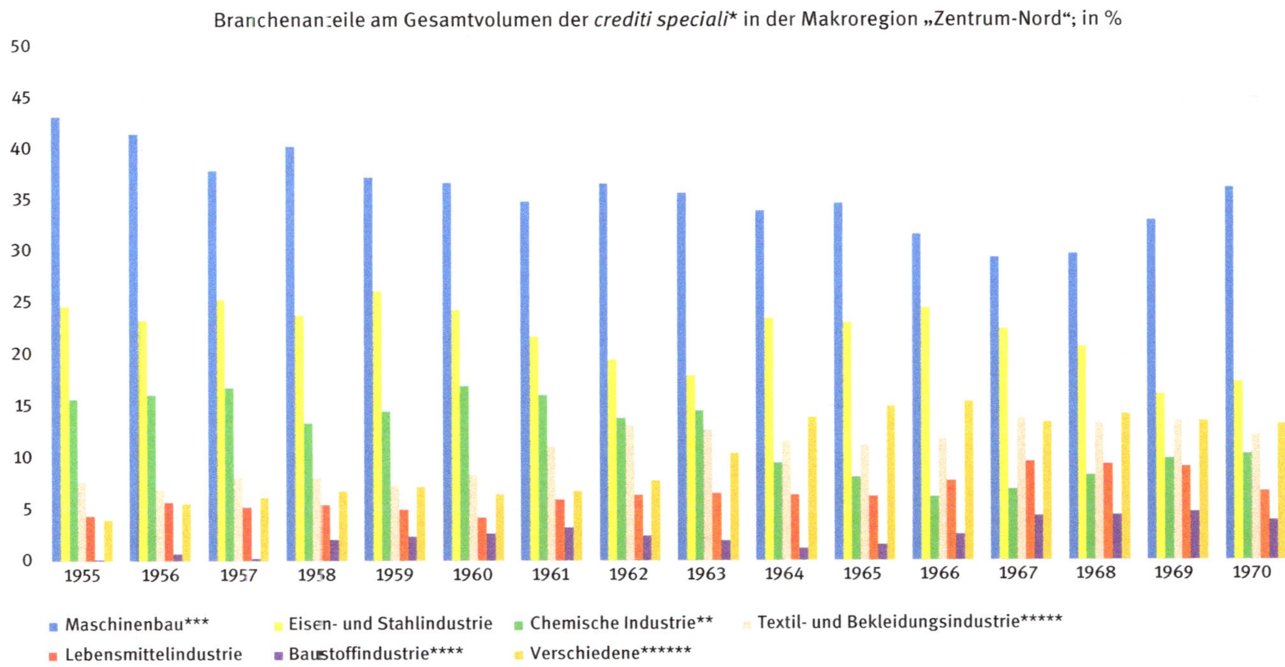

Abbildung 4.6 (Fortsetzung)
* nur mittel- und langfristige Industriekredite für das Verarbeitende Gewerbe; ** inkl. Petrochemie; *** inkl. Schiff-, Fahr- und Flugzeugbau; **** nichtmetallisch; ***** inkl. Schuh- und Lederindustrie; ****** inkl. Druck- und Papierindustrie, Holz- und Möbelindustrie sowie Gummiproduktion

(11,43%), der Eisen- und Stahlindustrie (21,66%) sowie der Maschinen-, Schiff-, Fahr- und Flugzeugbauindustrie (34,65%) auch in der Makroregion „Zentrum-Nord" zusammen den mit Abstand größten Teil der jährlichen Gesamtkreditvolumina der Verarbeitenden Industrie auf sich. Mit 67,75% fiel dieser im Jahresdurchschnitt von 1958 bis 1970 sogar höher aus als in den Regionen des Mezzogiorno. Im Unterschied zur Kreditentwicklung in Süditalien weiteten sich die jährlichen Kreditvolumina der modernen Branchen allerdings mit einem Anstieg bis Ende 1970 auf 375,01% des Kreditumfangs von 1958 deutlich langsamer aus als die jährlichen Gesamtkreditvolumina der traditionellen Branchen, die sich bis Ende 1970 im Vergleich mit 1958 mehr als versiebeneinhalbfacht hatten (761,74%). Dadurch aber reduzierte sich der Anteil der modernen Branchen an den jährlichen Gesamtkreditvolumina der Verarbeitenden Industrie in der Makroregion „Zentrum-Nord" von 77,49% (1958) auf zunächst 68,32% (1963) und anschließend – bis Ende 1970 – sogar auf nur noch 63,99%. Gleichzeitig fiel der Gesamtkreditzuwachs innerhalb der modernen Industriebranchen geringer aus als in den Regionen Süditaliens, womit – wie aus Tabelle 4.4 hervorgeht – auch der entsprechende regionale Gesamtanteil der vergebenen Industriekredite am landesweiten Gesamtkreditumfang der drei Branchen massiv – von 77,00% (1958) auf 54,98% (1970) – zurückgegangen war.

Die von den *Istituti di credito speciale* gewährten Kreditvolumina zur (Teil)Finanzierung von Investitionsprojekten im Bereich der Chemischen Industrie stiegen von 1958 bis 1970 lediglich um 262,83% sowie im Bereich der Eisen- und Stahlindustrie nur um 240,93%, damit aber etwa fünf- bzw. mehr als sechsfach weniger stark als in den Regionen des Mezzogiorno. Dadurch verringerte sich nicht nur ihr jeweiliger Anteil an den Gesamtkreditvolumina der Verarbeitenden Industrie in der Makroregion „Zentrum-Nord" von 13,35% bzw. 23,81% zu Beginn der Wirtschaftswunderjahre bis zum Ende der Kernphase der Nachkriegsprosperität auf 10,35% bzw. 17,35%. Es verringerte sich ebenso – und weitaus stärker – ihr jeweiliger Anteil am landesweiten Branchengesamtkreditumfang: im Bereich der Chemischen Industrie von 54,05% (1958) auf 24,75% (1970) sowie im Bereich der Eisen- und Stahlindustrie von 87,43% (1958) auf 59,67% (1970). In der Maschinen-, Schiff-, Fahr- undFlugzeugbauindustrie, die – angeführt von den großen Industriekonzernen der Privatindustrie FIAT, *Olivetti*, *Piaggio*, *Innocenti*, *Lancia*, *Falck*, *Franco Tosi* usw. sowie den innerhalb der IRI-Subholding FINMECCANICA integrierten großen staatlichen Maschinenbauunternehmen *Alfa Romeo*, *Ansaldo*, *San Giorgio*, *Selenia* usw. – traditionell den Löwenanteil der landesweit vergebenen Industriekredite auf sich vereinte, stiegen die jährlichen Kreditvolumina bis 1970 zwar etwas stärker an als innerhalb der Chemischen sowie der Eisen- und Stahlindustrie. Mit einer Steigerung auf 421,26% des Kreditumfangs von 1958 lag die Kreditausweitung der Maschinen-, Schiff-, Fahr- und Flugzeugbauindustrie aber ebenfalls unterhalb des Durchschnitts der Makrobranche, womit sich ihr Anteil an den jährlichen Gesamtkreditvolumina der Verarbeitenden Industrie in der Makroregion „Zentrum-Nord" von 40,32% (1958) auf 36,29% (1970) verkleinert hat. Ihre Kreditausdehnung lag damit zugleich deutlich – um mehr als die Hälfte – unterhalb des

Gesamtbranchenkreditwachstums in Süditalien, so dass sich auch der regionale Anteil der Makroregion „Zentrum-Nord" an den landesweiten Branchenkreditvolumina von 89,51% (1958) auf 80,52% reduziert hat. Dieser doppelte – relative – Rückgang änderte allerdings nichts daran, dass die Makroregion „Zentrum-Nord" nach wie vor – vor allem die Regionen Lombardei, Ligurien und Piemont – das Epizentrum der regionalen Kreditverteilung an die Unternehmen der Maschinen-, Schiff-, Fahr- und Flugzeugbauindustrie bildete, die ihrerseits auch innerhalb des Verarbeitenden Gewerbes bis 1970 der größte regionale Nutznießer der staatlich kontrollierten Kreditvergabe blieb. Demzufolge übertraf das Gesamtvolumen der zwischen 1958 und 1970 an die Unternehmen dieser Schlüsselindustrie vergebenen jährlichen Industriekredite mit 59,43 Mrd. € (2010) deutlich den Gesamtkreditumfang jeder anderen Branche in der Makroregion „Zentrum-Nord".

Die Kreditexpansion der Maschinen-, Schiff-, Fahr- und Flugzeugbauindustrie in der Makroregion „Zentrum-Nord" war maßgeblich durch die Reformgesetze von 1959 und 1965 stimuliert worden, ganz ähnlich wie jene der Chemischen Industrie in Süditalien, der bei der Kreditvergabe ein immer größerer Stellenwert eingeräumt wurde. Mit einem Gesamtvolumen von 46,00 Mrd. € (2010) konnte sie dadurch im regionalen Branchenvergleich zwischen 1958 und 1970 den zweitgrößten Gesamtkreditumfang der Makrobranche auf sich konzentrieren. Im Unterschied zur staatlich subventionierten Kreditfinanzierung im Bereich der Chemischen Industrie, die in Süditalien primär und zunehmend auf die Förderung von Großinvestitionsprojekten – fast ausnahmslos Unternehmensneugründungen und -erweiterungen der beiden ENI-Subholdings AGIP und ANIC – ausgerichtet war, zielte die staatliche Kreditförderung im Bereich der Maschinen-, Schiff-, Fahr- und Flugzeugbauindustrie in der Makroregion „Zentrum-Nord" ab 1965 hingegen vor allem auf die finanzielle Unterstützung bereits bestehender, durch die Rezession wirtschaftlich jedoch angeschlagener Industrieunternehmen kleinerer und mittlerer Betriebsgröße.[977] Wie in Tabelle 4.5 anhand der jeweiligen jährlichen Nettozuwächse der „ordentlichen" und staatlich subventionierten Industriekredite aufgezeigt, stiegen die während der Krisenjahre von 1963 bis 1965/66 vergebenen *crediti speciali agevolati* aufgrund konjunkturpolitischer Erwägungen bereits um etwa 800 Mio. € (2010), wohingegen die zum marktüblichen Nominalzinssatz vergebenen „ordentlichen" Industriekredite leicht – um 90 Mio. € (2010) – zurückgingen. Mit Wiederanziehen der Konjunktur erhöhten sich von 1966 bis 1970 die *crediti speciali ordinari* mit einem Gesamtnettozuwachs von 2,3 Mrd. € (2010) dann allerdings wieder enorm und um ein Vielfaches stärker als in jeder anderen Branche der Verarbeitenden Industrie, sowohl in der Makroregion „Zentrum-Nord" als auch in Süditalien. Die Kreditausdehnung übertraf damit selbst den Nettokreditzuwachs der staatlich subventionierten Industriekredite innerhalb der Maschinen-, Schiff-, Fahr- und Flugzeugbauindustrie in Höhe von 2,11 Mrd.

977 Vgl. Pugliese (1974), Incentivi, S. 195f. sowie Pergolesi (1988), Il credito agevolato, S. 48f.

Tabelle 4.4: Entwicklung der mittel- und langfristigen Industriekredite für das Verarbeitende Gewerbe in Nord-, Nordost-, Nordwest- und Mittelitalien nach Branchen und regionale Anteile der Makroregion „Zentrum-Nord" am Gesamtvolumen der *crediti speciali* für das Verarbeitende Gewerbe in Italien, 1955–1970; in Mrd. € (2010) und in %.

	Makroregion „Zentrum-Nord"; in Mrd. € (2010)							
	Verarbeitendes Gewerbe	**Lebensmittelindustrie**	**Chemische Industrie***	**Maschinenbau****	**Eisen- und Stahlindustrie**	**Baustoffindustrie*****	**Textil- und Bekleidungsindustrie******	**Verschiedene*******
1955	4,40	0,19	0,69	1,90	1,09	0,01	0,34	0,18
1956	4,28	0,25	0,69	1,77	1,00	0,03	0,30	0,24
1957	5,23	0,28	0,88	1,98	1,33	0,01	0,43	0,33
1958	5,26	0,29	0,70	2,12	1,25	0,11	0,43	0,36
1959	5,90	0,30	0,85	2,20	1,55	0,14	0,43	0,43
1960	6,92	0,29	1,18	2,54	1,69	0,19	0,58	0,45
1961	8,67	0,52	1,40	3,03	1,89	0,29	0,97	0,59
1962	10,40	0,67	1,44	3,82	2,04	0,26	1,37	0,82
1963	11,92	0,78	1,74	4,26	2,15	0,23	1,51	1,25
1964	12,76	0,82	1,21	4,33	3,00	0,16	1,47	1,77
1965	13,05	0,82	1,06	4,53	3,01	0,21	1,46	1,96
1966	15,10	1,17	0,94	4,78	3,70	0,38	1,78	2,33
1967	17,26	1,66	1,19	5,06	3,89	0,75	2,38	2,32
1968	20,70	1,93	1,71	6,15	4,30	0,91	2,76	2,94
1969	23,19	2,10	2,29	7,66	3,75	1,10	3,14	3,15
1970	24,62	1,65	2,55	8,94	4,27	0,96	3,00	3,26
1958–1970	175,74	13,00	18,26	59,43	36,46	5,69	21,29	21,62
Durchschnittl. Wachstum in %								
1958–1970	13,72	15,66	11,34	12,73	10,76	19,66	17,63	20,21
1958–1963	17,78	22,15	19,88	14,96	11,37	16,03	28,76	28,38
1963–1966	8,19	14,49	-18,48	3,92	19,90	17,95	5,59	23,24
1966–1970	13,01	8,85	28,25	16,93	3,65	25,70	13,93	8,68

(fortgesetzt)

Tabelle 4.4 (Fortsetzung): Entwicklung der mittel- und langfristigen Industriekredite für das Verarbeitende Gewerbe in Nord-, Nordost-, Nordwest- und Mittelitalien nach Branchen und regionale Anteile der Makroregion „Zentrum-Nord" am Gesamtvolumen der *crediti speciali* für das Verarbeitende Gewerbe in Italien, 1955–1970; in Mrd. € (2010) und in %.

	„Zentrum-Nord" in % „Italien"							
	Verarbeitendes Gewerbe	Lebensmittel-industrie	Chemische Industrie*	Maschinen-bau**	Eisen- und Stahlindustrie	Baustoff-industrie***	Textil- und Bekleidungsindustrie****	Verschiedene*****
1955	74,40	41,39	67,08	92,07	87,41	2,94	63,09	55,31
1956	70,28	40,95	64,43	90,28	82,23	10,27	60,22	54,80
1957	72,54	39,50	69,46	88,72	87,24	4,12	69,85	61,71
1958	70,78	41,05	54,05	89,51	87,43	25,43	68,36	63,23
1959	69,76	39,90	47,96	89,16	90,73	31,18	65,33	66,40
1960	68,57	34,25	56,18	88,63	80,76	33,19	68,12	58,87
1961	68,64	43,42	50,92	86,74	84,56	41,03	76,65	58,06
1962	63,97	46,82	40,52	85,36	78,13	28,99	81,88	49,55
1963	61,10	47,42	40,15	83,84	67,48	21,48	80,94	54,05
1964	56,63	44,38	28,02	79,69	63,23	11,17	76,33	61,88
1965	54,40	42,37	22,29	78,61	62,43	12,92	72,47	62,96
1966	57,24	51,15	18,67	79,12	66,64	23,57	74,95	68,07
1967	55,41	57,75	18,16	77,39	61,59	35,64	78,36	62,77
1968	58,13	58,25	21,30	80,93	63,88	40,78	80,61	68,55
1969	58,48	60,75	24,21	81,60	57,39	46,44	81,10	68,90
1970	58,44	55,86	24,75	80,52	59,67	41,66	79,65	71,59
Durchschnittl. Anteil in %								
1958–1970	61,66	47,95	34,40	83,16	71,07	30,27	75,75	62,68
1958–1963	67,14	42,14	48,30	87,21	81,52	30,22	73,54	58,36
1963–1966	57,34	46,33	27,28	80,31	64,95	17,29	76,17	61,74
1966–1970	57,54	56,75	21,42	79,91	61,83	37,62	78,94	67,98

* inkl. Petrochemie; ** inkl. Schiff-, Fahr- und Flugzeugbau; *** nichtmetallisch; **** inkl. Schuh- und Lederindustrie; ***** inkl. Papier- und Druckindustrie, Holz- und Möbelindustrie und Gummiproduktion

Quelle: Eigene Berechnungen, basierend auf Rota (2013), Credit and Growth, Tabelle A1, S. 449 (Süditalien) sowie Tabelle A2, S. 450 (Nord-, Nordost-, Nordwest- und Mittelitalien).

Tabelle 4.5: Nettozuwächse der „ordentlichen" und staatlich subventionierten mittel- und langfristigen Industriekredite des Verarbeitenden Gewerbes in den Regionen Nord-, Nordost-, Nordwest- und Mittelitaliens, 1963–1970; in Mrd. € (2010).

	Lebensmittel-industrie	Chemische Industrie****	Maschinenbau*****	Eisen- und Stahlindustrie
1963				
credito speciale ordinario*	−0,10	0,08	0,07	0,20
credito speciale agevolato**	0,21	0,22	0,38	−0,09
credito speciale* gesamt**	0,12	0,30	0,44	0,11
1964				
credito speciale ordinario*	−0,33	−1,43	−0,20	0,59
credito speciale agevolato**	0,36	0,90	0,27	0,26
credito speciale* gesamt**	0,03	−0,53	0,07	0,85
1965				
credito speciale ordinario*	−0,11	−0,47	0,04	−0,28
credito speciale agevolato**	0,12	0,31	0,16	0,29
credito speciale* gesamt**	0,01	−0,15	0,20	0,01
1966				
credito speciale ordinario*	0,13	−0,19	0,17	0,64
credito speciale agevolato**	0,22	0,08	0,08	0,05
credito speciale* gesamt**	0,35	−0,11	0,25	0,69
1967				
credito speciale ordinario*	−0,22	−0,46	−0,11	0,23
credito speciale agevolato**	0,70	0,71	0,39	−0,04
credito speciale* gesamt**	0,49	0,25	0,28	0,19
1968				
credito speciale ordinario*	0,05	0,10	0,51	0,25
credito speciale agevolato**	0,21	0,41	0,58	0,16
credito speciale* gesamt**	0,27	0,51	1,09	0,41
1969				
credito speciale ordinario*	−0,14	−0,29	1,05	−0,49
credito speciale agevolato**	0,31	0,88	0,46	−0,06
credito speciale* gesamt**	0,17	0,59	1,51	−0,55
1970				
credito speciale ordinario*	−0,12	−0,15	0,68	−0,71
credito speciale agevolato**	−0,33	0,41	0,60	1,23
credito speciale* gesamt**	−0,45	0,26	1,27	0,53
1963–1966				
credito speciale ordinario*	−0,54	−1,82	−0,09	0,51
credito speciale agevolato**	0,69	1,44	0,80	0,47
credito speciale* gesamt**	0,16	−0,38	0,71	0,98
1966–1970				
credito speciale ordinario*	−0,29	−0,99	2,30	−0,08
credito speciale agevolato**	1,12	2,49	2,11	1,34
credito speciale* gesamt**	0,83	1,49	4,40	1,26

* von den *Istituti di credito speciale* vergebene Kredite zum marktüblichen Zinssatz; ** von den *Istituti di credito speciale* vergebene zinsvergünstigte Kredite; *** von den *Istituti di credito speciale* insgesamt vergebene Kredite; **** inkl. Petrochemie; ***** inkl. Schiff-, Fahr- und Flugzeugbau; ****** nichtmetallisch; ******* inkl. Schuh- und Lederindustrie; ******** inkl. Papier- und Druckindustrie, Holz- und Möbelindustrie und Gummiproduktion

(fortgesetzt)

Tabelle 4.5 (Fortsetzung): Nettozuwächse der „ordentlichen" und staatlich subventionierten mittel- und langfristigen Industriekredite des Verarbeitenden Gewerbes in den Regionen Nord-, Nordost-, Nordwest- und Mittelitaliens, 1963–1970; in Mrd. € (2010).

	Baustoff-industrie******	Textil- und Bekleidungs-industrie*******	Verschiedene********	Verarbeitendes Gewerbe
1963				
*credito speciale ordinario**	−0,19	−0,06	−0,25	−0,26
*credito speciale agevolato***	0,17	0,20	0,68	1,78
credito speciale gesamt***	−0,02	0,14	0,43	1,52
1964				
*credito speciale ordinario**	−0,37	−0,23	−0,06	−2,02
*credito speciale agevolato***	0,29	0,19	0,58	2,86
credito speciale gesamt***	−0,08	−0,04	0,53	0,84
1965				
*credito speciale ordinario**	−0,21	−0,07	−0,28	−1,38
*credito speciale agevolato***	0,26	0,06	0,47	1,67
credito speciale gesamt***	0,05	−0,01	0,18	0,29
1966				
*credito speciale ordinario**	−0,06	0,12	0,49	1,31
*credito speciale agevolato***	0,24	0,20	−0,12	0,74
credito speciale gesamt***	0,18	0,32	0,38	2,05
1967				
*credito speciale ordinario**	−0,10	0,08	−1,14	−1,71
*credito speciale agevolato***	0,46	0,52	1,13	3,87
credito speciale gesamt***	0,36	0,60	−0,01	2,16
1968				
*credito speciale ordinario**	0,04	0,01	−0,29	0,67
*credito speciale agevolato***	0,13	0,37	0,90	2,77
credito speciale gesamt***	0,17	0,38	0,62	3,44
1969				
*credito speciale ordinario**	0,02	0,04	−0,18	0,01
*credito speciale agevolato***	0,16	0,34	0,39	2,48
credito speciale gesamt***	0,19	0,38	0,21	2,49
1970				
*credito speciale ordinario**	0,00	−0,16	−0,16	−0,62
*credito speciale agevolato***	−0,14	0,02	0,26	2,05
credito speciale gesamt***	−0,14	−0,14	0,11	1,43
1963–1966				
*credito speciale ordinario**	−0,77	−0,36	−0,60	−3,66
*credito speciale agevolato***	0,72	0,45	1,74	6,30
credito speciale gesamt***	−0,05	0,09	1,14	2,65
1966–1970				
*credito speciale ordinario**	−0,10	0,09	−1,27	−0,34
*credito speciale agevolato***	0,85	1,44	2,57	11,92
credito speciale gesamt***	0,76	1,54	1,30	11,58

Quelle: Eigene Berechnungen, basierend auf Comitato dei Ministri per il Mezzogiorno (1971), Relazione sull'attuazione del piano di coordinamento 1971, Appendice Statistica, Tabelle 17, S. 236 ff. (Nettozuwachs der staatlich subventionierten Industriekredite in Süditalien, 1963–1970); Banca d'Italia (alle relevanten Jahrgänge von 1964–1971), Relazione annuale (Nettozuwachs der staatlich subventionierten Industriekredite in Italien, 1963–1970) sowie Rota (2013), Credit and Growth, Tabelle A1, S. 449 (Nettozuwachs der insgesamt vergebenen Industriekredite in den Regionen Nord-, Nordost-, Nordwest- und Mittelitaliens).

€ (2010), die nach der Einführung der neuen Sonderkredite aus dem im Januar 1965 eingerichteten Finanzierungsfonds des IMI immerhin kräftiger gestiegen sind als je zuvor. Insgesamt war allerdings das Gesamtvolumen der zinsvergünstigten Förderkredite von 1963 bis 1970 mit einem Nettozuwachs in Höhe von 2,91 Mrd. € (2010) um 0,70 Mrd. € (2010) stärker expandiert als der Gesamtkreditumfang der „ordentlichen" Industriekredite, so dass sich auch der Anteil der staatlich subventionierten Industriekredite am Branchenkreditvolumen der Maschinen-, Schiff-, Fahr- und Flugzeugbauindustrie in der Makroregion „Zentrum-Nord" deutlich erhöht hat.

Eine ähnliche Entwicklung läßt sich für alle weiteren Branchen der Verarbeitenden Industrie feststellen, in denen die staatlichen Förderkredite infolge der seit Jahresbeginn 1965 vierfach sanktionierten erneuten Ausweitung der staatlich subventionierten Finanzierungsmöglichkeiten massiv angestiegen sind. Die „ordentlichen" Industriekredite hingegen weisen in den meisten Zweigen bis 1970 – wie im Bereich der Eisen- und Stahlindustrie – nur noch eine geringe Ausweitung oder – wie in der Chemischen Industrie, der Lebensmittel- und Tabakindustrie, der Textil- und Bekleidungsindustrie, der Baustoffindustrie sowie auch in den kleineren Branchen und Fachzweigen – sogar einen Rückgang auf. Demzufolge vergrößerten sich während der *zweiten* Kreditexpansion auch die Anteile der staatlichen Förderkredite an den jeweiligen Branchenkreditvolumina. Gleichzeitig aber weitete sich in der Makroregion „Zentrum-Nord" der jährliche Kreditumfang der staatlichen Förderkredite nach der *dritten* Kreditreform von 1965 in jeder Branche der Verarbeitenden Industrie erstmals sowohl absolut als auch relativ schneller und stärker aus als in den Regionen Süditaliens. So fiel nicht nur der Kreditzuwachs der insgesamt an die verschiedenen Branchen der Verarbeitenden Industrie vergebenen *crediti speciali agevolati* in Höhe von 8,75 Mrd. € (2010) kräftiger aus als die Zunahme aller staatlichen Förderkredite in Süditalien in Höhe von 6,73 Mrd. € (2010). Auch der relative Anstieg war bis 1970 mit 134,31% des Kreditumfangs von 1965 erheblich größer als die Steigerung von 71,72% in Süditalien. Dieses Ergebnis bestätigt den oben aufgezeigten Trend einer wieder stärkeren Fokussierung der staatlich subventionierten Industriekreditfinanzierung auf die bereits industrialisierten Regionen des Landes und erklärt zugleich, warum die jährlichen Kreditvolumina in fast allen Branchen der Verarbeitenden Industrie in der Makroregion „Zentrum-Nord" von 1966 bis 1970 erstmals seit Beginn der 1950er Jahre (wieder) schneller wuchsen als in Süditalien.

Es stellt sich nun die Frage, welche realwirtschaftliche Bedeutung die vorstehend dargestellte Kreditexpansion im Allgemeinen und die Ausdehnung der staatlich subventionierten Industriekredite im Besonderen für die exzeptionelle Wachstumsdynamik der Verarbeitenden Industrie während der Kernphase der italienischen Nachkriegsprosperität zwischen 1958 und 1970 besaßen. Diese Frage soll im Folgenden auf der Grundlage umfangreicher Datenauswertungen – abermals im regionalen Vergleich – beantwortet werden.

4.1.2.5 Die Kreditintensität der Bruttowertschöpfung innerhalb der Verarbeitenden Industrie, 1958–1970

Während der herausragende Beitrag der staatlich subventionierten Industriekreditfinanzierung für die Verarbeitende Industrie in den Regionen Süditaliens seit der *ersten* großen Reform der staatlichen Südförderung im Juli 1957 unbestritten ist, wird hingegen deren Bedeutungszunahme für die Makroregion „Zentrum-Nord“ von der historischen Italienforschung weitgehend vernachlässigt. Dabei hatten sich die Anteile der *crediti speciali agevolati* an den jährlichen Gesamtkreditvolumina der Verarbeitenden Industrie nach der Einführung der neuen, landesweit vergebenen Förderkredite des Industrie- und Handelsministeriums im Juli 1959 auch hier massiv erhöht: Bereits während der ersten Hälfte der 1960er Jahre beliefen sie sich im Jahresdurchschnitt auf 52,00%, lagen damit allerdings knapp 28 Prozentpunkte unterhalb des entsprechenden Vergleichswertes in den Regionen des Mezzogiorno. Infolge der im März 1965 verabschiedeten Reformgesetzgebungen Nr. 123 und Nr. 219 stiegen die staatlichen Förderkredite in der Makroregion „Zentrum-Nord“ bis 1970 um 134,31%, damit aber erneut deutlich stärker als die zum marktüblichen Nominalzinssatz vergebenen „ordentlichen“ Industriekredite, die sich lediglich um 43,21% erhöht hatten. Im Ergebnis dieser Entwicklung vergrößerte sich – wie Abbildung 4.7 zeigt – der Anteil der zinsvergünstigten Industriekredite am Gesamtkreditvolumen der Verarbeitenden Industrie von 49,97% im Jahr 1965 auf 62,04% im Jahr 1970.

Im Jahresdurchschnitt von 1966 bis 1970 war dieser Anteil damit zwar weiterhin deutlich – um mehr als 20 Prozentpunkte – niedriger als in der Makroregion des Mezzogiorno (83,46%). Doch fiel dieser Wert annähernd doppelt so hoch aus wie während der ersten Aufschwungsjahre nach der Gründung des *Mediocredito* im Juli 1952 bis zum Beginn des Wirtschaftswunders 1958. Der staatlich subventionierten Industriekreditfinanzierung ist daher für die Ausweitung der jährlichen Gesamtkreditvolumina der Verarbeitenden Industrie auch in der Makroregion „Zentrum-Nord“ eine durchaus große und während der *zweiten* Phase der landesweiten Kreditexpansion schließlich sogar ausschlaggebende Relevanz beizumessen.

In beiden Makroregionen des Landes war das Kreditwachstum nach der Rezession von 1963 bis 1965/66 erheblich expandiert. Dadurch wiederum erhöhten sich – wie in Abbildung 4.8 sichtbar wird und weiter oben, in Kapitel II bereits herausgearbeitet – ab 1966 die jährlichen Bruttoinvestitionsvolumina in allen Branchen der Verarbeitenden Industrie sowohl in den Regionen Süditaliens als auch im übrigen Italien massiv, im Branchendurchschnitt sogar stärker als während des Wirtschaftswunders von 1958 bis 1963.[978] Das konjunkturpolitische Ziel der in der ersten Jahreshälfte 1965 eingeleiteten *dritten* Kreditreform, die seit Mitte 1963 stark rückläufigen Investitionen landesweit wieder anzukurbeln, war damit erreicht worden. Dabei

978 Eigene Berechnungen, basierend auf Amendola und Baratta (1978), Investimenti industriali, Tabelle 1, S. 117 (Süditalien) und Tabelle 2, S. 118 (Nord-, Nordost-, Nordwest- und Mittelitalien).

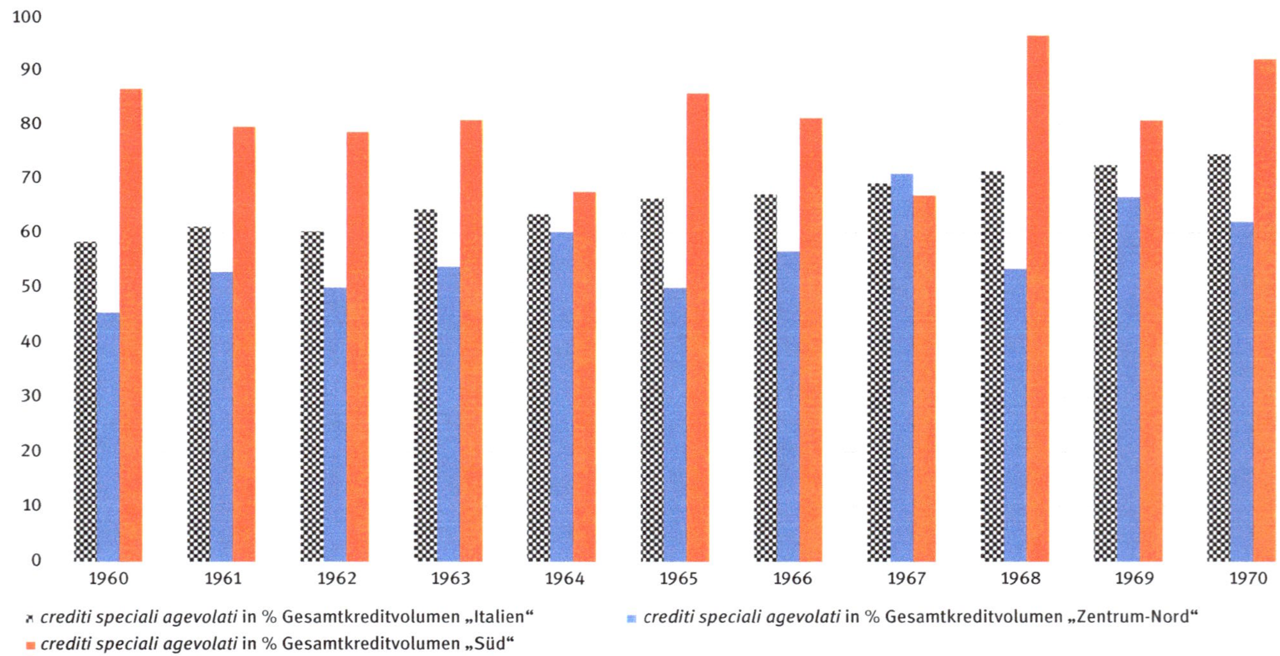

Abbildung 4.7: Anteile der staatlich subventionierten Industriekredite am Gesamtkreditvolumen des Verarbeitenden Gewerbes in den zwei Makroregionen „Süd“ und „Zentrum-Nord“, 1960–1970; in %.

Quelle: Eigene Berechnungen, basierend auf Banca d´Italia (alle relevanten Jahrgänge von 1962–1964), Relazione annuale (Anteile der zinsvergünstigten staatlichen Förderkredite in Italien, 1960–1963); Federico und Gianetti (1999), Italy, Tabelle 5.1, S. 139 (Anteile der zinsvergünstigten staatlichen Förderkredite in Italien, 1964–1970); Cassa per opere straordinarie di pubblico interesse nell´Italia meridionale (Cassa per il Mezzogiorno), Bilancio 1959–60, Rom: Tipolitografia F. Failli (1960), Tabelle 73, S. 153 (Anteile der zinsvergünstigten staatlichen Förderkredite in Süditalien, 1960) sowie Comitato dei Ministri per il Mezzogiorno (1971), Relazione sull´attuazione del piano di coordinamento 1971, Appendice Statistica, Tabelle 17, S. 236ff. (Anteile der zinsvergünstigten staatlichen Förderkredite in Süditalien, 1961–1970).

stiegen die Bruttoinvestitionen der Verarbeitenden Industrie in beiden Makroregionen vor allem in jenen Branchen besonders stark, die von 1966 bis 1970 das größte Kreditwachstum verzeichneten und von der erneuten Ausweitung der staatlich subventionierten Finanzierungsmöglichkeiten am stärksten profitierten: in der Makroregion „Zentrum-Nord" die Baustoffindustrie mit einem Anstieg der Bruttoinvestitionen von 1966 bis 1970 um 95,75%, der Maschinen-, Schiff-, Fahr- und Flugzeugbau mit einem Anstieg um 75,62% sowie die Chemische Industrie mit einem Anstieg um 68,48%; in der Makroregion „Süd" wiederum der Maschinen-, Schiff-, Fahr- und Flugzeugbau mit einem entsprechenden Anstieg um 325,85%, die Chemische Industrie mit einem Zuwachs um 131,60% sowie die Textil- und Bekleidungsindustrie mit einer Steigerung um 203,72%. Aber nicht nur während der zweiten Hälfte der 1960er Jahre spielte die Kreditexpansion für die Leistungssteigerung des Verarbeitenden Gewerbes eine entscheidende Rolle – die durch die jährlichen Investitionssteigerungen induzierten Zuwächse seiner Bruttowertschöpfung entwickelten sich während der gesamten Kernphase der Nachkriegsprosperität weitgehend entlang der vorstehend aufgezeigten jährlichen Kreditzuwächse. Der staatlich subventionierten Industriekreditfinanzierung ist deshalb aufgrund ihres in Süditalien nahezu vollständig dominierenden und in den Regionen Nord-, Nordost-, Nordwest- und Mittelitaliens stark zunehmenden Strukturanteils an der jeweiligen Gesamtkreditausweitung eine immer größere Bedeutung für die Wachstumsdynamik der Verarbeitenden Industrie beizumessen. In diesem Zusammenhang lassen sich für die beiden Makroregionen „Süd" und „Zentrum-Nord" dennoch gewisse Unterschiede herausarbeiten: Wie in Abbildung 4.9 dargestellt, wuchs in Süditalien – die kleineren Branchen und Fachzweige nicht mitgerechnet – die wertmäßige Wirtschaftsgesamtleistung der Baustoffindustrie zwischen 1958 und 1970 mit einem Anstieg um 317,86% und einer jahresdurchschnittlichen Wachstumsrate von 12,66% innerhalb der Makrobranche am stärksten. Die Baustoffindustrie war es denn auch, die den größten Zuwachs der staatlich subventionierten Industriekredite verzeichnete. Danach folgten die Eisen- und Stahlindustrie mit einem Bruttowertschöpfungswachstum um 240,47% und einer jahresdurchschnittlichen Wachstumrate von 10,75%, die Chemische Industrie mit einem Anstieg um 214,09% und einer jahresdurchschnittlichen Wachstumsrate von 10,01% sowie der Maschinen-, Schiff-, Fahr- und Flugzeugbau mit einer jahresdurchschnittlichen Wachstumsrate von 7,97% und einer Steigerung der wertmäßigen Branchengesamtleistung um 150,10%. In derselben Rangfolge wiesen diese Industrien im Betrachtungszeitraum die jeweils größten Kreditzuwächse auf. Umgekehrt konnte im Bereich der Lebensmittel- und Tabakindustrie, die mit einem Anteil von 43,64% am Beginn des Wirtschaftswunders innerhalb der Makrobranche noch mit deutlichem Abstand am leistungsstärksten war,[979] bis 1970 aber das geringste

979 Die jeweiligen Vergleichszahlen für die anteilige Bruttowertschöpfung an der Gesamtperformance der Verarbeitenden Industrie im Jahr 1958 sind: Maschinen-, Schiff-, Fahr- und Flugzeugbauindustrie,

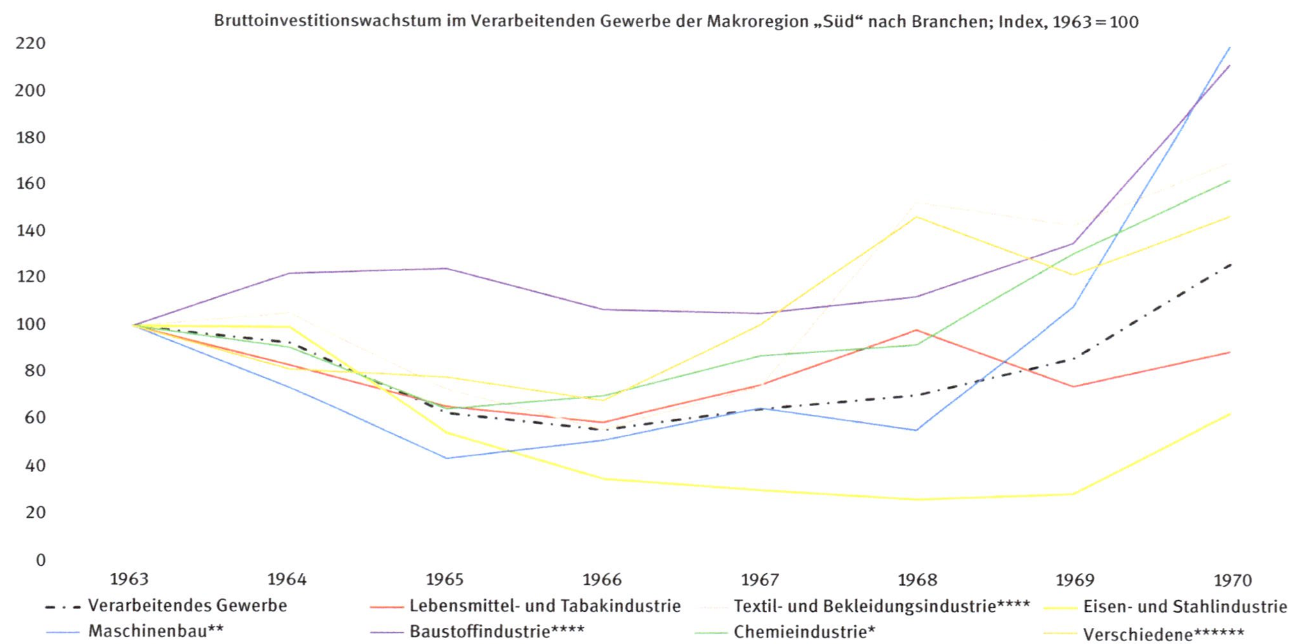

Abbildung 4.8: Entwicklung der Bruttoinvestitionen des Verarbeitenden Gewerbes in den zwei Makroregionen „Süd“ und „Zentrum-Nord“ nach Branchen, 1963–1970; in Mrd. € (2010); Index, 1963 = 100.
* inkl. Petrochemie; ** inkl. Schiff-, Fahr- und Flugzeugbau; *** nichtmetallisch; **** inkl. Schuh- und Lederindustrie; ***** inkl. Papier- und Druckindustrie, Holz- und Möbelindustrie und Gummiproduktion
Quelle: Eigene Berechnungen, basierend auf Amendola und Baratta (1978), Investimenti industriali, Tabelle 1, S. 117 (Süditalien) und Tabelle 2, S. 118 (Nord-, Nordost-, Nordwest- und Mittelitalien).

(fortgesetzt)

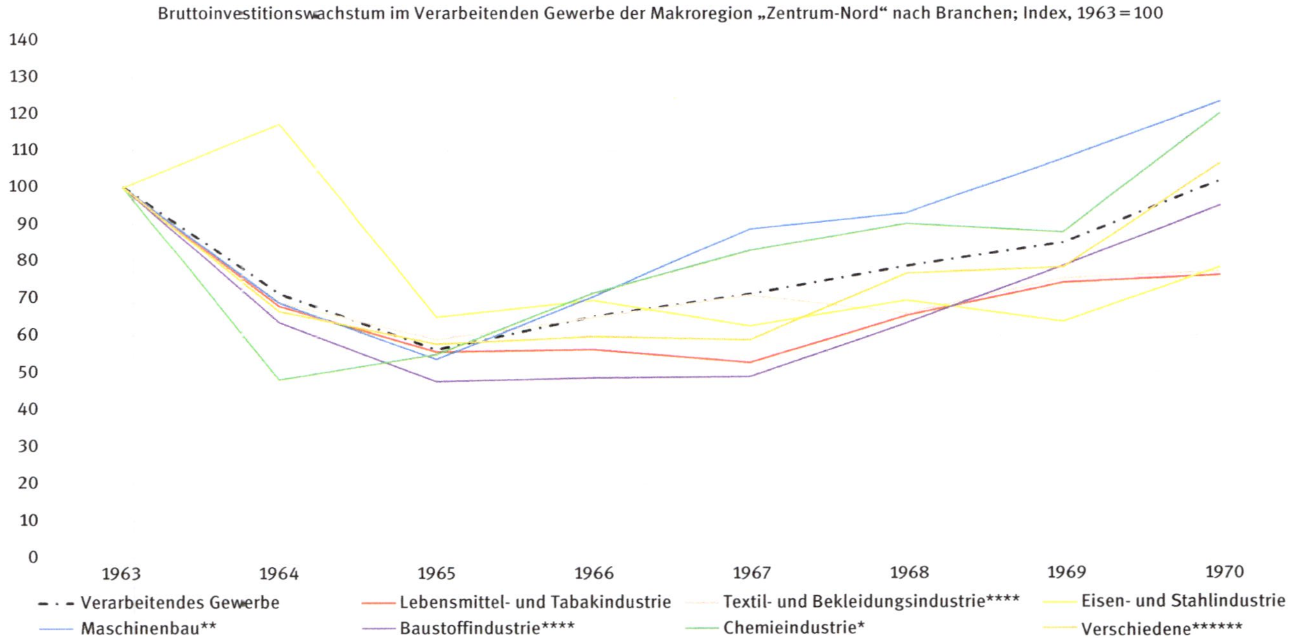

Abbildung 4.8 (Fortsetzung)

* inkl. Petrochemie; ** inkl. Schiff-, Fahr- und Flugzeugbau; *** nichtmetallisch; **** inkl. Schuh- und Lederindustrie; ***** inkl. Papier- und Druckindustrie, Holz- und Möbelindustrie und Gummiproduktion

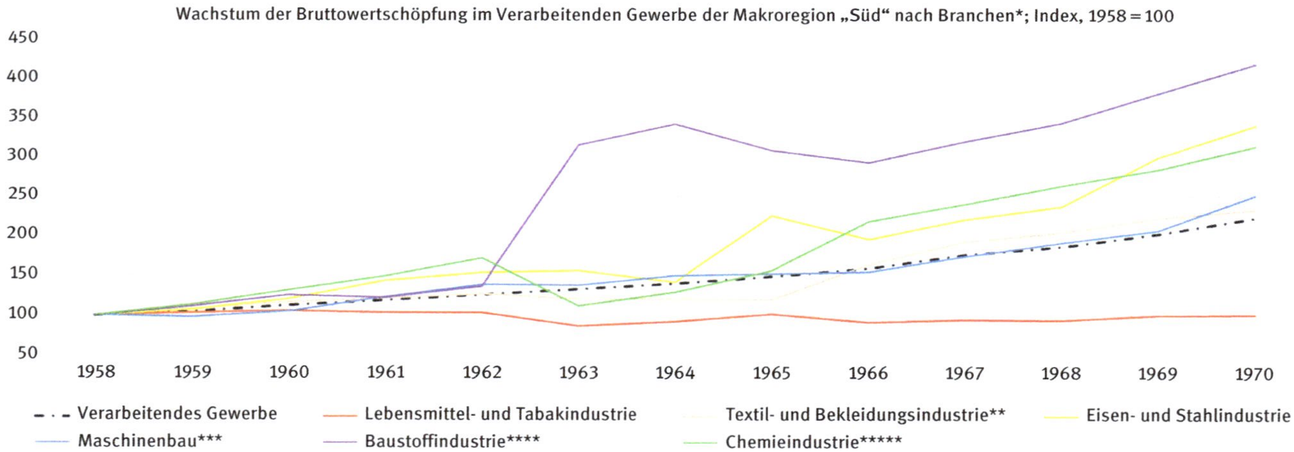

Abbildung 4.9: Bruttowertschöpfungswachstum im Verarbeitenden Gewerbe in Süditalien nach Branchen, 1958–1970; Index, 1958 = 100, in Mrd. € (2010) und in %.

* nur die sechs großen Branchen der Verarbeitenden Industrie mit einem Branchenanteil an der jährlichen Gesamtbruttowertschöpfung im Verarbeitenden Gewerbe ≥ 5%; ** inkl. Schuh- und Lederindustrie; *** inkl. Schiff-, Fahr- und Flugzeugbau; **** nichtmetallisch; ***** inkl. Petrochemie; ****** inkl. Druck- und Papierindustrie, Holz- und Möbelindustrie sowie Gummiproduktion

Quelle: Eigene Berechnungen, basierend auf ISTAT (alle relevanten Jahrgänge von 1960–1973), Annuario.

(fortgesetzt)

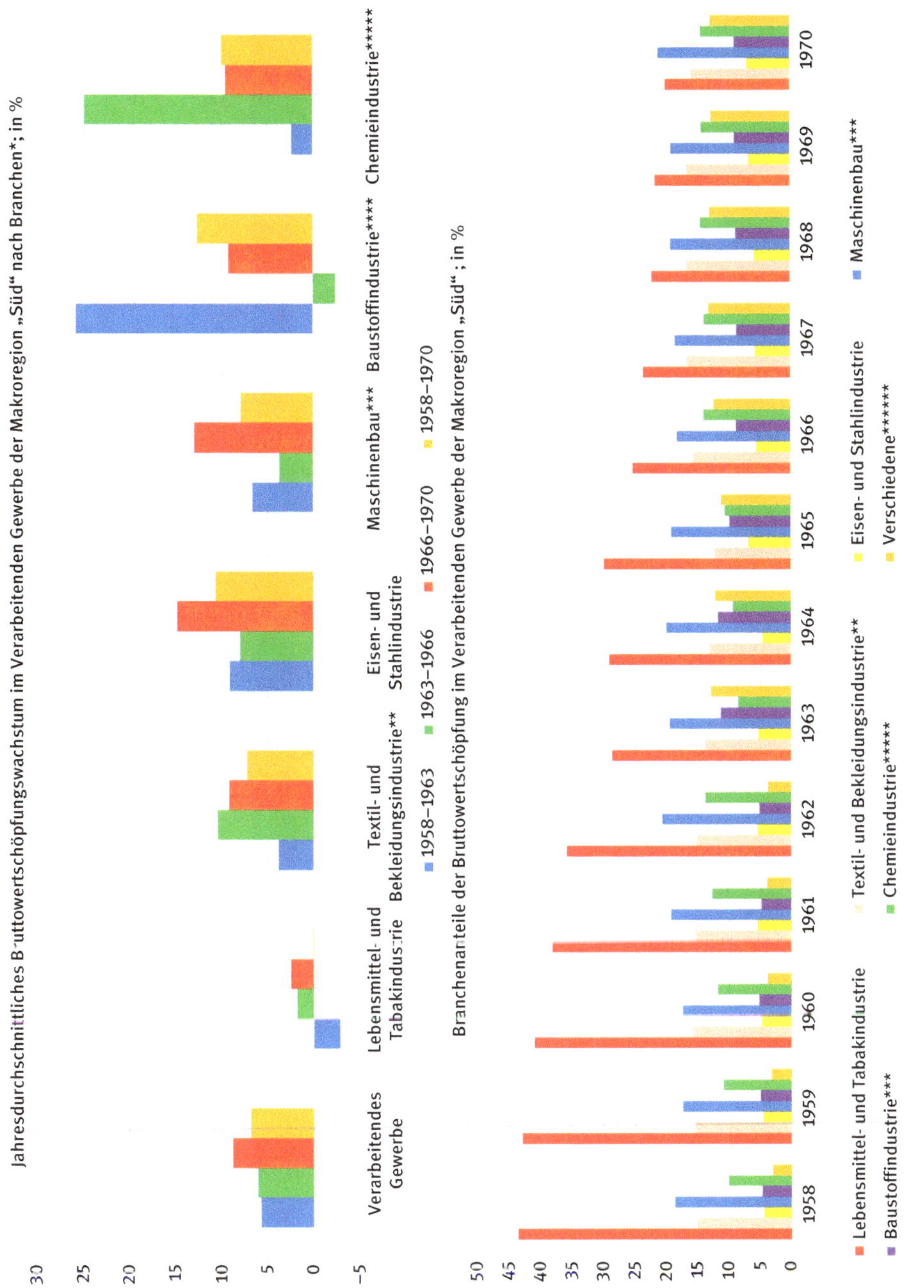

Abbildung 4.9 (Fortsetzung)

* nur die sechs großen Branchen der Verarbeitenden Industrie mit einem Branchenanteil an der jährlichen Gesamtbruttowertschöpfung im Verarbeitenden Gewerbe ≥ 5%; ** inkl. Schuh- und Lederindustrie; *** inkl. Schiff-, Fahr- und Flugzeugbau; **** nichtmetallisch; ***** inkl. Petrochemie; ****** inkl. Druck- und Papierindustrie, Holz- und Möbelindustrie sowie Gummiproduktion

Kreditwachstum verzeichnete, die wertmäßige Branchengesamtleistung kaum verbessert werden. Durch ihren geringen Zuwachs von nur 1,38% hatten sich denn auch ihre Anteile an den jährlichen Gesamtbruttowertschöpfungsvolumina der Verarbeitenden Industrie kontinuierlich verringert und schließlich auf 19,94% mehr als halbiert. Insofern verlor sie denn auch 1970 ihre lange Zeit bekleidete Spitzenposition an die Maschinen-, Schiff-, Fahr- und Flugzeugbauindustrie, die ihre Anteile an der wertmäßigen Wirtschaftsgesamtleistung der Makrobranche seit 1958 um knapp 2,5 Prozentpunkte steigern konnte und schließlich 21,16% der Gesamtbruttowertschöpfung der Verarbeitenden Industrie in Süditalien erwirtschaftete. Ebenso deutlich gestiegen waren aber auch die jeweiligen Anteile der drei anderen Boombranchen – der Chemischen Industrie um 4,2 Prozentpunkte auf 14,34%, der Baustoffindustrie um 4,2 Prozentpunkte auf 7,73% sowie der Eisen- und Stahlindustrie um 2,4 Prozentpunkte auf 7,05%. Die vorstehenden Entwicklungen zeigen, dass sich die Leistungsstruktur innerhalb der Verarbeitenden Industrie in Süditalien während der Kernphase der Nachkriegsprosperität massiv zugunsten der modernen kapital- und technologieintensiven Branchen verändert hat. Ihre Anteile an der wertmäßigen Gesamtleistung der Verarbeitenden Industrie waren in der Summe aufgrund der überdurchschnittlich starken Wachstumserfolge deutlich – von 33,41% (1958) auf 42,55% (1970) – gestiegen. Ungeachtet dieses Modernisierungsschubs konnte aber die für die industrielle Rückständigkeit des Mezzogiorno charakteristische Dominanz der traditionellen, arbeitsintensiven Branchen der Lebensmittel- und Tabakindustrie, der Textil- und Bekleidungsindustrie, der nichtmetallischen Baustoffindustrie sowie der verschiedenen kleineren Branchen wie der Holz- und Möbelindustrie oder der Papier- und Druckindustrie letztlich nicht überwunden werden: im Jahresdurchschnitt von 1958 bis 1970 erwirtschafteten sie zusammen noch immer nahezu zwei Drittel (63,15%) der Bruttowertschöpfung der Makrobranche.

Im Unterschied dazu trugen – wie aus Abbildung 4.10 hervorgeht – die modernen, kapital- und technologieintensiven Branchen in den Regionen Nord-, Nordost-, Nordwest- und Mittelitaliens mit einem jahresdurchschnittlichen Anteil von 54,83% mehr als die Hälfte zur wertmäßigen Gesamtperformance der Verarbeitenden Industrie bei. Die größten Wachstumserfolge erzielte dabei mit einer jahresdurchschnittlichen Steigerung der Bruttowertschöpfung von 8,94% und einem entsprechenden Anstieg von 1958 bis 1970 um 179,35% der Maschinen-, Schiff-, Fahr- und Flugzeugbau, der als größte Branche der Verarbeitenden Industrie in der Makroregion „Zentrum-Nord" auch den mit deutlichem Abstand größten absoluten Kreditzuwachs verzeichnete. Dicht dahinter – mit einer Steigerung der wertmäßigen Branchengesamtleistung um jahresdurchschnittlich 8,49% und einem Anstieg um 165,93% – folgte die Baustoffindustrie,

18,71%; Textil- und Bekleidungsindustrie, 15,09%; Chemische Industrie, 10,13%; nichtmetallische Baustoffindustrie, 4,76%; Eisen- und Stahlindustrie, 4,57% sowie die verschiedenen kleineren Branchen und Fachzweige, 3,09%.

in der sich – die kleineren Branchen und Fachweige der Makrobranche nicht mitgerechnet – die jährlichen Kreditvolumina so schnell und stark ausgeweitet hatten wie in keiner anderen Branche. Die überaus kräftigen Steigerungen der wertmäßigen Branchengesamtleistung fielen sowohl im Bereich der Baustoffindustrie als auch im Bereich der Maschinen-, Schiff-, Fahr- und Flugzeugbauindustrie erheblich größer aus als das für die Verarbeitende Industrie gemittelte Wachstum der jährlichen Bruttowertschöpfungsvolumina, die pro Jahr im Durchschnitt um 6,64% gestiegen sind und 1970 das Ausgangsniveau von 1958 um 116,17% übertrafen. Demzufolge erhöhten sich auch deren Branchenanteile an den jährlichen Bruttowertschöpfungsvolumina der Makrobranche: von 4,34% auf 5,33% im Bereich der Baustoffindustrie, die damit allerdings weiterhin die kleinste der sechs großen Branchen blieb sowie von 28,52% auf 36,86% im Bereich der Maschinen-, Schiff-, Fahr- und Flugzeugbauindustrie, die damit ihre Spitzenposition noch einmal deutlich ausgebaut hat. In allen anderen Branchen – die kleineren Branchen und Fachzweige nicht mitgerechnet – entwickelte sich die wertmäßige Wirtschaftsgesamtleistung dagegen unterdurchschnittlich. Dadurch verringerten sich wiederum zwischen 1958 und 1970 auch die jeweiligen Branchenanteile zum Teil erheblich, am stärksten – von 13,42% auf 8,67% – im Bereich der Lebensmittel- und Tabakindustrie. Hier war der Kredit- und in der Folge auch der Bruttoinvestitionszuwachs während der gesamten Phase der landesweiten Kreditexpansion gering, so dass sie in der Makroregion „Zentrum-Nord“ – ähnlich wie in Süditalien – das geringste Wachstum innerhalb der Verarbeitenden Industrie erzielte (+39,61%). Mit einem Anstieg der Bruttowertschöpfung um 41,54% bzw. um 62,16% entwickelten sich aber auch die zwei von der staatlichen ANIC bzw. der staatlichen FINSIDER dominierten Branchen der Eisen- und Stahlindustrie sowie der Chemischen Industrie nur eher mäßig. Dieser zunächst überraschende Befund dürfte wohl maßgeblich auf die seit Juli 1957 für die privatrechtlich organisierten Industrieunternehmen gesetzlich vorgeschriebene schwerpunktmäßige Investitionsverlagerung in die Regionen Süditaliens zurückzuführen sein. Als Folge dieser industriepolitischen Entscheidung reduzierten sich die jeweiligen Anteile an den jährlichen Bruttowertschöpfungsvolumina der Makrobranche deutlich – von 9,99% auf 6,54% im Bereich der Eisen- und Stahlindustrie sowie von 16,30% auf 12,23% im Bereich der Chemischen Industrie. Im Bereich der Textil- und Bekleidungsindustrie schließlich, die bis 1970 innerhalb der Verarbeitenden Industrie der Makroregion „Zentrum-Nord“ den zweitgrößten Kreditzuwachs verzeichnete und vor allem von den staatlichen Förderkrediten aus dem im Januar 1965 eingerichteten Finanzierungsfonds des IMI profitierte, hatte sich die wertmäßige Branchengesamtleistung seit 1958 jahresdurchschnittlich um 5,90% gesteigert, so dass sie 1970 das Ausgangsniveau um 99,09% übertraf. Diese überaus kräftige Steigerung fiel aber ebenfalls geringer aus als das für die gesamte Makrobranche gemittelte Wachstum, so dass sich auch ihr Anteil an den jährlichen Bruttowertschöpfungsvolumina der Verarbeitenden Industrie von 17,47% (1958) auf 16,08% (1970) verringert hat. Dennoch erwirtschaftete die Textil- und Bekleidungsindustrie – wenngleich mit einem Rückstand von knapp mehr

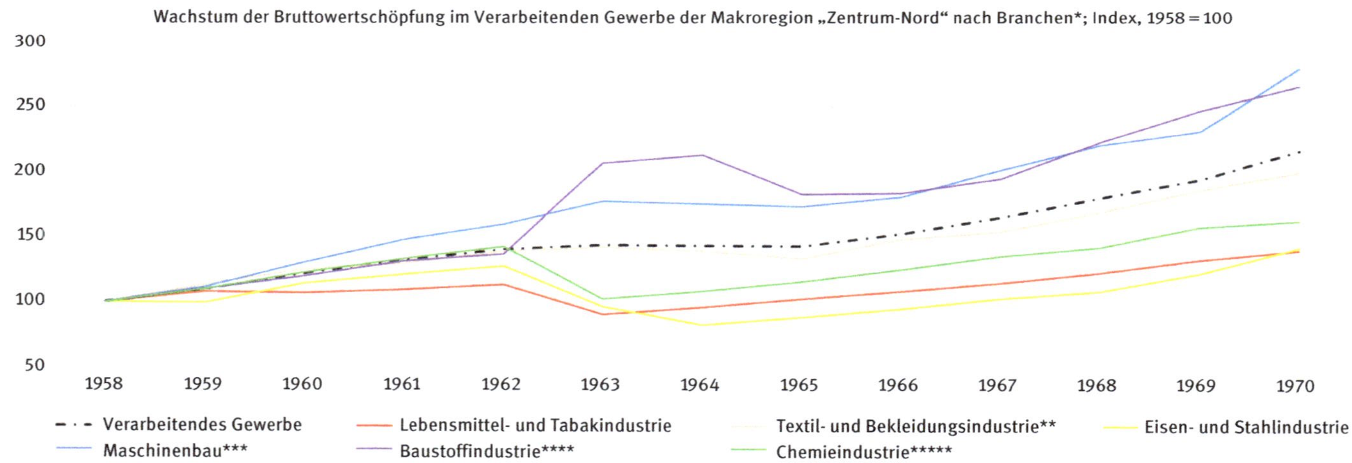

Abbildung 4.10: Bruttowertschöpfungswachstum im Verarbeitenden Gewerbe in Nord-, Nordost-, Nordwest- und Mittelitalien nach Branchen, 1958–1970; Index, 1958 = 100, in Mrd. € (2010) und in %.
* nur die sechs großen Branchen der Verarbeitenden Industrie mit einem Branchenanteil an der jährlichen Gesamtbruttowertschöpfung im Verarbeitenden Gewerbe ≥ 5%; ** inkl. Schuh- und Lederindustrie; *** inkl. Schiff-, Fahr- und Flugzeugbau; **** nichtmetallisch; ***** inkl. Petrochemie; ****** inkl. Druck- und Papierindustrie, Holz- und Möbelindustrie sowie Gummiproduktion
Quelle: Eigene Berechnungen, basierend auf ISTAT (alle relevanten Jahrgänge von 1960–1973), Annuario.

(fortgesetzt)

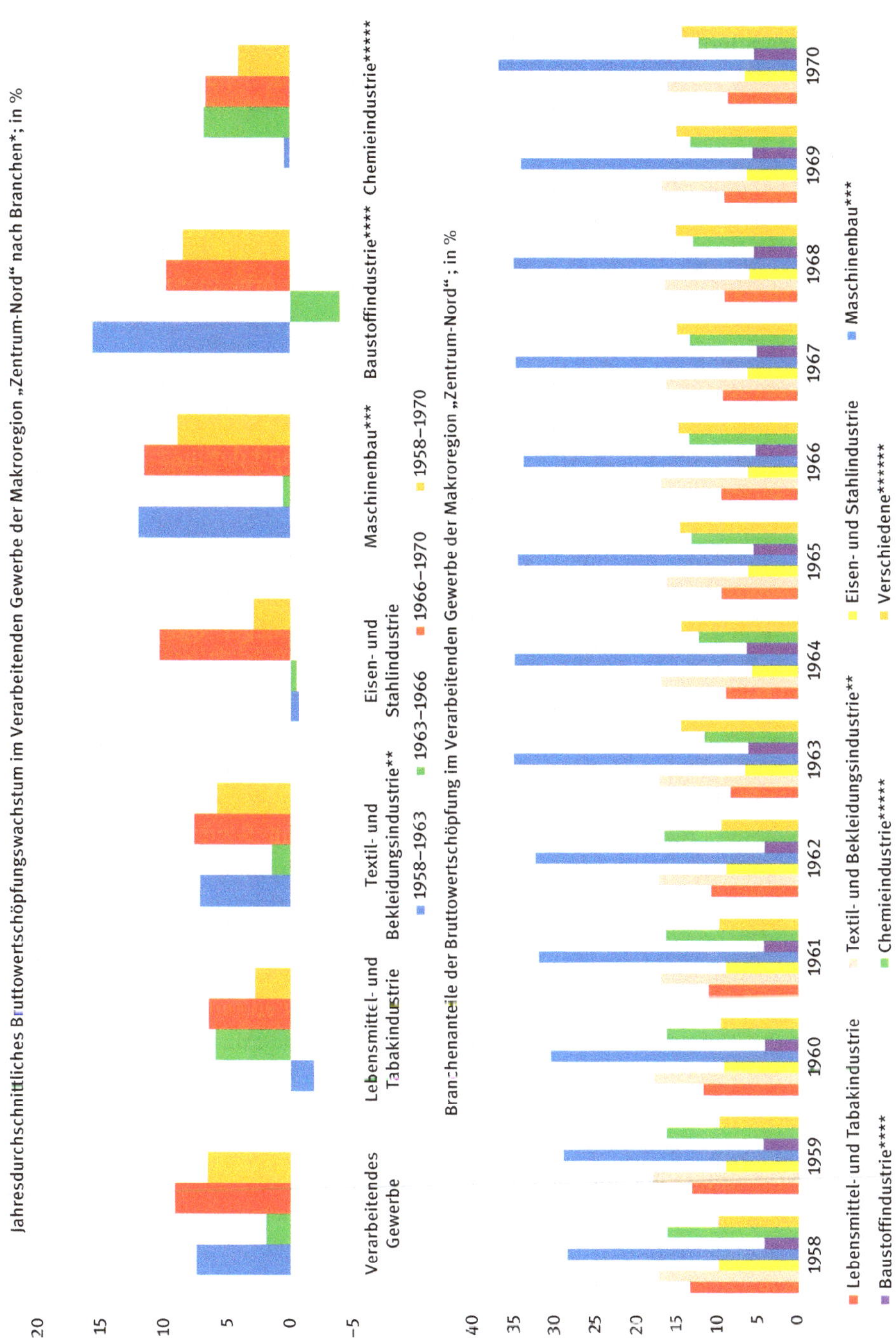

Abbildung 4.10 (Fortsetzung)
* nur die sechs großen Branchen der Verarbeitenden Industrie mit einem Branchenanteil an der jährlichen Gesamtbruttowertschöpfung im Verarbeitenden Gewerbe ≥ 5%; ** inkl. Schuh- und Lederindustrie; *** inkl. Schiff-, Fahr- und Flugzeugbau; **** nichtmetallisch; ***** inkl. Petrochemie; ****** inkl. Druck- und Papierindustrie, Holz- und Möbelindustrie sowie Gummiproduktion

als 20 Prozentpunkten – nach wie vor den zweitgrößten Anteil an der wertmäßigen Gesamtleistung der Makrobranche hinter der Maschinen-, Schiff-, Fahr- und Flugzeugbauindustrie und gefolgt von der Chemischen Industrie (12,23%), der Lebensmittel- und Tabakindustrie (8,67%), der Eisen- und Stahlindustrie (6,54%) sowie der nichtmetallischen Baustoffindustrie (5,33%). Die Leistungsstruktur der Verarbeitenden Industrie in der Makroregion „Zentrum-Nord" blieb damit – ungeachtet aller dynamischen Veränderungen bei der jeweiligen Branchenwertschöpfung – letztlich erhalten. Demzufolge hatte sich hier die bereits vor 1958 vorhandene Dominanz der modernen kapital- und technologieintensiven Branchen während der Kernphase der Nachkriegsprosperität weitgehend verfestigt.

Unter Berücksichtigung des für den Mezzogiorno in Kapitel II herausgearbeiteten Modernisierungsschubs kann die eingangs gestellte Frage nach der realwirtschaftlichen Bedeutung der Kreditexpansion im Allgemeinen und der massiv erweiterten staatlich subventionierten Finanzierungsmöglichkeiten im Besonderen für beide Makroregionen positiv beantwortet werden. Allerdings ist festzustellen, dass *zum einen* sowohl in der Makroregion des Mezzogiorno als auch in der Makroregion „Zentrum-Nord" der jährliche Gesamtkreditumfang in allen Branchen und Fachzweigen der Verarbeitenden Industrie erheblich schneller gestiegen war als die jeweiligen Jahresvolumina der wertmäßigen Branchenperformance.[980] *Zum anderen* aber war die mit Beginn des Wirtschaftswunders stark zunehmende Diskrepanz zwischen der Dynamik der Kreditausweitung und jener der Bruttowertschöpfungssteigerungen in Süditalien deutlich größer als in der Makroregion „Zentrum-Nord". Dieses, den positiven Zusammenhang von Kreditausdehnung und industriewirtschaftlicher Performance letztlich relativierende Ergebnis läßt sich abschließend durch die Berechnung der jährlichen Kreditintensität der Bruttowertschöpfung – definiert als der Quotient aus Krediteinsatz und Bruttowertschöpfung – erhärten und zugleich regional differenzieren:

Wie in Tabelle 4.6 aufgezeigt, belief sich die Kreditintensität der Bruttowertschöpfung im Branchendurchschnitt innerhalb der Verarbeitenden Industrie in Süditalien am Beginn des Wirtschaftwunders auf einen Wert von 0,29 und war damit bereits knapp dreimal so hoch wie in der Makroregion „Zentrum-Nord" (0,10). Bis 1970 stieg die Kreditintensität in den Regionen Nord-, Nordost-, Nordwest- und Mittelitaliens dann zwar auch – auf 0,22 – , dennoch aber weitaus weniger stark als in Süditalien. Hier waren die jährlichen Gesamtkreditvolumina mehr als dreieinhalbmal so schnell gewachsen wie die wertmäßige Wirtschaftsgesamtleistung der Makrobranche (363,13%), so dass die Kreditintensität der Verarbeitenden Industrie am Ende der Kernphase der Nachkriegsprosperität mit 1,06 einen fast fünfmal so großen Wert aufwies wie in der Makroregion

980 Eine Ausnahme bildete die nichtmetallische Baustoffindustrie in Süditalien, in der die wertmäßige Branchenperformance stärker wuchs als der Anstieg der jährlichen Gesamtkreditvolumina. Vgl. die nachfolgende Tabelle 4.6.

„Zentrum-Nord". Im Jahresdurchschnitt von 1958 bis 1970 war die Kreditintensität der Bruttowertschöpfung in den drei erfolgreichsten Wachstumsbranchen Süditaliens – in der Chemischen Industrie (2,33), der Eisen- und Stahlindustrie (2,00) sowie der nichtmetallischen Baustoffindustrie (1,02) am höchsten. Hier nahm die Kreditausweitung nicht nur schneller als die Bruttowertschöpfung zu; auch der jährliche Kreditumfang fiel fast in jedem Jahr erheblich größer aus als die jeweilige wertmäßige Jahresbranchengesamtleistung. In allen anderen Branchen der Verarbeitenden Industrie nahm die Kreditintensität landesweit im Zeitverlauf zwar ebenfalls zu, war aber jeweils längst nicht so hoch wie in den drei süditalienischen Boombranchen.

Zusammenfassend kann insofern festgehalten werden, dass die staatlich subventionierte Kreditfinanzierung, die nach der industriepolitischen Wende von 1957 im Rahmen von drei Reformen schrittweise finanziell, inhaltlich sowie räumlich massiv ausgeweitet worden ist und dadurch die Fremdfinanzierung von Industrieunternehmungen zunehmend dominierte, eine äußerst ambivalente Wirkungsdimension besaß: *Einerseits* bildete sie zweifelsfrei ein äußerst wirkungsmächtiges Instrument der staatlichen Industriepolitik, die Investitionsneigung relevanter Branchen gezielt zu stimulieren und die Produktion bzw. Bruttowertschöpfung der Verarbeitenden Industrie regional übergreifend exzeptionell zu steigern. *Andererseits* aber basierten die Wachstumserfolge innerhalb der Verarbeitenden Industrie in den zwei Makroregionen „Süd" und „Zentrum-Nord" auf einer zunehmenden Verschuldung der Unternehmen. Dabei fiel der Grad der Verschuldung in allen Branchen der Verarbeitenden Industrie in Süditalien deutlich höher aus als in den Regionen Nord-, Nordost-, Nordwest- und Mittelitaliens. Hier wiederum waren es vor allem die am stärksten expandierenden Branchen der Chemischen Industrie, der Eisen- und Stahlindustrie sowie der Baustoffindustrie, in denen sich eine große Mehrzahl von Unternehmen immer stärker – mit weitreichenden Folgen – verschuldet hat. Damit basierten das *miracolo economico italiano*, vor allem aber die nach der Überwindung der Rezession von 1963 bis 1965/66 einsetzende *zweite* Phase des wirtschaftlichen Superwachstums bis Ende 1970 – zumindest im Verarbeitenden Gewerbe – zu einem nicht geringen Teil gewissermaßen tatsächlich „auf Pump". Die daraus resultierenden mittelfristigen Probleme dürften das Ausmaß der hier nicht näher im Fokus stehenden Strukturkrise der italienischen Volkswirtschaft ab 1974/75 beträchtlich vergrößert haben. Im Folgenden soll diese, in Süditalien besonders ausgeprägte ambivalente Wirkungsdimension der staatlichen Industriekreditfinanzierung – expansives Wirtschaftswachstum zum Preis steigender Verschuldung – am Beispiel der privatrechtlich organisierten Staatsholdings konkretisiert werden.

4.1.2.6 Die (Über)Verschuldung der privatrechtlich organisierten Staatsholdings in Süditalien, 1957–1975

Der größte Teil der unternehmerischen Verschuldung innerhalb der drei Wachstumsbranchen und damit auch der gesamten Makrobranche der Verarbeitenden Industrie

Tabelle 4.6: Entwicklung der Kreditintensität im Verarbeitenden Gewerbe in Italien, differenziert nach Makroregionen, 1958–1970; in € (2010) und in %.

	„Süd" und „Zentrum-Nord"							
	Verarbeitendes Gewerbe		Lebensmittel- und Tabakindustrie		Chemische Industrie*		Maschinenbau**	
	„Süd"	„Zentrum-Nord"	„Süd"	„Zentrum-Nord"	„Süd"	„Zentrum-Nord"	„Süd"	„Zentrum-Nord"
1958	0,29	0,10	0,13	0,04	0,79	0,08	0,18	0,15
1959	0,33	0,11	0,13	0,04	1,09	0,09	0,20	0,14
1960	0,38	0,11	0,16	0,04	0,93	0,12	0,22	0,13
1961	0,45	0,13	0,20	0,07	1,20	0,13	0,27	0,14
1962	0,63	0,15	0,23	0,09	1,64	0,12	0,34	0,17
1963	0,77	0,16	0,31	0,13	3,07	0,20	0,43	0,17
1964	0,94	0,18	0,34	0,12	3,19	0,13	0,53	0,17
1965	0,99	0,18	0,34	0,12	3,14	0,11	0,58	0,18
1966	0,96	0,19	0,38	0,16	2,50	0,09	0,59	0,18
1967	1,06	0,21	0,40	0,21	2,98	0,11	0,61	0,17
1968	1,08	0,23	0,45	0,23	3,18	0,14	0,55	0,19
1969	1,10	0,24	0,42	0,23	3,36	0,18	0,60	0,23
1970	1,06	0,22	0,40	0,17	3,28	0,19	0,62	0,22
Jahresdurchschnitt in %								
1958–1970	0,77	0,17	0,30	0,13	2,33	0,13	0,44	0,17
1958–1963	0,47	0,13	0,19	0,07	1,45	0,12	0,27	0,15
1963–1966	0,92	0,18	0,34	0,13	2,97	0,14	0,53	0,17
1966–1970	1,05	0,22	0,41	0,20	3,06	0,14	0,59	0,20

	„Italien"			
	Verarbeitendes Gewerbe	Lebensmittel- und Tabakindustrie	Chemische Industrie*	Maschinenbau**
1958	0,13	0,07	0,14	0,15
1959	0,13	0,07	0,18	0,14
1960	0,14	0,08	0,19	0,14
1961	0,17	0,11	0,23	0,15
1962	0,20	0,13	0,27	0,18
1963	0,24	0,18	0,46	0,18
1964	0,27	0,19	0,43	0,20
1965	0,29	0,19	0,44	0,21
1966	0,30	0,22	0,42	0,21
1967	0,32	0,26	0,51	0,21
1968	0,34	0,29	0,58	0,22
1969	0,35	0,28	0,62	0,26
1970	0,33	0,23	0,65	0,25
Jahresdurchschnitt in %				
1958–1970	0,25	0,18	0,39	0,19
1958–1963	0,17	0,11	0,25	0,16
1963–1966	0,27	0,20	0,44	0,20
1966–1970	0,33	0,26	0,56	0,23

(fortgesetzt)

Tabelle 4.6 (Fortsetzung): Entwicklung der Kreditintensität im Verarbeitenden Gewerbe in Italien, differenziert nach Makroregionen, 1958–1970; in € (2010) und in %.

	„Süd" und „Zentrum-Nord"							
	Eisen- und Stahlindustrie		Baustoffindustrie***		Textil- und Bekleidungsindustrie****		Verschiedene******	
	„Süd"	„Zentrum-Nord"	„Süd"	„Zentrum-Nord"	„Süd"	„Zentrum-Nord"	„Süd"	„Zentrum-Nord"
1958	0,53	0,25	0,92	0,05	0,18	0,05	0,91	0,07
1959	0,43	0,30	0,79	0,06	0,19	0,04	0,82	0,08
1960	0,98	0,29	0,84	0,07	0,21	0,05	0,97	0,07
1961	0,71	0,31	0,96	0,10	0,22	0,08	1,22	0,09
1962	1,09	0,31	1,31	0,09	0,21	0,11	2,34	0,12
1963	1,96	0,44	0,77	0,05	0,26	0,12	0,83	0,12
1964	3,61	0,71	1,03	0,03	0,34	0,12	0,86	0,17
1965	2,37	0,67	1,27	0,05	0,41	0,12	0,93	0,18
1966	2,79	0,76	1,20	0,10	0,32	0,14	0,75	0,20
1967	3,23	0,74	1,20	0,17	0,30	0,17	0,80	0,19
1968	3,02	0,78	1,09	0,19	0,29	0,18	0,75	0,22
1969	2,73	0,60	0,94	0,20	0,29	0,19	0,75	0,21
1970	2,50	0,59	0,91	0,16	0,29	0,17	0,61	0,21
Jahresdurchschnitt in %								
1958–1970	2,00	0,52	1,02	0,10	0,27	0,12	0,97	0,15
1958–1963	0,95	0,32	0,93	0,07	0,21	0,08	1,18	0,09
1963–1966	2,68	0,64	1,07	0,06	0,33	0,12	0,84	0,17
1966–1970	2,85	0,70	1,07	0,16	0,30	0,17	0,73	0,21

	„Italien"			
	Eisen- und Stahlindustrie	Baustoffindustrie***	Textil- und Bekleidungsindustrie****	Verschiedene******
1958	0,26	0,17	0,06	0,11
1959	0,31	0,16	0,06	0,11
1960	0,34	0,18	0,07	0,12
1961	0,34	0,21	0,10	0,15
1962	0,37	0,25	0,17	0,23
1963	0,58	0,19	0,13	0,19
1964	1,01	0,24	0,14	0,24
1965	0,91	0,31	0,15	0,26
1966	1,01	0,32	0,16	0,27
1967	1,05	0,39	0,19	0,26
1968	1,06	0,37	0,20	0,28
1969	0,90	0,35	0,20	0,28
1970	0,86	0,31	0,19	0,25
Jahresdurchschnitt in %				
1958–1970	0,69	0,27	0,14	0,21
1958–1963	0,37	0,20	0,09	0,15
1963–1966	0,88	0,27	0,15	0,24
1966–1970	0,98	0,35	0,19	0,27

* inkl. Petrochemie; ** inkl. Schiff-, Fahr- und Flugzeugbau; *** nichtmetallisch; **** inkl. Schuh- und Lederindustrie; ***** inkl. Papier- und Druckindustrie, Holz- und Möbelindustrie und Gummiproduktion

Quelle: Eigene Berechnungen, basierend auf Rota (2013), Credit and Growth, Tabelle A1, S. 449 (Kreditvolumen Süditalien) und Tabelle A2, S. 450 (Kreditvolumen Nord-, Nordost-, Nordwest- und Mittelitalien) sowie ISTAT (alle relevanten Jahrgänge von 1960-1973), Annuario (Bruttowertschöpfung).

entfiel in Süditalien auf die privatrechtlich organisierten staatlichen Holdinggesellschaften. Im Rahmen der *ersten* großen Reform der staatlichen Südförderung vom Juli 1957 waren sie gesetzlich dazu verpflichtet worden, mindestens 60% ihrer landesweiten Industrieinvestitionen sowie mindestens 40% ihrer landesweiten Gesamtinvestitionen in den Regionen des Mezzogiorno zu tätigen. In Zusammenarbeit mit den jeweils zuständigen Regierungsinstitutionen hatten die Konzernleitungen von ENI und IRI in diesem Zusammenhang bis Mitte der 1960er Jahre ihren Investitionsfokus vor allem auf die Bereiche der Chemischen, der Eisen- und Stahl- sowie der nichtmetallischen Baustoffindustrie gelegt. Mit der Gründung der *Alfasud S.p.A.* am 17. Januar 1968 – einem Tochterunternehmen der im IRI integrierten *Alfa Romeo*-Gruppe – und der Standortentscheidung des zentralen Planungsorgans der Regierung CIPE zum Aufbau eines neuen Automobilproduktionszentrums in Pomigliano bei Neapel (Kampanien), wurden diese drei Investitionsschwerpunkte noch um den Bereich der Maschinen-, Schiff- Fahr- und Flugzeugbauindustrie erweitert.[981] Bei nahezu allen nach 1957 in den Regionen des Mezzogiorno eingeleiteten Investitionsprojekten der privatrechtlich organisierten staatlichen Industrieunternehmen (im Folgenden immer abgekürzt: PSIU) handelte es sich um den Auf- und/oder Ausbau großdimensionaler Produktionszentren. Sie setzten sich sowohl hinsichtlich der deutlich höheren Beschäftigungs- und Kapazitätsgröße als auch und vor allem ihres überdurchschnittlich hohen technologischen Ausstattungsgrades von den ansonsten in Süditalien operierenden privaten Industrieunternehmen ab, die mehrheitlich eher dem Bereich der Kleinst- und Kleinunternehmen angehörten und im Allgemeinen durch niedrige Fertigungsstufen bestimmt waren.

In den ursprünglichen Planungen der SVIMEZ-Berater um Saraceno sowie der zuständigen Regierungsinstitutionen und der IRI- und ENI-Leitungen sollten die Produktionszentren der Staatskonzerne als industrielle Wachstums- und Entwicklungspole – *poli di sviluppo* – fungieren und dabei das gesamte Industriewachstum in der Makroregion direkt stimulieren. Darüber hinaus ging es aber auch um indirekte Wachstumseffekte. So hoffte man, dass sich nicht nur private weiterverarbeitende und andere Komplementärindustrieunternehmen sowie Zulieferbetriebe, sondern darüber hinaus private Dienstleistungsanbieter in der Nähe der neuen Produktionszentren ansiedeln würden, um intra- und intersektorale Breitenwirkungen

981 Zum Aufbau des neuen Automobilproduktionszentrums *Alfasud* in Pomigliano bei Neapel von 1968–1972, für das eine Produktionskapzität von 170.000 Fahrzeugen pro Jahr vorgesehen war und in dem bei seiner Fertigstellung knapp über 15.000 Arbeitskräfte beschäftigt waren, vgl. vor allem Francesco Pirone und Francesco Zirpoli, L'Alfa Romeo e l'industria automobilistica italiana, in: Russolillo (2015), Storia dell´IRI, S. 306–326; De Benedetti (2013), Lo sviluppo sospeso, S. 203–256 sowie Elio Cerrito, La politica dei poli di sviluppo nel Mezzogiorno. Elementi per una prospettiva storica, in: Economic History Working Papers, Banca d'Italia, n. 3 (2010), S. 16–30.

von mittlerer und längerfristiger Reichweite zu entfalten.[982] Wie im nachfolgenden Abschnitt noch detailliert gezeigt wird, steigerten die PSIU des IRI und der ENI seit 1957 ihre Beschäftigungszahl(en) und ihre Investitionstätigkeit(en) in den genannten Industriebranchen in einem rasanten Tempo und bestimmten damit maßgeblich deren überaus erfolgreiche Produktions- und Wertschöpfungsentwicklungen. Ähnliches gilt für die industriellen Unternehmungen der Staatskonzerne in den Bereichen der Energieproduktion und -versorgung, die neben des Verarbeitenden Gewerbes in Süditalien die zwei wichtigsten industriellen Geschäftsfelder des IRI, der ENI und ab 1962 auch der staatlichen ENEL darstellten.

Vor allem durch die expansive Ausweitung ihrer Investitionen bildeten die PSIU – das sei an dieser Stelle bereits vorweggenommen – seit 1957 das wichtigste Instrument der direkten Staatsintervention zur Steigerung des Industriewachstums in Süditalien. Die erhofften Multiplikator- und Akzeleratoreffekte der verschiedenen staatlichen Großindustrieprojekte blieben allerdings – von einigen wenigen Ausnahmen abgesehen – weit hinter den Erwartungen zurück. Die großdimensionalen Industrieanlagen der Staatskonzerne entwickelten sich stattdessen weitgehend isoliert von der lokalen Wirtschaft und wurden daher schon von den Zeitgenossen treffend als „Kathedralen in der Wüste“[983] bezeichnet.

Das Reformgesetz Nr. 60 vom 01. Februar 1965 zur Einrichtung eines neuen Kreditfonds für die Regionalkreditinstitute des *Mediocredito* in Süditalien zielte vor diesem Hintergrund primär darauf ab, über eine deutliche Verbilligung der staatlichen Förderkredite für kleine und mittelständische Unternehmen den Auf- und Ausbau industrieller Infrastrukturen sowie lokaler und/oder regionaler Cluster im Umfeld der staatlichen Produktionszentren zu stimulieren. An der (zu) geringen Sogwirkung der Großindustrieprojekte änderte sich durch die zusätzliche Ausweitung der subventionierten Finanzierungsmöglichkeiten für Industrieunternehmungen aber weiterhin kaum etwas; eine Verbreiterung des nahezu ausschließlich durch die PSIU generierten Industriewachstums fand letztlich nicht statt. Zwecks Dynamisierung des von den staatlichen Akteuren als enttäuschend wahrgenommenen Industriewachstums

982 Vgl. vor allem Petriccione (1976), Politica industriale, S. 13ff.; De Benedetti (2013), Lo sviluppo sospeso, S. 141ff. sowie Vincenzo Zezza, L´intervento delle imprese pubbliche nel Mezzogiorno: dai grandi investimenti a una politica per le piccole imprese, in: Laura Pennacchi (Hg.), Il sistema delle partecipazioni statali. Scelte economiche, assetti istituzionali e nuovo ruolo dell´industria di Stato, Bari: De Donato (1980), S. 87ff. Zusammenfassend, vgl. zum Beispiel Cerrito (2010), Poli di sviluppo, S. 5ff.; Michele Sabatino, Teorie economiche, divari regionali e politiche per il Mezzogiorno. Dall´intervento pubblico al disimpegno generale, Mailand: FrancoAngeli (2016), S. 94ff. sowie Castronovo (1980), L´industria italiana, S. 296f.

983 Der Ausdruck *cattedrale nel deserto* wurde zum ersten Mal im Jahr 1958 von Luigi Sturzo zur Beschreibung des Raffineriezentrums der ENI-ANIC in Gela (Sizilien) verwendet, fand seitdem im gesellschaftlichen Diskurs Anwendung und wurde später von der historischen Italienforschung als Schlagwort zur Kennzeichnung der von der lokalen Wirtschaftsstruktur in Süditalien isolierten Großindustrieanlagen der PSIU übernommen. Vgl. Formica (2015), Incentivi finanziari, S. 180.

wurde von den zuständigen Regierungsinstitutionen deshalb eine weitere, staatlich unterstützte Ausdehnung der Investitionstätigkeit der PSIU beschlossen.[984] Den Höhepunkt bildete in diesem Zusammenhang die im Rahmen der *dritten* großen Reform der staatlichen Südförderung im Oktober 1971 rechtlich sanktionierte Anhebung der im Juli 1957 gesetzlich fixierten regionalen Investitionsquoten für die Staatskonzerne um jeweils 20%.[985] Die Beschlüsse der jeweiligen Regierung(en) für eine seit Mitte der 1960er Jahre nochmals forcierte Expansion der PSIU in Süditalien wie auch die verschiedenen, vom weisungsbefugten CIPE ausgearbeiteten und rechtlich sanktionierten neuen Investitionsprojekte wurden dabei mehrheitlich gegen den ausdrücklichen Willen der jeweiligen Staatsholding bzw. der untergeordneten Finanzierungsgesellschaften und operativen Einzelunternehmen durchgesetzt. *Einerseits* konnten die festgelegten regionalen Investitionsquoten bislang ohnehin nur partiell erfüllt werden,[986] *andererseits* aber wurden die Rentabilitätsaussichten der geplanten neuen Produktionszentren vonseiten der unternehmerischen Verantwortungsträger längst nicht so hoch eingeschätzt wie von der Politik. Die jeweiligen Unternehmensakteure antizipierten sowohl die Risiken einer möglichen Sättigung der Absatzmärkte als auch die Gefahren einer Überschuldung nicht nur der operativen Einzelunternehmen, sondern auch der übergeordneten staatlichen Finanzierungs- und damit der gesamten Holdinggesellschaften. Gerade die Überschuldungsgefahren waren angesichts der bereits enorm gestiegenen Schuldenlast zur Finanzierung der seit 1957 in Süditalien eingeleiteten Industrieprojekte durchaus realistisch. Schon damals war vielen Leitungsangestellten des IRI und der ENI klar, dass die staatlichen Großunternehmen ohne eine umfassende Aufstockung staatlicher Unterstützungszahlungen dauerhaft nicht in der Lage sein würden, die zentral geplanten Industrieinvestitionen aus eigener Kraft zu stemmen.[987]

---

984 Vgl. neben den Ausführungen im nachfolgenden Abschnitt, vor allem Lavista (2010), Programmazione, S. 398–442 sowie Petriccione (1976), Politica industriale, S. 57–83. Zusammenfassend, vgl. Stefania Ferrajolo, Partecipazioni statali: obiettivi assegnati e proposti, in: Mario Leccisotti (Hg.), Le partecipazioni statali: obiettivi e realizzazioni, Mailand: FrancoAngeli (1980), S. 61ff.; Cafiero (2000), L´intervento straordinario, S. 81ff.; Zezza (1980), Imprese pubbliche nel Mezzogiorno, S. 92ff. sowie Barca und Trento (1997), Partecipazioni statali, S. 217ff.

985 Vgl. Legge 06 ottobre 1971, n. 853, Finanziamento della Cassa per il Mezzogiorno per il quinquennio 1971–1975 e modifiche e integrazioni al testo unico delle leggi sugli interventi nel Mezzogiorno, Art. 7, in: Gazzetta Ufficiale della Repubblica Italiana, Serie generale, n. 271 (26.10.1971), Rom: Istituto Poligrafico dello Stato (1971).

986 Eigene Berechnungen, basierend auf Tabelle A2.1, S. 104ff. im Datenappendix A2, in: https://www.degruyter.com/view/product/552615.

987 So forderte zum Beispiel der langjährige Präsident des IRI, Giuseppe Petrilli (1969–1979) seit Mitte der 1960er Jahre zu vielen Gelegenheiten von der Regierung eine deutliche Anhebung der staatlichen Sonderfinanzausstattung des Dotationsfonds, unter anderem im Zusammenhang mit dem auf Betreiben des CIPE gegen seinen Willen politisch durchgesetzten *Alfasud*-Projekts in einem Schreiben an den Minister für staatliche Unternehmensbeteiligungen, Arnaldo Forlani, am 31. März 1969: „Vor allem aufgrund (...) des rapide gestiegenen Finanzierungsaufwandes für Industrieinvestitionen

Der Finanzierungsaufwand zum Auf- und Ausbau der neuen Produktionszentren, die mit modernster Technik ausgestattet und international voll konkurrenzfähig sein sollten, war in der Tat enorm. Ihren riesigen Kapitalbedarf deckten die PSIU dabei vor allem über die von der *Cassa per il Mezzogiorno* vergebenen staatlich subventionierten Industriekredite ab. Sie bildeten seit der *zweiten* Kreditrefom von 1959 – neben den ebenfalls von der staatlichen Südagentur vergebenen staatlichen Direktsubventionen – die wichtigste Quelle der Staatskonzerne zur Finanzierung ihrer Industrieprojekte in Süditalien. Der jährliche Nettozuwachs der an die PSIU vergebenen kurz-, mittel- und langfristigen Kredite war insofern seit 1957 – wie Abbildung 4.11 zeigt – bis Ende 1974/75 insgesamt hoch, wenngleich im Zeitablauf durchaus variierend: So lassen sich vor allem in den Jahren von 1957 bis 1964 – primär im Zusammenhang mit dem Auf- und mehrfachen Ausbau der integrierten petrochemischen Produktionszentren in Pisticci (Basilikata), Manfredonia (Apulien) und Gela (Sizilien) durch die ENI-Finanzierungsgesellschaft ANIC und mit dem Aufbau des integrierten Eisen- und Stahlproduktionszentrums in Tarent (Apulien) durch die IRI-Finanzierungsgesellschaft FINSIDER – sowie von 1968 bis 1972 – primär im Zusammenhang mit dem zweifachen

(...) im Mezzogiorno (...) erscheint eine Erhöhung des staatlichen Dotationsfonds für das IRI in Höhe von mindestens 350 Mrd. Lire für die kommenden vier Jahre (...) zur Gewährleistung der Wirtschaftlichkeit unvermeidlich und unverzichtbar." Vgl. und zitiert Giuseppe Petrilli, Lettera al on. Arnaldo Forlani, Ministro per le Partecipazioni Statali (31 marzo 1969), in: Archivio Storico IRI, II, numerazione nera, Affari generali e organi deliberanti, Ex Archivio di deposito, „IRI Varie", Piani quadriennali, III „Gruppo Iri. Programmazione 1969/1972", b. AG/3263, fasc. 3. Ebenso warnte er eindringlich vor einer weiteren exzessiven Ausweitung der IRI-Aktivitäten in den Regionen des Mezzogiorno, welche die Staatsholding überfordern würden zum Schaden der gesamten Wirtschaft: „Ich möchte an dieser Stelle noch einmal daran erinnern, dass die IRI-Gruppe während der nächsten Jahre einen erheblichen Anteil ihrer landesweiten Gesamtinvestitionen für den Aufbau des Produktionszentrums *Alfa-Sud* aufbringen muß, d. h. für ein enorm großes und Erfolg versprechendes Investitionsprojekt, das aber erst mittel- und langerfristig Rendite abwerfen wird. Dieser Tatbestand ist zwar eigentlich offensichtlich, dennoch ist er erneut hervorzuheben, nicht zuletzt deshalb, weil vonseiten des IRI die – wie ich denke – nicht unbegründete Sorge besteht, dass das IRI zu neuen großen Industrieunternehmungen im Mezzogiorno verpflichtet werden könnte, was allerdings absolut vermieden werden muss, da dies die größten Schwierigkeiten nicht nur für das IRI, sondern für die gesamte nationale Industriewirtschaft mit sich bringen würde." Vgl. und zitiert Giuseppe Petrilli, Articolo per `Selezione´ (Informatutto), in: Archivio Storico IRI, II, numerazione nera, Presidente, Giuseppe Petrilli, Scritti e discorsi, 1968, Discorsi pubblicati numerati da 87 a 128, b. P/17, fasc. 42. Vgl. in diesem Zusammenhang auch die Ausführungen Saracenos, der sich vehement für eine deutliche Anhebung der staatlichen Dotationsfonds für die verschiedenen Holdinggesellschaften einsetzte, um die jährliche Neuverschuldung zu begrenzen und dadurch die andernfalls gefährdete Geschäftsfähigkeit der operativen staatlichen Einzelunternehmen und damit den Erfolg der eingeleiteten Industriefördermaßnahmen in den Regionen des Mezzogiorno zu gewährleisten, in: Saraceno (1975), Il sistema delle imprese a partecipazione statale, S. 61ff. Zur finanztheoretischen Einbettung der Forderungen Saracenos, vgl. Dominicantontio Fausto, L´impresa pubblica nel pensiero di Pasquale Saraceno, in: Dominicantontio Fausto, Saggi di storia dell´economia finanziaria, Mailand: FrancoAngeli (2015), S. 540ff.

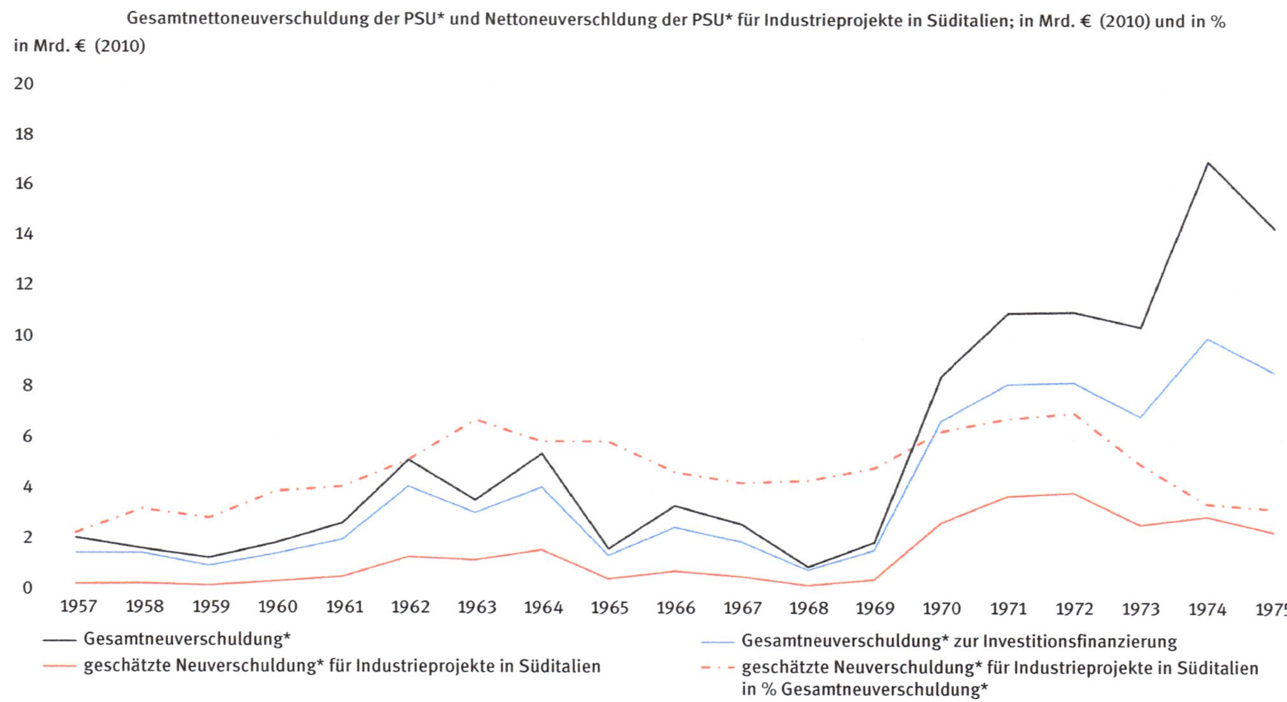

Abbildung 4.11: Entwicklung der Nettoneuverschuldung der privatrechtlich organisierten Staatsholdings für Industrieprojekte in Süditalien und Kapitalbedarfsdeckung der Staatskonzerne nach Finanzierungsquellen, 1957–1975; in Mrd. € (2010) und in %.
* jährlicher Nettozuwachs kurz-, mittel- und langfristiger Kredite; ** privatrechtlich organisierte Staatsunternehmen ohne ENEL; *** staatliche Sonderfinanzausstattung zur Gewährleistung der Geschäftsfähigkeit; **** Einlösung von Bürgschaften, Einlagen Dritter, Liquidationserlöse und staatliche Direktsubventionen

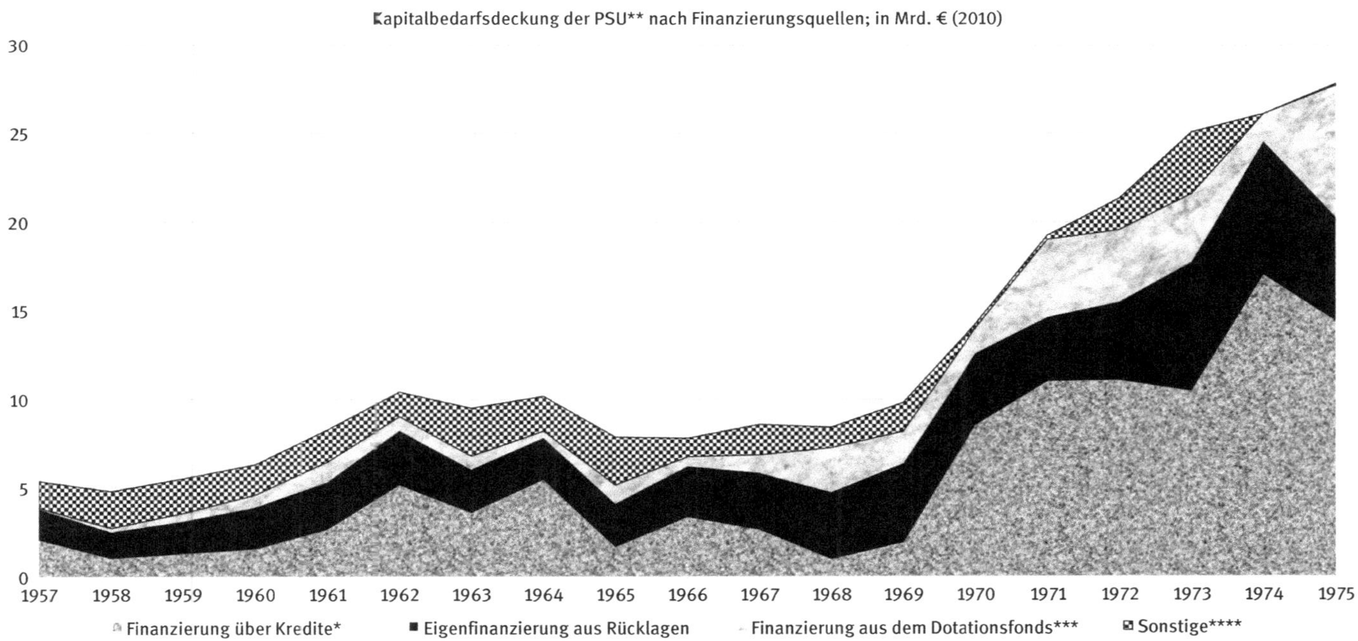

Quelle: Eigene Berechnungen, basierend auf Ministero delle partecipazioni statali, Relazione programmatica 1968, Rom: Istituto Poligrafico dello Stato (1968), Tabelle 10, S. 59 (Industrieinvestitionen Italien, 1957–1965), Tabellen 13, S. 65 und Tabelle 14, S. 67 (Deckung des Finanzbedarfs, 1957–1966) und Tabelle 19, S. 90 (Industrieinvestitionen Süditalien, 1957–1965); Ministero delle partecipazioni statali, Relazione programmatica 1970, Rom: Istituto Poligrafico dello Stato (1970), Tabelle 14, S. 74 (Industrieinvestitionen Italien, 1966), Tabellen 24 und 25, S. 88f. (Deckung des Finanzbedarfs, 1967 und 1968) und Tabelle 29, S. 107 (Industrieinvestitionen Süditalien, 1966) sowie Ministero delle partecipazioni statali, Relazione programmatica sugli enti autonomi di gestione. Esercizio finanziario 1978, in: Atti Parlamentari, Camera dei Deputati, Disegni di legge e relazioni, Disegno di legge, Nr. 2103/18, approvato dal Senato della Repubblica nella seduta del 06 aprile 1978 e trasmesso dal Presidente del Senato della Repubblica al Presidente della Camera il 07 aprile 1978, Bilancio di previsione dello Stato per l´anno finanziario 1978, Tabella 18, Stato di previsione della spesa del Ministero delle partecipazioni statali, Annesso 6, Rom: Istituto Poligrafico dello Stato (1978), S. 25 (Industrieinvestitionen Italien, 1967–1975), S. 31 (Industrieinvestitionen Süditalien, 1967–1975) und S. 64f. (Deckung des Finanzbedarfs, 1969–1975).

Ausbau der Produktionskapazitäten des neuen Eisen- und Stahlwerkes in Tarent und mit dem Aufbau des Automobilproduktionszentrums in Pomigliano (Kampanien) durch die im IRI integrierte *Alfa Romeo S.p.A.* – jeweilige massive Anstiege feststellen. Im Jahresdurchschnitt von 1957 bis 1975 belief sich die geschätzte Nettokreditaufnahme für die verschiedenen großdimensionalen Industrieprojekte in Süditalien auf knapp ein Drittel (31,15%) der jährlichen Gesamtnettokreditaufnahme zur landesweiten Investitionsfinanzierung bzw. auf fast ein Viertel (23,76%) der Gesamtnettokreditaufnahme der staatlichen Holdinggesellschaften. Abbildung 4.11 macht aber zugleich deutlich, dass bis 1974 die Gesamtverschuldung der Staatskonzerne – die staatliche Energieagentur ENEL nicht mitgerechnet – nach Überwindung der Rezession von 1963–1965/66 einen steilen Aufwärtstrend aufweist, der lediglich Anfang der 1970er Jahre temporär stagniert. Während die Gesamtbruttoschulden auch noch im Folgejahr ungebremst weiter stiegen, war die Nettogesamtverschuldung hingegen leicht – um 0,23 Mrd. € (2010) – zurückgegangen, weil die staatlichen Sonderfinanzausstattungen der Dotationsfonds für die verschiedenen Staatsholdings stark erhöht worden sind.

Wie in Tabelle 4.7 aufgezeigt, belief sich die Gesamtnettoverschuldung der verschiedenen, der politischen Kontrolle des *Ministero delle partecipazioni statali* unterstellten Staatskonzerne im Jahr 1974 zusammen auf 72,10 Mrd. € (2010) und damit auf knapp 9,92% des nationalen BIP.[988] Der Löwenanteil von zusammen 88,57% entfiel dabei zwischen 1959 und 1974 auf die zwei großen Holdinggesellschaften IRI (66,93%) und ENI (21,64%), der damit um knapp 6,1 Prozentpunkte (IRI, 2,17; ENI, 3,89) niedriger war als der Gesamtanteil der beiden staatlichen Konzerngiganten an den Gesamtbruttoinvestitionen des privatrechtlich organisierten staatlichen Unternehmenssektors. Demzufolge entfielen auf die erst nach 1957 im Zuge seiner Reorganisation gegründeten kleineren und kleinen privatrechtlich organisierten Staatsholdings EFIM (4,50%), EGAM (4,72%), EAGAT (0,03%) und EAGC (2,18%) zusammen knapp 11,43% der Gesamtnettoverschuldung der privatrechltich organisierten Staatsunternehmen (im Folgenden abgekürzt immer: PSU). Dieser Anteil war mehr als doppelt (212,75%) so groß wie die anteilige Gesamtinvestitionsleistung dieser offensichtlich

988 Eigene Berechnungen, basierend auf Tabelle 4.7 sowie Baffigi (2011), Italian National Accounts (BIP, 1974). Die Gesamtnettoverschuldung der staatlichen ENEL, die der politischen Kontrolle des Industrie- und Handelsministeriums unterstand, belief sich nach den Angaben des *Corte dei Conti* – dem Äquivalent des bundesdeutschen Bundesrechnungshofs – im Jahr 1974 auf umgerechnet knapp über 44,56 Mrd. € (2010) und hatte sich damit innerhalb von zehn Jahren mehr als verdreißigfacht (3019,53%). Demzufolge belief sich die Gesamtnettoverschuldung des privatrechtlich organisierten Unternehmenssektors im Jahr 1974 auf etwas mehr als 116,66 Mrd. € (2010), was – zum Vergleich – fast 16,05% des nationalen BIP entsprach. Vgl. eigene Berechnungen, basierend auf ebd. (Gesamtnettoverschuldung IRI, ENI, EFIM, EGAM, EAGAT und EAGC sowie BIP, 1974); Relazione della Corte dei Conti (1976), ENEL (Esercizi 1973, 1974 e 1975), S. 68. (Gesamtnettoverschuldung ENEL, 1964 und 1974).

Tabelle 4.7: Gesamtnettoverschuldung der privatrechtlich organisierten Staatsholdings (ohne ENEL), 1959 und 1974; in Mrd. € (2010).

	IRI		ENI		EFIM		EGAM		Sonstige**		Gesamt	
	1959	**1974**	**1959**	**1974**	**1959**	**1974**	**1959**	**1974**	**1959**	**1974**	**1959**	**1974**
kurzfristige Verschuldung	k.A.	19,08	k.A.	7,95		2,63		2,45	k.A.	0,04	4,86	32,16
mittel- und langfristige Verschuldung	k.A.	39,08	k.A.	13,97		2,27		1,04	k.A.	0,83	17,40	57,19
Gesamtverschuldung	k.A.	58,16	k.A.	21,91		4,91		3,49	k.A.	0,87	22,26	89,34
Eigene Zahlungsmittel und Äquivalente	2,37	9,90	0,83	6,31		1,66		0,09	0,41	−0,72	3,61	17,24
davon staatlicher Dotationsfonds*	2,14	9,20	0,47	5,74		1,68		0,62	0,00	0,25	2,61	17,48
und Rücklagen	0,23	0,70	0,36	0,57		−0,02		−0,52	0,41	−0,97	1,00	−0,24
Gesamtnettoverschuldung	k.A.	48,26	k.A.	15,60		3,25		3,40	0,00	1,59	18,65	72,10

* staatliche Sonderfinanzausstattung zur Gewährleistung der Geschäftsfähigkeit; **EAGAT und EAGC

Quelle: Eigene Berechnungen, basierend auf Ministero delle partecipazioni statali, Lo stato patrimoniale consolidato al dicembre 1959 delle aziende dei gruppi IRI ed ENI, Rom: Istituto Poligrafico dello Stato (1961), S. 9 (liquide Zahlungsmittel IRI und ENI, 1959); Ministero delle partecipazioni statali, Stato patrimoniale consolidato delle aziende a partecipazione statale al dicembre 1959 e al dicembre 1960, Rom: Istituto Poligrafico dello Stato (1962), S. 17 (kurz-, mittel- und langfristige Verschuldung sowie liquide Zahlungsmittel sämtlicher privatrechtlich organisierter Staatsunternehmen, 1959) sowie Ministero delle partecipazioni statali, Bilancio consolidato al dicembre 1974 delle imprese a partecipazione statale, Rom: Istituto Poligrafico dello Stato (1976), Tabelle 5, S. 15 (kurz-, mittel- und langfristige Verschuldung sowie liquide Zahlungsmittel sämtlicher privatrechtlich organisierter Staatsunternehmen, 1974), Prospetto A, S. 20 (kurz-, mittel- und langfristige Verschuldung IRI, 1974), S. 30 (liquide Zahlungsmittel IRI, 1974), S. 42 (kurz-, mittel- und langfristige Verschuldung sowie liquide Zahlungsmittel ENI, 1974), S. 73 ((kurz-, mittel- und langfristige Verschuldung sowie liquide Zahlungsmittel EFIM, 1974) und S. 102 (kurz-, mittel- und langfristige Verschuldung sowie liquide Zahlungsmittel EGAM, 1974).

hoch defizitären Holdings[989] an den jährlichen Bruttoinvestitionsaufkommen aller PSU zusammen.[990]

Wie ebenfalls aus der vorstehenden Tabelle 4.7 hervorgeht, hatten sich bis Ende 1974 sowohl die Gesamtbruttoschulden (401,39%) als auch die Gesamtnettoschulden (386,66%) der verschiedenen Staatsholdings seit 1959 etwa vervierfacht.[991] Davon entfielen fast 24,20 Mrd. € (2010) und damit etwa ein Drittel (33,56%) der Gesamtnettoverschuldung allein auf den Gesamtnettozuwachs kurz-, mittel- und langfristiger Kredite zur (Teil)Finanzierung der verschiedenen regionalen Industrieprojekte im Mezzogiorno. Der seit 1957 in Süditalien zunehmenden Expansion der PSIU ist daher eine erhebliche Relevanz für den Anstieg der gravierenden Gesamtschuldenlast der Staatsholdings beizumessen. Dies umso mehr, weil sich die (zu) optimistischen Renditeerwartungen der Planungsakteure bis zum Ende der Nachkriegsprosperität nicht bzw. nur teilweise erfüllten und die enorm hohen Anfangsinvestitionen zum Auf- und Ausbau der großdimensionalen Produktionszentren – trotz steigender Rekordproduktionsleistung – (noch) längst nicht amortisiert hatten. Der Großteil der operativen staatlichen Einzelunternehmen in Süditalien erwirtschaftete (noch) keine sich selbst tragenden Gewinne, stattdessen konstant hohe Verluste, so dass sich – verstärkt durch steigende Zinslasten – die Gesamtschulden der Staatsholdings vor allem seit den späten 1960er Jahren in letztlich existenzgefährdender Dimension erhöhten. Dieser Trend sollte sich vor dem Hintergrund des krisenhaften Strukturwandels seit den beiden Ölpreisschocks von 1973 und 1979 bis in die späten 1980er Jahre hinein fortsetzen, verbreitern und verstärken. Angesichts dieser Entwicklung wurden die Staatskonzerne schließlich zerschlagen; der Großteil der operativen staatlichen und staatlich kontrollierten Einzelunternehmen wurde privatisiert oder liquidiert.[992]

---

989 Abgesehen von der staatlichen Gesellschaft für Kur-, Thermal- und Sportbäder EAGAT. Vgl. ebd.

990 Zu den Gründungen der staatlichen Filmgesellschaft *Ente Autonomo di Gestione per il Cinema* (EAGC) und der staatlichen Bergbauholding *Ente Gestione Attività Minerarie* (EGAM) am 07. Mai 1958, der staatlichen Gesellschaft für Kur-, Thermal- und Sportbäder *Ente Autonomo per la Gestione delle Aziende Termali* (EAGAT) am 21. Juni 1960 sowie der staatlichen Holdinggesellschaft zur Sanierung übernommener defizitärer Privatunternehmen der Maschinenbauindustrie *Ente Partecipazioni e Finanziamento Industrie Manifatturiere* (EFIM) am 27. Januar 1962, vgl. die Ausführungen im nachfolgenden Abschnitt.

991 Vom zuständigen *Ministero delle partecipazioni statali* war erst seit 1959 jährlich eine konsolidierte Abschlußbilanz für den gesamten privatrechtlich organisierten Unternehmenssektor erarbeitet worden.

992 Vgl. vor allem Massimiliano Affinito, Marcello de Cecco und Angelo Dringoli, Le privatizzazioni nell´industria manifatturiera italiana, Rom: Donzelli (2000); Leandro Conte und Giandomenico Piluso, Finance and Structure of the State-Owned Enterprise in Italy: IRI from the Golden Age to the fall, in: Amatori, Milward und Toninelli (2011), State-Owned Enterprise, S. 119–144; Fabrizio Panozzo, Dalla produzione alla regolazione. L´evoluzione dell´intervento pubblico nell´economia, Padua: CEDAM (2000); Alfredo Macchiati, Privatizzazioni tra economia e politica, Rom: Donzelli (1996) sowie die verschiedenen Beiträge, in: Roberto Artoni (Hg.), Storia dell´IRI, vol. IV, Crisi e privatizzazione, 1990–2002, Rom-Bari: Laterza (2014). Zusammenfassend, vgl. zum Beispiel Bianchi (2002),

Der ungeachtet aller Schwankungen nahezu ungebremste Anstieg der Gesamtverschuldung sowie der damit einhergehende steigende Verschuldungsgrad der unternehmerischen Gesamtleistung der Staatskonzerne bildeten die Kehrseite der Wachstumsexpansion der PSIU in Süditalien bis Ende 1975 – sie stehen hinsichtlich ihrer realwirtschaftlichen Wirkungsdimension als wichtigstes Instrument der Industriepolitik und staatlichen Südförderung im Zentrum des letzten Untersuchungsabschnitts.

4.1.3 Die Steuerungseffizienz der privatrechtlich organisierten staatlichen Industrieunternehmen (PSIU) in Süditalien

Die privatrechtlich organisierten Staatsunternehmen (PSU) waren – wie in Kapitel III aufgezeigt – in dem vom damaligen Haushaltsminister, Ezio Vanoni im Dezember 1954 dem Ministerrat vorgestellten ersten gesamtwirtschaftlich ausgerichteten Planungsentwurf *quasi* vollkommen unberücksichtigt geblieben. Weder waren ihr potenzieller Beitrag zur Realisierung der jeweiligen zeitlich und regional differenzierten Wachstumsziele des *Schema Vanoni* näher definiert noch waren konkrete Investitionspläne für die *società a partecipazione pubblica* projektiert worden. *Einerseits* verwundert die Quasi-Nichtbeachtung des staatlichen Unternehmenssektors im *Schema Vanoni*, und zwar mindestens unter zwei Aspekten: *zum einen* im Hinblick auf die Positionen Saracenos und Vanonis als vehemente Befürworter einer stark dirigistisch-interventionistisch ausgerichteten Wirtschaftspolitik sowie der von beiden vielfach postulierten gezielten Expansion und politischen Koordinierung der PSU, *zum anderen* aber – und vor allem – angesichts ihrer 1954 mit einer Beschäftigtenzahl von knapp 270.000 sowie einem Bruttoanlageinvestitionsvolumen von mehr als 2,3 Mrd. € (2010) faktisch bereits erheblichen volkswirtschaftlichen Relevanz.[993] *Andererseits* überrascht die explizite Nichterwähnung der staatlichen Unternehmen und staatlichen Unternehmensbeteiligungen im *Schema Vanoni* wiederum auch nicht und zwar in Anbetracht der starken Widerstände gegen eine politische Aufwertung des staatlichen Unternehmertums sowohl vonseiten des damaligen Koalitionspartners der Christdemokraten im Regierungskabinett Scelba und erklärtem Gegner einer staatsinterventionistischen Wirtschaftspolitik – dem liberalen PLI – als auch durch die eher rechtskonservative *Primavera*-Fraktion bzw. die sozialliberal orientierte Fraktion des *Centrismo popolare* innerhalb der DC. In dieser Perspektive wäre die konzeptionelle Vernachlässigung der PSU gewissermaßen sogar gerechtfertigt oder

L'industria italiana, S. 272–288; Richard M. Locke, Remaking the Italian Economy, Ithaca and London: Cornell University Press (1995), S. 52–67 sowie Michael Sciascia, Diritto delle gestioni pubbliche. Istituzioni di contabilità pubblica, Mailand: Giuffrè (2013), S. 342ff.

993 Zur Gesamtwirtschaftsleistung der privatrechtlich organisierten Staatsunternehmen in Italien im Jahr 1954, vgl. Tabelle A2.3, S. 117ff. im Datenappendix A2, in: https://www.degruyter.com/view/product/552615.

zumindest nachvollziehbar. Sie wäre dann als eine bewußte politische Entscheidung zu interpretieren, das ursprüngliche Regierungsvorhaben, zeitnah einen konsensualen Gesetzesvorschlag zur Implementierung und praktischen Umsetzung eines nationalen Wachstums- und Entwicklungsprogramms auf der Grundlage des Planungsentwurfs Vanonis auszuarbeiten, nicht zu gefährden.

Schon zur Regierungszeit De Gasperis war die Zukunft des sich auf weite Teile der Volkswirtschaft erstreckenden staatlichen Unternehmenssektors ungeklärt, wobei insbesondere die möglichen Funktionen der beiden großen Staatsholdings IRI und ENI als potenziell wirkungsmächtige Instrumente der staatlichen Wirtschafts- und Industriepolitik politisch höchst umstritten waren. Spätestens seit der Gründung der staatlichen ENI im Februar 1953 ebbten die bislang heftig geführten Debatten um eine mögliche (Re)Privatisierung, Zerschlagung und/oder Liquidation der staatlichen Unternehmen und Unternehmensbeteiligungen allerdings ab. Diese Optionen wurden bis zum Zusammenbruch bzw. bis zur teilweisen Übernahme der Staatsbetriebe durch die Privatwirtschaft zu Beginn der 1990er Jahre auch zu keinem Zeitpunkt mehr im Parlament diskutiert. Angesichts der seit den späten 1940er Jahren in weitgehender unternehmerischer Autonomie erzielten beachtlichen Erfolge der PSU – vor allem in den Bereichen der Eisen- und Stahlproduktion sowie der Energie- und Brennstoffindustrie – kristallisierten sich aber neue Problemfelder heraus, die zunehmend im Fokus der Auseinandersetzungen standen. Dabei lassen sich vor allem vier eng miteinander verknüpfte Fragenkomplexe identifizieren, die den wirtschaftspolitischen Diskurs nicht nur bis zur offiziellen Präsentation des *Schema Vanoni* im März 1955, sondern während der gesamten Nachkriegsprosperität dominierten: *Erstens*, sollten die PSU weiter expandieren, und wenn ja, welche, in welchen Branchen und/oder Regionen? *Zweitens*, sollten die Unternehmungen der großen Staatsholdings ausschließlich jeweils auf die Erreichung von betriebswirtschaftlichen Zielen wie Liquidität und Gewinnmaximierung orientiert sein oder zusätzlich auch übergeordnete wirtschafts- und sozialpolitische Zielsetzungen verfolgen? In letzterem Zusammenhang ging es zum Beispiel um Fragen der Bereitstellung billiger Energie, Grundstoffe und Halbzeuge für weiterverarbeitende Bereiche der Privatwirtschaft, der Förderung strukturschwacher Regionen, der Arbeitsplatzsicherung sowie der Einkommenssteigerung. *Drittens*, wie sollten die dafür notwendigen (zusätzlichen) Investitionen finanziert und die unter Umständen erwirtschafteten Verluste der Staatsunternehmen ausgeglichen werden? Und *viertens* schließlich, sollte der staatliche Unternehmenssektor vonseiten der Politik stärker kontrolliert und die bislang bestehende unternehmerische Autonomie der Staatskonzerne dadurch eingeschränkt werden? Welche neuen Kontrollinstanzen sollten in diesem Konzext geschaffen bzw. welche bereits bestehenden Institutionen mit welchen zusätzlichen Befugnissen ausgestattet werden?

Der Großteil dieser Fragen wurde mit dem im Dezember 1956 verabschiedeten Gesetz über die Gründung des *Ministero delle partecipazioni statali* – einem eigens zur Koordinierung und Kontrolle der staatlichen Unternehmen und Unternehmensbeteiligungen geschaffenem Ministerium – beantwortet. Die Gründung des *Ministero delle partecipazioni statali* bildete die wichtigste Gesetzesneuerung der Reorganisation sowie der strategischen (Neu)Ausrichtung des staatlichen Unternehmenssektors seit Kriegsende und zugleich die rechtliche Grundlage für den zeitgleich politisch durchgesetzten industriepolitischen Kurswechsel der staatlichen Sondergesetzgebung für den Mezzogiorno, unter Aufwertung der Staatsunternehmen. Im Folgenden soll deshalb zunächst die keinesfalls selbstverständliche rechtliche Etablierung der privatrechtlich organisierten Staatsunternehmen (PSU) als wichtigstes Instrument der Industriepolitik hinsichtlich ihrer unmittelbaren und längerfristigen Folgewirkungen kurz skizziert und im Spiegel der Forschung diskutiert werden. Danach geht es um den Beitrag der privatrechtlich organisierten staatlichen Industrieunternehmen (PSIU) für Einleitung, Dynamisierung und Stabilisierung des süditalienischen Industrialisierungsprozesses auf der Grundlage umfangreicher Berechnungen ihrer Wirtschaftsgesamtleistung. Dieser regionalwirtschaftliche Beitrag soll schließlich – in einem das Kapitel zusammenfassenden letzten Analyseschritt – mit den Ergebnissen zur Steuerungseffizienz der anderen zwei Hauptinstrumente der staatlichen Südförderung – der *Cassa per il Mezzogiorno* und der staatlich subventionierten Industriekreditfinanzierung – verglichen und kritisch bewertet werden.

4.1.3.1 Die Reorganisation und strategische Neuausrichtung des staatlichen Unternehmenssektors durch die Gründung des *Ministero delle partecipazioni statali* am 22. Dezember 1956 – Ihre Bedeutung im Spiegel der Forschungskritik

Am 21. Oktober 1953 – nur wenige Monate nach dem Rücktritt De Gasperis vom Amt des Ministerpräsidenten – wurde auf Dekret des Industrie- und Handelsministers der unter der Führung Giuseppe Pellas provisorisch gebildeten Regierung ein unabhängiger Fachausschuss eingerichtet, der die Unternehmensstruktur des staatlichen IRI neu organisieren und ein neues Statut für die staatliche Holding ausarbeiten sollte. Bereits am 30. Oktober wurde der ursprüngliche Gründungsauftrag der nach ihrem Präsidenten, dem Dekan der Rechtsfakultät der katholischen Universität Mailand, Orio Giacchi, benannten Expertenkommission allerdings auf Beschlußfassung der Abgeordnetenkammer des Parlaments zweifach erweitert: *zum einen* ging es um eine Ausdehnung auf den gesamten staatlichen Unternehmenssektor, da – wie es im Parlamentsbeschluss heißt – „eine Reform für die im IRI zusammengefaßten staatlichen Unternehmen und Unternehmensbeteiligungen nur im Rahmen der Reorganisation des gesamten privatrechtlich organisierten staatlichen Unternehmenssektors erfolgreich durchgeführt werden kann."[994] *Zum anderen* aber sollte die dem Industrieministerium unterstellte Expertenkommission auch die als „unzureichend" beurteilte

994 Vgl. und zitiert Atti Parlamentari, Camera dei Deputati, Discussioni, Leg. 2, Anno 1953, LVIII seduta pomeridiana, 30 ottobre 1953, S. 3684.

„Kontrolle der verschiedenen Staatsunternehmen durch politische Institutionen rechtlich neu organisieren."[995]

Die *Commissione Giacchi* setzte sich aus insgesamt 18 Wissenschaftlern, Gewerkschaftsfunktionären und leitenden Angestellten der öffentlichen Unternehmen zusammen, die – wie sich während der folgenden Monate bald zeigen sollte – zum Teil gänzlich voneinander abweichende Vorstellungen über Ausmaß, Funktionen und Befugnisse der verschiedenen Unternehmen in Staatsbesitz bzw. unter staatlicher Kontrolle vertraten. Insofern konnte sie sich auch nicht auf einen konsensualen Vorschlag über eine Reform des staatlichen Unternehmenssektors einigen. Während der im Kern ordnungspolitischen Auseinandersetzungen hatten sich innerhalb des Expertenausschusses zwei Hauptfraktionen herausgebildet, die am 31. August 1954 dem mittlerweile neuen Industrie- und Handelsminister der seit Februar 1954 amtierenden Regierung Scelba, Bruno Villabruna, jeweils eigene Reformvorschläge unterbreiteten[996]: Die Reformvorschläge der „Minderheitsfraktion",[997] die unter anderem vom ehemaligen Generaldirektor der *Banca d'Italia*, ehemaligen Finanzminister und amtierenden Staatspräsidenten, Luigi Einaudi (PLI), einflußreich protegiert wurden, zielten im Wesentlichen auf eine Beibehaltung des *status quo* des staatlichen Unternehmenssektors ab. Innerhalb der PSU, die den weitaus größten Beschäftigungs-, vor allem aber Investitions- und Wertschöpfungsanteil aller staatlichen Unternehmungen auf sich vereinten, sollte die Energieholding ENI in ihrer bestehenden Organisationsstruktur beibehalten werden und ihre im Gründungsgesetz vom Februar 1953 festgelegten Aufgaben weiterhin wahrnehmen. Das IRI sollte hingegen (wieder) auf seine ursprünglichen, bei seiner Gründung im Januar 1933festgelegten Funktionen per Gesetz verpflichtet werden, defizitäre Unternehmen der Privatwirtschaft kurzfristig zu übernehmen, zu sanieren und anschließend wieder zu veräußern. Im schroffen Gegensatz dazu waren die Vorschläge der „Mehrheitsfraktion"[998] auf eine Ausweitung des staatlichen Unternehmenssektors ausgerichtet, konkret auf die gezielte Nutzbarmachung der großen Staatsholdings IRI und ENI als wichtigste Regulierungs- und

995 Vgl. und zitiert ebd.

996 Vgl. ausführlich vor allem Fabio Lavista, Dallo statuto del 1948 alla programmazione economica nazionale, in: Franco Amatori (Hg.), Storia dell´IRI, vol. II, Il `miracolo´ economico e il ruolo dell´IRI, 1949–1972, Rom-Bari: Laterza (2013), S. 530–552; zusammenfassend, vgl. Amoroso und Olson (1978), Lo stato imprenditore, S. 74f. sowie Bottiglieri (1981), Le partecipazioni statali, S. 92f.

997 Die Mitglieder der Expertenkommission, die sich innerhalb der *Commissione Giacchi* zur sog. „Minderheitsfraktion" zusammengeschlossen hatten, waren Paolo Baffi, Ercole Bottani, Emilio De Marchi, Pietro Sette, Aldo Silvestri, Carlo Urcuoli und Carlo Venditti. Vgl. die Fußnote 57, in: Bottiglieri (1981), Le partecipazioni statali, S. 101.

998 Die Mitglieder der sog. „Mehrheitsfraktion" der *Commissione Giacchi* waren – neben dem Präsidenten der Expertenkommission, Orio Giacchi – Franco Marinone, Tommasso Notarangeli, Romolo Sartori, Luigi Aru, Remo Franceschelli, Carlo Bottin, Mario Romani, Carlo Orsi, Aldo Sandulli und Mario del Falco. Vgl. ebd.

Förderinstrumente der staatlichen Wirtschaftspolitik sowie auf einen zeitnahen Ausbau dafür adäquater Planungs- und und Kontrollistanzen.

Der von der „Mehrheitsfraktion" des Expertenausschusses ausgearbeitete Entwurf für eine umfassende Reform des staatlichen Unternehmenssektors wurde dabei unter anderem vom neu gewählten Parteivorsitzenden der *Democrazia Cristiana*, Amintore Fanfani, dem Haushaltsminister im Regierungskabinett Scelba, Ezio Vanoni, dem Gewerkschaftsführer der CISL, Giulio Pastore sowie vom wichtigsten wissenschaftlichen Regierungsberater für Wirtschaftsfragen, Pasquale Saraceno, unterstützt. Befürwortet wurden die Vorschläge aber auch von anderen reformorientierten politischen Führungspersönlichkeiten, links von der DC. In diesem Kontext ist vor allem der Parteivize der Republikaner, Ugo La Malfa, hervorzuheben, dem schon im Juli 1950 – im damaligen sechsten Regierungskabinett unter der Führung De Gasperis als *Ministro senza portafoglio* – die Aufgabe übertragen worden war, eine schrittweise Reform des staatlichen Unternehmenssektors inhaltlich vorzubereiten, ihre Durchführung zu koordinieren und zu überwachen.[999] Nachdem das Thema der Reorganisation des staatlichen Unternehmenssektors vor dem Hintergrund der Regierungsneubildung im Juli 1951 jedoch für mehr als zwei Jahre von der politischen Tagesordnung verschwunden blieb und die bereits weit vorangeschrittenen, im Juni 1951 sogar dem Parlament vorgestellten Ideen La Malfas[1000] zunächst keinen konkreten politischen Niederschlag fanden, wurden genau dessen Reformvorschläge nunmehr von der „Mehrheitsfraktion" der *Commissione Giacchi* nahezu vollständig übernommen, allerdings noch einmal aktualisiert und konkretisiert: *Erstens*, sollte das System von Staatsunternehmen, die in keinem direkten Wettbewerb mit der Privatwirtschaft standen (*gestioni dirette*, *aziende pubbliche*, *aziende municipalizzate*, *aziende provincializzate* usw.), nicht verändert werden; der Bereich der PSU hingegen sollte im Sinne der Vereinheitlichung und Vereinfachung partiell reorganisiert und neue Kontrollorgane für die jeweils übergeordneten Holding- und Finanzierungsgesellschaften aufgebaut werden. *Zweitens*, wurde die Empfehlung ausgesprochen, zur Reorganisation der *imprese pubbliche di natura privatistica* sowie der *partecipazioni statali* die nach Kriegsende stark angewachsene Vielzahl vom Staat übernommener Einzelunternehmen und Unternehmensgruppen zunächst sektoral zu ordnen und entweder in neu zu gründende staatliche Holding- und Finanzierungsgesellschaften zusammenzuführen oder in die bereits bestehenden Organisationsstrukturen des

999 Im sechsten Regierungskabinett De Gasperi wurde Ugo La Malfa ab Anfang April 1951 zusätzlich das Amt des Außenhandelsministers kommissarisch überantwortet, nachdem Ivan M. Lombardo (PSLI) aufgrund des Parteientscheides des PSLI vom 11. März 1951 über den Zusammenschluß mit dem PSU und der Gründung des sozialdemokratischen PSDI am 04. April 1951 von diesem Posten zurückgetreten war und damit eine Regierungskrise ausgelöst sowie Regierungsneubildung notwendig gemacht hatte.

1000 Vgl. Atti Parlamentari, Senato della Repubblica, Discussioni, Leg. 1, Anno 1951, DCXXXI seduta, Mercoledi 13 giugno 1951, S. 24766–24779.

IRI und der ENI einzugliedern. *Drittens*, sollten sämtliche staatlichen und staatlich kontrollierten Unternehmen, deren Interessen bislang von privaten Unternehmensverbänden gegenüber der Politik sowie den verschiedenen Gewerkschaftsverbänden vertreten worden sind, aus den entsprechenden Verbandsorganisationen der Privatwirtschaft ausscheiden und eigene Interessensvertretungen aufbauen, um sich den Positionen der privaten Unternehmensverbände nicht weiter unterordnen zu müssen. *Viertens*, sollten der größten und wichtigsten Staatsholding IRI wie auch den neu zu gründenden *enti autonomi di gestione* per Gesetz klare übergeordnete wirtschafts- und sozialpolitische Zielvorgaben gesetzt werden – zum Beispiel Verbraucherschutz, Bekämpfung von Monopolbildungen, Schutz vor Übernahmen durch ausländische Investoren, Förderung des Mezzogiorno, Technologieentwicklung, Arbeitnehmerschutz, etc.. Dabei diente die im Februar des Vorjahres gegründete Energieholding ENI als Vorbild, deren Gründungsauftrag es war, *ex lege* die nationale Wirtschaft mit günstiger Energie sowie mit preiswerten und hochqualitativen Düngemitteln und anderen petrochemischen Produkten zu versorgen. *Fünftens*, sollten die verschiedenen Staatsholdings dazu verpflichtet werden, auf fünf Jahre projektierte – sektoral und regional differenzierte – Wirtschaftsprogramme auszuarbeiten. Die jeweils untergeordneten Finanzierungsgesellschaften und operativen Einzelunternehmen sollten wiederum daraus ihre konkreten betriebswirtschaftlichen Zielsetzungen ableiten und für deren Realisierung einen jährlichen Wirtschafts- bzw. Geschäftsplan mit detaillierten Produktions-, Investitions-, Kosten- und Finanzierungsplänen erstellen. *Sechstens* schließlich, wurden der Aufbau eines ständigen Ministerausschusses sowie die Gründung eines neuen Ministeriums zur politischen Steuerung und Kontrolle der PSU empfohlen. Die Hauptaufgaben des Ministerausschusses sollten darin bestehen, die übergeordneten politischen Zielvorgaben, eventuelle Statutänderungen und die Höhe des Dotationskapitals für die jeweiligen *enti autonomi di gestione* festzulegen, über die Annahme oder Ablehnung der Fünf-Jahres-Pläne der verschiedenen Staatsholdings zu entscheiden sowie die Präsidenten dieser Holdinggesellschaften zu bestimmen.[1001] Das für die Belange der PSU zuständige Ministerium sollte hingegen die Durchführung der jeweiligen Wirtschaftsprogramme *ex post* anhand der auf den Geschäftsberichten der operativen Einzelunternehmen basierenden Jahresbilanzen kontrollieren, nicht jedoch während des Geschäftsjahres in die unternehmerischen Angelegenheiten der verschiedenen *enti* intervenieren. Allerdings sollte dem Ministerium das Recht vorbehalten sein, auch während eines laufenden Geschäftsjahres über Veräußerungen staatlicher Unternehmen oder Unternehmensbeteiligungen an die Privatwirtschaft bzw. über neue staatliche Übernahmen privater Unternehmen oder Unternehmensbeteiligungen sowie ihre Integration in die betreffenden

1001 Dem für die Belange des staatlichen Unternehmenssektors zuständigen Ministerausschuß sollten – unter der Präsidentschaft des Ministerpräsidenten – der Minister des neu geschaffenen *Ministero delle partecipazioni statali*, der Haushalts-, der Schatz-, der Industrie- und Handelsminister sowie der Minister für Arbeit und Soziales angehören.

übergeordneten Holding- und Finanzierungsgesellschaften zu entscheiden. Darüber hinaus sollte das neu zu gründende Ministerium bei etwaigen Finanzierungsproblemen oder sonstigen Schwierigkeiten als ständiger Ansprechpartner für die Leitungsebenen der verschiedenen Holding- und Finanzierungsgesellschaften fungieren und den Ministerrat darüber informieren. Dieser wiederum sollte dann die Überarbeitung bzw. auch den Abbruch der laufenden Wirtschaftsprogramme sowie die Ausarbeitung eines neuen Fünf-Jahres-Plans anordnen dürfen. Schließlich sollte das neue Ministerium am Ende eines jeden Geschäftsjahres auf der Grundlage der jeweiligen Bilanzen der verschiedenen Finanzierungs- und Holdinggesellschaften einen zusammenfassenden, sektoral differenzierenden Jahreswirtschaftsbericht über den PSU-Sektor ausarbeiten. Die Berichte sollten im Übrigen nicht nur dem betreffenden Ministerrat vorgelegt, sondern auch im Parlament vorgestellt werden, um beiden Kammern des Parlaments die Möglichkeit zu geben, eventuelle Änderungen der jeweiligen Wirtschaftsprogramme der verschiedenen Staatsholdings zu beantragen.

Es vergingen knapp elf Monate, ohne dass vom Regierungskabinett Scelba etwaige Schritte unternommen worden wären, die Empfehlungen der *Commissione Giacchi* zur Reorganisation des staatlichen Unternehmenssektors umzusetzen. Erst nach dem Rücktritt Scelbas vom Amt des Ministerpräsidenten und dem Regierungswechsel Anfang Juli 1955 wurde von der Nachfolgeregierung unter der Führung Antonio Segnis am 18. Juli 1955 ein entsprechender Gesetzesentwurf zur Gründung eines für die Belange der staatlichen Unternehmen und Unternehmensbeteiligungen zuständigen Ministeriums in der Abgeordnetenkammer des Parlaments eingebracht. Dieser wurde allerdings zunächst abgelehnt und stattdessen einer parlamentarischen Sonderkommission zur Überarbeitung übergeben.[1002] Bevor der finale Entwurf am 08. November 1956 schließlich vom Senat angenommen und der Abgeordnetenkammer des Parlaments zur Abstimmung übergeben wurde, war der Gesetzesvorschlag noch weitere fünfmal modifiziert worden.[1003] Die wichtigste Ergänzung zu den ursprünglichen Reformvorschlägen der *Commissione Giacchi* bestand in der *ex lege* verpflichtenden Ausrichtung der PSU auf das Wirtschaftlichkeitsprinzip: Sämtliche staatliche Holding- und Finanzierungsgesellschaften – so der von der parlamentarischen

1002 Vgl. die Präsentation des Gesetzesentwurfs zur Gründung des *Ministero delle partecipazioni statali* durch den neuen Ministerpräsidenten Antonio Segni in seiner Regierungsantrittserklärung am 18. Juli 1955, die nachfolgende parlamentarische Diskussion in der Abgeordnetenkammer sowie den Parlamentsbeschluss zur Überarbeitung des disegno di legge Nr. 1727, in: Atti Parlamentari, Camera dei Deputati, Discussioni, Leg. 2, Anno 1955, CCXCVIII seduta, 18 luglio 1955, S. 18634–18643, S. 18643–18670 sowie S. 18672.

1003 Am 20. Dezember 1956 erfolgte die parlamentarische Zustimmung der Abgeordnetenkammer zum *disegno di legge, n. 1727-B (3)* erneut mit großer Mehrheit – mit 414 Ja-Stimmen und 51 Nein-Stimmen. Vgl. Atti Parlamentari, Camera dei Deputati, Discussioni, Leg. 2, Anno 1956, DX seduta antemeridiana, 20 dicembre 1956, S. 29890. Zur Abstimmung über den *disegno di legge, n. 1727-B (3)* in der Senatskammer am 08. November 1956, vgl. Atti Parlamentari, Senato della Repubblica, Assemblea – Resoconto stenografico, Leg. 2, Anno 1956, CDLXIII seduta, 08 novembre 1956, S. 18874–18890.

Sonderkommission erarbeitete Zusatz zum Art. 3 der älteren Fassung des Gesetzesentwurfs – sollten sich darauf verpflichten, ihre Unternehmungen gewinnorientiert in Konkurrenz mit der Privatwirtschaft durchzuführen, gleichzeitig aber ihre jeweiligen Unternehmensstrategien und Investitionspläne unter Beachtung der politisch vorgegebenen übergeordneten Zielvorgaben hin auszurichten.[1004]

Das Gesetz Nr. 1589 zur Reorganisation des staatlichen Unternehmenssektors sowie zur Gründung des *Ministero delle partecipazioni statali* wurde am 22. Dezember 1956 offiziell verabschiedet.[1005] Fast zweieinhalb Jahre waren demnach vergangen, seit die von der Regierung Pella eingesetzte Expertenkommission ihre diesbezüglichen Vorschläge dem Industrie- und Handelsministerium und dem Ministerrat vorgestellt hatte. Und fast sechseinhalb Jahre waren vergangen, seit von einer italienischen Nachkriegsregierung ein erster umfassender Versuch in Angriff genommen worden ist, nicht nur das staatliche IRI als den mit Abstand größten Verbund staatlicher Unternehmen und Unternehmensbeteiligungen, sondern den gesamten vom Faschismus übernommenen und nach dem Ende des Zweiten Weltkrieges weiter angewachsenen staatlichen Unternehmenssektor zu reorganisieren. Seit Ende 1956 eröffneten sich damit qualitativ neue Möglichkeiten, die PSU strategisch als Instrumente der staatlichen Wirtschaftspolitik effektiv nutzbar zu machen.

Innerhalb der wirtschaftshistorischen Italienforschung wird das Gesetz zur Gründung des *Ministero delle partecipazioni statali* und zur Reorganisation des staatlichen Unternehmenssektors mehrheitlich negativ beurteilt. Ähnlich wie die fehlende Neuausarbeitung und Implementierung des *Schema Vanoni*, gilt das Gesetz mithin sogar als eine der wichtigsten „verpaßten Gelegenheiten“[1006] im Bereich der Wirtschaftspolitik seit Beginn der 1950er Jahre. Im Einzelnen lassen sich vor allem drei, zum Teil diametral entgegengesetzte Kritikpunkte der einschlägigen Forschungsliteratur anführen, die alle in der einen oder anderen Perspektive die nichtintendierten mittel- und längerfristigen Folgen des Gesetzes tangieren: *Erstens*, wird die zeitliche Dauer des ungemein langen, immer wieder verzögerten Gesetzgebungsverfahrens problematisiert. Aufgrund der dadurch „verspäteten“ Reorganisation des staatlichen

---

1004 Vgl. den erweiterten Zusatz zu Artikel 3 des finalen überarbeiteten Gesetzesentwurfs über die Gründung des *Ministero delle partecipazioni statali*: Disegno di legge, Istituzione del Ministero delle partecipazioni statali, approvato dalla Camera dei Deputati nella seduta del 20 aprile 1956, modificato dal Senato della Repubblica nella seduta dell´ 8 novembre 1956, trasmesso dal Presidente del Senato della Repubblica alla Presidenza della Camera il 22 novembre 1956, in: Atti Parlamentari, Camera dei Deputati, Documenti – Disegni di Legge e Relazioni, n. 1727-B, Leg. 2, Anno 1956, Seduta del 22 novembre 1956, Rom: Istituto Poligrafico dello Stato (1956), Art. 3, S. 2. Zum Wirtschaftlichkeitsprinzip der staatlichen Unternehmen, vgl. grundlegend Saraceno (1981), Il sistema delle partecipazioni statali, S. 52ff.

1005 Vgl. Legge 22 dicembre 1956, n. 1589, Istituzione del Ministero delle partecipazioni statali, in: Gazzetta Ufficiale della Repubblica Italiana, Serie generale, n. 33 (06.02.1957), Rom: Istituto Poligrafico dello Stato (1957).

1006 Vgl. die Anmerkungen zu den *occassioni mancate* in der Einleitung.

Unternehmenssektors – so zum Beispiel die von Bruno Bottiglieri aufgestellten Hypothesen – wäre eine prinzipiell zu einem früheren Zeitpunkt möglich gewesene effizientere Ausnutzung der vorhandenen unternehmerischen Entwicklungspotenziale der PSU als „Speerspitze" und „wichtigstes Instrument" der staatlichen Wirtschaftspolitik verzögert worden. Die sich erst ab 1957 dynamisierende Wachstumsexpansion der Staatskonzerne sowie der damit einhergehende schrittweise Abbau der sozialen Disparitäten und ökonomischen Ungleichgewichte des Landes hätten in dieser Sicht unter Umständen durch eine frühere Implementierung der durch das neue Gesetz sanktionierten Möglichkeiten zur politischen Steuerung und Kontrolle des staatlichen Unternehmenssektors gezielt vorverlegt werden können.[1007] *Zweitens*, stehen die Eckpfeiler des Gesetzes selbst im Fokus der Kritik. Nicht nur hätte es sich um eine „verfehlte und inkonsequente inhaltliche Konzeption des Gesetzespakets"[1008] gehandelt; die betreffenden institutionellen Neuerungen wären vor allem nahezu wirkungslos geblieben: *Zum einen* wäre die im Gesetz vorgesehene Bildung eines Ministerausschusses zur Festlegung übergeordneter Zielvorgaben für die verschiedenen staatlichen Holding- und Finanzierungsgesellschaften während der nachfolgenden zehn Jahre *de facto* nicht umgesetzt worden. *Zum anderen* aber wäre das neu gegründete Ministerium kaum mit Entscheidungskompetenzen ausgestattet worden. Schließlich hätten beide behördliche Neueinrichtungen weder die Ausarbeitung der jeweiligen Fünf-Jahres-Pläne der verschiedenen Staatsholdings inhaltlich maßgeblich beeinflussen können, noch wären der Ministerausschuss und das *Ministero delle partecipazioni statali* kontinuierlich über die Vielzahl der verschiedenen staatlichen Unternehmungen informiert worden. Stattdessen wären diese Institutionen erst jeweils am Ende eines Geschäftsjahres anhand der jeweiligen Jahresbilanzen gewissermaßen vor vollendete Tatsachen gesetzt worden, so dass sie daher auch nicht *ad hoc* in die Wirtschaftsaktivitäten der Staatskonzerne hätten intervenieren können, um gegebenenfalls eventuellen Fehlentwicklungen (rechtzeitig) entgegenzusteuern.[1009] Der *dritte* Hauptkritikpunkt schließlich weist in eine ganz andere Richtung und basiert auf der Annahme, dass die empirisch belegbaren Erfolge der PSU seit den späten 1940er Jahren letztlich vor allem den Fähigkeiten und Leistungen einzelner Unternehmerpersönlichkeiten zu verdanken gewesen wären, die ihre jeweiligen Unternehmensstrategien gerade aufgrund (noch) nicht vorhandener bzw. nur begrenzter politischer Steuerungs- und

1007 Vgl. und zitiert Bottiglieri (1981), Le partecipazioni statali, S. 82ff.
1008 De Benedetti (2013), Lo sviluppo sospeso, S. 124.
1009 Vgl. auch Franco Amatori, Growth via Politics: Business Groups Italian Style, in: Takao Shiba und Masahiro Shimotani (Hg.), Beyond the Firm. Business Groups in International and Historical Perspective, Oxford-New York: Oxford University Press (1997), S. 121–128; Amatori (2000), Beyond State and Market, S. 150f.; Michael Kreile, Public Enterprise and the Pursuit of Strategic Management: Italy, in: Kenneth Dyson and Stephen Wilks (Hg.), Industrial Crisis. A Comparative Study of the State and Industry, Oxford: Martin Robertson (1983), S. 194 sowie Prodi und De Giovanni (1993), Industrial Policy in Italy, S. 45f.

Kontrollinstitutionen in weitgehender Autonomie und Eigenregie hätten durch- und umsetzen können. Genau diese unternehmerischen Freiheiten wären durch das Reformgesetz aber maßgeblich begrenzt und reduziert, die Abhängigkeit von politischen Zielvorgaben hingegen massiv erhöht worden. Dadurch allerdings – so zum Beispiel die von Fabrizio Barca und Sandro Trento, Marco Maraffi oder von Ruggero Ranieri vertretene These – wäre eine vor allem seit Beginn der 1960er Jahre stark zunehmende Instrumentalisierung der PSU zur Durchsetzung primär parteipolitischer Interessen möglich geworden, mit zahlreichen weitreichenden Negativkonsequenzen für die Rentabilität einer großen Mehrzahl von staatlichen Unternehmen und der ihnen übergeordneten Holding- und Finanzierungsgesellschaften. Zwecks Einhaltung der (partei)politischen Zielvorgaben hätten diese sich immer öfter und hoch verschulden müssen, so dass sich die Staatskonzerne in der Folge schließlich vom „spearhead of expansion (...) into a sick-bed of inefficient loss-making firms“[1010] verwandelt hätten.[1011]

Ungeachtet der partiell durchaus berechtigten Kritik an der Ende 1956 beschlossenen Reorganisation des staatlichen Unternehmenssektors ist das weitverbreitete historiographische Negativurteil überzogen und letztlich undifferenziert.[1012] Unter Berücksichtigung der weiter unten im Einzelnen dargestellten quantitativen Untersuchungsergebnisse sollen deshalb die drei Hauptstränge des vorstehend skizzierten Forschungsinterpretaments problematisiert werden. Dabei wird die Auffassung vertreten, dass insbesondere den PSIU hinsichtlich ihres Beitrages zur Entfaltung der italienischen Nachkriegsprosperität eine größere positive Relevanz zukommt als ihnen von der Forschung im Allgemeinen zugestanden wird.

Erstens, dauerte das Gesetzgebungsverfahren zur Reorganisation des staatlichen Unternehmenssektors in der Tat sehr lange. Es wurde in der zeitlichen Dauer – gemessen an der Zeitspanne zwischen der Präsentation eines ersten Gesetzesentwurfs bis zur offiziellen Verabschiedung des Gesetzes – nur noch von den zwei Gesetzgebungsverfahren zur Gründung der staatlichen Energiegesellschaften ENI (1953) und ENEL (1962) knapp übertroffen. Dass aber eine hypothetisch angenommene frühere Ausarbeitung und parlamentarische Verabschiedung konkreter Gesetzesentwürfe zum Auf- und Ausbau politischer Steuerungs- und Kontrollinstitutionen sowie zur Reorganisation des staatlichen Unternehmenssektors den Beginn der in den Jahren zwischen

1010 Ruggero Ranieri, Italy: After the Rewards of Growth, the Penalty of Debt, in: Bernard J. Foley (Hg.), European Economies Since the Second World War, London-New York: Macmillan Press/St. Martin´s Press (1998), S. 82.

1011 Vgl. neben ebd. auch Ranieri (2007), Industrial Policy in Italy after 1945, S. 225f.; Barca (1997), Compromesso senza riforme, S. 93f. sowie Barca und Trento (1997), Partecipazioni statali, S. 212ff. sowie Maraffi (1990), Politica ed economia, S. 167–170.

1012 In diesem Zusammenhang ist auf die kenntnisreiche, von Bruno Amoroso und Ole Jess Olson bereits 1978 veröffentlichte Studie zum staatlichen Unternehmenssektor in Italien zu verweisen. Vgl. Amoroso und Olson (1978), Lo stato imprenditore, vor allem S. 74–84, S. 221–224 sowie S. 247–315.

1957 und 1975 beschleunigten Expansion der PSU hätte vorverlegen können, scheint hingegen wenig plausibel. Zwar ergaben sich durch die praktische Umsetzung von Art. 3 des am 22. Dezember 1956 verabschiedeten Gesetzes zur Integration der bislang nicht integrierten staatlichen Einzelunternehmen in bestehende und/oder neu zu gründende Finanzierungs- und Holdinggesellschaften tatsächlich zahlreiche Synergieeffekte, so dass diese mehrheitlich stark defizitären Unternehmen – von einigen wenigen Ausnahmen abgesehen – zumindest nicht Konkurs anmelden und aufgelöst werden mußten. Die seit 1957 beginnende unternehmerische Expansion des Staates betraf aber diese defizitären Betriebe gar nicht. Stattdessen stand sie nahezu ausschließlich in direktem Zusammenhang mit den verschiedenen Mammutprojekten der zwei größten Staatsholdings IRI und ENI sowie der erst im Dezember 1962 gegründeten staatlichen Elektritätsgesellschaft ENEL. Die Großprojekte dieser drei Staatskonzerne waren jedoch eher der allgemeinen Marktentwicklung geschuldet, spielten insofern vor 1956 weder in den unternehmerischen Strategieüberlegungen der IRI- und ENI-Leitung noch im wirtschaftspolitischen Diskurs der wissenschaftlichen Politikberatung, geschweige denn in den jeweiligen Regierungsprogrammen eine expansionsrelevante Rolle. Die in diesem Kontext wichtigsten Großprojekte waren: Der Auf- und mehrfache Ausbau der großdimensionalen integrierten petrochemischen Produktionszentren in Ravenna, Gela, Pisticci und Manfredonia (ENI-ANIC; 1956–1963), der Aufbau des Automobilproduktionszentrums in Arese (IRI-*Alfa Romeo*; 1959–1963), der Auf- und zweifache Ausbau des integrierten Eisen- und Stahlproduktionszentrums in Tarent (IRI-FINSIDER; 1959–1964/75), die Gründung der *Selenia S.p.A.* zur Herstellung von Satellitentechnik, Radar- und Telekommunikationsgeräten mit Produktionsstätten in Fusaro, Giugliano und Rom (IRI-FINMECCANICA, gemeinsam mit der *Edison*-Gesellschaft und der amerikanischen *Raytheon Company*; 1960), der Aufbau des Raffinieriezentrums in Sannazzaro (ENI-ANIC; 1961–1963), der großdimensionale Ausbau des *Alfa Romeo*-Flugzeugbauwerkes in Pomigliano (IRI-*Alfa Romeo*; 1962–1963), der kontinuierliche Ausbau des nationalen Stromverteilernetzes und der Neuaufbau verschiedener Kraftwerke zur Stromproduktion vor allem in Süditalien (ENEL; ab 1963), der Aufbau des Automobilproduktionszentrums in Pomigliano (IRI-*Alfa Romeo*; 1968–1972)[1013] sowie mehrere staatliche Übernahmen privater Großunternehmen wie zum Beispiel der *Lanerossi S.p.A.* im Bereich der Textilindustrie (ENI; 1962), der *ATES S.p.A.* im Bereich der Elektromechanik (IRI-STET; 1963) oder die Mehrheitsübernahme der *Montedison* S.p. A., der hinter der staatlichen IRI und dem privaten FIAT-Konzern drittgrößten Unternehmensgruppe Italiens mit

1013 *Alfasud* bildet in diesem Zusammenhang eine Ausnahme. Die Projektplanungen für den Aufbau eines neuen Produktionszentrums zur Herstellung von Kleinst- und Kleinwagen im Niedrigpreissegment in Konkurrenz zu den FIAT-Modellen 500 und 600 reichten bis 1954 zurück, die aufgrund der expansiven Produktionsausweitung bei FIAT zunächst aber wieder „eingefroren“ bzw. verworfen wurden und erst seit 1966 wieder aufgenommen worden sind. Vgl. De Benedetti (2013), Lo sviluppo sospeso, S. 212ff.

Produktionsschwerpunkten in den Bereichen der Petrochemie und der Lebensmittelindustrie (ENI und IRI; 1968).[1014]

Die seit 1957 jährlich immer wieder neu übertroffenen Rekorderfolge der Staatsholdings IRI und ENI sowie ab 1962 dann auch der ENEL basierten zudem – zumindest bis Mitte der 1960er Jahre – auf der nahezu vollständigen Finanzierung ihrer ehrgeizigen Investitionsprojekte durch marktübliche und subventionierte Bankkredite, eigene Gewinne und Rücklagen sowie durch die Emission von Wertpapieren.[1015] Zusätzliche staatliche Finanzhilfen hingegen nahmen die beiden Energieholdings ENI und ENEL bis 1966 bzw. 1972 nicht in Anspruch,[1016] und auch das IRI war nur in geringem Umfang – trotz des enormen Kapitalbedarfs im Zusammenhang mit dem Aufbau des neuen Eisen- und Stahlproduktionszentrums in Tarent ab 1959 – auf eine partielle Abschöpfung des zur Verfügung stehenden staatlichen Dotationsfonds angewiesen: der jahresdurchschnittliche Anteil der staatlichen Unterstützung aus dem Dotationsfonds zur Deckung des Gesamtfinanzbedarfs belief sich bis Ende 1963 auf lediglich 14,6%. Bereits 1964 erlangte die größte der staatlichen Holdinggesellschaften ihre finanzielle Unabhängigkeit wieder zurück; auch anschließend – bis Ende 1975 – belief sich der durch den Dotationsfonds abgedeckte Anteil am Gesamtfinanzierungsaufwand des IRI im Jahresdurchschnitt nur auf äußerst niedrige 9,38%.[1017] Dieser relativ hohe Grad der finanziellen Unabhängigkeit der drei großen staatlichen Holdinggesellschaften von staatlichen Direktzuwendungen wäre vor 1956, bei einem hypothetisch angenommenen Investitionsaufkommen wie in den Jahren nach der Gründung des *Ministero delle partecipazioni statali*, längst nicht gewährleistet gewesen. Immerhin war dieses Aufkommen bereits während des Geschäftsjahres

1014 Zu den verschiedenen, zwischen 1957 und 1975 eingeleiteten Großinvestitionsprojekten des IRI-Konzerns, vgl. zusammenfassend zum Beispiel Franco Amatori, Un profilo d´insieme: l´età dell´IRI, in: Amatori (2013), Storia dell´IRI, S. 33ff.; für die Staatsholding ENI, vgl. zum Beispiel Accorinti (2004), Io c´ero, S. 243–256; Colitti (1979), Energia e sviluppo, S. 222–230 und Fauri (2000), Italy´s Chemical Industry, S. 288ff. sowie – für die im Dezember 1962 gegründete staatliche Elektrizitätsholding ENEL, vgl. zum Beispiel Giannetti (2011), The Nationalization of the Italian Electricity Sector, S. 245ff.

1015 Vgl. auch Federico (1999), Italian Industrial Policy, S. 329 sowie Toninelli (2008), Energy Supply and Economic Development, S. 13.

1016 Die staatliche Elektrizitätsgesellschaft ENEL wurde erst mit der Verabschiedung des Gesetzes Nr. 253 vom 07. Mai 1973 mit einem staatlichen Dotationsfonds ausgestattet. Der erste Dotationsfonds der ENEL belief sich auf insgesamt 250 Mrd. Lire – umgerechnet etwa 1,73 Mrd. € (2010) – und wurde der ENEL in fünf jährlichen Tranchen zu jeweils 50 Mrd. Lire zur Verfügung gestellt. Vgl. Legge 7 maggio 1973, n. 253, Conferimento di un fondo di dotazione all'Ente nazionale per l'energia elettrica, in: Gazzetta Ufficiale della Repubblica Italiana, Serie generale, n. 141 (01.06.1973), Rom: Istituto Poligrafico dello Stato (1973). Zur Deckung des Finanzbedarfs der staatlichen Energieholding ENI zwischen 1956–1966, vgl. zusammenfassend Colitti (1979), Energia e sviluppo, S. 224f.

1017 Eigene Berechnungen, basierend auf IRI (alle relevanten Jahrgänge von 1962–1967), Esercizio (Deckung des Finanzbedarfs, 1948–1966) sowie Ministero delle partecipazioni statali (alle relevanten Jahrgänge von 1969–1976), Relazione programmatica (Deckung des Finanzbedarfs, 1967–1975).

1963 mit umgerechnet 10,52 Mrd. € (2010) knapp viermal höher als im Jahr 1956.[1018] Der ungleich höhere Finanzierungsbedarf wäre – selbst bei einer vollen Ausschöpfung der zur Verfügung stehenden staatlichen Dotationsfonds – aus eigener Kraft bei weitem nicht zu stemmen gewesen und hätte die staatlichen Holding- und Finanzierungsgesellschaften wie auch die zugeordneten operativen Einzelunternehmen in vielfacher Hinsicht überfordert. Bei einer seit 1947 kontinuierlich ausgeweiteten jährlichen Neuverschuldung und einem bis Ende 1956 anhaltenden Negativsaldo der volkswirtschaftlichen Leistungsbilanz wäre aber auch der Staat seinerseits nicht in der Lage gewesen, die jeweiligen staatlichen Holdinggesellschaften mit zusätzlichen Mitteln auszustatten, um eine hypothetisch angenommene frühere Expansion der PSU gegenzufinanzieren. Der wirtschaftspolitische Fokus der jeweiligen Regierungen vor 1957 lag schließlich – wie in Kapitel III im Zusammenhang mit dem *Schema Vanoni* dargestellt – bei eingeengten finanziellen Handlungsspielräumen ohnehin (noch) gar nicht auf der gezielten Ausweitung staatlicher Direktinvestitionen im Industriebereich. Vorrang hatte vielmehr zunächst eine nachhaltige Verbesserung der öffentlichen Versorgung sowie der technischen und sozialen Infrastrukturen des Landes, deren konsequenter Aus- und Neuaufbau notwendige Voraussetzungen nicht nur für die seit 1957 zunehmenden Erfolge der Staatsunternehmen, sondern auch für weite Teile der Privatwirtschaft bildeten.

Hinsichtlich des *zweiten* Kritikpunktes – der inhaltlichen Inkonsistenzen und weitgehenden Wirkungslosigkeit der gesetzlich sanktionierten Reorganisation des staatlichen Unternehmenssektors – , läßt sich zunächst zustimmend konstatieren, dass die Möglichkeiten zur politischen Steuerung und Kontrolle der Staatsunternehmen zwar verbessert und ausgeweitet worden sind, letztlich aber doch – vor allem in Bezug auf die bereits bestehenden zwei großen und wichtigsten Staatsholdings IRI und ENI – marginal blieben. Nach der Verabschiedung des Reformgesetzes vom Dezember 1956 lag der Arbeitsschwerpunkt des *Ministero delle partecipazioni statali* auf der Reorganisation der bislang nicht integrierten staatlichen Einzelunternehmen in neu zu gründende Holdinggesellschaften. Gemeinsam mit dem zuständigen Ministerausschuss mußte die Bereitsstellung notwendiger staatlicher Finanzhilfen ausgehandelt werden, um die zumeist stark defizitär wirtschaftenden, nunmehr von den betreffenden Holdings kontrollierten Einzelunternehmen vor dem Konkurs zu bewahren und zu sanieren. Die in diesem Zusammenhang fünf wichtigsten Neugründungen staatlicher Holdinggesellschaften bis Ende 1963 waren – im Mai 1958 – die Gründungen der *Ente Autonomo di Gestione per il Cinema* (EAGC)[1019] für die

1018 Zur Entwicklung der Investitionsleistung der Staatsholdings IRI, ENI und ENEL, vgl. Tabelle A3.1, S. 123ff. (IRI), Tabelle A3.2, S. 131ff. (ENI) und Tabelle A3.3, S. 142ff. (ENEL) im Datenappendix A3, in: https://www.degruyter.com/view/product/552615.

1019 Die *Ente Autonomo di Gestione per il Cinema* (EAGC) wurde am 07. Mai 1958 per Dekret des Staatspräsidenten gegründet und übernahm die Kontrolle über die zwei staatlichen Gesellschaften der Filmindustrie *Istituto Luce* sowie *Cinecittà*. Vgl. Decreto del Presidente della Repubblica 7 maggio

staatlichen Unternehmen im Bereich der Filmwirtschaft mit insgesamt knapp 1.000 Beschäftigten und der *Ente Gestione Attività Minerarie* (EGAM)[1020] für die staatlichen, nicht vom IRI kontrollierten Unternehmen der Mineralgewinnenden Industrie mit insgesamt fast 40.000 Beschäftigten, dann – im Juni 1960 – die Gründung der *Ente Autonomo per la Gestione delle Aziende Termali* (EAGAT)[1021] für die staatlichen Thermal-, Kur- und Heilbäder mit insgesamt etwas über 4.000 Beschäftigten sowie schließlich – im Januar 1962 – die Gründung der *Ente Partecipazioni e Finanziamento Industrie Manifatturiere* (EFIM) für die bislang von der staatlichen Finanzierungsgesellschaft FIM unterstützten defizitären Maschinenbauunternehmen mit insgesamt etwa 15.000 Beschäftigten, die trotz der staatlichen Finanzhilfen (noch) nicht saniert werden konnten und mittlerweile vollständig in Staatsbesitz übergegangen waren.[1022] Bei sämtlichen dieser neu geschaffenen Staatsholdings waren

---

1958, n. 575, Costituzione dell´Ente autonomo di gestione per il cinema, in: Gazzetta Ufficiale della Repubblica Italiana, Serie generale, n. 140 (13.06.1958), Rom: Istituto Poligrafico dello Stato (1958). Zur Wirtschaftsentwicklung im Bereich der staatlichen Filmindustrie bis Mitte der 1960er Jahre, vgl. Claudio Mignone, Le incentivazioni all´industria cinematografica dalla fine della guerra al primo programma economico, in: Merusi (1974), Legislazione economica, S. 317–360.

1020 Die *Ente Gestione Attività Minerarie* (EGAM) wurde ebenfalls am 07. Mai 1958 per Dekret des Staatspräsidenten gegründet und sollte die Kontrolle über – zunächst – insgesamt 60 staatliche Unternehmen aus dem Bereich der Mineralgewinnenden Industrie übernehmen, die bislang nicht im staatlichen IRI integriert waren, unter ihnen die zwei großen Gesellschaften *Cogne S.p.A.* und *AMMI S.p.A. De facto* wurde die EGAM aber erst im April 1972 mit Personal- und Finanzmitteln ausgestattet und damit erst geschäftsfähig. Zwischen 1958 und 1972 wurde die politische Kontrolle über die betreffenden Staatsunternehmen der Mineralgewinnden Industrie kommissarisch direkt dem *Ministero delle partecipazioni statali* übertragen. Vgl. Decreto del Presidente della Repubblica 7 maggio 1958, n. 574, Costituzione dell´Ente autonomo di gestione per le aziende minerarie, in: Gazzetta Ufficiale della Repubblica Italiana, Serie generale, n. 140 (13.06.1958), Rom: Istituto Poligrafico dello Stato (1958). Zur Geschichte der EGAM seit 1958, vgl. zusammenfassend Amoroso und Olson (1978), Lo stato imprenditore, S. 239–243.

1021 Die *Ente Autonomo per la Gestione delle Aziende Termali* (EAGAT) wurde am 21. Juni 1960 gegründet und übernahm als übergeordnete staatliche Holdinggesellschaft die Kontrollle über 13 staatliche Thermal- und Kurbäder in Acqui Terme (Alessandria), Agnano Terme (Neapel), Casciana Terme (Pisa), Castrocaro Terme (Cesena), Chianciano Terme (Siena), Meran (Bozen), Montecatini Terme (Pistoia), Recoaro Terme (Vicenza), Salice Terme (Pavia), Salsomaggiore Terme (Parma), Santa Cesarea Terme (Lecce), in Cassano allo Jonio (Cosenza) sowie in Castellammare di Stabia (Neapel). Vgl. Legge 21 giugno 1960, n. 649, Attivita' e disciplina dell´Ente autonomo di gestione per le aziende termali e altri provvedimenti ai fini dell'inquadramento delle partecipazioni statali, in: Gazzetta Ufficiale della Repubblica Italiana, Serie generale, n. 171 (14.07.1960), Rom: Istituto Poligrafico dello Stato (1960).

1022 Die *Ente Partecipazioni e Finanziamento Industrie Manifatturiere* (EFIM) wurde am 27. Januar 1962 per Dekret des Staatspräsidenten gegründet. Der Gründungsauftrag der EFIM bestand in der Sanierung der vormals vom staatlichen FIM unterstützten Privatunternehmen aus dem Bereich der Maschinenbauindustrie, die mit der Gründung der EFIM aber vollständig in Staatsbesitz überführt worden sind, um die betreffenden „Unternehmen von nationalem Interesse" vor dem Konkurs zu bewahren. Im Gründungsjahr 1962 wurden 22 Unternehmen mit zunächst knapp mehr als 15.000 Beschäftigten in die neue Holdinggesellschaft integriert, unter ihnen auch die *Breda*-Gesellschaft mit allein mehr als 8.000 Arbeitskräften. Vom Zeitpunkt seiner Gründung nahm die Anzahl der

die Möglichkeiten der politischen Einflußnahme aufgrund der starken finanziellen Abhängigkeit der jeweiligen Einzelunternehmen durchaus relativ groß, am größten – durch den Hebel der staatlichen Bezuschussung – bei den nicht im IRI integrierten staatlichen Unternehmen der Mineralgewinnenden Industrie. Zwar war für deren Organsiation bereits im Mai 1958 per Dekret des Staatspräsidenten die übergeordnete Holdinggesellschaft EGAM gegründet worden, doch wurde die Dachholding erst ab April 1972 handlungsfähig, d. h. mit Personal, Finanzmitteln, rechtlichen Weisungsbefugnissen und unternehmerischen Entscheidungskompetenzen ausgestattet. Bis zu diesem Zeitpunkt hatte das *Ministero delle partcipazioni statali* daher nicht nur die Aufgaben der politischen Steuerung und Kontrolle durch die Festlegung übergeordneter Zielvorgaben und die Vergabe staatlicher Finanzhilfen *ex ante* sowie die zusamenfassende Beurteilung der Jahresbilanzen der integrierten Unternehmensgruppe *ex post* übernommen. Auch die eigentlich der Dachholding zugeschriebenen Führungsaufgaben der operativen Steuerung und Koordinierung während des laufenden Geschäftsjahres sind dem Ministerium kommissarisch übertragen worden. Dabei ging es sowohl um die Festlegung strategischer Geschäftsfelder und die Besetzung von Führungspositionen als auch um die Verteilung des staatlichen Dotationsfonds und die Steuerung des Gesamtkapitalflusses innerhalb der Gruppe der betreffenden etwa 60 Einzelunternehmen.

Eine derartige direkte Einflußnahme von Regierungsbehörden auf die unternehmerischen Belange einer staatlichen Holdinggesellschaft bildete jedoch eher eine Ausnahme, und sie war im Gesetz zur Gründung des *Ministero delle partecipazioni statali* und zur Reorganisation des staatlichen Unternehmenssektors auch gar nicht vorgesehen. So sehr die partielle staatliche Intervention im Einzelfall eine relativ starke Wirkung entfaltete, so wenig kann sie insofern als Vergleichsfolie für den gesamten staatlichen Unternehmenssektor und schon gar nicht als Gradmesser industriepolitischer Steuerungseffizienz dienen. Letztlich ging es im betreffenden Gesetz lediglich um die Notwendigkeit gesellschaftsübergreifender Einbettungen ökonomischen Handelns, um die Annahme oder Ablehnung der jeweiligen Fünf-Jahres-Wirtschaftsprogramme sowie um die Vergabe staatlicher Finanzhilfen an die verschiedenen Staatsholdings in Form eines jährlich flexibel zu bestimmenden staatlichen Dotationsfonds. Folgerichtig sind die zwei großen und finanziell weitgehend

EFIM-Unternehmen bis Mitte der 1970er Jahre beständig zu. Im Jahr 1974 waren in der staatlichen EFIM 140 Einzelunternehmen zusammengefaßt, mit insgesamt knapp 40.000 Beschäftigten. Vgl. und zitiert Decreto del Presidente della Repubblica 27 gennaio 1962, n. 38, Costituzione dell´Ente autonomo di gestione per le partecipazioni del Fondo di finanziamento dell'industria meccanica, e approvazione del relativo statuto, in: Gazzetta Ufficiale della Repubblica Italiana, Serie generale, n. 47 (21.02.1962), Rom: Istituto Poligrafico dello Stato (1962). Über die im Jahr 1974 in der staatlichen Holdinggesellschaft EFIM zusammengefaßten Einzelunternehmen, vgl. Ministero delle partecipazioni statali (1976), Bilancio consolidato delle imprese a partecipazione statale 1974, S. 78–81. Zur Geschichte der EFIM, vgl. zusammenfassend zum Beispiel Amoroso und Olson (1978), Lo stato imprenditore, S. 235–239.

unabhängigen Holdinggesellschaften IRI und ENI – im Unterschied zu den sog. Sanierungsunternehmen – in ihrer wirtschaftlichen Alltagspraxis (zunächst) kaum politisch dominiert worden. Das im Dezember 1956 verabschiedete Reformgesetz deshalb als „relativ wirkungslos“ und die steuerungspolitische Realität als „inkonsequent“ bzw. „verfehlt“ oder „konzeptionslos“ zu beurteilen, geht also an der wirtschaftspolitischen Kernidee der damaligen Akteure vorbei. Oder in einer anderen Perspektive formuliert: Die mit der Ministeriumsgründung gesetzlich fixierten Steuerungs- und Kontrollmechanismen lassen sich im Wesentlichen als eine bewußte politische Bekräftigung, Stärkung und Verbesserung, nicht aber als eine Einschränkung und schon gar nicht als eine Aufhebung des sog. IRI-Prinzips – der *formula IRI* – begreifen. Das sogenannte IRI-Prinzip implizierte die Integration der vollständig in Staatsbesitz befindlichen und der vom Staat kontrollierten privatrechtlich organisierten Einzelunternehmen in weitgefaßte branchenhomogene Gruppen, die „zur Durchsetzung von der Regierung festgesetzter wirtschaftlich-gesellschaftlicher Ziele“ von übergeordneten Finanzierungsgesellschaften und einer Dachgesellschaft koordiniert und verwaltet wurden. Deren Planungen und Direktiven konnten die operativen Einzelbetriebe in nahezu vollständiger unternehmerischer Eigenregie „unter Beachtung des Grundsatzes der Wirtschaftlichkeit“ realisieren. Die übergeordneten Finanzierungs- und Holdinggesellschaften ihrerseits wurden nur noch von der Regierung kontrolliert, konnten und sollten aber ihre „politischen Vorgaben (...) ebenfalls weitgehend autonom umsetzen.“[1023] Das im Dezember 1956 offiziell verabschiedete Reformgesetz zielte daher gar nicht darauf ab, die Freiheiten der unternehmerischen Privatinitiative innerhalb der staatlichen und staatlich kontrollierten Unternehmen maßgeblich einzuschränken oder gar, wie vom PCI seit Jahren gefordert, eine etwaige vollständige politische Kontrolle über den staatlichen Unternehmenssektor – vergleichbar mit den zentralistischen Planwirtschaften sowjetischen Zuschnitts – gesetzlich zu sanktionieren. Allerdings sollten – nicht zuletzt in klarer Abgrenzung gegenüber den Forderungen der Kommunisten – „die bereits bestehenden Mechanismen und Kompetenzen der politischen Steuerung und Kontrolle“ durch das Gesetz zur Gründung des *Ministero*

1023 Vgl. und zitiert IRI, Annuario del gruppo IRI 1970, Rom: Edindustria Editoriale (1970), S. 10f. Zur *formula IRI*, vgl. grundlegend Saraceno (1981), Il sistema delle partecipazioni statali, vor allem ab S. 38ff. Pointiert zusammengefaßt, vgl. auch die vom Direktor der IRI-Straßenbaugesellschaft *Società Autostrade Concessioni e Costruzioni S.p.a.*, Renato Cassaro, am 18. Dezember 1961 auf einem IRI-Strategiepanel in Rom gehaltene Rede mit dem Titel „La validità della formula IRI“. Vgl. Renato Cassaro, La validità della formula IRI (maschinenschriftliches unveröffentlichtes Dokument, 18.12.1961), in: Archivio Storico IRI, II, numerazione nera, Studi, Attività dell´ufficio, Miscellanea dottor Marsan, Note e relazioni IRI 1950–1962 (Problema dell´IRI), b. STU/603, fasc. 3, vor allem S. 2–9. Zur zeitgenössischen Würdigung sowie zur Adaption des IRI-Prinzips außerhalb Italiens, vgl. zum Beispiel Glauco della Porta, Planning and Growth under a Mixed Economy. The Italian Experience, in: Jan S. Prybyla (Hg.), Comparative Economic Systems, New York: Appleton-Century-Crofts (1969), S. 179–192, vor allem S. 183–186 sowie Stuart Holland, Adoption and Adaptation of the IRI Formula, in: Holland (1972), The IRI State Shareholding Formula, S. 242–265.

delle partecipazioni statali und zur Reorganisation des staatlichen Unternehmenssektors „vereinheitlicht (...) und einem einzigen verantwortlichen Regierungsorgan übertragen werden, (...) um dadurch" – wie der Ministerpräsident, Antonio Segni, kurz vor der Abstimmung über den finalen Gesetzesentwurf in der Senatskammer des Parlaments am 08. November 1956 noch einmal klar herausstellte – „die weit verzweigten staatlichen Unternehmungen als wirkungsmächtiges Instrument der Wirtschaftspolitik besser nutzbar zu machen, Einkommen und Beschäftigung nachhaltig zu steigern und die gravierenden sozialen und wirtschaftlichen Ungleichgewichte des Landes abzubauen."[1024]

Vor Inkrafttreten des Reformgesetzes waren die politische Verantwortung und damit die Möglichkeiten zur Steuerung und Kontrolle der Vielzahl von privatrechtlich organisierten staatlichen und staatlich kontrollierten Unternehmen auf verschiedene Ministerien aufgeteilt.[1025] Daraus ergaben sich nicht nur zwischen den betreffenden Ministerien, sondern auch zwischen den jeweiligen operativen staatlichen Einzelunternehmen – selbst innerhalb der zwei großen Staatsholdings IRI und ENI – zahlreiche Interessensüberschneidungen, Widersprüche und Zielkonflikte, die zu einer ineffizienten bzw. suboptimalen Allokation der zur Verfügung stehenden finanziellen und personellen Ressourcen geführt haben. Zugleich bildeten sie einen maßgeblichen Hinderungsgrund für Entwicklung und Umsetzung einer kohärenten, längerfristig angelegten wirtschaftspolitischen Strategie hinsichtlich einer gezielten und koordinierten Nutzbarmachung der Staatsunternehmen. Die bislang stark fragmentierte Kompetenzverteilung zur politischen Steuerung und Kontrolle der PSU war durch die gesetzlichen Neuregelungen vom 22. Dezember 1956 nunmehr institutionell gebündelt, was die Einflussmöglichkeiten des Staates auf die strategischen Planungen der Staatsunternehmen – bei Aufrechterhaltung ihrer operativen Selbstständigkeit – prinzipiell erhöhte.

Allerdings gab es hinsichtlich der mit dem Reformgesetz sanktionierten Neuaufstellung von staatlichen und unternehmerischen Zuständigkeiten auch Ausnahmen. In diesem Kontext lassen sich zwei Beispiele anführen, die zugleich das in der einschlägigen Literatur weit verbreitete Urteil einer „relativen Wirkungslosigkeit" der staatlichen Einflußnahme auf die PSU relativieren bzw. partiell entkräften: *zum einen* die Übernahme der defizitären *Lanerossi*-Gesellschaft, dem mit ca. 13.500 Beschäftigten zweitgrößten Textilproduzenten des Landes, durch die ENI sowie *zum anderen* – und vor allem – der Aufbau des integrierten Eisen- und Stahlproduktionszentrums in Süditalien (Apulien) in der Nähe von Tarent durch die IRI-Subholding FINSIDER.

1024 Vgl. und zitiert Atti Parlamentari, Senato della Repubblica, Assemblea – Resoconto stenografico, Leg. 2, Anno 1956, CDLXIII seduta, 08 novembre 1956, S. 18873.

1025 Zur fragmentierten Verteilung der politischen Entscheidungs- und Kontrollbefugnisse für die verschiedenen staatlichen Holding- und Finanzierungsgesellschaften vor der Gründung des *Ministero delle partecipazioni statali* im Dezember 1956, vgl. vor allem Bottiglieri (1981), Le partecipazioni statali, S. 82ff.

In beiden Fällen handelte es sich um eine weitgehend gegen den ausdrücklichen Willen der ENI- bzw. IRI-Führung durchgesetzte politische Entscheidung, deren realwirtschaftliche Folgewirkungen immens, wenngleich grundverschieden waren: *Auf der einen Seite* die staatlich diktierte – und letztlich verlustreiche – Übernahme der *Lanerossi S.p.A.* im März 1962, die im schroffen Widerspruch zum eigentlichen Gründungsauftrag der ENI stand und den im Gründungsgesetz vom Februar 1953 festgeschriebenen Geschäftsbereich der Förderung, Distribution und Verarbeitung fossiler Brennstoffe um ein vollkommen neues sowie – im Vergleich mit dem Kerngeschäft – wenig profitables Geschäftsfeld erweiterte. Für die ENI erwiesen sich die unfreiwillige Akquisition der defizitären *Lanerossi*-Gesellschaft zu einem Kaufpreis von knapp 21 Mrd. Lire – umgerechnet fast 241 Mio. € (2010) – wie auch die bis in die frühen 1970er Jahre andauernden Sanierungsversuche als eine der größten Fehlinvestitionen der gesamten Unternehmensgeschichte. Die durch das Ministerium oktroyierten Auflagen führten zu einer erheblichen Dauerbelastung der Energieholding mit der Konsequenz, dass sich die bis zu diesem Zeitpunkt kontinuierlich hohen Gewinne drastisch reduzierten und die Gesamtverschuldung des zweitgrößten Staatskonzerns innerhalb nur weniger Jahre mehr als verdoppelt hat. Die ENI war zunehmend auf immer größere staatliche Unterstützung zur Deckung ihres jährlichen Finanzierungsbedarfs angewiesen und büßte auf diese Weise sukzessve ihre finanzielle Unabhängigkeit ein.[1026]

Auf der anderen Seite läßt sich die zwar ebenfalls staatlich diktierte, aber letztlich erfolgreiche Expansion der staatlichen Eisen- und Stahlindustrie in Süditalien anführen. Zunächst war der Ausbau der bestehenden Produktionszentren in Cornigliano, Piombino und Bagnoli – wie vom Management der IRI-Subholding FINSIDER während der bereits im Frühjahr 1956 beginnenden Verhandlungen mit den zuständigen Regierungsbehörden gefordert – in eher begrenztem Umfang erfolgt. Die Regierung gab sich damit aber nicht zufrieden und ordnete deshalb – vermittelt über das *Ministero delle partecipazioni statali* – im Juni 1959 den Aufbau eines neuen integrierten Eisen- und Stahlproduktionszentrum in Apulien an der ionischen Küste in der Nähe von Tarent an. Der Erfolg ließ nicht lange auf sich warten. Mit Produktionskapazitäten für ca. 2 Mio. t Stahlprodukte pro Jahr übertraf dieses Werk die Leistungspotenziale des *Centro siderurgico `Oscar Sinigaglia´* in Cornigliano bereits kurz nach seiner Fertigstellung im Oktober 1964 deutlich; in den Jahren 1968 und 1970 wurde es dann nochmals erweitert und modernisiert.[1027] Der gegen den

1026 Zur Übernahme der *Lanerossi S.p.A.* durch die ENI im März 1962 sowie zu den lang andauernden, nur bedingt erfolgreichen Sanierungsbemühungen, vgl. zum Beispiel Francesca Carnevali und Giulio Sapelli, Uno sviluppo tra politica e strategia: Eni (1953–1985), Mailand: FrancoAngeli (1992), S. 98f. sowie Carnevali (2000), ENI, S. 272f. Zur Entwicklung der Gesamtwirtschaftsleistung der ENI ab 1962 bis Mitte der 1970er Jahre, vgl. auch Tabelle A3.2, S. 131ff. im Datenappendix A3, in: https://www.degruyter.com/view/product/552615.

1027 Der Aufbau des neuen Eisen- und Stahlzentrums in Tarent wurde nach ca. dreijährigen Verhandlungen am 20. Juni 1959 vom zuständigen Ministerausschusses festgelegt. Zu den politischen

Willen der IRI- und FINSIDER-Leitung politisch durchgesetzte Auf- und Ausbau der Eisen- und Stahlwerke in Tarent war das größte staatliche Investitionsprojekt in der Geschichte Italiens. Der vom Moment seiner Inbetriebnahme durchschlagende Erfolg zeigte sich in der expandierenden In- und Auslandsnachfrage nach Stahlprodukten. Sie garantierte dem nunmehr größten Eisen- und Stahlzentrum des Landes wie auch den anderen FINSIDER-Werken – zumindest bis zum Beginn der internationalen Strukturkrise seit Mitte der 1970er Jahre[1028] – eine volle Auslastung ihrer Produktionskapazitäten und jährliche Rekordumsätze. Im Zusammenwirken mit der hohen technologischen Ausstattung und den Produktivitätssteigerungen war dadurch gleichzeitig auch die Aufrechterhaltung der industriepolitisch forcierten Niedrigpreispolitik möglich, von der nicht nur eine große Vielzahl der staatlichen Industrieunternehmen, sondern zugleich weite Teile der italienischen Volkswirtschaft erheblich profitierten – allen voran der FIAT-Konzern, der seine Abnahmegarantien für die von der staatlichen FINSIDER gefertigten Stahlprodukte um weitere zehn Jahre verlängerte und auch mengenmäßig deutlich aufstockte. Im Unterschied zur Produktionsexpansion der staatlichen Eisen- und Stahlindustrie nach Kriegsende durch den Aufbau des Produktionszentrums in Cornigliano, von der vor allem die Makroregion „Zentrum-Nord" wirtschaftlich profitierte, war die *zweite* große – abermals industriepolitisch motivierte – FINSIDER-Initiative auch für die süditalienischen Entwicklungsregionen von weitreichender Relevanz: nicht nur für die Provinz Tarent, der die politische Standortentscheidung des *Ministero delle partecipazioni statali* bis 1972 einen erheblichen Wachstumsschub mit insgesamt knapp 37.000 neuen Arbeitsplätzen, mit einer Verzehnfachung der industriellen Bruttowertschöpfung und einer Versiebenfachung des Pro-Kopf-Einkommens bescherte,[1029] sondern gleichsam für die gesamte Makroregion des Mezzogiorno. Allein der Aufbau des neuen staatlichen Eisen- und Stahlproduktionszentrums in der apulischen Hafenstadt bis Oktober 1964 bewirkte mit einem Investitionsaufkommen von über 400 Mrd. Lire[1030] – umgerechnet

---

Debatten sowie Verhandlungen der Regierung mit der IRI- und FINSIDER-Leitung wie auch zum Erfolg des neuen FINSIDER-Produktionszentrums, vgl. vor allem Ruggero Ranieri und Salvatore Romeo, La siderurgia IRI dal Piano Sinigaglia alla privatizzazione, in: Russolillo (2015), Storia dell'IRI, S. 42–55; De Benedetti (2013), Lo sviluppo sospeso, S. 171–195 sowie Osti (1993), L'industria di stato, S. 191–218. Zusammenfassend, vgl. zum Beispiel auch Amatori (2013), L'età dell'IRI, S. 33f.

1028 Zur internationalen Strukturkrise seit Mitte der 1970er Jahre, vgl. zum Beispiel Victor Argy, The Postwar International Money Crisis, Abingdon,Oxon: Routledge (2006), S. 163–272. Vgl. auch die verschiedenen Beiträge von Andrea Boltho, Jaques Mazier, Christopher Allsopp, Allan Budd, Geoffrey Dicks, John Llewellyn, Stephen Potter, Franco Bernabè und Malcolm Sawyer, in: Boltho (1982), Growth and Crisis.

1029 Zur Wirtschaftsentwicklung in der Provinz Tarent seit dem Beginn der Aufbauarbeiten für das neue Eisen- und Stahlproduktionszentrum, vgl. vor allem Cerrito (2010), Poli di sviluppo, S. 9ff.

1030 Vgl. Associazione industrie siderurgiche italiane (Assider), La decisione per la realizzazione del IV Centro Siderurgico (maschinenschriftliches unveröffentlichtes Dokument, undatiert, vermutlich aber 1967), in: Archivio Storico IRI, II, numerazione nera, Studi, Carte raccolte e prodotte da

knapp 4,3 Mrd. € (2010) – eine signifikante Verstärkung des seit Ende der 1950er Jahre sich entfaltenden industriewirtschaftlichen *big push* für die Regionen Süditaliens, stabilisiert durch die umfangreichen Infrastrukturmaßnahmen der *Cassa per il Mezzogiorno*.[1031]

Vorstehend skizzierte Fallbeispiele zeigen, wie ambivalent die staatliche Einflußnahme auf die jeweiligen Unternehmensentwicklungen war. Dem Staat deshalb grundsätzlich eine Steuerungseffizienz abzusprechen, würde die hier nur knapp skizzierte Produktionsexpansion des neuen FINSIDER-Werkes mit ihren regional-, aber auch volkswirtschaftlichen Vorwärts- und Rückwärtskopplungseffekten – die es in ähnlicher Weise auch in anderen Bereichen gab – ignorieren. Ungeachtet aller Fehlentscheidungen und -entwicklungen, vor allem ab Mitte der 1960er Jahre, hatte sich diese Steuerungseffizienz – insbesondere im Hinblick auf den Prozeß nachholender Industrialisierung Süditaliens – auf der Grundlage der 1956 gesetzlich sanktionierten, durchaus heterogenen neuen Kontroll- und Steuerungsmöglichkeiten letztlich erhöht.

In diesem Sinne einer nicht gerechtfertigten Pauschalverurteilung ist denn schließlich auch dem *dritten* Argumentationsstrang der Forschungskritik – einer durch das Reformgesetz vom Dezember 1956 angeblich herbeigeführten politischen Überformung und Beschneidung der Unternehmensautonomie innerhalb der PSU – entgegenzutreten. Wie bereits im Zusammenhang mit dem *zweiten* Kritikpunkt angeführt, wurde die unternehmerische Freiheit im Management sowohl der übergeordneten staatlichen Holding- und Finanzierungsgesellschaften als auch der von diesen kontrollierten staatlichen Einzelunternehmen durch das zur Diskussion stehende Gesetz keineswegs ausgehöhlt, sondern – zumindest anfangs – gewissermaßen sogar noch gestärkt. Den betreffenden *enti autonomi di gestione* sowie den

---

funzionari dell´ufficio, Archivio Umberto del Canuto, Siderurgia e Comitati tecnici consultivi per la siderurgia, Comitato tecnico consultivo per la siderurgia, Note Assider, piano Vanoni, IV centro siderurgico, Vado Ligure e altro, b. STU/242, fasc. 2, sfasc. 17, S. 12. Für den *ersten* Ausbau des Produktionszentrums zwischen 1968 und 1970 wurden für eine Produktionskapazität von über 4,5 Mio. t Stahlprodukte pro Jahr noch einmal 200 Mrd. Lire – umgerechnet knapp 1,7 Mrd. € (2010) – (neu) investiert. Die Investitionskosten für den *zweiten* Ausbau des Produktionszentrums in Tarent für eine Jahresproduktionskapazität von 10,5 Mio. t Stahlprodukte, der sich auf die Jahre zwischen 1970 und 1975 erstreckte, beliefen sich auf noch einmal 1.326 Mrd. Lire – knapp 6,6 Mrd. € (2010). Vgl. Ministero dei beni e delle attivita' culturali e del turismo. Direzione generale archivi, Archivi d´impresa, IV Centro siderurgico Italsider, Dossier, in: http://www.imprese.san.beniculturali.it/web/imprese/percorsi/scheda-dossier?p_p_id=56_INSTANCE_0Coy&groupId=18701&articleId=33038&p_p_lifecycle=1&p_p_state=normal&viewMode=normal& articleIdPadre=33030 (besucht am 25.01.2017).

1031 Zur Bedeutung der zweiten Produktionsexpansion der staatlichen FINSIDER für die Wirtschaftsentwicklung in Süditalien, vgl., neben Cerrito (2010), Poli di sviluppo, S. 7–16, auch Anthony C. Masi, Nuova Italsider-Taranto and the Steel Crisis: Problems, Innovations, and Prospects, in: Yves Mény und Vincent Wright (Hg.), The Politics of Steel: Western Europe and the Steel Industry in the Crisis Years (1974–1984), Berlin-New-York: De Gruyter (1987), S. 480–487 sowie De Benedetti (2013), Lo sviluppo sospeso, S. 171–195.

privatrechtlich organisierten staatlichen Einzelunternehmen war durch den Zusatz zu Art. 3 des Gesetzes Nr. 1589 *de iure* zugesichert worden, ihre Unternehmungen nach dem Wirtschaftlichkeitsprinzip ausrichten zu können. Die Befugnisse der neugeschaffenen politischen Behörden blieben hingegen durch die gesetzlichen Neuregelungen auf nur wenige Interventionsmöglichkeiten – auf die Bereiche der strategischen Planung und Kontrolle – begrenzt. Diese Kompetenzaufteilung relevanter Lenkungsaufgaben zwischen Staat und Unternehmen sollte sich jedoch in den 1960er Jahren verändern. Im Kontext des forcierten Auf- und Ausbaus staatlicher Planungsinstitutionen – also fast ein Jahrzehnt später – wurden die rechtlichen Bestimmungen vom Dezember 1956 zur Absicherung der unternehmerischen Freiheiten partiell aufgeweicht. Mit der Reform der staatlichen Wirtschaftsverwaltung und der Gründung des *Comitato Interministeriale per la Programmazione Economica* (CIPE) im Februar 1967 mutierten die PSU tatsächlich zu einem regelrechten Einfallstor und Spielball (partei)politischer Interessen. Die politischen Steuerungskompetenzen des bis dahin für die Belange der Staatsunternehmen zuständigen Ministerrats sowie des *Ministero delle partecipazioni statali* wurden nunmehr dem neuen Zentralorgan der staatlichen Wirtschaftsplanung übertragen und erheblich ausgeweitet; das 1956 gegründete Ministerium kontrollierte fortan lediglich die Realisierung bzw. Nicht-Realisierung der jeweiligen, vom CIPE festgelegten Programme und war nur noch für die Sammlung und Zusammenfassung der Jahresbilanzen der verschiedenen Staatsholdings zur Ausarbeitung eines Jahreswirtschaftsberichts für den staatlichen Unternehmenssektor zuständig.[1032] Für die Leitungsebenen der staatlichen Holdinggesellschaften wie auch der kontrollierten operativen Einzelunternehmen implizierte die Implementierung der *Programmazione Economica Organica* eine erhebliche Einschränkung ihrer unternehmerischen Autonomie: die jeweiligen unternehmensspezifischen Investitionsentscheidungen waren den politischen Entscheidungen strikt unterzuordnen.[1033] Darüber hinaus entwickelten sich die ebenfalls vom CIPE festgelegte Übernahmen großer defizitärer Privatunternehmen zur Sicherung von Arbeitsplätzen seit den späten 1960er Jahren zu einer gängigen Praxis. Sie stellten eine große Belastung für die Staatskonzerne dar, die sich in der Folge hoch verschuldeten und vor allem im Industriebereich seit 1970 stark steigende Defizite erwirtschafteten.[1034] Schließlich führten die auf Grund von Richtungsstreitigkeiten innerhalb der Regierungskoalition(en) mehrfachen Über- und

1032 Vgl. Barca und Trento (1997), Partecipazioni statali, S. 212f.

1033 Vgl. Ferrajolo (1980), Partecipazioni statali, S. 61ff sowie Lavista (2010), Programmazione, S. 398ff.

1034 Neben den Ausführungen im nachfolgenden Abschnitt, vgl. zur Entwicklung der Nettowertschöpfungs- und Gewinn- bzw. Verluststruktur der PSU bis 1975, differenziert nach Branchen und Sektoren, Tabelle A4.5.1, S. 203ff. (Branchen; Industrie), Tabelle A4.5.2, S. 206ff. (Branchen; Dienstleistungen) sowie Tabelle A4.5.3, S. 208 (Sektoren und Gesamt) im Datenappendix A4, in: https://www.degruyter.com/view/product/552615.

Neuausarbeitungen der verschiedenen nationalen Wirtschaftsprogramme nicht nur zu erheblichen Verzögerungen ihrer jeweiligen Implementierung, sondern auch zu wiederholten Zielveränderungen der staatlichen Investitionsplanungen, was sich ebenfalls stark negativ auf die Geschäftstätigkeit der Unternehmen auswirkte. Bis zur politischen Durchsetzung der *Programmazione Economica Organica* waren die durch die gesetzlichen Neuregelungen vom Dezember 1956 sanktionierten Befugnisse der beiden neugeschaffenen, für die Belange der Staatsunternehmen zuständigen politischen Institutionen aber nicht wesentlich ausgedehnt worden. Eine Ausnahme bildete der industriepolitisch brisante, wenngleich gesellschaftlich relevante Komplex der staatlichen Südförderung. In diesem Zusammenhang wurden die unternehmerischen Freiheiten für die PSU bereits nur wenige Monate nach der Verabschiedung des Gesetzes zur Reorganisation des staatlichen Unternehmenssektors im Dezember 1956 maßgeblich wieder eingeschränkt, und zwar durch die Bestimmungen des am 29. Juli 1957 von der Nachfolgeregierung Segnis unter der Führung des neuen Ministerpräsidententen Adone Zoli beschlossenen Gesetzes Nr. 634 zur Reform der staatlichen Sondergesetzgebung für Süditalien. Mit diesem Reformgesetz wurden nicht nur die Laufzeitverlängerung der *Cassa per il Mezzogiorno* um (zunächst) weitere acht Jahre bis Ende 1965, sondern auch umfassende Industrialisierungsmaßnahmen für Süditalien beschlossen, um dadurch das Entwicklungsgefälle in den rückständigen Regionen des Mezzogiorno gegenüber dem Rest des Landes (endlich) abzubauen. Im strategischen Fokus standen dabei die privatrechtlich organisierten staatlichen Holdinggesellschaften, die – wie weiter oben bereits erwähnt – durch den Art. 2 des neuen Reformgesetzes dazu verpflichtet wurden, einen entsprechenden Anteil ihrer Investitionen in den Regionen Süditaliens zu tätigen. Die PSU wurden durch die investitionsregulatorischen Bestimmungen des neuen Reformgesetzes zur staatlichen Südförderung zwangsläufig stark beeinflußt. Insofern scheint der *dritte* Hauptkritikpunkt der einschlägigen Forschung hinsichtlich ihres fortschreitenden Autonomieverlustes durchaus berechtigt. Dieser Autonomieverlust ist allerdings nicht als unmittelbare Folge der gesetzlichen Neuregelungen zur Reorganisation des staatlichen Unternehmenssektors vom Dezember 1956 zu betrachten. Vielmehr läßt er sich als eine bewußt von der Regierung in Kauf genommene institutionelle Inkonsistenz ihrer Industriepolitik interpretieren, die letztlich aus der Notwendigkeit resultierte, die Herausforderung der riesigen ökonomischen und sozialen Probleme des Mezzogiorno mit adäquaten Maßnahmen zu bewältigen.

Der industriepolitischen Kurswechsel der staatlichen Sondergesetzgebung für Süditalien im Juli 1957 stellte in den Augen der damaligen staatlichen Akteure eine derartige Option dar. Hierbei spielte die gezielte Nutzbarmachung der PSIU als wichtigstes Instrument der staatlichen Wirtschaftspolitik zur Förderung der Industriewirtschaft im Mezzogiorno eine zentrale Rolle. Inwiefern diese Erwartungen der jeweiligen italienischen Regierungen erfüllt oder aber enttäuscht wurden, soll – unter Berücksichtigung eines hierzu aus relevanten Quellen erhobenen und statistisch ausgewerteten umfangreichen Datenmaterials – im nächsten Abschnitt beantwortet werden.

4.1.3.2 Die Expansion der privatrechtlich organisierten staatlichen Industrieunternehmen (PSIU) in Süditalien, 1957–1975

Ziel der nachfolgenden Ausführungen ist es, die Gesamtperformance der privatrechtlich organisierten staatlichen Industrieunternehmen (PSIU) empirisch herauszuarbeiten und ihren im Zeitablauf variierenden Beitrag für die sozioökonomische Entwicklung im Mezzogiorno bis Mitte der 1970er Jahre kritisch zu hinterfragen. Zu diesem Zweck soll einleitend für die gesamte italienische Volkswirtschaft die wachstumshistorische Bedeutung des privatrechtlich organisierten staatlichen Unternehmensbereichs während der Nachkriegsprosperität von 1952 bis 1974/75 anhand ausgewählter Makroindikatoren skizziert werden.

4.1.3.2.1 Das Wachstum des staatlichen Unternehmenssektors in Italien seit 1952

Die Untersuchungsergebnisse zusammenfassend, kann bereits an dieser Stelle allgemein festgestellt werden, dass sich Dynamisierung und Stabilisierung der langanhaltenden Prosperitätsperiode in Italien nur im Kontext der industriepolitischen Aufwertung der privatrechtlich organisierten Staatsunternehmen (PSU) erklären lassen. Zwar verweisen die verfügbaren Daten schon für den Beginn der Nachkriegsprosperität auf ihre volkswirtschaftliche Bedeutung. Die Wachstumsdynamik der Gesamtwirtschaftsleistung des privatrechtlich organisierten staatlichen Unternehmenssektors beschleunigte sich – wie aus Tabelle 4.8 hervorgeht – aber erst infolge seiner Reorganisation und schrittweisen strategischen Neuausrichtung durch die Gründung des *Ministero delle partecipazioni statali* im Dezember 1956, durch die *erste* große Reform der staatlichen Südförderung im Juli 1957 sowie durch die Verstaatlichung der nationalen Elektrizitätswirtschaft und die Gründung der staatlichen Energieagentur ENEL im Dezember 1962.

Nach der relativ starken Beschäftigungszunahme und Investitionsausweitung seit 1948 im Rahmen der *ersten* FINSIDER-Initiative zum Aufbau des Eisen- und Stahlproduktionszentrums in Cornigliano sowie im Zusammenhang mit der Exploration und Ausbeutung der Erdgasfelder in der Po-Ebene durch die AGIP waren zwischen 1952 und 1954 zunächst sowohl die Gesamtbeschäftigtenanzahl der PSU – um 5.200 – als auch deren jährliche Gesamtbruttoinvestitionen – um 620 Mio. € (2010) – wieder leicht zurückgegangen. Danach – bis 1956 – verharrten sie gewissermaßen auf ihrem während der Phase des wirtschaftlichen Wiederaufbaus nach Kriegsende erreichten hohen Niveau. Bis zum Ende der Wirtschaftswunderjahre stieg die Beschäftigtenanzahl der PSU aber erneut und kräftig auf insgesamt 427.617 sowie anschließend – bis 1975 – kontinuierlich weiter auf knapp 805.300 an. Am Ende der Nachkriegsprosperität hatte sie sich im Jahresvergleich mit 1952 demnach annähernd verdreifacht (294,12%). Die jährlichen Gesamtbruttoinvestitionsvolumina der PSU wiederum hatten sich seit 1956 noch stärker ausgeweitet, wobei der Höchststand der lediglich in den Krisenjahren von 1964 bis 1966 unterbrochenen Investitionsexpansion mit einem Jahresvolumen von 21,37 Mrd. € (2010) bereits 1972 erreicht worden

Tabelle 4.8: Makroindikatoren der Wirtschaftsleistung der privatrechtlich organisierten Staatsunternehmen in Italien (Beschäftigung in Anzahl der Erwerbspersonen sowie Bruttoanlageinvestitionen, Nettoumsatz, Nettoexporterlöse, Bruttowertschöpfung und Nettogewinn/-verlust in Mrd. € (2010)), 1952–1975.

	Beschäftigung	Jährliche WR in %	Brutto-investitionen*	Jährliche WR in %	Netto-umsatz*	Jährliche WR in %
1952	273800		k.A.		k.A.	
1953	272700	−0,40	2,94		k.A.	
1954	268600	−1,50	2,32	−21,06	k.A.	
1955	271500	1,08	2,54	9,27	k.A.	
1956	280800	3,43	2,73	7,70	k.A.	
1957	305300	8,73	3,83	40,13	18,39	
1958	307200	0,62	4,38	14,31	17,27	−6,12
1959	308200	0,33	4,15	−5,11	18,80	8,87
1960	315000	2,21	4,84	16,59	21,61	14,94
1961	334400	6,16	6,26	29,40	22,82	5,62
1962	365000	9,15	8,32	32,78	25,19	10,38
1963	427617	17,16	10,99	32,10	32,17	27,71
1964	430077	0,58	10,73	−2,37	33,12	2,95
1965	439500	2,19	9,71	−9,45	34,66	4,65
1966	452096	2,87	8,96	−7,71	37,74	8,89
1967	464477	2,74	9,96	11,05	42,25	11,94
1968	482839	3,95	11,23	12,78	46,33	9,66
1969	509770	5,58	12,69	13,04	50,90	9,87
1970	555579	8,99	16,40	29,23	57,82	13,58
1971	625057	12,51	19,72	20,22	61,82	6,93
1972	670365	7,25	21,37	8,37	64,38	4,13
1973	703987	5,02	21,35	−0,09	76,40	18,68
1974	779660	10,75	20,25	−5,16	97,73	27,91
1975	805292	3,29	20,28	0,15	94,58	−3,22

Durchschnittl. Wachstum in %	Beschäftigung	Brutto-investitionen*	Nettoumsatz*
1952–1958	1,94	k.A.	k.A.
1952–1963	4,14	k.A.	k.A.
1952–1975	4,80	k.A.	k.A.
1957–1963	5,78	19,21	9,77
1957–1975	5,54	9,70	9,52
1958–1963	6,84	20,22	13,25
1963–1975	5,42	5,24	9,40
1963–1966	1,87	−6,56	5,47
1966–1970	5,29	16,30	11,25
1963–1970	3,81	5,89	8,74
1966–1975	6,62	9,49	10,75
1970–1975	7,71	4,33	10,34

* ohne Bank- und Versicherungswesen

(fortgesetzt)

Tabelle 4.8 (Fortsetzung): Makroindikatoren der Wirtschaftsleistung der privatrechtlich organisierten Staatsunternehmen in Italien (Beschäftigung in Anzahl der Erwerbspersonen sowie Bruttoanlageinvestitionen, Nettoumsatz, Nettoexporterlöse, Bruttowertschöpfung und Nettogewinn/-verlust in Mrd. € (2010)), 1952–1975.

	Nettoexporterlös*	Jährliche WR in %	Bruttowertschöpfung**	Jährliche WR in %	Nettogewinn/-verlust*
1952	k.A.		k.A.		k.A.
1953	k.A.		k.A.		k.A.
1954	k.A.		k.A.		k.A.
1955	k.A.		k.A.		k.A.
1956	k.A.		k.A.		k.A.
1957	2,03		k.A.		k.A.
1958	1,77	−12,89	k.A.		k.A.
1959	1,82	3,16	k.A.		k.A.
1960	2,16	18,51	k.A.		k.A.
1961	2,19	1,51	k.A.		k.A.
1962	2,62	19,47	k.A.		k.A.
1963	3,22	23,10	11,50		0,41
1964	3,32	2,99	12,21	6,18	0,32
1965	4,22	26,96	12,56	2,86	0,18
1966	4,40	4,41	12,99	3,48	0,07
1967	4,89	11,00	14,49	11,51	0,05
1968	5,44	11,41	15,84	9,31	0,32
1969	5,48	0,67	17,49	10,43	0,26
1970	5,52	0,71	19,60	12,07	−0,28
1971	7,12	28,99	21,25	8,43	−1,09
1972	7,85	10,22	23,98	12,81	−3,64
1973	8,91	13,54	29,00	20,96	−1,74
1974	12,34	38,48	32,98	13,72	−4,40
1975	15,80	28,11	34,13	3,47	−6,94

Durchschnittl. Wachstum in %	Nettoexporterlös*	Bruttowertschöpfung**
1952–1958	k.A.	k.A.
1952–1963	k.A.	k.A.
1952–1975	k.A.	k.A.
1957–1963	8,04	k.A.
1957–1975	12,08	k.A.
1958–1963	12,79	k.A.
1963–1975	14,16	9,49
1963–1966	10,93	4,16
1966–1970	5,82	10,82
1963–1970	7,98	7,92
1966–1975	15,26	11,32
1970–1975	23,42	11,73

* ohne Bank- und Versicherungswesen; ** ohne ENEL

Quelle: Eigene Berechnungen, basierend auf Ministero delle partecipazioni statali, Relazione programmatica, Rom: Ministero delle partecipazioni statali (alle relevanten Jahrgänge von 1958–1979).

Anmerkung: In den Jahresabschlußbilanzen der ENEL ist die Bruttowertschöpfung der staatlichen Energieagentur nicht ausgewiesen.

war, der damit das Jahresvolumen von 1956 um fast das Siebenfache (+681,49%) übertraf. Danach – von 1973 bis 1975 – gingen die jährlichen Bruttoinvestitionsvolumina zwar wieder leicht zurück, waren aber immer noch deutlich höher als in jedem Jahr vor 1972. Der Gesamtumfang der während der langanhaltenden Wachstumsphase von den PSU getätigten Bruttoinvestitionen belief sich auf 235,92 Mrd. € (2010), was – zum Vergleich – knapp dem nationalen BIP von 1956 (96,86%) bzw. etwa einem Drittel (33,18%) des nationalen BIP von 1975 entsprach[1035]. Als Folge dieser Wachstumsexpansion stiegen seit Mitte der 1950er Jahre auch die Nettoumsätze der Staatsunternehmen massiv an – von 18,39 Mrd. € (2010) im Jahr 1957 zunächst auf 32,17 Mrd. € (2010) im Jahr 1963 und anschließend – vor allem seit Überwindung der Rezession – auf das Rekordhoch von 97,73 Mrd. € (2010) im Jahr 1974. Dabei hatten sich die Nettoexporterlöse bis 1975 annähernd verachtfacht (779,45%) und damit im Vergleich sogar stärker erhöht als die Inlandsumsätze, die mit ähnlichen Rekordergebnissen bis 1974 immerhin mehr als eine Verfünffachung (521,94%) erzielten.[1036] Die Bruttowertschöpfung der PSU schließlich erhöhte sich von 11,50 Mrd. € (2010) im Jahr 1963 – dem ersten Jahr, für das vom zuständigen *Ministero delle partecipazioni statali* der Gesamtumfang der wertmäßigen Wirtschaftsleistung des staatlichen Unternehmenssektors berechnet worden war – auf 34,14 Mrd. € (2010) im Jahr 1975, wobei die jährlichen Bruttowertschöpfungsvolumina der staatlichen Energieagentur ENEL, die der politischen Kontrolle des Industrie- und Handelsministeriums unterstand, in den ministeriellen Jahresabschlußbilanzen nicht berücksichtigt und auch weder von der ENEL selbst noch von einer übergeordneten politischen Institution ausgewiesen worden sind. Für den gesamten staatlichen Unternehmenssektor sind daher genaue Aussagen zur Entwicklung der Bruttowertschöpfungsvolumina von 1963 bis 1975 eigentlich nicht möglich. Dennoch dürften sie unter Berücksichtigung des ausgewerteten Materials um jeweils etwa ein Drittel höher gewesen sein als die auf der Grundlage der Ministeriumsbilanzen errechneten jährlichen wertmäßigen Wirtschaftsleistungen.

Die vorstehend aufgezeigte beeindruckende Gesamtperformance des staatlichen Unternehmensbereichs zeigte sich – wie in den Tabellen 4.9 und 4.10 veranschaulicht – vor allem im sekundären Sektor. Zwar steigerte sich die Wirtschaftsleistung der PSU auch im Dienstleistungssektor. Den sektoralen Schwerpunkt der seit Mitte der 1950er Jahre zunehmenden Expansion bildete aber eindeutig die Industriewirtschaft. Die PSIU beschäftigten im Jahresdurchschnitt während der Nachkriegsprosperität 73,45% der Gesamtarbeitskräftezahl des privatrechtlich organisierten staatlichen

---

1035 Eigene Berechnungen, basierend auf Tabelle 4.8 (Gesamtbruttoinvestitionen der Staatsunternehmen, 1953–1975) sowie Alberto Baffigi (2011), Italian National Accounts (BIP, 1956 und 1975).

1036 Die im Inland erwirtschafteten Nettoumsätze der PSU sind in der vorstehenden Tabelle 4.8 nicht separat ausgewiesen, sondern nur die Gesamtnettoumsätze sowie die darin enthaltenen Nettoerlöse aus dem Auslandsgeschäft. Die Inlandsumsätze berechnen sich demzufolge aus der Differenz zwischen den jährlichen Gesamtnettoumsätzen und den Nettoexporterlösen.

Unternehmenssektors, sie brachten zusammen 75,84% des entsprechenden Gesamtinvestitionsvolumens auf, und sie erwirtschafteten 82,62% des Gesamtnettoumsatzes; sie erzielten zudem annähernd 100% der Gesamtnettoexporterlöse sowie etwa zwei Drittel (66,06%) der Gesamtbruttowertschöpfung der im Betrachtungszeitraum insgesamt steigenden Vielzahl von staatlichen Unternehmen.[1037] Dabei entfiel – wie aus Tabelle 4.11 hervorgeht – nahezu die Gesamtheit der staatlichen Industrieunternehmungen seit Mitte der 1950er Jahre auf die zwei großen Holdinggesellschaften IRI und ENI sowie – ab 1963 – darüber hinaus auf die staatliche Energieagentur ENEL, deren operative Einzelunternehmen bis Ende 1975 zusammen jahresdurchschnittlich 90,81% der Gesamtindustriearbeiter beschäftigten, 94,59% der industriellen Bruttoinvestitionen tätigten und 91,77% des Gesamtnettoumsatzes sowie 85,63% der Gesamtnettoexporterlöse aller staatlichen Industrieunternehmen erwirtschafteten.[1038]

Die PSIU entfalteten eine immer größere Durchschlagskraft und erzielten primär in den Bereichen der Eisen- und Stahlproduktion, der Energieerzeugung und -versorgung, der Petrochemie, der nichtmetallischen Baustoffindustrie sowie im Maschinen-, Schiff-, Fahr- und Flugzeugbau überdurchschnittlich große Wachstumserfolge. Demzufolge stark erhöhten sich bis Mitte der 1970er Jahre auch – wie in Tabelle 4.12 aufgezeigt – deren Anteile an der industriellen Gesamtbeschäftigtenzahl (ohne Bauindustrie), den industriellen Gesamtbruttoinvestitionen (ohne Bauindustrie), den Gesamterlösen verkaufter Industriegüter, den Industrieexporten sowie an der sektoralen Gesamtbruttowertschöpfung der Industriewirtschaft (ohne Bauindustrie)[1039]:

1037 Die angegebenen Jahresdurchschnittswerte beziehen sich auf die Zeiträume „1952–1975“ (Beschäftigung), „1953–1975“ (Bruttoinvestitionen), „1957–1975“ (Nettoumsatz und Nettoexporterlös) sowie „1963–1975“ (Bruttowertschöpfung). Zur Gesamtwirtschaftsleistung der PSIU von 1952 bis 1975, differenziert nach Branchen, vgl. die Tabellen A1.1–A1.8, S. 2–66 im Datenappendix A1, in: https://www.degruyter.com/view/product/552615.

1038 Die angegebenen Jahresdurchschnittswerte beziehen sich auf die Zeiträume „1954–1975“ (Beschäftigung und Bruttoinvestitionen) sowie „1957–1975“ (Nettoumsatz und Nettoexporterlös). Zur sektoral differenzierten Gesamtwirtschaftsleistung der drei großen privatrechtlich organisierten Staatsholdings IRI, ENI und ENEL in Italien von 1952–1975, vgl. die Tabellen A3.1–A3.4, S. 123–154 im Datenappendix A3, in: https://www.degruyter.com/view/product/552615.

1039 Anmerkungen des Verfassers: *Erstens*, ergeben die von der SVIMEZ im Jahr 2011 veröffentlichten Neuberechnungen der regional differenzierten volkswirtschaftlichen Gesamtleistung in Italien von 1952–1975 nicht nur – wie bereits ausgeführt – für die Makroregion des Mezzogiorno, sondern auch für ganz Italien zum Teil jeweils deutlich höhere jährliche Bruttoinvestitionsvolumina der Industriewirtschaft als die zeitgenössischen Berechnungen des ISTAT, die in den „Statistischen Jahrbüchern“ ausgewiesen sind. Gleiches gilt für die Neuberechnungen der SVIMEZ über die jeweilige Höhe der jährlichen Gesamtbruttowertschöpfung der nationalen Industriewirtschaft in Italien von 1952–1975, die allerdings nicht so stark (nach oben) von den ISTAT-Ergebnissen abweichen wie die Investitionen. Auf der Grundlage der SVMEZ-Angaben ergeben sich demzufolge auch jeweils zum Teil deutlich geringere Anteile der PSIU an den jährlichen Gesamtbruttoinvestitionsvolumina sowie leicht niedrigere Anteile der PSIU an der Gesamtbruttowertschöpfung der nationalen Industriewirtschaft. Im Jahresdurchschnitt von 1953 bis 1975 belief sich der Anteil der PSIU an den industriellen Gesamtbruttoinvestitionen den SVIMEZ-Ergebnissen zufolge auf 19,96%, der damit um 8,04

Tabelle 4.9: Makroindikatoren der Wirtschaftsleistung der privatrechtlich organisierten staatlichen Unternehmen in Italien (Beschäftigung, Bruttoanlageinvestitionen, Nettoumsatz, Nettoexporterlöse und Bruttowertschöpfung), differenziert nach Sektoren, 1952–1975; in %.

	Beschäftigung		Bruttoinvestitionen*		Nettoumsatz*	
	Industrie	Dienstleist.	Industrie	Dienstleist.	Industrie	Dienstleist.
1952	75,46	24,54	k.A.	k.A.	k.A.	k.A.
1953	74,84	25,16	78,76	21,24	k.A.	k.A.
1954	74,87	25,13	73,55	26,45	k.A.	k.A.
1955	74,22	25,78	68,95	31,05	k.A.	k.A.
1956	74,07	25,93	63,51	36,49	k.A.	k.A.
1957	70,85	29,15	73,06	26,94	84,65	15,35
1958	69,79	30,21	76,47	23,53	83,15	16,85
1959	68,92	31,08	73,38	26,62	83,06	16,94
1960	68,06	31,94	64,49	35,51	81,93	18,07
1961	67,40	32,60	70,64	29,36	80,99	19,01
1962	68,16	31,84	76,62	23,38	80,96	19,04
1963	74,39	25,61	84,34	15,66	82,61	17,39
1964	74,31	25,69	86,64	13,36	81,16	18,84
1965	73,67	26,33	79,62	20,38	81,65	18,35
1966	72,44	27,56	78,95	21,05	81,38	18,62
1967	72,81	27,19	78,57	21,43	82,48	17,52
1968	73,26	26,74	76,17	23,83	82,28	17,72
1969	73,85	26,15	76,13	23,87	81,93	18,07
1970	75,18	24,82	82,30	17,70	83,09	16,91
1971	76,69	23,31	82,58	17,42	82,90	17,10
1972	77,09	22,91	80,41	19,59	82,37	17,63
1973	76,80	23,20	74,88	25,12	83,68	16,32
1974	77,81	22,19	73,43	26,57	84,15	15,85
1975	77,90	22,10	70,80	29,20	85,41	14,59

Durchschnittl.	Beschäftigtenzahl		Bruttoinvestitionen*		Nettoumsatz*	
Wachstum in %	Industrie	Dienstleist.	Industrie	Dienstleist.	Industrie	Dienstleist.
1952–1958	−1,29	3,52	k.A.	k.A.	k.A.	k.A.
1952–1963	−0,13	0,39	k.A.	k.A.	k.A.	k.A.
1952–1975	0,14	−0,45	k.A.	k.A.	k.A.	k.A.
1957–1963	0,82	−2,14	2,42	−8,65	−0,41	2,10
1957–1975	0,53	−1,53	−0,17	0,45	0,05	−0,28
1958–1963	1,29	−3,25	1,98	−7,83	−0,13	0,63
1963–1975	0,38	−1,22	−1,45	5,33	0,28	−1,45
1963–1966	−0,88	2,48	−2,18	10,37	−0,50	2,30
1966–1970	0,93	−2,58	1,04	−4,24	0,52	−2,39
1963–1970	0,15	−0,44	−0,35	1,77	0,08	−0,40
1966–1975	0,81	−2,42	−1,20	3,70	0,54	−2,67
1970–1975	0,71	−2,29	−2,96	10,52	0,55	−2,90

* ohne Bank- und Versicherungswesen

(fortgesetzt)

Tabelle 4.9 (Fortsetzung): Makroindikatoren der Wirtschaftsleistung der privatrechtlich organisierten staatlichen Unternehmen in Italien (Beschäftigung, Bruttoanlageinvestitionen, Nettoumsatz, Nettoexporterlöse und Bruttowertschöpfung), differenziert nach Sektoren, 1952–1975; in %.

	Nettoexporterlös*		Bruttowertschöpfung**	
	Industrie	Dienstleist.	Industrie	Dienstleist.
1952	k.A.	k.A.	k.A.	k.A.
1953	k.A.	k.A.	k.A.	k.A.
1954	k.A.	k.A.	k.A.	k.A.
1955	k.A.	k.A.	k.A.	k.A.
1956	k.A.	k.A.	k.A.	k.A.
1957	100	0	k.A.	k.A.
1958	100	0	k.A.	k.A.
1959	100	0	k.A.	k.A.
1960	100	0	k.A.	k.A.
1961	100	0	k.A.	k.A.
1962	100	0	k.A.	k.A.
1963	100	0	69,53	30,47
1964	100	0	67,96	32,04
1965	100	0	65,67	34,33
1966	100	0	63,79	36,21
1967	100	0	63,04	36,96
1968	99,97	0,03	63,04	36,96
1969	99,87	0,13	62,69	37,31
1970	99,86	0,14	64,32	35,68
1971	99,73	0,27	64,62	35,38
1972	99,78	0,22	65,22	34,78
1973	99,87	0,13	68,48	31,52
1974	100	0	71,44	28,56
1975	100	0	68,00	32,00

Durchschnittl. Wachstum in %	Nettoexporterlös*		Bruttowertschöpfung**	
	Industrie	Dienstleist.	Industrie	Dienstleist.
1952–1958	k.A.	k.A.	k.A.	k.A.
1952–1963	k.A.	k.A.	k.A.	k.A.
1952–1975	k.A.	k.A.	k.A.	k.A.
1957–1963	0,00	k.A.	k.A.	k.A.
1957–1975	0,00	k.A.	k.A.	k.A.
1958–1963	0,00	k.A.	k.A.	k.A.
1963–1975	0,00	k.A.	−0,19	0,41
1963–1966	0,00	k.A.	−2,83	5,93
1966–1970	−0,03	k.A.	0,21	−0,37
1963–1970	−0,02	k.A.	−1,11	2,28
1966–1975	0,00	k.A.	0,71	−1,36
1970–1975	0,03	k.A.	1,12	−2,15

* ohne Bank- und Versicherungswesen; ** ohne ENEL

Quelle: Eigene Berechnungen, basierend auf Ministero delle partecipazioni statali, Relazione programmatica, Rom: Ministero delle partecipazioni statali (alle relevanten Jahrgänge von 1958–1979).

Anmerkung: In den Jahresabschlußbilanzen der ENEL ist die Bruttowertschöpfung der staatlichen Energieagentur nicht ausgewiesen.

Tabelle 4.10: Makroindikatoren der Wirtschaftsleistung der privatrechtlich organisierten staatlichen Industrieunternehmen in Italien (Beschäftigung in Anzahl der Erwerbspersonen sowie Bruttoanlageinvestitionen, Nettoumsatz, Nettoexporterlöse, Bruttowertschöpfung und Nettogewinn/-verlust in Mrd. € (2010)), 1952–1975.

	Beschäftigung	Jährliche WR in %	Brutto-investitionen	Jährliche WR in %	Netto-umsatz	Jährliche WR in %
1952	206600		k.A.		k.A.	
1953	204100	−1,21	2,32		k.A.	
1954	201100	−1,47	1,71	−26,28	k.A.	
1955	201500	0,20	1,75	2,43	k.A.	
1956	208000	3,23	1,73	−0,79	k.A.	
1957	216300	3,99	2,80	61,21	15,57	
1958	214400	−0,88	3,35	19,64	14,36	−7,78
1959	212400	−0,93	3,05	−8,94	15,61	8,76
1960	214400	0,94	3,12	2,46	17,70	13,38
1961	225400	5,13	4,42	41,74	18,48	4,41
1962	248800	10,38	6,37	44,02	20,39	10,33
1963	318117	27,86	9,27	45,42	26,57	30,31
1964	319577	0,46	9,29	0,28	26,88	1,15
1965	323800	1,32	7,73	−16,79	28,30	5,29
1966	327496	1,14	7,08	−8,48	30,71	8,53
1967	338177	3,26	7,82	10,53	34,85	13,45
1968	353739	4,60	8,55	9,32	38,12	9,39
1969	376470	6,43	9,66	12,99	41,70	9,41
1970	417679	10,95	13,50	39,69	48,04	15,20
1971	479357	14,77	16,28	20,63	51,25	6,68
1972	516765	7,80	17,18	5,52	53,03	3,46
1973	540687	4,63	15,98	−6,97	63,93	20,56
1974	606660	12,20	14,87	−6,99	82,23	28,63
1975	627292	3,40	14,36	−3,44	80,78	−1,77

Durchschnittl. Wachstum in %	Beschäftigung	Brutto-investitionen	Netto-umsatz
1952–1958	0,62	k.A.	k.A.
1952–1963	4,00	k.A.	k.A.
1952–1975	4,95	k.A.	k.A.
1957–1963	6,64	22,10	9,32
1957–1975	6,09	9,51	9,58
1958–1963	8,21	22,60	13,10
1963–1975	5,82	3,71	9,71
1963–1966	0,97	−8,60	4,95
1966–1970	6,27	17,52	11,83
1963–1970	3,97	5,52	8,83
1966–1975	7,49	8,18	11,34
1970–1975	8,47	1,24	10,95

(fortgesetzt)

Tabelle 4.10 (Fortsetzung): Makroindikatoren der Wirtschaftsleistung der privatrechtlich organisierten staatlichen Industrieunternehmen in Italien (Beschäftigung in Anzahl der Erwerbspersonen sowie Bruttoanlageinvestitionen, Nettoumsatz, Nettoexporterlöse, Bruttowertschöpfung und Nettogewinn/-verlust in Mrd. € (2010)), 1952–1975.

	Nettoexport-erlös	Jährliche WR in %	Bruttowertschöpfung*	Jährliche WR in %	Nettogewinn/-verlust
1952	k.A.		k.A.		k.A.
1953	k.A.		k.A.		k.A.
1954	k.A.		k.A.		k.A.
1955	k.A.		k.A.		k.A.
1956	k.A.		k.A.		k.A.
1957	2,03		k.A.		k.A.
1958	1,77	-12,89	k.A.		k.A.
1959	1,82	3,16	k.A.		k.A.
1960	2,16	18,51	k.A.		k.A.
1961	2,19	1,51	k.A.		k.A.
1962	2,62	19,47	k.A.		k.A.
1963	3,22	23,10	8,00		0,15
1964	3,32	2,99	8,30	3,78	0,09
1965	4,22	26,96	8,25	-0,61	-0,06
1966	4,40	4,41	8,29	0,51	-0,20
1967	4,89	11,00	9,13	10,20	-0,19
1968	5,44	11,37	9,98	9,31	0,03
1969	5,47	0,58	10,97	9,83	-0,04
1970	5,51	0,70	12,61	14,98	-0,47
1971	7,10	28,81	13,74	8,94	-1,22
1972	7,83	10,28	15,64	13,86	-3,79
1973	8,90	13,64	19,86	26,99	-1,93
1974	12,33	38,65	23,89	20,31	-4,29
1975	15,80	28,12	23,21	-2,88	-6,81

Durchschnittl. Wachstum in %	Nettoexport-erlös	Bruttowertschöpfung*
1952–1958	k.A.	k.A.
1952–1963	k.A.	k.A.
1952–1975	k.A.	k.A.
1957–1963	8,04	k.A.
1957–1975	12,08	k.A.
1958–1963	12,79	k.A.
1963–1975	14,16	9,29
1963–1966	10,93	1,21
1966–1970	5,78	11,06
1963–1970	7,96	6,72
1966–1975	15,26	12,12
1970–1975	23,45	12,98

* ohne ENEL

Quelle: Eigene Berechnungen, basierend auf Ministero delle partecipazioni statali, Relazione programmatica, Rom: Ministero delle partecipazioni statali (alle relevanten Jahrgänge von 1958–1979).

Anmerkung: In den Jahresabschlußbilanzen der ENEL ist die Bruttowertschöpfung der staatlichen Energieagentur nicht ausgewiesen.

Tabelle 4.11: Anteile der drei größten Staatsholdings IRI, ENI und ENEL an der Gesamtwirtschaftsleistung der privatrechtlich organisierten staatlichen Industrieunternehmen in Italien (Beschäftigung, Bruttoanlageinvestitionen, Nettoumsatz und Nettoexporterlöse), 1952–1975; in %.

	Beschäftigtenzahl				Bruttoanlageinvestitionen			
	IRI	ENI	ENEL	IRI + ENI+ENEL	IRI	ENI	ENEL	IRI + ENI+ENEL
1952	k.A.	k.A.		k.A.	k.A.	k.A.		k.A.
1953	k.A.	k.A.		k.A.	k.A.	23,91		k.A.
1954	77,77	7,86		85,63	70,80	27,74		98,54
1955	78,41	8,34		86,75	60,49	36,34		96,83
1956	78,17	8,46		86,64	65,96	30,76		96,72
1957	80,07	9,21		89,28	53,59	42,00		95,58
1958	80,32	9,66		89,97	57,03	32,47		89,50
1959	79,90	10,14		90,04	67,36	24,74		92,10
1960	77,99	11,22		89,21	63,89	30,67		94,56
1961	78,13	13,18		91,31	67,53	30,80		98,33
1962	75,44	20,00		95,44	58,44	35,08		93,52
1963	54,48	16,12	21,35	91,95	46,44	18,19	29,87	94,51
1964	54,29	15,12	22,05	91,46	49,62	11,88	32,36	93,86
1965	53,74	14,55	24,83	93,12	45,63	8,88	38,71	93,23
1966	53,31	14,01	26,50	93,83	42,29	10,69	43,85	96,83
1967	50,51	13,62	27,88	92,00	33,21	16,27	46,16	95,64
1968	52,27	13,30	28,79	94,36	31,77	18,59	45,98	96,34
1969	52,28	13,64	27,46	93,37	30,89	19,63	45,31	95,83
1970	57,05	14,35	24,94	96,35	34,60	22,25	37,83	94,69
1971	57,70	13,43	21,92	93,05	42,00	16,73	33,01	91,73
1972	58,50	12,14	19,02	89,65	43,99	16,46	31,83	92,28
1973	60,16	11,76	18,64	90,57	45,41	18,37	29,49	93,27
1974	56,80	12,76	17,53	87,09	36,87	23,97	32,69	93,53
1975	55,21	13,54	18,01	86,76	34,46	24,24	34,90	93,60

Durchschnittl. Wachstum in %	Beschäftigtenzahl				Bruttoanlageinvestitionen			
	IRI	ENI	ENEL	IRI + ENI+ENEL	IRI	ENI	ENEL	IRI + ENI+ENEL
1957–1963	-6,22	9,78		0,49	-2,36	-13,01		-0,19
1957–1975	-2,04	2,17		-0,16	-2,42	-3,01		-0,12
1958–1963	-7,47	10,79		0,43	-4,02	-10,94		1,09
1963–1975	0,11	-1,44	-1,41	-0,48	-2,46	2,42	1,30	-0,08
1963–1966	-0,72	-4,56	7,47	0,68	-3,08	-16,24	13,65	0,81
1966–1970	1,71	0,59	-1,51	0,66	-4,89	20,11	-3,62	-0,56
1963–1970	0,66	-1,65	2,25	0,67	-4,12	2,92	3,43	0,03
1966–1975	0,39	-0,38	-4,20	-0,87	-2,25	9,52	-2,51	-0,38
1970–1975	-0,66	-1,16	-6,30	-2,07	-0,08	1,73	-1,60	-0,23

(fortgesetzt)

Tabelle 4.11 (Fortsetzung): Anteile der drei größten Staatsholdings IRI, ENI und ENEL an der Gesamtwirtschaftsleistung der privatrechtlich organisierten staatlichen Industrieunternehmen in Italien (Beschäftigung, Bruttoanlageinvestitionen, Nettoumsatz und Nettoexporterlöse), 1952–1975; in %.

	Nettoumsatz				Nettoexporterlös			
	IRI	ENI	ENEL	IRI + ENI+ENEL	IRI	ENI	ENEL	IRI + ENI+ENEL
1952	k.A.	k.A.		k.A.	k.A.	k.A.		k.A.
1953	k.A.	k.A.		k.A.	k.A.	k.A.		k.A.
1954	k.A.	k.A.		k.A.	k.A.	k.A.		k.A.
1955	k.A.	k.A.		k.A.	k.A.	k.A.		k.A.
1956	k.A.	k.A.		k.A.	k.A.	k.A.		k.A.
1957	68,92	19,60		88,51	89,45	k.A.		k.A.
1958	67,82	21,50		89,32	90,74	k.A.		k.A.
1959	64,69	23,53		88,22	83,09	k.A.		k.A.
1960	69,73	17,82		87,56	69,90	k.A.		k.A.
1961	68,48	18,80		87,28	67,07	k.A.		k.A.
1962	65,31	20,11		85,42	60,86	k.A.		k.A.
1963	40,11	15,84	39,43	95,38	52,80	44,13	0	96,92
1964	38,42	15,28	42,22	95,93	60,55	35,93	0	96,48
1965	38,44	15,21	41,11	94,75	55,89	40,31	0	96,20
1966	38,69	14,93	40,28	93,90	57,47	37,24	0	94,71
1967	39,56	15,81	38,73	94,09	57,29	38,14	0	95,43
1968	41,46	15,43	37,89	94,79	61,16	33,32	0	94,48
1969	42,92	15,30	35,91	94,13	61,00	32,11	0	93,12
1970	44,81	14,54	34,57	93,91	61,93	32,47	0	94,40
1971	44,78	14,86	34,25	93,89	69,85	23,99	0	93,85
1972	46,56	16,12	30,11	92,79	62,61	28,82	0	91,43
1973	47,97	18,14	28,22	94,33	63,29	28,91	0	92,20
1974	42,74	23,46	22,33	88,53	55,79	27,29	0	83,08
1975	42,72	23,19	24,99	90,89	67,04	20,56	0	87,60
Durchschnittl. Wachstum in %	**Nettoumsatz**				**Nettoexporterlös**			
	IRI	**ENI**	**ENEL**	**IRI + ENI+ENEL**	**IRI**	**ENI**	**ENEL**	**IRI + ENI+ENEL**
1957–1963	−8,63	−3,48		1,25	−8,41	k.A.		k.A.
1957–1975	−2,62	0,94		0,15	−1,59	k.A.		k.A.
1958–1963	−9,97	−5,93		1,32	−10,27	k.A.		k.A.
1963–1975	0,53	3,23	−3,73	−0,40	2,01	−6,17		−0,84
1963–1966	−1,20	−1,96	0,71	−0,52	2,87	−5,50		−0,77
1966–1970	3,74	−0,66	−3,75	0,00	1,89	−3,37		−0,08
1963–1970	1,59	−1,22	−1,86	−0,22	2,31	−4,29		−0,38
1966–1975	1,11	5,01	−5,17	−0,36	1,73	−6,39		−0,86
1970–1975	−0,95	9,79	−6,28	−0,65	1,60	−8,73		−1,48

Quelle: Eigene Berechnungen, basierend auf Ministero delle partecipazioni statali, Relazione programmatica, Rom: Ministero delle partecipazioni statali (alle relevanten Jahrgänge von 1958–1979) (Wirtschaftsleistung PSIU, 1952–1975); I.R.I., Istituto per la Ricostruzione Industriale, Esercizio, Rom: Istituto per la Ricostruzione Industriale (alle relevanten Jahrgänge von 1955–1975) (Wirtschaftsleistung IRI, 1954–1975); Atti Parlamentari, Camera dei Deputati, Relazione della Corte dei Conti al Parlamento sulla gestione finanziaria degli enti sottoposti a controllo in applicazione della legge 21 marzo 1958, n. 259, Ente Nazionale Idrocarburi, Rom: Tipografia del Senato (alle relevanten Jahrgänge von 1953–1977) (Wirtschaftsleistung ENI, 1953–1975) sowie Atti Parlamentari, Camera dei Deputati, Relazione della Corte dei Conti al Parlamento sulla gestione finanziaria degli enti sottoposti a controllo in applicazione della legge 21 marzo 1958, n. 259, Ente Nazionale per l'Energia Elettrica, Rom: Tipografia del Senato (alle relevanten Jahrgänge von 1963–1975) (Wirtschaftsleistung ENEL, 1963–1975.).

Tabelle 4.12: Anteile der privatrechtlich organisierten staatlichen Industrieunternehmen an der nationalen Gesamtwirtschaftsleistung der Industriewirtschaft in Italien (Beschäftigung, Bruttoanlageinvestitionen, Nettoumsatz*, Nettoexporterlöse und Bruttowertschöpfung**), 1952–1975; in %.

	Beschäftigung	Bruttoinvestitionen (ISTAT)	Bruttoinvestitionen (SVIMEZ)
1952	4,93	k.A.	k.A.
1953	4,78	18,75	12,64
1954	4,58	13,82	9,33
1955	4,54	12,88	8,56
1956	4,51	12,16	8,09
1957	4,52	16,73	10,99
1958	4,46	19,26	12,74
1959	4,33	16,20	10,73
1960	4,28	14,97	9,96
1961	4,35	18,02	12,22
1962	4,73	24,07	16,08
1963	5,95	32,67	22,82
1964	5,98	39,57	28,14
1965	6,17	41,76	29,88
1966	6,26	33,42	24,71
1967	6,28	32,02	23,88
1968	6,50	32,42	24,34
1969	6,80	33,42	25,34
1970	7,33	38,80	28,44
1971	8,02	45,08	34,21
1972	8,79	47,73	36,18
1973	9,02	35,57	25,68
1974	9,76	29,36	20,47
1975	10,10	35,22	23,57

Durchschnittl. Wachstum in %	Beschäftigung	Bruttoinvestitionen (ISTAT)	Bruttoinvestitionen (SVIMEZ)
1952–1958	−1,67	k.A.	k.A.
1952–1963	1,73	k.A.	k.A.
1952–1975	3,17	k.A.	k.A.
1957–1963	4,69	11,80	12,96
1957–1975	4,57	4,22	4,33
1958–1963	5,96	11,15	12,37
1963–1975	4,50	0,63	0,27
1963–1966	1,67	0,76	2,68
1966–1970	4,05	3,80	3,58
1963–1970	3,02	2,49	3,19
1966–1975	5,47	0,58	−0,52
1970–1975	6,62	−1,92	−3,69

* bis einschließlich 1966 bezogen auf den nationalen Gesamtnettoindustrieumsatz, von 1967–1975 bezogen auf den Gesamtbruttoumsatz und jeweils nur auf Unternehmen mit einer Beschäftigungsgröße ≥ 50 Arbeitskräfte;
** ohne ENEL

(fortgesetzt)

Tabelle 4.12 (Fortsetzung): Anteile der privatrechtlich organisierten staatlichen Industrieunternehmen an der nationalen Gesamtwirtschaftsleistung der Industriewirtschaft in Italien (Beschäftigung, Bruttoanlageinvestitionen, Nettoumsatz*, Nettoexporterlöse und Bruttowertschöpfung**), 1952–1975; in %.

	Nettoumsatz*	Nettoexport-erlös	Bruttowertschöpfung** (ISTAT)	Bruttowertschöpfung** (SVIMEZ)
1952	k.A.	k.A.	k.A.	k.A.
1953	k.A.	k.A.	k.A.	k.A.
1954	k.A.	k.A.	k.A.	k.A.
1955	k.A.	k.A.	k.A.	k.A.
1956	k.A.	k.A.	k.A.	k.A.
1957	k.A.	11,30	k.A.	k.A.
1958	15,43	9,98	k.A.	k.A.
1959	15,54	9,04	k.A.	k.A.
1960	16,13	8,56	k.A.	k.A.
1961	13,63	7,75	k.A.	k.A.
1962	14,20	8,76	k.A.	k.A.
1963	17,47	10,53	8,77	7,76
1964	18,35	9,65	9,02	8,14
1965	19,62	10,58	8,87	7,91
1966	19,57	9,99	8,27	7,37
1967	20,49	10,37	8,41	7,50
1968	15,52	9,86	8,48	7,58
1969	15,50	8,86	8,65	7,68
1970	16,49	8,29	8,97	7,96
1971	17,35	9,86	8,80	8,47
1972	16,55	9,90	9,53	9,39
1973	16,66	10,32	10,56	10,49
1974	18,11	11,14	11,75	11,22
1975	19,22	14,58	12,12	11,60

Durchschnittl. Wachstum in %	Nettoumsatz*	Nettoexport-erlös	Bruttowertschöpfung** (ISTAT)	Bruttowertschöpfung** (SVIMEZ)
1952–1958	k.A.	k.A.	k.A.	k.A.
1952–1963	k.A.	k.A.	k.A.	k.A.
1952–1975	k.A.	k.A.	k.A.	k.A.
1957–1963	k.A.	-1,17	k.A.	k.A.
1957–1975	k.A.	1,43	k.A.	k.A.
1958–1963	k.A.	1,07	k.A.	k.A.
1963–1975	k.A.	2,75	2,73	3,41
1963–1966	k.A.	-1,72	-1,92	-1,71
1966–1970	2,52	-4,57	2,04	1,96
1963–1970	0,80	-3,36	0,33	0,37
1966–1975	3,85	4,29	4,33	5,17
1970–1975	-4,19	11,96	6,20	7,82

Quelle: Eigene Berechnungen, basierend auf Ministero delle partecipazioni statali, Relazione programmatica (alle relevanten Jahrgänge von 1958–1979) (Wirtschaftsleistung PSIU); SVIMEZ (2011), Nord e Sud, Tabelle 39, S. 291 ff. (Bruttowertschöpfung (SVIMEZ), Bruttoinvestitionen (SVIMEZ) und Beschäftigung Industrie (national)); ISTAT (1986), Sommario, Tabelle 8.18, S. 159 und Tabelle 8.19, S. 160 (Bruttowertschöpfung (ISTAT) Industrie (national)) sowie ISTAT, Annuario (alle relevanten Jahrgänge von 1960–1978) (Bruttoinvestitionen (ISTAT), Nettoumsatz und Nettoexport Industrie (national)).

im Beschäftigungsbereich von 4,93% (1952) auf 10,10% (1975), im Bereich der Bruttoinvestitionen von 18,75% (1953) auf 47,73% (1972), beim Gesamtumsatz verkaufter Industriegüter von 15,43% (1957) auf mehr als 19,22% (1975), bei den industriellen Nettoexporterlösen von 11,30% (1957) auf 14,58% (1975) sowie – bezogen auf die wertmäßige Gesamtwirtschaftsleistung der nationalen Industriewirtschaft – von 8,77% (1963) auf 12,12% (1975). Insgesamt entfielen – die Bauindustrie nicht mit berechnet – 22,32% der Nettobeschäftigungszunahme der italienischen Industriewirtschaft von 1952 bis 1975 (1.773.100 Arbeitskräfte) auf die PSIU. Außerdem tätigten die PSIU – basierend auf den Angaben der Statistischen Jahrbücher des ISTAT – 30,77% der von der italienischen Industriewirtschaft insgesamt aufgebrachten Bruttoinvestitionssumme (536,19 Mrd. € (2010)), sie erwirtschafteten mehr als 17,18% des Gesamtumsatzes an industriell gefertigten Gütern (4.032,50 Mrd. € (2010)), 10,36% der darin enthaltenen Nettoerlöse aus dem Auslandsgeschäft (975,22 Mrd. € (2010)) sowie mehr als 9,74% der industriellen Bruttowertschöpfung (1.681,78 Mrd. € (2010)).[1040] Allein schon aufgrund dieses immens hohen quantitativen Beitrags zur industriewirtschaftlichen Entwicklung besitzt die seit Mitte der 1950er Jahre zunehmende Expansion der PSIU eine (mit)erklärende Relevanz für die exzeptionelle Wachstumsdynamik der italienischen Volkswirtschaft. Hieran hatte die industriepolitische Entscheidung einer forcierten Industrialisierung Süditaliens einen maßgeblichen Anteil. Bevor die PSIU von den damaligen politischen Akteuren im Rahmen der industriepolitischen Wende von 1956/57 gezielt instrumentalisiert wurden, entfalteten sie im Mezzogiorno

Prozentpunkte niedriger ausfällt als der auf den ISTAT-Angaben berechnete jahresdurchschnittliche Anteil in Höhe von 28,00%. Der auf der SVIMEZ-Grundlage berechnete jahresdurchschnittliche Anteil der PSIU an der wertmäßigen Gesamtleistung der nationalen Industriewirtschaft in Italien von 1963–1975 belief sich auf 8,70% und liegt nur 0,7 Prozentpunkte unterhalb des auf der Grundlage der ISTAT-Angaben errechneten Anteils in Höhe von 9,40%. *Zweitens*, werden die Gesamtumsätze der nationalen Industriewirtschaft vom ISTAT *zum einen* erst ab 1958, *zum anderen* aber nur von 1958–1966 netto und von 1967–1975 brutto, d. h. vor Abzug der indirekten Steuern und sonstigen Erlösschmälerungen ausgewiesen, was eine valide Vergleichbarkeit mit den vom *Ministero delle partecipazioni statali* errechneten Nettogesamtumsätzen der PSIU nur bedingt ermöglicht. Für die Jahre von 1967–1975 sind die Anteile der staatlichen Industrieunternehmen an den jährlichen Gesamtnettoumsätzen der nationalen Industriewirtschaft daher (noch) höher einzuschätzen als die in der Tabelle 4.12 aufgeführten Ergebnisse.

1040 Die Angaben zur Entwicklung der anteiligen Wirtschaftsleistung der PSIU an der Gesamtwirtschaftsleistung der nationalen Industriewirtschaft (ohne Bauindustrie) beziehen sich auf die Zeiträume „1952–1975" (Beschäftigung), „1953–1975" (Bruttoinvestitionen), „1957–1975" (Nettoexporterlöse), „1958–1975" (Nettoumsätze) sowie „1963–1975" (Bruttowertschöpfung) und sind Ergebnisse eigener Berechnungen, basierend auf den Angaben in Tabelle 4.12. Der auf der Grundlage der SVIMEZ-Erhebungen berechnete Gesamtumfang der in Italien getätigten industriellen Bruttoinvestitionen von 1953 bis 1975 belief sich auf 759,52 Mrd. € (2010), das Gesamtvolumen der von den Industrieunternehmen zwischen 1963 und 1975 erwirtschafteten Bruttowertschöpfung auf 1907,72 Mrd. € (2010). Die Anteile der PSIU beliefen sich den SVIMEZ-Angaben zufolge auf 14,57% (Bruttoinvestitionen) sowie auf 9,01% (BWS).

allerdings – anknüpfend an den Vorkriegstrend – kaum nennenswerte regionalwirtschaftliche Wachstumseffekte.

4.1.3.2.2 Der marginale Stellenwert der privatrechtlich organisierten staatlichen Industrieunternehmen (PSIU) in Süditalien bis Mitte der 1950er Jahre

Die PSIU stellten bereits zu Beginn der 1950er Jahre einen wichtigen Wachstumsfaktor der italienischen Volkswirtschaft dar. Dank des unermüdlichen Einsatzes der SVIMEZ-Mitarbeiter um Pasquale Saraceno sowie einiger prominenter Politiker wie Ezio Vanoni und Giulio Pastore rückten sie denn auch bald – wie in Kapitel III herausgearbeitet – in den Fokus industriepolitischer Konzeptionen zum Abbau des Entwicklungsgefälles zwischen Nord- und Süditalien. Doch resultierten aus diesem Engagement zunächst nur marginale entscheidungsrelevante Implikationen für die PSIU, ihre Investitionen anteilig stärker von der Makroregion „Zentrum-Nord“ in die Regionen des Mezzogiorno zu verlagern.

In Pfadabhängigkeit zur faschistischen Autarkieperiode waren zu Beginn der langanhaltenden Wachstumsphase in Süditalien nur einige wenige staatliche Industriebetriebe ansässig. Sie beschäftigten zusammen ca. 42.100 Arbeitskräfte (1952), was einem Anteil von 15,38% der landesweiten Gesamtbeschäftigtenzahl des privatrechtlich organisierten staatlichen Unternehmenssektors entsprach. Die Bruttoinvestitionsvolumina der PSIU beliefen sich zwischen 1953 und 1956 zusammen auf jährlich jeweils weniger als 0,5 Mrd. € (2010) und damit auf jahresdurchschnittlich etwa ein Sechstel (16,58%) der landesweiten Gesamtbruttoinvestitionsvolumina aller staatlichen Unternehmungen. Abgesehen von drei Ausnahmen, wurzelten sämtliche, während der ersten zehn Nachkriegsjahre in Süditalien agierenden staatlichen und staatlich kontrollierten Industriebetriebe in der Zeit des Faschismus. Bei den erst nach 1945 gegründeten Unternehmen handelte es sich, *erstens*, um die neuen, zwischen 1950 und 1952 aufgebauten (ersten) Betriebsstätten der AGIP und ANIC in Gela (Sizilien) zur Exploration, Ausbeutung und industriellen Weiterverarbeitung der bei Ragusa neu entdeckten Erdöl- und Erdgasvorkommen, die allerdings erst nach 1956 großdimensional ausgebaut worden sind, *zweitens*, um die in den Jahren 1951 bzw. 1954 fertiggestellten Zementproduktionsanlagen in Bagnoli und Maddaloni der IRI-Tochter CEMENTIR sowie *drittens* schließlich, um die 1949 im Bereich der Flugzeug- und Eisenbahntechnik gegründete, 1955 dann reorganisierte und deutlich vergrößerte IRI-Tochter *Aerfer* mit ihren Produktionsanlagen zunächst nur in Neapel, später auch in Pomigliano. Territorial konzentrierten sich die ohnehin nur wenigen staatlichen Industrieunternehmungen mehrheitlich im (ehemaligen) süditalienischen Industrieballungsraum in und um Neapel. Bezogen auf die intrasektorale Branchenverteilung der Beschäftigung, waren sie – Stand 1955 – schwerpunktmäßig in den Bereichen der Maschinen-, Schiff-, Fahr- und Flugzeugbauindustrie (27,30%), der Eisen- und Stahlindustrie (21,43%) sowie der Stromindustrie (18,37%) angesiedelt. Andere Bereiche, wie die Lebensmittel- und Tabakindustrie, die Produktion nichtmetallischer Baustoffe, die Brennstoffindustrie (ohne Petrochemie) und die (Straßen)Bauindustrie spielten hingegen für die PSIU im Mezzogiorno entweder eine eher untergeordnete oder aber, wie die Chemie-, die Textil- und Bekleidungsindustrie, noch gar keine Rolle.

Die meisten in Süditalien angesiedelten Produktionsanlagen der PSIU waren in den letzten Kriegsmonaten nahezu vollständig zerstört worden, und der Großteil der während der Rekonstruktionsphase nach Kriegsende aufgebrachten, zunächst äußerst spärlichen und erst ab 1948 langsam steigenden Investitionen wurde zum Wiederaufbau der Betriebsstätten verwendet.[1041] Sowohl unter quantitativem als auch qualitativem Aspekt bildete lediglich das Eisen- und Stahlzentrum der *Ilva*-FINSIDER-Gruppe in Bagnoli eine Ausnahme. Im Rahmen der *ersten* FINSIDER-Initiative wurde es nicht nur für einen vollständigen Fertigungszyklus in den alten Dimensionen wieder aufgebaut, sondern umfassend vergrößert und mit den modernsten technologischen Errungenschaften ausgestattet. Bei seiner (Wieder) Fertigstellung im Frühjahr 1952 übertraf das neue, voll integrierte Eisen- und Stahlzentrum in Bagnoli mit einer potenziellen Jahresproduktionsleistung von 600.000 t Stahlprodukten sowie mit etwa 6.000 Arbeitskräften die bisherigen Kapazitäten um knapp mehr als das Dreifache.[1042] Im Gegensatz zur großen Mehrheit der anderen staatlichen Industriebetriebe in Süditalien, zielte der (Wieder)Aufbau des Eisen- und Stahlwerks in Bagnoli – ähnlich wie der Neu- und Wiederaufbau der zwei anderen großen staatlichen Produktionszentren in Cornigliano und Piombino im Rahmen der FINSIDER-Initiative seit 1948 – auf eine konsequente Expansion der Produktion sowie darauf, dass sich private wie staatliche Komplementärindustrieunternehmen in der Nähe des neuen Produktionszentrums ansiedelten, um dadurch die lokale Wirtschaft zu stimulieren. Ähnliches gilt auch für die – allerdings erst deutlich später erfolgte – Reorganisation der IRI-Tochter *Aerfer* im Mai 1955 und den damit einhergehenden Aufbau neuer Produktionsanlagen in Pomigliano sowie den umfassenden Ausbau der alten Fabriken in Neapel, die zu einer Beschäftigungssteigerung von 800 auf 4.600 Arbeitskräfte(n) führten. Ziel war es dabei, das während des Faschismus in Süditalien schrittweise aufgebaute und von den verheerenden Bombardierungen im Mai 1943 vollständig zerstörte industrielle Ballungsszentrum für Flugzeug- und Eisenbahntechnik wieder zu errichten bzw. neu zu begründen.[1043] Die beiden IRI-Unternehmungen in Bagnoli und Neapel/Pomigliano nahmen damit gewissermaßen die von der SVIMEZ, den Studienzentren und Konzernleitungen der beiden Staatsholdings IRI und ENI sowie den zuständigen Regierungsbehörden seit Mitte der 1950er

---

1041 Vgl. Ministero dell´industria e del commercio (1956), IRI, S. 88ff.

1042 Vgl. ebd., S. 90.

1043 Vgl. ebd., S. 91f. sowie zum Beispiel auch Gaia Raffaela Greco, Lo sviluppo evolutivo di una rete: il caso dell´industria aerospaziale in Campania, in: Francesco Izzo und Antonio Ricciardi (Hg.), Relazioni di cooperazione e reti di imprese. Il caso della Campania, Mailand: FrancoAngeli (2006), S. 302f. sowie Giuseppe Pesce, Un motore per il Sud: Pomigliano d´Arco, l´Alfa Romeo e il sogno di un´industria meridionale, in: MezzogiornoEuropa, n. 5 (2009), S. 34ff.

Jahre konsequent weiter entwickelte strategische Konzeption vorweg, mithilfe der PSIU großdimensionale Wachstumszentren der lokalen und regionalen Wirtschaftsentwicklung in Süditalien zu errichten.

Ganz im Gegensatz zur expansiven Ausrichtung des *Centro siderurgico di Bagnoli* und später auch der *Aerfer*, die, zusammen mit der IRI-Stromgesellschaft *Società Meridionale di Elettricità* (SME), den Löwenanteil der während der ersten zehn Nachkriegsjahre insgesamt in Süditalien von den PSIU aufgebrachten Investitionen auf sich vereinten (*Aerfer*, erst ab 1955) und trotz der hohen finanziellen Vorleistungen seit 1952 (geringe) Profite generierten, war die große Mehrheit der in den Regionen des Mezzogiorno agierenden staatlichen Industriebetriebe des IRI bis Mitte der 1950er Jahre an einer grundlegenden Steigerung ihrer Produktionsleistung allerdings nicht interessiert. Stattdessen waren die meisten Betriebe primär darum bemüht, ihre Jahr für Jahr dramatisch steigenden Verluste durch Reorganisation bzw. Restrukturierung zu begrenzen. Diese Maßnahmen erforderten sogar mitunter – wie bei den Großwerften der *Stabilimenti Navali e Meccanici Napoletani* (NAVALMECCANICA) in Neapel und der *Cantieri Navali Riuniti* (CNR) in Palermo oder bei den Flugzeugmotorenwerken der *Alfa Romeo* Gruppe in Pomigliano – einen signifikanten Abbau der Beschäftigung, die während der Kriegsjahre stark aufgebläht worden war.[1044]

Die den verschiedenen operativen Einzelunternehmen des IRI übergeordneten Finanzierungsgesellschaften wie auch die zentrale Leitung der größten Staatsholding in Rom – die IRI-Präsidenten Giuseppe Paratore (1946–1947), Imbriani Longo (1947), Enrico Marchesano (1948–1950) und Isidoro Bonini (1950–1955) – standen einer maßgeblichen Verlagerung der Investitionen in die Regionen des Mezzogirono und einer umfassenden Ausdehnung ihrer Industrieunternehmungen in Süditalien bis weit in die 1950er Jahre hinein, aller politischen Rhetorik zum Trotz, ebenfalls grundsätzlich eher ablehnend gegenüber. Auch in dem unter der neuen Präsidentschaft von Aldo Fascetti (1956–1960) Anfang Dezember 1956 verabschiedeten Vier-Jahres-Programm des IRI für die Jahre von 1957 bis 1960, das auf der Grundlage der seit 1950 beträchtlichen Wachstumserfolge der mit großer Mehrheit in der Makroregion „Zentrum-Nord" Italiens lokalisierten IRI-Unternehmungen eine jahresdurchschnittliche Investitionserhöhung von 54,98% im Vergleich zu 1955 vorsah, finden sich keinerlei Absichten, die Industrieunternehmungen in Süditalien nachhaltig zu forcieren: Von den für die Eisen- und Stahlindustrie projektierten Investitionen in Höhe von 150 Mrd. Lire sollten nur 10% im Mezzogiorno aufgebracht werden, 14,29% von 70 Mrd. Lire im Bereich der Maschinen-, Schiff-, Fahr- und Flugzeugbauindustrie und 25% von 8 Mrd. Lire im Bereich der Baustoffindustrie. Lediglich im Bereich der Elektrizitätsindustrie sollte ein deutlich höherer Investitionsanteil in die Regionen des Mezzogiorno

1044 Vgl. Ministero dell´industria e del commercio (1956), IRI, S. 70ff.; Rapporto Marsan (1992), IRI, S. 129–133 sowie Amoroso und Olson (1978), Lo stato imprenditore, S. 68ff.

fließen – immerhin 36% von 325 Mrd. Lire.[1045] Insgesamt belief sich der vom IRI für die Jahre von 1957 bis 1960 projektierte regionale Investitionsanteil des Mezzogiorno auf 26,04%. Die schwerpunktmäßige regionale Ausrichtung des Investitionsprogramms auf die Makroregion „Zentrum-Nord“ wurde von der IRI-Leitung mit den „derzeitigen Gegebenheiten, bezogen auf die regionale Verteilung der operativen Einzelunternehmen in den verschiedenen Landesteilen“ begründet. Einer „zusätzlichen Investitionsausweitung in den Regionen des Mezzogiorno“ – konkret in den Bereichen der Eisen- und Stahlindustrie sowie im Maschinen-, Schiff-, Fahr- und Flugzeugbau – wären „enge Grenzen“ gesetzt, „die nur mit einer entschiedenen finanziellen Unterstützung des Staates (...) überwunden werden könnten.“[1046]

Das Ende November 1955 dem Ministerrat vorgelegte und im März 1956 offiziell verabschiedete Drei-Jahres-Investitionsprogramm der ENI für die Jahre 1956 bis 1958 war ebenfalls schwerpunktmäßig auf die Brennstoffförderung und -verarbeitung in den Abbaugebieten und Produktionsstätten der Makroregion „Zentrum-Nord“ ausgerichtet, wobei der Aufbau des integrierten petrochemischen Produktionszentrums in Ravenna (72 Mrd. Lire) sowie der weitere Ausbau der Bohr- und Förderanlagen in und um Caviaga (50 Mrd. Lire) die zentralen Investitionsprojekte bildeten und zusammen 54,61% des geplanten Gesamtinvestitionsvolumens auf sich vereinten.[1047] Von den projektierten Investitionen in Höhe von insgesamt 223,4 Mrd. Lire sollten knapp 30 Mrd. Lire für Unternehmungen in den Regionen Süditaliens verwendet werden – 27,6 Mrd. Lire für die Exploration und Ausbeutung der Erdölfelder zwischen Gela und Ragusa durch die AGIP sowie 2,2 Mrd. Lire für die Modernisierung der Raffinierieanlagen der ANIC in Bari. Diese Summe entsprach aber lediglich einem Anteil an den geplanten Gesamtinvestitionen der ENI von 13,43%, der damit sogar noch geringer ausfiel als der vom IRI ein Jahr später für den Mezzogiorno projektierte Investitionsanteil.

Dabei war Enrico Mattei ein vehementer Befürworter der von der SVIMEZ ausgearbeiteten Strategie, die industrie- und gesamtwirtschaftliche Entwicklung in den Regionen Süditaliens mithilfe staatlicher Direktinvestitionen und staatlicher Investitionsanreize für die Privatwirtschaft zu fördern. Mattei war – wie er später, im September 1957, auf einer Konferenz in Piacenza noch einmal hervorhob – fest davon überzeugt, „dass die Rentabilität der Investitionen für Industrieunternehmungen in

1045 Vgl. IRI, Programma quadriennale 1957–1960 (Druckfahne, 01.12.1956), in: Archivio Storico IRI, II, numerazione nera, Affari generali e organi deliberanti, Ex Archivio di deposito, „IRI Varie“, Piani quadriennali, “IRI. Programma quadriennale: 1957/60 del gruppo”, b. AG/3258, fasc. 3, S. 15 (geplante Investitionen, Elektrizitätsindustrie Italien), S. 31 (geplante Investitionen, Eisen- und Stahlindustrie Italien), S. 36 (geplante Investitionen, Maschinen-, Schiff-, Fahr- und Flugzeugbau Italien), S. 58 (geplante Investitionen, Baustoffindustrie Italien) sowie S. 70f. (projektierte Investitionen im Mezzogiorno).

1046 Vgl. und zitiert ebd., S. 71.

1047 Zum Investitionsprogramm der ENI für die Jahre von 1956–1958, vgl. Colitti (1979), Energia e sviluppo, S. 224f.

Süditalien enorm hoch sein werde."[1048] Folgt man den Ausführungen seines langjährigen Mitarbeiters im Führungsstab der ENI, Marcello Colitti, war das Management der im Februar 1953 in die Brennstoffholding ENI inkorporierten ANIC und AGIP durchaus offen für eine Investitionsverlagerung in die Regionen des Mezzogiorno. Tatsächlich wurden denn auch bereits seit dem Frühjahr 1955 diesbezügliche Planungen intensiviert. Mattei hatte – wie in Kapitel I bereits dargestellt – früh erkannt, dass die Ausbeutung der Erdgas- und Erdölvorkommen in der Po-Ebene und auf Sizilien zwar die Fördermengen früherer Zeiten um ein Vielfaches übertreffen, letztlich aber viel zu gering ausfallen würden, um den steigenden Energiehunger der privaten Haushalte, vor allem aber der Industrie befriedigen sowie die drastisch beschleunigte Inlandsnachfrage nach petrochemischen Grundstoffen und Folgeprodukten aus nationaler Brennstoffförderung auch nur annähernd allein abdecken zu können. Hingegen betrachtete er die Geschäftsbereiche der Raffination und sonstigen Veredlung der Brennstoffe sowie der Weiterverarbeitung der gewonnenen Grundchemikalien als stark ausbaufähig und äußerst profitabel. Mattei bemühte sich daher *zum einen* darum, Konzessionen zur Ausbeutung von Erdöl- und Erdgasvorkommen in einigen Ländern Vorderasiens sowie Nord- und Nordwestafrikas – Ägypten (1955), Iran (1957), Marokko (1958), Lybien (1959), Sudan (1959), Tunesien (1959), Nigeria (1961) – zu erwerben und zusätzlich langfristige Handelsverträge mit diesen Ländern, aber auch anderen Erdlölförderstaaten, wie dem Libanon (1958) sowie vor allem mit dem westlichen „Tabupartner" Sowjetunion (1955) abzuschließen. Letztere sollte denn auch mit einem Anteil von über sieben Prozent ab 1958 zum wichtigsten Erdöllieferanten Italiens aufsteigen.[1049] *Zum anderen* aber plante das bis zum Tode Enrico Matteis so erfolgreiche „Dreigestirn" der strategischen (Enrico Mattei), organisatorischen (Marcello Boldrini) und technischen (Carlo Zanmatti) Leitung der ENI angesichts der längst voll ausgelasteten Kapazitäten der firmeneigenen Raffinerien in Livorno und Bari den Aufbau neuer großdimensionaler Raffinerien mit jeweils angegliederten petrochemischen Produktionszentren. Die Standortentscheidung für die Errichtung des schon 1949 erstmals projektierten, allerdings erst im April 1958 fertiggestellten voll integrierten petrochemischen Produktionszentrums der ENI bei Ravenna in Norditalien war schon 1951 gefallen und letztlich politisch durchgesetzt worden, ohne dass die AGIP- und ANIC-Leitung jeweils darauf Einfluß nehmen konnte.[1050] Im Rahmen der unternehmenseigenen Planungen der ENI-Leitung seit Mitte der 1950er Jahre waren dann aber – neben den Städten Gela in Sizilien (Fertigstellung, 1959), Pisticci in der Basilikata (Fertigstellung, 1962), Manfredonia in Apulien (Fertigstellung,

1048 Enrico Mattei. Scritti e discorsi, 1945–1962. Raccolta integrale dell'archivio storico eni, Mailand: Rizzoli (2012), S. 21.

1049 Zu den Auslandgsgeschäften der ENI unter der Präsidentschaft Enrico Matteis, vgl. neben Colitti (1979), Energia e sviluppo, S. 230ff. auch Accorinti (2004), Io c´erò, S. 161ff. Zur Entwicklung der Erdöleinfuhren aus der Sowjetunion nach Italien, vgl. Perrone (1989), Il nemico italiano, S. 150ff.

1050 Vgl. Vera Zamagni, L´Eni e la chimica, in: Energia, n. 2 (2003), S. 17.

1963) sowie Sannazzaro de Burgondi in der Lombardei (Fertigstellung, 1963) – unabhängig von staatlichen Vorgaben darüber hinaus die Städte Bari (Apulien), Brindisi (Apulien), Crotone (Kalabrien) und Cagliari (Sizilien) als mögliche Standorte für den Aufbau weiterer Raffinerien und Chemieanlagen in Betracht gezogen worden. Hierbei handelte es sich – mit Ausnahme Sannazzaros in der unmittelbaren Nähe der Abbaugebiete in und um Caviaga – überwiegend um Städte in Süditalien mit größeren und großen Hafenanlagen, die weit näher an den Erdöl exportierenden Ländern und jeweiligen Handelspartnern der ENI lagen als die großen Hafenstädte in Norditalien. Ziel der Manager war es, durch die kürzeren Transportwege und -zeiten die Transportkosten der Lieferungen sowohl des von der ENI im Ausland selbst geförderten und in firmeneigenen Raffinerien *in loco* bereits (vor)verarbeiteten Erdöls als auch die Transportkosten des von Dritten erworbenen Rohöls nach Italien erheblich zu reduzieren. Damit aber bildete das unternehmerische Kalkül einer kostenrentablen geostrategischen Lage der ausgewählten Industriestandorte das Hauptargument der ENI für die konzeptionell angedachte Investitionsverlagerung der staatlichen Brennstoffholding in die Regionen des Mezzogiorno. Allerdings erforderte der geplante Aufbau dieser großdimensionalen Produktionszentren riesige Kapitalsummen, über die die ENI Mitte der 1950er Jahre jedoch in ausreichendem Umfang (noch) nicht verfügte.

4.1.3.2.3 Die industriepolitische Zäsur von 1957 – Regionale Schwerpunktverlagerung der privatrechtlich organisierten staatlichen Industrieunternehmen (PSIU) nach Süditalien

Die am 29. Juli 1957 offiziell verabschiedete *erste* große Reform der staatlichen Südförderung markiert eine einschneidene Zäsur in der Geschichte der privatrechtlich organisierten Staatsholdings in Italien, deren operative Einzelbetriebe im Industriebereich – trotz ihrer seit Kriegsende erfolgten organisatorischen und institutionellen Neuaufstellung – auch während der Phase der Rekonstruktion und ersten Aufschwungsjahre noch weitgehend in denselben regionalen Produktions- und Absatzstrukturen agierten wie bereits während der Autarkieperiode vor 1945.[1051] Mit dem neuen Reformgesetz wurden diese Pfadabhängigkeiten jedoch aufgebrochen. So legte Art. 2 – wie weiter oben bereits erwähnt – regionale Investitionsquoten für Süditalien fest, die einen gravierenden Eingriff in die bis 1956/57 nahezu unangetastet gebliebenen unternehmensspezifischen Planungen der Staatskonzerne implizierten, mit weitreichenden sowohl intendierten als auch nichtintendierten Folgen. Konkret wurden die beiden Staatsholdings IRI und ENI Anfang August 1957 dazu aufgefordert, ihre laufenden Investitionsprogramme für einen Zeitraum von vier Jahren neu auszuarbeiten und an die investitionsregulatorischen Bestimmungen des neuen Reformgesetzes anzupassen. Die staatlichen Holdinggesellschaften, deren Industrieunternehmungen vor allem in der Makroregion „Zentrum-Nord" lokalisiert

1051 Vgl. Rapporto Marsan (1992), IRI, S. 201f.

waren, wurden durch die rechtlich fixierte „60-40-Prozentregel" vor enorme, vor allem finanzielle Schwierigkeiten gestellt. Die für die massive Investitionsausweitung in Süditalien notwendigen Gelder mußten die Staatskonzerne weitgehend selbst aufbringen, da der staatliche Dotationsfonds des IRI erst im Juni 1958 und die staatliche Sonderfinanzausstattung der ENI sogar erst im September 1964 erhöht worden sind.[1052] Zwar waren die eigenen Rücklagen zur Investitionsfinanzierung aufgrund der bereits beträchtlichen Wachstumserfolge während der ersten Aufschwungsjahre kräftig gestiegen – allein von 1953 bis 1957 zusammen von 44,40 Mrd. Lire (0,67 Mrd. € (2010)) auf 132,20 Mrd. Lire (1,76 Mrd. € (2010)).[1053] Dennoch sahen sich die Staatsholdings gezwungen, die Ausweitung ihrer Investitionen für neue Industrieprojekte im Mezzogiorno primär durch Kredite zu finanzieren. Dadurch aber nahm – wie im vorangegangenen Abschnitt aufgezeigt – die jährliche Nettoneuverschuldung des privatrechtlich organisierten Unternehmenssektors seit 1958 kontinierlich zu, so dass sich die Anteile der Kreditfinanzierung zur Deckung des jährlichen Gesamtfinanzierungsaufwands bereits während der Wirtschaftswunderjahre von 21,10% auf 37,60% erhöht hatten. Dieser nach der industriepolitischen Reform von 1957 einsetzende Verschuldungstrend erfuhr nach der Verabschiedung der *zweiten* großen Reform der staatlichen Südförderung im Juni 1965 eine immer stärkere Ausprägung. Die Gesamtnettoneuverschuldung der PSU erreichte schließlich im Jahr 1974 mit einem Gesamtumfang von 2.934,50 Mrd. Lire – umgerechnet 17,01 Mrd. € (2010) – ihr Rekordhoch; der Kreditanteil zur Deckung des jährlichen Gesamtfinanzbedarfs belief sich im Jahresdurchschnitt von 1966 bis 1975 auf 43,72%, der damit etwa zehn Prozentpunkte höher ausfiel als zur Zeit des *miracolo economico* (33,36%).[1054]

Wenngleich die unternehmerische Umsetzung der investitionsregulatorischen Bestimmungen der Industriepolitik zu einer zunehmenden Verschuldung führte, waren ihre realwirtschaftlichen Folgewirkungen für Einleitung und Dynamisierung des langanhaltenden Wirtschaftsaufschwungs in Süditalien dennoch beeindruckend. Die im Spätsommer 1957 vom IRI und von der ENI (neu)ausgearbeiteten

1052 Der Dotationsfonds des IRI wurde im Juni 1958 das erste Mal seit 1951 von 120 Mrd. Lire auf zunächst 135 Mrd. Lire und anschließend kontinuierlich weiter erhöht – bis 1964 bereits auf 483 Mrd. Lire, 1967 dann auf 883 Mrd. Lire und schließlich auf 1.783 Mrd. Lire im Jahr 1971. Die staatliche Sonderfinanzausstattung der ENI hingegen wurde erstmals im September 1964 aufgestockt – von 36,90 Mrd. Lire auf 161,90 Mrd. Lire – , anschließend aber kontinuierlich erhöht: von 161,90 auf 311,90 Mrd. Lire im April 1966, auf 567,90 Mrd. Lire im Februar 1968, auf 778,90 Mrd. Lire im November 1968 sowie auf 1.068,90 Mrd. Lire im Juli 1971.

1053 Eigene Berechnungen, basierend auf Ministero delle partecipazioni statali (1968), Relazione programmatica 1968, Tabelle 11, S. 54f. und Tabelle 12, S. 58f.

1054 Eigene Berechnungen, basierend auf ebd., Tabelle 13, S. 65 und Tabelle 14, S. 67 (Deckung des Finanzbedarfs, 1957–1966); Ministero delle partecipazioni statali (1970), Relazione programmatica 1970, Tabellen 24 und 25, S. 88f. (Deckung des Finanzbedarfs, 1967 und 1968) sowie Ministero delle partecipazioni statali (1978), Relazione programmatica 1978, S. 64f. (Deckung des Finanzbedarfs, 1969–1975). Zur grafischen Veranschaulichung, vgl. auch Abbildung 4.11.

Vier-Jahres-Investitionspläne bildeten dabei den programmatischen Ausgangspunkt für die in der Geschichte Italiens beispiellose Expansion der staatlichen Holdinggesellschaften in den Regionen des Mezzogiorno. Im Ergebnis vergrößerten sich dadurch nicht nur Umfang und Struktur des staatlichen Unternehmenssektors; wichtiger noch waren ihre weitreichenden Wachstums- und Strukturwandelungseffekte innerhalb der Makroregion „Süd" und damit letztlich für die volkswirtschaftliche Entwicklung Italiens insgesamt.

Die im Investitionsprogramm des IRI für Industrieunternehmungen im Mezzogiorno eingeplanten Investitionen beliefen sich auf 222 Mrd. Lire vom landesweit projektierten Gesamtvolumen in Höhe von 582 Mrd. Lire – 56,81% von landesweit 301 Mrd. Lire im Bereich der Elektrizitätsindustrie, 9,94% von 171 Mrd. Lire im Bereich der Eisen- und Stahlindustrie sowie 30,90% von 110 Mrd. Lire im Bereich des Maschinen-, Schiff-, Fahr- und Flugzeugbaus. Das aber entsprach einer projektierten Gesamtinvestitionssteigerung für Süditalien von 50,51% und einem regionalen Anteil an den landesweiten Industrieinvestitionen von 38,14%. Damit fiel dieser Anteil um etwa 12 Prozentpunkte höher aus als noch im alten, vor der Reform der staatlichen Südförderung ausgearbeiteten Investitionsprogramm für die Jahre von 1957 bis 1960.[1055] Dass der für Unternehmungen in Süditalien geplante Anteil an den Gesamtindustrieinvestitionen immer noch mehr als 20 Prozentpunkte unterhalb der vorgegebenen regionalen Investitionsquote von 60% lag, wurde vom Präsidenten der im Dezember 1958 vom *Ministero delle partecipazioni statali* zur Überwachung der investitionsregulatorischen Bestimmungen eingesetzten Sonderkommission, dem angesehenen Wirtschaftswissenschaftler Giovanni Demaria, „angesichts der vorherrschenden Verortung der Industrieunternehmen (des IRI) in Norditalien" als „nachvollziehbar" beurteilt. In seinem ersten, für das Ministerium ausgearbeiteten Bericht erklärte Demaria, dass „eine noch stärkere Investitionsverlagerung in die Regionen des Mezzogiorno zur Erreichung der festgelegten Investitionsquoten" auch (noch) gar nicht zu erreichen wäre, „ohne die Geschäftsfähigkeit des IRI und damit auch der kontrollierten Einzelunternehmen (...) zu gefährden." Gleichzeitig aber appellierte er an die IRI-Leitung, „baldmöglichst ihre Planungsbemühungen zu intensivieren (...) und Konzepte auszuarbeiten, wann, wo und mit welchen Finanzmitteln das IRI seine Investitionsausgaben für Unternehmungen im Mezzogiorno steigern könnte."[1056] Im neuen Investitionsprogramm der ENI für den Vier-Jahres-Zeitraum von Juli 1957 bis Juni 1961 waren hingegen von den insgesamt in Italien zu tätigenden Investitionen der staatlichen Brennstoffagentur in Höhe von 297 Mrd. Lire ca. 133,50 Mrd. Lire

1055 Vgl. Relazione della Commissione Demaria sui programmi degli investimenti e dei finanziamenti dell´IRI e dell´ENI per i quadirenni 1959–1962 e 1958–1961 (Druckfahne, 21.01.1959), in: Archivio Storico IRI, II, numerazione nera, Affari generali e organi deliberanti, Ex Archivio di deposito, „IRI Varie", Piani quadriennali, "IRI. Programma quadriennale: 1959/62 del gruppo", b. AG/3259, fasc. 8, vor allem S. 2–7 und S. 13–16.

1056 Vgl. und zitiert ebd., S. 16.

für Industrieprojekte in Süditalien eingeplant, was im Vergleich zum alten Investitionsprogramm etwa einer Verdreieinhalbfachung gleichkam. Der daraus sich ergebene Anteil der Industrieunternehmungen in der Makroregion „Süd" am geplanten Gesamtinvestitionsaufkommen der ENI belief sich demzufolge auf 44,97% und war damit ebenfalls etwa dreieinhalb mal so hoch bzw. mehr als 21 Prozentpunkte höher wie zuvor.[1057]

Folgenschwerer bzw. nachhaltiger als diese (neu) projektierten, eher kurz- und mittelfristigen Investitionssteigerungen für Industrieprojekte im Mezzogiorno – bei gleichzeitiger Aufrechterhaltung der zuvor für die Makroregion „Zentrum-Nord" festgelegten Investitionsaufkommen – dürfte wohl die implizite Langfristigkeit der jeweils angepassten Programme des IRI und der ENI gewesen sein. Die meisten großen Südprojekte, die während der 1960er Jahre schrittweise und zumeist mit Erfolg in die Praxis umgesetzt wurden, waren bereits im Spätsommer 1957 – im Rahmen der strategischen Neuausrichtung der beiden Holdings – gedanklich vorweggenommen worden: so der forcierte Auf- und Ausbau eines Industriezentrums für Elektro-, Eisenbahn-, Fahr- und Flugzeugtechnik im Städtedreieck zwischen Neapel, Pozzuoli und Pomigliano sowie die damit einhergehende Verlagerung einzelner Produktionsbereiche der *Alfa Romeo*-Gruppe im Bereich der Automobil- und Nutzfahrzeugindustrie von Portello (Mailand) nach Pomigliano; so der großdimensionale Ausbau der verschiedenen Großwerften der NAVALMECCANICA in Castellammare di Stabia bei Neapel, der CNR in Palermo sowie der *Società Esercizio Bacini Napoletani* (SEBN), ebenfalls in Neapel oder aber der Aufbau neuer Kraftwerke und der forcierte Ausbau des Stromverteilernetzes in der Makroregion „Süd" durch die später in die ENEL integrierte SME sowie die Intensivierung der Exploration und Ausbeutung vornehmlich auf Sizilien vermuteter Erdöl- und Erdgasfelder. Vor allem aber intensivierten und konkretisierten sich die bereits 1956 begonnenen, bislang nur langsam vorangekommenen Planungen der FINSIDER für den Aufbau eines neuen, voll integrierten Eisen- und Stahlproduktionszentrums in Tarent. Mit seiner Produktionsleistung und seinen räumlichen Ausmaßen sollte es das bislang wichtigste Werk des Landes in Cornigliano deutlich übertreffen und das größte staatliche Investitionsprojekt in der Geschichte Italiens werden. Schließlich intensivierten und konkretisierten sich nach der industriepolitischen Reform von 1957 auch die industriepolitischen Strategieüberlegungen der ENI zur vertikalen Diversifikation ihres Hauptgeschäftsfeldes, der Brennstoffförderung und -versorgung. So wurden nunmehr die Planungen zum Aufbau großdimensionaler petrochemischer Produktionszentren entlang der apulischen Küste und der ionischen Küste der Basilikata zügig vorangetrieben, so dass zum Beispiel die Errichtung der Raffinerien mit angegliederten Produktionsanlagen

---

1057 Zum Investitionsprogramm der ENI für die Jahre 1957/58–1960/61, vgl. zusammenfassend ebd., S. 8–10 sowie ausführlich Colitti (1979), Energia e sviluppo, S. 224ff.

zur chemischen Weiterverarbeitung der Raffinerieprodukte in Gela auf Sizilien schon im Juni 1960 in Angriff genommen werden konnte.[1058]

Vorstehende Ausführungen verdeutlichen, dass sich der Investitionsfokus der Staatsholdings – bei gleichzeitiger Ausdehnung ihrer Wirtschaftsleistung in der Makroregion „Zentrum-Nord" – konzeptionell schon seit der industriepolitischen Wende von 1957 immer stärker in die Regionen Süditaliens verlagert hat. Anhand der in Tabelle 4.13 zusammengefaßten Ergebnisse zur Entwicklung der Bruttoinvestitionen läßt sich feststellen, dass es seit dieser Zäsur aber ganz offensichtlich zugleich erste Tendenzen einer realwirtschaftlichen Verlagerung der Investitionen nach Süditalien gegeben hat, die aus der Vorbereitung der dann seit den frühen 1960er Jahren voll einsetzenden Aufbauarbeiten der jeweiligen Produktionszentren resultierten. Der regionale Anteil des Mezzogiorno an den jährlichen, im privatrechtlich organisierten staatlichen Unternehmenssektor landesweit aufgebrachten Gesamtbruttoinvestitionen erhöhte sich demnach bereits bis zum Ende der Wirtschaftswunderjahre von 16,97% auf 42,95%; bis 1972 intensivierte sich die Investitionsaktivität schließlich auf ein Rekordanteilshoch von 54,75%.[1059] Nach der Fertigstellung des neuen Automobilproduktionszentrums der im IRI integrierten *Alfa Romeo*-Gruppe in Pomgliano im April 1972 gingen die in den Regionen des Mezzogiorno aufgebrachten jährlichen Bruttoinvestitionsvolumina der PSU, die seit 1957 von 0,65 Mrd. € (2010) bis zu diesem Zeitpunkt auf 8,70 Mrd. € (2010) gestiegen waren, dann allerdings bis Ende 1975 auf 5,66 Mrd. € (2010) zurück. Da die im übrigen Italien getätigten Investitionen während dieser drei Jahre noch weiter – von 7,19 Mrd. € (2010) auf 9,60 Mrd. € (2010) – stiegen, verringerte sich der regionale Anteil Süditaliens am Gesamtinvestitionsvolumen des staatlichen Unternehmenssektors wieder auf 37,10%.

Dieser kräftige Rückgang von 17 Prozentpunkten nahm seit 1972 gewissermaßen den schrittweisen Rückzug der Staatsunternehmen aus der Wirtschaft des Mezzogiorno in ersten Konturen vorweg. Der Rückgangstrend setzte sich während der krisenhaften zweiten Hälfte der 1970er weiter fort und sollte sich während der gesamten 1980er Jahre bis zum betrieblichen Zusammenbruch und zur Liquidation und/oder (Teil)Privatisierung einer Vielzahl von staatlichen Unternehmen verstärken. Die jährlichen Bruttoinvestitionsvolumina der in Süditalien agierenden staatlichen Industrie- und Dienstleistungsunternehmen sanken bis 1980 auf 4,56 Mrd. € (2010) und anschließend – bis 1988 – auf 4,17 Mrd. € (2010). Der regionale Anteil des Mezzogiorno an den jährlichen Gesamtbruttoinvestitionsvolumina des staatlichen Unternehmenssektors in Italien schmolz wiederum zunächst auf 35,73% (1980), dann auf

1058 Vgl. ebd.

1059 Da für die im Dezember 1962 gegründete ENEL in den jährlichen Bilanzen der staatlichen Holdinggesellschaft keine regionale Differenzierungen der jeweiligen Jahreswirtschaftsleistungen vorliegen, beziehen sich – sofern nicht anders ausgewiesen – die nachfolgenden Angaben zur Entwicklung der PSU in Süditalien von 1957 bis 1975 auf den privatrechtlich organisierten Unternehmenssektor ohne die staatliche Energieagentur ENEL.

31,10% (1985) und schließlich auf nur noch 27,63% zusammen. Im Unterschied dazu näherten sich die Anteile der Makroregion „Zentrum-Nord" wieder ihrem jährlichen Durchschnittswert während des ersten Nachkriegsjahrzehnts an, obwohl auch hier die Investitionen der PSU seit 1975 in etwa auf ihrem erreichten – allerdings hohen – Niveau stagnierten und nur von 1985 bis 1988 noch einmal leicht – von 9,69 Mrd. € (2010) auf 10,93 Mrd. € (2010) – ansteigen sollten.[1060]

Der Abschluß des letzten süditalienischen Mammutprojekts im Frühjahr 1972 markiert so gesehen – drei Jahre vor Beginn der Strukturkrise der italienischen Wirtschaft – das Ende der knapp 15 Jahre anhaltenden, mit einer kräftigen Beschäftigungssteigerung einhergehenden Investitionsexpansion der PSU im Mezzogiorno, die die wirtschaftliche Entwicklung der Makroregion maßgeblich beeinflusst hat. Infolge der Reformgesetzgebung von 1957 hatten sich die Gesamtbruttoinvestitionen der verschiedenen Staatsholdings im Mezzogiorno bereits bis 1963 um fast das Viereinhalbfache erhöht. Sie erreichten – die von der ENEL aufgebrachten Investitionen nicht mitgerechnet – im Jahr 1972 ihren Höchststand, der das Gesamtinvestitionsvolumen von 1957 um mehr als das Zwölffache übertraf und etwa einem Viertel (ISTAT) bzw. einem Sechstel (SVIMEZ) der in Süditalien insgesamt getätigten privaten und öffentlichen Bruttoinvestitionen entsprach. Die Gesamtarbeitskräfteanzahl der PSU wiederum stieg – wie in Tabelle 4.14 aufgezeigt – von etwa 52.800 Beschäftigten (1956) bis Ende 1963 zunächst auf ca. 57.200 und anschließend – bis Ende 1975 – auf insgesamt 192.300 Arbeitskräfte, was mehr als einer Verdreieinhalbfachung des Beschäftigungsstandes von 1957 gleichkam.

Die Gesamtnettobeschäftigungszunahme im staatlichen Unternehmenssektor der Makroregion „Süd" konzentrierte sich von 1957 bis 1975 mit 82,37% nahezu vollständig auf den Industriesektor, analog zur entsprechenden Entwicklung der regionalen Gesamtinvestitionen, von denen jahresdurchschnittlich ca. 83% für Industrieprojekte aufgebracht worden sind. Die Branchenschwerpunkte bildeten dabei jeweils – wie aus den Abbildungen 4.12 und 4.13 hervorgeht – die Eisen- und Stahlindustrie, die Brennstoffindustrie (inkl. Petrochemie) sowie die Maschinen-, Schiff-, Fahr- und Flugzeugbauindustrie. Mit 102.700 neuen Arbeitskräften vereinten diese Branchen zusammen einen Anteil von 89,38% der Gesamtnettobeschäftigungszunahme der staatlichen Industriebetriebe auf sich; mit einem Investitionsaufkommen von zusammen 43,69 Mrd. € (2010) absorbierten sie wiederum einen Anteil von 75,59% der für Industrieprojekte im Mezzogiorno insgesamt aufgebrachten

1060 Eigene Berechnungen, basierend auf Ministero delle partecipazioni statali, Relazione programmatica delle partecipazioni statali per il 1982, Rom: Tipografia del Senato (1981), Tabelle 1, S. 385 (Italien, 1980) und Tabelle 5, S. 389 (Süditalien, 1980); Ministero delle partecipazioni statali, Relazione programmatica delle partecipazioni statali per il 1987, Rom: Stabilimenti Tipografici Carlo Colombo (1986), Tabelle 1, S. 142 (Italien, 1985) und Tabelle 7, S. 148 (Süditalien, 1985) sowie Ministero delle partecipazioni statali, Relazione programmatica delle partecipazioni statali per il 1990, Rom: Tipografia del Senato (1989), Tabelle 1, S. 156 (Italien, 1985) und Tabelle 7, S. 162 (Süditalien, 1988).

Tabelle 4.13: Entwicklung der Bruttoinvestitionen der privatrechtlich organisierten Staatsunternehmen in Süditalien, sektoral differenziert für die Industriewirtschaft, 1957–1975; in Mrd. € (2010) und in %.

	PSU gesamt Süd* in Mrd. € (2010)	in % PSU gesamt Italien*	in % Gesamt Süd (ISTAT)	in % Gesamt Süd (SVIMEZ)
1957	0,65	16,97	5,90	3,28
1958	0,94	21,41	8,85	4,70
1959	1,02	24,56	9,06	4,94
1960	1,49	30,85	11,14	6,16
1961	2,02	32,26	13,39	7,36
1962	3,07	36,86	18,28	9,83
1963	3,53	42,95	17,05	9,62
1964	3,32	43,01	16,13	9,09
1965	2,76	41,05	15,12	8,73
1966	2,28	38,88	11,94	7,08
1967	2,36	37,25	10,70	6,47
1968	2,42	33,14	10,26	6,10
1969	3,04	36,57	11,22	6,59
1970	5,24	46,41	16,83	10,18
1971	7,48	52,14	22,25	13,71
1972	8,70	54,75	25,51	15,79
1973	7,79	46,85	21,08	13,23
1974	5,93	38,52	14,63	9,01
1975	5,66	37,10	15,36	8,90

Durchschnittl. Wachstum in %	PSU gesamt Süd* in Mrd. € (2010)	in % PSU gesamt Italien*	in % Gesamt Süd (ISTAT)	in % Gesamt Süd (SVIMEZ)
1957–1963	32,59	16,73	19,35	19,62
1957–1975	12,78	4,44	5,46	5,69
1958–1963	30,38	14,93	14,01	15,39
1959–1963	36,40	14,99	17,13	18,15
1963–1975	4,02	−1,21	−0,87	−0,65
1959–1975	11,31	2,61	3,35	3,75
1963–1966	−13,58	−3,26	−11,22	−9,74
1966–1970	23,16	4,53	8,97	9,53
1963–1970	5,81	1,11	−0,19	0,81
1966–1975	10,65	−0,52	2,84	2,58
1970–1975	1,56	−4,38	−1,81	−2,67

* privatrechtlich organisierte Staatsunternehmen ohne ENEL

(fortgesetzt)

Tabelle 4.13 (Fortsetzung): Entwicklung der Bruttoinvestitionen der privatrechtlich organisierten Staatsunternehmen in Süditalien, sektoral differenziert für die Industriewirtschaft, 1957–1975; in Mrd. € (2010) und in %.

	PSU Industrie Süd** in Mrd. € (2010)	in % PSU gesamt Süd*	in % PSU Industrie Italien**	in % Industrie Süd*** (ISTAT)	in % Industrie Süd*** (SVIMEZ)
1957	0,61	94,07	21,85	26,00	18,08
1958	0,77	82,27	23,04	34,29	22,51
1959	0,79	77,28	25,87	30,16	21,31
1960	1,24	82,81	39,61	34,45	24,62
1961	1,70	84,08	38,40	38,27	27,22
1962	2,70	88,07	42,37	50,78	32,80
1963	3,21	90,88	49,36	43,79	32,06
1964	3,02	90,84	47,98	44,82	33,42
1965	2,33	84,33	49,08	47,88	35,82
1966	1,83	80,37	46,08	35,30	27,41
1967	1,84	77,86	43,69	27,14	21,21
1968	1,84	75,98	39,76	25,78	20,29
1969	2,38	78,44	45,12	28,94	22,98
1970	4,50	85,92	53,68	40,11	30,77
1971	6,58	87,96	60,30	52,04	37,40
1972	7,53	86,51	64,29	55,14	41,02
1973	6,30	80,85	55,90	42,50	31,21
1974	4,54	76,59	45,36	28,17	19,78
1975	4,10	72,46	43,91	31,27	20,94

Durchschnittl. Wachstum in %	**PSU Industrie Süd** in Mrd. € (2010)**	**in % PSU gesamt Süd***	**in % PSU Industrie Italien****	**in % Industrie Süd*** (ISTAT)**	**in % Industrie Süd*** (SVIMEZ)**
1957–1963	31,83	−0,57	14,55	9,07	10,02
1957 1975	11,16	−1,44	3,95	1,03	0,82
1958–1963	33,00	2,01	16,46	5,01	7,33
1959–1963	42,04	4,14	17,53	9,77	10,75
1963–1975	2,07	−1,87	−0,97	−2,77	−3,49
1959–1975	10,86	−0,40	3,36	0,23	−0,11
1963–1966	−17,04	−4,01	−2,26	−6,93	−5,10
1966–1970	25,23	1,68	3,89	3,24	2,93
1963–1970	4,97	−0,80	1,20	−1,25	−0,59
1966–1975	9,38	−1,14	−0,53	−1,34	−2,94
1970–1975	−1,84	−3,35	−3,94	−4,85	−7,40

* privatrechtlich organisierte Staatsunternehmen ohne ENEL; ** privatrechtlich organisierte Staatsunternehmen ohne ENEL und ohne Straßenbau[a]; *** ohne Bauindustrie

Quelle: Eigene Berechnungen, basierend auf Ministero delle partecipazioni statali, Relazione programmatica (alle relevanten Jahrgänge von 1958–1979) (regional und sektoral differenzierte Bruttoinvestitionen der PSU); SVIMEZ (2011), Nord e Sud, Tabelle 39, S. 291 ff. (Bruttoinvestitionen (SVIMEZ); sowie ISTAT, Annuario (alle relevanten Jahrgänge von 1960–1978) (Bruttoinvestitionen (ISTAT)).

Anmerkung: [a] Um die Vergleichbarkeit mit der Entwicklung der Gesamtbruttoinvestitionen der nationalen Industriewirtschaft zu gewährleisten, sind die jährlichen Bruttoinvestitionen der staatlichen Straßenbauunternehmen in den ausgewiesenen Gesamtbruttoinvestitionen der PSIU nicht mit berechnet. Zur Entwicklung der Gesamtwirtschaftsleistung der privatrechtlich organisierten staatlichen Straßenbauunternehmen in Italien von 1952–1975, vgl. Tabelle A1.6, S. 52 ff. im Datenappendix A1, in: https://www.degruyter.com/view/product/552615.

Tabelle 4.14: Beschäftigungsentwicklung der privatrechtlich organisierten Staatsunternehmen in Süditalien, sektoral differenziert für die Industriewirtschaft, 1957–1975; in Anzahl der Erwerbspersonen und in %.

	PSU gesamt Süd*	in % PSU gesamt Italien**	in % Gesamt Süd
1957	52800	17,29	0,81
1958	51700	16,83	0,79
1959	52900	17,16	0,81
1960	55600	17,65	0,85
1961	60900	18,21	0,95
1962	64000	17,53	1,01
1963	57200	15,90	0,94
1964	61900	17,21	1,02
1965	62500	17,40	1,04
1966	71100	19,46	1,20
1967	75100	20,29	1,24
1968	80200	21,05	1,33
1969	90400	22,24	1,51
1970	100700	22,31	1,70
1971	119400	22,96	2,01
1972	146700	25,64	2,49
1973	162600	26,96	2,74
1974	178800	26,56	2,96
1975	192300	27,78	3,18

Durchschnittl. Wachstum in %	PSU gesamt Süd*	in % PSU gesamt Italien**	in % Gesamt Süd
1957–1963	1,34	−1,39	2,46
1957–1975	7,44	2,67	7,90
1958–1963	2,04	−1,13	3,41
1959–1963	1,97	−1,89	3,55
1963–1975	10,63	4,76	10,73
1959–1975	8,40	3,05	8,89
1963–1966	7,52	6,97	8,48
1966–1970	9,09	3,47	9,13
1963–1970	8,42	4,95	8,85
1966–1975	11,69	4,03	11,48
1970–1975	13,81	4,48	13,41

* privatrechtlich organisierte Staatsunternehmen ohne ENEL und ohne Straßenbau[a]; ** privatrechtlich organisierte Staatsunternehmen ohne ENEL; *** ohne Bauindustrie

Anmerkung: [a] Die Beschäftigtenanzahl der PSU im Bereich der Bauindustrie ist in den Jahresabschlußberichten des *Ministero delle partecipazioni statali* nicht regional differenziert ausgewiesen.

(fortgesetzt)

Tabelle 4.14 (Fortsetzung): Beschäftigungsentwicklung der privatrechtlich organisierten Staatsunternehmen in Süditalien, sektoral differenziert für die Industriewirtschaft, 1957–1975; in Anzahl der Erwerbspersonen und in %.

	PSU Industrie Süd*	in % PSU gesamt Süd*	in % PSU Industrie Italien*	in % Industrie Süd***
1957	46400	87,88	21,55	5,38
1958	44700	86,46	20,96	5,11
1959	45200	85,44	21,43	5,10
1960	46900	84,35	21,97	5,39
1961	50400	82,76	22,46	5,92
1962	52500	82,03	21,21	6,14
1963	47400	82,87	19,05	5,40
1964	50600	81,74	20,46	5,70
1965	51000	81,60	21,12	5,63
1966	52200	73,42	21,88	5,75
1967	55700	74,17	23,04	5,91
1968	59900	74,69	24,00	6,44
1969	69400	76,77	25,68	7,38
1970	79300	78,75	25,54	8,14
1971	95800	80,23	26,95	9,62
1972	122100	83,23	30,71	12,36
1973	135900	83,58	32,23	13,50
1974	149200	83,45	31,26	14,26
1975	161300	83,88	32,97	15,39

Durchschnittl. Wachstum in %	PSU Industrie Süd*	in % PSU gesamt Süd*	in % PSU Industrie Italien*	in % Industrie Süd***
1957–1963	0,36	−0,97	−2,03	0,09
1957–1975	7,17	−0,26	2,39	6,02
1958–1963	1,18	−0,85	−1,89	1,13
1959–1963	1,20	−0,76	−2,90	1,45
1963–1975	10,74	0,10	4,68	9,11
1959–1975	8,28	−0,12	2,73	7,15
1963–1966	3,27	−3,96	4,72	2,08
1966–1970	11,02	1,77	3,94	9,09
1963–1970	7,63	−0,73	4,28	6,03
1966–1975	13,35	1,49	4,66	11,56
1970–1975	15,26	1,27	5,24	13,58

* privatrechtlich organisierte Staatsunternehmen ohne ENEL und ohne Straßenbau[a]; ** privatrechtlich organisierte Staatsunternehmen ohne ENEL; *** ohne Bauindustrie

Quelle: Eigene Berechnungen, basierend auf Ministero delle partecipazioni statali, Relazione programmatica (alle relevanten Jahrgänge von 1958–1979) (regional und sektoral differenzierte Beschäftigung der PSU) sowie SVIMEZ (2011), Nord e Sud, Tabelle 39, S. 291 ff. (Beschäftigung Industrie „Süd").

Anmerkung: [a]Die Beschäftigtenanzahl der PSU im Bereich der Bauindustrie ist in den Jahresabschlußberichten des *Ministero delle partecipazioni statali* nicht regional differenziert ausgewiesen.

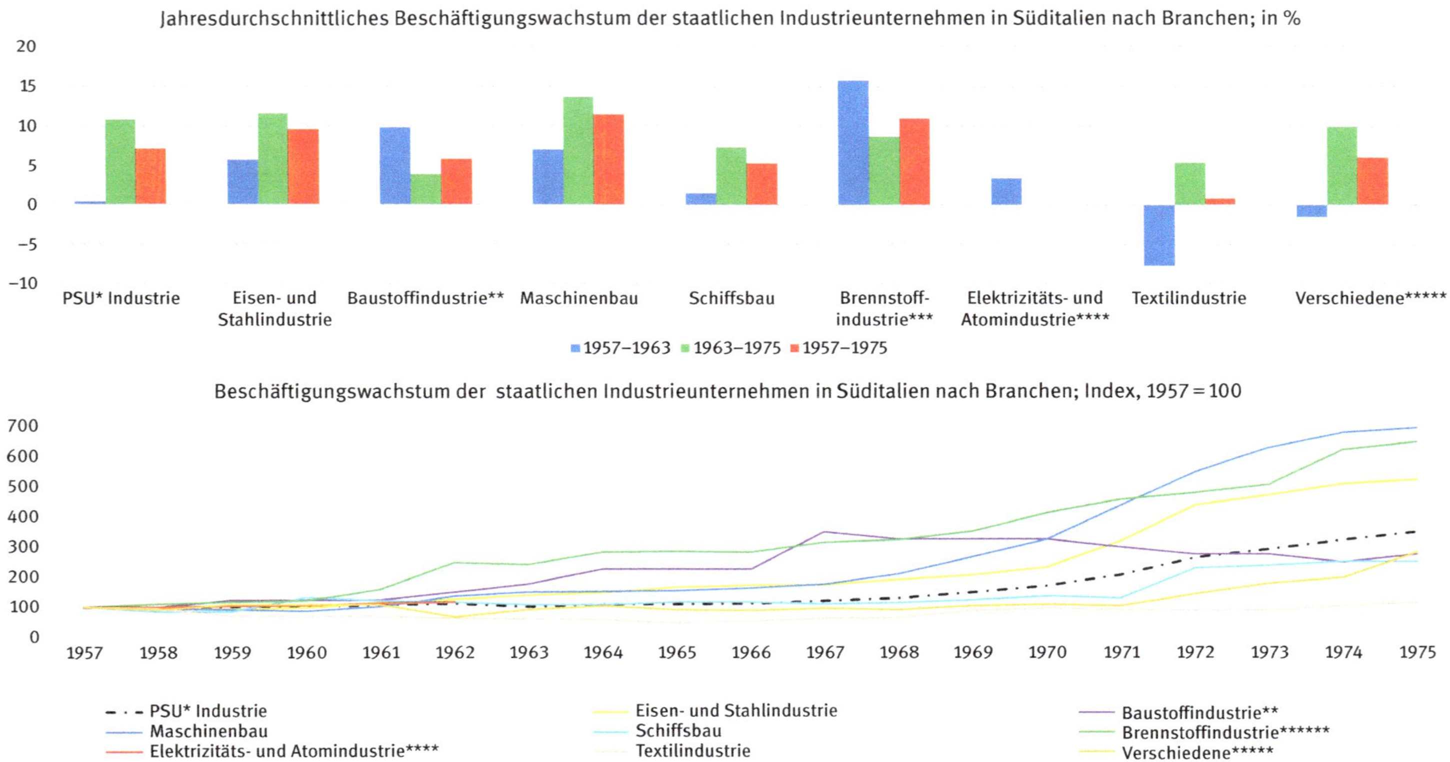

Abbildung 4.12: Beschäftigungsentwicklung der privatrechtlich organisierten staatlichen Industrieunternehmen in Süditalien nach Branchen, 1957–1975; Index, 1957 = 100, in Anzahl der Erwerbspersonen und in %.

* privatrechtlich organisierte Staatsunternehmen;** nichtmetallisch;*** inkl. Petrochemie;**** ohne ENEL; ***** inkl. Lebensmittel- und Tabakindustrie; ****** ohne Petrochemie

Quelle: Eigene Berechnungen, basierend auf Ministero delle partecipazioni statali, Relazione programmatica, Rom: Ministero delle partecipazioni statali (alle relevanten Jahrgänge von 1958–1979).

(fortgesetzt)

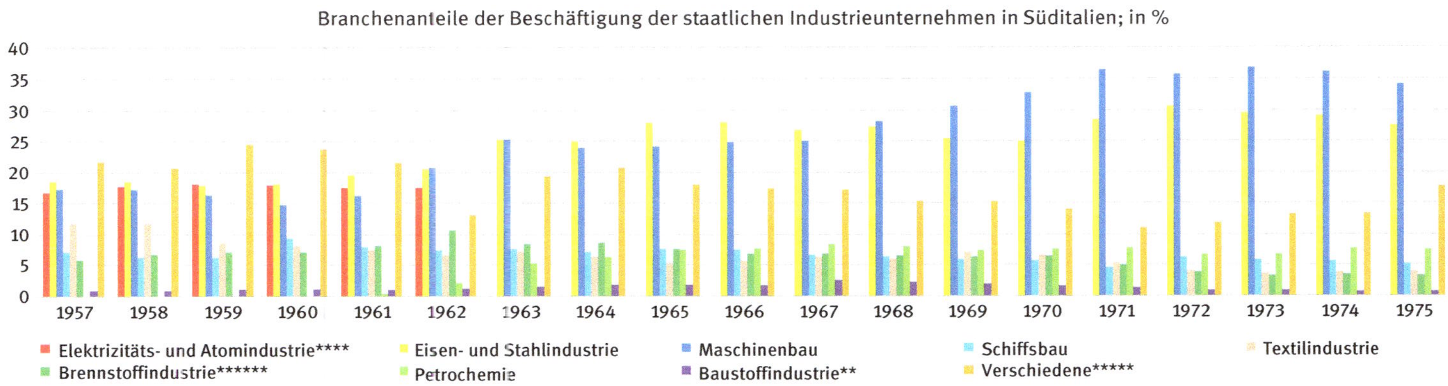

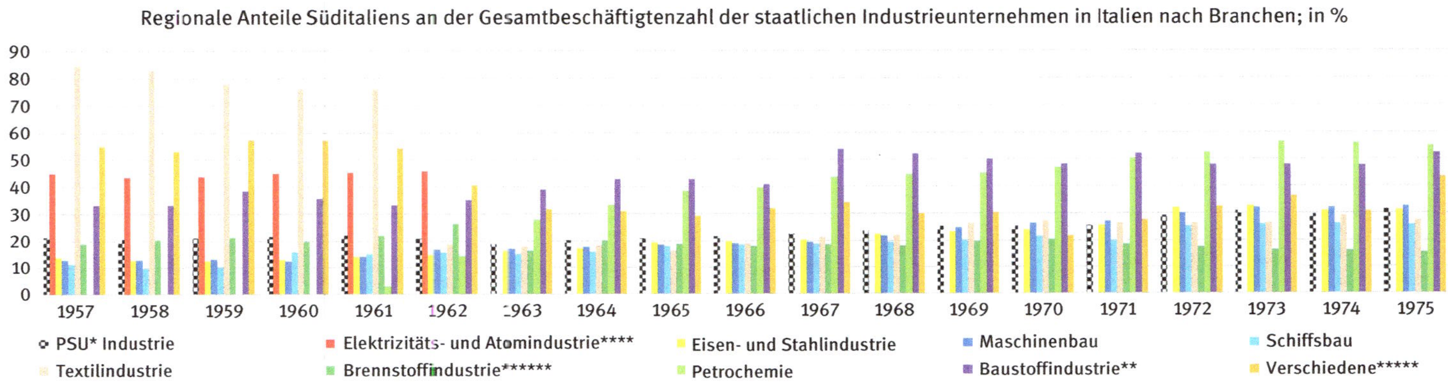

Abbildung 4.12 (Fortsetzung)

* privatrechtlich organisierte Staatsunternehmen;** nichtmetallisch;*** inkl. Petrochemie;**** ohne ENEL; ***** inkl. Lebensmittel- und Tabakindustrie; ****** ohne Petrochemie

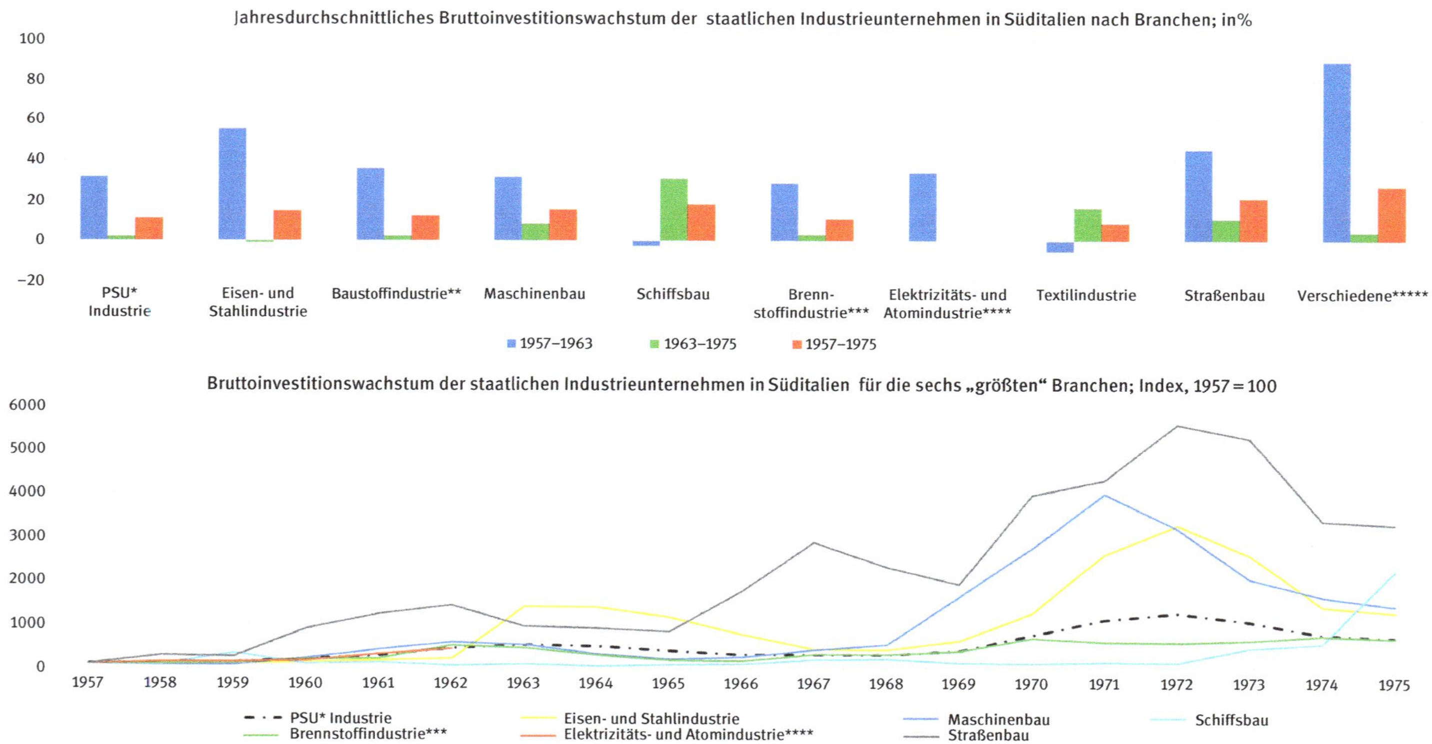

Abbildung 4.13: Entwicklung der Gesamtbruttoinvestitionen der privatrechtlich organisierten staatlichen Industrieunternehmen in Süditalien nach Branchen, 1957–1975; Index, 1957 = 100, in Mrd. € (2010) und in %.

* privatrechtlich organisierte Staatsunternehmen;** nichtmetallisch;*** inkl. Petrochemie;**** ohne ENEL; ***** inkl. Lebensmittel- und Tabakindustrie; ****** ohne Petrochemie

Quelle: Eigene Berechnungen, basierend auf Ministero delle partecipazioni statali, Relazione programmatica, Rom: Ministero delle partecipazioni statali (alle relevanten Jahrgänge von 1958–1979)

(fortgesetzt)

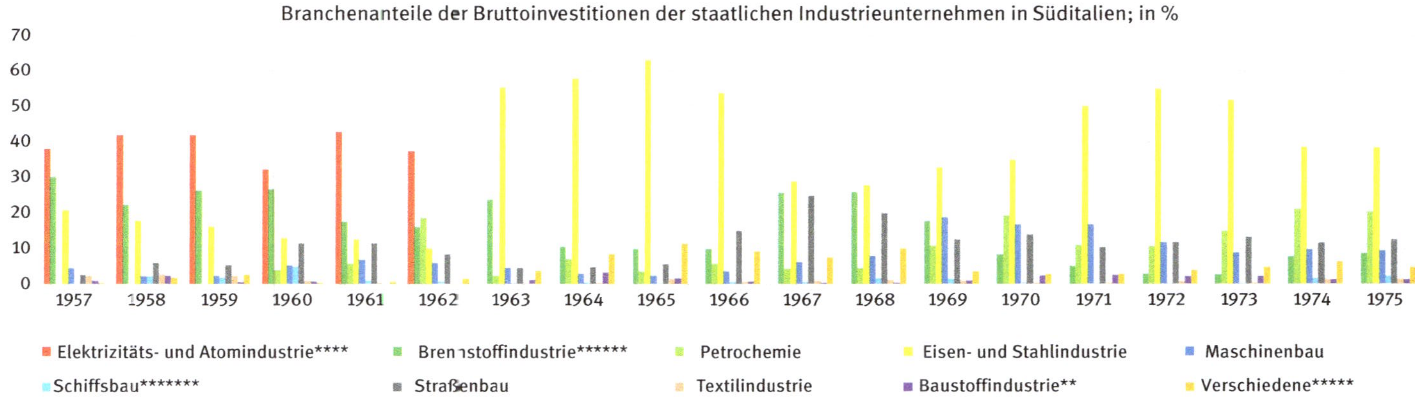

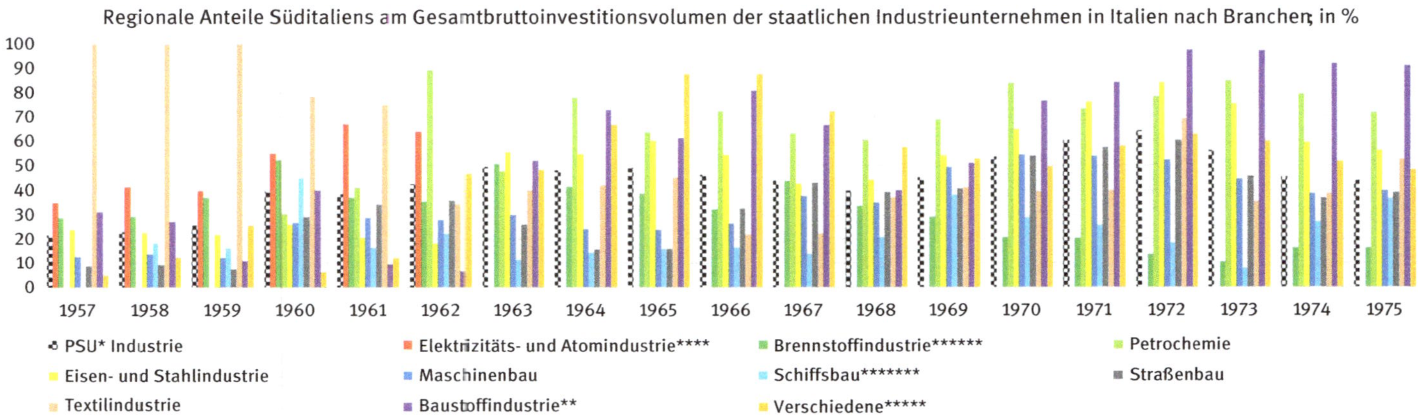

Abbildung 4.13 (Fortsetzung)

* privatrechtlich organisierte Staatsunternehmen;** nichtmetallisch;*** inkl. Petrochemie;**** ohne ENEL; ***** inkl. Lebensmittel- und Tabakindustrie; ****** ohne Petrochemie

Bruttoinvestionen. Allein im wichtigsten regionalen Geschäftsfeld der staatlichen Industrieunternehmen – der Eisen- und Stahlindustrie – erhöhten sich die von der FINSIDER primär für den Aufbau und späteren zweifachen Ausbau des neuen Eisen- und Stahlproduktionszentrums in Tarent getätigten jährlichen Bruttoinvestitionen von anfangs lediglich 130 Mio. € (2010) auf ihr 1972 erreichtes Rekordhoch von 4,14 Mrd. € (2010), und die Beschäftigtenanzahl, die ihren Höchststand im Jahr 1975 erreichte, stieg von 8.600 (1957) auf 44.500. Sowohl die mehr als dreißigfache Investitionssteigerung (1957–1972) als auch die ca. vierfache Beschäftigungszunahme (1957–1975) fiel dabei im Vergleich zur Makroregion „Zentrum-Nord“ (Investitionen, 260,73% (1974); Beschäftigung, 81,24% (1975)) jeweils deutlich stärker aus, so dass sich auch die regionalen Anteile des Mezzogiorno an den jährlichen Gesamtbruttoinvestitionsvolumina und der Gesamtbeschäftigtenzahl der staatlichen FINSIDER in Italien stark erhöhten – von 24,18% auf 84,24% (Investitionen) sowie von 13,89% auf 31,54% (Beschäftigung). Ähnliches gilt – die Elektrizitätsindustrie nicht mitgerechnet – für die meisten anderen Branchen: für die Maschinen-, Schiff-, Fahr- und Flugzeugbauindustrie, für die Petrochemie, die Baustoffindustrie, für die (Straßen)Bauindustrie sowie für die Lebensmittel- und Tabakindustrie. Lediglich in den Bereichen der Brennstoffgewinnung und -versorgung sowie der Textil- und Bekleidungsindustrie waren sowohl die jährlich aufgebrachten Bruttoinvestitionen als auch die Beschäftigtenzahlen in der Makroregion „Zentrum-Nord“ jeweils erheblich stärker gestiegen – *einerseits* zur räumlichen Ausweitung und technischen Verbesserung der Exploration und Ausbeutung der Erdgasfelder in der Po-Ebene sowie zum Ausbau der Energieversorgung durch Erdgas, *andererseits* zur Sanierung und Reorganisation der im März 1962 von der ENI übernommenen *Lanerossi*-Gesellschaft, dem landesweit zweitgrößten Textilproduzenten mit seinen Produktionsstandorten in Schio (Venetien). Dadurch reduzierten sich in diesen zwei Branchen von 1957 bis 1975 die entsprechenden regionalen Anteile Süditaliens an den landesweiten Bruttoinvestitionen wie auch der landesweiten Gesamtbeschäftigtenanzahl der staatlichen Industrieunternehmen deutlich: im Bereich der Brennstoffförderung und -versorgung von 19,01% auf 15,36% (Beschäftigung) und von 29,05% auf 16,34% (Investitionen) sowie im Bereich der Textilindustrie sogar von 84,62% auf 27,51% (Beschäftigung) und von annähernd 100% auf 52,53% (Investitionen).

Im Branchendurchschnitt hingegen hatten sich die regionalen Beschäftigungs- und Investitionsanteile Süditaliens an der landesweiten Gesamtperformance der PSIU von 1957 bis 1975 kräftig erhöht – hinsichtlich der Beschäftigung von 21,45% auf 31,36% (1975) und hinsichtlich der Investitionen sogar von 21,85% auf 64,29% im Jahr 1972. Bis 1975 verringerte sich letzterer Anteil zwar wieder auf 43,91%, war damit aber immer noch etwa doppelt so hoch wie zu Beginn der staatlichen Investitionsexpansion in Süditalien. In der Summe steigerte sich im Untersuchungszeitraum die regionale Beschäftigung der PSIU von 46.400 auf 161.300 Arbeitskräfte, was einer Nettobeschäftigungszunahme von 114.900 Arbeitskräften und knapp einer

Verdreieinhalbfachung (347,63%) des Beschäftigungsstandes von 1957 entsprach. Die für Industrieprojekte aufgebrachten jährlichen Bruttoinvestitionsvolumina der staatlichen Industrieunternehmen hatten sich wiederum mit einem Anstieg von 610 Mio. € (2010) auf 7,53 Mrd. € (2010) im Jahresvergleich von 1972 mit 1957 sogar fast verzwölfeinhalbfacht (1.232,09%), und selbst 1975 – am Ende der langanhaltenden staatlichen Investitionsoffensive – wurde das Ausgangsniveau von 1957 immer noch um mehr als das Fünfeinhalbfache (571,51%) übertroffen. Mit Ausnahme der Textil- und Bekleidungsindustrie hatten sich sowohl die Beschäftigung als auch die jährlichen Bruttoinvestitionen der staatlichen Industrieunternehmen in allen anderen Geschäftsfeldern bereits unmittelbar nach der Einführung von regionalen Investitionsquoten deutlich erhöht – die Beschäftigtenanzahl im Jahresvergleich von 1963 und 1957 immerhin um 21,98% und die Bruttoinvestitionen sogar um mehr als 424,86%.[1061]

So beeindruckend die nach der industriepolitischen Wende von 1957 einsetzende und bis Mitte der 1970er Jahre anhaltende Expansion der PSIU im Mezzogiorno insgesamt auch gewesen war; ihr zeitlicher Schwerpunkt bildete – wie aus Tabellen 4.15 und 4.16 hervorgeht – zweifelsfrei die *zweite* Subperiode der langanhaltenden Nachkriegsprosperität: auf sie entfielen 99,13% der zwischen 1957 und 1975 erfolgten Gesamtnettobeschäftigungszunahme sowie knapp 86,50% der entsprechenden Gesamtbruttoinvestitionsvolumina (beides ohne ENEL). Während dieses Zeitraumes entfalteten die PSIU ihre größte regionalwirtschaftliche Dynamik, zugleich aber ihre über den Mezzogiorno hinausgehende Durchschlagskraft.

4.1.3.2.4 Die Durchschlagskraft der privatrechtlich organisierten staatlichen Industrieunternehmen (PSIU), 1963–1975

Vorstehende Untersuchungen verweisen auf die große Bedeutung der PSIU für die Einleitung des starken Industrialisierungsschubs und damit auch des langanhaltenden regionalen Wirtschaftsaufschwungs in den Regionen des Mezzogiorno seit

1061 Die angegebene prozentuale Gesamtnettobeschäftigungssteigerung der PSIU in Süditalien von 1957–1963 bezieht sich auf die Summe der in der nachfolgenden Tabelle 4.15 ausgewiesenen einzelnen Nettobeschäftigungssteigerungen in allen Industriebranchen von 1957 bis 1963, d. h. inkl. auch der Beschäftigungszunahme im Bereich „Elektrizitätsindustrie“ (ohne ENEL), hier allerdings nur bis 1962. Die Gesamtnettobeschäftigungszunahme der PSIU in Süditalien von 1957 bis 1963 belief sich demzufolge auf 10.200 Arbeitskräfte. Im Gegensatz dazu bezieht sich die angegebene prozentuale Steigerung der von den PSIU aufgebrachten Bruttoinvestitionen im Jahresvergleich von 1963 und 1957 auf das Gesamtbruttoinvestitionsvolumen von 1963 in Höhe von 3,21 Mrd. € (2010) ohne die von der ENEL getätigten Bruttoinvestitionen, weil diese in den regional nicht differenzierten Jahresabschlussbilanzen der staatlichen Stromgesellschaft nicht separat ausgewiesen sind. Das tatsächlich 1963 in Süditalien aufgebrachte Gesamtbruttoinvestitionsvolumen der PSIU (inkl. ENEL) und demzufolge auch die prozentualen Investitionssteigerungen im Vergleich mit dem Investitionsvolumen von 1957 sind daher sogar noch höher einzuschätzen.

Tabelle 4.15: Nettobeschäftigungszunahme der privatrechtlich organisierten staatlichen Industrieunternehmen in den zwei Makroregionen „Süd" und „Zentrum-Nord" Italiens, 1957–1975; in Anzahl der Erwerbspersonen.

	1957-1963			1963-1975			1957-1975		
	„Süd"	**„Zentrum-Nord"**	**Italien**	**„Süd"**	**„Zentrum-Nord"**	**Italien**	**„Süd"**	**„Zentrum-Nord"**	**Italien**
Eisen– und Stahlindustrie	3.400	7.900	11.300	32.500	35.400	67.900	35.900	43.300	79.200
Baustoffindustrie*	300	300	600	400	−100	300	700	200	900
Maschinenbau**	4.000	4.100	8.100	43.100	56.200	99.300	47.100	60.300	107.400
Schiffsbau	300	−5.800	−5.500	4.700	3.700	8.400	5.000	−2.100	2.900
Brennstoffindustrie***	1.300	8.800	10.100	1.300	8.900	10.200	2.600	17.700	20.300
Petrochemie	2.500	1.200	3.700	9.600	3.500	13.100	12.100	4.700	16.800
Elektrizitäts- und Atomindustrie****	1.400	1.400	2.800	0	0	0	1.400	1.400	2.800
Elektrizitäts- und Atomindustrie*****	k.A.	k.A.	50.617	k.A.	k.A.	45.075	k.A.	k.A.	95.692
Textilindustrie	−2.100	14.300	12.200	2.900	1.300	4.200	800	15.600	16.400
Straßenbau	k.A.	k.A.	400	k.A.	k.A.	23.600	k.A.	k.A.	24.000
Verschiedene******	−900	11.200	10.300	19.400	17.700	37.100	18.500	28.900	47.400
Industrie ohne ENEL	*1.000*[a]	32.900	33.900	113.900	150.200	264.100	114.900	183.100	298.000
Industrie mit ENEL	k.A.	k.A.	101.817	k.A.	k.A.	309.175	k.A.	k.A.	410.992

* nichtmetallisch; **inkl. Fahr- und Flugzeugbau; *** ohne Petrochemie; **** ohne ENEL; ***** mit ENEL; ****** inkl. Lebensmittel- und Tabakindustrie

Quelle: Eigene Berechnungen, basierend auf Ministero delle partecipazioni statali, Relazione programmatica, Rom: Ministero delle partecipazioni statali (alle relevanten Jahrgänge von 1958–1979).

Anmerkung: [a]Die ausgewiesene Gesamtnettobeschäftigungszunahme der PSIU (ohne ENEL) von 1957-1963 in Höhe von lediglich 1.000 Arbeitskräften bezieht sich auf die Nettobeschäftigungszunahme in den Bereichen „Eisen- und Stahlindustrie", „Baustoffindustrie", „Maschinen-, Schiff-, Fahr- und Flugzeugbau", „Brennstoffindustrie" (inkl. Petrochemie), „Textil- und Bekleidungsindustrie" sowie „Verschiedene Industrieunternehmungen" (inkl. Lebensmittel- und Tabakindustrie) in Höhe von 10.200 neu geschaffenen Arbeitsplätzen, abzüglich der Beschäftigtenanzahl der im Dezember 1962 in die neu gegründete staatliche Elektrizitätsgesellschaft ENEL integrierten staatlichen Strombetriebe in Süditalien in Höhe von 9.200 Arbeitskräften.

Tabelle 4.16: Bruttoinvestitionsaufkommen der privatrechtlich organisierten staatlichen Industrieunternehmen in den zwei Makroregionen „Süd“ und „Zentrum-Nord“ Italiens, 1957–1975; in Mrd. € (2010)

	1957-1963			1963-1975			1957-1975		
	„Süd“	„Zentrum-Nord“	Italien	„Süd“	„Zentrum-Nord“	Italien	„Süd“	„Zentrum-Nord“	Italien
Eisen- und Stahlindustrie	2,83	5,27	8,09	23,42	12,81	36,22	24,47	16,65	41,11
Baustoffindustrie*	0,09	0,24	0,33	0,96	0,23	1,19	1,01	0,43	1,44
Maschinenbau**	0,56	1,67	2,23	5,22	6,29	11,51	5,63	7,62	13,25
Schiffsbau*****	0,14	0,47	0,62	0,39	1,38	1,77	0,52	1,77	2,29
Brennstoffindustrie***	2,39	3,55	5,94	4,71	13,93	18,64	6,34	16,73	23,07
Petrochemie	0,74	1,47	2,21	6,08	1,86	7,94	6,74	3,24	9,98
Elektrizitäts- und Atomindustrie****	3,13	2,64	5,76	0,00	0,00	0,00	3,13	2,64	5,76
Elektrizitäts- und Atomindustrie*****	k.A.	k.A.	8,53	k.A.	k.A.	54,55	k.A.	k.A.	60,20
Textilindustrie	0,10	0,04	0,14	0,42	0,60	1,02	0,51	0,62	1,14
Straßenbau	0,82	2,66	3,48	5,90	8,41	14,31	6,57	10,65	17,22
Verschiedene******	0,23	0,58	0,81	2,68	1,75	4,43	2,79	2,20	4,98
Industrie ohne ENEL	11,01	18,59	29,61	50,00	47,25	97,25	57,80	62,55	120,36
Industrie mit ENEL	k.A.	k.A.	32,38	k.A.	k.A.	151,57	k.A.	k.A.	174,68

* nichtmetallisch; **inkl. Fahr- und Flugzeugbau; *** ohne Petrochemie; **** ohne ENEL; ***** mit ENEL; ****** inkl. Lebensmittel- und Tabakindustrie

Quelle: Eigene Berechnungen, basierend auf Ministero delle partecipazioni statali, Relazione programmatica, Rom: Ministero delle partecipazioni statali (alle relevanten Jahrgänge von 1958–1979).

1957. Immerhin vereinten die staatlichen Industrieunternehmen mit einem Gesamtvolumen in Höhe von 7,14 Mrd. € (2010) einen Anteil von 37,86% der von 1957 bis 1962 im Mezzogiorno von der Industriewirtschaft (ohne Bauindustrie) insgesamt aufgebrachten Bruttoinvestitionen auf sich.[1062] Dennoch reichte das bereits während dieser ersten Aufschwungsjahre erheblich gesteigerte Investitionsaufkommen der PSIU nicht aus, den regionalen Arbeitsmarkt durchgreifend zu entlasten – mit einer Nettobeschäftigungszunahme von lediglich 10.200 konnte die noch immer eklatant hohe Arbeitslosenanzahl (ca. 789.000) nicht signifikant abgebaut werden.[1063]

Ganz anders gestaltete sich der Zusammenhang von Investitions- und Beschäftigungsentwicklung hingegen mit Beginn der *zweiten* Subperiode der Nachkriegsprosperität. Nunmehr wurden beide Prozesse gleichermaßen durch den staatlichen Unternehmenssektor dynamisiert und dadurch der Strukturwandel im Mezzogiorno vorangetrieben. Vor allem in den fünf süditalienischen Wachstumsbranchen der Industriewirtschaft – der Eisen- und Stahlindustrie, der Chemischen Industrie, der Maschinen-, Schiff-, Fahr- und Flugzeugbauindustrie, der Energieproduktion und -versorgung sowie der nichtmetallischen Baustoffindustrie – entwickelten sich die PSIU aufgrund ihrer jeweiligen Investitionsexpansion seit 1963 zur bestimmenden bzw. sogar – wie im Fall der Eisen-und Stahl- sowie der Elektrizitätsindustrie – zur vollständig dominierenden, den Arbeitsmarkt deutlich tangierenden Wachstumskraft: Die jeweilige regionalwirtschaftliche Nettobeschäftigungszunahme entfiel in der Eisen- und Stahlindustrie, der Stromproduktion und -versorgung sowie der nichtmetallischen Baustoffindustrie zu 100% auf die staatlichen Industrieunternehmen, im Bereich der Maschinen-, Schiff-, Fahr- und Flugzeugbauindustrie zu 55,73% sowie zu immerhin 23,74% im Bereich der Chemischen Industrie. Die Anteile der PSIU an den seit 1963 aufgebrachten Gesamtbruttoinvestitionen wiederum beliefen sich auf

1062 Der berechnete Investitionsanteil der PSIU am Gesamtbruttoinvestitionsvolumen der regionalen Wirtschaft des Mezzogiorno von 1957 bis 1962 bezieht sich auf die in den „Statistischen Jahrbüchern" ausgewiesenen Angaben zur regional differenzierten Entwicklung der jährlichen industriellen Bruttoinvestitionen in Italien. Den ISTAT-Angaben zufolge, belief sich das von der Industriewirtschaft in Süditalien aufgebrachte Gesamtbruttoinvestitionsvolumen auf 18,86 Mrd. € (2010). Basierend auf den im Jahr 2011 durchgeführten Neuberechnungen der SVIMEZ zum Bruttoinvestitionswachstum in Italien, ergibt sich allerdings – wie bereits ausgeführt und diskutiert – ein relativ deutlich höheres Gesamtinvestitionsvolumen der Industriewirtschaft in Süditalien in Höhe von 27,53 Mrd. € (2010). Den SVIMEZ-Angaben zufolge entspricht das von den PSIU von 1957–1962 aufgebrachte Bruttoinvestitionsvolumen in Höhe von 7,14 Mrd. € (2010) einem Anteil an den Gesamtindustrieinvestitionen der Makroregion „Süd" von 25,93%, der damit relativ deutlich geringer ist als der auf der Grundlage der ISTAT-Erhebungen berechnete Anteil. Zum Vergleich der verschiedenen Berechnungsgrundlagen zur Ermittlung des staatlichen Investitionsanteils, vgl. die detaillierten Ausführungen in Abschnitt 1.1 dieses Kapitels.

1063 Eigene Berechnungen, basierend auf SVIMEZ (1978), Nord-Sud, Tabelle 161, S. 562f. (Arbeitslosigkeit, 1961); ISTAT, Serie storiche, Popolazione e società, Popolazione, Popolazione residente a inizio anno e popolazione media, per regione e ripartizione geografica – Anni 1952–2014, Tabelle 2.3.2 (Bevölkerung) sowie SVIMEZ (2011), Nord e Sud, Tabelle 3, S. 420ff. (Gesamtbeschäftigung).

ebenfalls 100% in den Bereichen der Eisen- und Stahl- sowie der Elektrizitätsindustrie, auf 56,26% im Bereich der Maschinen-, Schiff-, Fahr- und Flugzeugbauindustrie, auf 36,13% im Bereich der Chemischen Industrie sowie auf 18,57% im Bereich der nichtmetallischen Baustoffindustrie.[1064]

Wie in Abbildung 4.14 dargestellt, steigerten die PSIU in Süditalien – die Elektrizitätsgesellschaft ENEL nicht mitgerechnet – ihre Gesamtbeschäftigtenanzahl von 1963 bis 1975 deutlich stärker als die privaten Industrieunternehmen, insgesamt um knapp 240,30%; das Beschäftigungsniveau der privaten Industriebetriebe erhöhte sich dagegen nur um 6,88%. Die staatlichen Anteile an der Gesamtbeschäftigung der Industriewirtschaft veränderten sich mit einer Steigerung von 5,40% (1963) auf 15,39% (1975) also äußerst dynamisch. Mit einem Anstieg von 113.900 Arbeitskräften belief sich der Anteil der PSIU an der Gesamtnettobeschäftigungszunahme innerhalb der Industriewirtschaft im Betrachtungszeitraum auf 66,61%. Die jährlichen Bruttoinvestitionen der PSIU waren ebenfalls – vor allem nach Überwindung der Wirtschaftskrise Mitte der 1960er Jahre – kräftiger gestiegen als jene der Privatunternehmen, so dass sich die staatlichen Anteile an den industriellen Gesamtbruttoinvestitionen im Mezzogiorno noch einmal stark erhöhten, bis 1972 sogar auf 55,14% (ISTAT) bzw. 41,02% (SVIMEZ). Das Bruttoinvestitionswachstum der PSIU entsprach in seinem Verlaufsmuster dem im Zeitablauf ungleichmäßig verteilten, offensichtlich konjunkturellen Schwankungen unterworfenen Auf- und Ausbau der Vielzahl großdimensionaler Produktionszentren. Dadurch variierten zwar deren jährliche Anteile an den Gesamtbruttoinvestitionen der Industriewirtschaft (ohne Bauindustrie) zum Teil erheblich. Im Jahresdurchschnitt von 1963 bis 1975 beliefen sie sich jedoch in der Summe auf beachtliche 38,68% (ISTAT) bzw. 28,79% (SVIMEZ). Damit war dieser Wert – ungeachtet aller Diskontinuitäten der staatlichen Investitionsleistung – um etwa drei Prozentpunkte höher als während der ersten Jahre des regionalen Wirtschaftsaufschwungs von 1957 bis 1962 (ISTAT: 35,66%; SVIMEZ: 24,42%).

Die industriepolitische Wende der staatlichen Südförderung stellte also gewissermaßen nur den Auftakt einer erst seit Mitte der 1960er Jahre auf Hochtouren laufenden Expansion der staatlichen Industrieunternehmen in Süditalien dar, was vor allem in der Zunahme des Gesamtbruttoinvestitionsaufkommens zum Ausdruck kommt – es übertraf in der *zweiten* Subperiode der Nachkriegsprosperität mit 50 Mrd. € (2010)

1064 Die vorstehenden Angaben über die Anteile der PSIU an der jeweiligen Nettobeschäftigungszunahme sowie den Bruttoinvestitionen in den Bereichen der Eisen- und Stahlindustrie, der Chemischen Industrie, der Maschinen-, Schiff-, Fahr- und Flugzeugbauindustrie sowie der nichtmetallischen Baustoffindustrie beziehen sich auf den Zeitraum von 1963–1973 und sind Ergebnisse eigener Berechnungen, basierend auf Ministero delle partecipazioni statali, Relazione programmatica (alle relevanten Jahrgänge von 1958–1979) (branchendifferenzierte Beschäftigung und Bruttoinvestitionen der PSIU) sowie Amendola und Baratta (1978), Investimenti industriali, Tabelle 1, S. 117 (branchendifferenzierte Gesamtbruttoinvestitionen der Industriewirtschaft in Süditalien) und Tabelle 13, S. 137 f. (branchendifferenzierte Gesamtbeschäftigung der Industriewirtschaft in Süditalien").

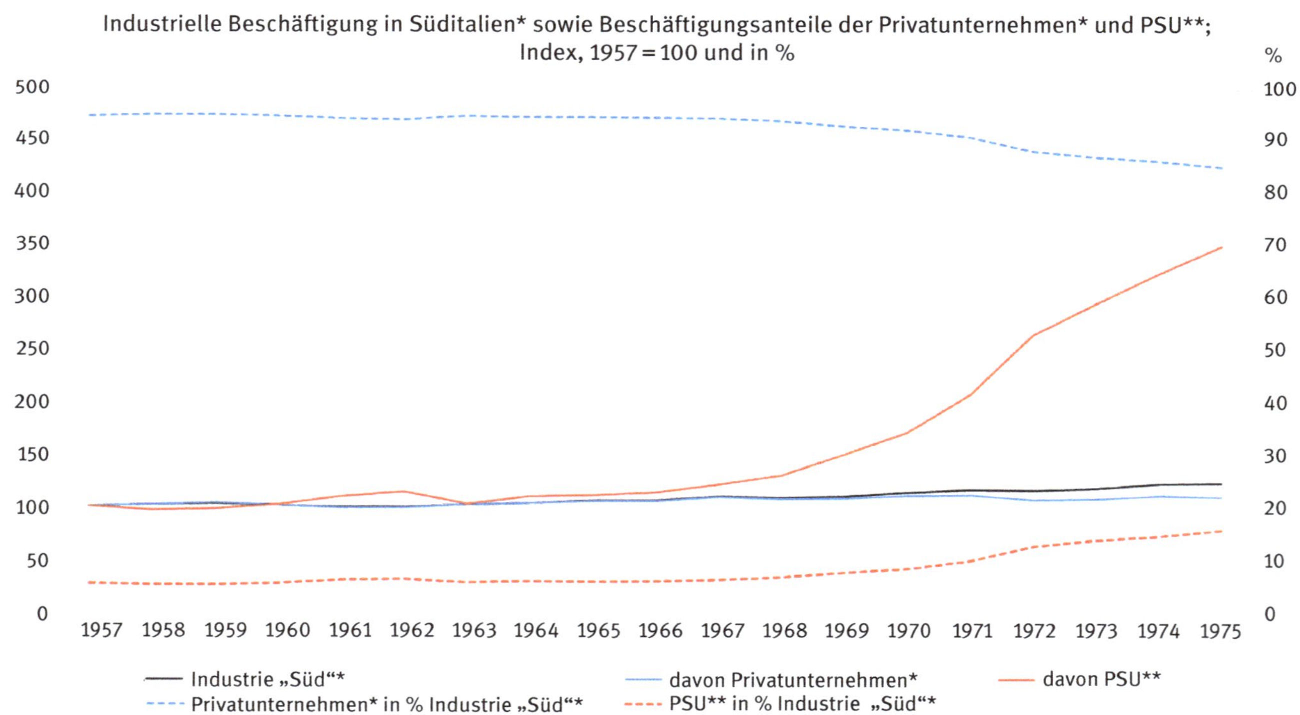

Abbildung 4.14: Industrielles Beschäftigungs- und Bruttoinvestitionswachstum in der Makroregion „Süd“ und jeweilige Anteile der privatrechtlich organisierten staatlichen sowie der privaten Industrieunternehmen, 1957–1975; Index, 1957 = 100, in Anzahl der Erwerbspersonen, in Mrd. € (2010) und in %.

* ohne Bauindustrie; ** privatrechtlich organisierte Staatsunternehmen ohne ENEL und ohne Straßenbau

Quelle: Eigene Berechnungen, basierend auf Ministero delle partecipazioni statali, Relazione programmatica (alle relevanten Jahrgänge von 1958–1979) (Beschäftigung und Bruttoinvestitionen der PSIU); SVIMEZ (2011), Nord e Sud, Tabelle 39, S. 291ff. (Beschäftigung Industrie „Süd“) sowie ISTAT, Annuario (alle relevanten Jahrgänge von 1960–1978) (Bruttoinvestitionen Industrie „Süd“).[a]

(fortgesetzt)

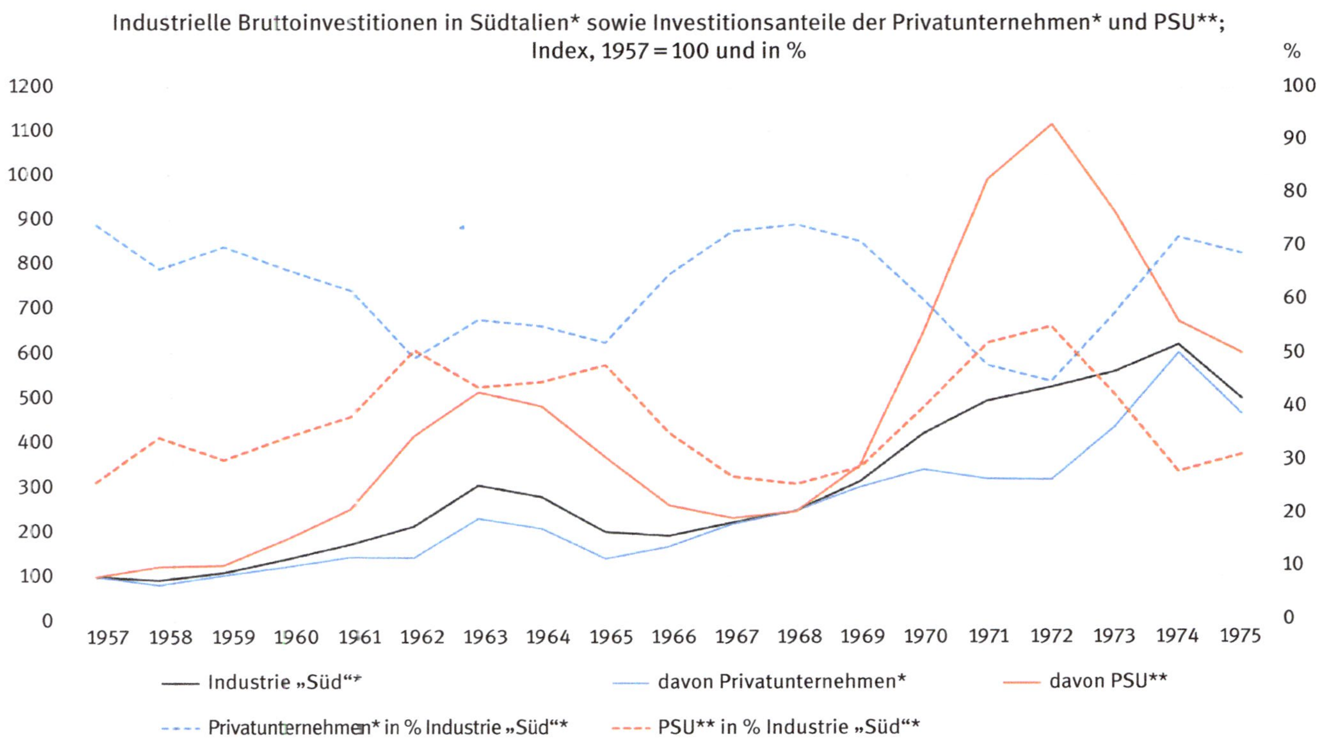

Abbildung 4.14 (Fortsetzung)

* ohne Bauindustrie; ** privatrechtlich organisierte Staatsunternehmen ohne ENEL und ohne Straßenbau

Anmerkung: [a]Die Beschäftigungzahlen sowie die jährlichen Bruttoinvestitionen der privaten Industrieunternehmen in Süditalien von 1957 bis 1975 errechnen sich aus der Differenz der jährlichen Gesamtbeschäftigung bzw. den jährlichen Gesamtbruttoinvestitionsvolumina der regionalen Industriewirtschaft und der entsprechenden Gesamtbeschäftigung bzw. den jährlichen Gesamtbruttoinvestitionsvolumina der PSIU.

jenes zwischen 1957 und 1962 (7,81 Mrd. € (2010)) um nahezu das Fünfeinhalbfache. Dabei ist freilich zu beachten, dass die hier aufgezeigten Zuwächse von Investitionen und Beschäftigung ohne die im Dezember 1962 gegründete ENEL berechnet sind, da deren verschiedene Leistungsindikatoren in den Jahresbilanzen der staatlichen Elektrizitätsgesellschaft nicht bzw. nur hinsichtlich der Beschäftigungsentwicklung für einige wenige Jahre regional differenziert ausgewiesen worden sind. Insofern sind wachstumsrelevante, empirisch valide Schlußfolgerungen zum industriewirtschaftlichen Engagement des Staates in Süditalien (inkl. der ENEL) nur annäherungsweise möglich. Allerdings kann aus mindestens drei Gründen davon ausgegangen werden, dass sich hier sowohl die Beschäftigung als auch die jährlichen Bruttoinvestitionen der ENEL bis Ende 1975 erheblich steigerten und jeweils den im Jahr 1962 erreichten Beschäftigungsstand von 9.200 Arbeitskräften bzw. das im Jahr 1962 aufgebrachte Bruttoinvestitionsvolumen in Höhe von umgerechnet 1,01 Mrd. € (2010) deutlich übertrafen[1065]: *Erstens*, vereinte die im IRI integrierte, ausschließlich in den Regionen des Mezzogiorno operierende staatliche Stromgesellschaft SME bis Ende 1962 einen erheblichen Anteil an der Gesamtperformance der PSU in Süditalien allein auf sich – *einerseits* einen jahresdurchschnittlichen Anteil an der Gesamtbeschäftigtenzahl zwischen 1957 und 1962 von 17,59%, *andererseits* aber und vor allem einen enorm hohen Anteil bei den Bruttoinvestitionen von jahresdurchschnittlich 39,01%. *Zweitens*, weitete die ENEL landesweit ihre Investitionsleistung bis Mitte der 1970er Jahre kontinuierlich stark aus sowie, *drittens*, war die staatliche Elektrizitätsgesellschaft im Gründungsgesetz zum beschleunigten Aufbau von neuen Kraftwerken wie auch zum forcierten Ausbau des Stromverteilernetzes in den Regionen des Mezzogiorno verpflichtet worden. Demnach wäre der tatsächliche Beitrag der PSIU von 1963 bis 1975 (inkl. ENEL) für die Dynamisierung der industrie- und damit auch für die gesamte regionalwirtschaftliche Entwicklung im Mezzogiorno noch höher gewesen.

Diese Schlußfolgerung kann durch eine weitere Schätzung untermauert werden, und zwar auf der Grundlage der in den Jahresbilanzen der ENEL für die Jahre von 1973 bis 1975 veröffentlichten Beschäftigungszahlen für deren regionale Hauptniederlassungen sowie der vom zuständigen Ministerrat ausgewiesenen Bruttoinvestitionen der Holding in Süditalien für die Jahre von 1966 bis 1971[1066]: *Zum einen* belief sich die jeweils den Hauptfilialen der ENEL in Neapel (17.087), Palermo (8.463) und

---

1065 Zur Wirtschaftsleistung der ENEL im Jahr 1962, vgl. Tabelle A3.3, S. 142ff. im Datenappendix A3, in: https://www.degruyter.com/view/product/552615.

1066 Die nachfolgend aufgeführten Berechnungen zur Entwicklung der Gesamtbeschäftigung sowie der jährlichen Gesamtbruttoinvestitionsvolumina der PSIU (mit ENEL) in Süditalien von 1957–1975 basieren auf Ministero delle partecipazioni statali, Relazione programmatica (alle relevanten Jahrgänge von 1958–1979) (Beschäftigung und Bruttoinvestitionen der PSIU ohne ENEL, 1957–1975); Relazione della Corte dei Conti (1976), ENEL (Esercizi 1973, 1974 e 1975), S. 43 (Beschäftigung ENEL, 1975); Comitato dei Ministri per il Mezzogiorno (1972), Relazione sull´attuazione del piano di coordinamento 1972, vol. II, S. 84 (Bruttoinvestitionen ENEL, 1966–1971); SVIMEZ (2011), Nord e Sud, Tabelle 39, S. 291ff. (Beschäftigung und Bruttoinvestitionen Industrie „Süd", 1957–1975 (SVIMEZ)) sowie ISTAT, Annuario (alle relevanten Jahrgänge von 1960–1978) (Bruttoinvestitionen Industrie „Süd", 1957–1975 (ISTAT)).

Cagliari (5.186) zugeordnete Belegschaft im Jahr 1975 auf zusammen 30.736 Arbeitskräfte. Demnach summierte sich die staatliche Nettobeschäftigungszunahme in der süditalienischen Elektrizitätsindustrie seit 1962 auf 21.536 Arbeitskräfte. Der Beschäftigungsstand der PSIU in Süditalien (inkl. der ENEL) umfasste damit etwa 192.036 Arbeitskräfte, was einem Anteil von 18,32% (+2,93%) an der industriellen Gesamtbeschäftigtenzahl in der Makroregion „Süd“ und einem Anteil von 72,30% (+15,93%)[1067] an der Gesamtnettobeschäftigungszunahme innerhalb der süditalienischen Industriewirtschaft von 1962 bis 1975 entsprach. *Zum anderen* aber beträgt das auf der Grundlage der ausgewerteten Bilanzen berechnete Bruttoinvestitionsvolumen der ENEL im Mezzogiorno von 1963 bis 1975 schätzungsweise 15,96 Mrd. € (2010).[1068] Das während dieses Zeitraumes im staatlichen Unternehmenssektor für Industrieprojekte aufgebrachte regionale Bruttoinvestitionsvolumen würde sich demzufolge auf etwa 65,95 Mrd. € (2010) bzw. – die Straßenbauunternehmen des IRI nicht mitgerechnet – auf 60,05 Mrd. € (2010) belaufen. Diese Werte entsprechen aber einem Anteil von 53,62% (+14,25%; ISTAT) bzw. 39,45% (+10,48%; SVIMEZ) an den von 1963 bis 1975 innerhalb der Industriewirtschaft der Makroregion „Süd“ (ohne Bauindustrie) insgesamt getätigten Bruttoinvestitionen.[1069]

1067 Die jeweils in Klammern angegebenen prozentualen Steigerungen beziehen sich auf den Anteil der PSIU (ohne ENEL) an der industriellen Gesamtbeschäftigtenzahl (ohne Bauindustrie) in Süditalien im Jahr 1975 in Höhe von 15,39% bzw. auf den Anteil der PSIU (ohne ENEL) an der Gesamtnettobeschäftigungszunahme innerhalb der Industriewirtschaft (ohne Bauindustrie) in Süditalien 1962–1975 in Höhe von 56,37%.

1068 Das geschätzte Bruttoinvestitionsvolumen der ENEL in Süditalien von 1963 bis 1975 wurde folgendermaßen berechnet: *Erstens*, ergibt sich auf der emprischen Grundlage der vom *Comitato dei Ministri per il Mezzogiorno* für die Jahre von 1966–1971 zu laufenden Preisen in Lire ausgewiesenen Angaben über die Höhe der von der ENEL in den zwei Makroregionen „Süd“ und „Zentrum-Nord“ aufgebrachten Bruttoinvestitionen ein jahresdurchschnittlicher Anteil des Mezzogiorno an den landesweiten Gesamtbruttoinvestitionen der staatlichen Elektrizitätsgesellschaft in Höhe von 29,06%. Dieser prozentuale Anteil wurde, zweitens, mit den in den Jahresabschlußbilanzen der ENEL ausgewiesenen jährlichen Volumina der landesweiten Gesamtbruttoinvestitionen der Elektrizitätsholding für die Jahre 1963–1965 sowie 1972–1975 in Beziehung gesetzt und damit der jeweilige jährliche Gesamtumfang der von der ENEL in Süditalien aufgebrachten Bruttoinvestitionen zu laufenden Preisen in Lire schätzungsweise berechnet. Drittens, wurden die jeweiligen Jahresbruttoinvestitionsvolumina in konstante Preise in Mrd. € (2010) umgerechnet. Die Summe der jährlichen Bruttoinvestitionsvolumina der ENEL in Süditalien von 1966–1971, addiert mit der Summe der entsprechenden Investitionsvolumina von 1963–1965 sowie von 1972–1975 ergibt viertens schließlich, das geschätzte Gesamtbruttoinvestitionsvolumen der Elektrizitätsholding in Süditalien von 1963–1975.

1069 Die in Klammern angegebenen prozentualen Steigerungen beziehen sich auf den jeweiligen Anteil der PSIU (ohne ENEL) am Gesamtbruttoinvestitionsvolumen der regionalen Industriewirtschaft des Mezzogiorno (ohne Bauindustrie) von 1963 bis 1975, der jeweils auf der empirischen Grundlage der ISTAT-bzw. SVIMEZ-Daten zum Bruttoinvestitionswachstum in Süditalien berechnet worden ist (ISTAT: 39,38%; SVIMEZ: 28,97%).

Bei diesen Schätzergebnissen ist noch einmal hervorzuheben, dass eine Ermittlung der tatsächlichen Investitionsanteile der PSIU an den Gesamt(Industrie)-investitionen Süditaliens kaum möglich ist, zumal die relativ stark voneinander abweichenden jeweiligen Angaben von ISTAT und SVIMEZ zum Wachstum der industriellen Bruttoinvestitionen eine exakte Quantifizierung zusätzlich erschweren. Ungeachtet dieser Relativierung und auf der Grundlage der vorstehenden Berechnungen soll abschließend das Bruttoinvestitionsvolumen der PSIU (mit ENEL), das sie während des langanhaltenden Wirtschaftsaufschwungs im Mezzogiorno aufgebracht haben, beziffert werden: Es belief sich von 1957 bis 1975 schätzungsweise auf 73,76 Mrd. € (2010) bzw. – die Straßenbauunternehmen des IRI nicht mitgerechnet – auf 67,19 Mrd. € (2010), was wiederum einem Anteil von 51,35% (ISTAT) bzw. 37,38% (SVIMEZ) an den Gesamtbruttoinvestitionen der regionalen Industriewirtschaft (ohne Bauindustrie) entsprach. Diese beeindruckend hohen Anteile sind Ausdruck der damaligen industriepolitischen Aktivitäten, seit der Verabschiedung der *ersten* großen Reform der Sondergesetzgebung für Süditalien im Juli 1957, vor allem aber seit 1963 die Industriewirtschaft und damit die gesamtwirtschaftliche Entwicklung des Mezzogiorno direkt zu fördern. Eine ähnliche Schlußfolgerung läßt sich hinsichtlich des Produktionsfaktors „Arbeit" ziehen: Zwischen 1957 und 1975 wuchs die Beschäftigung im sekundären Sektor der Makroregion „Süd" insgesamt um 21,44% (185.000 Arbeitskräfte). Mit einem Anteil an der regionalen Gesamtnettobeschäftigungszunahme von 78,72% (145.636 Arbeitkräfte) bildeten die PSIU (mit ENEL) damit ebenfalls während des Betrachtungszeitraumes die wichtigste Dynamisierungskraft. Wenngleich die Bruttowertschöpfung wie auch die Produktionsentwicklung der PSIU in den jeweiligen Jahresabschlussberichten des zuständigen *Ministero delle partecipazioni statali* regional nicht differenziert ausgewiesen sind, erlauben vorstehende Analysen die Feststellung, dass der in Kapitel II dargestellte regionalwirtschaftliche Aufschwung der „langen" 1960er Jahre im Mezzogiorno ganz wesentlich auf die nach der industriepolitischen Wende von 1957 einsetzende und sich seit der Krisenerfahrung von 1963/66 beschleunigende Expansion der staatlichen Industrieunternehmen zurückführbar ist.

4.1.4 Der Stellenwert der privatrechtlich organisierten staatlichen Industrieunternehmen (PSIU) für die Industrialisierung des Mezzogiorno – Anstelle eines Zwischenfazits

Im Vergleich der drei, mit der *ersten* großen Reform der Sondergesetzgebung für den Mezzogiorno im Juli 1957 sanktionierten industriepolitischen Hauptinstrumente der staatlichen Südförderung entfalteten die privatrechtlich organisierten Staatsholdings die mit deutlichem Abstand größte regionalwirtschaftliche Durchschlagskraft. Durch die schwerpunktmäßige Verlagerung ihrer Investitionen in die damaligen Boombranchen der Energieproduktion und -versorgung, der Eisen- und Stahlindustrie, der Petrochemie, der Maschinen-, Schiff-, Fahr- und Flugzeugbauindustrie sowie der nichtmetallischen Baustoffindustrie beeinflußten sie maßgeblich Verlauf und Charakter der süditalienischen Industriewirtschaft, die sich seit Beginn der 1960er Jahre – bezogen auf die Makroindikatoren „Beschäftigung", „Bruttoinvestitionen" und „Bruttowertschöpfung" – noch dynamischer entwickelte als im übrigen Italien. Die Investitionsexpanion der PSIU war damit zugleich der entscheidende Wachstumsmotor für den industriewirtschaftlichen *big push* der rückständigen Regionen des Mezzogiorno, der mithilfe ebenfalls forcierter Infrastrukturmaßnahmen der *Cassa per il Mezzogiorno* – dem *zweiten* Hauptinstrument der staatlichen Südförderung – zusätzlich dynamisiert und stabilisiert werden konnte.

Das Gesamtvolumen der von den staatlichen Holdinggesellschaften allein für Industrieunternehmungen in Süditalien getätigten Bruttoinvestitionen zwischen 1957 bis 1975 übertraf das Volumen der von der *Cassa per il Mezzogiorno* insgesamt für Infrastrukturprojekte und zur Agrarförderung aufgebrachten Direktinvestitionen – 34,57 Mrd. € (2010) – um 113,36% und, zusammen mit den vor allem im Bereich der Telekommunikation sowie im Bereich des Transportwesens getätigten Bruttoinvestitionen im Dienstleistungssektor (11,90 Mrd. € (2010)), sogar um 147,77%. Zumindest unter quantitativem Aspekt war der Beitrag der Staatsholdings für das Wirtschaftswachstum des Mezzogiorno daher weitaus größer als der Beitrag der staatlichen Südagentur. Dieser Tatbestand schmälert keinesfalls die ebenfalls stark ausgeweitete und enorm wichtige direkte Förderleistung der *Cassa*, unterstreicht vielmehr noch einmal den herausragenden Stellenwert der PSU.

In der Summe entsprachen die während des regionalen Wirtschaftsaufschwungs von den PSU und der staatlichen Südagentur aufgebrachten Direktinvestitionen in Höhe von 120,23 Mrd. € (2010) einem Anteil an den Gesamtbruttoinvestitionen der Makroregion des Mezzogiorno von 27,16% (ISTAT) bzw. 15,99% (SVIMEZ). Dieser als äußerst hoch zu bewertende Anteil war hinsichtlich seiner Folgen allerdings ambivalent: *Einerseits* verdeutlicht er zwar den historisch exzeptionellen Umfang direkter staatlicher Wirtschaftsinterventionen, der im Rahmen der Sondergesetzgebung für den Mezzogiorno bis zum Ende der italienischen Nachkriegsprosperität immer stärker ausgedehnt worden ist. *Andererseits* verweist er auf den hohen Abhängigkeitsgrad der regionalen Wirtschaft der Makroregion „Süd" von den staatlichen Sonderzahlungen der *Cassa*, vor allem aber von der Wirtschaftsleistung der gewissermaßen zum Erfolg verpflichteten Staatsunternehmen. Die große Abhängigkeit des Mezzogiorno von staatlichen Geldern und Interventionen war im Bereich der Industriewirtschaft besonders markant ausgeprägt. Hatte sie – *mittelfristig* – in Gestalt eines herausragenden Industrialisierungsschubs zweifelsfrei positive Effekte bewirkt, so sollte sie sich unter *längerfristigem* Aspekt – ohne darauf im Rahmen dieser Arbeit weiter eingehen zu können – als verheerend erweisen, als immer mehr der staatlichen Industriebetriebe in Süditalien seit Beginn der 1970er Jahre in wirtschaftliche Schieflage gerieten und ihre zuvor so massiv gesteigerten Investitionsleistung(en) drastisch reduzieren und/oder in Liquidation gehen mußten.

Eine ähnlich ambivalente Wirkungsdimension besaß das *dritte* Hauptinstrument – die staatlich subventionierte Kreditfinanzierung –, die ebenfalls schwerpunktmäßig auf die Förderung von Industrieunternehmen ausgerichtet war. Im Vergleich zu den PSU kann zunächst festgestellt werden, dass ihr quantitativer Beitrag zur Dynamisierung der regionalen Wirtschaft weitaus geringer war. Zwar sind der Finanzierungsaufwand zum Ausgleich der subventionierten Nominalzinssätze sowie der Umfang der zinsvergünstigten Industrie- und sonstigen Förderkredite wie auch der anderen indirekten und direkten Subventionen für den Mezzogiorno zwischen 1957 und 1975 permanent gestiegen. Das vom Staat über das Schatzministerium der Makroregion „Süd" zur Verfügung gestellte Gesamtvolumen aller Subventionen, einschließlich sämtlicher Direktbezuschussungen, der Ausgleichszahlungen zur Refinanzierung der vergünstigten Nominalzinssätze für Industrie- und sonstige Förderkredite sowie weiterer indirekter Finanzierungserleichterungen (Steuer, Handel, etc.) belief sich dennoch lediglich auf 14,01 Mrd. € (2010) und damit auf 16,36% der gesamten Bruttoinvestitionen der verschiedenen Staatsholdings in Süditalien.[1070] Der regionale Anteil der staatlichen Ausgleichzahlungen für Unternehmungen im Mezzogiorno an den der italienischen Volkswirtschaft von 1957 bis 1975 insgesamt zur Verfügung gestellten Subventionen in Höhe von etwa 36,14 Mrd. € (2010) entsprach jedoch immerhin 34,54% und dürfte damit von einiger Bedeutung gewesen sein.[1071]

Allerdings führte die praktische Umsetzung sowie die partiell inkonsequente industriepolitische Ausgestaltung der staatlich subventionierten Kreditfinanzierung letztlich zu einer Relativierung der mit dieser – durchaus beachtlichen – Summe prinzipiell vorhandenen Möglichkeiten einer breitenwirksamen Förderung der süditalienischen Wirtschaftsregionen. So wurde – ganz entgegen der ursprünglichen Konzeption – ein Jahr für Jahr weiter steigender Anteil der bereitgestellten Subventionen von den Staatsholdings primär zur (Teil)Finanzierung von großdimensionalen Industrieprojekten abgeschöpft, maßgeblich verstärkt durch die Kreditreformen von 1959 und 1965. Auf diese Weise konnten zwar die Wachstumserfolge der PSIU und demzufolge die industriewirtschaftliche Dynamik der Makroregion „Süd" zusätzlich stabilisiert werden. Doch ging diese Entwicklung zulasten des KMU-Bereichs, mit weitreichenden direkten und indirekten Folgewirkungen für die regionalwirtschaftliche Gesamtperformance. So läßt sich *einerseits* ein Rückgang der Gründungsaktivität

1070 Eigene Berechnungen, basierend auf Banca d´Italia (1973), Relazione annuale 1972, Tabelle 117, S. 316 (staatliche Ausgleichszahlungen, 1957–1971); Banca d´Italia (1975), Relazione annuale 1974, Tabelle 134, S. 342 (staatliche Ausgleichzahlungen, 1972 und 1973) sowie Banca d´Italia (1978), Relazione annuale 1977, Appendice, Tabelle a9, S. 122 (staatliche Ausgleichzahlungen, 1974 und 1975).

1071 Vgl. ebd. Ebenso wie die Bruttoinvestitionen der *Cassa per il Mezzogiorno* (1957–1963: 9,46 Mrd. € (2010); 1963–1975: 26,40 Mrd. € (2010)) sowie die Bruttoinvestitionen der PSU (1957–1963: 13,52 Mrd. € (2010); 1963–1975: 76,47 Mrd. € (2010)) war der jährliche Gesamtumfang der direkten und indirekten staatlichen Subventionszahlungen für die Wirtschaft des Mezzogiorno während der Hochblüte der staatlichen Südförderung von 1963–1975 mit 12,48 Mrd. € (2010) deutlich größer als während der ersten Jahre des regionalen Wirtschaftsaufschwungs seit 1957 (1,98 Mrd. € (2010)).

von neuen Unternehmen feststellen, *andererseits* aber – und damit im Zusammenhang stehend – eine (zu) geringe Breitenwirkung der zum Einsatz gelangten Fördergelder: Die mit den Reformgesetzgebungen von 1959 und 1965 erfolgte Revision der im Sommer 1957 festgelegten Bestimmungen über die schwerpunktmäßige Förderung von kleinen und mittelständischen Industrieunternehmen in Süditalien implizierte eine erneute Fokussierung auf die höher und hochindustrialisierte Makroregion „Zentrum-Nord". Entsprechend der im Zehn-Jahresabstand durchgeführten Industrieerhebungen des ISTAT hatte sich denn auch die Unternehmensanzahl innerhalb der Industriewirtschaft in Süditalien von 1961 bis 1971 – die Bauindustrie nicht mitgerechnet – deutlich reduziert, von insgesamt 187.958 auf nur noch 176.382 Unternehmen. Dabei verzeichnete das Verarbeitende Gewerbe als die größte und wichtigste Makrobranche mit insgesamt 10.395 Betriebsschließungen (1961: 183.079 Unternehmen; 1971: 172.684 Unternehmen) den mit Abstand höchsten Rückgang, wohingegen sich innerhalb der Mineralgewinnenden Industrie die Anzahl der Unternehmen um 854 (1961: 2.350; 1971: 1.496) und innerhalb der Energiewirtschaft um 327 (1961: 2.529; 1971: 2.202) verringert hatte.[1072] Allerdings betraf diese Entwicklung ausschließlich Kleinstindustriebetriebe mit einer Beschäftigungsgröße von ≤ 10 (1961: 177.394; 1971: 165.173), während sich die Anzahl der Industrieunternehmen mit einer Beschäftigungsgröße von > 10 ≤ 100 auf 6.863 (+1.636), die der Industrieunternehmen mit einer Beschäftigungsgröße von > 100 ≤ 500 auf 542 (+144) sowie jene der großen Industrieunternehmen mit einer Beschäftigungsgröße von > 500 auf 106 (+46) zumindest leicht vergrößert hatten. Die Gründungsaktivität war – bezogen auf Betriebe der Verarbeitenden Industrie mit einer Beschäftigungsgröße von > 10 – in Apulien mit 609 (33,35%) am höchsten, gefolgt von Kampanien mit 414 (22,67%), den Abruzzen mit 340 (18,62%), von Sardinien mit 210 (11,50%) und Sizilien mit 140 neuen Industriebetrieben (7,67%). Damit konzentrierte sich die Gründungsaktivität auf genau jene Regionen, in denen die staatlichen Industrieunternehmungen schwerpunktmäßig verortet waren. Die Anzahl der entsprechenden Neugründungen in den Regionen Basilikata (44), Molise (40) sowie Kalabrien (29) fiel dagegen deutlich geringer aus; sie entsprach in der Summe einem Anteil an den im Mezzogiorno insgesamt erfolgten Unternehmensneugründungen von lediglich 6,19%.

Diese wenig dynamische und noch dazu ungleich auf Süditalien verteilte Gründungsaktivität reichte bei weitem nicht aus, die Unternehmensstruktur innerhalb der Verarbeitenden Industrie und damit auch der gesamten Industriewirtschaft der Makroregion „Süd" nachhaltig zu verändern und den industriewirtschaftlichen Rückstand gegenüber der Makroregion „Zentrum-Nord" abzubauen. Im Gegenteil: Während sich die Gesamtzahl der Industrieunternehmen in den Regionen Süditaliens im Jahresvergleich von 1961 und 1971 um 11.576 Betriebe bzw. 6,16% reduziert hatte, war jene der

1072 Berechnet nach den Ergebnissen der beiden Industrieerhebungen des ISTAT von 1961 und 1971, in: SVIMEZ (1978), Nord-Sud, Tabelle 95, S. 303ff.

Industriebetriebe in den Regionen Nord-, Nordost-, Nordwest- und Mittelitaliens von 437.046 auf 466.396 gestiegen, was einem Anstieg von 6,72% entsprach. Der regionale Anteil des Mezzogiorno an der landesweiten Anzahl von Industrieunternehmen war damit von 30,07% auf 27,44% zurückgefallen, was in etwa auch der Entwicklung im Verarbeitenden Gewerbe entsprach (1961: 30,06%; 1971: 27,47%). Innerhalb der Verarbeitenden Industrie hatte sich lediglich der regionale Anteil Süditaliens, bezogen auf Betriebe mit einer Beschäftigungsgröße von > 100 ≤ 500, von 8,26% auf 9,07% sowie bei den Industriebetrieben mit einer Beschäftigungsgröße von > 500 von 7,77% auf 11,69% erhöht, wobei die Anzahl der Neugründungen mit 1.012 bzw. 89 Betrieben auch hier – absolut betrachtet – in der Makroregion „Zentrum-Nord" deutlich größer war als im Mezzogiorno. Diese Entwicklung war Ausdruck für die in Süditalien offensichtlich nur marginal zur Entfaltung gelangten Diffusionseffekte der staatlichen Großindustrieprojekte, die von den zuständigen Regierungsbehörden, der SVIMEZ und der verschiedenen Staatsholdings in weit größerer Dimension erwartet und geplant worden sind. Sie verweist zugleich auf die mit den Reformen intendierten bzw. nichtintendierten Folgeeffekte einer wieder (neu) verstärkten Fokussierung der staatlichen Subventionspraxis auf die Makroregion „Zentrum-Nord". Hier setzte sich der Gesamtanstieg der Industrieunternehmen von 1961 bis 1971 um insgesamt 29.249 fast vollständig (96,24%) aus klein- und mittelständischen Betrieben zusammen. Der KMU-Bereich hatte also – anders als im Mezzogiorno – von den neuen Förderkrediten des Industrie- und Handelsministeriums und des IMI sowie von der erheblichen Verbilligung der von den Regionalinstituten des *Mediocredito-Centro-Nord* vergebenen *crediti speciali agevolati* maßgeblich profitiert und auf diese Weise nicht unwesentlich sowohl zum Wachstum als auch zum breitenwirksamen regionalwirtschaftlichen Strukturwandel beigetragen.

Die PSIU sowie einige wenige private Großkonzerne aus dem Norden, wie zum Beispiel *Montecatini*, *Olivetti*, *Pesenti* und vor allem die *Pirelli*-Gruppe hatten den Löwenanteil der in den Regionen des Mezzogiorno vergebenen staatlichen Förderkredite und anderer Subventionen abgeschöpft.[1073] Die große Mehrheit der Industrieunternehmen in Süditalien – Kleinst-, Klein- und mittelgroße Betriebe, die mit 99,56% fast die Gesamtheit aller Industrieunternehmen darstellten und 63,69% der industriellen Gesamtbeschäftigtenzahl auf sich vereinten – ging dagegen leer aus oder erhielt nur geringe Kreditbeträge. Nicht wenige dieser Betriebe sahen sich auf längere Sicht gezwungen, ihre Unternehmungen wieder zu beenden oder in den Norden zu verlagern, wo die staatlich subventionierten Finanzierungsmöglichkeiten (mittlerweile) größer waren als im Süden. Die äußerst geringen Breitenwirkungen der seit 1957 so massiv ausgeweiteten staatlichen Südförderung bildeten gewissermaßen den Preis für die exzeptionellen Wachstumserfolge der staatlichen und privaten Großindustrie in den Regionen des Mezzogiorno. Oder anders formuliert: die inkonsquente – durch

1073 Vgl. zusammenfassend Cercola (1984), Sviluppo industriale del Mezzogiorno, S. 110–136.

die schrittweise Revision der staatlich subventionierten Industriekreditfinanzierung in ihrem Kern relativierte – Südförderung hatte eine regionalwirtschaftliche Ausdifferenzierung des starken Industrialisierungsschubs blockiert, damit aber dessen Nachhaltigkeit – über die Nachkriegsprosperität hinaus – verhindert. Das gravierende Nord-Süd-Gefälle Italiens konnte während des Untersuchungszeitraumes insofern nur partiell verringert werden. Das größte Problem des Mezzogiorno – die hohe Arbeitslosigkeit – blieb damit weitgehend ungelöst. Die voller Fortschrittsoptimismus von Pasquale Saraceno noch im Jahr 1963 formulierte Vision, dass es „(...) zum ersten Mal in der Geschichte Italiens" so scheine, „(...) als wenn wir tatsächlich die gravierenden Rückständigkeiten des Mezzogiorno endgültig überwinden könnten,"[1074] hatte sich aufgrund institutionell-politischer Defizite und Inkohärenzen – zumindest in der vorstehend analysierten industriepolitischen Perspektive – letztlich nur in Ansätzen erfüllt.

1074 Saraceno (1963), La piena occupazione, S. 193.

Schluß

Die innerhalb der wirtschaftshistorischen Italienforschung weitverbreiteten Negativurteile hinsichtlich der italienischen Industriepolitik nach 1945 sind zumindest für den Zeitraum der ersten drei Nachkriegsjahrzehnte zu relativieren: Auf der Grundlage sowohl qualitativer Quellen- als auch quantitativer Datenanalysen konnte durch vorstehende Untersuchung gezeigt werden, dass die jeweils zur Anwendung gelangten unterschiedlichen – direkten und indirekten – industriepolitischen Steuerungs- und Regulierungsmaßnahmen der jeweiligen italienischen Regierungen für die Dynamik der langanhaltenden Nachkriegsprosperität weder „irrelevant" gewesen (Federico) noch hinsichtlich der Überwindung der wirtschaftlichen, sozialen und strukturellen Probleme sowie Disparitäten des Landes „wirkungslos" geblieben (Prodi/De Giovanni) waren. Stattdessen besaßen sie für Wachstum und Strukturwandel der italienischen Volkswirtschaft eine durchaus große, wenngleich historisch variierende und partiell auch ambivalente Bedeutung.

Zwischen 1945 bis 1975 entwickelte sich die Industriepolitik zum wichtigsten Bereich der italienischen Wirtschaftspolitik; sie war im Wesentlichen durch eine duale – ordnungspolitisch inkonsistente – Ausrichtung geprägt: Sie schützte *auf der einen Seite* Interessen sowie Rechte der privaten Industrie und räumte ihr die größtmögliche (Markt)Freiheit zur Verwirklichung unternehmerischer Wachstumsziele ein. Darüber hinaus förderte der Staat durch den Abbau von Handelsbeschränkungen sowie gezielte Subventionen den Export. *Auf der anderen Seite* beanspruchte der Staat aber für sich das Recht einer aktiven Investitionspolitik. Dabei ging es nicht nur um den Auf- und Ausbau der Infrastruktur des Landes. Wichtiger noch war das Ziel, mithilfe der privatrechtlich organisierten Staatsholdings und der für die Industriefinanzierung zuständigen staatlichen Geldinstitute das Wachstum in den strategischen Schlüsselindustrien voranzutreiben und das für Italien traditionelle Nord-Süd-Gefälle abzubauen. Zwecks Steuerung und Regulierung der wirtschaftlichen Entwicklung avancierte die volkswirtschaftliche Gesamtplanung, zusammen mit der staatlichen Förderung des rückständigen Mezzogiorno, im Laufe des Untersuchungszeitraumes zum zentralen Paradigma der Wirtschaftspolitik. Zwar kam es erst in den späten 1960er Jahren zu einer partiellen Umsetzung dieses Planungsparadigmas, doch bildete es aufgrund seiner industriepolitischen Stoßrichtung konzeptionell schon frühzeitig eine entscheidungsrelevante institutionelle Klammer zwischen beiden – ordnungspolitisch eigentlich einander ausschließenden – Interventionsebenen der staatlichen Industriepolitik.

Die industriepolitische Weichenstellung für die Herausbildung dieser italienischen Variante einer gemischten Wirtschaftsverfassung erfolgte bereits während der Phase des Wiederaufbaus bis 1952: Die noch in der unmittelbaren Nachkriegszeit vorherrschenden eher wirtschaftsliberalen Auffassungen einer weitgehenden Abstinenz des Staates bei der Steuerung von Konjunktur und Wachstum wurden im

https://doi.org/10.1515/9783110684223-006

Kontext damaliger sozioökonomischer Desintegration durch Konzeption und Implementierung erster industriepolitischer Interventionen aufgeweicht oder sogar konterkariert, wobei der Teilnahme Italiens am US-amerikanischen *European Recovery Program* eine katalysatorische Bedeutung zukam. In der konstruktiven Verarbeitung traditioneller nationaler Politikansätze und ihrer Zusammenführung mit zeitgenössischen internationalen wirtschaftstheoretischen Denkschulen bildeten die seit 1948 eingeleiteten struktur- und industriepolitischen Maßnahmen prägnante nationalspezifische Modifizierungen einer aktiven Interventions- und Investitionspolitik, die sich aufgrund ihrer immer stärker dirigistischen und entwicklungsökonomischen Ausrichtung deutlich vom Design und institutionellen Setting in anderen westeuropäischen Staaten unterschied.[1075] Wichtigster Ausdruck dieser Modifizierungen, damit aber zugleich der institutionellen Neuaufstellung der italienischen Industriepolitik waren die Reetablierung und Reorganisation der vom Faschismus übernommenen privatrechtlich organisierten Staatsholdings IRI, AGIP und ANIC sowie die Gründungen der *Cassa per il Mezzogiorno* und des *Mediocredito*. Die damit einhergehende politische Entscheidung für direkte und permanente staatliche Interventionen in den Marktprozess, verbunden mit einer sektoralen Schwerpunktsetzung auf die Industriewirtschaft und einer regionalen Fokussierung auf die strukturschwachen Regionen Süditaliens, blieb in ihrem Kern während der gesamten Nachkriegsprosperität handlungsleitend. Allerdings durchliefen Herausbildung und Ausprägung des industriepolitischen Institutionengefüges in Wechselwirkung mit den im Zeitablauf variierenden sozioökonomischen Herausforderungen durchaus gewisse Formwandlungen: war es während der Rekonstruktionsphase noch eher unscharf konturiert, so hatte es sich bis Mitte der 1970er Jahre hinsichtlich seines Interventionsradius, aber auch -instrumentariums sukzessive vergrößert bzw. verdichtet sowie auf unterschiedlichen Interventionsfeldern stärker ausdifferenziert.

Schon mit der Entfaltung des langanhaltenden starken Wirtschaftsaufschwungs von 1952 bis 1963 – der *ersten* Subperiode der italienischen Nachkriegsprosperität – erhielt die staatliche Industriepolitik einen größeren Stellenwert. Diese Entwicklung zeigte sich nicht zuletzt an der auffällig hohen Zahl in immer kürzerer zeitlicher Abfolge verabschiedeter Einzelgesetze und Gesetzespakete zur Förderung der Industrie.[1076] Geprägt von einem sich ausbreitenden patriotischen Fortschrittsoptimismus, kam es auf der finanziellen Grundlage wachsender Staatseinnahmen zu weit mehr als 1.000 vertikal ausgerichteten Gesetzesneuerungen zur Steuerung und Forcierung

1075 Zum Vergleich nationalspezifischer Designs industriepolitischer Wirtschaftsinterventionen in Westeuropa während der Europäischen Nachkriegsprosperität bis 1974/1975, vgl. zusammenfassend Christian Grabas und Alexander Nützenadel, Industrial Policies in Europe in Historical Perspective, in: WWWforEurope Working Paper Series, Issue 15 (2013), vor allem S. 13-60.

1076 Zur Industriegesetzgebung nach 1945 bis zum Ende der Wirtschaftswunderjahre, vgl. vor allem die verschiedenen Beiträge von Paolo Pugliese, Renato Salimbeni, Giuseppe Pericu und Claudio Mignone, in: Merusi (1974), Legislazione economica, S. 171–360.

eines (angestrebten) schnellen industriewirtschaftlichen Aufholprozesses Italiens an das Industrialisierungsniveau Westeuropas. Eine kohärente mittel- oder längerfristig angelegte industriepolitische Strategie läßt sich – zumindest bis Ende der 1950er Jahre – aus den sowohl regional-, branchen- oder unternehmensspezifisch ausgerichteten als auch exportorientierten gesetzlichen Bestimmungen hingegen nur bedingt ableiten, was letztlich der Unsicherheit bei der Wahl der geeigneten Instrumente zur Industrieförderung geschuldet war. Die realwirtschaftliche Steuerungseffizienz des damaligen industriepolitischen Aktionismus stand mehrheitlich in keinem ausgewogenen Verhältnis zum jährlich steigenden diesbezüglichen Finanzaufwand, zumal oftmals gerade erst sanktionierte Gesetze nach nur kurzer Laufzeit wieder revidiert oder gar durch neue ersetzt worden sind. In diesem Zusammenhang gab es jedoch zwei gewichtige Ausnahmen: die kontinuierliche Erweiterung der staatlich subventionierten Finanzierungsmöglichkeiten für private Industrieunternehmen sowie – und vor allem – die expansive Ausweitung der direkten staatsunternehmerischen Tätigkeit durch die privatrechtlich organisierten staatlichen Industrieunternehmen (PSIU).

Die im Vergleich zu anderen westeuropäischen Ländern relativ hohe Anzahl privatrechtlich organisierter Staatsunternehmen (PSU) bildet ein prägnantes Wesensmerkmal des italienischen Wirtschaftssystems.[1077] Der staatliche Unternehmenssektor war seit der Reetablierung des vom Faschismus übernommenen IRI im Februar 1948 sowie der Reorganisation der verschiedenen staatlichen Brennstoffgesellschaften und ihrer Zusammenführung in die neu geschaffene ENI im Februar 1953 durch die Verstaatlichung der Stromproduktion und die Gründung der ENEL im Dezember 1962 signifikant ausgebaut worden. Die PSU hatten sich damit – quantitativ betrachtet – auf immer weitere Wirtschaftsbereiche ausgedehnt: auf das Verkehrs-, Transport- und Kommunikationswesen, auf Rundfunk, Film und Fernsehen, aber ebenso auf den Banken- und Versicherungsbereich, auf die Bauindustrie, die Brennstoffindustrie, die Stromerzeugung und -versorgung, die Schwerindustrie, die Petrochemie, den Maschinen-, Schiff- und Fahrzeugbau, die Textil- und Bekleidungsindustrie sowie auf die Lebensmittel- und Tabakindustrie. Bereits während des starken Aufschwungs der „langen" 1950er Jahre erlangte der Staat über diese drei großen staatlichen Holdinggesellschaften eine nahezu ubiquitäre Präsenz im Wirtschaftsleben Italiens, die im Industriebereich besonders stark ausgeprägt war und sich bis zum Ende der Nachkriegsprosperität immer weiter verfestigte.

Mit dem Ziel, die gravierenden sozialen, ökonomischen und strukturellen Probleme des Landes zu bewältigen, kam es seit der zweiten Hälfte der 1950er Jahre aber auch zu qualitativen Veränderungen des privatrechtlich organisierten staatlichen Unternehmenssektors und damit zu einer maßgeblichen Transformation des industriepolitischen Institutionengefüges insgesamt: zur Gründung des *Ministero delle par-*

1077 Vgl. neben Grabas und Nützenadel (2013), Industrial Policies, S. 30ff. auch Foreman-Peck und Federico (1999), European Industrial Policy, S. 442ff.

tecipazioni statali im Dezember 1956 zwecks Kompetenzbündelung von Steuerung und Kontrolle der PSU sowie zur Einführung gesetzlich verbindlicher regionaler Investitionsquoten im Rahmen der *ersten* großen Reform der staatlichen Sondergesetzgebung für den Mezzogiorno im Juli 1957. Der bereits während der Rekonstruktionsphase eingeleitete Paradigmenwechsel einer staatsinterventionistischen Industriepolitik wurde dadurch in seiner dirigistischen und entwicklungsökonomischen Stoßrichtung massiv verstärkt, verbunden mit einer Aufwertung der PSIU zum rechtlich sanktionierten Hauptinstrument der *direkten* staatlichen Industrieförderung – insbesondere in Süditalien. Allerdings besaß die institutionelle Neuausrichtung der Industriepolitik auf Süditalien zunächst – was die einschlägige Forschung bislang kaum berücksichtigt hat – nur einen geringen Einfluss auf die unternehmerische Praxis der staatlichen Holdinggesellschaften. Vorstehende Untersuchung hat verdeutlicht, dass der Bruch mit der traditionellen regionalen Investitionsfokussierung auf die höher und hochindustrialisierten Regionen Nord-, Nordost-, Nordwest- und Mittelitaliens erst nach der *zweiten* Reform der staatlich subventionierten Industriekreditfinanzierung vom Juli 1959 erfolgte. Die zuvor ausschließlich auf den Bereich der kleinen und mittelständischen Unternehmen ausgerichteten staatlich subventionierten Finanzierungsmöglichkeiten waren erst von diesem Zeitpunkt an gleichermaßen auf die Förderung von Großindustrieprojekten in Süditalien und damit auf die Staatsholdings ausgeweitet worden. Die *erste* große Südreform vom Juli 1957 markiert daher zwar den Beginn des industriepolitischen Kurswechsels der staatlichen Sondergesetzgebung für den Mezzogiorno. Ihre realwirtschaftliche Bedeutung entfaltete sie jedoch erst in Kombination mit der Implementierung neuer Investitionsanreize für die staatliche Großindustrie, konkret durch das Gesetz Nr. 55 vom 29. Juli 1959 im Rahmen der *zweiten* Kreditreform. Wie auf der Grundlage umfangreicher Datenerhebungen und regional differenzierender statistischer Auswertungen nachgewiesen werden konnte, bildeten die staatlich subventionierten Industriekredite fortan – seit der eigentlichen industriepolitischen Wende von 1959 – die wichtigste Finanzierungsquelle der bis 1972/75 in ihrer jeweiligen Wirtschaftsleistung expandierenden PSIU und damit das zentrale Hauptinstrument der *indirekten* staatlichen Industrieförderung im Mezzogiorno. Gleichzeitig wurden mit dem Gesetz Nr. 623 vom 30. Juli 1959 die für den Mezzogiorno geltenden Sonderkreditkonditionen für kleine und mittelständische Unternehmen nunmehr auf alle Landesteile ausgedehnt, die bisherigen Vorteile einer Investitionsverlagerung nach Süditalien im KMU-Bereich dadurch gewissermaßen neutralisiert. Die *zweite* Kreditreform besaß insofern eine ambivalente Folgedimension: *Einerseits* bewirkte sie im Mezzogiorno einen historisch herausragenden Industrialisierungsschub, der primär durch die Wachstumsdynamik der staatlichen Industriegiganten IRI und ENI – durch den Auf- und Ausbau großdimensionaler Produktionszentren in den Bereichen Eisen- und Stahl, Chemie, Maschinen-, Schiff-, Fahr- und Flugzeugbau – getragen worden ist. *Andererseits* wiederum verhinderte sie eine gleichzeitige Vergrößerung und Ausdifferenzierung des regionalwirtschaftlichen KMU-Bereichs, der für die Entstehung industrieller Cluster, damit aber für eine strukturelle Verbreiterung des Wirtschaftswachstums notwendig gewesen wäre. Die industriepolitisch überformte, vor allem die damaligen Schlüsselindustrien einseitig forcierende staatliche Südförderung mündete schließlich – trotz mehrfacher Versuche einer Gegensteuerung seit Beginn der 1960er Jahre – in eine nahezu vollständige Abhängigkeit der regionalen Industriewirtschaft von der Leistungskraft der PSIU. Deren Vorwärts- und Rückwärtskopplungseffekte reichten hingegen nicht aus, die Modernisierungsdiskrepanz sowohl innerhalb des industriellen Branchengeflechts als auch zwischen den drei regionalwirtschaftlichen Sektoren im Mezzogiorno tiefgreifend abzubauen.

Zwischen 1963 und 1975 – der *zweiten* Subperiode der Nachkriegsprosperität – vollzog die Industriepolitik und mit ihr das wirtschaftspolitische Institutionengefüge Italiens eine weitere Transformation. Vor dem Hintergrund der ersten Nachkriegsrezession von 1963 bis 1965/66 war es zu einer folgenreichen institutionellen Überformung staatlicher Wirtschaftsinterventionen durch ordnungspolitische Leitideen gekommen, die in unscharfen Konturen ebenso bereits seit der Rekonstruktionsphase existierten, nunmehr aber einen neuen Stellenwert erhielten. Angesichts der einschneidenden Krisenerfahrung des abrupten Endes des *miracolo economico italiano*, die die damalige Gesellschaft stark verunsichert hat, konzentrierten sich die politischen Entscheidungsträger auf das Ausloten verschiedener Möglichkeiten, eine reformorientierte, auf den sozialen Interessensausgleich abzielende *organische* Wirtschaftsplanung zu implementieren. Dabei ging es nicht nur um eine Dynamisierung des zwischenzeitlich erheblich verlangsamten Wirtschaftswachstums. Ziel der *Programmazione Economica Organica* war es darüber hinaus, den in nahezu allen Bereichen der Sozial- und Bildungspolitik drängenden Reformstau aufzulösen und die auch nach Überwindung des Konjunkturabschwungs anhaltenden wirtschaftlichen und sozialen Ungleichgewichte des Landes – vor allem den traditionellen regionalen Strukturdualismus sowie die hohe Arbeitslosigkeit – (endlich) zu bewältigen. Sämtliche gesamtwirtschaftlich und längerfristig ausgerichteten Planungsaktivitäten der verschiedenen Mitte-Links-Koalitionen nach 1963 basierten im Kern auf einem von Pasquale Saraceno in den frühen 1950er Jahren erstmals offiziell vorgestellten und seitdem im Rahmen der SVIMEZ sowie des IRI-Studienzentrums konsequent weiter entwickelten *integrierten* planungs- und industriepolitischen Lösungsansatz. Die quellenbasierte Analyse seiner Genese sowie seiner langwierigen, im Spannungsfeld politischer und ökonomischer Veränderungen wenig geradlinigen Institutionalisierung belegt, wie groß der Einfluß des gesellschaftlich hoch angesehenen Wissenschaftlers und Politikberaters für den keinesfalls selbstverständlichen Aufstieg des gesamtwirtschaftlichen Planungsparadigmas zum zentralen Organisationsprinzip der italienischen Wirtschaftspolitik gewesen war. Dabei trägt nicht nur die *Programmazione Economica* die Handschrift Saracenos; auch viele der bereits während der „langen" 1950er Jahre zur Anwendung gelangten, zunehmend dirigistisch und entwicklungsökonomisch ausgerichteten staatlichen Wirtschaftsinterventionen lassen sich auf seine politischen und wissenschaftlichen Arbeiten zurückführen. Zwar gab es eine Reihe weiterer renommierter Experten, die ihr Wissen im institutionellen Rahmen zahlreicher Beratungs- und Studienzentren – der SVIMEZ, des ISCO, der Banca d´Italia, des IRI und der ENI –, vor allem aber in den von den Regierungen immer häufiger einberufenen Kommissionen und Fachausschüssen einbrachten, um modelltheoretisch basierte wirtschaftspolitische Handlungsempfehlungen und/ oder konkrete Pläne zu entwerfen. Doch besaß Pasquale Saraceno – zumindest für Konzeption und Ausgestaltung der Industriepolitik – die wohl am stärksten prägende Bedeutung. Wie groß auch immer der Beitrag einzelner Persönlichkeiten für Implementierung und Alltagspraxis prozesspolitischer Entscheidungen gewesen sein mag. Die auf unterschiedlichen gesellschaftlichen Ebenen verankerte akademische Politikberatung dürfte in Italien – ähnlich wie in anderen westlichen Industrienationen[1078] – für Verlauf und Charakter der wirtschaftlichen Entwicklung während der Nachkriegsprosperität eine wichtige Rolle gespielt haben.

Die verschiedenen, zwischen 1963 und 1975 ausgearbeiteten gesamtwirtschaftlichen Planungsentwürfe und Entwicklungsprogramme waren maßgeblich durch eine industriepolitische Stoßrichtung gekennzeichnet. Mit der partiellen Ausnahme des im Juli 1967 offiziell verabschiedeten Pieraccini-Plans konnte allerdings keines der mittel- und langfristigen Wachstums- und Industrialisierungsprogramme konsequent implementiert und umgesetzt werden, so dass die *Programmazione Economica Organica* in ihrer Gesamtheit letztlich gescheitert ist. Ungeachtet dessen entfalteten die damaligen Planungsaktivitäten durchaus nachhaltige, wenngleich in der Regel nichtintendierte Effekte. So war der Auf- und Ausbau zentraler entscheidungskompetenter staatlicher Planungsinstitutionen während des „Zeitalters der Wirtschaftsplanung" (Lavista) kontiniuierlich forciert worden. Im Ergebnis sahen sich die PSU einer zunehmenden politischen Kontrolle und Steuerung ausgesetzt, die letztlich eine Einschränkung ihrer unternehmerischen Freiheiten implizierten, aber auch eine Verletzung des 1956 rechtlich verankerten Prinzips der Wirtschaftlichkeit darstellten. Seit Mitte der 1960er Jahre wurden die staatlichen Holdinggesellschaften immer öfter vom zentralen Planungsorgan CIPE zur Durchführung von kostenintensiven großdimensionalen Investitionsprojekten – zumeist in Süditalien – verpflichtet. Viele dieser staatlichen Großprojekte stellten aufgrund falsch eingeschätzter Renditeerwartungen bzw. politisch bestimmter (Gewinn)Zielgrößen fatale unternehmerische Mißerfolge dar; sie endeten nicht selten nach nur wenigen Jahren als „Investitionsgräber" bzw. gigantische „Investitionsruinen". Sie prägen teilweise noch heute das Landschaftsbild Italiens und legen ein mahnendes Zeugnis verfehlter Industrieplanungen ab. Darüber hinaus führten die ebenfalls vom CIPE politisch festgelegten Übernahmen defizitärer

1078 Stellvertretend zur Verwissenschaftlichung der Wirtschaftspolitik nach 1945 auf nationaler Ebene, vgl. für die Bundesrepublik Deutschland Alexander Nützenadel, Stunde der Ökonomen. Wissenschaft, Politik und Expertenkultur in der Bundesrepublik 1949–1974, Göttingen: Vandenhoeck & Ruprecht (2005). Zur Verwissenschaftlichung der Wirtschaftspolitik auf supranationaler Ebene, vgl. Speich Chassé (2014), Economic Expertise, S. 187–212.

Privatunternehmen zwecks Sicherung von Arbeitsplätzen zu einer zusätzlichen Belastung für die Staatskonzerne. Im Zusammenwirken mit veränderten Marktkonstellationen erwirtschafteten die Staatsholdings seit 1970 denn auch stark steigende Verluste, so dass die Realisierung ihrer Projekte eine dramatisch ansteigende Gesamtverschuldung nach sich zog.

Dennoch war die Gesamtperformance der staatlichen Holdings – trotz aller Widrigkeiten und partiellen Mißerfolge – auch bzw. gerade während der *zweiten* Subperiode der Nachkriegsprosperität im Vergleich mit der Entwicklung im privaten Unternehmensbereich überdurchschnittlich erfolgreich. Die vorstehenden Untersuchungen belegen, dass in diesem Zusammenhang vor allem den PSIU eine hohe und im Zeitablauf steigende Relevanz für das nach Überwindung der Rezession von 1963 bis 1965/66 erneut äußerst dynamische und relativ stabile Wirtschaftswachstum bis zum Beginn der Strukturkrise Mitte der 1970er Jahre zukommt. Dabei ist insbesondere deren Anteil an der Investitionsentwicklung des gesamten sekundären Sektors hervorzuheben: Fast die Hälfte (ISTAT) bzw. mehr als ein Drittel (SVIMEZ) aller in Italien getätigten industriewirtschaftlichen Investitionen entfielen 1972 – dem Höhepunkt der vorausgegangenen Wachstumsexpansion – allein auf das unternehmerische Engagement der PSIU.[1079] Ein so hoher Anteil der direkten staatsunternehmerischen Intervention zur Förderung der industrie- und gesamtwirtschaftlichen Entwicklung war innerhalb westlicher Industrienationen einzigartig. Im Einklang mit dem Reformbündel von 1957/59 hatte sich der Investitionsfokus der staatlichen Industrieunternehmen im Verlauf der 1960er Jahre immer stärker auf Süditalien verlagert. Der Anteil der PSIU am Gesamtvolumen der industriellen Bruttoinvestitionen für den *Mezzogiorno*, der im Durchschnitt der Jahre von 1958 bis 1963 noch bei etwa 40% (ISTAT) bzw. 28% (SVIMEZ) gelegen hatte, war bis zum Beginn der 1970er Jahre kontinuierlich angewachsen und erreichte schließlich – ebenso 1972 – mit knapp über 68% (ISTAT) bzw. ca. 51% (SVIMEZ) seinen absoluten Höchststand.[1080]

Doch waren es nicht nur die PSIU, die eine zunehmende Rolle bei der Umsetzung der Industriepolitik spielten. Zwecks Dynamisierung der nationalen Industriewirtschaft im Allgemeinen und der Industrieförderung der Südregionen im Besonderen kam es während der *zweiten* Subperiode der italienischen Nachkriegsprosperität – sanktioniert durch die *dritte* Kreditreform und *zweite* große Reform der staatlichen Sondergesetzgebung für den Mezzogiorno im ersten Halbjahr 1965 – darüber hinaus zu einer signifikanten Ausdehnung der staatlich subventionierten Industriekreditfinanzierung sowie zu einer nochmals forcierten Ausgabensteigerung in den verschiedenen Interventionsbereichen der *Cassa per il Mezzogiorno*. Niemals zuvor in der Geschichte Italiens, aber auch nicht danach hatten die jeweiligen Regierungen des

1079 Vgl. Tabelle 4.12.

1080 Zur Berechnung der geschätzten Anteile der PSIU (inkl. ENEL) an den regionalen Gesamtbruttoinvestitionsvolumina der Industriewirtschaft des Mezzogiorno von 1952–1975, vgl. Fußnote 1068.

Apenninenstaates so viele Gelder für Beschleunigung und Verbreiterung des Industriewachstums bereitgestellt wie während der „langen" 1960er Jahre.

Als Ergebnis der regional vergleichenden Analysen konnte herausgearbeitet werden, dass die realwirtschaftliche Wirkungsdimension der jeweils zur Anwendung gelangten industriepolitischen Hauptinstrumente in Süditalien größer war als in den Regionen Nord-, Nordost-, Nordwest- und Mittelitaliens. Dabei zeigte sich in jenen Branchen der Industriewirtschaft eine überdurchschnittliche Wachstums- und Modernisierungsdynamik, die kontinuierlich steigende Anteile der staatlichen Förderkredite an den jährlichen Gesamtkreditvolumina zur Investitionsfinanzierung aufwiesen und in denen die Investitionsaktivität der PSIU am größten war. Aufgrund dieser eklatant hohen Abhängigkeit der Entwicklungsregionen des Mezzogiorno vom Staat dürften – so läßt sich schlußfolgern – die direkte (Staatsunternehmen) und indirekte (*Cassa* und Subventionen) staatliche Industrieförderung nicht nur für Beschleunigung und strukturelle Ausgestaltung des 1957/59 einsetzenden regionalen Wirtschaftsaufschwungs ein entscheidender Erklärungsfaktor gewesen sein, sondern gleichermaßen für dessen Entschleunigung und zunehmende strukturelle Ungleichgewichtigkeit: Seit Ende 1972 entwickelte sich die Investitionstätigkeit der Staatsunternehmen rückläufig, und auch die staatlich subventionierten Kreditmöglichkeiten für industriewirtschaftliche Projekte wurden schrittweise – spätestens seit 1974 – eingeschränkt. Der allmähliche Rückzug des Staates aus der Makroregion des Mezzogiorno, der so gesehen die Destabilisierung des exzeptionellen Wirtschaftswachstums ab Mitte der 1970er Jahre wesentlich verstärkt hat, resultierte nicht zuletzt aus der gegen Ende der *zweiten* Subperiode der italienischen Nachkriegsprosperität rapide angestiegenen Verschuldung sowohl der privatrechtlich organisierten Staatsholdings als auch der öffentlichen Hand. Eine Fortsetzung der staatlichen Südförderung – zumindest in der während dieses Zeitraumes erreichten quantitativen Dimension – war nicht mehr zu finanzieren.

Auch unter diesem Aspekt soll abschließend noch einmal betont werden, dass die während des Untersuchungszeitraumes von 1945/52 bis 1975 von den jeweiligen Regierungen Italiens praktizierte Industriepolitik weder „irrelevant" noch „wirkungslos" gewesen war. Allerdings stellen sich ihre kurz-, mittel- und längerfristigen Folgewirkungen durchaus ambivalent dar: *Einerseits* hat sie dazu beigetragen, die sozioökonomische Desintegration in den unmittelbaren Nachkriegsjahren zu überwinden, den volkswirtschaftlichen Strukturwandel erfolgreich auf eine moderne Industriegesellschaft hin auszurichten und die Europäische Nachkriegsprosperität in Italien zur vollen Entfaltung zu bringen – die seit den frühen 1950er Jahren prosperierende, ab 1958 das legendäre *miracolo economico italiano* begründende und auch nach der Rezession von 1963/65 noch weitere acht Jahre expandierende Wirtschaft wurde in ihrer Wachstumsdynamik innerhalb Europas lediglich von jener der bundesdeutschen Volkswirtschaft leicht übertroffen. *Andererseits* führten die seit Beginn der 1960er Jahre im paradigmatischen Rahmen wirtschaftspolitischer Planungskonstrukte erheblich forcierten industriepolitischen Maßnahmen zu einer rasant steigenden Kreditintensität der Bruttowertschöpfung, vor allem innerhalb des Verarbeitenden Gewerbes des Mezzogiorno. Die damit partiell einhergehende ineffiziente Allokation knapper Ressourcen legte den Grundstein dafür, dass das Wachstum der italienischen Volkswirtschaft zunehmend gewissermaßen „auf Pump“ realisiert und dadurch ein krisenhafter Restrukturierungsprozess erforderlich wurde, der nur langfristig zu bewältigen war. Sie war aber zugleich Ausdruck einer entwicklungsökonomisch überformten – (allzu) ehrgeizigen – industriepolitischen Vision, im Laufe von nur einer Generation das traditionelle sozioökonomische Entwicklungsgefälle zwischen den Regionen Nord- und Süditaliens abzubauen. Trotz aller in diesem Kontext erzielten kurz- und mittelfristigen Erfolge war es den jeweiligen Regierungen bis zum Ende der Nachkriegsprosperität letztlich nicht gelungen, in den rückständigen Regionen Süditaliens derartige Strukturen und Institutionen zu schaffen, die ein nachhaltiges, d. h. sich selbst tragendes Wachstum auch ohne Intervention des Staates ermöglichten.

Quellenverzeichnis

1 Archivquellen (nach Beständen)

1.1 *Archivio Centrale dello Stato* (ACS)

Ministero del bilancio – Gabinetto – Archivio Generale, b. 61, fasc. 3
Ministero del tesoro – Ispettorato generale per i finanziamenti, le partecipazioni statali e le operazioni finanziarie in genere – Miscellanea, b. 22, fasc. 6
Pasquale Saraceno – Attività di consulenza, b. 111, Lo schema Vanoni due anni dopo la sua presentazione 1956
Pasquale Saraceno – Attività di consulenza, b. 113, Commissione Papi 1961
Pasquale Saraceno – Attività di consulenza, b. 114, Corrispondenza varia su Programmazione
Pasquale Saraceno – Attività di consulenza, b. 116, Commissione Nazionale per la Programmazione Economica
Pasquale Saraceno – Scritti, b. 137, Criteri, risultati e prospettive della politica di industrializzazione del Mezzogiorno
Presidenza del Consiglio dei Ministri, Comitato Interministeriale per la Ricostruzione, b. 8, 1948–1950, fasc. 3 und fasc. 11
Presidenza del Consiglio dei Ministri, Comitato Interministeriale per la Ricostruzione, b. 12, 1961–1962, fasc. 14
Presidenza del Consiglio dei Ministri, Comitato Interministeriale per la Ricostruzione, b. 135, Rapporto OEEC XII (1960)
Ugo La Malfa, sottoserie III, Cariche di governo, Ministro del bilancio, b. 70, fasc. Comitato tecnico intermininisteriale di coordinamento ai fini della Programmazione

1.2 *Archivio Storico della Banca d'Italia* (ASBI)

Carte Rey, cart. 9, fasc. 5
Segreteria particolare, prattiche, n. 483, fasc. 1, sfasc. 9 und sfasc. 10
Studi, prattiche, n. 267, fasc. 3
Studi, prattiche, n. 269, fasc. 1
Studi, prattiche, n. 271, fasc. 1
Studi, prattiche, n. 287, fasc. 3
Studi, prattiche, n. 288, fasc. 12
Studi, prattiche, n. 289, fasc. 14
Studi, prattiche, n. 293, fasc. 12
Studi, prattiche, n. 297, fasc. 1
Studi, prattiche, n. 347, fasc. 22

1.3 *Archivio Storico ENI* (ASENI)

ENI, Presidenza Mattei, b. 40, fasc. 1, sfasc. 1, sfasc. 2 und sfasc. 4
ENI, Presidenza Mattei, b. 42, fasc. 4, sfasc. 2

https://doi.org/10.1515/9783110684223-007

1.4 *Archivio Storico IRI* (ASIRI)

II, numerazione nera, Affari generali e organi deliberanti, Ex Archivio di deposito, IRI Varie, Piani quadriennali, Gruppo IRI. Programmazione 1969/1972, b. AG/3263, fasc. 3
II, numerazione nera, Affari generali e organi deliberanti, Ex Archivio di deposito, IRI Varie, Piani quadriennali, IRI. Programma quadriennale: 1959/62 del gruppo, b. AG/3259, fasc. 8
II, numerazione nera, Affari generali e organi deliberanti, Ex Archivio di deposito, IRI Varie, Piani quadriennali, IRI. Programma quadriennale: 1957/60 del gruppo, b. AG/3258, fasc. 3
II, numerazione nera, Ex Archivio Storico, Sistemazione aziende pervenute all'IRI. Studi di settore, Finsider – Siderurgia – Nuovo impianto SIAC, b. STO/509, fasc. 2, sfasc. 2.6
II, numerazione nera, Ispettorato, Attività dell'ufficio, Eximbank, Siderurgia Piano 1947, Finsider, b. ISP/450, fasc. 6, sfasc. 1.6
II, numerazione nera, Ispettorato, Attività dell'ufficio, ERP-OECE-ECA, b. ISP/457, fasc. 2, sfasc. 3.
II, numerazione nera, Ispettorato, Attività dell'ufficio, ERP-OECE-ECA, b. ISP/457, fasc. 3, sfasc. 1 und sfasc. 2
II, numerazione nera, Ispettorato, Attività dell'ufficio, ERP-OECE-ECA, b. ISP/457, fasc. 6, sfasc. 2
II, numerazione nera, Presidente, Giuseppe Petrilli, Scritti e discorsi, 1968, Discorsi pubblicati numerati da 87 a 128, b. P/17, fasc. 42
II, numerazione nera, Studi, Attività dell'ufficio, Miscellanea dottor Marsan, Note e relazioni IRI 1950–1962 (Problema dell'IRI), b. STU/603, fasc. 3
II, numerazione nera, Studi, Carte raccolte e prodotte da funzionari dell'ufficio, Archivio Umberto del Canuto, Siderurgia e Comitati tecnici consultivi per la siderurgia, Comitato tecnico consultivo per la siderurgia, Note Assider, piano Vanoni, IV centro siderurgico, Vado Ligure e altro, b. STU/242, fasc. 2, sfasc. 17

1.5 *Archivio dell'Istituto Nazionale per la Storia del Movimento di Liberazione in Italia* (INSMLI)

Fondo Cesare Merzagora, busta 34, fasc. 29

1.6 *Archivio Storico SVIMEZ*

Serie 3, Ricerche e studi, Unità Archivistica 17, Cassa per il Mezzogiorno (Campilli), Osservazioni e materiale vario, busta 83, fasc. 1

1.7 Online Archivquellen

CGIL, Il Piano del Lavoro del 1949–50, http://old.cgil.it/news/Default.aspx?ID=20499
Giuseppe Di Vittorio, Relazione introduttiva al II Congresso Confederale della CGIL, Mozione conclusiva, zitiert nach: della Repubblica, CGIL. II Congresso Nazionale – Genova 4–9 ottobre

1949, Dalla Mozione conclusiva, La C.G.I.L. propone al Paese un Piano economico ricostruttivo, in: http://www.dellarepubblica.it/sindacati-cgil-congressi

International Bank for Reconstruction and Development, Department of Operations. Europe, Africa and Australasia, Cassa per il Mezzogiorno and the Economic Development of Southern Italy, May 20, 1955, S. 5ff. http://win.svimez.info/cassa/materiali/1.%20Rapporti%20interni%20IBRD/1955%20-%20(B)%20Cassa%20per%20il%20Mezzogiorno.pdf

Ministero dei beni e delle attivita' culturali e del turismo. Direzione generale archivi, Archivi d'impresa, IV Centro siderurgico Italsider, Dossier, in: http://www.imprese.san.beniculturali.it/web/imprese/percorsi/schedadossier?p_p_id=56_INSTANCE_0Coy&groupId=18701&articleId=33038&p_p_lifecycle=1&p_p_state=normal&viewMode=normal&articleIdPadre=33030 (besucht am 25.01.2017)

2 Gedruckte Quellen

2.1 Atti Parlamentari

2.1.1 *Camera dei Deputati* (chronologisch)

Discussioni, Leg. 3, Anno 1962: DCCXLV seduta, 27 novembre 1962; DCCXLIV seduta, 22 novembre 1962; DLXXVI seduta pomeridiana, 06 marzo 1962 und DLXXII seduta, 02 marzo 1962

Discussioni, Leg. 3, Anno 1961: CCCXCII seduta, 08 febbraio 1961; CCCLXXXV seduta, 31 gennaio 1961 und CCCLXXXII seduta, 25 gennaio 1961

Discussioni, Leg. 3, Anno 1960, CCCXXV seduta, 02 agosto 1960

Discussioni, Leg. 3, Anno 1958: XIII seduta, 23 luglio 1958; XII seduta, 19 luglio 1958; XI seduta, 18 luglio 1958 und VI seduta, 15 luglio 1958

Discussioni, Leg. 2, Anno 1956: DX seduta antemeridiana, 20 dicembre 1956; CDXXII seduta, 20 aprile 1956 und CCCLXXXV seduta, 23 febbraio 1956

Discussioni, Leg. 2, Anno 1955: CCXCIX seduta, 19 luglio 1955 und CCXCVIII seduta, 18 luglio 1955

Discussioni, Leg. 2, Anno 1953, LVIII seduta pomeridiana, 30 ottobre 1953

Discussioni, Leg. 1, Anno 1952, Seduta pomeridiana di Martedi 8 luglio 1952

Discussioni, Leg. 1, Anno 1948, 9 luglio 1948

2.1.2 *Senato della Repubblica* (chronologisch)

Assemblea – Resoconto stenografico, Leg. 3, Anno 1962, 651 seduta, 16 novembre 1962

Assemblea – Resoconto stenografico, Leg. 3, Anno 1958: IX seduta, 12 luglio 1958 und IV seduta, 09 luglio 1958

Assemblea – Resoconto stenografico, Leg. 2, Anno 1956, CDLXIII seduta, 08 novembre 1956

Discussioni, Leg. 2, Anno 1955, CCLXXIII seduta, 25 marzo 1955

Discussioni, Leg. 1, Anno 1953: CMXVI seduta, 21 gennaio 1953; CMXVIII seduta, 15 gennaio 1953 und CMXXII seduta, 14 gennaio 1953

Discussioni, Leg. 1, Anno 1951, DCXXXI seduta, 13 giugno 1951

Discussioni, Leg. 1, Anno 1948: L Seduta, 31 luglio 1948; XLVII Seduta, 29 luglio 1948; III Seduta, 1 giugno 1948 und XVII Seduta, 24 giugno 1948

2.1.3 Sonstige (chronologisch)

Atti Parlamentari, Senato della Repubblica, Relazione della 10a Commissione permanente (Industria, commercio, turismo), comunicata alla Presidenza il 15 maggio 1981, sul disegno di legge „Conferimento al fondo di dotazione dell'ENEL e modifiche alla legge 6 dicembre 1962, n. 1643, sull'istituzione dell'Ente nazionale per l'energia elettrica" approvato dalla Camera dei deputati nella seduta del 15 aprile 1981, Relatore de' Cocci, Rom: Tipografia del Senato (1981)

Atti Parlamentari, Camera dei Deputati, Disegni di legge e relazioni, Disegno di legge, Nr. 2103/18, approvato dal Senato della Repubblica nella seduta del 06 aprile 1978 e trasmesso dal Presidente del Senato della Repubblica al Presidente della Camera il 07 aprile 1978, Bilancio di previsione dello Stato per l'anno finanziario 1978, Tabella 18, Stato di previsione della spesa del Ministero delle partecipazioni statali, Annesso 6, Relazione programmatica sugli enti autonomi di gestione. Esercizio finanziario 1978, Rom: Istituto Poligrafico dello Stato (1978)

Atti Parlamentari, Ministero delle partecipazioni statali, Relazione programmatica sugli enti autonomi di gestione. Esercizio finanziario 1977, Allegato ENI – Ente Nazionale Idrocarburi, in: Ministero del bilancio e della programmazione economica, Bilancio di previsione dello Stato per l'anno finanziario 1977, Tabella 18, Stato di previsione della spesa del Ministero delle partecipazioni statali, Annesso 7, Rom: Istituto Poligrafico dello Stato (1977)

Atti Parlamentari, Camera dei Deputati, Relazione della Corte dei Conti al Parlamento sulla gestione finanziaria degli enti sottoposti a controllo in applicazione della legge 21 marzo 1958, n. 259, Ente Nazionale per l'Energia Elettrica (Esercizi 1973, 1974 e 1975), presentata alla Presidenza il 10 agosto 1976, Rom: Stabilimenti Tipografici Carlo Colombo (1976)

Atti Parlamentari, Ministero delle partecipazioni statali, Relazione programmatica sugli enti autonomi di gestione. Esercizio finanziario 1976, Allegato ENI – Ente Nazionale Idrocarburi, in: Ministero del bilancio e della programmazione economica, Bilancio di previsione dello Stato per l'anno finanziario 1976, Tabella 18, Stato di previsione della spesa del Ministero delle partecipazioni statali, Annesso 7, Rom: Istituto Poligrafico dello Stato (1976)

Atti Parlamentari, Camera dei Deputati, Relazione della Corte dei Conti al Parlamento sulla gestione finanziaria degli enti sottoposti a controllo in applicazione della legge 21 marzo 1958, n. 259, Ente Nazionale per l'Energia Elettrica (Esercizio 1972), presentata alla Presidenza il 24 ottobre 1973, Rom: Stabilimenti Tipografici Carlo Colombo (1973)

Atti Parlamentari, Ministero delle partecipazioni statali, Stato di previsione della spesa del Ministero delle partecipazioni statali, Annesso N. 4, Conto consuntivo Ente Nazionale Idrocarburi (E.N.I.). Esercizio finanziario 1972, in: Ministero del bilancio e della programmazione economica, Bilancio di previsione dello Stato per l'anno finanziario 1974, Tabella 18, Rom: Tipografia del Senato (1973)

Atti Parlamentari, Ministero delle partecipazioni statali, Stato di previsione della spesa del Ministero delle partecipazioni statali, Annesso N. 4, Conto consuntivo Ente Nazionale Idrocarburi (E.N.I.). Esercizio finanziario 1971, in: Ministero del bilancio e della programmazione economica, Bilancio di previsione dello Stato per l'anno finanziario 1973, Tabella 18, Rom: Tipografia del Senato (1972)

Atti Parlamentari, Camera dei Deputati, Relazione della Corte dei Conti al Parlamento sulla gestione finanziaria degli enti sottoposti a controllo in applicazione della legge 21 marzo 1958, n. 259, Ente Nazionale per l'Energia Elettrica (Esercizio 1971), presentata alla Presidenza il 30 novembre 1972, Rom: Stabilimenti Tipografici Carlo Colombo (1972)

Atti Parlamentari, Camera dei Deputati, Relazione della Corte dei Conti al Parlamento sulla gestione finanziaria degli enti sottoposti a controllo in applicazione della legge 21 marzo 1958, n. 259, Ente Nazionale per l'Energia Elettrica (Esercizio 1970), presentata alla Presidenza il 28 gennaio 1972, Rom: Stabilimenti Tipografici Carlo Colombo (1972)

Atti Parlamentari, Ministero delle partecipazioni statali, Stato di previsione della spesa del Ministero delle partecipazioni statali, Annesso N. 4, Conto consuntivo Ente Nazionale Idrocarburi (E.N.I.). Esercizio finanziario 1970, in: Ministero del bilancio e della programmazione economica, Bilancio di previsione dello Stato per l'anno finanziario 1972, Tabella 18, Rom: Tipografia del Senato (1971)

Atti Parlamentari, Camera dei Deputati, Relazione della Corte dei Conti al Parlamento sulla gestione finanziaria degli enti sottoposti a controllo in applicazione della legge 21 marzo 1958, n. 259, Ente Nazionale Idrocarburi (Esercizi 1966, 1967 e 1968), presentata alla Presidenza il 06 novembre 1970, Rom: Tipografia del Senato (1970)

Atti Parlamentari, Camera dei Deputati, Relazione della Corte dei Conti al Parlamento sulla gestione finanziaria degli enti sottoposti a controllo in applicazione della legge 21 marzo 1958, n. 259, Ente Nazionale per l'Energia Elettrica (Esercizio 1969), presentata alla Presidenza il 27 agosto 1970, Rom: Stabilimenti Tipografici Carlo Colombo (1970)

Atti Parlamentari, Camera dei Deputati, Relazione della Corte dei Conti al Parlamento sulla gestione finanziaria degli enti sottoposti a controllo in applicazione della legge 21 marzo 1958, n. 259, Ente Nazionale per l'Energia Elettrica (Esercizio 1968), presentata alla Presidenza il 18 dicembre 1969, Rom: Stabilimenti Tipografici Carlo Colombo (1969)

Atti Parlamentari, Camera dei Deputati, Relazione della Corte dei Conti al Parlamento sulla gestione finanziaria degli enti sottoposti a controllo in applicazione della legge 21 marzo 1958, n. 259, Ente Nazionale per l'Energia Elettrica (Esercizio 1966), presentata alla Presidenza il 6 ottobre 1967, Rom: Stabilimenti Tipografici Carlo Colombo (1967)

Atti Parlamentari, Camera dei Deputati, Relazione della Corte dei Conti al Parlamento sulla gestione finanziaria degli enti sottoposti a controllo in applicazione della legge 21 marzo 1958, n. 259, vol. CXCIV, Ente Nazionale Idrocarburi (E.N.I.) (Esercizio 1964–65 e periodo maggio-dicembre 1965), presentata alla Presidenza il 11 febbraio 1967, Rom: Tipografia del Senato (1967)

Atti Parlamentari, Camera dei Deputati, Relazione della Corte dei Conti al Parlamento sulla gestione finanziaria degli enti sottoposti a controllo in applicazione della legge 21 marzo 1958, n. 259, vol. CLXXIX, Ente Nazionale per l'Energia Elettrica (Esercizio 1965), presentata alla Presidenza il 09 settembre 1966, Rom: Istituto Poligrafico dello Stato (1966)

Atti Parlamentari, Camera dei Deputati, Relazione della Corte dei Conti al Parlamento sulla gestione finanziaria degli enti sottoposti a controllo in applicazione della legge 21 marzo 1958, n. 259, vol. CXXIII, Ente Nazionale per l'Energia Elettrica (Esercizio 1964), presentata alla Presidenza il 13 Luglio 1965, Rom: Istituto Poligrafico dello Stato (1965)

Atti Parlamentari, Camera dei Deputati, Relazione della Corte dei Conti al Parlamento sulla gestione finanziaria degli enti sottoposti a controllo in applicazione della legge 21 marzo 1958, n. 259, vol. CIX, Ente Nazionale Idrocarburi (E.N.I.) (Esercizi 1961–62, 1962–63, 1963–64), presentata alla Presidenza il 07 giugno 1965, Rom: Tipografia del Senato (1965)

Atti Parlamentari, Camera dei Deputati, Relazione della Corte dei Conti al Parlamento sulla gestione finanziaria degli enti sottoposti a controllo in applicazione della legge 21 marzo 1958, n. 259, vol. XCIX, Ente Nazionale per l'Energia Elettrica (Esercizio 1963), presentata alla Presidenza il 16 febbraio 1965, Rom: Istituto Poligrafico dello Stato (1965)

Atti Parlamentari, Camera dei Deputati, Relazione della Corte dei Conti al Parlamento sulla gestione finanziaria degli enti sottoposti a controllo in applicazione della legge 21 marzo 1958, Ente Nazionale Idrocarburi (E.N.I.) (Esercizi 1953–60), Rom: Tipografia del Senato (1961)

Atti Parlamentari, Camera dei Deputati, Relazione della V Commissione permanente (Bilanci e partecipazioni statali) sul disegno di legge „Stato di previsione della spesa del Ministero del bilanco per l'esercizio finanziario dal 10 luglio 1961 al 30 giugno 1962", approvato dal Senato della Repubblica nella seduta del 10 maggio 1961, presentata alla Presidenza il 26 maggio 1961, Rom: Istituto Poligrafico dello Stato (1961)

Atti Parlamentari, Senato della Repubblica, Lavori delle Commissioni – Resoconto sommario, Leg. 2, Anno 1956, n. 438 e 439, 11 luglio 1956, Rom: Istituto Poligrafico dello Stato (1956)
Atti Parlamentari, Camera dei Deputati, Relazione generale sulla situazione economica del Paese (1955), presentata dal ministro del bilancio (Zoli) e dal ministro del tesoro (Medici) alla Presidenza il 14 marzo 1956, Rom: Istituto Poligrafico dello Stato (1956)

2.2 Reden, Berichte, Bilanzen und sonstige Dokumentensammlungen

Banca d'Italia, Assemblea generale ordinaria dei partecipanti, Rom: Centro stampa Banca d'Italia (alle Jahrgänge von 1956–1990)
Cassa per opere straordinarie di pubblico interesse nell'Italia meridionale (Cassa per il Mezzogiorno), Bilancio 1959–60, Rom: Tipografia F. Failli (1960)
Comitato Interministeriale per la Ricostruzione (CIR), Programma economico italiano a lungo termine 1948–1949/1952/1953, in: Ministero del bilancio e della programmazione economica, La programmazione economica in Italia, vol. I, Rom: Società Grafica Romana (1967), S. 1–100
Comitato interministeriale per la ricostruzione. Segreteria per il programma di sviluppo economico, Lineamenti del programma di sviluppo dell'occupazione e del reddito in Italia, Rom: Istituto Poligrafico dello Stato (1956)
Comitato dei Ministri per il Mezzogiorno e per le zone depresse del Centro-Nord, Relazione sull'attuazione del piano di coordinamento degli interventi pubblici nel Mezzogiorno e sui provvedimenti per le aree depresse del Centro-nord, presentata dal Ministro per gli interventi straordinari nel Mezzogiorno e nelle zone depresse del Centro-Nord (Italo G. Caiati), communicata alla Presidenza il 30 aprile 1972, Rom: Istituto Poligrafico dello Stato (1972)
Comitato dei Ministri per il Mezzogiorno e per le zone depresse del Centro-Nord, Relazione sull'attuazione del piano di coordinamento degli interventi pubblici nel Mezzogiorno e sui provvedimenti per le aree depresse del Centro-nord, presentata dal Ministro per gli interventi straordinari nel Mezzogiorno e nelle zone depresse del Centro-Nord (Paolo E. Taviani), communicata alla Presidenza il 30 aprile 1971, Appendice statistica, Rom: Istituto Poligrafico dello Stato (1971)
Comitato dei Ministri per il Mezzogiorno e per le zone depresse del Centro-Nord, Relazione sull'attuazione del piano di coordinamento degli interventi pubblici nel Mezzogiorno e sui provvedimenti per le aree depresse del Centro-nord, presentata dal Ministro per gli interventi straordinari nel Mezzogiorno e nelle zone depresse del Centro-Nord (Paolo E. Taviani), communicata alla Presidenza il 28 aprile 1969, Rom: Istituto Poligrafico dello Stato (1969)
Comitato dei Ministri per il Mezzogiorno e per le zone depresse del Centro-Nord, Relazione sull'attuazione del piano di coordinamento degli interventi pubblici nel Mezzogiorno e sui provvedimenti per le aree depresse del Centro-nord, presentata dal Ministro per gli interventi straordinari nel Mezzogiorno e nelle zone depresse del Centro-Nord (Giulio Pastore), communicata alla Presidenza il 29 aprile 1968, Rom: Istituto Poligrafico dello Stato (1968)
Democrazia Cristiana, Atti e documenti della Democrazia Cristiana 1943–1959, Rom: Cinque lune 1959
Enrico Mattei. Scritti e discorsi, 1945–1962. Raccolta integrale dell'archivio storico eni, Mailand: Rizzoli (2012)
Hoffman, Paul G., Il Country Study dell'ECA sull'Italia, in: Istituto per gli studi di economia (Hg.), Documenti sul Piano Marshall nel primo anno di attuazione (3 aprile 1948 - 31 marzo 1949), Mailand: Istituto Editoriale Italiano (1949), S. 160–252
IRI, Annuario del gruppo IRI 1975, Rom: Edindustria Editoriale (1975)

IRI, Annuario del gruppo IRI 1974, Rom: Edindustria Editoriale (1974)
IRI, Annuario del gruppo IRI 1970, Rom: Edindustria Editoriale (1970)
IRI, Istituto per la Ricostruzione Industriale, Esercizio, Rom: Istituto per la Ricostruzione Industriale (alle Jahrgänge von 1950–1977)
Mattei, Enrico, Il metano in Italia, in: Camera di commercio, industria e agricoltura di Verona, Utilizzazione del metano. Atti del convegno di Verona: Loggia Fra Giocondo, 15 marzo 1951, Verona: Tipografia Arena (1951), S. 1–18
Ministero del bilancio e della programmazione economica, La programmazione economica in Italia, vol. I, Rom: Società Grafica Romana (1967)
Ministero del bilancio, Progetto di programma di sviluppo economico per il quinquennio 1965–1969, presentato dal ministro del bilancio Antonio Giolitti alla Commissione Nazionale per la Programmazione Economica il 27 giugno 1964, in: Ministero del bilancio e della programmazione economica, La programmazione economica in Italia, vol. IV, Rom: Società grafica romana (1967), S. 1–55
Ministero del bilancio e della programmazione economica, La programmazione economica in Italia, vol. IV, Rom: Società grafica romana (1967)
Ministero del bilancio. Commissione Nazionale per la Programmazione Economica, Rapporto del vice presidente della Commissione Nazionale per la Programmazione Economica, Rom: Tipolitografia F. Failli (1964)
Ministero del bilancio, Schema di sviluppo dell'occupazione e del reddito in Italia nel decennio 1955–1964, unveröffentlicht (Januar 1955), abgedruckt in: Presidenza del Consiglio dei Ministri (Hg.), Documenti sul Programma di sviluppo economico, Rom: Istituto Poligrafico dello Stato (1957), S. 37–139
Ministero per la Costituente, Rapporto della Commissione Economica, presentato all'Assemblea Costituente, vol. II, Industria, I – Relazione, Primo volume, Rom: Istituto Poligrafico dello Stato (1947)
Ministero per la Costituente, Rapporto della Commissione Economica, presentato all'Assemblea Costituente, vol. II, Industria, I – Relazione, Secondo volume, Rom: Istituto Poligrafico dello Stato (1947)
Ministero per la Costituente, Rapporto della Commissione Economica, presentato all'Assemblea Costituente, vol. II, Industria, II – Appendice alla Relazione (Interrogatori), Rom: Istituto Poligrafico dello Stato (1946)
Ministero dell'industria e del commercio, L'Istituto per la Ricostruzione Industriale – I.R.I. –, vol. III, Origini, ordinamenti e attività svolta (Rapporto del Prof. Saraceno), Turin: Tipografia Sociale Torinese (1956)
Ministero delle partecipazioni statali, Relazione programmatica, Rom: Istituto Poligrafico dello Stato (alle Jahrgänge von 1959–1990)
Ministero delle partecipazioni statali, Bilancio consolidato al dicembre 1974 delle imprese a partecipazione statale, Rom: Istituto Poligrafico dello Stato (1976)
Ministero delle partecipazioni statali, Stato patrimoniale consolidato delle aziende a partecipazione statale al dicembre 1959 e al dicembre 1960, Rom: Istituto Poligrafico dello Stato (1962)
Ministero delle partecipazioni statali, Lo stato patrimoniale consolidato al dicembre 1959 delle aziende dei gruppi IRI ed ENI, Rom: Istituto Poligrafico dello Stato (1961)
Presidenza del Consiglio dei Ministri. Comitato per lo sviluppo dell'occupazione e del reddito, Riconsiderazione dello „Schema Vanoni" nel quinto anno della sua presentazione. Rapporto del Presidente del Comitato al Presidente del Consiglio dei Ministri, Rom: Istituto Poligrafico dello Stato (1959)
Presidenza del Consiglio dei Ministri (Hg.), Documenti sul Programma di sviluppo economico, Rom: Istituto Poligrafico dello Stato (1957)

Saraceno, Pasquale, Schema di sviluppo e Mercato Comune Europeo. Rapporto del Presidente del Comitato per lo sviluppo dell'occupazione e del reddito al Presidente del Consiglio dei Ministri, unveröffentlicht (Oktober 1957), abgedruckt in: Presidenza del Consiglio dei Ministri (Hg.), Documenti sul Programma di sviluppo economico, Rom: Istituto Poligrafico dello Stato (1957), S. 25–36

Saraceno, Pasquale, Necessità e prospettive dello sviluppo industriale nelle regioni meridionali, in relazione all'opera della Cassa per il Mezzogiorno, Relazione di Pasquale Saraceno al II Convegno della Cassa per il Mezzogiorno (Napoli, 4–5 novembre 1953) su „L'industrializzazione e l' istruzione professionale nel Mezzogiorno", in: Cassa per le opere straordinarie di pubblico interesse nell'Italia meridionale, Atti del Convegno di Napoli (3–4 novembre 1953), abgedruckt in: Manin Carabba (Hg.), Mezzogiorno e programmazione, Mailand: Giuffrè (1980), S. 103–129

Saraceno, Pasquale, Effetti della spesa pubblica addizionale effettuata per investimenti nel Mezzogiorno nel 1953 rispetto al 1950, anno precedente l'inizio dell'attività della ‚Cassa', in: Cassa per le opere straordinarie di pubblico interesse nell'Italia meridionale, Atti del Convegno di Napoli (3–4 novembre 1953), abgedruckt in: Manin Carabba (Hg.), Mezzogiorno e programmazione, Mailand: Giuffrè (1980), S. 130–137

Saraceno, Pasquale, Ipotesi di sviluppo dell'occupazione nel Mezzogiorno tra il 1952 e il 1963, in: Cassa per le opere straordinarie di pubblico interesse nell'Italia meridionale, Atti del Convegno di Napoli (3–4 novembre 1953), abgedruckt in: Manin Carabba (Hg.), Mezzogiorno e programmazione, Mailand: Giuffrè (1980), S. 138–140

Saraceno, Pasquale, Elementi per un piano quadriennale di sviluppo dell'economia italiana, Rom: Istituto Poligrafico (1948)

Saraceno, Pasquale, Elementi per un piano quadriennale di sviluppo dell'economia italiana. Relazione al Consiglio Economica Nazionale (sessione del 4–6 settembre 1947), Rom: Centro di studi e piani economici-tecnici (1947)

2.3 Artikel in Tageszeitungen, Wochen- und Monatszeitschriften (chronologisch)

Gaggi, Massimo, Per lo storico del petrolio, su Mattei le „sette sorelle" stavano cambiando idea, Intervista con Daniel H. Yergin, in: Corriere della Sera, Ausgabe vom 26.10.2012, S. 53

Bocconi, Sergio, Morte di Mattei: politici divisi, in: Corriere della sera, Ausgabe vom 23.01.2001, S. 19

Montanelli, Indro, Enrico Mattei. L'incorruttiblie corruttore, in: Corriere della sera, Ausgabe vom 04.06.1992, S. 41.

Italien/Staatsindustrie. IRI, ENI, ENEL, in: Der Spiegel, Nr. 26, Ausgabe vom 23.06.1966, S. 113–116

Italien. Kapitalflucht: Fluß ohne Wiederkehr, in: Der Spiegel, Nr. 46, Augabe vom 11. November 1963, S. 92–96

Mattei am ersten, in: Der Spiegel, Nr. 32, Ausgabe vom 06.08.1958, S. 34–41

Sterling, Claire, Mattei the Condottiere, in: The Reporter, Ausgabe vom 20.03.1958, S. 20–23

de Franciscis, Azio, Enrico Mattei. Italiens Super-Manager, in: DIE ZEIT, Ausgabe vom 26.07.1956, Jahrgang 1956, Nr. 30, in: http://www.zeit.de/1956/30/enrico-mattei

Italiens Wirtschaftswunder, in: DIE ZEIT, Ausgabe vom 31. Mai 1956, Jahrgang 1956, Nr. 22, in: http://www.zeit.de/1956/22/italiens-wirtschaftswunder

De Gasperi, Alcide, Relazione al V congresso nazionale della Democrazia Cristiana (Napoli, 26.-29.06.1954), abgedruckt in: Il Popolo, Ausgabe vom 28.06.1954, S. 1–4

Campilli inaugura il convegno della Cassa del Mezzogiorno, in: Corriere della sera, Ausgabe vom 05.11.1953, S. 5

Di Vittorio dichiara che il Meridione non può risorgere senza riforme, in: L'Unità, Ausgabe vom 05.11.1953, S. 2
Mattei, Enrico, Il sottosuolo padano è una cassaforte aperta, in: Corriere della Sera, Ausgabe vom 10.11.1949, S. 1
Di Vittorio illustra il piano costruttivo proposto dalla CGIL a tutta la Nazione, in: L'Unità, Ausgabe vom 05.10.1949, S. 1–2

2.4 Online-Quellen

Camera dei Deputati, Portale storico, IV Legislatura della Repubblica italiana dal 16 maggio 1963 al 04 giugno 1968, in: http://storia.camera.it/cronologia/leg-repubblica-IV/elenco#nav (besucht am 05.10.2016)
Camera dei Deputati, Portale storico, III Legislatura della Repubblica italiana dal 12 giugno 1958 al 15 maggio 1963, in: http://storia.camera.it/cronologia/leg-repubblica-III/elenco (besucht am 04.08. 2016)
Camera dei Deputati, Portale storico, Deputati, Vincenzo Rivera, in: http://storia.camera.it/deputato/vincenzo-rivera-18900406 (besucht am 05.08.2016)
Camera dei Deputati, Portale storico, Norme fondamentali e leggi, Leggi ordinarie, 1962 und 1963, in: http://storia.camera.it/norme-fondamentali-e-leggi/leggi/faccette/*:*|anni:1962#nav sowie http://storia.camera.it/norme-fondamentali-e-leggi/leggi/faccette/*:*|anni:1963#nav (besucht am 03.10.2016)
Governo Italiano, Presidenza del Consiglio dei Ministri, IV Governo Fanfani (21.02.1962 - 21.06.1963), in: http://www.governo.it/i-governi-dal-1943-ad-oggi/iii-legislatura-12-giugno-1958-18-febbraio-1963/governo-fanfani-iv/3213 (besucht am 03.10.2016)
La Democrazia Cristiana in Italia, VIII Congresso nazionale della Democrazia Cristiana, Napoli, 27–31 gennaio 1962, in: http://www.storiadc.it/congressi/congr_08.html (besucht am 03.10.2016)
La Democrazia Cristiana in Italia, VIII Congresso nazionale della Democrazia Cristiana, Mozione ‚Centrismo popolare', Napoli, 31 gennaio 1962, in: http://www.storiadc.it/doc/1962_08congr_centrismopopolare.html (besucht am 03.10.2016)
La Democrazia Cristiana in Italia, VIII Congresso nazionale della Democrazia Cristiana, Mozione di maggioranza, Napoli, 31 gennaio 1962, in: http://www.storiadc.it/doc/1962_08congr_mozione.html (besucht am 03.10.2016)
La Democrazia Cristiana in Italia, Le correnti della Democrazia Cristiana, in: http://www.storiadc.it/correnti.html (besucht am 09.07.2016)
L'uomo del "miracolo economico". 27 ottobre 1962: 50 anni fa moriva Enrico Mattei, in: http://www.webiamo.it/webiamo-story/28-anno-2012/1985-enrico-mattei.html
Ministero dell'Interno, Archivio storico delle elezioni, in: http://elezionistorico.interno.it (besucht am 26.06.2016)
Vittimemafia per non dimenticare: 27 Ottobre 1962 Pavia. Cade il bireattore dell'Ing. Enrico Mattei Presidente dell'ENI, in: http://vittimemafia.it/index.php?option=com_content&view=article&id=223:27-ottobre-1962-pavia-cade-il-bireattore-delling-enrico-mattei-presidente-delleni-con-lui-muoiono-irnerio-bertuzzi-il-pilota-e-william-mc-hale-un-giornalista-inglese&catid=35:scheda&Itemid=67

2.5 Statistische Publikationen

Baffigi, Alberto, Stephen N. Broadberry, Claire Giordano und Francesco Zollino, Data Appendix – Italy's National Accounts (1861–2010), in: Gianni Toniolo (Hg.), The Oxford Handbook of the Italian Economy since Unification, Oxford-New York: Oxford University Press (2013), S. 631–712

Banca d'Italia, Tavole Storiche. Indicatori monetari e finanziari, Rom: Banca d'Italia (2013)

ISTAT, L'Italia in 150 anni. Sommario di statistiche storiche 1861–2010, Rom: RTI Poligrafica Ruggiero (2011)

ISTAT, Sommario di statistiche storiche. 1926–1985, Rom: Grafiche Chicca (1986)

ISTAT, Annuario Statistico Italiano, Rom: Istitituto Poligrafico dello Stato (alle Jahrgänge von 1939–1990)

Ministero del tesoro. Direzione generale del debito pubblico, Relazione del direttore generale alla commissione parlamentare di vigilanza. Il debito pubblico in Italia 1861–1987, vol. 1, Rom: Istituto Poligrafico dello Stato (1988)

Mitchell, Brian R., International Historical Statistics, vol. 3, Europe. 1750–2005 (6. Aufl.), Basingstoke: Palgrave Macmillan (2007)

SVIMEZ, 150 anni di statistiche italiane: Nord e Sud 1861–2011, Bologna: Il Mulino (2011)

SVIMEZ, Un quarto di secolo nelle statistiche Nord-Sud, Mailand: Giuffrè (1978)

SVIMEZ, Il Mezzogiorno che cambia: Un quarto di secolo in cifre, in: SVIMEZ, Un quarto di secolo nelle statistiche Nord-Sud, Mailand: Giuffrè (1978)

2.6 Online Datenbanken

https://www.bancaditalia.it/statistiche/tematiche/stat.../Data_Na150-1.1.zip.

GGDC, Historical Statistics for the World Economy (2010), copyright by Angus Maddison

ISTAT, Serie storiche, Popolazione e società, Popolazione, Popolazione residente a inizio anno e popolazione media, per regione e ripartizione geografica – Anni 1952–2014

The Conference Board (2014), Total Economy Database. Output, Labor and Labor Productivity Country Details, 1950–2013

Literaturverzeichnis

Abeille, Renato, Storia delle telecomunicazioni italiane e della Sip. 1964–1994, Mailand: FrancoAngeli (1999)

Abelshauser, Werner, Ansätze „korporativer Marktwirtschaft" in der Korea-Krise der frühen fünfziger Jahre. Ein Briefwechsel zwischen dem Hohen Kommissar John Mc Cloy und Konrad Adenauer, in: Vierteljahrshefte für Zeitgeschichte, Jg. 30, Heft 4 (1982), S. 715–756

Abelshauser, Werner, Westeuropa vor dem Marshall-Plan. Entwicklungsmöglichkeiten und Wirtschaftsordnung in Großbritannien, Frankreich, Westdeutschland und Italien 1945–1950, in: Otmar N. Haberl und Lutz Niethammer (Hg.), Der Marshall-Plan und die europäische Linke, Frankfurt a.M.: Suhrkamp (1986), S. 99–131

Accorinti, Giuseppe, Quando Mattei era l'impresa energetica – io c'ero –, Matelica: Halley (2004)

Acemoglu, Daron K. und James A. Robinson, De Facto Political Power and Institutional Persistence, in: American Economic Review, vol. 96,2 (2006), S. 325–330

Acemoglu, Daron K. und James A. Robinson, Economic Backwardness in Political Perspective, in: American Political Science Review, vol. 100,1 (2006), S. 115–131

Affinito, Massimiliano, Marcello de Cecco und Angelo Dringoli, Le privatizzazioni nell'industria manifatturiera italiana, Rom: Donzelli (2000)

Aga Rossi, Elena (Hg.), Il Piano Marshall e l'Europa, Rom: Istituto Enciclopedia Treccani (1983)

Ahrens, Ralf und Astrid M. Eckert, Industrial Policy in Western Europe since the 1960s: Historical Varieties and Perspectives, in: Jahrbuch für Wirtschaftsgeschichte/Economic History Yearbook, vol. 58, Heft 1 (2017), S. 23–33

Allan, Roy G.D., Mathematische Wirtschaftstheorie, Berlin: Duncker & Humblot (1971)

Allen, Kevin, Regional Intervention, in: Stuart Holland (Hg.), The State as Entrepreneur. New Dimensions for Public Enterprise: The IRI State Shareholding Formula, London: Weidenfeld and Nicolson (1972), S. 165–183

Allen Kevin und Malcolm C. MacLennan, Regional Problems and Policies in Italy and France, London: Allen & Unwin (1970)

Amato, Giuliano, Il ruolo dell'esecutivo nel governo delle partecipazioni statali, in: Giancarlo Mazzocchi (Hg.), Il governo democratico dell'economia. Saggi e interventi, Bari: De Donato (1976), S. 135–148

Amato, Giuliano, Introduzione, in: Giuliano Amato (Hg.), Il governo dell'industria in Italia, Bologna: Il Mulino (1972), S. 13–75

Amato, Giuliano (Hg.), Il governo dell'industria in Italia, Bologna: Il Mulino (1972)

Amatori, Franco (Hg.), Storia dell'IRI, vol. II, Il ‚miracolo' economico e il ruolo dell'IRI, 1949–1972, Rom-Bari: Laterza (2013)

Amatori, Franco, Un profilo d'insieme: l'età dell'IRI, in: Franco Amatori (Hg.), Storia dell'IRI, vol. II, Il ‚miracolo' economico e il ruolo dell'IRI 1949–1972, Rom-Bari: Laterza (2013), S. 3–56

Amatori, Franco, Robert Millward und Pier Angelo Toninelli (Hg.), Reappraising State-Owned Enterprise. A Comparism of the UK and Italy, New York-London: Routledge (2011)

Amatori, Franco, Beyond State and Market. Italy's Futile Search for a Third Way, in: Pier A. Toninelli (Hg.), The Rise and Fall of State-Owned Enterprise in the Western World, Cambridge (UK): Cambridge University Press (2000), S. 128–156

Amatori, Franco et al. (Hg.), Storia d'Italia. Annali. L'industria, Turin: Giulio Einaudi (1999)

Amatori, Franco, Growth via Politics: Business Groups Italian Style, in: Takao Shiba und Masahiro Shimotani (Hg.), Beyond the Firm. Business Groups in International and Historical Perspective, Oxford-New York: Oxford University Press (1997), S. 109–134

Amatori, Franco, Entrepreneurial Typologies in the History of Industrial Italy (1880–1960): A Review Article, in: Business History Review, vol. 54, n. 3 (1980), S. 359–386

https://doi.org/10.1515/9783110684223-008

Ambrosetti, Christina, Ezio Vanoni e la riforma tributaria in Italia, in: Società italiana di economia pubblica, working paper series, No. 325 (September 2004), S. 1–125
Ambrosius, Gerold, Wirtschaftsraum Europa. Vom Ende der Nationalökonomien, Frankfurt a.M.: Fischer (1996)
Ambrosius, Gerold und Hartmut Kaelble, Einleitung: Gesellschaftliche und wirtschaftliche Folgen des Booms der 1950er und 1960er Jahre, in: Hartmut Kaelble (Hg.), Der Boom 1948–1973. Gesellschaftliche und wirtschaftliche Folgen in der Bundesrepublik und Europa, Opladen: Westdeutscher Verlag (1992), S. 7–32
Amendola, Mario und Paolo Baratta, Investimenti industriali e sviluppo dualistico, Mailand: Giuffrè (1978)
Amoroso, Bruno und Ole J. Olsen, Lo stato imprenditore, Rom-Bari: Editori Laterza (1978)
Andreotti, Giulio, De Gasperi e il suo tempo. Trento, Vienna, Roma, Mailand: Mondadori (1956)
Annesi, Massimo, Riflessi giuridici della programmazione e della pianificazione economica, in: Centro Nazionale di Prevenzione e Difesa Sociale (Hg.), Problemi sullo sviluppo delle aree arretrate. Scritti di V. Ajemone Marsan et al., Bologna: Il Mulino (1960), S. 295–326
Arena, Giuliana, Pasquale Saraceno commis d'Etat. Dagli anni giovanili alla ricostruzione (1903–1948), Mailand: FrancoAngeli (2011)
Argy, Victor, The Postwar International Money Crisis, Abingdon, Oxon: Routledge (2006)
Artoni, Roberto (Hg.), Storia dell'IRI, vol. IV, Crisi e privatizzazione, 1990–2002, Rom-Bari: Laterza (2014)
Baffi, Paolo, Via Nazionale e gli economisti stranieri 1944–1953, in: Rivista di storia economica, n. 1 (1985), S. 1–45
Baffigi, Alberto, Italian National Accounts, 1861–2011. A project of Banca d'Italia, Istat and University of Rome "Tor Vergata", in: Economic History Working Papers, Banca d'Italia, n. 18 (2011)
Baget-Bozzo, Gianni, Il partito cristiano e l'apertura a sinistra. La DC di Fanfani e di Moro 1954–1962, Florenz: Vallecchi (1977)
Balconi, Margherita, La siderurgia italiana (1945–1990). Tra controllo pubblico ed incentivi del mercato, Bologna: Il Mulino (1991)
Baldassarri, Mario (Hg.), Industrial Policy in Italy, 1945–90, London-New York: St. Martin's Press (1993)
Ballini, Pier L. und Maurizio Ridolfi (Hg.), Storia delle campagne elettorali in Italia, Mailand: Mondadori (2002)
Barbagallo, Francesco et al. (Hg.), Storia dell'Italia repubblicana, vol. 4, La trasformazione dell'Italia: sviluppo e squilibri (parte seconda), Mailand-Turin: Einaudi (1995)
Barca, Fabrizio (Hg.), Storia del capitalismo italiano dal dopoguerra a oggi, Rom: Donzelli (1997)
Barca, Fabrizio, Compromesso senza riforme nel capitalismo italiano, in: Fabrizio Barca (Hg.), Storia del capitalismo italiano dal dopoguerra a oggi, Rom: Donzelli (1997), S. 3–116
Barca, Fabrizio, Francesca Bertucci, Graziella Capello und Paola Casavola, La trasformazione proprietaria di Fiat, Pirelli e Falck dal 1947 ad oggi, in: Fabrizio Barca (Hg.), Storia del capitalismo italiano dal dopoguerra a oggi, Rom: Donzelli (1997), S. 155–185
Barca, Fabrizio und Sandro Trento, La parabola delle partecipazioni statali: una missione tradita, in: Fabrizio Barca (Hg.), Storia del capitalismo italiano dal dopoguerra a oggi, Rom: Donzelli (1997), S. 186–236
Barucci, Piero, Simone Misiani und Manuela Mosca (Hg.), La cultura economica tra le due guerre, Mailand: FrancoAngeli (2015)
Barucci, Piero, Di Ezio Vanoni e del suo piano, in: Rivista della Scuola Superiore dell'Economia e delle Finanze, n. 2 (2010), S. 38–49.
Barzanti, Sergio, The Underdeveloped Areas Within the Common Market, Princeton: Princeton University Press (1965)

Battilani, Patrizia and Francesca Fauri, Mezzo secolo di economia italiana 1945–2008, Bologna: Il Mulino (2008)
Battilani, Patrizia und Francesca Fauri, Marshall-Plan und Handelsliberalisierung. Auswirkungen auf das industrielle Wachstum in den italienischen Regionen, in: Gian E. Rusconi und Hans Woller (Hg.), Parallele Geschichte? Italien und Deutschland 1945–2000, Berlin: Duncker & Humblot (2006), S. 413–441
Becker, Josef und Franz Knipping (Hg.), Power in Europe? Great Britain, France, Italy, and Germany in a Postwar World 1945–1950, Berlin-New York: De Gruyter (1986)
Behrends, Sylke, Erklärung von Gruppenphänomenen in der Wirtschaftspolitik. Politiologische und Volkswirtschaftliche Theorien sowie Analyseansätze, Berlin: Duncker & Humblot (1997)
Bellini, Fulvio und Alessandro Previdi, L'assasinio di Enrico Mattei, Mailand: FLAN (1970)
Berend, Ivan T., Markt und Wirtschaft. Ökonomische Ordnungen und wirtschaftliche Entwicklung in Europa seit dem 18. Jahrhundert, Göttingen: Vandenhoeck & Ruprecht (2007)
Bernardi, Emanuele, La riforma agraria in Italia e gli Stati Uniti. Guerra fredda, Piano Marshall, e interventi per il Mezzogiorno negli anni del centrismo degasperiano, Bologna: Il Mulino (2006)
Berta, Giuseppe, L'Italia delle fabbriche. La parabola dell'industrialismo nel Novecento, Bologna: Il Mulino (2001)
Berti, Silvia (Hg.), Crisi, rinascita, ricostruzione. Giuseppe Di Vittorio e il Piano del lavoro (1949–50), Rom: Donzelli (2012)
Bevilacqua, Piero, Andreina De Clementi und Emilio Franzina (Hg.), Storia dell'emigrazione italiana, Rom: Donzelli (2001)
Bianchi, Luca, Delio Miotti, Riccardo Padovani, Guido Pellegrini und Giuseppe Provenzano, 150 anni di crescita, 150 anni di divari: sviluppo, trasformazioni, politiche, in: Rivista economica del Mezzogiorno, n. 3 (2011), S. 449–516
Bianchi, Patrizio, La rincorsa frenata. L'industria italiana dall'unità nazionale all'unificazione europea, Bologna: Il Mulino (2002)
Bini, Piero, Introduzione, in Piero Bini (Hg.), Il Mezzogiorno nel parlamento repubblicano (1948–1972), vol. I, Mailand: Giufrè (1976), S. 1–58
Bini, Piero (Hg.), Il Mezzogiorno nel parlamento repubblicano (1948–1972), vol. I, Mailand: Giufrè (1976)
Bittner, Thomas, Das westeuropäische Wirtschaftswachstum nach dem Zweiten Weltkrieg. Eine Analyse unter besonderer Berücksichtigung der Planification und der Sozialen Marktwirtschaft, Münster: LIT (2001)
Bolchini, Pietro, La fortuna di Keynes in Italia, in: Miscellanea storica ligure, Nr. 1 (1982), S. 7–70
Boltho, Andrea (Hg.), The European Economy. Growth and Crisis, Oxford-New York: Oxford University Press (1982)
Bombach, Gottfried et al. (Hg.), Der Keynesianismus I. Theorie und Praxis keynesianischer Wirtschaftspolitik. Entwicklung und Stand der Diskussion, Berlin-Heidelberg-New York: Springer (1976)
Bonelli, Franco, Alberto Beneduce (1877–1944), in: Alberto Mortara (Hg.), I protagonisti dell'intervento pubblico in Italia, Collana CIRIEC, Mailand: FrancoAngeli (1984), S. 329–356
Bonelli, Franco (Hg.), Acciaio per l'industrializzazione. Contributi allo studio del problema siderurgico italiano, Turin: Einaudi (1982)
Bonelli, Franco, Antonia Carparelli und Martino Pozzobon, La riforma siderurgica IRI tra autarchia e mercato (1936–1942), in: Franco Bonelli (Hg.), Acciaio per la industrializzazione. Contributi allo studio del problema siderurgico italiano, Turin: Einaudi (1982), S. 215–333
Bonuglia, Roberto, Tra economia e politica: Pasquale Saraceno, Rom: Nuova cultura (2010)
Botarelli, Simonetta, Le scelte di politica tributaria negli anni delle riforme (1948–1971), in: Rivista di diritto finanziario e scienza delle finanze, vol. 64,1 (2005), S. 54–86

Bottiglieri, Bruno, La politica economica dell' Italia centrista (1948–1958), Mailand: Edizioni di Communità (1984)
Bottiglieri, Bruno, Le partecipazioni statali negli anni cinquanta: alcune premesse al dibattito odierno, in: Economia & Lavoro, anno XV, n. 2 (1981), S. 79–101
Broadberry, Stephen N., Claire Giordano und Francesco Zollino, A Sectoral Analysis of Italy's Development, 1861–2011, Economic History Working Papers, Banca d'Italia, n. 20 (2011)
Brogi, Alessandro, Confronting America. The Cold War between the United States and the Communists in France and Italy, Chapel Hill: University of North Carolina Press (2011)
Bruni, Luigi, Analisi disaggregata dello sviluppo manufatturiero dopo la seconda guerra mondiale, in: Giorgio Fuà (Hg.), Lo sviluppo economico in Italia. Storia dell'Economia Italiana negli ultimi cento anni, vol. III: Studi di settore e documentazione di base, Milano: FrancoAngeli (1975), S. 282–322
Buchheim, Christoph, Ökonomischer Strukturwandel in Frankreich und Deutschland im europäischen und transatlantischen Zusammenhang, in: Hélène Miard-Delacroix und Rainer Hudemann (Hg.), Wandel und Integration. Deutsch-französische Annäherungen der fünfziger Jahre, München: Oldenbourg (2005), S. 159–178
Bussotti, Luca, Studi sul Mezzogiorno repubblicano. Storia politica ed analisi sociologica, Soveria Mannelli: Rubbettino (2003)
Cafiero, Salvatore, Storia dell'intervento straordinario nel Mezzogiorno (1950–1993), Rom-Bari-Manduria: Piero Lacaita Editore (2000)
Cafiero, Salvatore, Menichella merdionalista, in: Franco Cotula (Hg.), Stabilità e sviluppo negli anni cinquanta, vol. 2, Problemi strutturali e politiche economiche, Rom-Bari: Laterza (1998), S. 465–540
Campanini, Giorgio, Aldo Moro. Cultura e impegno politico, Rom: Studium (1992)
Cantarano, Giuseppe, Alla riversa per una storia degli scioperi a rovescio 1951–52, Bari: Dedalo (1989)
Carabba, Manin (Hg.), Mezzogiorno e programmazione, Mailand: Giuffrè (1980)
Carabba, Manin, Introduzione, in: Manin Carabba (Hg.), Mezzogiorno e programmazione, Mailand: Giuffrè (1980), S. 1–78
Carabba, Manin, Un ventennio di programmazione. 1954–1974, Rom-Bari: Laterza (1977)
Cardini, Antonio (Hg.), Il miracolo economico italiano (1958–1963), Bologna: Il Mulino (2006)
Carli, Guido, Cinquant'anni di vita italiana, Rom-Bari: Laterza (1993)
Carli, Guido, Intervista sul capitalismo italiano, a cura di Eugenio Scalfari, Rom-Bari: Laterza (1977)
Carlyle, Margaret, The Awakening of Southern Italy, London: Oxford University Press (1962)
Carocci, Giampiero, Storia del fascismo. Le vicende che hanno segnato la vita di tanti italiani, Rom: Newton Compton (2012)
Carnevali, Francesca, State Enterprise and Italy's "Economic Miracle": The Ente Nazionale Idrocarburi, 1945–1962, in: Enterprise & Society, vol. 1, n. 2 (2000), S. 249–278
Carnevali, Francesca und Giulio Sapelli, Uno sviluppo tra politica e strategia: Eni (1953–1985), Mailand: FrancoAngeli (1992)
Carreras, Albert, Un ritratto quantitativo dell'industria italiana, in: Franco Amatori et al. (Hg.), Storia d'Italia. Annali. L'industria, Turin: Giulio Einaudi (1999), S. 179–272
Cassel, Dieter (Hg.), Perspektiven der Systemforschung, Berlin: Duncker & Humblot (1999)
Castagnoli, Adriana, L'ultimo mezzo secolo, in: Valerio Castronovo (Hg.), I cavalieri del lavoro. Cent'anni di imprenditoria, Rom: Federazione nazionale dei Cavalieri del lavoro (2001), S. 287–492
Castellani, Pierluigi, La Democrazia Cristiana dal centro-sinistra al delitto Moro (1962–1978), in: Francesco Malgeri (Hg.), Storia della Democrazia cristiana, vol. IV, Dal Centro Sinistra agli ‚Anni di Piombo' (1962–1978), Rom: Cinque lune (1989), S. 3–116
Castronovo, Valerio (Hg.), Storia dell'IRI, vol. I, Dalle origini al dopoguerra, 1933–1948, Rom-Bari: Laterza (2012)

Castronovo, Valerio (Hg.), I cavalieri del lavoro. Cent'anni di imprenditoria, Rom: Federazione nazionale dei Cavalieri del lavoro (2001)
Castronovo, Valerio, Grandi e piccoli borghesi. La via italiana al capitalismo, Rom-Bari: Laterza (1988)
Castronovo, Valerio, L'industria italiana dall'Ottocento a oggi, Mailand: Mondadori (1980)
Cavazza, Stefano, Comunicazione di massa e simbologia politica nelle campagne elettorali del secondo dopoguerra, in: Pier L. Ballini und Maurizio Ridolfi (Hg.), Storia delle campagne elettorali in Italia, Mailand: Mondadori (2002), S. 193–204
Centro di ricerca e documentazione „Luigi Einaudi" (Hg.), Le baronie di Stato. Ricerca sull'industria italiana, Turin: Sansoni (1968)
Centro Nazionale di Prevenzione e Difesa Sociale (Hg.), Problemi sullo sviluppo delle aree arretrate. Scritti di V. Ajemone Marsan et al., Bologna: Il Mulino (1960)
Centro Studi Economico-Sociali, La nazionalizzazione dell'industria elettrica. Brevi note, Rom: Studium (1962)
Cercola, Raffaele, L'intervento esterno nello sviluppo industriale del Mezzogiorno. Analisi della situazione attuale e delle tendenze recenti, Neapel: Guida editori (1984)
Cerrito, Elio, La politica dei poli di sviluppo nel Mezzogiorno. Elementi per una prospettiva storica, in: Economic History Working Papers, Banca d'Italia, n. 3 (2010)
Chiaromonte, Gerardo, Un piano per il Mezzogiorno, Rom: Editori Riuniti (1971)
Cianci, Ernesto, Nascita dello Stato imprenditore in Italia, neu herausgegeben von Alessio Gagliardi, Lanciano: Carabba (2009)
Cipolla, Carlo M. und Knut Borchardt (Hg.), Europäische Wirtschaftsgeschichte, Bd. 5, Die europäischen Volkswirtschaften im zwanzigsten Jahrhundert, Stuttgart-New York: Fischer (1986)
Coccia, Benedetto (Hg.), La quarta settimana. I consumi e il risparmio degli italiani che non arrivano alla fine del mese, Rom: Apes (2009)
Cohen, Jon und Giovanni Federico, Introduction, in: Jon Cohen und Giovanni Federico (Hg.), The Growth of the Italian Economy, 1820–1960, Cambridge (UK): Cambridge University Press (2001), S. 1–5
Cohen, Jon und Giovanni Federico (Hg.), The Growth of the Italian Economy, 1820–1960, Cambridge (UK): Cambridge University Press (2001)
Colarizi, Simona, La seconda guerra mondiale e la Repubblica, Turin: UTET (1984)
Colitti, Marcello, Enrico Mattei (1906–1962), in: Alberto Mortara (Hg.), I protagonisti dell'intervento pubblico in Italia, Collana CIRIEC, Mailand: FrancoAngeli (1984), S. 683–719
Colitti, Marcello, Energia e sviluppo in Italia. La vicenda di Enrico Mattei, Bari: De Donato (1979)
Colli, Andrea und Michelangelo Vasta (Hg.), Forms of Enterprise in 20th Century Italy. Boundaries, Structures and Strategies, Cheltenham (UK)-Northampton (MA)(USA): Edward Elgar (2010)
Coltorti, Fulvio, Phases of Italian Industrial Development and the Relationship between the Public and the Private Sectors, in: Mario Baldassarri (Hg.), Industrial Policy in Italy, 1945–90, London-New York: St. Martin's Press (1993), S. 59–124
Conte, Leandro und Giandomenico Piluso, Finance and Structure of the State-Owned Enterprise in Italy: IRI from the Golden Age to the fall, in: Franco Amatori, Robert Millward und Pier Angelo Toninelli (Hg.), Reappraising State-Owned Enterprise. A Comparism of the UK and Italy, New York-London: Routledge (2011), S. 119–144
Cossiga, Francesco, Francesco Paolo Casavola und Paolo Savona, La ‚Nota Aggiuntiva' di Ugo La Malfa quarant'anni dopo, Rom: Fondazione Ugo La Malfa (2002)
Cotula, Franco (Hg.), Stabilità e sviluppo negli anni Cinquanta, vol. 2, Problemi strutturali e politiche economiche, Rom: Laterza (1998)
Crafts, Nicholas F., The Great Boom: 1950–1973, in: Max-Stephan Schulze (Hg.), Western Europe. Economic and Social Change since 1945, London: Longman (1999), S. 42–63

Crafts, Nicholas F. und Gianni Toniolo (Hg.), Economic Growth in Europe since 1945, Cambridge (UK): Cambridge University Press (1996)
Crainz, Guido, Storia del miracolo economico italiano: Culture, identità, trasformazione fra anni cinquanta e sessanta, Rom: Donzelli (1996)
Crepax, Nicola, Storia dell'industria in Italia. Uomini, imprese e prodotti, Bologna: Il Mulino (2002)
Crescenzi, Antonella und Gianluca Dente, L'avvio della ricostruzione e i primi interventi programmatici negli anni '50, in: Antonella Crescenzi (Hg.), I documenti di programmazione. Una lettura della politica economica in Italia dal Piano Marshall al DPEF 2008–2011, Rom: Luiss University Press (2007), S. 1–60
Crescenzi, Antonella (Hg.), I documenti di programmazione. Una lettura della politica economica in Italia dal Piano Marshall al DPEF 2008–2011, Rom: Luiss University Press (2007)
Cristiano, Carlo, Come si fa una politica di programmazione: Pasquale Saraceno e i lavori della Commissione Nazionale per la Programmazione Economica, in: Rivista italiana degli economisti, n. 2 (2006), S. 279–308
Cypher, James M. und James L. Dietz, The Process of Economic Development, London-New York: Routledge (1997)
Daneo, Camillo, La politica economica della ricostruzione. 1945–1949, Turin: Einaudi (1975)
Daniel, Ute, Dollardiplomatie in Europa: Marshallplan, Kalter Krieg und die US-Außenwirtschaftspolitik, Düsseldorf: Droste (1982)
Dau, Michele, Il Codice di Camaldoli, Rom: Castelvecchi (2015)
Davids, Karel, Greta Devos und Patrick Pasture (Hg.), Changing Liaisons: the Dynamics of Social Partnership in 20th Century West-European Democracies, Brüssel: P.I. E. Peter Lang (2007)
De Benedetti, Augusto, Lo sviluppo sospeso. Il Mezzogiorno e l'impresa pubblica 1948–1973, Soveria Mannelli: Rubbettino (2013)
De Cecco, Marcello, La politica economica durante la ricostruzione 1945–1951, in: Stuart J. Woolf (Hg.), Italia 1943–1950. La ricostruzione, Rom-Bari: Laterza (1974), S. 283–318
della Porta, Glauco, Planning and Growth under a Mixed Economy. The Italian Experience, in: Jan S. Prybyla (Hg.), Comparative Economic Systems, New York: Appleton-Century-Crofts (1969), S. 179–192
Democrazia Cristiana, La Democrazia Cristiana in Italia, La svolta del 1954 e la segreteria Fanfani (1954–1959), in: http://www.storiadc.it/storia/storia_04.html (besucht am 21. 04.2016)
La Democrazia Cristiana in Italia, Atti dell' VIII Congresso nazionale della Democrazia Cristiana, Rom: Cinque lune (1963)
Dente, Gianluca, La programmazione economica negli anni '60: un tentativo non riuscito, in: Antonella Crescenzi (Hg.), I documenti di programmazione. Una lettura della politica economica in Italia dal Piano Marshall al DPEF 2008–2011, Rom: Luiss University Press (2007), S. 61–120
Di Fenizio, Ferdinando, Le leggi dell'economia, vol. V, La programmazione globale in Italia, Rom: Istituto Nazionale per lo Studio della Congiuntura (1962)
Di Fenizio, Ferdinando, Questioni di pianificazione indicativa, in: L'industria, n. 4 (1961), S. 552–569
Di Michele, Andrea, Storia dell'Italia repubblicana. 1948–2003, Mailand: Garzanti (2008)
Di Nardi, Giuseppe, I provvedimenti per il Mezzogiorno: 1950–1960, in: I piani di sviluppo in Italia dal 1945 al 1960. Studi in memoria del Prof. Jacopo Mazzei, Mailand: Giuffrè (1960), S. 489–520
Di Nolfo, Ennio, Von Mussolini zu De Gasperi. Italien zwischen Angst und Hoffnung, Paderborn-München: Schöningh (1993)
Di Nolfo, Ennio, Das Problem der europäischen Einigung als ein Aspekt der italienischen Außenpolitik, in: Vierteljahreshefte für Zeitgeschichte, Jahrgang 28, Heft 2 (1980), S. 145–167
Drüke, Helmut, Italien. Wirtschaft – Gesellschaft – Politik, Wiesbaden: Springer (2000)
Dunford, Michael F., Capital, the State and Regional Development, London: Pion (1988)

Dyson, Kenneth and Stephen Wilks (Hg.), Industrial Crisis. A Comparative Study of the State and Industry, Oxford: Martin Robertson (1983)
Edling, Herbert, Der Staat in der Wirtschaft, München: Vahlen (2001)
Eger, Thomas und Hans G. Nutzinger, Traditionelle Ordnungstheorie, Neue Institutionenökonomik und Evolutorische Ökonomik im Vergleich, in: Dieter Cassel (Hg.), Perspektiven der Systemforschung, Berlin: Duncker & Humblot (1999), S. 11–44
Ellerbrock, Karl-Peter und Clemens Wischermann (Hg.), Die Wirtschaftsgeschichte vor den Herausforderungen durch die New Institutional Economics, Münster: Ardey (2004)
Ellwood, David W., Il Piano Marshall e il processo di modernizzazione in Italia, in: Elena Aga Rossi (Hg.), Il Piano Marshall e l'Europa, Rom: Istituto Enciclopedia Treccani (1983), S. 149–163
Ercolani, Paolo, Documentazione statistica di base, in: Giorgio Fuà (Hg.), Lo sviluppo economico in Italia. Storia dell'Economia Italiana negli ultimi cento anni, vol. III: Studi di settore e documentazione di base, Milano: FrancoAngeli (1975), S. 388–476
Esposito, Chiarella, America's feeble weapon. Funding the Marshall-Plan in France and Italy. 1948–1950, London: Greenwood Pub. Group Inc. (1994)
Fabiani, Guido, L'agricoltura in Italia tra sviluppo e crisi. 1945–1985, Bologna: Il Mulino (1986)
Faucci, Riccardo, A History of Italian Economic Thought, London und New York: Routledge (2014)
Faucci, Riccardo (Hg.), Economic Policy During the Planning Era in Italy. Theory, History, and Documents, Pisa-Rom: Fabrizio Serra (2008)
Fauri, Francesca, The Marshall-Plan in Italy. Industrial Renewal and Material Reconstruction, in: Francesca Fauri und Paolo Tedeschi (Hg.), Novel Outlooks on the Marshall-Plan. American Aid and European Re-Industrialisation, Brüssel: P.I. E. Peter Lang (2011), S. 39–58
Fauri, Francesca, Big Business and Italian Industrial Policies after World War II, in: Andrea Colli und Michelangelo Vasta (Hg.), Forms of Enterprise in 20th Century Italy. Boundaries, Structures and Strategies, Cheltenham (UK)-Northampton (MA)(USA): Edward Elgar (2010), S. 112–131
Fauri, Francesca, The ‚Economic Miracle' and Italy's Chemical Industry, 1950–1965: A Missed Opportunity, in: Enterprise & Society, vol. 1, n. 2 (2000), S. 279–314
Fauri, Francesca und Paolo Tedeschi (Hg.), Novel Outlooks on the Marshall-Plan. American Aid and European Re-Industrialisation, Brüssel: P.I. E. Peter Lang (2011)
Fausto, Dominicantontio, Saggi di storia dell'economia finanziaria, Mailand: FrancoAngeli (2015)
Fausto, Dominicantontio, L'impresa pubblica nel pensiero di Pasquale Saraceno, in: Dominicantontio Fausto, Saggi di storia dell'economia finanziaria, Mailand: FrancoAngeli (2015), S. 525–560
Fausto, Dominicantonio, L'intervento pubblico in Italia (1946–1964), in: Franco Cotula (Hg.), Stabilità e sviluppo negli anni cinquanta, vol. 2, Problemi strutturali e politiche economiche, Rom-Bari: Laterza (1998), S. 541–652
Federico, Giovanni und Renato Giannetti, Le politiche industriali, in: Franco Amatori et al. (Hg.), Storia d'Italia. Annali. L'industria, Turin: Einaudi (1999), S. 1127–1162
Federico, Giovanni und Renato Giannetti, Italy. Stalling and Surpassing, in: James Foreman-Peck und Giovanni Federico (Hg.), European Industrial Policy. The Twentieth Century Experience, Oxford (UK): Oxford University Press (1999), S. 124–151
Federico, Giovanni, Harmful or Irrelevant? Italian Industrial Policy, 1945–1973, in: Hideaki Miyajima, Takeo Kikkawa and Takashi Hikino (Hg.), Policies for Competitiveness. Comparing Business-Government Relationships in the Golden Age of Capitalism, Oxford: Oxford University Press (1999), S. S. 309–335
Felice, Emanuele und Amedeo Lepore, State intervention and economic growth in Southern Italy: the rise and fall of the Cassa per il Mezzogiorno (1950–1986), in: MPRA Paper Series, n. 69466 (2016), S. 1–60

Ferrajolo, Stefania, Partecipazioni statali: obiettivi assegnati e proposti, in: Mario Leccisotti (Hg.), Le partecipazioni statali: obiettivi e realizzazioni, Mailand: FrancoAngeli (1980), S. 45–74
Ferrara, Mario N., La politica estera dell' Italia libera, Mailand: Pan (1973)
Ferrari Aggradi, Mario, Le partecipazioni statali nella politica di sviluppo, Rom: Istituto Poligrafico dello Stato (1959)
Ferrari Aggradi, Mario, Il Piano Vanoni. Premessa ai discorsi di Ezio Vanoni sul Programma di Sviluppo Economico, Rom: Istituto Poligrafico dello Stato (1956)
Foley, Bernard J. (Hg.), European Economies Since the Second World War, London-New York: Macmillan Press/St. Martin's Press (1998)
Foreman-Peck, James und Giovanni Federico (Hg.), European Industrial Policy. The Twenthieth Century Experience, Oxford (UK): Oxford University Press (1999)
Foreman-Peck, James und Giovanni Federico, European Industrial Policy: An Overview, in: James Foreman-Peck und Giovanni Federico (Hg.), Industrial Policy in Europe. A Twentieth Century Experience, Oxford: Oxford University Press (1999), S. 426–460
Formica, Costantino, Evoluzione del sistema degli incentivi finanziari a sostegno della ricerca e innovazione per le piccole e medie imprese del Mezzogiorno, Neapel: Giapeto (2015)
Fraenkel, Gioachino, Die italienische Wirtschaftspolitik zwischen Politik und Wirtschaft, Berlin: Duncker & Humblot (1991)
Frankel, Paul H., Mattei. Oil and Power Politics, London: Faber & Faber (1966)
Franzinelli, Mimmo und Marco Magnani, Beneduce: il finanziere di Mussolini, Mailand: Mondadori (2009)
Fuà, Giorgio (Hg.), Lo sviluppo economico in Italia. Storia dell'Economia Italiana negli ultimi cento anni, vol. III: Studi di settore e documentazione di base, Milano: FrancoAngeli (1975)
Fuà, Giorgio und Paolo Sylos Labini, Idee per la programmazione economica, Rom-Bari: Laterza (1963)
Fumi, Gianpiero, Dalla fine del fascismo allo statuto del 1948, in: Valerio Castronovo (Hg.), Storia dell'IRI, vol. I, Dalle origini al dopoguerra, 1933–1948, Rom-Bari: Laterza (2012), S. 519–600
Furubotn, Eirik G. und Rudolf Richter, Institutions and Economic Theory. The Contribution of the New Institutional Economics, Ann Arbor: University of Michigan Press (2000)
Gagliardi, Alessio, Introduzione, in: Ernesto Cianci, Nascita dello Stato imprenditore in Italia, neu herausgegeben von Alessio Gagliardi, Lanciano: Carabba (2009), S. XI–XL
Galisi, Roberto, Ricostruzione e programmazione nell' intervento straordinario per il Mezzogiorno, Mailand: FrancoAngeli (2014)
Galli, Giorgio, Enrico Mattei: Petrolio e complotto italiano, Mailand: Baldini Castoldi Dalai (2005)
Gambino, Antonio, Storia del dopoguerra. Dalla liberazione al potere DC, Rom-Bari: Laterza (1975)
Gelsomino, Cosma O., Moneta e sviluppo nel dopoguerra. La politica monetaria italiana negli anni Cinquanta (1946–1964), in: Franco Cotula (Hg.), Stabilità e sviluppo negli anni Cinquanta, vol. 2, Problemi strutturali e politiche economiche, Rom: Laterza (1998), S. 259–395
Gianfagna, Andrea, Il piano del lavoro e il Mezzogiorno. Rivendicazione sindacale e interesse nazionale in Giuseppe Di Vittorio, Rom: Ediesse (2009)
Giannetti, Renato, Industrial Policy and the Nationalization of the Italian Electricity Sector in the Postwar II Period, in: Franco Amatori, Robert Millward und Pier Angelo Toninelli (Hg.), Reappraising State-Owned Enterprise. A Comparism of the UK and Italy, New York-London: Routledge (2011), S. 242–261
Gigliotti, Alessandro, De Gasperi e il centrismo: la prima legislatura repubblicana, in: federalismi.it. Rivista di diritto pubblico italiano, comunitario e comparato, n. 13 (2013), S. 1–12
Gimbel, John, The Origins of the Marshall-Plan, Stanford: Stanford University Press (1976)
Ginsborg, Paul, Storia d'Italia 1943–1996. Famiglia, società, Stato, Turin: Einaudi (1998)
Gomellini, Matteo und Cormac Ó Gráda, Migrations, in: Gianni Toniolo (Hg.), The Oxford Handbook of the Italian Economy since Unification, Oxford-New York: Oxford University Press (2013), S. 271–302

Gozzelino, Marco, Keynes e la cultura economica della Cgil Un'analisi del Piano del lavoro nella prospettiva della Teoria Generale, Rom: Ediesse (2010)
Grabas, Christian und Alexander Nützenadel, Introduction, in: Christian Grabas und Alexander Nützenadel (Hg.), Industrial Policy in Europe after 1945. Wealth, Power and Economic Development in the Cold War, Basingstoke: Palgrave Macmillan (2014), S. 1–10
Grabas, Christian und Alexander Nützenadel (Hg.), Industrial Policy in Europe after 1945. Wealth, Power and Economic Development in the Cold War, Basingstoke: Palgrave Macmillan (2014)
Grabas, Christian und Alexander Nützenadel, Industrial Policies in Europe in Historical Perspective, in: WWWforEurope Working Paper Series, Issue 15 (2013), S. 1–123
Grabas, Christian, Der Marshall-Plan als Stabilisator der sozioökonomischen Entwicklung Italiens während der Nachkriegszeit (1948–1952), in: Internationale Wissenschaftliche Vereinigung Weltwirtschaft und Weltpolitik (IWVWW) - Berichte, Nr. 176/177 (2007), S. 145–158
Grabas, Margrit, Einige methodologische Reflexionen zur konjunktur- und wachstumshistorischen Erforschung der Europäischen Nachkriegsprosperität (1948–1973) – dargestellt an der deutsch-deutschen Wirtschaftsgeschichte, in: Internationale Wissenschaftliche Vereinigung Weltwirtschaft und Weltpolitik (IWVWW) – Berichte, Nr. 180/181 (2008), S. 8–28
Greco, Gaia Raffaela, Lo sviluppo evolutivo di una rete: il caso dell'industria aerospaziale in Campania, in: Francesco Izzo und Antonio Ricciardi (Hg.), Relazioni di cooperazione e reti di imprese. Il caso della Campania, Mailand: FrancoAngeli (2006), S. 285–332
Haberl, Otmar N. und Lutz Niethammer (Hg.), Der Marshall-Plan und die europäische Linke, Frankfurt a.M.: Suhrkamp (1986)
Hardach, Gerd, Der Marshall-Plan. Auslandshilfe und Wiederaufbau in Westdeutschland 1948–1952, München: Deutscher Taschenbuch Verlag (1994)
Harper, John L., L'America e la ricostruzione dell'Italia 1945–1948, Bologna: Il Mulino (1987)
Heideking, Jürgen, Pragmatismus und kontinentale Vision: Der Marshall-Plan als Anstoß zur europäischen Integration, in: Wolfram Pyta und Ludwig Richter (Hg.), Gestaltungskraft des Politischen, Berlin: Duncker & Humblot (1998), S. 305–327
Heitzmann, Karin, Poverty Relief in a Mixed Economy, Frankfurt am Main: Peter Lang (2010)
Henning, Klaus, Europäische Integration und Gewerkschaften. Der EMB zwischen Interessensvertretung und transnationaler Solidarität, Wiesbaden: Springer (2013)
Hertner, Peter, Italien 1915–1980, in: Wolfram Fischer (Hg.), Handbuch der Europäischen Wirtschafts- und Sozialgeschichte, Bd. 6, Europäische Wirtschafts- und Sozialgeschichte vom Ersten Weltkrieg bis zur Gegenwart., Stuttgart: Klett-Cotta (1987), S. 998–1047
Hobsbawm, Eric J., Das Zeitalter der Extreme. Weltgeschichte des 20. Jahrhunderts, München: Deutscher Taschenbuch Verlag (1998)
Holland, Stuart (Hg.), The State as Entrepreneur. New Dimensions for Public Enterprise: The IRI State Shareholding Formula, London: Weidenfeld and Nicolson (1972)
Holland, Stuart, Adoption and Adaptation of the IRI Formula, in: Stuart Holland (Hg.), The State as Entrepreneur. New Dimensions for Public Enterprise: The IRI State Shareholding Formula, London: Weidenfeld and Nicolson (1972), S. 242–265
Horn, Gerd-Rainer und Emmanuel Gerard (Hg.), Left Catholicism 1943–1955. Catholics and Society in Western Europe at the Point of Liberation, Leuven: Leuven University Press (2001)
Horn, Gerd-Rainer, Left Catholicism in Western Europe in the 1940s, in: Gerd-Rainer Horn und Emmanuel Gerard (Hg.), Left Catholicism 1943–1955. Catholics and Society in Western Europe at the Point of Liberation, Leuven: Leuven University Press (2001), S. S. 13–44
Igel, Regine, Terrorjahre. Die dunkle Seite der CIA in Italien, München: Herbig (2006)
Ikeda, Sanford, Dynamics of the Mixed Economy. Toward a Theory of Interventionism, London-New York: Routledge (2007)

Istituto Luigi Sturzo (Hg.), Fanfani e la casa. Gli anni Cinquanta e il modello italiano del welfare state. Il Piano INA-CASA, Rom: Rubbettino (2002)

Izzo, Francesco und Antonio Ricciardi (Hg.), Relazioni di cooperazione e reti di imprese. Il caso della Campania, Mailand: FrancoAngeli (2006)

Kaelble, Hartmut (Hg.), Der Boom 1948–1973. Gesellschaftliche und wirtschaftliche Folgen in der Bundesrepublik und Europa, Opladen: Westdeutscher Verlag (1992)

Kienlechner, Toni, 12 mal Italien, München-Zürich: Piper (1980)

Kirchner, Matthias, Hochschulreform und Studentenrevolte in Italien 1958–1974, Paderborn: Ferdinand Schöningh (2015)

Klammer, Ute, Alterssicherung in Italien. Eine institutionelle, theoretische und empirische Analyse, Berlin: Duncker & Humblot (1997)

Klinkhammer, Lutz, Zwischen Bündnis und Besatzung: das nationalsozialistische Deutschland und die Republik von Salò 1943–1945, Tübingen: Niemeyer (1993)

Kreile, Michael, Public Enterprise and the Pursuit of Strategic Management: Italy, in: Kenneth Dyson and Stephen Wilks (Hg.), Industrial Crisis. A Comparative Study of the State and Industry, Oxford: Martin Robertson (1983), S. 193–219

Lavista, Fabio, Structural Policies, regional Development and industrial Specialization in Italy, 1952–2002, in: Jahrbuch für Wirtschaftsgeschichte/Economic History Yearbook, vol. 58, Heft 1 (2017), S. 83–105

Lavista, Fabio, Dallo statuto del 1948 alla programmazione economica nazionale, in: Franco Amatori (Hg.), Storia dell'IRI, vol. II, Il ‚miracolo' economico e il ruolo dell'IRI 1949–1972, Rom-Bari: Laterza (2013), S. 523–562

Lavista, Fabio, La stagione della programmazione. Grandi imprese e Stato dal dopoguerra agli anni Settanta, Bologna: Il Mulino (2010)

Lavista, Fabio, Business Elites in Italy and the Failure of the National Planning Policies as a Vision of Development, in: Friederike Sattler und Christoph Boyer (Hg.), European Economic Elites. Between a New Spirit of Capitalism and the Erosion of State Socialism, Berlin: Duncker & Humblot (2009), S. 129–152

Leccisotti, Mario (Hg.), Le partecipazioni statali: obiettivi e realizzazioni, Mailand: FrancoAngeli (1980)

Leonardi, Andrea (Hg.), Istituzioni ed economia, Bari: Cacucci (2011)

Lepore, Amedeo, Cassa per il Mezzogiorno e politiche per lo sviluppo, in: Andrea Leonardi (Hg.), Istituzioni ed economia, Bari: Cacucci (2011), S. 107–165

Lezzi, Pietro, Pagine socialiste, Neapel: Guida (2002)

Li Vigni, Benito, La grande sfida: Mattei, il petrolio e la politica, Mailand: Mondadori (1996)

Locke, Richard M., Remaking the Italian Economy, Ithaca and London: Cornell University Press (1995)

Lomartire, Carlo M., Mattei: storia dell'italiano che sfidò i signori del petrolio, Mailand: Mondadori (2004)

Lombardini, Siro, La programmazione. Idee, esperienze, problemi, Turin: Einaudi (1967)

Lutz, Burkart, Der kurze Traum immerwährender Prosperität. Eine Neuinterpretation der industriell-kapitalistischen Entwicklung im Europa des 20. Jahrhunderts, Frankfurt a.M.: Campus (1989)

Lutz, Vera, Italy. A Study in Economic Development, London-New York-Toronto: Oxford University Press (1962)

Macchiati, Alfredo, Privatizzazioni tra economia e politica, Rom: Donzelli (1996)

Maggi, Stefano, La 600 e il telefono. Una rivoluzione sociale, in: Antonio Cardini (Hg.), Il miracolo economico italiano (1958–1963), Bologna: Il Mulino (2006), S. 87–114

Magini, Manlio, L'Italia e il petrolio tra storia e cronologia, Mailand: Mondadori (1976)

Magnanini, Claudia, Ricostruzione e miracolo economico. Dal sindacato unitario al sindacato di classe nella capitale dell'industria, Mailand: FrancoAngeli (2006)

Malgeri, Francesco, La stagione del centrismo. Politica e società nell'Italia del secondo dopoguerra (1945–1960), Soveria Manelli: Rubbettino (2002)
Malgeri, Francesco (Hg.), Storia della Democrazia cristiana, vol. IV, Dal centro sinistra agli ‚anni di piombo' (1962–1978), Rom: Cinque lune (1989)
Malgeri, Francesco (Hg.), Storia della Democrazia Cristiana, vol. III, Gli anni di transizione: da Fanfani a Moro (1954–1962), Rom: Cinque Lune (1988)
Malgeri, Francesco, Gli anni di transizione: da Fanfani a Moro (1954–1962), in: Francesco Malgeri (Hg.), Storia della Democrazia Cristiana, vol. III, Gli anni di transizione: da Fanfani a Moro (1954–1962), Rom: Cinque Lune (1988), S. 3–268
Mangullo, Stefano, Dal fascio allo scudo crociato. Cassa per il Mezzogiorno, politica e lotte sociali nell'Agro Pontino (1944–1961), Mailand: FrancoAngeli (2015)
Mangullo, Stefano, Repubblica, partito e territorio in Ludovico Camangi, in: Annali della Fondazione Ugo La Malfa. Storia e politica, vol. 24, Rom: Gangemi (2009), S. 49–76
Manzocchi, Bruzio, Lineamenti di politica economica in Italia (1945–1959), Rom: Editori Riuniti (1960)
Maraffi, Marco, Politica ed economia in Italia, La vicenda dell'impresa pubblica dagli anni trenta agli anni cinquanta, Bologna: Il Mulino (1990)
Marasso, Michele, Storia delle acciaierie di Cornigliano dal 1929 ad oggi, in: Istituto Franco Momigliano (ICSIM), Steelmaster, Edizione 2007 (2007), S. 1–40
Marcus, Hermann und Karlheinz Oppenländer, Eisen- und Stahlindustrie. Strukturelle Probleme und Wachstumschancen, Berlin-München: Duncker & Humblot (1966)
Marino, Alberto, Enrico Mattei deve morire! Il sogno senza risveglio di un paese libero, Rom: Castelvecchi (2014)
Mariotti, Sergio, Le telecomunicazioni: dal monopolio tecnologico ai mutamenti degli anni Ottanta e Novanta, alla privatizzazione, in: Franco Russolillo (Hg.), Storia dell'IRI, vol. V, Un Gruppo singolare. Settori, bilanci, presenza nell'economia italiana, Rom-Bari: Laterza (2015), S. 201–276
Masi, Anthony C., Nuova Italsider-Taranto and the Steel Crisis: Problems, Innovations, and Prospects, in: Yves Mény und Vincent Wright (Hg.), The Politics of Steel: Western Europe and the Steel Industry in the Crisis Years (1974–1984), Berlin-New-York: De Gruyter (1987), S. 476–501
Mazzini, Jacopo, I dati della crescita, in: Antonio Cardini (Hg.), Il miracolo economico italiano (1958–1963), Bologna: Il Mulino (2006), S. 27–46
Mazzocchi, Giancarlo (Hg.), Il governo democratico dell'economia. Saggi e interventi, Bari: De Donato (1976)
Menduni, Enrico, La nascita della televisione in Italia, in: Antonio Cardini (Hg.), Il miracolo economico italiano (1958–1963), Bologna: Il Mulino (2006), S. 115–140
Menduni, Enrico, L' Autostrada del Sole, Bologna: Il Mulino (1999)
Menichella, Donato, Scritti e discorsi scelti 1933–1966, Rom: Banca d'Italia (1986)
Mény, Yves und Vincent Wright (Hg.), The Politics of Steel: Western Europe and the Steel Industry in the Crisis Years (1974–1984), Berlin-New-York: De Gruyter (1987)
Merlini, Stefano, Il governo costituzionale, in: Raffaele Romanelli (Hg.), Storia dello Stato italiano dall'unità a oggi, Rom: Donzelli (1995), S. 3–72
Merusi, Fabio (Hg.), La legislazione economica italiana dalla fine della guerra al primo Programma Economico, Mailand: FrancoAngeli (1974)
Meyer-Stamer, Jörg, Moderne Industriepolitik oder postmoderne Industriepolitiken?, Berlin: Friedrich-Ebert-Stiftung (2009)
Mignone, Claudio, Le incentivazioni all'industria cinematografica dalla fine della guerra al primo programma economico, in: Fabio Merusi (Hg.), La legislazione economica italiana dalla fine della guerra al primo Programma Economico, Mailand: FrancoAngeli (1974), S. 317–360

Miller, James E., Der Weg zu einer ‚special relationship'- Italien und die Vereinigten Staaten 1943–1947, in: Hans Woller (Hg.), Italien und die Großmächte 1943–1949, München: Oldenbourg (1988), S. 49–68
Milward, Alan S., The Reconstruction of Western Europe 1945–51, Berkely-Los Angeles: University of California Press (1984)
Misiani, Simone, Lo schema Vanoni e il Nuovo Meridionalismo, in: Rivista della Scuola Superiore dell'Economia e delle Finanze, n. 1 (2004), S. 50–57
Morcaldo, Giancarlo, Intervento pubblico e crescita economica: un equlibrio da ricostruire, Mailand FrancoAngeli (2007)
Morena, Marzia, Morphological, Technological and Fuctional Characteristics of Infrastructures as a Vital Sector of the Competitiveness of a Country System. An Analysis of the Evolution of Waterfronts, Santarcangolo di Romagna: Maggioli (2011)
Mori, Giorgio, Die italienische Wirtschaft 1945–1963. Von der Aufholjagd bis zum Ende des „Golden Age", in: Gian E. Rusconi and Hans Woller (Hg.), Parallele Geschichte? Italien und Deutschland 1945–2000, Berlin: Duncker & Humblot (2006), S. 375–412
Mori, Giorgio (Hg.), La Cultura economica nel periodo della ricostruzione, Bologna: Il Mulino (1980)
Mortara, Alberto (Hg.), I protagonisti dell'intervento pubblico in Italia, Collana CIRIEC, Mailand: FrancoAngeli (1984)
Mura, Salvatore, Pianificare la modernizzazione. Istituzioni e classe politica in Sardegna. 1959–1969, Mailand: FrancoAngeli (2015)
Murphy, Kevin M., Andrei Schleifer und Robert W. Vishny, Industrialization and the Big Push, in: Journal of Political Economy, vol. 97, n. 5 (1989), S. 1003–1026
Napoleoni, Claudio, Il problema della programmazione in Italia, in: Rivista trimestrale, n. 4 (1962), S. 701–720
Nardozzi, Giangiacomo, Miracolo e declino. L'Italia tra concorrenza e protezione, Rom-Bari: Laterza (2001)
North, Douglas C., Institutions, Institutional Change and Economic Performance, Cambridge (UK): Cambridge University Press (1990)
North, Douglas C., Structure and Change in Economic History, New York: Norton (1981)
Novacco, Nino, La strumentazione democratica della programmazione, in: Tempi moderni, n. 11 (1962), S. 104–115
Nützenadel, Alexander, Im Schatten des Staates. Öffentliche Schulden, Kreditmarkt und private Vermögensbildung in Italien nach 1945, in: Geschichte und Gesellschaft, Jg. 41, Heft 3 (2015), S. 447–464
Nützenadel, Alexander, Stunde der Ökonomen. Wissenschaft, Politik und Expertenkultur in der Bundesrepublik 1949–1974, Göttingen: Vandenhoeck & Ruprecht (2005)
Nützenadel, Alexander, Landwirtschaft, Staat und Autarkie. Agrarpolitik im faschistischen Italien (1922–1943), Tübingen: Max Niemeyer (1997)
Osti, Gian Lupo, L'industria di stato dall'ascesa al degrado. Trent'anni nel gruppo Finsider. Conversazioni con Ruggero Ranieri, Bologna: Il Mulino (1993)
Owen, Geoffrey, Industrial Policy in Europe since the Second World War. What has been learnt?, in: ECIPE Occasional paper, no. 1/2012, The European Centre for International Political Economy, Brussels (2012), S. 1–60
Panozzo, Fabrizio, Dalla produzione alla regolazione. L'evoluzione dell'intervento pubblico nell'economia, Padua: CEDAM (2000)
Paolino, Federico, Storia sociale dell'automobile in Italia, Rom: Carocci (2007)
Parisella, Antonio, Christian Movements and Parties of the Left in Italy (1938–1958), in: Gerd-Rainer Horn und Emmanuel Gerard (Hg.), Left Catholicism 1943–1955. Catholics and Society in Western Europe at the Point of Liberation, Leuven: Leuven University Press (2001), S. 142–173

Pavarin, Alessandro, Lo sviluppo del Mezzogiorno. L'intervento dello Stato e il sistema bancario dalla nascita della Repubblica agli anni Sessanta. Una rassegna storiografica, Rom: APES (2011)
Pennacchi, Laura (Hg.), Il sistema delle partecipazioni statali. Scelte economiche, assetti istituzionali e nuovo ruolo dell'industria di Stato, Bari: De Donato (1980)
Pergolesi, Simona, Il credito agevolato alle imprese industriali. Le incentivazioni gestite dal Ministero dell'Industria, 1962–1984, Mailand: FrancoAngeli (1988)
Perrone, Nico, Obiettivo Mattei. Petrolio, Stati Uniti e politica dell'ENI, Rom: Gamberetti (1995)
Perrone, Nico, Il dissesto programmato. Le partecipazioni statali nel sistema di consenso democristiano, Bari: Dedalo(1991)
Perrone, Nico, Mattei. Il nemico italiano. Politica e morte del presidente dell'ENI attraverso i documenti segreti. 1945–1962, Mailand: Leonardo (1989)
Pesce, Giuseppe, Un motore per il Sud: Pomigliano d'Arco, l'Alfa Romeo e il sogno di un'industria meridionale, in: MezzogiornoEuropa, n. 5 (2009), S. 31–40
Pesenti, Antonio, La Cattedra e il Bugliolo, Mailand: La Pietra (1972)
Petersen, Jens und Wolfgang Schieder (Hg.), Faschismus und Gesellschaft in Italien. Staat – Wirtschaft – Kultur, Köln: SH-Verlag (1998)
Petersen, Jens, Italien als Republik: 1946–1987, in: Michael Seidlmayer, Geschichte Italiens. Vom Zusammenbruch des Römischen Reiches bis zum Ersten Weltkrieg, Stuttgart: Kröner (1989), S. 499–550
Petersen, Jens, Sommer 1943, in: Hans Woller (Hg.), Italien und die Großmächte 1943–1949, München: Oldenbourg (1988), S. 23–48
Petri, Rolf, Storia economica d' Italia. Dalla Grande guerra al miracolo economico (1918–1963), Bologna: Il Mulino (2002)
Petri, Rolf, Von der Autarkie zum Wirtschaftswunder. Wirtschaftspolitik und industrieller Wandel in Italien 1935–1963, Tübingen: Max Niemeyer Verlag (2001)
Petri, Rolf, Dalla Ricostruzione al Miracolo Economico, in: Giovanni Sabbatucci und Vittorio Vidotto (Hg.), Storia d'Italia, vol. 5, La Repubblica 1943–1963, Rom-Bari: Laterza (1997), S. 313–440
Petri, Rolf, Technokratie und industrielle Entwicklung 1907–1963, in: Rolf Wörsdörfer (Hg.), Sozialgeschichte und soziale Bewegungen in Italien 1848–1998, Mitteilungsblatt des Instituts zur Erforschung der europäischen Arbeiterbewegung, Heft 21 (1998), S. 138–157
Petriccione, Sandro, Politica industriale e Mezzogiorno, Rom-Bari: Laterza (1976)
Petrini, Francesco, Gli industriali privati italiani e la CECA, in: Ruggero Ranieri und Luciano Tosi (Hg.), La Comunità Europea del Carbone e dell'Acciaio (1952–2002). Gli esiti del Trattato in Europa e in Italia, Padua: CEDAM (2004), S. 229–255
Pietra, Italo, Mattei. La pecora nera, SugarCo (1987)
Pirone, Francesco und Francesco Zirpoli, L'Alfa Romeo e l'industria automobilistica italiana, in: Russolillo, Franco (Hg.), Storia dell'IRI, vol. V, Un Gruppo singolare. Settori, bilanci, presenza nell'economia italiana, Rom-Bari: Laterza (2015), S. 277–386
Pirro, Federico, I laboratorio di Aldo Moro, Bari: Dedalo (1983)
Pizzigallo, Matteo, L'AGIP degli anni ruggenti (1926–1932), Mailand: Giuffrè (1984)
Podestà, Gian L., Nell'economia fascista: autarchia, colonie, riarmo, in: Valerio Castronovo (Hg.), Storia dell'IRI, vol. I, Dalle origini al dopoguerra, 1933–1948, Rom-Bari: Laterza (2012), S. 421–454
Podestà, Gian L., Nella guerra, in: Valerio Castronovo (Hg.), Storia dell'IRI, vol. I, Dalle origini al dopoguerra, 1933–1948, Rom-Bari: Laterza (2012), S. 455–518
Pombeni, Paolo, I partiti e la politica dal 1948 al 1963, in: Giovanni Sabbatucci und Vittorio Vidotto (Hg.), Storia d'Italia, vol. 5, La Repubblica 1943–1963, Rom-Bari: Laterza (1997), S. 127–251
Pombeni, Paolo, La Costituente. Un problema storico-politico, Bologna: Il Mulino (1995)
Pombeni, Paolo, Una certa idea di Costituzione, in: Paolo Pombeni, La Costituente. Un problema storico-politico, Bologna: Il Mulino (1995), S. 103–143

Pombeni, Paolo, Il gruppo dossettiano e la fondazione della democrazia italiana (1938–1948), Bologna: Il Mulino (1979)

Porta, Pier Luigi, Idee e problemi di politica economica attraverso l'esperienza di Pasquale Saraceno (1933–1950), in: Piero Barucci, Simone Misiani und Manuela Mosca (Hg.), La cultura economica tra le due guerre, Mailand: FrancoAngeli (2015), S. 426–443.

Posner, Michael V. und Stuart J. Woolf, Italian Public Enterprise, Cambridge (US): Harvard University Press (1967)

Pozzi, Daniele, Capabilities, Entrepreneurship, and Political Direction in the Italian National Oil Company: Agip/ENI (1926–1971), in: Franco Amatori, Robert Millward und Pier Angelo Toninelli (Hg.), Reappraising State-Owned Enterprise. A Comparism of the UK and Italy, New York-London: Routledge (2011), S. 164–181

Pozzi, Daniele, Techno-Managerial Competences in Enrico Mattei's AGIP: A Prolonged Accumulation Process in an International Network, 1936–1965, in: Business and Economic History. Online (2003), vol. 1, S. 1–32

Prodi, Romano und Daniele De Giovanni, Forty-Five Years of Industrial Policy in Italy: Protagonists, Objectives and Instruments, in: Mario Baldassarri (Hg.), Industrial Policy in Italy, 1945–90, London-New York: St. Martin's Press (1993), S. 31–55

Prybyla, Jan S. (Hg.), Comparative Economic Systems, New York: Appleton-Century-Crofts (1969)

Pugliese, Aldo, Mezzogiorno, meridionalismo ed economia dello sviluppo: la teoria dello sviluppo dagli anni della rinascita a quelli degli equilibri multipli, Neapel: Liguori (2007)

Pugliese, Francesco Paolo, Il governo dell'industria tramite incentivi: 1946–1965, in: Fabio Merusi (Hg.), La legislazione economica italiana dalla fine della guerra al primo Programma Economico, Mailand: FrancoAngeli (1974), S. 171–220

Pyta, Wolfram und Ludwig Richter (Hg.), Gestaltungskraft des Politischen, Berlin: Duncker & Humblot (1998)

Radi, Luciano, La DC di De Gasperi a Fanfani, Soveria Manelli: Rubbettino (2005)

Rafalski, Traute, Italienischer Faschismus in der Weltwirtschaftskrise (1925–1936). Wirtschaft, Gesellschaft und Politik auf der Schwelle zur Moderne, Opladen: Westdeutscher Verlag (1984)

Ragioneria Generale dello Stato. Servizio Studi Dipartimentale, La spesa dello Stato dall'unità d'Italia. Anni 1862–2009, Rom: Ministero dell'economia e delle finanze (2011)

Rainaldi, Laura, L'intervento pubblico localmente differenziato (1946–1970), in: Merusi, Fabio (Hg.), La legislazione economica italiana dalla fine della guerra al primo Programma Economico, Mailand: FrancoAngeli (1974), S. 361–448

Rancan, Antonella, The Italian ‚Metaphysical Adventure' of Economic Planning as Seen Through the Italian Newspapers (1962–1964), in: Riccardo Faucci (Hg.), Economic Policy During the Planning Era in Italy. Theory, History, and Documents, Pisa-Rom: Fabrizio Serra (2008), S. 133–154

Ranieri, Ruggero und Salvatore Romeo, La siderurgia IRI dal Piano Sinigaglia alla privatizzazione, in: Franco Russolillo (Hg.), Storia dell'IRI, vol. V, Un Gruppo singolare. Settori, bilanci, presenza nell'economia italiana, Rom-Bari: Laterza (2015), S. 5–200

Ranieri, Ruggero, Industrial Policy in Italy after 1945 and the Role of Tripartite Agreements, in: Karel Davids, Greta Devos und Patrick Pasture (Hg.), Changing Liaisons: the Dynamics of Social Partnership in 20th Century West-European Democracies, Brüssel: P.I. E. Peter Lang (2007), S. 213–238

Ranieri, Ruggero, Remodelling the Italian Steel Industry: Americanization, Modernization, and Mass Production, in: Jonathan Zeitlin und Garry Herrigel (Hg.), Americanization and its Limits. Reworking US Technology and Management in Post-War Europe and Japan, Oxford-New York: Oxford University Press (2000), S. 237–268

Ranieri, Ruggero, Italy: After the Rewards of Growth, the Penalty of Debt, in: Bernard J. Foley (Hg.), European Economies Since the Second World War, London-New York: Macmillan Press/St. Martin's Press (1998), S. 75–101

Ranieri, Ruggero, Il Piano Marshall e la ricostruzione della siderurgia a ciclo integrale, in: AA.VV., Italia, Europa, America. L'integrazione internazionale dell'economia italiana (1945–1963), Studi Storici, Anno 37, n. 1, (Januar-März 1996), Bari: Dedalo (1996), S. 145–190

Ranieri, Ruggero, Introduzione: La grande siderurgia in Italia. Dalla scomessa sul mercato all'industria dei partiti, in: Gian Lupo Osti, L'industria di stato dall'ascesa al degrado. Trent'anni nel gruppo Finsider. Conversazioni con Ruggero Ranieri, Bologna: Il Mulino (1993), S. 9–100

Ranieri, Ruggero, La struttura della siderurgia pubblica in Italia dalla nascita agli anni ottanta, in: Gian Lupo Osti, L'industria di stato dall'ascesa al degrado. Trent'anni nel gruppo Finsider. Conversazioni con Ruggero Ranieri, Bologna: Il Mulino (1993), S. 315–324

Ranieri, Ruggero, Appendice C, Dati statistiche, in: Gian Lupo Osti, L'industria di stato dall'ascesa al degrado. Trent'anni nel gruppo Finsider. Conversazioni con Ruggero Ranieri, Bologna: Il Mulino (1993), S. 325–330

Ranieri, Ruggero und Luciano Tosi (Hg.), La Comunità Europea del Carbone e dell'Acciaio (1952–2002). Gli esiti del Trattato in Europa e in Italia, Padua: CEDAM (2004)

Rapporto Marsan, L'Istituto per la Ricostruzione Industriale – I.R.I. – Elementi per la sua storia dalle origini al 1982. Documento interno, Rom (unveröffentlicht) (1992)

Reguzzoni, Mario, La natura ‚politica' della scuola materna statale, in: La civiltà cattolica, vol. 4, n. 1 (1966), S. 115–132

Reichart, Marcel, Beteiligungsfinanzierung italienischer Familienunternehmen: Auswirkungen der Kapitalmarkt- und Steuerreformen der neunziger Jahre, Wiesbaden: Deutscher Universitäts-Verlag (2001)

Rey, Guido M., Italy, in: Andrea Boltho (Hg.), The European Economy. Growth and Crisis, Oxford-New York: Oxford University Press (1982), S. 502–527

Ricciuti, Roberto, Stato e mercato nella Nota aggiuntiva La Malfa, Università degli Studi di Verona, Dipartimento di Scienze Economiche, Working Paper Series, Nr. 37 (2012), S. 1–13

Ricossa, Sergio, Italien 1920–1970, in: Carlo M. Cipolla und Knut Borchardt (Hg.), Europäische Wirtschaftsgeschichte, Bd. 5, Die europäischen Volkswirtschaften im zwanzigsten Jahrhundert, Stuttgart-New York: Fischer (1986), S. 175–212

Rieder, Maximiliane, Deutsch-italienische Wirtschaftsbeziehungen. Kontinuitäten und Brüche 1936–1957, Frankfurt a.M.: Campus (2003)

Roggi, Piero, Il mondo cattolico e i „grandi temi" della politica economica, in: Giorgio Mori (Hg.), La Cultura economica nel periodo della ricostruzione, Bologna: Il Mulino (1980), S. 547–590

Romanelli, Raffaele (Hg.), Storia dello Stato italiano dall'unità a oggi, Rom: Donzelli (1995)

Romeo, Genoveffa G. A., La stagione costituente in Italia, 1943–47: rassegna della storiografia, Mailand: FrancoAngeli (1992)

Romeo, Rosario, Breve storia della grande industria in Italia 1861–1961, Mailand: Mondadori (1988)

Romero, Federico, L'emigrazione operaia in Europa (1948–1973), in: Piero Bevilacqua, Andreina De Clementi und Emilio Franzina (Hg.), Storia dell'emigrazione italiana, Rom: Donzelli (2001), S. 397–414

Rosenstein-Rodan, Paul N., Notes on the Theory of the ‚Big push', Cambridge (US): MIT Center for International Studies (1957)

Rosenstein-Rodan, Paul N., The International Development of Economically Backward Areas, in: International Affairs, vol. 20, n. 2 (Apr., 1944), S. 157–165

Rosenstein-Rodan, Paul N., Problems of Industrialisation of Eastern and South-Eastern Europe, in: The Economic Journal, vol. 53, Issue 210/211 (Jun.-Sep., 1943), S. 202–211

Rosi, Francesco und Ernesto Scalfari, Il caso Mattei. Un corsaro al sevizio della repubblica, Bologna: Cappelli (1972)
Rossi, Ernesto, Il malgoverno, Bari: Laterza (1954)
Rossi, Nicola und Gianni Toniolo, Italy, in: Nicholas F. Crafts und Gianni Toniolo (Hg.), Economic Growth in Europe since 1945, Cambridge (UK): Cambridge University Press (1996), S. 427–454
Rossi, Nicola, Andrea Sorgato und Gianni Toniolo, I conti economici italiani: una ricostruzione statistica, 1890–1990, in: Rivista di Storia Economica, X, no. 1 (1993), S. 1–47
Rota, Mauro, Credit and Growth: Reconsidering Italian Industrial Policy during the Golden Age, in: European Review of Economic History, n. 17,4 (2013), S. 431–451
Ruffolo, Giorgio, Il libro dei sogni. Una vita a sinistra, raccontata a Vanessa Roghi, Rom: Donzelli (2007)
Ruffolo, Giorgio, Rapporto sulla programmazione, Rom-Bari: Laterza (1973)
Russolillo, Franco (Hg.), Storia dell'IRI, vol. V, Un Gruppo singolare. Settori, bilanci, presenza nell'economia italiana, Rom-Bari: Laterza (2015)
Sabatino, Michele, Teorie economiche, divari regionali e politiche per il Mezzogiorno. Dall'intervento pubblico al disimpegno generale, Mailand: FrancoAngeli (2016)
Sabbatucci, Giovanni und Vittorio Vidotto (Hg.), Storia d'Italia, vol. 5, La Repubblica 1943–1963, Rom-Bari: Laterza (1997)
Salsano, Fernando, Consumi e stili di vita degli italiani dalla ricostruzione agli anni Ottanta: dalla miseria alle nuove povertà, in: Benedetto Coccia (Hg.), La quarta settimana. I consumi e il risparmio degli italiani che non arrivano alla fine del mese, Rom: Apes (2009), S. 241–304
Salvati, Michele, Occassioni mancate. Economia e politica in Italia dagli anni '60 a oggi, Rom-Bari: Laterza (2000)
Santangelo, Vincenzo, Le Muse del popolo. Storia dell'Arci a Torino. 1957–1967, Mailand: FrancoAngeli (2007)
Sapelli, Giulio, Luigi Orsenigo, Pier A. Toninelli und Claudio Corduas, Nascita e trasformazione d'impresa. Storia dell'Agip Petroli, Bologna: Il Mulino (1993)
Saraceno, Pasquale, Con quale criterio ‚ricostruire' l'Italia? Intervista con Lucio Villari, in: Lucio Villari (Hg.), Il capitalismo italiano del novecento, Rom-Bari: Laterza (1993), S. 294–302
Saraceno, Pasquale, Sottosviluppo industriale e questione meridionale. Studi degli anni 1952–1963, Bologna: Il Mulino (1990)
Saraceno, Pasquale, Il nuovo meridionalismo, Neapel: Istituto Italiano per gli studi filosofici (1986)
Saraceno, Pasquale, Il sistema delle partecipazioni statali, in: Economia e Politica Industriale, anno 8, n. 29 (1981), S. 35–71
Saraceno, Pasquale, Il sistema delle imprese a partecipazione statale nell'esperienza italiana, Mailand: Giuffrè (1975)
Saraceno, Pasquale, Ricostruzione e pianificazione (1948–1952), Rom-Bari: Laterza (1969)
Saraceno, Pasquale, Lo stato e l'economia, Rom: Cinque lune (1963)
Saraceno, Pasquale, L'Italia verso la piena occupazione, Mailand: Feltrinelli (1963)
Saraceno, Pasquale, Fini ed obiettivi nell'azione economica pubblica, in: Nord e Sud, n. 27 (1962), S. 5–20
Saraceno, Pasquale, Lo Stato e l'economia. Relazione tenuta al primo Convegno nazionale di studio della DC, in: Mondo Economico, n. 38 (1961), S. 28–36
Saraceno, Pasquale, Iniziativa privata e azione pubblica nei piani di sviluppo economico, Rom: Giuffrè (1959)
Sattler, Friederike und Christoph Boyer (Hg.), European Economic Elites. Between a New Spirit of Capitalism and the Erosion of State Socialism, Berlin: Duncker & Humblot (2009)
Savona, Paolo, La ‚Nota Aggiuntiva' di Ugo La Malfa quarant'anni dopo, in: Francesco Cossiga, Francesco Paolo Casavola und Paolo Savona, La ‚Nota Aggiuntiva' di Ugo La Malfa quarant'anni dopo, Rom: Fondazione Ugo La Malfa (2002), S. 10–27

Sciascia, Michael, Diritto delle gestioni pubbliche. Istituzioni di contabilità pubblica, Mailand: Giuffrè (2013)

Scotti, Gino, Fiat, auto e non solo. I dilemmi strategici degli Agnelli dalle origini alla crisi di oggi, Rom: Donzelli (2003)

Seibt, Gustav, Rom oder Tod. Der Kampf um die italienische Hauptstadt, Berlin: Siedler (2001)

Seitz, Martina, Italien zwischen Zentralismus und Föderalismus. Dezentralisierung und Nord-Süd-Konflikt, Wiesbaden: Springer Fachmedien (1997)

Seitz, Michael J., Staatliche Industriepolitik. Begründungen, Instrumente und Probleme, Baden-Baden: Nomos (2000)

Selva, Simone, State and Economy in Italy before the Economic Miracle: Economic Policy and International Constraints from the Reconstruction through the Pre-Boom Years, in: Business and Economic History, On-Line (2004), vol. 2, S. 1–39

Sforza, Carlo, Cinque anni a Palazzo Chigi. La politica estera italiana dal 1947 al 1951, Rom: Atlante (1952)

Shiba, Takao und Masahiro Shimotani (Hg.), Beyond the Firm. Business Groups in International and Historical Perspective, Oxford-New York: Oxford University Press (1997)

Shonfield, Andrew, Modern Capitalism. The Changing Balance of Public & Private Power, London-Oxford-New York: Oxford University Press (1965)

Signorelli, Amalia, Movimenti di popolazione e trasformazioni culturali, in: Francesco Barbagallo et al. (Hg.), Storia dell'Italia repubblicana, vol. 4, La trasformazione dell'Italia: sviluppo e squilibri (parte seconda), Mailand-Turin: Einaudi (1995), S. 589–660

Silj, Alessandro, Malpaese, criminalità, corruzione e politica nell'Italia della prima Repubblica 1943–1994, Rom: Donzelli (1994)

Simoni, Sergio (Hg.), I programmi dei governi repubblicani dal 1948 al 1978, Rom: Tipografia del Senato (1978)

Smith, Timothy E., The United States, Italy and NATO: American Policy toward Italy, 1948–1952, Ph.D. Thesis, Kent State University (1981)

Soddu, Paolo, Ugo La Malfa. Il riformista moderno, Rom: Carocci (2008)

Soleri, Marcello, Memorie, Turin: Einaudi (1949)

Sonnino, Eugenio, La popolazione italiana dall'espansione al contenimento, in: Francesco Barbagallo et al. (Hg.), Storia dell'Italia repubblicana, vol. 4, La trasformazione dell'Italia: sviluppo e squilibri (parte seconda), Mailand-Turin: Einaudi (1995), S. 532–588

Sorcinelli, Paolo, Dalla ‚via Gluck' al miracolo economico: uno sguardo sull'Italia che cambia, in: Antonio Cardini (Hg.), Il miracolo economico italiano (1958–1963), Bologna: Il Mulino (2006), S. 175–206

Spadavecchia, Anna, Regional and National Industrial Policies in Italy, 1950s-1991. Where Did the Subsidies Flow?, in: Economics & Management Discussion Papers, n. 48 (2007)

Spadavecchia, Anna, State Subsidies and the Sources of Company Finance in Italian Industrial Districts, 1951–1991, PhD thesis, London School of Economics and Political Science, Ann Arbor: UMI Dissertation Publishing (2003)

Spagnolo, Carlo, La stabilizzazione incompiuta. Il Piano Marshall in Italia (1947–1952), Rom: Carocci (2001)

Spaventa, Luigi, Dualism in Economic Growth, in: Banca Nazionale del Lavoro Quarterly Review, vol. 12, n. 51 (1959), S. 386–434

Speich Chassé, Daniel, Towards a Global History of the Marshall-Plan. European Post-War Reconstruction and the Rise of Development Economic Expertise, in: Christian Grabas und Alexander Nützenadel (Hg.), Industrial Policy in Europe after 1945. Wealth, Power and Economic Development in the Cold War, Basingstoke: Palgrave Macmillan (2014), S. 187–212

Squarzina, Federico, Le ricerche di petrolio in Italia, Rom: Jandi Sapi (1958)

SVIMEZ, Rapporto sull'economia del Mezzogiorno 1975, Rom: Tipolitografia F. Failli (1976)

SVIMEZ, Effetti economici di un programma di investimenti nel Mezzogiorno, Mailand: Giuffrè (1951)

Tamburrano, Giuseppe, Storia e cronaca del centrosinistra, Mailand: Rizzoli (1990)

Temin, Peter, The Golden Age of European Growth: A Review Essay, in: European Review of Economic History, 1 (1997), S. 127–149

Tilly, Stephanie, Arbeit – Macht – Markt. Industrieller Arbeitsmarkt 1900–1929. Deutschland und Italien im Vergleich, Berlin: Akademie Verlag (2006)

Tolliday, Steven W., Introduction: Enterprise and State in the Italian "Economic Miracle", in: Enterprise & Society, vol. 1, n. 2 (2000), S. 241–248

Toninelli, Pier A., Energy Supply and Economic Development in Italy. The Role of State-owned Companies, in: Alain Betran (Hg.), A Comparative History of National Oil Companies, Brüssel: P.I. E. Peter Lang (2010), S. 125–142

Toninelli, Pier A., Energy Supply and Economic Development in Italy: The Role of the State-owned Companies, Department of Economics. University of Milan – Bicocca, Working Paper Series, No. 146 (October 2008), S. 1–21

Toninelli, Pier A. und Michelangelo Vasta, State-owned enterprises (1936–83), in: Andrea Colli und Michelangelo Vasta (Hg.), Forms of Enterprise in 20th Century Italy. Boundaries, Structures and Strategies, Cheltenham-Northampton: Edward Elgar (2010), S. 52–86

Toninelli, Pier A., La questione energetica, in: Franco Amatori et al. (Hg.), Storia d'Italia. Annali. L'industria, Turin: Giulio Einaudi (1999), S. 352–386

Toniolo, Gianni, An Overview of Italy's Economic Growth, in: Gianni Toniolo, (Hg.), The Oxford Handbook of the Italian Economy since Unification, Oxford-New York: Oxford University Press (2013)

Toniolo, Gianni (Hg.), The Oxford Handbook of the Italian Economy since Unification, Oxford-New York: Oxford University Press (2013)

Toniolo, Gianni, Oscar Sinigaglia (1877–1953), in: Alberto Mortara (Hg.), I protagonisti dell'intervento pubblico in Italia, Collana CIRIEC, Mailand: FrancoAngeli (1984), S. 405–430.

Tremelloni, Roberto, Premesse e compiti del Fondo per il finanziamento dell'industria meccanica, in: Moneta e Credito, n. 1 (1948), S. 34–48

United Nations Economic Commission for Europe (UN/ECE), Economic Survey of Europe 2000, No. 1, chapt. 5, "Catching Up and Falling Behind: Economic Convergence in Europe", Published: 03 May 2000, S. 150–187

van der Wee, Herman, Der gebremste Wohlstand: Wiederaufbau, Wachstum und Strukturwandel der Weltwirtschaft seit 1945, München: Deutscher Taschenbuch Verlag (1984)

Varsori, Antonio, L'Italia nelle relazioni internazionali dal 1943 al 1992, Rom-Bari: Laterza (1998)

Villari, Lucio (Hg.), Il capitalismo italiano del novecento, Rom-Bari: Laterza (1993)

Vitale, Valeria, L'attività della SVIMEZ dal 1946 al 1991, in: Rivista economica del Mezzogiorno, n. 2 (2000), S. 541–652

Vitali, Ornello, La stima degli investimenti e dello stock di capitale, in: Giorgio Fuà (Hg.), Lo sviluppo economico in Italia. Storia dell'Economia Italiana negli ultimi cento anni, vol. III: Studi di settore e documentazione di base, Mailand: FrancoAngeli (1975), S. 492–551

Vöchting, Friedrich, Die italienische Südfrage: Entstehung und Problematik eines wirtschaftlichen Notstandsgebietes, Berlin: Duncker & Humblot (1951)

Vottari, Giuseppe, Storia d'Italia (1861–2001), Mailand: Alpha Test (2004)

Wachtler, Ulrike, Il Piano Sinigaglia. Il progetto di rifondazione e ristrutturazione dell'industria siderurgica italiana nel periodo 1948–1952, in: Istituto Franco Momigliano (ICSIM), Steelmaster, Edizione 1999 (1999), S. 1–27

Weber, Kathrin, Italiens Weg in die NATO. 1947–1949, in: Vierteljahreshefte für Zeitgeschichte, Jahrgang 41, Heft 2 (1993), S. 197–221

Woller, Hans, Geschichte Italiens im 20. Jahrhundert, München: C.H. Beck (2010)
Woller, Hans, Einleitung, in: Hans Woller (Hg.), Italien und die Großmächte 1943–1949, München: Oldenbourg (1988), S. 7–22
Woller, Hans, Amerikanische Intervention oder kommunistischer Umsturz? Die Entscheidungswahlen vom April 1948, in: Hans Woller (Hg.), Italien und die Großmächte 1943–1949, München: Oldenbourg (1988), S. 69–94
Woller, Hans (Hg.), Italien und die Großmächte 1943–1949, München: Oldenbourg (1988)
Woolf, Stuart J. (Hg.), Italia 1943–1950. La ricostruzione, Rom-Bari: Laterza (1974)
Zamagni, Vera, Introduction. A New Approach to Industry in Europe, in: Francesca Fauri und Paolo Tedeschi (Hg.), Novel Outlooks on the Marshall-Plan. American Aid and European Re-Industrialization, Brüssel: P.I. E. Peter Lang (2011), S. 13–18
Zamagni, Vera, L'Eni e la chimica, in: Energia, n. 2 (2003), S. 16–24
Zamagni, Vera, Dalla periferia al centro. La seconda rinascita economica dell'Italia. 1861–1981, Bologna: Il Mulino (1990)
Zamagni, Vera, Betting on the Future. The Reconstruction of Italian Industry, 1946–1952, in: Josef Becker und Franz Knipping (Hg.), Power in Europe? Great Britain, France, Italy, and Germany in a Postwar World 1945–1950, Berlin-New York: De Gruyter (1986), S. 283–302
Zamagni, Vera, Lo stato italiano e l'economia. Storia dell'intervento pubblico dall'unificazione ai giorno nostri, Florenz: Le Monnier (1981)
Zezza, Vincenzo, L'intervento delle imprese pubbliche nel Mezzogiorno: dai grandi investimenti a una politica per le piccole imprese, in: Laura Pennacchi (Hg.), Il sistema delle partecipazioni statali. Scelte economiche, assetti istituzionali e nuovo ruolo dell'industria di Stato, Bari: De Donato (1980), S. 87–104

www.ingramcontent.com/pod-product-compliance
Lightning Source LLC
LaVergne TN
LVHW080802011026
849160LV00015B/1510